陈宝良 著

无籍之徒

中国流氓的变迁

【增修版】

山西出版传媒集团
山西人民出版社

图书在版编目(CIP)数据

无籍之徒 / 陈宝良著. -- 太原：山西人民出版社，2022.12

ISBN 978-7-203-12501-3

Ⅰ.①无… Ⅱ.①陈… Ⅲ.①户籍制度—史料—中国—古代 Ⅳ.①D691.6

中国版本图书馆CIP数据核字（2022）第223521号

无籍之徒

著　　者：	陈宝良
责任编辑：	李　鑫
复　　审：	贾　娟
终　　审：	梁晋华
出 版 者：	山西出版传媒集团·山西人民出版社
地　　址：	太原市建设南路21号
邮　　编：	030012
发行营销：	010-62142290
	0351-4922220　4955996　4956039
	0351-4922127（传真）　4956038（邮购）
天猫官网：	https://sxrmcbs.tmall.com　电话：0351-4922159
E-mail：	sxskcb@163.com（发行部）
	sxskcb@163.com（总编室）
网　　址：	www.sxskcb.com
经 销 者：	山西出版传媒集团·山西人民出版社
承 印 厂：	唐山玺诚印务有限公司
开　　本：	635mm×965mm　1/16
印　　张：	40.75
字　　数：	510千字
版　　次：	2022年12月　第1版
印　　次：	2022年12月　第1次印刷
书　　号：	ISBN 978-7-203-12501-3
定　　价：	128.00元

如有印装质量问题请与本社联系调换

增修版前言

对于一个执着于历史研究的学者来说，自己的论著能得到出版社的青睐，尤其是得到读者的赏识，第三次得以修订出版，这无疑是一件令人欣喜的事情。当然，欣喜之余，则又有一丝的不安。本书原名《中国流氓史》，此次出版改名《无籍之徒：中国流氓的变迁》，作为第一部系统阐述中国历史上流氓阶层及其活动的论著，虽说有一定的开创之功，但其中的不足则不可讳言。尤其是这次修订，因杂务繁冗，且兼精力渐趋不济，所做的工作，亦仅仅限于部分史料的增补，以及文字的润色。这显然有负于读者的厚爱，我深感歉然。

重读拙著一过，不由令我想起初次撰写此书时的读书之乐。当时正值年过而立，精力充沛，为了收集毫无头绪的第一手史料，整日徜徉于书海，从中觅取关于流氓记载的蛛丝马迹。从"四书五经"到"二十四史"，从先秦诸子到《全唐文》，从野史笔记到官方实录、司法文书，乃至于后期的一些地方志，但凡自己能够想到的典籍，总希望亲自动手动脚找材料。每当找出一则相关记载，整日的劳累顿消。得益于电子资料库的普及，无疑已为当下的学者省下了诸多找寻史料的工夫，甚至起到事半功倍之效。但有以下两点我不得不在此再加饶舌：一是关于历史上流氓的史料，并非完全可以借助于搜索而得以一蹴而就。究其原因，一则"流氓"一称起源较晚，与此概念相近的专有称谓，往往湮没于诸如"闲民""莠民""少年""恶少年""轻侠少年""闾巷少年""光棍""喇唬"中而难以彰显，还是需要研究者细心从原始典籍中一一加以寻觅，单凭搜索显然会遗漏诸多相关的史料；二则电子搜索而得的史料，通常会因为缺少内在的诸多关联性而显得支离破碎，对于初次涉猎相关论题者，若是没有足够的史料审视与判断经验，同样难以透视搜得史料的价值。当然，更为直接的理由，亲身系统阅读原始典籍的经历，足以从中获取沉潜史海之乐，并为后来的研究打下坚实的基础。

在流氓史研究中，论旨较为宏大者有两大问题：一是流氓政治，二是流氓文化，亦即流氓意识向政治与文化领域中的渗透。在拙著中，对此两个问题虽有所涉及，却往往语焉未详。我只尽作为一个历史学者的职责，即将历史上流氓这一社会阶层的生活状态、形象以及与社会的关系，加以系统地勾勒出来。这或许是一种缺憾，更为宏观的探讨，则有待于社会学者去深化。

拙著无疑是一个令诸多读者感兴趣的论题，甚至有人会生出这是一个"不正经"题目的歧见。其实，在所谓"不正经"题目之下，我所做的完全是符合学院式规范的正经研究。如若有一些喜听茶余饭后谈资的读者，想从拙著中得到诸多历史上男女之间"吊膀子""吃豆腐"一类的八卦故事，那么，拙著或许会令他们大失所望。即使如此，我还是坚持自己的信念，即历史学固然是一门讲故事的学问，但所谓的故事，实则也有雅俗之分：历史学者所讲的故事，往往关乎历史变迁的大事；至于百姓喜闻的奇异故事，则只好由说书者一类的知识人去尽职。

我深信，每一门类的学者各有自己的职责。无论哪一门类的学者，均必须遵循以下的研究准则，即充分占有史料，以史料作为论证的依据，以史料作为得出论点的依据。若欲达臻这一目标，唯有多读书一法，而后深造以自得之。以此为准的，我自忖可以无愧于读者。当然，书之好坏，书之是否有益于后来的研究者，一切有待于读者的评骘，这也由不得我自说自话。

陈宝良
2022年5月19日识于缙云山下嘉陵江畔

目 录

绪 论 / 1
  一、流氓的定义与称谓的变迁 / 3
  二、流氓与游民的区别及联系 / 30

第一章　先秦时期的惰民与游侠 / 53
  一、惰民与闲民 / 55
  二、战国游侠 / 60

第二章　秦汉时期的恶少年 / 69
  一、概说 / 71
  二、闾巷少年 / 80
  三、秦汉游侠 / 88

第三章　魏晋南北朝时期的无赖 / 99
  一、概说 / 101
  二、无赖少年与轻侠 / 110

第四章　隋唐时期的坊市恶少与市井凶豪 / 115

一、概说 / 117

二、坊市恶少 / 124

三、闲子与妙客 / 128

第五章　宋代的破落户与捣子 / 131

一、概说 / 133

二、讼鬼与"业觜社" / 142

三、"十虎"、"阎罗"与地方豪横 / 147

四、浮浪人、闲人与"没命社" / 152

第六章　元代的无籍之徒 / 157

一、无徒与无籍之徒 / 159

二、豪民、衙内与闲人 / 162

第七章　明代的光棍与喇唬 / 169

一、逸民、喇唬与光棍、把棍 / 172

二、打行与青手 / 188

三、衙蠹、讼棍与访行 / 194

四、闲汉、帮闲与老白赏 / 213

五、秦淮健儿与莠民 / 226

六、神棍：僧道的无赖化 / 232

七、豪强大猾与流氓 / 242

八、秀才闹事及其无赖化 / 254

九、太监与流氓 / 279

第八章 清代的无赖棍徒 / 295

一、概说 / 297

二、大猾与豪强 / 314

三、流氓的种类：各色棍徒 / 327

四、北京的流氓 / 375

五、天津的"混混儿" / 382

六、上海的"白相人" / 397

七、清代其他地域性流氓 / 411

第九章 流氓手段举隅 / 421

一、欺骗 / 426

二、讹诈 / 447

三、打斗 / 461

四、抢掠 / 466

第十章 流氓活动与中国社会 / 469

一、流氓团伙与组织的形成 / 471

二、政治参与及政治的流氓化 / 490

三、把持或垄断经济 / 507

四、军兵的流氓化 / 523

五、参与文化活动 / 532

六、流氓与地方社会 / 541

余　论 / 555

一、扰乱社会 / 557

二、行侠仗义 / 564

主要参考文献 / 573

后　记 / 595

再版后记 / 603

绪 论

一、流氓的定义与称谓的变迁

什么是"流氓"？早在1931年4月17日，鲁迅曾在上海东亚同文书院作过题为《流氓与文学》的讲演，并对"流氓"一词定义如下："流氓等于无赖子加壮士、加三百代言。流氓的造成，大约有两种东西：一种是孔子之徒，就是儒；一种是墨子之徒，就是侠。这两种东西本来也很好，可是后来他们的思想一堕落，就慢慢地演成了所谓流氓。"[1] 文中的"无赖子"、"壮士"、"三百代言"都是日语词汇，是无赖、流氓、痞子的意思。其实，除了"三百代言"一称外，其他如"无赖子"、"壮士"等称，中国自古即有，也作流氓解。关于此，后面还将详述，在此不赘。可见，以儒、墨末流作为中国流氓的起源，是鲁迅见解的高明处。据文意可知，鲁迅所下"流氓"定义，亦有广义与狭义之分。

从社会学的角度而言，马克思主义著作中有"流氓无产阶级"一词，并在《共产党宣言》中作如下解释："流氓无产阶级是旧社会最下层中消极的腐化的部分，他们有时也被无产阶级革命卷到运动里来，但是，由于他们的整个生活状况，他们更甘心于被人收买，去干反动

---

[1] 鲁迅演讲原文曾发表于日本《飙风》第26期（1991年12月25日）。此转引自《文学报》（1992年1月16日）。

的勾当。"[1]《共产党宣言》还认为,在中世纪被反动派称许的流氓的好勇斗狠,是以"懒散怠惰"作为它的相应的补充的。[2]可见,"好勇斗狠"与"懒散怠惰"是流氓无产者的基本品质。马克思主义对"流氓无产阶级"的定义自成一派,并更多地着力于这个社会阶层的政治特点,因而为一些论著所称道。如《不列颠百科全书》就引入了"流氓无产阶级"这一概念,并以《共产党宣言》作为解释的基本依据。

在一些辞典中,为流氓所下定义大致有如下两种:一是指无一定居所之流浪者;二是莠民也。今谓扰乱社会秩序安宁、专事不良行为者,亦曰流氓,与无赖同。[3]究其实,这两种解释,第一义是语源的阐释,属广义的定义;第二义属社会学的诠释,当属狭义的定义。罗竹风主编的《汉语大词典》则对"流氓"一词作如下解释:一是本指无业游民,后用以指不务正业、为非作歹的人;二是指施展下流手段、放刁撒泼等恶劣行为。[4]可见,从广义上讲,流氓泛指"无业游民";从狭义上讲,则专指不务正业、为非作歹的人。至于《汉语大词典》所释第二义,当属流氓行为与手段,可暂且不议。

从语源上讲,"流氓"一词,确指无一定居所的流浪者,与现代意义相差较远。流者,亡也,逸也,游也。现代意义的流氓之"氓",音máng,而在古代,流氓之"氓",则作méng音,故而其义亦不同。在古代,所谓"氓",指"流亡之民"。如《诗·卫风·氓》言:"氓之蚩蚩,抱布贸丝。"《孟子·滕文公上》亦云:"(许行)自楚之滕,踵门而告文公曰:'远方之人,闻君行仁政,愿受一廛而为氓。'""氓"又

---

[1]《马克思恩格斯选集》第1卷,第262页。
[2]《马克思恩格斯选集》第1卷,第254页。
[3]《中文大辞典》第19册,第205页。
[4]《汉语大词典》第5册,第1263页。

指"草野之民"。如《战国策·秦一》："彼固亡国之形也，而不忧民氓。"据注："野民曰氓"。此外，与"氓"相关者，还有"氓黎"，指民众。如《文选》南朝梁刘孝标《辨命论》："与三皇竞其氓黎，五帝角其区宇。"又有"氓隶"，指平民之充当隶役者。如汉贾谊《新书·过秦上》："然陈涉瓮牖绳枢之子，氓隶之人，而迁徙之徒也。"可见，从语源上讲，"流氓"一词，特指"流亡之民"，其意盖与流民、游民相近。

在现代意义上的"流氓"一称出现以前，有两个现象显然值得引起关注。其一，从明代嘉靖年间人李绍文所著《云间人物志》中不难发现，至迟在明代立国之前的吴元年（1367），已经出现了"海氓"与"乡氓"两个称呼。如李绍文记载："吴元年，海氓钱鹤皋乘时未定，率乡氓鼓噪入城，擅开府库，窃器仗，盗金帛，杀良民，执华亭令冯荣，袁浦场官李肃、袁普等，将害之。"[1] 所谓的海氓，大抵是指横行于海上的海寇与海贼；而所谓的乡氓，在很多传统史籍中又多作"村氓"，是士人阶层对乡村百姓的一种贬义称呼。从史料所记他们的行事来看，则显然已经可以归为"乱民"一类。其二，在清末丁日昌的公牍文字中，又开始出现了下面两个称谓：一是"无业游氓"，二是"游惰流氓"。[2] 从上面两个词来看，无论是"游氓"，还是"流氓"，均是指那些无业的游民，基本反映了广义的流氓含义，而与近代出现的专指无赖、光棍的流氓，尚有一定的差别。但值得指出的是，为何近代将那些无赖、光棍称作"流氓"，显然也与广义的流氓是指游民有关。

作为现代意义的"流氓"一词，其起源当在清末的上海。既称

---

[1] 李绍文：《云间人物志》卷1《洪武至天顺间人物·何子润》，载《明清上海稀见文献五种》。
[2] 丁日昌：《抚吴公牍》卷17《徐海道禀修建藺坝石闸并创办纺织请拨款接济由》、卷28《批砀山县详铺厘停止并将所雇之勇裁撤由》。

"流氓",又作"流甿"。如葛元煦《沪游杂记》对"流氓"作如下解释:"沪上为通商总集,五方杂处。凡无业游民遇事生风者,人目为流氓。按'氓'或作'甿',字典注'啮人飞虫',其义近似。"[1]"甿"音máng,与现代意义的流氓之"氓"音同。"甿"也作"虻",虫名。种类很多,举凡牛虻、花虻、食虫虻之类即是。如《史记·项羽本纪》云:"夫搏牛之虻不可以破虮虱。"笔者据此稍加推测,"流氓"一称,原本作"流虻",其义起于流氓的害人行为,确如"啮人飞虫"一般。不过,流氓终究不是虫,而是人,所以,后又将"虻"写作"氓",于是也就将"流氓"一词赋予了现代的意义。清末出现的"流氓"一称,有一则记载颇为值得关注,如陈其元记载:"淀山湖之案,其始有英属国之流氓(即中国所谓光棍者)。"[2]由此可知,就其源起而言,现代意义上的流氓最早出现于上海毫无疑义,但显有中外之别:来自英国之类的外国无赖,称之为"流氓",而中国传统的无赖,则仍然以称"光棍"居多。当然,时日一久,上海当地居民慢慢将中国的无赖匪徒也称之为"流氓",再无中外之分,甚至其称谓延及其他地区。

其实,早在古代,中国人就善于将不良之人比喻为虫。如,与现代意义上的流氓极有关系的还有"蟊贼"一词。蟊,音máo,也作"蝥",原指吃禾稼的害虫。如《诗·大雅·大田》云:"去其螟螣,及其蟊贼。"《传》云:"食心曰螟,食叶曰螣,食根曰蟊,食节曰贼。"至后,就用"蟊贼"一词比喻冒取民财的贪官污吏。如《后汉书》卷17《岑彭传》云:"我有蟊贼,岑君遏之。"此外,古时也将"蟊贼"比喻成危害人民或国家的人。如《左传》成公十三年有云:"又欲阙翦我公室,倾覆我社稷,帅我蟊贼,以来荡摇我边疆。"

---

[1] 葛元煦:《沪游杂记》卷2《流氓》。
[2] 陈其元:《庸闲斋笔记》卷10《淀山湖洋人劫案》,第242页。

至明清两代,才将"蟊贼"与无赖相联系,赋予其流氓的意义。如明人顾起元就将"莠民"(即流氓无赖)称为"此尤良民之螟螣,而善政之蟊贼也"。[1]在清代,更有了"无赖害民蟊贼"的称呼。据《六部成语注解》解释:"蟊乃毒虫之名。无赖之徒,生事害民,若毒虫之状。"[2]由此可见,以害人或啮人之虫比喻无赖,在明清即已存在。至清末,借用过去"蟊"、"蟊"诸字中所包含的"生事害民"的喻义,造出"流虻"一词,然后再转成"流氓"。这样,流氓的概念也就形成了。

"流"与"游"有时相同。所以,所谓"流氓",从广义上讲,就是"游民"。那么,什么是"游民"呢?如《礼记·王制》云:"无旷土,无游民,食节事时,民咸安其居。"另外,从历史变迁的观念来看,游民大致是指士、农、工、商四民之外的人。在先秦时期,实行重农抑商的政策,所以许多政治家与思想家常常以农作本去确定游民的范围。如商鞅曾说:"夫农者寡,而游食者众。"[3]管子也云:"凡为国之急者,必先禁末作文巧。末作文巧禁,则民无所游食。民无所游食,则必农。"[4]到了西汉,贾谊则说:"今驱民而归之农,皆著于本,使天下各食其力,末技游食之民转而缘南亩,则畜积足而人乐其所矣。"[5]至唐,《新唐书·康承训传》载:"出金帛募兵,游民多从之。"一至明代,明太祖将"游民"范围更扩大了,充分显示出他的小农经济思想。他说:"若有不务耕种,专事末作者,是为游民,则逮捕之。"[6]到了清代,

---

[1]顾起元:《客座赘语》卷4《莠民》。
[2]《六部成语注解·刑部成语》。
[3]《商君书·农战》。
[4]《管子·治国》。
[5]《汉书·食货志》。
[6]《明太祖实录》卷208。

由于人们观念的变化，对游民的认识就更趋明确。如清代的救荒策中就有这样的条例："平日居民有不农、不商、不工、不庸者，令绅保查造保甲册时于姓名下添注'游民'二字，再按册造游民册一本，查系某都、某甲之人，即饬该处绅保督令力食谋生，不遵者案究治。"[1] 于此可见，在清代，游民已专指不从事农、工、商等正当职业和不参加雇佣劳动的人。在清代的官私文献中，对游民的称呼也不一，举凡游手、游棍、地痞、无赖之类，都是游民的别称。可见，是否有正当的职业，或者说是否从事正规的劳动，是区分一般劳动大众与游民的基本标准。按照清末人丁日昌的观点，"无业游氓，必使之各习一艺，俾将来易以谋食，庶不至流为匪僻，所谓劳则善心生也"。[2] 作为无业的"游氓"，只有掌握了谋食的技艺，最后才不会流为"匪僻"。换言之，归于游民一类的"游氓"，若是无正当的谋生手段，最后必然会堕落为归于"匪僻"一类的"流氓"。

与"游民"相关的名称也很多，分别有：

（一）游夫。指游说之人。如《管子·参患》云："三器成，游夫具，而天下无聚众。"

（二）游手。指农民中游惰不从事生产劳动之人。如宋陶毂《清异录·虫》云："唐世，京城游手夏月采蝉货之，唱曰：'只卖青林音乐。'"

（三）游子。指游手好闲之人。如《后汉书·酷吏传·樊晔》曰："凉州为之歌曰：'游子常苦贫，力子天所富。'"

（四）游人。指无产业的流浪者。桓宽《盐铁论·相刺》云："古者经井田，制廛里，丈夫治其田畴，女子治其麻枲，无旷地，无游人。"

（五）游棍。指游手光棍。如明人沈德符记载："武臣自总戎以下，

---

[1] 严寄湘辑：《救荒六十策》。
[2] 丁日昌：《抚吴公牍》卷17《徐海道禀修建蔺坝石闸并创办纺织请拨款接济由》。

即为副将及参将，近来多黠卒及游棍滥居之，日以轻貌。"[1]此外，尚有"游花光棍"一称，即是指那些专事女色的无赖。如凌濛初《二刻拍案惊奇》云："知县喝叫用刑起来，徐达虽然是游花光棍，本是柔脆的人，熬不起刑。"[2]

（六）游士。一般是指战国时的说客。《韩非子·和氏》："官行法，则浮萌趋于耕农，而游士危于战阵。"

（七）游侠。古称豪爽好结交，轻生重义，勇于排难解纷的人为"游侠"。如《韩非子·五蠹》云："废敬上畏法之民，而养游侠私剑之属。"

在上述七种人中，实际上又可区分为下面三类：

一是游夫、游手、游子、游人，均属广义上的流氓，与"游民"相近。

二是游棍，或游花光棍，即纯粹意义上的流氓无赖。

三是游士与游侠。从流氓史的源流来说，游士与游侠也是流氓的祖师爷。鲁迅认为，流氓一来源于"孔子之徒，就是儒"，二来源于"墨子之徒，就是侠"。这是很有道理的。孔子之徒，儒家的末流，即战国时期的"游士"，他们不仅具有"儒的诡辩"，而且颇有些流氓习气。在战国时期，这些游士又称为纵横捭阖的"策士"。他们以三寸不烂之舌游说人主，议论古今，陈说利害，上为国家排解忧患，下为自己博取富贵，可见不过是一群寄食于君主门下的政治流氓。

到了明代末年，士、农、工、商四民，无不带有一种"游惰之习"，其中尤以士为甚。张履祥对此有下面的揭示："今世极多游民，是以风俗日恶，民生日蹙。虽其业在四民者，莫不中几分惰游之习。

---

[1] 沈德符：《万历野获编》卷19《台省·按臣答将领》。
[2] 凌濛初：《二刻拍案惊奇》卷25。

而士益甚：饱食终日，无所用心而已；群居终日，言不及义而已。究其为害，更甚于游民也。"[1] 这应该说道出了当时的实情。又据姚希孟的记载可知，明末"更有一种罢闲官吏、山人词客"，他们"谈兵说剑，旅食京师。有所望而不遂，闻国家有事，喜动眉宇，或播煽流言，讪谤当事，或虚张虏势，摇惑人心，捉影捕风，以耳传耳。其中更有乘机遭会，或自己呈身，或代人营干。"[2] 显然，明末的这些游士，其危害已不仅仅限于"饱食终日，无所用心而已；群居终日，言不及义而已"，而是开始干预朝政。孟子有言，保国之道，在于急世臣，重巨室。究其意，就是恶游士之徒乱人国。正是鉴于明代的现实，明末清初著名思想家王夫之对游士也持一种批评的态度。他说："夫游士者，即不乱人国，而抑不足以系国之重轻，民望所不归也。"[3] 一言道出了游士的流氓习性。

不过，正如冯友兰所言，先秦贵族政治崩坏之后，失去世业的流民，大体可分为两种：一为昔日在官之专家，如祝宗卜史、礼官乐工，此等上层失业之流民，多成为儒士；而其原业农工之下层失业流民，多成为侠士。儒家多出自儒士，而墨家则多出自侠士。尽管后世墨家不振，而侠士之团体，及其中所讲所行之道德，则仍继续存在，如《水浒传》等小说中所写，及后世秘密会社中所有之人物道德，应该说是墨家的遗存。[4] 其实，早在孔子时代，《论语·阳货》中，子路就说："君子有勇而无义为乱，小人有勇而无义为盗。"由此可见，以"君子"自许的儒士，若是"有勇无义"，同样可以流为乱民；而作为下层民

---

[1] 张履祥：《杨园先生全集》卷36《初学备忘上》。
[2] 姚希孟：《条上韩老师书》，载陈子龙等编《明经世文编》卷501。
[3] 王夫之：《读通鉴论》卷12《惠帝》13。
[4] 冯友兰：《原儒墨》，载陈来编《冯友兰选集》，第358—361页。

众的"小人",若是"有勇无义",则会沦为盗贼。这也正好说明了当时社会上、下两层在道德堕落之后实是可以趋于一致,也即成为流氓。而所谓的"游侠",据司马迁所言,本来就有"以武犯禁"的一面,为历代统治阶层所不容。至后,游侠就堕落为无赖之徒,而与纨绔子弟相合,于是也就被压于社会的下层,进而为"士君子"所不道。

与"流氓"一称相近的名称也很多,概括言之,大致有:

(一)流棍。其实就是流氓。如凌濛初《初刻拍案惊奇》云:"其时,京师有一流棍,叫名李光,专一阿谀逢迎,谄事令孜。"[1]

(二)流痞。当属流氓的别称。如《二十年目睹之怪现状》云:"不知那里来了个流痞,串通了山上一个甚么庙里的和尚,冒充作地主。"[2]

(三)流荡子。指流浪的人,与流氓相近。如清捧花生《画舫余谭》记载:"某固流荡子,亦乐就之,今盖为赘婿矣。"[3]

(四)流隶。即指流亡他乡的微贱之民。《文选·班彪〈王命论〉》:"饿馑流隶,饥寒道路。"李善注云:"流隶,流移贱隶也。"

(五)流丐,亦作"流匄"。指那些流浪乞食之人。如《元史·忠义传三·刘濬》:"濬尽散家赀,结死士百人,诈为工商流丐,入贼中。"

(六)流妓。指到处流动卖艺的歌舞女艺人。如清二石生《十洲春语·捃余》:"苏杭流妓有来郡赶唱者,多卜寓于三法卿沙泥街后市诸巷,谓之堂名。"[4]

通观上述六种人,大致也可分为三类:一是流棍、流痞、流荡子,大致就是指流氓。换言之,举凡流棍、流痞、流荡子诸称,均为流氓

---

[1] 凌濛初:《初刻拍案惊奇》卷22。
[2] 吴趼人:《二十年目睹之怪现状》第84回。
[3] 捧花生:《画舫余谭》,载虫天子编、董乃斌等点校《中国香艳全书》18集卷1。
[4] 二石生:《十洲春语·捃余》。

的别称。二是流丐、流妓，可归于"游民"一类，与流氓相近，即是广义上的"流氓"。三是流隶，即流民，与流氓颇有不同。

一般说来，流氓之"流"，是相对于"土"或"地"而言。如有"流棍"，即有"土棍"、"地棍"与之对应；有"流娼"、"流妓"，即有"土娼"、"土妓"与之相对；有"流贼"、"流寇"，即有"土贼"、"土寇"与之对应；有"流官"，就必有"土官"。如此等等，不一而足。大致说来，"土"、"地"相对于"流"而言，就显得较小而土耳。如骂人为"土包子"，意思是说此人是土生土长、没见过世面的人，极含讥讽意。

在先秦时期，虽有"流氓"一称，却只是指流亡之民，而非现代意义上的流氓。在当时，与流氓意义相近的称呼，分别有以下三类：一是"惰民"、"罢民"、"闲民"、"谪民"、"轻民"、"浮萌"，大致属于广义上的流氓，与游民相近；二是"游侠"与"游士"，为儒、墨两家的堕落之辈，也当属于流氓的祖师爷；三是"赖子"、"恶少"，这是纯粹意义上的流氓。如《新五代史·南平世家·高从诲》言："俚俗语谓夺攘苟得无愧耻者为赖子。"又《荀子》："无廉耻而嗜乎饮食，可谓恶少者也。"[1] 此"赖子"称呼，至后就发展为"无赖"。据《方言》注：赖亦恶名。又《方言》卷10：央亡、嚜尿、婲、獪也。江湘之间，或谓之无赖。《列子》"嚜尿"释文：江淮之间谓之无赖。《史记·高祖纪》注：赖，利也，无利入于家也。或曰：江湖之间，谓小儿多诈狡猾，为无赖。《西京杂记》则云：广川王去疾，好聚无赖少年游猎。[2]

在秦汉时期，流氓称呼也可析为三类：一是各色"恶少年"，举凡"闾里少年"、"闾巷少年"、"城中少年"、"邑中少年"、"淫恶少年"、

---

[1] 转引自顾张思《土风录》卷8《恶少》。
[2] 梁章钜：《称谓录》卷30《棍徒·无赖》。

"轻薄少年"、"轻侠少年"之类即是。所谓"恶少年",据《汉书》颜师古注:恶少年,谓无赖子弟也。此外,在汉代,有"恶子"一称。如《汉书·尹赏传》:"长安中轻薄少年恶子,无市籍,商贩作务。""恶子"与"轻薄少年"并称,说明他们也不过是无赖子弟。可见,诸如各色"恶少年"与"恶子",是纯粹意义上的流氓。二是游侠,在当时分别有"轻侠"、"大侠"、"豪侠"诸称。"游侠"云云,实与恶少的关系颇密,虽难以断言就是流氓的别称,但仍可视之为流氓。三是"游手",分别称"浮游无业者"、"浮食者"、"浮末者"等等,与"游民"相近,实是广义上的流氓。此外,在秦汉时期,还有"不轨之民"、"亡徒"、"敖民"之称,大致也与流氓相近。

在魏晋南北朝时期,流氓称谓同样可归为以下三类:一是无赖少年。在当时称呼不一,或称"轻薄少年"、"好事少年"与"勇敢少年",或称"恶少年"、"乡党少年"与"州里少年",均为纯粹意义上的流氓。二是"轻侠",可归于侠客一类,称呼亦不一,分别有"凶侠"、"奸侠"、"游侠"等,也属于流氓一类。三是各类游手游食之人,如"侨人"、"浮浪人"之类即是,为游民,当属广义上的流氓。

至隋唐,流氓的称谓也可归为三类:一是坊市恶少。在唐代,坊市恶少的称呼也多种多样,或称"亡命少年",或称"少年",或称"侠少年",或称"市井凶豪",如此等等,不一而足。另外,在唐代还有"无赖贼"一称。如《唐书》载:"李勣尝谓人,我十二三时为无赖贼,逢人便杀;十四五为难当贼,有不快意,则杀;十七八为佳贼,临阵乃杀人;二十为大将,用兵以救人。"[1] 这个"无赖贼"的称呼,在清初仍被引用,并被人写入诗中,作为借古喻今的工具。如钱邦芑就有《无赖贼》一诗,诗云:"无赖贼,逢人便杀不可即,无赖岂可托君图?此

---

[1] 转引自郑志鸿《常语寻源》卷上《无赖贼》。

家事,休问人。佳儿佳妇讵不闻,牝鸡一鸣唐祚移,唐家子孙靡孑遗。可惜为公轻剪须,先出后用何嫌疑。君臣父子恩可卖,犬马畜臣何足怪。莫云不负李密恩,此贼负国终无赖。"[1] 此诗用的就是这个典故。二是"闲子"与"妙客"。所谓"闲子",主要包括以下两类人:一是横行街上的凶恶之徒,他们专门在坊市上威逼、诈取他人财物;二是一些"趋吏",妄构词讼,对他人进行恐吓,大致与讼棍相同。"闲子"一称,作为唐代流氓的专门称谓,对后世影响颇深。不仅在宋代,有"闲汉"、"闲人"等称,即使在今天,在西安(唐时称长安)仍称街头小流氓为"闲痞",真可谓源远流长。所谓"妙客",其实就是寄食于妓院的闲人,多与破落子弟式的"偷薄少年"相近,亦相当于明清时期的清客帮闲,也属流氓一类。三是游民,在当时有"浮浪人"、"浮浪闾里者"、"雁民"诸称。

至宋代,一般将流氓称作"捣子"。据明人兰陵笑笑生《金瓶梅》云,现代意义上的流氓,宋时称"捣子",而在明代则称"光棍"。捣者,其意当为"捶、椿"。所谓"捣子",为宋元时俗语,意思是"捣鬼之子"或"捣虚之子",有流氓意。有时也作骂人语,如《水浒》二五:"王婆道:'如今这捣子病得重,趁他狼狈里,便好下手。'"

在宋代,流氓又称"闲人"、"闲汉"。所谓"闲汉",说白了就是一些游手好闲之徒,也即"帮闲流氓"。

在宋代的一些城市,还将流氓称作"玩徒",大概有"玩法之徒"、"玩劣之徒"或"刁玩之徒"的意思,显然是一种贬称。

另外,宋代又将流氓称作"破落无赖",此称时常见诸宋代的法律文书中。"破落无赖"云云,实际上是"破落户"与"无赖"的合称。因为在宋代,流氓又称"破落户"。据咸淳《临安志》可知,"褴缕

---

[1] 卓尔堪选辑:《明末四百家遗民诗》卷9。

（褛）不堪曰破落户"。又绍兴二十三年（1153），"收捕破落户，编置外州。先是，行在号破落户者，巧于通衢窃取人物"。[1] 可见，"破落户"一名起于宋初。所谓"破落户"，元末明初人陶宗仪解释如下："撒泼无赖者，谓之破落户。"[2] 又据清人的解释，是"谓旧家子弟游荡无赖者"。[3] 显见，"破落户"云云，就是流氓。

在宋代，有时又将流氓称作"白日鬼"。如刘跂《暇日记》云："宋时指贼人曰白日鬼。见诞谩者亦曰白日鬼。"[4]

至金、元时期，流氓的别称则更趋繁多。依据金、元戏曲方言，再结合一些史料，可以将金、元时期的流氓称谓概括为"生忿子"、"俏勤儿"、"哨子"、"徕子"、"单徕"、"无徒"、"无籍之徒"、"旧景泼皮"、"地头鬼"、"无赖"、"绰皮"等。

在金、元两代的戏曲方言中，一般将流氓通称为"无徒"或"无藉之徒"（又作"无籍之徒"）。如秦简夫所著《东堂老》云："不打死你无徒，改了我的姓。"又云："怎不守着那两个泼无徒。"[5] 又如元曲《救风尘》第4折"得胜令"："淫乱心情歹，凶顽胆气粗，无徒，到处里胡为做。"又《魔合罗》第4折"道和"词云："泼无徒败伦伤化，押市曹正法严刑。"在元剧中，一般多骂无赖汉为"泼无徒"。这大概是"泼皮"与"无徒"的合称。金、元戏曲方言又称无赖为"无籍之徒"。[6]

还是回到"无徒"的称呼上来。无徒一称，始于汉代，在当时称"亡徒"。如《汉书·王嘉传》云："前山阳亡徒苏令等纵横，吏士临难，

---

[1] 顾张思：《土风录》卷11《破落户》。
[2]《古今图书集成·方舆汇编·职方典》第946《杭州府部》。
[3] 李鉴堂：《俗语考原·破落户》。
[4] 梁章钜：《称谓录》卷30《盗贼·白日鬼》。
[5] 徐嘉瑞：《金元戏曲方言考》，第35页。
[6] 徐嘉瑞：《金元戏曲方言考·补遗》，第18页。

莫肯伏节死义,以守相威权素夺也。""亡徒"者,即无徒也。"亡"即"无",这在史籍中也屡见不鲜。如称"无赖"为"亡赖"即是。所谓"亡徒",即指"亡逸之徒",也即从农民中分化出来的游民,与后来的"无籍之徒"颇相符合。在汉代,长安城中的流氓,虽干的是"商贩作务"的事,却"无市籍",可见也是"无籍之徒"。在晋朝,又有"奸凶无徒"一称。从这些人本性"元恶不轨"来看,显然也当归属于流氓一类。至宋代,仍将"无徒"作为流氓的称呼。如蔡襄曾作《教民十六事》,其中一条为:"应有无徒辈欺诳,是知州亲知于州县,打索关节,乞取财物,许人告。"[1]

总起来说,"无徒"一称有两层含义:一是指无赖、坏蛋,也就是"无赖之徒"的省称。在元代,"无赖之徒"的称呼时见诸史籍。如元《南台备要》就称盐徒为"无赖之徒"。[2] 二是"无籍之徒"的省称,又作"无藉之徒"。如《南台备要》就提到"街市无藉之徒"一称。"藉"者,作依靠讲,与"赖"字相近。可见,所谓"无藉之徒",即"无赖之徒"也。"籍"者,指登记人口的户籍册。所有百姓,都应有户籍册,只有流氓无赖无册籍,故称"无籍之徒"。从这种意义上来说,无徒又写作"无图"。如《元典章·刑部十三》:"今有无图之人,贪窃财物,盗发邱冢。"又《元典章·刑部十九》:"今体知得一等无图小民,因弄蛇虫禽兽,聚集人众,街市卖药。"无图之"图",即图籍、图册,也即户口册。由于流氓无户籍,所以明代将流氓无赖视为一类,附于民籍。据载,明朝廷对流氓实行如下之法:"民有常产,则有常心。士农工商,各居一业,则自不为非。或有游手好闲、不务生理,及行邪术左道,以惑人视听,扶鸾祷圣,烧香结会,夜聚晓散,并不孝不弟

---

[1] 弘治《八闽通志》卷85《拾遗》。
[2] 《永乐大典》卷2611。

（悌）、好饮赌博、不遵先贤之教者，须采访姓名，注于簿籍，以示惩戒。其人畏惧更改，则止。若仍前不悛，则治之以法，毋得纵令吏典人等，指此为名，遍行取勘，以致扰民。"[1]至清，比明更进一步，对这些流氓无赖，先是注明附于册籍，然后再抽出单独立册，以便管理。

在金、元戏曲方言与元代官方文书中，一般又称流氓为"泼皮"或"旧景泼皮"。如《大元通制条格》云："刑部议得，盘浅船只，游手泼皮及河岸部头把隘军人，作弊刁蹬客旅，取受钱物，扰民不便等事，合令所在官司出榜严加禁治。"[2]又如元曲《举案齐眉》第3折"麻郎儿"："那些儿输与这两个泼皮，白白的可干受了一场恶气。"金、元戏曲方言，称老泼皮、常犯案的流氓为"旧景泼皮"。如关汉卿所著《绯衣梦》云："你旧景泼皮歇着案咧。"[3]在元代，泼皮有时又称作"泼顽皮"，意思大致与无赖、流氓相当。这个称呼一直为明清两代所沿用。如明无名氏杂剧《打董达》第2折云："他正是泼皮的头儿。"《水浒传》第12回："原来这人是京师有名的破落户泼皮。"又《红楼梦》第24回："这倪二是个泼皮，专放重利债，在赌博场吃闲钱，专爱喝酒打架。"直至今天，仍通行"泼皮"一称。

金、元戏曲方言称流氓为"哨子"、"徕子"、"单徕"。首先，称那些骗子、流氓、地痞为"哨子"，有时又称"哨厮"。如无名氏所著《合同文字》言："这里哨子每极多。"又高文秀所著《黑旋风》言："谎子极多，哨子极广。"[4]其次，称小子、游客为"徕子"。如武汉臣所著《玉壶春》言："见徕子撅天扑地，不弱如打家劫舍杀人贼。"[5]再

---

[1] 申时行等纂：《明会典》卷9《吏部》8《关给须知》。
[2]《大元通制条格》卷28《杂令·船路阻害》。
[3] 徐嘉瑞：《金元戏曲方言考》，第49页。
[4] 徐嘉瑞：《金元戏曲方言考》，第25页。
[5] 徐嘉瑞：《金元戏曲方言考》，第31页。

次，称恶棍、流氓为"单徕"。如马致远《青衫泪》言："今日那单徕又吃酒去了。"单徕一称，显然是"单注"与"徕子"的合称。关于单注，其义是"逃往飘流"之意。如郑庭玉所著《后庭花》云："他两个海角天涯去单注。"[1]另又有"盘子头"一称，据朱居易《元剧俗语方言例释》，当为"好勇斗狠者"，显然也是流氓的称呼。

在金、元时期的戏曲方言中，又称流氓为"生忿子"、"俏勤儿"。首先，通常将那些不肖子称为"生忿子"。如武汉臣所著《老生儿》有言："但得一个生忿子，强似孝顺女。"又无名氏所著《谢金吾》亦言："尽的忠不能尽孝，生忿子苦痛伤情。"[2]其次，称那些风流子弟为"俏勤儿"。如武汉臣所著《玉壶春》言："俏勤儿卸袍盔纳款。"[3]

在元代，又称流氓为"地头鬼"，意思是勾引外地流氓、为害乡里的无赖。如元曲《青衫泪》第3折"鸳鸯煞"对白云："是小子新娶的小娘子，不知逃走哪里去了；一定有个地头鬼拐着他去，你们与我拿一拿。"这一"地头鬼"，在明代称"地里鬼"，[4]在清代则称"地土蛇"。至今天，仍有"地头蛇"的说法，意指当地的坏人，故"地头"、"地里"、"地土"，皆有本地、就地之意。

在元代，"无赖"的称呼也存在，仍为流氓的通称。不过，元代一般称为"白赖"，意思是强取于人或死不认账，又称"白厮赖"。章太炎《新方言·释言》："《方言》：'赖，取也。'《庄子·让王》云：'其于富贵也，苟可得已，则必不赖。'《方言》又曰：'予赖，仇也。'则取予皆得赖名。郭璞曰：'赖亦恶名。'今人谓以恶索取为赖。"至清代，

---

[1] 徐嘉瑞：《金元戏曲方言考》，第33页。
[2] 徐嘉瑞：《金元戏曲方言考》，第11页。
[3] 徐嘉瑞：《金元戏曲方言考》，第21页。
[4] 吴承恩：《西游记》第52回。

"白赖"已成为流氓的一种手段。如清人记道:"又有光棍,拴构关役,于茶、笋、柴、炭出产之处,设务抽税,名曰'白赖'。"[1]

"绰皮"一称,也是元人称流氓的专有名称。如脉望馆抄校本《救风尘》之"鹊踏枝"云:"俺说是卖虚脾,他可得逞狂为。一个个败坏人伦,不辨贤愚,出来一个个绰皮。"又《元人小令集》失名"失题":"哎,夥皮!待揪挦你呵,又怕损了我指甲。"可见,绰(chuò)皮,又称"夥皮"、"夥脾",音近义同,均指不正经、无赖。至明代,"绰皮"又称"赖皮"。如明代流氓王骚狐,专门殴打平人,强赖他人银两,号为"赖皮"。[2]至今日,四川仍称青年流氓为"绰哥"、"绰妹",仍与元曲用法相近。

明人吕坤将明代"幸乱之民"分为以下四种:一是"无聊之民"。他们"饱暖无由,身家俱困,安贫守分,未必能生,世变兵兴,或能苟活。因怀思乱之心,以缓须臾之死"。二是"无行之民"。他们"气高性悍,玩法轻生,或结党而占窝开场,或呼群而斗鸡走狗。居常爱玉帛子女,为法所拘;有变则劫掠奸淫,惟欲是遂"。三是"邪说之民"。如"白莲结社,黑夜相期,教主传头,名下成千成万;越乡隔省,密中独往独来。情若室家,义同生死,倘有招呼之首,此其归附之人"。四是"不轨之民"。他们"怀争帝图王之心,为乘机起衅之计。或观天变而煽惑人心,或因民愁而收结众志,惟幸目前有变,不乐天下太平"。[3]可见,明代的变乱之民极多,他们都是流氓的"后备军"。

在明代,"破落户"一称仍然存在,并成为杭州当地流氓的专有称

---

[1] 赵士麟:《武林草附刻·禁约》。
[2] 戴金编:《皇明条法事类纂》卷34《二三成群撒泼抢夺财物犯该徒流罪者枷号充军例》。
[3] 吕坤:《忧危疏》,载郑涵编《吕坤年谱》。

谓。如明人田汝成有这样一则记载:"撒泼无赖者,谓之破落户。"[1]在《金瓶梅》小说中,"破落户"的称呼更是时有所见。

"莠民"一称,也是明朝人对流氓的专有称呼。如明人顾起元专列《莠民》一篇,并说:"十步之内,必有恶草;百家之中,必有莠民。"[2]习于恶者曰莠。如《左传》襄公三十年:"(郑公孙挥、裨灶)过伯有氏(良霄),其门上生莠,子羽(公孙挥)曰:'其莠犹在乎?'"据注:"以莠喻伯有"。至后,以"莠民"专指恶人、坏人,并成为流氓的专称。

"市虣",也是明代流氓的特有称谓。在明代,一般称"市井之刁恶者"为"市虎"。其实,应当作"市虣",此"虣"字,与"暴"同。据明人田艺蘅的解释:"《周礼》司虣掌宪市之禁令,禁其斗嚣者,与其虣乱者,出入相陵犯者,以属游饮食于市者,若不可禁,则搏而僇之。"[3]

"光棍"一称,始于明代,是明人对流氓的专称。关于"光棍",清人《六部成语注解·刑部成语》作如下注解:"诈骗之匪也。"如明代史籍载:"有等凶恶之徒,三五成群,专恃仓场收放以为营生,号为搂扒,或称为光棍,或诈为小脚等项名色。"[4]"光棍"一称,有时称"打光棍游食之徒"、"打光棍浪子",或叫"打光棍之徒",或简称"打光棍",不一而足。有一点显然值得关注,成书于明朝万历年间的公案小说《百断奇观重订龙图公案》(今本改为《包青天奇案》)中《贼总甲》一则,称专门在街上从事剪绺一类的小偷为"江湖光棍"。[5]可见,

---

[1] 田汝成:《委巷丛谈》,载《说郛续》卷13。
[2] 顾起元:《客座赘语》卷4《莠民》。
[3] 田艺蘅:《留青日札》卷3《市虣》。
[4] 戴金编:《皇明条法事类纂》卷15《禁革打扰仓场搂扒例》。
[5] 无名氏撰,锦文标点:《包青天奇案》卷7。

光棍不但是诈骗之匪的专称,有时也指那些街上的小偷。

"喇唬"一称,也是明代流氓的专有称呼。据清人《六部成语注解·刑部注解》,所谓喇唬,也是些"诈骗之匪也"。如明代史籍载:"照得京城内外军民杂处,有等光棍喇唬之徒,止因小忿,辄发大酒,有斗殴杀人命,将尸扛抬图赖者。"[1]在明代小说《百断奇观重订龙图公案》中,同样出现了"喇虎(唬)"一称,主要是指靠渡船为生者,所做却是谋财害命的强盗之事。[2]说明喇唬既可以指流氓,也可以指强盗。那么,为什么称这些"诈骗之匪"为喇唬呢?清朝人的书籍没有解释,我们从明朝人的记载中可以得到一个圆满的解释。据明朝人姚旅的解释,"喇唬"原本应该作"剌虎",其中的"剌"字读若"喇",意思是恶少。剌虎是一种草名。此草一旦招人皮肉,即如火烧,所以就来比喻那些"极恶之人",其意是说他们如同剌虎这种草一样,令人"不可近也"[3],只能敬而远之。

明人又称人"虚伪不检者"为"楼头"。"楼头"一称,源自宋。在宋代,杭州有一座何家楼,"下多亡赖,以滥恶物欺人,其时有'何楼'之号。"所以,所谓"楼头",又指"何楼之恶魁也",[4]也即流氓头子。

在清代,对流氓的称呼,大致因袭明代,或称"光棍",或称"喇唬",有时干脆将两者相合,称为"喇棍"。另外,又有"土棍"与"地棍"的称呼,这是从"光棍"一称转化而来的,也是流氓的别称。如史载:"苏州巡抚高其倬奏,江阴县地棍夏寿等纠伙至浒墅关税房,

---

[1] 戴金编:《皇明条法事类纂》卷13。
[2] 无名氏撰、锦文标点:《包青天奇案》卷10。
[3] 姚旅:《露书》卷9。
[4] 田汝成:《委巷丛谈》,载《说郛续》卷13。

肆行不法。"⁽¹⁾又载:"巡视中城给事中凤宝等奏,拿获外城土棍大胳膊林三等二十九名,请交刑部从重惩办。"⁽²⁾在清代的法律文书中,将流氓无赖一类统称"棍徒",大概就是"光棍"与"无籍之徒"的合称。⁽³⁾

在清代的各色"棍徒"中,名称也极不一。除上述"光棍"、"地棍"、"土棍"、"喇棍"之外,尚有"痞棍"、"善棍"、"流棍"、"山棍"、"讼棍"、"蠹棍"、"学棍"、"衿棍"诸称,其间所指虽各有不同,但都是流氓的别称。

至清末,才将无赖游民正式称为"流氓"。此称大概起自清末上海的租界。史载:"租界中无业游民群聚不逞,遇事生风,俗谓之'拆梢',亦谓之'流氓'。"⁽⁴⁾当时,流氓一称也时见诸报端,而且专指无赖游民,赋予其特定的含义。如《申报》言:"有王某等,均客籍流氓也。"⁽⁵⁾又言:"照得上邑,五方杂处,良莠不齐,害民之事不止一端。有所谓流氓者,有所谓拆梢者,或搭台滋诈,或伙抢妇女,或包庇娼赌,或收取陋规。"⁽⁶⁾最后,就连清朝廷的正史也出现了具有现代意义的"流氓"一称。如《清实录》载:"惟该逆内有洋人施放开花炮,叠次向营轰打,白齐文又带流氓洋匪二百余人投入苏贼。"⁽⁷⁾云云。

至清代,流氓的称谓因地域的不同而有所区别。在北京,由于这里是明清两代的都城,所以一般还是采用官方通称,称流氓为"光棍"

〔1〕《清高宗实录》卷3,雍正十三年九月下乙丑条。
〔2〕《清文宗实录》卷118,咸丰四年正月中丁巳条。
〔3〕如清末人丁日昌在留下来的公牍中,多称流氓为"地痞",或合称"地匪土痞",又称"棍徒"。此即其例。参见丁日昌《抚吴公牍》卷1《示禁棍徒需索鱼花船只》。
〔4〕黄式权:《淞南梦影录》卷1。
〔5〕《申报》,同治壬申年七月初二日。
〔6〕《申报》,同治壬申年七月十七日。
〔7〕《清穆宗实录》卷73,同治二年七月丁巳条。

或"土棍"。此外，有些流氓称谓也颇具北京地方特色，概括如下：

（一）"混混"。此称专指"在各团体中胡混及搅扰者"。此外，还有"土混混"一称，加一"土"字，"有时含带微小之义"。所以，才有了"大混混"、"小混混"或"土混混"的区别。[1]

（二）"卖打的"。此称为北京土语，亦系"光棍一流人物"。不过，"光棍仗强横欺人，此则虽亦强横，但不打人而专靠挨打得钱，故名。"[2]

（三）"打闲的"。《北京土话》释道："凡人不务正业以致流为乞丐者，则人便说某人打了闲了。意思就是讨了饭了。其人即名曰'打闲的'或曰'闲子'。如街面上之吃飞的、碰词的等等无营业之人，皆名曰闲子。"[3] 可见，"打闲的"除指乞丐以外，也指流氓一类人物。其实，在明代，北京就有"闲的儿"一称，也属流氓之流。至于"闲子"一称，其起源更可追溯到唐宋时期，均为都城中游手好闲之徒的通称。

（四）"碰词的"。"此亦闲子之一种。每每持一物在庙会游人拥挤之处行走，遇机会则佯与人相撞，将物坠地，便行讹诈。遇强硬人，则轻磨哀告；遇柔弱者，则强赖，总以得钱为止。此即名曰'碰词的'。因相碰之后，便可借词也。或书'碰瓷的'。"[4] 在明代，北京无赖子有"撞太岁"之举。至清代，已改称"撞木钟"。[5] 虽内容与"碰词的"有所差别，但采用方法则一般无异，因为碰、撞大致同义。

（五）"扛叉的"。《北京土话》作如下解释："妓馆本非正当营业，从前又无巡警保护，故时有土棍前去搅扰。于是为妓女者不能不交一有

---

[1] 齐如山：《北京土话》，第8页。
[2] 齐如山：《北京土话》，第42页。
[3] 齐如山：《北京土话》，第43页。
[4] 齐如山：《北京土话》，第43页。
[5] 翟灏：《通俗编》卷26。

力土棍,借其持撑门户,此即名曰'扛叉的'。因北京土语捣乱为'要叉',故名。或云此人因吃醋关系,常与该妓女之本夫口角,故名。"[1]

在上海,流氓的称谓也有其地方特色。概括起来,大致有以下几种称呼:

(一)"地棍"。在清代,北京称流氓为"光棍",而上海则称"地棍",说明上海仍蹁居一隅,流氓称谓上也无京师气派。如清人徐珂言:"上海之流氓,即地棍也。其人大抵各戴其魁,横行于市,互相团结,脉落(络)贯通,至少可有八千余人。平日皆无职业,专事游荡,设阱陷人。"[2]

(二)"白相人"。因为这些地棍整天无所事事,专事游荡,没有正当的职业,所以自号"白相人"。"白相"一词,起源较早,本义就有"玩耍"之意。据鲁迅言,"要将上海的所谓'白相',改作普通话,只好是'玩耍';至于'吃白相饭',那恐怕还是用文言译作'不务正业,游荡为生',对于外乡人可以比较的明白些。"[3]

(三)"拆梢"或"拆梢党"。所谓"拆梢","盖以非法之举动,恐吓之手段,借端敲诈勒索财物之谓也"[4]上海当地的地棍流氓,一贯靠拆梢维持生活。所以,凡是专干拆梢的流氓团伙,就称之为"拆梢党"。至后,就连"拆梢"也成了流氓的代称。在上海方言中,除"拆梢"外,还有几个词与流氓极有关系。如"揩油",指对妇女的猥亵行为,"吊膀子",即勾引妇女。

在天津,一般将流氓称作"混混儿",别称"混星子"。在官方史

---

[1] 齐如山:《北京土话》,第45页。
[2] 徐珂:《清稗类钞·棍骗类·上海之地棍》。
[3] 鲁迅:《"吃白相饭"》,载《鲁迅选集》第3卷,第321页。
[4] 徐珂:《清稗类钞·棍骗类·上海地棍之拆梢》。

籍中，一般称之为"锅伙"，有时甚至骂其为"锅匪"。

在苏州，称流氓为"獭皮"。如清人徐珂《清稗类钞》记载："苏俗呼土棍为獭皮，凡逼醮、构讼、杀牛、开赌诸不法事，皆出其手。"[1]

在两湖地区，即湖南与湖北，一般称流氓为"痞子"，尤喜用"痞"字。在清代，湖南人称无赖流氓为"痞棍"，大概是"痞子"与"光棍"的合称。如清人朱孙诒在《宁乡劝诫士民条约》中言："自今以后，如有痞棍怙恶不悛，设局诱赌，酿成多患，贻害地方，地邻保甲不时稽察（查），立拿报官，以凭究治。"[2]又称"痞徒"，大概是"痞子"与"无徒"的合称。如宣统二年（1910），在湖南省城长沙，有"痞徒煽惑贫民，聚众滋扰"。这种称谓，至民国时期依然沿用。1947年，《滨湖洲土规划发展》就说到在洞庭湖边，举凡私挽堤垸者，全是一些"湖痞"与"洲土大王"。所谓"湖痞"，无非也是指把持洞庭湖的恶霸流氓。此外，像四川一带，更是将"流棍""痞子""刀客"之类的称呼混合在一起，进而出现了"流棍刀痞"之类的称谓。如史载裁缝张茂华，"勾结易汉之一流棍刀痞为羽党，是以同业诸人不敢撄锋，致祸平日，听其苛派分肥"。[3]

其实，"痞子"一词，虽有湖南方言的特点，其起源却很早。章太炎《新方言·释言》云："今人呼邪人为佊（bǐ）子，俗误书痞；又谓欺诈为掉皮，即僻陂（pí）也，僻陶同字。"可见，"痞子"原本作"佊子"。此称盖源于元曲中之"调皮"与"吊皮"。如元曲《三战吕布》一白文云："凡为元帅，须要机谋，批吭捣虚，为头说谎，调皮无赛。"所谓"调皮"、"吊皮"，即掉皮、顽皮或诡巧欺诈之意。另，"捣虚"

---

[1] 徐珂：《清稗类钞·棍骗类·獭皮歌》。
[2] 朱孙诒：《宁乡劝诫士民条约》，载《团练事宜》。
[3] 吴光耀：《秀山公牍》，载彭泽益主编《中国工商行会史料集》下册，第947页。

一词,又与宋人称流氓为"捣子"有关。可见,"痞子"一词,与元曲大有渊源关系。

在清代,凡是地方恶少,法律一概称为"地棍"。另据清人的记述,按照各地的方言不同,其称流氓又可分别为:

(一)杭州人称流氓为"聊荡",其意思是这些人"无聊赖而好游荡也"。有时又称"滥聊",则尤为贬义之词。

(二)江南人称流氓为"泼皮",亦称"赖皮"。

(三)江西人称流氓为"棍子",也称"老表"。"棍子"为流氓异称,此盖源于"光棍",极好理解。唯"老表"一词,也作恶少异称,则颇为费解。"老表"本为江西方言,可作老乡解,无贬义,不知怎么又成为恶少的异称。试作揣度如下。在元曲中,有"伧(cāng)头"一词。所谓"伧头",即伧夫,为鄙贱者之称,含贬义。如在北京土语中,"伧子"一词,即指那些"不讲情理,强横而讹诈人者"。[1]在现代湖北方言中,也称粗横无理、做事不合道理的人为"艹头",当系"伧头"的音转。而自镇江以下以至滨海,则称无赖为"老伧"。"表"又作"俵",有同伙意,无贬义。而"伧"为伧夫,有贬义。不过,"老伧"这种表示法,颇与"老表"相同,不知其间有何关系。当然,这仍无法解释"老表"为什么会成为恶少的异称。在宋汪云程辑入《蹴鞠谱》中的《圆社锦语》里,"表"是隐语,其意为"妇女",又作"水"解。常言道:女人是水做的。所以,"表"就有了"妇女"与"水"两意。以"表"组词,"糟表"为无用意,"光表"指和尚,而"老表"则指道士。另外,在北方的纸扎店,即"彩铺"里,作为隐语,"老表"为"纸扎替身"的意思。清人施鸿保认为,"老表"一词,在江西人中也作恶少异称讲,必定有其根据。笔者提供旁证材料如上,但仍无法

---

[1] 齐如山:《北京土话》,第3页。

解释其中的原因，只好存疑了。

（四）广东人称流氓为"滥仔"，又称"泥腿"。滥仔，又作"烂崽"。如清末人包世臣记载，广东洋商下面有一些"烂崽"。[1]按照广东当地的习俗，凡是"滋事不法"之人，官府一概贬之为"烂匪"。[2]而"泥腿"一称，也属北京土语。不过，在北京土话中，"泥腿"一称并非极坏之名词，"不过下等人而已"，[3]而非恶少之专称。

（五）在福建，"上诸府"称流氓为"打溜"，也称"搭溜"；"下诸府"称为"闽棍"，也称"匪仔"。兴化（今莆田）人又称流氓为"狼狗"，意思是说这些人"凶如狼，贱如狗也"。只有福州人，称流氓为"野仙"，又称"罗汉脚"，其名雅致，其义却不可解。[4]"打溜"、"搭溜"、"闽棍"诸称，本来都是一些流氓僧人的别称，早在雍正三年（1725）即已如此。在当时，又称为"马流"、"挂搭"。此外，这些流氓僧人又称"鏖头"、"泼皮"。[5]"马流"一称，也是杭州流氓僧人的称呼。在清末，出家流氓通称"马溜子"。据弘一法师在一篇回忆文章中称："寺院里是不准这班'马溜子'居住的，他们总是住在凉亭里的时候多。听到各处寺院里有打斋的时候，就蜂涌（拥）而去吃白饭。在杭州这个地方，'马溜子'特别多，一般总不把他们当人看待，而他

---

[1] 包世臣：《齐民四术》卷11《兵》3《答萧枚生书》。
[2] 徐栋辑：《牧令书》卷20《戢暴·瘦石山房笔记》，载《官箴书集成》，第7册，第469页。
[3] 齐如山：《北京土话》，第8页。
[4] 上面诸多关于流氓的地域称谓，凡不注明出处者，均引自施鸿保《闽杂记》卷7《恶少异称》。
[5] 张寿镛等纂：《清朝掌故汇编内编》卷54《刑法》1。按：在清代小说中，已将"鏖头"与"无赖"并称，转而出现了"鏖头无赖"一称。另外，当时人也将无赖化的僧人称为"鏖头"，或称"鏖僧"。参见香婴居士重编《麴头陀传》第13、19、21则。

们也自暴自弃，无所不为的。"[1]

（六）绍兴人称流氓为"破脚骨"。周作人对这一称呼作如下解释："在我们的乡下，方言称流氓为'破脚骨'，这个名词的本意不甚明了，但望文生义的看法，大约因为他们要被打破脚骨，所以这样称的吧。"[2]与杭州人称流氓为"聊荡"、"滥聊"基本相同，绍兴人也骂流氓为"聊荡光"与"滥聊货"。

（七）在陕西山内各邑，专有一批"痞徒闲游城市者"，当地人称之为"闲打浪花"。这批人一得钱财，就"随手花消（销）"。[3]今天，西安人仍称街上的小流氓为"闲痞"。

在民间隐语与江湖切口或黑话中，流氓也有专门的称谓。如在《江湖切》这本专收江湖黑话的书中，称光棍为"油滑生"，大光棍为"顺子"，闲汉为"甲七通"，赖皮为"毛油生"。[4]如此等等，不一而足。

通过上面对流氓这一称呼及其在历史上的演变进行适当的梳理之后，接下来就可以对流氓这一特殊群体的形象作一些简单的素描：流氓是一些崇尚武力却又为人狡猾之辈，如明代的浙江嘉兴人就将那些"上气力、狡猾者"，称为"白赖"。[5]"白赖"二字，已道出了流氓维持日常生计的基本手段，也即通过武力或狡猾的计谋诈骗钱财。大抵说来，在明代以前，因为史料的匮乏，流氓的穿着打扮不甚清楚。至明代以后，通过穿着打扮对流氓可以得到一个更为完整的整体形象。如明代的"游食光棍"，其通常的穿着打扮是"短衣长裙，高帕细网"。[6]

---

[1] 弘一法师口述：《我在西湖出家的经过》，载《人物》，1991年第2期。
[2] 周作人：《周作人回忆录》，第57—60页。
[3] 光绪《凤县志》卷8。
[4] 八闽卓亭子删订：《江湖切·人物类》。
[5] 黄洪宪：《碧山学士集》卷9《秀水县志小序·风俗》。
[6] 吕坤：《实政录》卷5《乡甲事宜》。

从李开先所著《新编林冲宝剑记》剧本中可知，那些"游手游食，每日傍朱门求觅"的闲人，其心性多爱"虚嚣"，而其穿戴则是"皮帽偏宜短布袍"。[1] 无论是游食光棍，还是帮闲无赖，他们的打扮既不同于读书人的方巾襕衫，也与乡村农民和一般城市平民的打扮迥然不同，应该说具有一种匪气，更确切地说天生带有一种流里流气。何以言之？"短衣长裙"，上短下长，这显然形成了极大的反差。短衣不但是为了便于打架斗殴，而且也说明他们与读书人崇尚宽衣博带这样一种优雅大为不同。至于"高帕细网"，"高"、"细"二字，说明他们头上所戴之巾是"高"的，而包头之网巾，其眼却"细"。这也与读书秀才们的方巾和网巾不同。即使是那些帮闲无赖，为了"虚嚣"，给自己撑门面，头上也戴起了颇具一些富贵气的皮帽，但下面身上穿的还是短布袍，一副怪里怪气的滑稽样。流氓作为一种市井闲民，他们的欣赏趣味显然与一般市民没有多少差别。当时的市民中普遍流行一种内容涉及男女风情的民歌小曲，于是这些流氓也整天挂在嘴头，有暇则哼上几句。如明朝人范濂记松江府的里中恶少，在他们"燕闲"之时，必群唱《银绞丝》、《干荷叶》、《打枣竿》之类的民歌。[2] 这也算得上一个例证。又如清末有一位叫顾大的无赖子，生平最嗜酒，也喜欢写诗，不过所写仅仅是"打油钉铰"。即使如此，自己还扬扬得意，不自知其恶劣。他曾住在上海的北关，经常约人作狎邪游。听说顾大生平颇有奇遇，有一位叫云孙的人，属于绝色佳人，韶齿玉颜，丰致淡远，与人很少往来，而独与顾交情甚厚。时日一久，两人情好弥笃。当时顾大贫甚，还常常以珍异金钱馈赠云孙。云孙遘疾将死，想见顾大一面，作为永诀，婉问哀词，每日派人三次相请。等到顾大前往，则已

---

〔1〕李开先：《新编林冲宝剑记》，载氏著《李开先全集》中册。
〔2〕范濂：《云间据目抄》卷2《风俗》。

气绝。[1] 茫茫人海，彼独情深，而身处其境者，竟漠焉视之。顾大对云孙之情，还是有所辜负。可见，无赖尽管喜欢唱男女之情的小曲，甚至作一些打油诗，但他们确实不能像那些才子之类，真正懂得怜香惜玉。辜负女子之情，自然也是情理中事。

二、流氓与游民的区别及联系

随着社会经济的急剧变迁，使大批社会成员从传统的社会结构中游离出来，从而形成一个庞大而分散的不工、不农、不商、不士的独立于"四民"之外的社会群体，即游民群体。

大体而言，游民与流民之间的区别是显然的。清人杨景仁言："流民者，饥民也。"[2] 可见，流民是指因某些突发的自然灾害，在当地失去生存条件，从而流移他方求食的饥民。一旦这种灾害清除，他们就会重返家园。显然，流民具有突发性与临时性，而且其行动也体现为集团性。而游民活动则是经常性的，他们或闲游于本地，或奔走他方，并以闲游为专职。

从传统社会结构的角度而言，举凡"不事恒业者"，均可视为"游民"。因此，"游民"概念的内涵，确实比"流氓无产者"更大一些。

流氓，尤其是职业流氓，既来自流民，更来自游民，是一批专事游荡、扰乱社会秩序、为非作歹的不良莠民。尽管流民也是产生流氓的"后备军"，但大致说来，流民大多为一些安分守己的饥民，他们的急迫需要还是追求生存的基本条件，即土地与粮食。一旦有可能，他

---

[1] 玉觥生：《海陬冶游录》卷下，载虫天子编、董乃斌等点校《中国香艳全书》20集卷2。
[2] 贺长龄、魏源编：《清经世文编》卷41《户政》16《荒政》1。

们会重返家园，附着于土地。所以，流民不在流氓史的研究范围之内。

从广义上讲，游民也是流氓，他们与流氓有着千丝万缕的联系。如江西的"棚民"，一般来自闽、广两地，"荒山搭棚，垦种靛烟"，但也是"良匪杂处"，有时也干些"纠众放抢"的事。[1] 从狭义上讲，流氓与游民却有一定的区别，不能混淆。换言之，流氓与游民这两个概念，决不能重合。就拿清代来说，举凡走江湖的"游民"就有八种，而其中也有违法与不违法之分。在这些游民中，只有违法者，才与流氓相近。如清人汪康年记道：

> 凡游民号走江湖者有八种，系九经、十八皮、四李、三瓜、七凤、八火、五除、六妖。经者须动笔，如算命、看相、六壬、文王卦、各色起课、测字、卖对、卖画、讨宝，凡九种。皮者是江湖卖药者，凡十八种。李者变戏法等，凡四种。瓜者卖拳，为空手、执械、携妇女三种。以上四类皆不犯刑法之事，南人谓之春，北人谓之典。风者多含用刀之事，局赌亦在内，凡七种。火者伪银之类，凡八种。除者大率杀人，凡五种。妖者皆女人为之，凡六种。以上四类，皆干犯刑律。[2]

在中国古代，游民除了包括一部分职业性的盗匪，即土匪外，还包括纨绔子弟、流氓、游丐、江湖卖艺者、习拳舞棒者、赌徒，此外还有"僧道胥役奴仆之流"，以及不在编氓之中的小贩、佣工、纤夫、盐贩、散兵游勇等。可见，与流氓有一定区别和联系的游民阶层，大致有土匪、游丐、习拳舞棒者、帮会人员、纨绔子弟、帮闲等。下面依次分述之。

---

[1] 裴律度：《奏拿获纠党放抢首犯折》，载《宫中档雍正朝奏折》第1辑。
[2] 汪康年：《汪穰卿笔记》卷4《杂记》。

（一）流氓与土匪。什么是土匪？说白了，所谓土匪，就是一批占山为王，靠抢劫、绑票为生的无赖匪徒。在汉、唐律书中，只有"贼"、"盗"与"强盗"的称呼，而无"土匪"一称。在过去，"土匪"这个字眼可以用来咒骂一切偷盗行为：从偷鸡摸狗到窃国大盗，从微不足道的行窃到政治叛乱，其结果是把所有这一切都用一个词混为一谈。这大抵反映了土匪这一概念的模糊性。

直到清朝，官方的记载在涉及土匪问题时还多用盗、贼和寇。但是在18世纪晚期，一个新字"匪"出现了。最初"匪"仅仅用来指当时的白莲教，随着清朝廷越来越注重其存在的政治合法性，"匪"字也用得越来越普遍了，并常常合成为"盗匪"、"匪徒"和"土匪"，实际上，这些表达的方法并无太大区别，无不是为了说明，他们是一个或一群卷入纯粹地方性或小规模骚乱之中的人。到20世纪，"土匪"这个几乎很普遍的词基本上专门用来指农村中的强盗。[1]

土匪活动在中国的产生，至少可以追溯到私有财产的产生和国家的建立时期，其中盗跖和庄蹻二人，因为其本身的传奇色彩，似乎已成为土匪的祖师爷。在战国时期，此二人都以"贵族土匪"的名称而享有盛名。至于那位盗跖，最后成为土匪的守护神，在一些传统上土匪出没的地方，凡是富丽堂皇的庙宇中，都会供奉着他的像，以表达对他的崇敬与思念。据载，至少在南北朝时期，一些土匪路过盗跖的墓就跪拜祈祷。齐天保初年，"土鼓县令丁永兴，有群贼劫其部内，兴乃密令人冢傍伺之，果有祈祀者，乃执诸县，案杀之。自后祀者颇绝。"[2] 至清代，太湖的湖匪也将"三郎神"作为自己的守护神。有一

---

[1] 关于土匪的定义及其阐述，可参见［美］菲尔·比林斯利：《民国时期的土匪》，第1—36页。
[2] 段成式：《酉阳杂俎》，载《说郛》卷36。

次，正值土匪赛祠，江苏按察使熊枚"密捕得三十八人，或以诬良诉，尾其舟，得盗赃，兼逮剧盗九人，毁三郎像火之，盗遂息"。[1]

在古代，土匪又以"绿林"一词代称。在民间，土匪也有形象高大的一面，即被称为"绿林好汉"。如在清代，就称土匪为"绿林豪客"。有人认为，"绿林"一词，始于李清溪的《赠盗诗》。其实，"绿林"二字，始见于《后汉书》。按《后汉书·刘元传》："诸亡命藏于绿林中。"注云：绿林山，在今荆州当阳县东北。[2] 可见，"绿林"本为鄂北地区的一座山名。在公元1世纪时，由于一些造反者在此成功地夺取了部分权力，于是此地逐渐演变为土匪活动的代名词。

土匪活动的详尽内容，当然不在流氓史研究的范围之内，但因土匪与流氓的关系颇密，所以有必要对土匪的内部结构顺便提几句。在广东如"飘马"这一类土匪中，其土匪头目称"老都"。其实，早在元代，广东的土匪就称"大老"。如元至正二十五年（1365），"广东贼董贤举等七人皆称大老，聚众反"。[3] 在元曲中，又称土匪强盗为"邦老"。如清人焦循《剧说》卷1记载："邦老之称，一为《合汗衫》之陈虎，一为《盆儿鬼》之盆罐赵，一为《朱砂担》之铁幡竿白正，皆杀人贼，皆以净扮之，然则邦老者，盖恶人之目也。"胡忌在《宋金杂剧考》中疑"邦老"或为"帮老"之省文，取其有"那一帮人"的含义。笔者认为，此解颇牵强。"邦老"一称，大概是从"棒老"变化而来。如至元三年（1337），汴梁路"棒张"造反，盖此人以"棒"为器械，故称。所以，明清时期称土匪为"棒党"与"棒客"。"棒"、"邦"音同，可见他们之间有些关系。而在清代，土匪头目称"老大"，其手

---

[1]《清史稿》卷357《熊枚传》。
[2] 王应奎：《柳南续笔》卷3《绿林》。
[3]《元史》卷15《世祖纪》12。

下的兄弟，则分别称"老二"、"老三"，最末为"老幺"。[1] 举凡"老"、"都"、"大"、"马"、"棒"等字，都是土匪惯用之字，均有雄壮意。

土匪分为"社会性土匪"与"政治性土匪"两种。所谓社会性土匪，是指这些土匪以整个社会作为其掠夺对象，而政治性土匪，则有其特定的打击目标和政治目的。大致说来，古代的农民起义与暴动，从社会学的角度而言，大致与"政治性土匪"相近。尽管它也被传统统治者骂为"盗贼"或"流寇"，但参加者都有一定的政治目的，有些最后达到了这一目的。当然，就在这些暴动农民中，也有与流氓乃至土匪颇有渊源关系的。如晋时王如，京兆新丰人，后遇乱流移至宛。"时诸流人有诏并还乡里，如以关中荒残，不愿归，征南将军山简、南中郎将杜蕤各遣兵送之，而促期令发。如遂潜结诸无赖少年，夜袭二军，破之。"[2] 在北宋末方腊军中，极大部分都是"贫乏游手之徒"。[3] 在元末农民大暴动中，一些无赖纷纷参与其间。如元大德十一年（1307），"属岁涝饥，群无赖起，绩溪盗欲相蔓，民不辑宁。"[4] 至大二年（1309），"剧贼金卒二啸聚无赖，往来温、台、处、婺间，白昼钞略，吏莫敢谁何。"[5]

在"社会性土匪"中，又可分为"临时性土匪"与"职业性土匪"。所谓临时性土匪，他们只是把做土匪作为暂时的行当。其从匪的原因是由于在饥荒面前走投无路，或是面临着一时的经济危机。而职业性土匪则一辈子为匪，他们把土匪活动当作自己终身的生存之道。

土匪与流氓的区别是显然的。首先，土匪与流氓在民间百姓中的

---

[1] 薛福成：《庸庵笔记》卷1《张忠武公逸事》。
[2] 《晋书》卷100《王如传》。
[3] 《宋史纪事本末》卷54《方腊之乱》。
[4] 《马石田先生文集》卷13《监黄池税务王君目碣铭》。
[5] 程敏政：《贞白先生郑公行状》，载《师山先生文集》附录《济美录》卷2。

印象很不相同。土匪在老百姓心目中，是"绿林豪客"。土匪活动虽以打家劫舍为特点，对老百姓构成一定的威胁，但他们游荡江湖，抑强扶弱，劫富济贫，并以其主持正义、崇尚个人自由、舍己利他、视金钱如粪土的美德而闻名于世。所以，许多民间文学对土匪首领进行了讴歌与赞美。如《水浒传》中108条好汉的姓名，已深深地印入了民间百姓的脑海里。而流氓则为骚扰社会治安的渣滓，以讹诈钱财为终极目的。所以，在一些民间文学中，诸如小说、戏曲中，无赖的出现，不是面貌凶恶丑陋，就是为人阴险狡诈，并没有在百姓中留下美好的印象。其次，土匪与流氓，其来源均为无赖游民，所以复仇心理较强。然而土匪与流氓的复仇对象却不同。土匪的复仇，其对象一般是农民痛恨的特殊目标，恶贯满盈的劣绅，乃至比土匪还要强的人。流氓则甘愿成为土豪劣绅的爪牙。他们复仇的对象，或是过去的仇敌——纯粹出于私仇的报复心理，或是与之有利益争夺的团伙中的其他成员。这就是流氓所惯用的"以暴易暴"。如第一次鸦片战争时期，土匪前来抢劫上海城中的当铺、店铺与富户。于是，城中的流氓也三五成群，"要于路"，名为"抱不平"，"择其物之破恶及书籍等付之火，其金、银、铜、锡火不能毁并衣服之值钱者，自取之，汹汹然俨一仇敌"。[1] 这种"以暴易暴"式的抱不平，其结果也是不言而喻的。再就活动地域而言，土匪喜盘踞山林，所以往往有"落草为寇"的说法。在一些省与省或县与县交界地区，土匪活动尤为频繁。而流氓则活动于城市与乡村，尤喜纵横于城市。他们虽是百姓中的莠民，横行乡里，却无"流寇"或"草寇"的恶名。

当然，流氓与土匪之间的差别并非判若天壤。在流氓与土匪之间，存在着一种互换性，即流氓可以成为土匪，土匪也可成为流氓。大致

---

[1] 曹晟：《夷患备尝记》。

说来，很多土匪都是由流氓做成的。如清末张国梁，为人"喜任侠，跅弛不羁"。少年时"日与轻侠恶少年游"。显然，少时是一无赖流氓。后来因杀人犯法，"官捕之急，遂投某山盗薮"，做了土匪。[1] 有时土匪也勾结流氓，一起为非。如清咸丰年间，顺天府大城县土匪李玉峰与弟李五，原来都是流氓，后来才落草成为土匪。不过，成为土匪以后，他们仍然到处勾结"棍徒"，即流氓，"四乡抢掠"。[2]

尽管土匪与流氓在活动地域上有一定区别，但有些土匪平常藏于民间，使人很难识别，与流氓也没有什么两样。如清代的"红胡子"，每当他们抢掠时，才"聚集多人，肆行不法"，而在平时，"仍散处村落，自附齐民"。[3]

无论是土匪，还是流氓，都受到《水浒传》一书的影响，所以仍能找到很多共同点。如明末土匪余士藻，自号"靖海天王"，其手下李肃七、李肃十及其他同党，分称"十二天王"、"十八罗汉"、"二十四天罡"、"三十六地煞"，"焚杀淫掠，殆无虚日"。[4] 明代南京的流氓，也立有"十三太保"、"三十六天罡"、"七十二地煞"。[5] 取号何其相似，两者的关系不言而喻。所以，在清代，土匪又称"山棍"，成为无赖"棍徒"中的一种。另外，清代法律也无专治土匪之例，只是将他们"依光棍例"判处。如此种种，均可说明土匪与流氓颇有相同之处。

（二）流氓与游丐。乞丐作为游民中的一种，与流氓之间的关系是既有区别，又有联系。尤其是那些"硬丐"的强乞行为，简直与流氓行为如出一辙。

---

[1] 薛福成：《庸庵笔记》卷1《张忠武公逸事》。
[2] 《清穆宗实录》卷85，同治二年十一月中丙辰条。
[3] 《清仁宗实录》卷309，嘉庆二十年八月壬戌条。
[4] 计六奇：《明季北略》卷19《胡公平三县土寇》。
[5] 顾起元：《客座赘语》卷4《莠民》。

乞丐的来源，或是乡村中失去土地而衣食无着的农民，或是因灾荒而逃离故乡的农民，或是浪荡子堕落而为乞儿，或是生性好吃懒做之人。无论是哪一种人，乞丐都靠求乞而生存。在宋、明两代，朝廷分别设立悲田院、养济院，安置此类乞儿。乞丐也有自己的户籍，称"丐籍"，属于贱民之籍。不像流氓，没有户籍，属于"无籍之徒"。这种丐籍，至清雍正年间，才正式消除。

作为游民群体中的一员，乞丐也有自己的行业神，从而与流氓有所区别。首先，乞丐奉佛教中的"给孤长者"为自己的守护神。如在明代，除在天下府、州、县设养济院外，还在南、北两京设"舍饭寺"，"以济贫饥"。北京的舍饭寺有两处，都由"内臣主饔飧之出纳"。西边的一所叫"蜡烛寺"，近燕山左卫，东边的一所叫"幡竿寺"，靠近井儿。幡竿寺的伽蓝殿内，塑有"给孤长者"的像。[1] 这位给孤长者，又称"给孤独长者"，是"须达多"的别称，是古印度拘萨罗国舍卫城富商，释迦的有力施主之一。因常为孤独的贫贱者施食，故世称"给孤独长者"。其次，乞丐又将南宋刘宰奉为自己的行业神，俗呼"猛将"。据载："南宋刘宰漫塘，金坛人。俗传死而为神，职掌蝗螟，呼为'猛将'。江以南多专祠。春秋祷赛，则蝗不为灾，而丐户奉之尤谨，殊不可解。"[2]

乞丐也分临时性乞丐与职业性乞丐两类。凡是临时性乞丐，大都因灾荒或失去土地等生存条件而致，一旦有机会，他们仍会成为编户齐民。而职业性乞丐由好吃懒做者构成，他们贪图流浪乞讨的自在与快活，一生专以乞讨为活。凡是与流氓相关的乞丐，大多为一些"流丐"及职业性乞丐。

---

[1] 蒋一葵：《长安客话》卷2《皇都杂记·德胜门庵》。
[2] 王应奎：《柳南随笔》卷2。

早在宋代，就有强丐的存在，与流氓颇为相近。据载，在福建漳州府，有一批乞丐，相貌堂堂，或携刀子，或鸣牛角，或吹竹筒，或木拳捶胸打腋，或蓬头，或裸体，闯入百姓家里，强行乞讨。如果应之稍迟，他们就恶口相加。[1]

至明代，流氓化的强丐日渐增多。这主要体现在以下两个方面：一是流丐成为流氓讹诈"富商巨家"的工具。如在弘治年间，山陕人孙腾霄等30人，三五为群。每当在路上遇到乞丐，"以衣食诱之为佣，随其所至，令守舍，给饮馔"。孙腾霄等人游行于各处市场，见到富商巨家，就手持货物与他们交易，在讲价之时，故意以言语激怒富商巨家，甚至互相殴骂，随后号啕而去。到了夜里，则将乞丐杀死，并把尸体抬至富商巨家的门前，嚎啕大哭，扬言告官诉讼。富商巨家担心牵连官司，只好拿出财物，求得和解，他们才将尸体抬走焚化。流氓孙腾霄等人杀丐讹人的手法，在当时有一种专门的称呼，叫作"贩苦恼子"，奸巧横出，手段极其残忍，前后杀死流丐数十人。事发之后，为首者被凌迟处死，为从者被处以斩首，并枭首示众。二是乞丐行为的无赖化。如明末的浙西一带，乞丐成群结队，散处各地。这些乞丐通常抢夺民间幼女，挖去其眼，并让她们"行乞于市，日责钱若干"，到了晚上，这些幼女更是成为他们的泄欲之具，以致"积财甚富"。[2]

在明代北京，更有一批行同流氓的强丐。如当时的北京城内，有一种"游手好闲、不务生理、强横少壮之徒"，一手提着酒瓶，沿街索讨酒食财物，号称"叫化子"。[3]这些"叫化子"到了晚上，随处歇宿。如果遇到盗贼，就"随同打劫"，等到"被获追问同起之人，姓名不

---

〔1〕陈淳：《上傅寺丞论民间利病六条》，载万历《漳州府志》卷10。
〔2〕朱国祯撰，王根林校点：《涌幢小品》卷32《丐贩》，第646—647页。
〔3〕戴金编：《皇明条法事类纂》卷45第5。

知,面目不识,况又分赃不多"。[1]可见,在明代,乞丐不仅行如流氓,而且有时与"盗贼"土匪混在一起。

至清,乞丐的流氓性更是暴露无遗。清代游丐,往往不是单枪匹马,而是成群结队。如乾隆年间,在陕西有一种游丐,称"卦子",就"成群结队,携带家口驴骡","沿村强索"。[2]从史料的记载可知,此类卦子原本不过是属于一些凭借"其走马卖解踩索算卦为生"的江湖艺人。如清康熙五十一年(1712),陕西提督潘育龙因陈四一案上奏,得到康熙皇帝的批复,下令将这些卦子"尽行查拿安插",其目的就是使"游手之徒"从此敛迹。所谓的"陈四一案",我们从潘育龙的上奏可以知道事情的原委。原来陈四等人一向率领妻子,游走于外,凭借"走马卖解踩索算卦"为生,俗称这些人为"卦子"。所谓卦子,在江北各省均有存在,尤以山西、陕西两省最多。卦子一般是"父祖子孙,辈辈相习,以为生活之计,不务耕织,游手好闲",从传统的观念看来,属于"寡廉丧耻之顽民"。所以,潘育龙本着"除匪类须穷源除根"的准则,下令所属各营,陆续拿获卦子28起,合计男妇大小589名,及马、骡、驴、猪、羊共610匹(头、只)。潘育龙上奏康熙皇帝的目的,就是要求朝廷下令,让各省总督、巡抚责令各府、州、县、卫所辖乡村堡寨细查,如发现有卦子之徒,令其男妇痛改不善之艺,或者将他们编入现住地方的里甲为民,或者拨给他们一些绝户的田地,抑或令他们开垦荒地,将现有骡马牲畜变为牛种,载入赋役册内,按季取乡约地方、里长邻右甘结存查。[3]这一上奏得到康熙皇帝的批复,卦子暂时被安插到一般民间百姓之中,让他们纳粮当差。尽管卦子属于

---

[1] 戴金编:《皇明条法事类纂》卷33《奏禁盗安民事》。
[2] 光绪《凤阳志》卷8。
[3] 刘廷玑:《在园杂志》卷4《走解》。

江湖艺人，但从某种程度上说，也与游丐相去无几。

嘉庆年间，在福建也有一种乞丐，"身穿好衣，借乞为名，聚众十人，恶讨强乞"。[1] 而在江西城乡，更有一种名叫"练子"的乞丐，"三五成群，到处蜂拥登门入室，索讨钱米，少不遂意，喧闹不止"。此外，这些"练子"还在"茶坊酒市，肆行无忌，遇人节庆婚丧等事，则饱索不厌，使人难堪"。[2] 乞丐的强乞行为，均从深层体现出流氓性。

说到强丐，当以清代湖南宁远县境内发生的"老猴夫妇"一案最为闻名。据清朝人洪亮吉记载，老猴为广西人，外号"飞天蜈蚣"，他的妻子外号"飞天夜叉"。其人年龄在50岁左右，又擅长拳术，占据宁远县境内达十六七年之久，手下所聚集的流丐党羽达六七十人。这批以老猴为首的流丐，"分路强乞，轮日供老猴夫妇，积余赀则转贷贫民博厚利，或忤其党，则挺身行凶，人莫敢触"。[3] 显然，这些流丐团伙，从其强乞、放债乃至挺身行凶的行为中，不难看出已经与流氓相近。

至清末，体现乞丐流氓性的例子俯拾皆是。如在绍兴，有一恶丐，强奸了一个穷家之妇，"恐其言，乃以蛇入其阴户而死"。[4] 正可谓穷凶极恶！在上海，一些乞丐，也是"三五成群，习其故智，或高声而硬要，或刺血以骇人，僻巷小街，则争多论少，此多恃众横行，目无法纪，实为闾阎之害"。更为甚者，乞丐行乞，不仅强乞，而且还靠诈骗得钱，从而在沪上出现了一些有钱的乞丐。如当时有一乞丐李阿三，专门"恃术赚钱"，"每见西人乘马车而来，骤然踢倒，车中人悯之，

---

[1] 嘉庆《南平县志》卷210。
[2] 陈宏谋：《培远堂偶存稿》卷13。
[3] 洪亮吉：《更生斋文续集》卷2《赐进士出身敕授文林郎晋封奉直大夫湖南宁远县知县加三级萧山汪君墓志铭》，载氏著、刘德权点校《洪亮吉集》第3册。
[4] 汪康年：《汪穰卿笔记》卷4《杂记》。

每出对开洋给焉"。这种"横卧道上，装腔诈死"的行为，与流氓的讹诈已没有什么两样。这些乞丐诈得钱后，"则又呼朋引类，聚赌中宵，炙肉烹鱼，群焉大嚼"。[1] 苏州的北寺前，一向为乞丐栖息之所，在当时也是"强丐"会集。其中称为"行头"者，共计24人，各人都收得徒弟，多寡不等。这些强丐所持之器，"非篮即棒，有以芦柴编成薄板，名曰芦板；有以蛇皮包竹管，名曰竹筒；有以杂皮缝成大袋，斜挂腋下者，名曰掇长袋。有弄活蛇者，有持死蛇者"。[2] 入市讨钱，务须大钱，若给小钱，或者给之稍缓，这些强丐就厉声怒骂。如果店铺与他们发生争吵，这些强丐就用剃刀将额头划破，流血满面，"索诈数百文始去，谓之开堂"。

（三）流氓与习拳舞棒者。在我国民间，习武一直很成风气，为此也就形成了一支具有一定规模的习武队伍。他们或充当拳师，招集门徒，授业四方；或遍寻高手，拜师学艺。所以，这类习武主人，也算是一批流动幅度较大的游民。

作为习拳舞棒者，其源头大概可以追溯到秦汉时期的"力士"与"剑客"。在明代，这批人称"打手"，又称"青手"，算是职业的打手。至清，此类游民就更趋繁多。如乾隆时期，在四川就有来自湖广、江西、陕西、广东等省的"外来无业之人，学习拳棒"。[3] 在河南，"少壮之民，习于强悍，多学拳棒"；少林寺僧徒，"向以教习拳棒为名，聚集无赖"。[4]

这些游民与会党关系较为密切，很容易参加地方暴动等项活动。

----

[1]《申报》，光绪乙亥三月十一日。
[2]《申报》，同治壬申十一月廿三日。
[3]《清高宗实录》卷203，乾隆八年十月己卯条。
[4] 参见《康雍乾城乡人民反抗斗争资料》下册，第619页。

另外，此类游民还参加以下三项活动，颇具无赖性质：（1）一些地方上的豪强，豢养这些习拳舞棒者，使其成为自己的爪牙。于是，这些人就成了私人看家护院者以及豪强的贴身保镖。如在广东普宁，有一种游手无赖，名"阿赤"，"专受雇于人"。[1] 又清末人包世臣称这些拳勇之人均为"手足便利之辈"，而地方上那些"席厚之家，负气之子"，更是"豢拳勇以助势"。[2]（2）这些游手好闲之徒，平常"轮叉舞棍，演弄拳棒，遍游街市，射利惑民，打降赌博，无所不至"。（3）凡是各省发生械斗，这些游民就自称"枪手"，受雇于械斗双方，"在场帮殴"。[3]

可见，诸如习拳舞棒者这类游民，本来有些就是无赖，而参与的活动，也颇具无赖性质。尤其是在明代，打行中的专职打手，更是由一些无赖恶少充任，其行动也与流氓一般无异。显然，像习拳舞棒者这类游民，与流氓的关系颇深，有时甚至密不可分，而此类游民的活动，在某种程度上也可归为流氓活动。

当然，并不是每一个习拳舞棒者均可称为流氓，同时，习拳舞棒者的活动也不能一律视之为流氓活动。这是因为，有些武师，习弄拳棒，无非是为了强身健体，而他们的活动，也保持着武林中人扶危助厄、行侠仗义的本色，与那些泼皮无赖的举动迥然相异。

（四）流氓与帮会人员。一提到帮会，人们就会想起青帮与洪帮（又称"红帮"），因为在民国年间，青红帮中出了两位闻人大亨，即黄金荣与杜月笙。

帮会的出现，虽然至清代才成为现实，但如果追溯它的源头，秦

---

[1] 乾隆《普宁县志》卷8。
[2] 包世臣：《齐民四术》卷8《刑》2《为江苏地方提刑诚述堂通示合省》。
[3] 《大清律例会通新纂》卷26《刑律·斗殴》。

汉间巷少年与游侠那种"背公死党"的特点,似乎也有黑社会帮会的特色。宋代的"没命社"与"亡命社",虽属流氓团体,倒也具有帮会的雏形。至明代,北京把棍的结"把",其组织之"把",大概与具有拜盟意义的"拜把子"有一定的关系,可以说也是帮会成员的惯用手法。

至清代,会党名目繁多,其行动目标也各有差异。没有社会地位,生活不稳定的游民对现实的不满情绪最大,他们需要借助帮会这种组织形式,招集同类,互相照应,互为提携。在清代,各种帮会,均有游民的参加。如嘉庆年间,在福建尤溪、古田二县,有匪徒侯二八雄,设立"双刀会","纠人入伙,拆毁民房,强取食物,并搜有悖逆簿据"。[1] 道光年间,在江西雩都县,孙美老孜与人"歃血拜盟,纠集多人",创立了"洪连会"。在南安府、吉安府,又有"添弟会"、"千刀会"等名号,也是"肆行抢掠"。此外,在江苏江宁,"省城内外,有游手无赖之徒,呼朋引类,结党成群",他们"各立会名,拜盟结党,私设公所"。[2] 在福建泉州,也有一些"游手攘臂之徒","纠伙结盟,各立门户,寻事生风"。[3]

在清代,运河上的漕运水手,也是结帮成派。据载,粮船上水手的"设教拜师",固然是为了"敛钱树党",而与那些"实在习教匪徒不同"。[4] 不过,漕运水手一般"多崇尚罗门邪教,而浙江、湖广、江西三省,其党更炽。奉其教者,必饮生鸡血酒,入名籍册,并蓄有兵器,按期念经,则头戴白巾,身着花衣。往往聚众行凶,一呼百应"。[5]

---

[1]《清仁宗实录》卷314,嘉庆二十年十二月丙子条。
[2] 俞德渊:《默斋公牍》卷下。
[3] 光绪《马巷厅志》卷11《风俗》。
[4]《清宣宗实录》卷87,道光五年八月壬戌条。
[5] 励廷仪:《奏请严禁邪教水手折》,载《宫中档雍正朝奏折》第2辑。

帮会在清代又称"会匪",应属于土匪的一部分。但帮会也与土匪有一定的差别,它属于民间的秘密组织。从帮会的成员构成以及行为来看,它与流氓存在着很多共通之处。如嘉庆年间,江北的颍州府、亳州府、徐州府,河南之归德府,山东之曹州府、沂州府、兖州府一带,有"顺刀会"、"虎尾鞭"、"义和团"、"八卦教'等帮会,其参加者多为一些"无赖棍徒"。[1]又如江宁的帮会,也由一些"游手无赖之徒"构成。而在清末,长沙的"青衣党",沅江县的"黄巾党",均属哥老会的残部,也"不过是无赖之徒的集合"。[2]

再从帮会成员的行为来看,也与流氓相近。在鸦片战争前后,帮会与农民之间的关系更多地是以游民社会与农业社会的矛盾表现出来,两者之间的关系则体现为掠夺与被掠夺、供养与被供养。帮会在地方上也是劣迹昭著。他们或互相斗殴,抢劫盐店,或横行乡里,胁迫农民加入帮会,或开设赌局,参与赌博。如康熙五十七年(1718),粮船水手中的帮会,浙江帮与湖广帮,在武清县地方遭遇,"争斗杀伤多人"。康熙六十一年(1722),严州、庐州的漕帮在山东地方,"有行劫盐店、大伙劫杀等事"。[3]此外,这些帮会还"横行乡里,或拔人以勒赎,或演戏以敛钱,匪肆猖狂,党徒菌蠢,强占妇女,屠宰耕牛,挖睛残人,抢孀逼嫁,无恶不作,势焰汹汹"。[4]还有,这些帮会还强迫农民加入,其目的无非是搜括财富。如道光年间,陈一怣等建立大会,"会党多系衙役",并强迫陈文隆加入。但文隆不肯加入,于是就"诬捏命案,县差李泰等将伊锁带拷打,抢劫钱物"。[5]

---

[1] 张寿镛等纂:《清朝掌故汇编内编》卷54《刑法》1。
[2] 山口昇:《中国的形势及秘密结社》,载《近代史资料》总75号。
[3] 励廷仪:《奏请严禁邪教水手折》,载《宫中档雍正朝奏折》第2辑。
[4] 蒋清瑞:《柘湖宦游录》。
[5] 《清宣宗实录》卷72,道光四年八月庚辰条。

在四川，哥老会也是"强迫农民入党。农民之安分者，若不相从，则身家莫保"。[1]又如"顺刀会"等，平常也是"横行乡曲，欺压良善"。遇到场市，就"公然搭设长棚，押宝聚赌，勾通官吏，为之耳目"。[2]所有这些，简直与流氓行为如出一辙。所以，至民国时期，又有了"帮会流氓"一称。

当然，帮会成员还不能与流氓混为一谈，而帮会也不能与流氓团伙相提并论。换言之，这两者之间的差异也是显然的。帮会成员中，固然存在着很多无赖之徒，但随着时间的推移，不少地主乡绅、地方名流与富商也纷纷加入帮会，充当帮内首领。例如，在四川哥老会中，"富家大族之子弟，遂至有用钱捐当帽顶之事"。[3]长江下游的青帮，最初不过是"无业游民、刑伤匪类当之"。到了后来，"居然武庠中之举秀，仕途中之子弟，衙署中之差役，憨不畏法，自以为雄，乐居下流，毫不为怪"。[4]又如四川之"江湖会"，其中也"多亡命无赖及不肖绅衿"。[5]显见，就成员构成而言，帮会成员除了一些"亡命无赖"以外，其他尚有安分守己的农民，以及地主乡绅、地方名流与富商，不能一概视为流氓。

随着士绅与富商的加入，这些名人在清末纷纷成为立宪派与革命党人。这样，也就使帮会从纯粹的带有秘密性质的破坏性组织，变成一个有一定政治目的组织。如"共进会"的发起人，"或是'大爷'，或是会党中较有地位和较为积极的人物"。[6]"龙华会"首领张恭，也

---

[1]《四川农民疾苦谈》，载《衡报》第6号。
[2] 张寿镛等纂：《清朝掌故汇编内编》卷54《刑法》1。
[3] 四川总督丁宝桢光绪五年三月初九日奏折，载《四川保路风云录》，第53页。
[4]《申报》，光绪二年五月廿四日。
[5]《解散会党》，载《四川辛亥革命史料》上册，第134页。
[6] 吴玉章：《从甲午战争前后到辛亥革命前后的回忆》。

出身书香门第。[1]"白布会"首领濮振声,更是"家资殷实"。[2]显然,帮会组织决不能与一般的流氓团伙相提并论。

（五）流氓与纨绔子弟。所谓纨绔子弟,其实就是一些"浪荡子"或"不肖子",在宋代称为"破落户"。一般说来,这些人以城镇地区为多。他们大多依仗父兄的收入和地位,不事生理,终日在街市上游荡。

这些不肖子和浪荡公子,与流氓没有本质上的差别,有的只是时间上的差距。不肖子虽无流氓的身份,却有流氓的习气。随着时间的推移,不肖子一旦荡尽祖业,陷入困顿,其中的无能者就沦为悲田院的乞儿,强横诡谲者自然变成横行街头的流氓。

有关"不肖子",在中国历史上有许多有趣形象的说法。在五代,据《北梦琐言》载,不肖子有三变:其初变为"蝗虫",谓"鬻庄而食";次变为"蠹虫",谓"鬻书而食";又变为"大虫",谓"卖奴婢而食"。到了元代,就有人认为,如果只以"三虫"概括不肖子,似乎"未足以尽其实"。这是为什么?不妨详引元人记不肖子的无赖行径:

> 初父母未亡也,凭借父祖门荫,声势在外,无所不为,朝去暮归,盗窃财物,恣情为非。父兄以内有所主,及持父兄弟私事,逼其婢妾,至于掣肘,或恐玷己,遂为掩蔽,付之无可奈何。及托前世,甚至在外指屋起钱,高价赊物,低价出卖,谓之"转肩",人皆指而目之爷健大郎。父有因此淹抑成病,又增利贷钱,候父母死还钱,谓之"下丁钱"。其或母先父亡,犹且庶几者,若或父亡而母存,其为害特甚。初父亡,得财产入手,岂顾其母!及财散而母存,甘旨不具,展（辗）转孤苦,亲戚兄弟有不忍者,携

---

[1] 陈去病:《金华张恭传》,《浙江辛亥革命回忆录》,第106页。
[2] 陶成章:《浙案纪略》,载《辛亥革命资料丛刊》（三）,第51页。

归奉养,则往彼争喧取扰,谓母有挟藏之物,反为求索。其亲厌烦,则付母还之,复受岑寂。或有兄弟粗给,则兴讼索分。亦自有此等人,资给以导其为讼。既讼毕,得钱浪费,无岁月间,又已空虚,连及妻室姊妹,觅人蓄养,作为亲戚,出入闺门,分甘忍耻,食残衣弊,而妻辈以饥寒所困,初似羞涩,终则愿为。间有妻辈家以力夺去,及妻子辈鬻身事人,或与所事者厚爱,从彼弃此。不肖子俱无所施,则思旧所交游者及父兄朋友而求索度日。如此又不知以何等虫处之矣。[1]

可见,不肖子终究会沦为乞丐。到了明代,论不肖子的三变又有新说,道:一变为"蝼蛄",谓"食泥也,则卖田地矣";二变为"白蚁",谓"食木也,则卖房屋矣";三变为"大虫",谓"食人也,则卖妻妾子女矣"。[2]

在明代,一些纨绔子弟甚至不乏带有一些流氓习气。明末的著名文人张岱,其文字最为真实,他笔下所记自己的小叔张烨芳,甚至被里中恶少称为"主公",几乎已经成为一个流氓头子。据张岱所载,张烨芳号七磐,"生而跋扈,不喜文墨,招集里中侠邪,相与弹筝蹴鞠,陆博蒲撸,傅粉登场,斗鸡走马,食客五六十人"。为此,里中恶少年,称张烨芳为"主公"。一声令下,恶少随之聚集。其中有一位王某,一向倔强,又狎戏张烨芳的"弄儿",随之得罪张氏,张氏打算置之死地。无奈之下,王某只好逃过江去避难。不料一到镇海楼下,突遇张氏所遣"狰狞壮士",手持应天巡抚的大牌,声称王某是越狱的大盗,

---

[1] 耐得翁:《就日录》,载《说郛》卷34。
[2] 田艺蘅:《留青日札》卷3《不肖子弟三变》。

"椎棒交下，立毙之，遽去"。[1]

至清代，这些纨绔子弟也多有存在。如浙江瑞安，"游手无赖之徒，鲜衣美食，无室家之顾，昼夜游行城市，惟图饱欲"；[2] 在湖北大冶，"少年游手，习为艳曲慢声，妖服冶容，周游于市"。[3]

当纨绔子弟的家产没有荡尽之时，在他们的身旁，必然聚集一批淫朋狎友，整天拿语言奉承他们，哄诱他们，胡说"自古豪杰英雄，必然不事生产，手段慷慨，不以财物为心，居食为志，方是侠烈之士"。这班淫朋狎友，大致可以分为两种人：一班是捷给滑稽之人，即帮闲清客，他们个个利口便舌，胁肩谄笑，纨绔子一天也离不开他们；另一班为猛勇骁悍之辈，揎拳舞袖，说强夸胜，自称好汉。只有这两种人，才能与不肖子说话投机。此后，这两种人又去呼朋引类，你荐举我，我荐举你，于是一些市井无赖少年也多来倚草附木，献技逞能，掇臀捧屁。这些浪荡公子哥，要的就是别人称他大量有派，所以不论好歹，一概收纳。可见，初时，纨绔子弟是帮闲、流氓的衣食父母。到了后来，家产荡尽，不肖子只好浪迹街上，或以乞讨为生，或以诈财维持生计，不是当了乞丐，就是成为流氓。

（六）流氓与帮闲。什么是"帮闲"？1932年，鲁迅在《帮忙文学与帮闲文学》（后收入《集外集拾遗》）的讲演中说："那些会念书会下棋会画画的人，陪主人念念书，下下棋，画几笔画，这叫做帮闲，也就是篾片。"

追溯帮闲的起源，大概战国时期孟尝君等四公子门下的门客，可

---

[1] 张岱：《张岱文集》卷4《附传》，载氏著、夏咸淳辑校：《张岱诗文集》，第315—316页。
[2] 赵钧：《过来语》，第16册。
[3] 光绪《大冶县志续编》卷2。

称是此类人的祖师爷。到了宋代，才在城市中出现了一批"闲人"，大致也可称之为"帮闲"。至明清时期，帮闲一称才成了一些寄食于权豪或富绅门下的清客的通称。关于明代的帮闲，笔者在有关明代流氓的论述中辟有专节，可资参看。

这些寄食权门的帮闲清客，"他也得会下几盘棋，写一笔字，画画儿，识古董，懂得些猜拳行令，打趣插科，这才能不失其为清客"。当然，凡是有骨气者，是不屑为帮闲的，但又非搭空架者所能企及。例如，清代李渔的《一家言》，以及袁枚的《随园诗话》，就不是每一个帮闲都做得出来的。"必须有帮闲之志，又有帮闲之才，这才是真正的帮闲"。[1]

可见，帮闲中的上乘者，如李渔、袁枚之流，虽也属无聊及无行文人，却也是有些才学的；而其下乘者，就只好光凭油嘴，说说笑话，扯扯淡，在主人门下骗口饭吃，纯属油嘴棍徒，实可归于流氓一类，故又有"帮闲流氓"一称。

以上，笔者就流氓与游民阶层中的其他各色人物进行了比较分析，指出它们之间的区别与联系。下面拟就流氓与政客、文人之间的关系再作简要阐述。

自从儒家堕落以后，儒生中的末流，无非是成为政治流氓与流氓文人两种。战国时期的"游士"，实是一批玩弄阴谋诡计的无行政客，大致与政治流氓相近。这批政客，虽号称"奸雄"，巧于用术，能神出鬼没于至深至险之际，自以为神算得计，却最后也落得个"自毙"的下场。所以，后人对苏秦、吕不韦之流也大有微词："是故苏秦能报刺客之仇，而不能逃其匕首之害；吕不韦能匿祖龙之胎，而不能免其迁

---

[1] 鲁迅：《从帮忙到扯淡》，载《鲁迅选集》第4卷，第191页。

蜀之谪。"[1]

当然，政治流氓的杰出代表，还应推刘邦与朱元璋。据《史记·高祖本纪》，刘邦少"不事家人生产作业"，"无赖，不能治产业"。可见，刘邦的出身就是流氓。这种出身，导致刘邦在政治生涯中惯用流氓手段。如楚汉之争时，刘邦面对项羽以其父为要挟，却大耍无赖，对项羽大言道："我翁即若翁，必欲烹尔翁，则幸分我一杯羹。"说出这种"忍心语"，实在是无耻之尤了。《朝鲜国策》曾就此发问道："汉祖忍于分羹，而为义帝发丧，岂移孝作忠之道？"清人龚炜对刘邦的流氓行径倒是一语中的："要之分羹发丧，好歹俱无是心，只把此心都倾在项王身上耳，讲不到忠孝。"[2]

朱元璋的出身，或认为是"游丐"，或认为是"游方僧人"，均属游民。清代史家赵翼曾说："盖明祖一人，圣贤、豪杰、盗贼之性，实兼而有之者也。"[3]朱元璋早在登极之前，就以流氓气十足的刘邦为效法的楷模。但仅就流氓气而论，"朱元璋比起刘邦来，实在是更胜一筹"。[4]

朱元璋"龙潜"时，曾在皇觉寺出家为僧，所以即位后，就以此为讳。凡廷臣赋诗，有犯"光"、"释"、"和"、"尚"字者，即被视为"讥讪"，"甚则诛戮，轻亦谴谪"。如一日，朱元璋命监察御史施孟微赋诗，有"日出光华照四方"之句，因犯"光"字，得罪黜归。[5]

政治流氓最显著的本性，就是不讲信义，翻脸不认账，心狠手辣。举例而言，凡是手下将领在战场上失利，就会被违纪斩决，但到战争

---

[1] 敖英：《东谷赘言》卷上。
[2] 龚炜：《巢林笔谈》卷2《汉高祖讲不到忠孝》。
[3] 赵翼：《廿二史札记》卷36。
[4] 相关的研究，参见王春瑜《明代流氓及流氓意识》，载《社会学研究》，1991年第3期。
[5] 王应奎：《柳南随笔》卷6。

胜利后，政治流氓又会反过来大举杀戮有功战将，其理由无非是犯了功高震主的忌讳。可见，屠杀、迫害功臣宿将，是政治流氓本性的大暴露。如刘邦就杀了韩信、彭越，而朱元璋则先后制造胡惟庸、蓝玉大惨案，胡案族诛至三万余人，蓝狱案也诛至一万五千余人，开国功臣几乎一网打尽。所以，自古就有这样一句至理名言："狡兔死，走狗烹；飞鸟尽，良弓藏。"另外，还流传着这样一句俗语："太平原是将军定，不许将军见太平。"这两句话，一方面说明凡是参与创业的功臣武将，他们在建国以后尽管也会享受到短暂的富贵荣华，但终究无法荣耀终身，甚至不乏被诛戮的悲惨下场；另一方面，又告诫那些功臣，在面对流氓皇帝春风得意之时，应该及时避其锋芒，尽早隐退，以免成为皇帝的案上之肉。当然，这种事情不仅发生在君臣之间，有时连骨肉之间也是如此，而刘邦、朱元璋所行之事，则是这两句话的最好注脚。

放荡不羁，大概是中国文人的通病，从阮籍直到唐伯虎、袁中郎，概莫能外，这倒算不得是流氓行径。但是，那些无行文人，实与流氓一般无异。如唐时，武后篡权，陈子昂献《周受命颂》；张昌宗兄弟"嬖幸用事"，宋之问、沈佺期"倾心媚附"；安禄山僭号以后，王摩诘"受其伪爵"；王叔文专权，柳宗元、刘禹锡"为之党附"。[1] 这几个文人，诗名冠唐，而其志节如此，文人无行，确非虚语。又如唐时武翊黄，府送为"解头"，及第为"状头"，宏词为"敕头"，时称为"武三头"，冠于一时。但究其行，却也是一个流氓文人。据载，他"后惑于媵嬖薛荔，苦其冢妇卢氏，虽新昌李相绅以同年蔽之，而众论不容，终至流窜"。[2] 所以，在中国历史上，又有了"宦途恶少"的称呼。如

---

[1] 邹维琏:《读史杂记》卷下《文人无行》。
[2] 王谠:《唐语林》卷6《补遗》。

《金华子》载,"朱冲和,五经及第,恃其强敏,好干忤人,所在伺察瑕隙,生情争讼,人号为'宦途恶少'"。[1]所谓"宦途恶少",其实就是流氓文人。

在历史上,还有一大批"轻薄子"。所谓轻薄子,也就是轻薄文人。如唐太和初年,在京师有一批"轻薄徒","取贡士姓名,以义理编饰为词,号为'举人露布'。九年冬,就戮者多是儒士"。[2]

到宋朝,更有一些无行文人,喜与侠少交游,混迹流氓群中。如张景,"以古学尚气义,走河朔,与冀州一侠少游。后侠者不轨,事败,景亦连继,捕之甚急,遂改名李田,遁窜四海"。[3]此外,有一些士人,其行为简直与流氓如出一辙。如陈宪,为"宦家之后",为人"顽赖无耻",霸占傅十九之妻阿连。王木,"家世业儒",却也与阿连宣淫通奸。[4]如此种种,均说明在中国古代,流氓文人普遍存在。鲁迅先生曾举一例,说明流氓文人的反复无常:"比方有一个人在没钱的时候,说人家吃大菜、抽大烟、娶小老婆是不对的,一旦自己有了钱也是这样儿,这就是因为他的目的本来如此。他所用的方法,也不过是'儒的诡辩'和'侠的威胁'。"[5]

鉴于政治流氓与流氓文人所涉的问题及其中的关系颇为复杂,而本书所要阐述的主要内容还是那些职业流氓群体,所以,除了在叙述明清两代流氓时,会对下层文人如秀才一类的无赖化作一详细的研究之外,其他笔者不拟在本书中详述,只在绪论中稍作概括。

---

[1] 转引自史梦兰:《异号类编》卷10《宦途恶少》。
[2] 赵璘:《因话录》卷6。
[3] 文莹:《湘山野录》卷下《张景尚义气》。
[4] 赵知县:《士人因奸致争既收坐罪名且寓教诲之意》,载《名公书判清明集》卷12。
[5] 鲁迅:《流氓与文学》,载《文学报》,1992年1月16日。

第一章 先秦时期的惰民与游侠

一、惰民与闲民

追溯中国流氓史的源头，不能不提到在先秦时期广泛存在的"惰民"。这是因为，在明代，朝廷的法规就将"惰夫游食"视作流氓无赖。如洪武二十一年（1388），朝廷专门就河南、山东的农民中那批"懒惰不肯勤务农业"的人发布政令，督促这些人耕种务农，让他们见丁著业，"毋容惰夫游食"。[1] 所谓"惰夫游食"，就是"惰民"。在清代，将盗贼、赌博、打架、娼妓并称"四恶"，并认为打架（即流氓斗殴）就是"周公所谓'乱民'"、"孟子所谓'贼民'"，[2] 而赌博干犯功令，贻害父兄，故将赌博者视作"《周官》之'罢民'"。[3] "乱民"、"贼民"、"罢民"云云，其实都是"惰民"。

什么是"惰民"？所谓"惰"，其义有二：一是懈怠、懒惰。如《书·益稷》："元首丛脞哉，股肱惰哉，万事堕哉。"又《荀子·非十二子》："佚而不惰，劳而不僈。"二是衰败，与"惰"、"堕"相通。如《墨子·修身》："雄而不修者，其后必惰。"可见，所谓"惰民"，即指脱离了农业生产的惰游之民，或指懒惰之民。

---

〔1〕《明会典》卷17《户部》4《农桑》。
〔2〕《清高宗实录》卷14，乾隆元年三月上壬寅条。
〔3〕张寿镛等纂：《清朝掌故汇编内编》卷54《刑法》1。

至明清两代，惰民除了指一般性的惰夫游食之民外，同时又成为一个专门的称呼，即指那些被排除于士、农、工、商四民之外的贱民。据说，元灭宋后，将俘虏和罪犯集中于绍兴等地，称之为"怯怜户"，后人称之为"惰民"。明编户籍时，就将他们统列为"丐户"，长期被视为"贱民"，世充贱役，不许与平民通婚、应科举。这批人中，女的称"喜婆"，男的称"惰贫"，或称"大贫"。至清雍正时，朝廷下令改变这些人的户籍，与平民同列。不过，其职业一直遗存至民国年间而未改。这种作为贱民的"惰民"，固然与先秦时期的"惰民"有所差别，但其间也多无赖游民，同样是研究流氓史所必须注意的一个社会问题。

在春秋、战国时期，社会上产生了大量的"惰民"，使之成为一个比较热门的社会问题。当然，惰民的大量出现，也是有其深刻的社会原因的。自春秋后期至战国时期，出现了中国古代第二次城市建设高潮，随之产生了一批工商业比较发达的城市。如战国时期，齐都临淄，楚之郢都，陈之宛丘，燕之涿、蓟，赵都邯郸，魏都大梁及温、轵、定陶，韩之荥阳，郑之阳翟等，都是工商业极为繁荣的天下名都。私人工商业的兴起，使城市的社会风尚也随之发生巨变。求利逐富，蔚为风气。在城市中，各色人物纷纷崭露头角，既有从政的"贤人"、讲究名节的隐士、久宦的"廉吏"、"舞文弄法"的贪官，又有却敌斩将的"壮士"、"任侠兼并"的"闾巷少年"、"不择老少"的"赵女郑姬"，真所谓"天下熙熙，皆为利来；天下攘攘，皆为利往"。[1]

商业的繁华，使大都会集中了各种各样的娱乐活动，并开始从宫廷走向民间。如战国时期的临淄，"其民无不吹竽、鼓瑟、击筑、弹琴、斗鸡、走犬、六博、蹋鞠者"。[2] 同时，有的都城还出现了一些对弈、

---

[1] 司马迁：《史记·货殖列传》。
[2] 《战国策·齐策一》。

投壶、讴歌、飞戈、击剑、举鼎等娱乐活动。

商业的繁荣，迫使社会上的很多人都为求利而来到都市；都市娱乐活动的增加，更使一些游惰之民有了极好的去处，找到了不少逗闷的乐子。换句话说，所有这些，都为惰民的大量涌现奠定了极好的社会基础。

先秦时期的"惰民"，时常见诸各种典籍，其称呼也不一，或称"惰民"，或称"闲民"，或称"罢民"，或称"谪民"，如此等等，不一而足。不过，称呼虽不同，其义则一，都是指一些脱离了农业生产劳动的浮游之民，即流氓。下面依次分述之。

（一）惰民。关于"惰民"，《周礼》一书记之甚详。《周礼·地官·载师》载："凡宅不毛者，有里布；凡田不耕者，出屋粟；凡民无职事者，出夫家之征。"在这里，"宅不毛"、"田不耕"，就是指惰民受田宅后，废芜不耕种，以及富贵之家广占田宅而为游燕者而言。"宅不毛"，意为不树桑麻；"宅"指居宅；"里布"，即居里所罚的货币。凡城郭中的居宅不树艺者称为"不毛"，要按居里的惩罚标准，罚出货布。"屋粟"当是古代一种征税的名目，具体内容已不详。一般认为，是按十一之税或十二税五之率，计亩征税。至于"无职事"云云，显然是指那些惰民无所事事。按规定，这类人也要按一夫百亩的标准征税，以及出士徒车辇、服徭役等。此外，《周礼·地官·闾师》也有关于惰民的记载："凡庶民，不畜者祭无牲，不耕者祭无盛，不树者无椁，不蚕者不帛，不绩者不衰。""不畜"、"不耕"、"不树"、"不蚕"、"不绩"云云，都是指那些庶民中游惰无所事事者。这句话的意思是：凡庶民有不畜牲者，令其祭祀时不得用牲；不耕作者，祭祀时不得用黍稷；不树艺者，死后不得用椁；不事蚕桑者，不得衣帛；不事纺织者，不得制衰。所有这些，都是降低惰民家的礼数，借此耻辱之。

在先秦，士、农、工、商四民也算正业。此外，就是游士、惰民，都须予以惩罚。所以，除《周礼》之外，先秦的其他典籍，都对惰民提出了惩罚性的条例。如《管子·乘马》就主张，士农工商皆与功，"不可使而为工，则视贷离之实而出夫粟"。《书·盘庚》也云："惰农自安，不昏作劳，不服田亩，越其罔有黍稷。""昏"即"慜"，有勉力之意。这句话的意思是说惰农（即惰民）自寻安逸，不努力于稼穑，就不会有所收获。《商君书·垦令》："禄厚而税多，食口众者，败农者也。则以其食口之数贱［赋］而重使之，则辟淫游惰之民无所于食。无所于食则必农。"又《韩非子·五蠹》云："夫明王治国之政，使其商工游食之民少而名卑，以寡趣本务而趋末作。"商鞅、韩非均属法家，他们的理论主旨无非都是重农抑商，尤其是要驱赶游食之徒务农。不过，从他们的记述中也可证知，"游惰之民"与"游食之民"在先秦确实存在，而且问题比较严重。

士、农、工、商为四民，此外即为惰民。不过，在先秦，有时又称"惰民"为"穷民"。如《周礼正义》引《中论·谴交篇》："古之立国也，有四民焉……不勤乎四职者，谓之穷民，役诸圜土。"可见，整天无所事事的惰民，必须受到"役诸圜土"的惩罚。"圜土"，即所谓"狱城"，也就是监狱。

民无所事事，则为惰民。那么，士无所事事，则为"惰游之士"，或称"游士"，又称"游夫"。如《礼记·玉藻》："垂缕五寸，惰游之士也。"又《韩非子·和氏》云："官行法则浮萌趋于耕农，而游士危于战陈。"《史记·孟尝君列传》："天下之游士冯轼结靷东入齐者，无不欲强齐而弱秦者；冯轼结靷西入秦者，无不欲强秦而弱齐者。"而管子则称其为"游夫"，如《管子·参患》："三器成，游夫具，而天下无聚众。"无论是"游士"，还是"游夫"，均指战国时期的游说之客，也应算是"惰民"的组成部分。

（二）罢民。《周礼·秋官·大司寇》云："以圜土聚教罢民。"所谓"罢民"，其实也是惰游之民，不过是换了一种称呼而已。这句话的意思是说，将这些"罢民"弃于狱城之中，使之困苦，以驱其向善。在清代，将盗贼、娼妓、赌博、打架者这四种人称为"罢民"。可见，"罢民"与后来的流氓相近。

民游惰，可称"罢民"。那么，士游惰，则可称"罢士"。如《荀子·成相》云："曷谓罢，国多私"；"曷谓贤，明君臣"。《荀子·王霸》又云："无国而不有贤士，无国而不有罢士。"凡人之不贤、窳惰无行、疲病游惰，均可称之为"罢"。所以，所谓"罢士"，即指惰游之士。

（三）闲民。《周礼·地官·闾师》云："凡任民：任农以耕事，贡九谷；任圃以树事，贡草木；任工以饬材事，贡器物；任商以市事，贡货贿；任牧以畜事，贡鸟兽；任嫔以女事，贡布帛；任衡以山事，贡其物；任虞以泽事，贡其物。凡无职者出夫布。"这就是《周礼·天官·大宰》所谓的"以九职任万民"。所谓九职，即指农、圃、工、商等九类，借此使万民各司其职，各贡其物。而"无职者"，即所谓"闲民"，要罚出"一夫口税之泉"，相当于后世的丁税。

照理说来，夏、商、周三代，在后世儒家学者的心目中应该属于一个极盛的时代，养民之法相当完备，但百姓仍有饥寒莫告之人。这些所谓的饥寒莫告之人，就是"闲民"。正如清朝末年著名思想家龚自珍所言："古之农，有大宗，有小宗，必有羡也；羡为闲民，闲民俟转移执事以生者也，执事不及之，则饥寒矣。"[1] 换言之，所谓的"闲民"，即指那些"大宗"、"小宗"所无法顾及之人，他们必须依靠"转移执事以生"。一旦那些主持大宗、小宗的贵游没有关照他们，他们就会陷入饥寒。

（四）谪民。《管子·轻重己篇》云："苟不树艺者，谓之贼人。下作之地，上作之天，谓之不服之民。处里为下陈，处师为下通，谓之

---

[1] 龚自珍著，王佩净校：《龚自珍全集》第3辑《京师悦生堂刻石》。

役夫。"又《韩非子·亡征》云:"正户贫而寄寓富,耕战之士困,末作之民利者,可亡也。"在此,"贼人"、"不服之民"、"役夫"等,都可归于"谪民"。他们不能享受齐民应该享受的权益,因而他们是低于齐民的下一个等级。而所谓"寄寓"、"末作之民",又需要与当时的"逆旅"结合看。所谓"逆旅",既指旅舍,也可理解为寄食于旅舍的"游食、离农之民"。

(五)轻民。《管子·七法》云:"百姓不安其居,则轻民处而重民散。"据《注》:"轻民,谓为盗者。用盗致富,故处。重民,谓务农者。为盗破产,故散。"一般说来,"轻"与"轻浮"、"轻薄"、"浮游"诸义相近。如《韩非子·初见秦篇》说:"赵氏,中央之国也,杂民所居也,其民轻而难用也。"赵地多寄居的"杂民"。所谓"轻民",其意也指民浮游不定。可见,所谓"轻民",也是指那些游手无正业之人。

(六)浮萌。《韩非子·八奸篇》:"凡人臣之所道成奸者有八术,一曰在同床。……二曰在旁。……三曰父兄。……四曰养殃。……五曰民萌。何谓民萌?曰:为人臣者,散公财以说民人,行小惠以取百姓,使朝廷市井皆劝誉己,以塞其主而成其所欲,此之谓民萌。"又《韩非子·和氏篇》云:"主用术,则大臣不得擅断,近习不敢卖重,官行法,则浮萌趋于耕农,而游士危于战陈,则法术者乃群臣士民之所祸也。人主非能倍大臣之议,越民萌之诽,独周乎道言也。""萌"与"氓"通。所谓"浮萌",即游离于土地之外的农民,也即脱离农业生产的惰游之民。

以上种种,均属惰民,也可归于流氓范畴。

二、战国游侠

探讨中国流氓史的源头,除了应注意先秦时期的"惰民"之外,对流行于战国时期的游侠之风，也应给以足够的重视。理由很简单，明朝人将横行于京师的恶少视同郭解之流，而在杜月笙生前，也有不少人把他比作朱家、郭解。

自春秋末以至战国，游侠之风甚炽，游侠人数甚多。宋人苏轼摘录史籍，对当时游侠的盛况作如下描述：

> 春秋之末，至于战国，诸侯卿相，皆争养士。自谋夫说客谈天雕龙、坚白同异之流，下至击剑扛鼎、鸡鸣狗盗之徒，莫不宾礼，靡衣玉食，以馆于上者，何可胜数。越王勾践有君子六千人，魏无忌、齐田文、赵胜、黄歇、吕不韦皆有客三千人，而田文招致任侠奸人六万家于薛，齐稷下谈者亦千人，魏文侯、燕昭王、太子丹，皆致客无数。……其略见于传记者如此，度其余，当倍官吏而半农夫也。此皆奸民蠹国者。民何以支，而国何以堪乎！[1]

关于游侠，这绝对是一个兴味盎然的题目，对人极有诱惑力。这是因为，在中国的社会史里，尤其是战国、秦汉时期，确实存在着侠（任侠、游侠）的传统，而且在中国的古典文学作品里，也有不少关于侠的描写。以诗歌为例，就有不少是咏游侠的，如"侠客行"、"剑客行"、"结客少年场行"一类题目的乐府诗，大致都是关于侠士的古诗。拿小说来说，从唐代传奇里的虬髯客、昆仑奴、聂隐娘、红线女等人，到敦煌发现的捉季布变文，由话本发展为长篇的《水浒传》，一直到清代的《三侠五义》、《彭公案》、《施公案》、《儿女英雄传》，都能找到不少关于侠客的内容。

---

[1] 苏轼：《东坡志林》卷5《游士失职之祸》。

什么是"游侠"？汉人荀悦曾作如下解释："立气势，作威福，结私交，以立强于世者，谓之游侠。"[1] 说到游侠，有必要对"游"字的含义作一解释。大致说来，游字似乎有"游离"之意。在中国，时常能找到诸如游士、游侠、游民、游手一类的概念，总的来说，都是指一些浮游于社会之上而对统治者具有离心力的社会力量。在春秋战国时期，西周宗法制的宗法血缘纽带对社会上各个阶层的束缚已经削弱，侠士这一阶层中的游侠部分有可能在社会上"游动"起来。游者，从也，行也。没有这一"游"的特性，"侠"则不可能成为其侠。

在春秋战国时期，还存在着"勇夫"、"暴憿之民"、"磏勇之士"这一类的称呼。如韩非子说："刑罚，所以擅威也；而轻法，不避刑戮死亡之罪者，世谓之'勇夫'。"[2] 他还说："行剑攻杀，暴憿之民也，而世尊之曰磏勇之士。活贼匿奸，当死之民也，而世尊之曰任誉之士。"[3] 大致说来，这些人也可归入游侠一类。

关于游侠的出身，有人主张游侠出身平民阶级，有人主张平民贵族都有，而且与周末文士武士之分化大有关系，而有人则认为侠并不属于任何特别阶级，他们不过是具有某些理想的一批人。笔者认为，游侠虽不构成一个特殊的社会阶层，但就其出身而言，他们却分别从属于贵族和平民集团，同样可以找到他们的终极归宿。

在春秋中后期，由于深层的经济、政治、社会诸条件的变化，在当时的社会上已经崛起了一个新兴的阶层，即士阶层。[4] 如汉人刘向就将为君主服务的士分为以下四种：智士、辩士、仁士、勇士。[5] 到了春

----

[1] 荀悦：《前汉记》卷10。
[2]《韩非子·诡使》。
[3]《韩非子·六反》。
[4] 关于士的起源，可参见余英时《中国知识阶层史论（古代篇）》，第4页。
[5] 刘向：《说苑》卷8。

秋的后期，各国统治者及公卿贵族为了加强自己的政治实力，以便在兼并战争中和政界倾轧中立于不败之地，就纷纷"聚士"。在《左传》等史籍中，都能见到当时公室和私门好施养士、士多归之的例子。

当时所聚之士的作用很多，其中以下三种属于武士、勇士范畴，并与游侠有关：一、保护主人的人身安全；二、替主人争夺政治地位，除掉政敌或仇人；三、凭借武士的勇武以壮大主人的声势。如在齐景公时期，就有公孙接、田开疆、古冶子三位"勇士"。他们服务于齐景公，"以勇力搏虎闻"。

战国时期的布衣之侠，兼有贵族与平民的两重身份。一方面，他们为君主卿相所豢养的士，所以"游侠"又称"侠客"，一个"客"字，已颇能道出这些游侠的门客地位。当时国君所养士中存在着大量的游侠，这可以从韩非对此事的抨击中得到部分的证实。如韩非说："儒以文乱法，侠以武犯禁，而人主兼礼之，此所以乱也。……犯禁者诛，而群侠以私剑养。"韩非把侠列为"五蠹"之一，坚决反对国君对这些人优遇宾礼，这也可以从反面证明当时养侠之风极为兴盛。例如，当时严仲子、燕太子丹、李园等养死士除己仇敌；李斯以"利剑刺之"作为对付诸侯"名士"的手段之一；[1] 孟尝君之客为报孟尝君之私怨，"斫击杀数百人，遂灭一县以去"，其封地薛因"招致天下任侠奸人"六万余家而使其地风俗为之改变，"间里率多暴桀子弟，与邹鲁殊"。[2] 从这一层意义上说，游侠之风必然导致间里风俗败坏，民间百姓变得更加好勇斗狠。"暴桀子弟"云云，大概都是一些无赖少年，而他们则是当时游侠集团的附庸。

另一方面，战国时期的游侠还有一个特点，就是散居于民间，在

---

〔1〕《史记·李斯列传》。
〔2〕《史记·孟尝君列传》。

民间成功扬名，说明他们也是平民中的一员。如侯嬴、朱亥、田光、高渐离等人，都活动于民间闾里市井，操持着自己的本行生业，借此维持生计。与此同时，他们对知己不惜捐躯相报，对已诺之言视若泰山之重，扶危拯困，排厄解难，行侠仗义，万死不辞，具备了游侠的基本品质。这些民间游侠的活动踪迹，同样也可以从韩非的抨击中窥见一斑。如韩非指责这些人借交报仇，藏匿亡命，且有成群结伙的活动。所有这些，确实都是犯禁之举。不过，这些民间游侠也借此获取"显名"，并且得到了人主的尊崇。

当然，在春秋战国时期，还有一类特殊的人物，即"刺客"。汉人司马迁并不认为刺客也属布衣之侠，所以没有将刺客与游侠合传，而是给刺客单独立传，以示区别。现在有些学者主张刺客也属于当时游侠的一部分。其理由为：一是就其身份而言，这些刺客介于"侠客"与民间游侠之间。他们在没有被君主卿相招致、重用之前，属散居流动的民间游侠。这些人大都论剑行武，靠自己的勇敢闻名于当世。如聂政以"勇敢士"之名为齐人荐于严仲子；荆轲周游各地，游移不定。一旦由于需要而为权贵卿相看中，他们就直接转化为"侠客"，如燕太子丹对荆轲的尊礼厚遇，严仲子"奉黄金百溢，前为聂政母寿"，如此种种，无非都是招致收养侠客的一种隐晦方式。二是这些刺客同样具备了游侠的特征。豫让、聂政、荆轲等仗剑行武自当存而不论，至于这些刺客其言必信、行必果，已诺必诚、赴人急难的所作所为，正是战国时布衣之侠的基本品质。

笔者认为，将刺客归于游侠一类，此说颇有道理。无论是后来的打手、青手、力士，还是镖行或镖局中的镖客，都与先秦乃至秦汉时期的游侠、刺客颇有渊源关系。不但打手替人看家护院，镖客也替人看家护院，而且打手有时也曾充当刺客的角色。无论是游侠、刺客，还是打手、镖客，虽因时代的不同而各具特色，但究其本质而言，都是同一类人,都与流氓极有渊源。其实,早在秦代,有时一人也兼有游侠与刺客的双重身份,很难将游侠与刺客区分开来。如张良,"为任侠",但也雇募了一个力士,当秦始皇东游时,"至博浪沙中,良与客狙击秦皇帝,误中副车"。[1] 显然,张良这位游侠同样充当起刺客的角色。

关于先秦时期布衣之侠的源头,司马迁有一段记述:"古布衣之侠,靡得而闻已。近世延陵、孟尝、春申、平原、信陵之徒,皆因王者亲属,借于有土卿相之富厚,招天下贤者,显名诸侯,不可谓不贤者矣。"[2] 班固也认为,游侠的源头应追溯到信陵、平原、孟尝、春申"四豪":"周室既微,礼乐征伐自诸侯出。桓、文之后,大夫世权,陪臣执命。陵夷至于战国,合从连衡,力政争彊。由是列国公子,魏有信陵,赵有平原,齐有孟尝,楚有春申,皆借王公之势,竞为游侠,鸡鸣狗盗,无不宾礼。……于是背公死党之议成,守职奉上之义废矣。"[3] 可见,说到先秦时期的游侠,还是应该从这"四豪"讲起。

四豪均以养客闻名,门下侠客颇多。孟尝君,姓田,名文,齐国人。史载孟尝君招养侠客:"孟尝君在薛,招致诸侯宾客及亡人有罪者,皆归孟尝君。孟尝君舍业厚遇之,以故倾天下之士。食客数千人,无贵贱一与文等。"[4] "食客数千人"云云,当然是不确切的数字,不过是形容其多。关于孟尝君门下的食客,《史记》又称"其食客三千人"。平原君赵胜,也是"喜宾客,宾客盖至者数千人"。[5] 信陵君,为魏公子。史称他"为人仁而下士,士无贤不肖皆谦而礼交之,不敢以其富

---

[1] 班固:《汉书》卷40《张良传》。
[2] 《史记·游侠列传》。
[3] 《汉书·游侠传》。
[4] 《史记·孟尝君列传》。
[5] 《史记·平原君虞卿列传》。

贵骄士。士以此方数千里争往归之,致食客三千人"。[1] 春申君,姓黄,名歇。史载,春申君食客"三千余人"。[2]

　　四豪招养侠客,固然靠的是自己雄厚的经济实力,同时也与他们的一诺千金、不耻下交的个人品质有关。孟尝君门下食客常数千人,无论贵贱,一律与自己平等。如《史记》载:

　　　　孟尝君曾待客夜食,有一人蔽火光。客怒,以饭不等,辍食辞去。孟尝君起,自持其饭比之。客惭,自刭。士以此多归孟尝君。[3]

这一事实固然说明孟尝君待客一律贵贱相等,同时也可证明他门下的侠客大多具有豪气,一旦知错,就以"自刭"谢罪,以表示不负主人之恩遇。

　　当然,孟尝君待客虽有情义,但有时也不免显得有点无耻,流氓习气极重。如《战国策》载:"孟尝君舍人有与君之夫人相爱者。或以告孟尝君曰:'为君舍人,内与夫人相爱,亦甚不义矣。君其杀之?'君曰:'睹貌而相悦者,人之情也。其揹之,勿言也。'"[4]

　　平原君待客,也是一诺千金。《史记》载:

　　　　平原君家楼临民家。民家有躄者,槃散行汲。平原君美人居楼上,临见,大笑之。明日,躄者至平原君门,请曰:"臣闻君之喜

---

[1]《史记·魏公子列传》。
[2]《史记·春申君列传》。
[3]《史记·孟尝君列传》。
[4] 转引自《希通录》,载《说郛》卷17。

士，士不远千里而至者，以君能贵士而贱妾也。臣不幸有罢癃之病，而君之后宫临而笑臣，臣愿得笑臣者头。"平原君笑应曰："诺。"躄者去，平原君笑曰："观此竖子，乃欲以一笑之故杀吾美人，不亦甚乎！"终不杀。居岁余，宾客门下舍人稍稍引去者过半。平原君怪之，曰："胜所以待诸君者未尝敢失礼，而去者何多也？"门下一人前对曰："以君之不杀笑躄者，以君为爱色而贱士，士即去耳。"于是平原君乃斩笑躄者美人头，自造门进躄者，因谢焉。其后门下乃复稍稍来。[1]

在侠客看来，主人必须"贵士而贱妾"，必须一诺千金。否则，自可离去。平原君开始答应"躄者"杀美人以谢罪，后又食言，显得"爱色而贱士"，所以"士即去耳"。一旦平原君醒悟，承行诺言，杀掉美人，"门下乃复稍稍来"。可见，主人与侠客之间，不但靠贵贱平等维系着，同时信义也是维系他们之间关系的纽带。

信陵君更是不耻下交，待客以诚。《史记》载：

魏有隐士曰侯嬴，年七十，家贫，为大梁夷门监者。公子闻之，往请，欲厚遗之。不肯受，曰："臣修身洁行数十年，终不以监门困故而受公子财。"公子于是乃置酒大会宾客，坐定，公子从车骑，虚左，自迎夷门侯生。侯生摄敝衣冠，直上载公子上坐，不让，欲以观公子。公子执辔愈恭。侯生又谓公子曰："臣有客在市屠中，愿枉车骑过之。"公子引车入市，侯生下见其客朱亥，俾倪，故久立与客语，微察公子。公子颜色愈和。当是时，魏将相宗室宾客满堂，待公子举酒。市人皆观公子执辔。从骑皆窃骂侯

---

[1]《史记·平原君虞卿列传》。

生。侯生视公子色终不变，乃谢客就车。至家，公子引侯生坐上坐，遍赞宾客，宾客皆惊。[1]

在这四公子的门下客中，其成分也极复杂。有些虽有侠风，却属平民，身份低贱。如信陵君门下：侯嬴，不过是"大梁夷门监者"，家里很贫穷；朱亥，为一"市屠"；毛公，"藏于博徒"；薛公，"藏于卖浆家"。孟尝君门下客中，也不乏"亡人有罪者"，如有一人"能为狗盗者"，另有一人能为"鸡鸣"，可见也是一些"鸡鸣狗盗"之徒。四公子这种"无贤不肖皆谦而礼交之"及"客无所择"的做法，使得自己门下的有些侠客，颇带有流氓习气。如有一次，孟尝君到了赵国。赵国人听说孟尝君很贤，就一起出来聚观，并笑道："原来以为孟尝君是一个魁然之人，今天看来，不过是一个渺小丈夫罢了。"孟尝君听后，甚怒。于是他的门下客就大开杀戒，"斫击杀数百人，遂灭一县以去"。[2] 孟尝君一生任侠，"奸人入薛中盖六万余家矣"。"奸人"云云，大致也与流氓相近。

---

[1]《史记·魏公子列传》。
[2]《史记·孟尝君列传》。

第二章 秦汉时期的恶少年

一、概说

秦朝的建立，实现了六国的统一，建立了第一个专制主义的中央帝国。汉承秦业，所实行的各项措施虽与秦有异，但继承者亦复不少。在秦汉时期，社会经济得到了不同程度的恢复与发展，逐末者日增，浮游者渐多，为流氓势力的滋生与发展提供了良好的社会土壤。

一般说来，秦汉时期的流氓大多为一些"浮游无业"者。百姓的浮游无业，其原因固然是多方面的，但与百姓的流亡也颇有关系。汉人鲍宣就对汉民流亡的原因作了如下概述：

> 凡民有七亡：阴阳不和，水旱为灾，一亡也；县官重责更赋租税，二亡也；贪吏并公，受取不已，三亡也；豪强大姓蚕食亡厌，四亡也；苛吏徭役，失农桑时，五亡也；部落鼓鸣，男女遮迣，六亡也；盗贼劫略，取民财物，七亡也。[1]

这七种原因交相影响，终于造成西汉流民增加，浮游无业者日多，而他们都是滋生流氓的社会基础。其实，关于汉代之所以大量产生游民，鲍宣的解释显然遗漏了最为重要的一点，这就是汉代社会的前后变化。

---

[1] 班固：《汉书》卷72《鲍宣传》。

对此，清末学者龚自珍作了下面的概述：

> 汉初最抑商贾，高祖禁贾人不得衣丝、乘车，而孝悌力田有常科，三老有常员，以驱民于南亩。又，丁赋颇重，设有游民，自食尚艰，何以出赋；故多执业以谋生。其在南亩者，无论已。不农者，亦无街谭巷议，以转移执事为常业者也。然汉自孝武以后，民渐逐末，《食货志》言：富商大贾，骄僭拟侯王，而农民争释耰锄以从之，此汉治之一变。[1]

由此可见，汉代社会呈现出一种前后大为不同的景象：在汉初，因为重农抑商，"驱民于南亩"，再加之丁赋颇重，若是成为游民，自己养活自己尚且相当艰难，更不用说用余钱去交纳赋税了。所以，当时之民"多执业以谋生"。自孝武帝之后，百姓开始逐末，而富商大贾的生活更是"骄僭拟侯王"，最终导致"农民争释耰锄以从之"。这确实是"汉治之一变"，也就是社会经济发展为流氓滋生提供了很好的社会土壤。

尽管王莽定下这样一种制度，即"民浮游无事，出夫布一匹"[2]，以禁止百姓浮游无事，但总的说来，"浮游者众"已成了汉时一个严重的社会问题。关于汉时游手浮食之多，汉人王符《潜夫论·浮侈》曾作如下揭示："治本者少，浮食者众。商邑翼翼，四方是极。今察洛阳，浮末者什于农夫，虚伪游手者，什于浮末。"

那么，这些游手游食之人到底干些什么呢？王符在该篇中接下来有所举例，分别是：（1）"或以谋奸合任为业"。"合任"的意思是说

---

[1] 龚自珍著，王佩诤校：《龚自珍全集》第1辑《对策》。
[2] 《汉书·食货志下》。

"相合为任侠也",说明这些人做了侠客,做些干禁犯法的事。(2)"或以游博持掩为事"。在此,"掩"为"钱"意,说明他们做了赌徒。这样,丁夫再也不下田扶犁锄,而是怀丸挟弹,一起携手上山遨游。(3)"或好取土作丸卖之"。"取土作丸",完全是无本的骗子买卖,与本分商人的逐末大有区别。正如王符所言,这种人"外不足御寇盗,内不足禁鼠雀",于世毫无益处。(4)"或作泥车瓦狗诸戏弄之具,以巧诈小儿"。以今日眼光看来,这些人所从事的是制造儿童玩具的职业,也算正当职业。但在那时候,这些人同样被归于游手一类,所从事的也是无益之业。

可见,这种游手浮食之人的增多,确实是产生流氓群体的社会土壤。上面王符所提到的"以谋奸合任为业"之人,当然与"侠客"的名头也可挂起钩来,但在当时,这些人又指那批闾巷恶少。关于汉时少年那种"浮游逛荡"的生活方式,《西京杂记》倒有很详细的记载,不妨引为例子。当时有一位姓李的茂陵少年,就"好驰骏狗,逐狡兽,或以鹰鹞逐雉兔"。他替这些动物都取了"佳名",如狗分别有"修毫"、"厘睫"、"白望"、"青曹"等名,鹰则有"青翅"、"黄眸"、"青冥"、"金距"等名,鹞则有"凤鹞"、"孤飞鹞"等名。当时茂陵还有一位文固阳,也是"善驯野雉为媒,用以射雉,每以三春之月,为茅障以自翳,用觟矢以射之,日连百数"。他的这种活动,对当时一些轻薄少年的影响极深。此后,"茂陵轻薄者化之,皆以杂宝错厕翳障,以青州芦苇为弩矢,轻骑妖服,追逐于道路,以为欢娱也"。[1]从这些轻薄少年的生活方式中可知,他们虽不足以称纨绔子弟,却已大致与浪荡公子相近。无论是玩弄鹰狗,还是"轻骑妖服,追逐于道路",这种浮游生活都对后世产生了不小的影响。

---

[1]《西京杂记》卷4。

不过，秦汉时期这种极富流氓性的"闾巷少年"的存在，固然与"浮游者众"的社会现实大有关系，但与统治者自身的榜样不佳也不无关系。从史料的记载不难知道，大汉王朝开国君主汉高祖刘邦也是颇有些流氓性。刘邦少年时"不事家人生产作业"，"无赖，不能治产业"，到了壮年，才做了一个小小的亭长，虽算不上低微，却也不属高贵。正因为刘邦具有这种匹夫性格，才能在政治上大耍流氓手腕，无信义可言。宋人洪迈曾就刘邦对待韩信的"三诈"有所揭示："汉高祖用韩信为大将，而三以诈临之。信既定赵，高祖自成皋度河。晨自称汉使，驰入信壁。信未起，即其卧，夺其印符，麾召诸将易置之。项羽死，则又袭夺其军。卒之伪游云梦而缚信。夫以豁达大度开基之主，所行乃如是，信之终于谋逆，盖有以启之矣。"[1]同时，刘邦不喜欢儒生，对儒生大耍无赖。关于刘邦这副无赖相，史籍有如下揭示："沛公不喜儒，诸客冠儒冠来者，沛公辄解其冠，溺其中。与人言，常大骂。"[2]向儒冠中溺尿，这大概只有像刘邦这样的无赖皇帝才做得出来。从这一角度而言，清人赵翼对"汉初布衣将相之局"的分析，决不冤枉这位汉高祖，也不是对汉初政局流氓性的过分夸张与渲染。赵翼言：

> 汉祖以匹夫起事，角群雄而定一尊。其君既起自布衣，其臣亦自多亡命无赖之徒，立功以取将相，此气运为之也。[3]

揆之事实，赵翼此说堪称不刊之论。在汉初政坛，凡是比较活跃的风云人物，都多少沾染有流氓习气。大体说来，刘邦手下的将帅，一般

---

[1] 洪迈：《容斋随笔》卷14《汉祖三诈》。
[2] 《汉书》卷43《郦食其传》。
[3] 赵翼：《廿二史札记》卷2《汉初布衣将相之局》。

不像恂恂君子，看起来那么正规和文雅，而是大多显得豪杰气概有余，君子品行却大为欠缺。在叔孙通定大汉朝廷朝仪之前，这些无赖将帅时常相聚妄语狂呼，动辄拔剑击柱，对儒家那套礼仪不屑一顾，肆意亵渎。如刘邦骂儒生是败事的"竖儒"，至于"取儒冠以溲溺"，前文已有涉及。他的部下也意气相孚。譬如，周勃就"椎少文"，"不好文学，每召诸生说士，东向坐责之：趣为我语"。[1] 他常常以戏弄儒生为快。所有这些习气，大致都与他们出身于草泽布衣有关。这位高祖刘邦，在起事闯荡江湖之前，大致上是一个既不事生理也不读诗书的乡村二流子。这大概与刘邦生活的家庭环境有关。刘邦的父亲，即那位被称为"太上皇"者，在当上风光的"太上皇"之前，时常与一些"屠贩少年"鬼混在一起，做些斗鸡蹴鞠的无赖事。所以，一旦来到长安，住进深宫，做了太上皇，还着实有点不习惯，故而显得凄怆不乐。闲话休提，再说刘邦手下这批将帅，除了萧、曹二位稍具府吏之材外，其他人大多是一些鸡鸣狗盗之徒：张良任侠，与一些"力士"、"少年"过从甚密；[2] 陈平是一个十足的浪人；韩信是一个流氓，虽然当淮阴少年让他钻裤裆之时，他照例做了，这一点不失为大丈夫能屈能伸的气概，但据史载，他"家贫无行"，这一"无行"，足以说明他的流氓性；[3] 樊哙乃狗屠之辈，"以屠狗为事"；[4] 周勃是一个吹鼓手，"以织薄曲为生，常以吹箫给丧事"；[5] 灌婴是一个布贩，即原本是"睢阳贩缯者也"[6]。此外，如娄敬出身车夫，彭越落草为强盗等，都说明刘邦手下

---

[1]《汉书》卷40《周勃传》。
[2]《汉书》卷40《张良传》。
[3]《汉书》卷34《韩信传》。
[4]《汉书》卷41《樊哙传》。
[5]《汉书》卷40《周勃传》。
[6]《史记·樊郦滕灌列传》。

的将帅，大多是一些无赖，没有接受儒家的诗书教育。

此外，活跃于东汉末年政治舞台的"刘先主"刘备，就其出身而言，大概也可归于流氓一类。三国故事在我国民间戏曲中有不少独特的情节。就以刘备出场为例，在浙江地方小戏《三结义》中他是一个十足的无赖汉，在酒店赖账、偷酒吃；在桃园三结义时，挨挤在关张二位之间，凭着一张油嘴，反做了老大。这种戏文，当然是农民的创造，但决不是凭空而论。据史载，刘备曾"贩履织席为业"，出身极为微贱，其最初"得用合徒众"以参与政治角逐，就是由于得到一批"赀累千金，贩马周旋于涿郡"的"中山大商"的资助。而刘备政治集团之所以形成，其最初的原因还在于他"好交结豪侠，年少争附之"。[1]可见，在做出轰轰烈烈的大事之前，刘备只以织席贩履为生，跟他的祖先刘邦一样，原是有些流氓习气的。

在秦汉时期，至于其他的皇亲贵戚与一般大臣，带有流氓习气者也在在有之。如济东王刘彭离就曾纠合"亡命少年"，专干一些"行剽杀人"的坏事。广川王刘去疾，也喜欢网罗无赖少年，专事游猎，并发掘他人墓葬。又如朱博，早在做乡里亭长时，就喜欢养宾客，结交一些无赖少年。后来做了地方官，他的统治术也带有流氓性。他平时与一些"豪杰"、"豪强"交通，遇到一些"剧贼"为害地方，他就移书责之，让这些豪强替他平息地方骚乱。简言之，他采用的方法是养贼平贼的方法，很有些以毒攻毒的意味。举例而言，当时长陵有一位大姓尚方禁，少年时曾因"盗人妻"，被人砍伤脸颊。后来朱博耳闻此事，假装他事，召见尚方禁，"视其面，果有瘢"。朱博就问方禁："是何等创也？"方禁自知内情已为所悉，就叩头服状。朱博笑道："丈夫固时有是。冯翊欲洒卿耻，抆拭用禁，能自效不？"方禁听后，且喜且

---

[1]《三国志·蜀书·先主传》。

惧，答道："一定以死相报！"从此，尚方禁就成了朱博的亲信耳目。不久，方禁就揭发所部中一大批"盗贼及它伏奸"。[1] 这批盗贼无赖，一旦有人叛变，成为官府的内线，那么其组织就不攻自破。

其实，汉代豪强的恶行决不仅仅限于充当官府爪牙，残害同类，而且还有很多行类流氓的实际行径。[2] 在汉代，"豪猾"、"豪强"、"豪奸"、"豪杰"、"宿豪"、"大豪"、"大猾"这样的称呼，时常见诸史籍。试举几例：（1）如灌夫，不好文学，喜任侠。他所交往之人，无非是一些豪杰大猾。他"家累数千万，食客日数十百人；陂池田园，宗族宾客为权利，横颍川"。所以，在当时的颍川有一首儿歌道："颍水清，灌氏宁；颍水浊，灌氏族。"[3] 此歌不仅揭示了灌夫一家在颍川横行霸道的实况，而且也表达了老百姓怨恨灌氏家族的真情实感。（2）在汉时长安，专有一批"宿豪"，纯粹就是地方流氓头子。如东市有大猾贾万，城西有大猾萬章、"剪张禁"（即做剪子的张禁）、"酒赵放"（即卖酒的赵放），杜陵有大猾杨章，他们全都"通邪结党，挟养奸轨，上干王法，下乱吏治，并兼役使，侵渔小民，为百姓豺狼"。[4]（3）郯县有一大豪，名许仲孙，为人奸猾，"乱吏治，郡中苦之"。一些地方官也打算逮捕他，他"辄以力势变诈自解，终莫能制"。后尹翁归来郯县，才将许仲孙治服，"论弃仲孙市，一郡怖栗，莫敢犯禁"。[5]（4）颍川有原、褚大姓，也是活脱的地方豪强，"宗族横恣，宾客犯为盗贼"。从前的地方官对他们无可奈何，不能擒拿，只好听之任之。后赵广汉来任地方官，到任不

---

[1]《汉书》卷83《朱博传》。
[2] 关于汉代豪强的研究，较早而且颇具建设性的研究成果，可参见劳幹《汉代的豪强及其政治上的关系》一文，载《庆祝李济先生七十岁论文集》上册。
[3]《汉书》卷52《灌夫传》。
[4]《汉书》卷76《王尊传》。
[5]《汉书》卷76《尹翁归传》。

及数月,就"诛原、褚首恶,郡中震栗"。[1](5)济南瞯氏,也是一方豪强,宗人300余家,为人豪猾。开始地方官也"莫能制",为此,汉景帝只好拜郅都为济南太守。郅都一至济南,就"诛瞯氏首恶,余皆股栗"。[2](6)涿郡有大姓西高氏、东高氏,堪称一方豪恶。凡郡吏以下之人,都对他们畏避三分,"莫敢与忤"。所以,时人都说:"宁负二千石,无负豪大家。"他们手下宾客众多,放纵为盗贼,一旦事发,就逃入高氏家中,"吏不敢追"。时间一久,"道路张弓拔刃,然后敢行,其乱如此"。[3]从以上六例可知,汉代豪强大都称霸一方,横行乡里,鱼肉百姓,堪称地方流氓头子。他们中的一部分,固然会因为时运不济,碰上残贼酷吏,落得个"弃市"的可悲下场,但极大部分豪强还是逍遥法外,我行我素。

在秦汉时期,流氓还表现在"不轨之民"、"亡徒"与"敖民"这一类人中。如《史记·货殖列传》载:"秦末世,迁不轨之民于南阳。"这类记述,也见诸《汉书·地理志下》:"秦既灭韩,徙天下不轨之民于南阳。"所谓"不轨之民",大体上是指那些不循规蹈矩、拘守朝廷法禁之人。所谓"亡徒",即指"亡逸之徒",也即从农民中分化出来的游民。如史载:"前山阳亡徒苏令等纵横,吏士临难,莫肯伏节死义,以守相威权素夺也。"[4]在汉代,还有一种"敖民",也当属于流氓一类。如《汉书》载:"士农工商,四民有业。学以居住曰士,辟土殖谷曰农,作巧成器曰工,通财鬻货曰商。圣王量能授事,四民陈力受职,故朝亡废官,邑亡敖民,地亡旷土。"[5]什么是"敖民"?据唐颜

---

[1]《汉书》卷76《赵广汉传》。
[2]《汉书》卷90《酷吏传》。
[3]《汉书》卷90《酷吏传》。
[4]《汉书》卷86《王嘉传》。
[5]《汉书》卷24上《食货志》第4上。

师古注,"敖谓逸游也"。可见,"敖民"即"逸游之民",也就是流氓。

此外,在东汉,还存有一大批"轻黠游荡废业为患者"[1]。这种人,大致也可归于流氓一类。在两汉,复仇之风颇盛。如史载,"姑幕县有群辈八人报仇廷中,皆不得"[2]。无论谋杀,还是复仇,其中都需要凭借"力士"、"剑客"之力。在秦汉,"力士"与"剑客"均为职业杀手或刺客,算是有一技之长的无业游民,与流氓相近。如张良曾识一"力士",所使铁锤重120斤。当秦始皇东游时,张良与这位力士曾在博浪沙"狙击秦皇帝,误中副车"[3]。又如东汉时有一位不韦,其父不谦,为李嵩所杀。不韦"载丧归乡里,瘗而不葬,仰天叹曰:'伍子胥独何人也!'"史载,伍子胥父伍奢为楚王所杀,子胥为复仇,故鞭平王之尸。看来这位不韦要仿效伍子胥,实行报仇计划了。"乃藏母于武都山中,遂变名姓,尽以家财募剑客,邀嵩于诸陵间,不克。"[4]

在秦汉流氓阶层中,最有名的当数各类少年与恶少。关于少年,后面将辟专节阐述,在此不赘。

斗殴打架是流氓活动的通病,这在秦汉时期也不例外。如《汉书·丙吉传》载:"(丙吉)又尝出,逢清道群斗者,死伤横道,吉过之不问,掾史独怪之。"所谓"清道",当指天子外出时,有时有斋祠,需要先令道路清净。正值清道之时,竟有人敢群斗,可见相斗者必是一些流氓无赖。在山东平阳,秉政大将军霍光的奴客"持刀兵入市斗变,吏不能禁"[5]。这些到市上斗殴的奴客,其实就是流氓。

---

[1]《后汉书》卷27《王丹传》。
[2]《汉书》卷83《朱博传》。
[3]《汉书》卷40《张良传》。
[4]《后汉书》卷31《不韦传》。
[5]《汉书》卷76《尹翁归传》。

二、闾巷少年

在说及秦汉时期的流氓之时,首先需要对这一时期的各色少年有一足够的了解。关于秦汉时期的"少年",其称呼多样,各不相同,或称"闾里少年"、"闾巷少年","城中少年"、"邑中少年",有时则又称"淫恶少年"、"轻薄少年"、"轻侠少年"。不论其称谓多么不同,但就其身份而言,大致不外乎是一些浮游于城镇中的职业卑贱甚至基本无业的游侠年少。[1]

作为一个特殊的社会阶层,"少年"虽以秦汉时期最为著名与突出,其势力也以此时为最盛,但若追溯他们的源头,当始于先秦时期。在《韩非子·内储说上七术》中,已经提到了郑国的"少年",而且为害不小。该篇说,子产为相郑国,临终时郑重告诫继承人游吉"必以严莅人"。后子产死,游吉不从其说,不肯严刑,于是"郑少年相率为盗,处于萑泽,将遂以为郑祸。游吉率车骑与战,一日一夜,仅能克之。游吉喟然叹曰:'吾蚤行夫子之教,必不悔至于此矣。'"在先秦时期,还有一种"恶少年",他们是"少年"中的激进者,所为多是违法犯禁之事,所以成为统治阶层的眼中钉、肉中刺。如《荀子·修身》就说:"偷儒惮事,无廉耻而嗜乎饮食,则可谓恶少者矣;加惕悍而不顺,险贼而不弟焉,则可谓不详少者矣。虽陷刑戮可也。"所谓"恶少",据清人顾张思《土风录》说,就是无赖子弟。其实,这一论点在汉代史籍中也能找到论据。颜师古《汉书·昭帝纪》注:"恶少年谓

---

[1] 关于秦汉"少年"与"恶少年",较早的研究成果有王子今《说秦汉"少年"与"恶少年"》一文,载《中国史研究》,1991年第4期。近期的研究成果,可参见董平均《秦汉时期的"少年"犯罪与政府防范措施》,载《首都师范大学学报》(社会科学版),2005年第4期。

无赖子弟也。"《李广利传》注:"恶少年谓无行义者。"又《西京杂记》卷2就有如下一段议论:"太上皇徙长安,居深宫,凄怆不乐。高祖窃因左右问其故,以平生所好,皆屠贩少年、酤酒卖饼、斗鸡蹴鞠,以此为欢,今皆无此,故以不乐。高祖乃作新丰,移诸故人实之,太上皇乃悦。故新丰多无赖,无衣冠子弟故也。"此段记述至少可以说明以下两点:一是新丰是出无赖的中心,这与其先辈多"屠贩少年"有关;二是在汉代,"少年"也与"无赖"等同齐观,与那些"衣冠子弟"不属于一个社会等级。《战国策·秦策三》有"恒思有悍少年请与丛博"一句,其中所谓的"悍少年"也与"恶少"相近。这种"恶少",在汉代更是大量存在。如《汉书·昭帝纪》就提到"发恶少年戍辽东"。又《史记·孟尝君列传》言:"太史公曰:'吾尝过薛,其俗闾里多暴桀子弟,与邹、鲁殊。'"所谓的"暴桀子弟",其身份也当与"恶少年"相近。当然,秦汉时期的"恶少年",大概"恶少"与"不详少"的两种行为特点兼而有之。

秦汉时期的"闾巷少年"应该属于一个特殊的年龄层次,以便与整个无赖阶层作一定的区分。换言之,在秦汉时期,所谓的"少年",就是指30岁以下而且未婚的男子。这也有一定的事实根据。请看《史记·黥布列传》所记:

> 黥布者,六人也,姓英氏,秦时为布衣。少年,有客相之曰:"当刑而王。"及壮,坐法黥,布欣然笑曰:"人相我当刑而王,几是乎?"人有闻者,共俳笑之。

在此,对"少年"与"及壮"的年龄界限必须试作区别。《说文·士部》言:"壮,大也。"而《释名·释长幼》也说:"三十曰壮,言丁壮也。"至于《礼记·曲礼上》所言则更明白:"二十曰弱冠,三十曰壮,有室。"可见，人到三十，由少年而入壮年，所以，我们前面提出的少年乃30岁以下的未婚男子的定限，是有事实根据的。

秦汉少年，虽始源于先秦，但至秦末社会大动荡之际，其势力始大盛。下引韩信受胯下之辱故事一则，以窥秦末少年之恶行：

> 韩信，淮阴人也。家贫无行，不得推择为吏，又不能治生为商贾，常从人寄食。……淮阴少年又侮信曰："虽长大，好带刀剑，怯耳。"众辱信曰："能死，刺我，不能，出跨（胯）下。"于是信孰视，俯出跨（胯）下。一市皆笑信，以为怯。[1]

这一则故事虽妇孺皆知，并广泛被引作说明大丈夫能屈能伸之例，但其中关于秦汉流氓史的资料却一直未被发掘。据笔者看来，这段记述至少可以说明以下两点：一是秦末的"淮阴少年"究其实都是一批恶少，颇有些流氓习气，好耍无赖，好折辱人。至于折辱韩信时所说的"能死，刺我，不能，出胯下"这一番话，确是非泼皮无赖不能言，而其行为也很有后人所说的滚刀肉风度。所以，明人王士性在说到淮上风俗时，就特别指出："淮阴年少，武健鸷愎，椎埋作奸，往往有厄人胯下之风。"[2] 可见，淮上少年的流氓恶习，至明时犹有遗存。二是这位能屈能伸的韩信，虽有大丈夫之志，但其当时所行就不仅仅是丢尽脸面，而是颇有些无赖习气。《汉书》说他"家贫无行"、"从人寄食"，已说明韩信是一个游手之人，而且在道德上也不值称道。

一般说来，"少年"在平时就不是一些安分守己之辈，而是"不避法禁，走死地如骛"。一等社会大动荡，统治秩序败坏，这些少年更

---

[1]《汉书》卷34《韩信传》。
[2] 王士性：《广志绎》卷2《两都》。

是暴露出好勇斗狠的本性，积极参与各种社会活动：或投身起义洪流，成为反政府的骨干力量；或投身各地方豪杰门下，成为他们战伐争夺的武装力量的基础；或窜迹山林，成为绿林大盗。如在秦末社会大动荡中，少年就起到了他们应有的历史作用。《史记》曾就少年反秦作如下记载：

> 戍卒陈胜等反故荆地，为"张楚"，胜自立为楚王，居陈，遣诸将徇地。山东郡县少年苦秦吏，皆杀其守尉令丞反，以应陈涉，相立为侯王，合从西乡，名为伐秦，不可胜数也。[1]

显见，当时的"山东郡县少年"已成了反秦大起义的骨干力量。秦末少年投身起义队伍的，其例俯拾皆是。如陈胜起兵之时，张良"亦聚少年百余人"；[2]陈涉立魏咎为魏王，与秦军相攻于临济，陈平亦曾"从少年往事魏王咎于临济"；[3]高阳人郦商，当陈胜起兵之时，也"聚少年得数千人"。[4]值得指出的是，秦末少年参与政事，决不是简单的盲从或一般性的卷入，而是主动的参与或积极的支持。如东阳少年"强立"陈婴为长、巨野少年"强请"彭越为长两事，就足资说明：

> 东阳少年杀其令，相聚数千人，欲置长，无适用，乃请陈婴。婴谢不能，遂强立婴为长，县中从者得二万人。[5]

---

[1]《史记·秦始皇本纪》。
[2]《史记·留侯世家》。
[3]《史记·陈丞相世家》。
[4]《汉书》卷41《郦商传》。
[5]《史记·项羽本纪》。

（彭越）常渔钜野泽中为群盗，陈胜、项梁之起，少年或谓越曰："诸豪杰相立畔秦，仲可以来，亦效之。"彭越曰："两龙方斗，且待之。"居岁余，泽间少年相聚百余人，往从彭越，曰："请仲为长。"越谢曰："臣不愿与诸君。"少年强请，乃许。[1]

在西汉末年的历史舞台上，闾巷少年也尽情表演，演出了一幕幕震撼当时社会的活剧。史载，王莽末年，"琅邪女子吕母亦起。初，吕母子为县吏，为宰所冤杀。母散家财，以酤酒买兵弩，阴厚贫穷少年，得百余人，遂攻海曲县，杀其宰以祭子墓。"[2]《后汉书·刘盆子传》对此事的记载更为详尽，可补《汉书》之阙。《后汉书》载，这位吕母靠卖酒结纳少年，凡是少年前来酤酒，她都"赊与之"。看到某位少年贫乏，她就借给他衣裳，"不问多少"。这些少年知德报恩，就替吕母报仇，其中的勇士还号称"猛虎"，"遂相聚得数十百人，因与吕母入海中，招合亡命，众至数千，吕母自称将军，引兵还攻破海曲"。当王莽统治完全崩溃之时，起义军攻入长安，当时也有朱弟、张鱼等"城中少年"起而响应，冲击宫禁。

东汉末年，天下大乱，群雄纷争，少年就纷纷依附各地豪杰，在群雄之间的兼并战争中起到了不小的作用。如《后汉书》卷74《袁绍传》李贤注引《九州春秋》曰："（张）燕本姓褚。黄巾贼起，燕聚少年为群盗，博陵张牛角亦起与燕合"。《后汉书》卷77《阳球传》亦言："（阳）球能击剑，习弓马。性严厉，好申韩之学。郡吏有辱其母者，球结少年数十人，杀吏，灭其家，由是知名。"又《三国志》卷8《张绣传》说张绣"招合少年，为邑中豪杰"；《三国志》卷18《许褚传》

---

[1]《史记·魏豹彭越列传》。
[2]《汉书》卷99《王莽传》。

说许褚容貌雄毅,勇力绝人,"汉末,聚少年及宗族数千家,共坚壁以御寇";《三国志》卷9《曹仁传》说曹仁少好弓马弋猎,后来豪杰并起,他就"阴结少年,得千余人,周旋淮泗之间,遂从太祖为别部司马,行厉锋校尉"。

秦汉少年的称谓虽多种多样,但大致可归纳为以下两类:一是从道德上对少年予以界定,并呼各色少年为"淫恶少年"、"轻薄少年"之类;二是以地望相称,即所谓的"闾巷少年"、"闾里少年"、"邑中少年"之类。下面分而述之。

无论是称"轻薄少年"、"淫恶少年",还是称"剽轻少年",都是为了概括秦汉时期的少年在道德上的属性。"轻薄"者,有两层意思:一是指轻浮刻薄,不厚道,如《汉书·严助传》说到淮南王安上书:"且越人愚戆轻薄,负约反复,其不用天子之法度,非一日之积也";二是指放荡,《文选》引三国魏时阮籍《咏怀》诗之八:"平生少年时,轻薄好弦歌。"由此可见,所谓"轻薄"少年,即指轻浮放荡的青年。他们并不是一些贫乏子弟,而是纨绔少年,为人轻薄,男女关系混乱,故又称为"轻薄子"、"轻薄儿"。如《西京杂记》卷2记赵飞燕故事,说其"以辎车载轻薄少年","入后宫者日以十数,与之淫通,无时休息,有疲怠者,辄差代之"。可见,"轻薄"之称,实则由于这些少年反叛传统的道德准则而受到社会的鄙视。"淫"有邪恶之意,如《孟子·滕文公下》:"我亦欲正人心,息邪说,距诐行,放淫辞,以承三圣者。"可见,所谓"淫恶少年",即指那些邪恶少年。他们时常为非作歹,横行乡里。如《汉书·酷吏传》就载,"吏苛察淫恶少年,投缿购告言奸,置伯落长以收司奸",将那些少年整治得很惨。"剽轻"者,即"轻剽",有"轻浮"之意。如《辽史·宋王喜隐传》:"喜隐轻剽无恒,小得志即骄。"可见,"剽轻少年"者,大致指他们为人轻率佻达,不拘小节,且又强悍,近乎凶恶。如《后汉书·王涣传》就说王涣少好侠，"尚气力，数通剽轻少年"。

无论是称"闾里少年"、"闾巷少年"，还是称"城中少年"、"邑中少年"，其特点都是对这些少年的活动范围作一地域的限定。换句话说，所谓"闾里"、"闾巷"，均指"乡里"，说明这些少年仅仅活动于一乡一里；而所谓的"城中"、"邑中"，其地域概念虽有所扩大，不过也同样说明这些少年仅限于一城一邑内为非作歹，其闻名也在同一地域内，还做不到臭名远播。关于这类少年，史书也屡有记述。《汉书·酷吏传·尹赏》曾记载，在汉成帝永始、元延年间，"长安中奸猾浸多，闾里少年群辈杀吏，受赇报仇，相与探丸为弹，得赤丸者斫武吏，得黑丸者斫文吏，白者主治丧；城中薄暮尘起，剽劫行者，死伤横道，枹鼓不绝"。可见，汉代的闾里少年已将替人报仇作为自己的职业，而"相与探丸为弹"云云，则是后代流氓的惯技，带有抓阄、博彩性质，而实由汉代少年开其端。

在秦汉少年中，其中大部分均为一些"浮游无事"之徒，[1] 即无明确的职业。他们可以被人雇用，替人报仇，也可以在都市闾巷中游逛，无所事事，惹是生非，更可以投身行伍或绿林，公开与统治者对抗。一言以蔽之，这批少年所干的尽是一些违法犯禁之事，有时候就成为一股扰乱社会生活正常秩序的恶势力。为此，统治者就用残酷的手段对付这批威胁社会治安的"闾里少年"。汉武帝时，就实行征发"恶少年"从军谪戍边地的政策。史载，汉武帝太初年间，"拜李广利为贰师将军，发属国六千骑，及郡国恶少年数万人，以往伐宛"。[2] 从某种程度上说，酷吏是秦汉少年的死对头，他们打击恶少年势力的手段也是相当残酷的。汉成帝永始、元延年间，酷吏尹赏就任长安令后，对闾

---

〔1〕《汉书》卷24《食货志下》。
〔2〕《史记·大宛列传》。

里少年痛加惩治。史有如下记载：

> （尹赏）至，修治长安狱，穿地方深各数丈，致令辟为郭，以大石覆其口，名为"虎穴"。乃部户曹掾史，与乡吏、亭长、里正、父老、伍人，杂举长安中轻薄少年恶子，无市籍商贩作务，而鲜衣凶服被铠扞持刀兵者，悉籍记之，得数百人。赏一朝会长安吏，车数百辆，分行收捕，皆劾以为通行饮食群盗。赏亲阅，见十置一，其余尽以次内虎穴中，百人为辈，覆以大石。数日一发视，皆相枕藉死，便舆出，瘗寺门桓东，楬著其姓名，百日后，乃令死者家各自发取其尸。亲属号哭，道路皆獻歔，长安中歌之曰："安所求子死？桓东少年场。生时谅不谨，枯骨后何葬？"[1]

当然，被尹赏所免死之人，或是少年中的"魁宿"，或是"故吏善家子失计随轻黠愿自改者"，统共才不过数十百人。尹赏赦免他们的罪责，让他们"立功以自赎，尽力有效者，因亲用之为爪牙，追捕甚精，甘耆奸恶，甚于凡吏"。其实，在汉代，有些酷吏也是流氓出身，所以才敢于用流氓魁宿充当自己的爪牙。如汉代著名的酷吏王温舒，也"少时椎埋为奸"。后为吏，治盗贼，"杀伤甚多"。任河内太守时，曾"捕郡中豪猾，郡中豪猾相连坐千余家"。后迁为广平都尉，"择郡中豪敢任吏十余人为爪牙"。[2] 可见，酷吏在严厉打击豪猾、少年的同时，也利用了豪猾流氓这些恶势力，可称是以毒攻毒。

这些叛变少年，一旦成为酷吏的爪牙，就会反戈一击，出卖其他

---

[1]《汉书》卷90《酷吏传》。
[2]《史记·酷吏列传》。

少年，充当地方酷吏镇压少年时的急先锋。同时，在秦汉时期，部分恶少还与社会上的罪恶势力相勾结，成为一些地方豪猾欺凌乡里百姓的爪牙，有时甚至随同豪族参与反叛。如东汉光武帝建武年间，"（武威郡）将兵长史田绀，郡之大姓，其子弟宾客为人暴害，（任）延收绀系之，父子宾客伏法者五六人。绀少子尚乃聚会轻薄数百人，自号将军，夜来攻郡。延即发兵破之"。[1] 又如《史记·梁孝王世家》就曾提到济东王刘彭离纠合"亡命少年"而"行剽杀人"的史实，而《西京杂记》卷6也有如下记载："广川王去疾，好聚亡赖少年，游猎毕弋无度，国内冢藏，一皆发掘。"如此种种，均可为证。

三、秦汉游侠

在秦汉时期，各种恶少年是流氓阶层的主要来源。此外，在秦汉两代名震一时的"轻侠"，即各类侠客，也与流氓颇多渊源。而且，这些轻侠与恶少的关系也较密切。换言之，大量恶少的存在，是秦汉时代游侠社会的重要基础。[2]

从秦汉时期"闾里少年"的行为特征来看，他们都兼有任侠的一面。关于秦汉"少年"任侠的记载，若仔细梳理史籍，可获大量的证据。如《史记·留侯世家》就说张良"居下邳，为任侠"；《汉书·睦弘传》对睦弘作如下记述："少时好侠，斗鸡走马"，也有任侠的一

---

[1]《后汉书·循吏列传·任延》。
[2] 关于汉代游侠，可参见劳榦《论汉代的游侠》，载氏著《劳榦学术论文集甲编》。此外，相关的研究成果，亦可参见下列著作：（1）陶希圣编著《辩士与游侠》；（2）[日]增渊龙夫《汉代民间秩序的构成和任侠习俗》，载《日本学者研究中国史论著选译》第3卷；（3）汪涌豪《中国游侠史》中关于汉代游侠部分。

面;《后汉书·袁术传》说袁术,"少以侠气闻,数与诸公子飞鹰走狗";《三国志·魏书·阎温传》注引《魏略》,也记述了杨阿若,"少游侠,常以报仇解怨为事。故时人为之号曰:'东市相斫杨阿若,西市相斫杨阿若。'"

秦汉轻侠、侠士的年龄,大多为"少年",于此也可证知"少年"与侠士关系非浅。所以,当时"游侠儿"、"侠少"的称呼时常见诸一些文学作品。如梁昭明太子萧统《将进酒》云:"洛阳轻薄子,长安游侠儿。宜城溢渠碗,中山浮羽卮。"曹植《白马篇》也云:"白马饰金羁,连翩西北驰。借问谁家子?幽并游侠儿。"陈后主叔宝《洛阳道》诗虽写汉都气象,但也有关于"侠少"的记载。诗云:"青槐夹驰道,御水映铜沟。……黄金弹侠少,朱轮盛彻侯。桃花杂渡马,纷披聚陌头。"

在秦汉时期,游侠名声大噪,少年就争相依附,成为游侠集团的社会基础。另外,轻侠与少年的心理特征也大致相近,如剧孟就"好博,多少年之戏",大致可以说明。《史记·季布栾布列传》载,季布的弟弟季心"气盖关中,遇人恭谨,为任侠,方数千里,士皆争为之死"。同时,一些少年也"多时时窃籍其名以行"。《史记·游侠列传》也记载,大侠郭解"少时阴贼,慨不快意,身所杀甚众。以躯借交报仇,藏命作奸剽攻,休铸钱掘冢,固不可胜数"。等到年长以后,郭解开始"折节为俭,以德报怨,厚施而薄望。然其自喜为侠益甚"。一些少年,仰慕郭解的侠行,"亦辄为报仇,不使知也"。据载,有一次郭解出去,有人箕踞不敬,客欲杀之,被郭解劝阻,还替他谋脱免"践更"之役。于是,"箕踞者乃肉袒谢罪,少年闻之,愈益慕解之行"。

关于"少年"与"游侠"的关系,其实也能找到直接的史料。如《三国志》就说甘宁"少有气力,好游侠,招合轻薄少年,为之渠帅,群聚相随，挟持弓弩，负耗带铃，民闻铃声，即知是宁"。[1]裴松之注引《吴书》，也说甘宁"轻侠杀人，藏舍亡命，闻于郡中"。可见，"少年"依附于由"游侠"构成的社会集团。

那么，游侠与流氓又有什么关系呢？在秦汉时期，"游侠"一词的别称很多，有"轻侠"、"大侠"、"豪侠"等称。不过，无论是何种称呼，他们无非都是一些豪爽好结交、轻生重义、勇于排难解纷的人。当然，在后人看来，尤其是明清两朝之人，一般也将游侠视同无赖之徒。如郭解，在汉代算是一位赫赫有名的大侠，但在明代，却被视作无赖少年一类。明成化年间，京城内外一些奸恶之徒，"行凶杀人，荒淫赌博，甚至占人妻女，为人报仇"。明宪宗在得到锦衣卫官员的上报后，道："昔汉郭解一豪侠之雄耳，武帝因公孙弘之言，杀之以惩不逞，论者谓其有关治体。今群恶少相倚为奸，恐将来效尤者无所不至，宜榜禁之。"[2]又如清蒲松龄《聊斋志异·促织》载："市中游侠儿得佳者笼养之，昂其直，居为奇货。"《红楼梦》第75回："这些都是少年，正是斗鸡走狗、问柳评花的一干游侠纨绔"。游侠与"纨绔"并提，可见清人也是将游侠当作无赖之徒看待的。

游侠虽始于战国时期，但至汉代，由于法网疏阔，游侠之习"未之匡改也"。所以，汉代游侠之习仍然很盛："是故代相陈豨从车千乘，而吴濞、淮南皆招宾客以千数。外戚大臣魏其、武安之属竞逐于京师，布衣游侠剧孟、郭解之徒驰骛于闾阎，权行州域，力折公侯。众庶荣其名迹，觎而慕之。虽其陷于刑辟，自与杀身成名，若季路、仇牧，死而不悔也。"[3]可见，秦汉游侠的社会影响极大。

---

[1]《三国志》卷55《甘宁传》。
[2]余继登：《典故纪闻》卷15。
[3]《汉书》卷92《游侠传》。

在秦汉时期，游侠声势颇壮，并在社会上造成极大的影响，所以，张衡《西京赋》才会说下这样的话："轻死重气，结党连群，寔蕃有徒，其从如云。""其从如云"，已足以说明游侠集团的人数众多及影响之广。

司马迁在《史记》中说："自秦以前，匹夫之侠，湮灭不见，余甚恨之。"[1] 其实，不仅仅是秦以前的布衣之侠湮灭无闻，即使秦代的布衣之侠，也由于史籍失载，今天很难知其详了。至于西汉的游侠，据《史记》、《汉书》的记载，可知汉初有朱家、田仲、王公、剧孟、郭解等人。

朱家，鲁国人，生活在汉高祖时代。鲁国人一向以儒教自敦，而朱家却"用侠闻"。关于这位朱家所行的侠义行为，司马迁作了如下概括："（朱家）所藏活豪士以百数，其余庸人不可胜言。然终不伐其能，歆其德，诸所尝施，唯恐见之。振人不赡，先从贫贱始。家无余财，衣不完采，食不重味，乘不过軥牛。专趋人之急，甚己之私。"[2] 季布将军曾被汉朝廷"购求"，朱家就将季布"髡钳为奴，载以广柳车而出之"。后来季布尊贵，朱家却并不乘机巴结，而是自持更谨，终身不再与季布相见。可见，他确是个高介至义之士。所以，在当时的关东，一些豪侠之士"莫不延颈愿交"。

在当时的楚地，还有一位田仲，也是一位游侠。田仲"喜剑，父事朱家，自以为行弗及"。[3] 可见，田仲对朱家甚是佩服。

朱家、田仲死后，剧孟又成为当时有名的游侠。剧孟，洛阳人。照例说来，周人过去都从事商贾而致富，而剧孟却"以侠显"，说明他

----

[1]《史记》卷124《游侠列传》。
[2]《史记》卷124《游侠列传》。
[3]《史记》卷124《游侠列传》。

卓立独行，与众不同。吴、楚叛乱时，条侯出任太尉，带兵征讨，路过河南，得剧孟，不禁喜道："吴楚举大事而不求剧孟，吾知其无能为已。"[1] 条侯的这段话，固然也多夸大之辞，不过从中也透露出这样一个信息，像剧孟这样的游侠，在民间还是很有些号召力的。这位剧孟，其行为与朱家大体相近，但喜欢赌博，"多少年之戏"。剧孟母亲死后，"自远方送丧盖千乘"，说明剧孟在民间大众中颇有威望与人缘。

与剧孟同时代的游侠，还有王孟，符离人，"亦以侠称江淮之间"。此外，济南的瞯氏、陈国的周庸，"亦以豪闻"。汉景帝得知此事后，就"使使尽诛此属"。游侠势力，由此遭受大创。此后，代郡人白氏诸人，豪侠非一，梁国人韩无辟、阳翟人薛兄、陕（当作郟县）人韩孺，也纷纷复出，成为名闻一时的游侠。

不过，在西汉时最为有名的游侠，仍当推郭解。郭解，河南轵人，字翁伯。其父因为任侠，在孝文帝时被"诛死"。可见，郭解当游侠，还是有些家学渊源的。郭解短小精悍，不饮酒。少年时很"阴贼"，做了不少伤天害理的事。等到年长以后，行为有所改变，大有弃恶从善之势，诸如"折节为俭，以德报怨，厚施而薄望"等等，都是他行为变迁的真实记载。不过，他还是喜欢任侠仗义，仍是我行我素。

郭解之侄仗着郭解的势力，为非作歹。有一次与人一同饮酒，强迫对方一饮而尽。但对方不胜酒力，就上前强灌。此人大怒，拔刀将郭解侄子杀死，随之逃走。郭解之姊大怒道："以翁伯之义，人杀吾子，贼不得。"于是，大耍无赖，将儿子的尸体弃于道路，没有下葬，想借此羞辱郭解。郭解派人打听到杀人者的住处。此人无奈，只好向郭解自首，并将具体的经过告诉了郭解。他听后，觉得此人理直，自己之侄理亏，就将此人释放。随后，又将其侄收葬。这件事传开以后，众

―――――――
[1]《汉书》卷92《游侠传》。

人对他的秉公仗义很佩服，纷纷依附于他。

郭解每次外出，路人纷纷避让。一次，有一人"独箕踞视之"，郭解就派人询问其姓名。于是，有人打算杀死此人，替他出口气。而郭解却说："居邑屋至不见敬，是吾德不修也，彼何罪！"就偷偷地让尉史释放此人。后来，此人获知此事，就"肉袒谢罪"，佩服得五体投地。一些闾巷少年听说此事后，也"愈益慕解之行"。

当时，洛阳人中出现互相仇杀的局面，当地的一些贤豪纷纷居间，代为调停，达十余次，但终究没有阻止仇杀。无奈，只好找到郭解。于是，郭解连夜见了仇杀的双方，代为劝解。双方既经郭解出面，就只好听从。郭解对他们说："我早听说洛阳有很多豪杰代为调停，诸位都不听。今天很高兴能听我的调解，不过我怎么能从别县跑到这里夺这些贤士大夫的权呢！"于是当夜就离开，不让人得知，并对他们说："暂且不听我话，等到我走以后，再让洛阳豪杰出面调停，然后依言释怨。"

后来，因为犯事，郭解及其家属被汉朝廷诛杀。

自郭解之后，游侠极多，但都不足称道。当然，诸如长安的樊中子、槐里的赵王孙、长陵的高公子、西河的郭翁中、太原的鲁翁孺、临淮的儿长卿、东阳的陈君孺，虽然也算得上是侠客，但为人谨信，有退让君子之风。至于北道的姚氏、西道的杜姓家族、南道的仇景、东道的佗羽、南阳的赵调等人，不过是"盗跖而居民间者耳"，也是过去朱家这类游侠羞与为伍者，根本不足称道。

自郭解之后的西汉各朝，仍有不少游侠，其行为颇足称道，他们分别是萭章、陈遵、原涉。

萭章，字子夏，长安人。当时的长安极为繁华，在一些街巷中，都有豪侠活动的踪迹。萭章居住在长安城西的柳市，所以号称"城西萭子夏"。河平年间，王尊出任京兆尹，专以捕击豪侠为职责，杀掉了萬章。当时与萬章一同被捕处死的名豪还有制箭的张回，酒市中人赵君都、贾子光，都是一些"报仇怨养刺客者也"。[1]

陈遵，字孟公，杜陵人。陈遵少年时就孤贫，与张竦都是京兆史，为人却迥然相异。张竦博学通达，以廉俭自守，而陈遵却放纵不拘。陈遵虽做了不少的官，分别当过校尉、河南太守、河内都尉，但一生嗜酒，放意自恣，浮沉俗间，畜养宾客，颇有游侠之风。就拿他的嗜酒来说，似乎就有嗜之如命的样子，而与他人不同。每当他大饮之时，往往宾客满堂，他"辄关门，取客车辖投井中，虽有急，终不得去"。当上河南太守以后，他就乘车混迹于闾巷中，过寡妇左阿君之门，左阿君"置酒歌讴，遵起舞跳梁，顿仆坐上，暮因留宿，为侍婢扶卧"。这种放荡不羁，湛酒溷肴的行为，虽有豪侠之风，却也被当时一些正人君子看成是"乱男女之别，轻辱爵位，羞污印韨，恶不可忍闻"。[2] 陈遵不但嗜饮，而且有宾客之好，"车骑满门，酒肉相属"。

原涉，字巨先。在20余岁时，也曾当过谷口令。后来，他的季父被茂陵秦氏所杀，原涉就自劾去官，打算替季父报仇。于是，谷口的一些豪杰就替原涉杀掉秦氏。此后，"郡国诸豪及长安、五陵诸为气节者皆归慕之"。原涉倾身相待，无贤不肖，一概接纳，所以"在所闾里尽满客"。这样，原涉就从一位二千石的官吏，转而变为"轻侠之徒"。原涉也好畜养宾客，而宾客大多横行不法，随意杀人。据《汉书》记载，原涉的性格与郭解大致相似，"外温仁谦逊，而内隐好杀"。假若有人在路途上得罪了他，他定将此人杀死。如有一位王游公，向地方官进谗言，说了原涉不少坏话。原涉为此怀恨在心，就"选宾客，遣长子初从车二十乘劫王游公家。……遂杀游公父及子，断两头去"。

---

[1]《汉书》卷92《游侠传》。
[2]《汉书》卷92《游侠传》。

此后，汉哀帝、平帝年间，全国各地处处有豪杰游侠，但都"莫足数"。当时真正名闻州郡的游侠，分别有霸陵的杜君敖，池阳的韩幼孺，马领的绣君宾，西河的漕中叔，这些人都称得上有谦退之风。王莽篡位以后，"诛鉏豪侠"，指名逮捕漕中叔，但"不能得"。漕中叔一向与强弩将军孙建相善，王莽就怀疑孙建将漕中叔藏匿，以常语问孙建。孙建答道："臣名善之，诛臣足以塞责。"于是，漕中叔得以保全首领。中叔之子少游，"复以侠闻于世云"。[1]

在东汉，游侠的活动也时见诸史籍。如刘秀之兄刘伯升，就"好侠养士"，"素结轻客"。[2] 窦融，《后汉书》说他"出入贵戚，连结闾里豪杰，以任侠为名"。[3] 至东汉末年，这种游侠就更多了。如袁绍，《后汉书·袁绍传》就说他"好养死士"。又据唐李贤注，这位袁绍"又好游侠"。袁术，"少以侠气闻，数与诸公子飞鹰走狗"。[4]

大致说来，秦汉游侠有行侠仗义的一面，即在民众面前，也有形象光辉高大的一面，值得称道。所以，汉人司马迁对游侠基本持肯定的评价。如司马迁说：

> 今游侠，其行虽不轨于正义，然其言必信，其行必果，已诺必诚，不爱其躯，赴士之厄困，既已存亡死生矣，而不矜其能，羞伐其德，盖亦有足多者焉。[5]

在说到当时的大侠郭解时，司马迁又有一番感慨，对郭解持敬仰的态度：

---

[1]《汉书》卷92《游侠传》。
[2]《后汉书》卷1上《光武帝纪》。
[3]《后汉书》卷23《窦融列传》。
[4]《后汉书》卷75《袁术传》。
[5]《史记》卷124《游侠列传》。

吾视郭解，状貌不及中人，言语不足采者。然天下无贤与不肖，知与不知，皆慕其声，言侠者皆引以为名。谚曰："人貌荣名，岂有既乎！"于戏，惜哉！[1]

确实，这些匹夫之侠或闾巷之侠，行侠豪倨，藉藉有声，权行州里，力折公卿，人格伟岸，确乎达到了"人貌荣名"的境界。他们替人排厄解难，一诺千金。对于那些鄙陋的行为，诸如"朋党宗彊比周，设财役贫，豪暴侵凌孤弱，恣欲自快"，游侠深以此为丑。如朱家，曾经"阴脱季布将军之厄"，等到季布尊贵以后，朱家并不居功自傲，屈身攀附，而是"终身不见"；郭解替洛阳仇家调停解难，也是归功他人，决不自居；原涉也是"周急待人"，替宾客之母治丧；萬章与中书令石显相善，至成帝初，石显坐专权擅势，被免官，替萬章留下床席器物，价值数百万，但萬章分文不受；关西大侠陈遵，在其友人丧亲之后，也是"为护丧事，赙助甚丰"。[2] 同时，这些游侠的生活大体上也是比较俭朴的。如剧孟死后，"家无余十金之财"；朱家，"家无余财，衣不完采，食不重味，乘不过牸牛"；郭解，也是家贫无余财。可见，秦汉游侠与"暴豪之徒"不同，确有其人格高大的一面。他们的行为虽不归于"正义"，即合乎传统的道德价值，但他们讲究的"私义"，即侠义精神，往往得到社会的普遍称颂，尤其为下层社会所推重。史籍所载的世人对这些游侠"延颈愿交"，说明这些游侠的仗义行为已得到了社会的普遍认同。所以，后人对秦汉的游侠之风多有称道。卢照邻有一诗："斗鸡过渭北，走马向关东。孙宾遥见待，郭解暗相通。"李白也有诗："由来万夫勇，挟此生雄风。托交从剧孟，买醉入新丰。"所

---

[1]《史记》卷124《游侠列传》。
[2]《后汉书》卷27《王丹传》。

有这些诗句,都是称颂秦汉游侠侠风的。

当然,秦汉游侠也有"好勇斗狠"的一面,因此而被统治阶级斥为"不轨"、"奸猾"、"奸人之雄"。行侠仗义,虽是游侠的一种表现,但就当时游侠的普遍行为来看,这仅仅是一个方面。西汉杰出的政论家荀悦曾经对游侠作了如下的概括:"游侠之本,生于武毅,不挠久要,不忘平生之言,见危授命,以救时难而济同类,以正行之者,谓之武毅,其失之甚者,至于为盗贼也。"[1] 在此,荀悦所指虽是东汉末年的游侠,诸如曹操、袁绍这种类型的游侠之士,但其概括却比较全面。确实,游侠这一类人,"以正行之者,谓之武毅,其失之甚者,至于为盗贼也"。"为盗贼也"云云,当然还只是统治阶级的偏见,而游侠由于好勇斗狠而造成的扰乱社会秩序的一面,却是事实。所以,韩非所说的"侠以武犯禁",也是有其道理的。

即以秦汉游侠为例,究其行为,有时确实也与无赖流氓相近。如在阳翟,有两位轻侠,名赵季、李款,他们"多畜宾客,以气力渔食闾里,至奸人妇女,持吏长短,从横郡中"。[2] 在汉代,一些名义上号称豪杰的人,他们所干的事也是役使乡里之人,与流氓一般无异。他们虽有人格伟岸的一面,但又与流氓臭味相投。如有一位爰盎,原来也是做过"群盗"的。后来家居,"与闾里浮湛,相随行斗鸡走狗"。后游侠剧孟过爰盎之门,"盎善待之"。[3]

同时,这些游侠复仇之心甚浓,有时显得心胸狭窄。尤其是依附于他们的一些无赖少年,更是置法纪于不顾,任意杀人。如原涉季父为人所杀以后,他就"欲报仇";他与王游公不合,就派人"杀游公父

---

[1] 荀悦:《前汉纪》卷10。
[2] 《汉书》卷77《何并传》。
[3] 《汉书》卷49《爰盎传》。

及子,断两头去";有一主簿,与原涉有隙,他就"使客刺杀主簿"。郭解与杨季主一家结仇以后,郭解兄之子就"断杨掾头",即杀死杨季主之子杨县掾。后来,郭解又杀了杨季主。杨家上书控告,又"杀之阙下"。其实,郭解后来虽以侠闻名,但在少时却颇有些流氓习气,所以史书称他"少时阴贼,慨不快意,身所杀甚众"。他后来随意杀人,大概也算是流氓本性难移。有时这些游侠自己不便下手,就由手下的无赖少年操刀。如有一儒生,在背地里说了郭解一些坏话,说他"专以奸犯公法"。郭解的门客听说以后,就"杀此生,断其舌"。又如有人诋毁原涉,骂他是"奸人之雄"。于是,原涉的门客就"即时刺杀言者"。至于剧孟"多少年之戏",陈遵"乱男女之别",更是这些游侠流氓本性的大暴露。

班固在《汉书·游侠传》中对秦汉游侠的社会影响作了如下评还:"众庶荣其名迹,觊而慕之,虽其陷于刑辟,自与杀身成名",以致"死而不悔"。秦汉时期,在这些游侠集团的门下聚集着不少无赖恶少。如一些"少年"听到郭解的侠行以后,就"愈益慕解之行",以致少年与其他贤豪,夜半过郭解之门者"常十余车,请得解客舍养之";在陈遵的门下,也是"车骑满门,酒肉相属"。尽管"少年"与"恶少年"是游侠集团的社会基础,但少年之归附游侠,无非是重其侠名,然后才"慕之辐辏",所以如果想从中找出游侠集团严密的组织结构,这似乎并不现实。不过,他们那种"背公死党"的集团倾向,大概已开了后世各类流氓组织的先声。

第三章 魏晋南北朝时期的无赖

一、概说

魏晋南北朝，是中国中古史上最为动荡不安的时期。先是三国鼎立，相持不下。继后，五胡入华，进而形成南北对峙之势。朝代更迭，如同游戏。

入魏之后，最为突出的是政治之转变。在东汉时期，汉人崇尚气节，敦崇伦际，社会上形成一种醇良之气习。但曹操拥有冀州以后，开始崇奖跅弛之士，下令再三，至于一些不仁不孝之人，也能治国用兵，士风大坏。如建安十五年（210）春，他就下令：

> 今天下得无有被褐怀玉而钓于渭滨者乎？又得无盗嫂受金而未遇知者乎？二三子其佐我明扬仄陋，唯才是举，吾得而用之。

至建安二十二年（217）八月，又下令曰：

> 今天下得无有至德之人放在民间，及果勇不顾，临敌力战；若文俗之吏，高才异质，或堪为将守；负污辱之名，见笑之行，或不仁不孝而有治国用兵之术：其各举所知，勿有所遗。[1]

---

[1]《三国志》卷1《武帝纪》。

显见，魏武帝曹操此举，已完全抛弃东汉时期所实行的崇重儒行的政策，反其道而行之，转而采取重才轻德的政策。因此，一些权诈奸逆之士，也是一朝登天，平步青云，政刑随之失平，风俗以之败坏。时人对这种弊端风习又作如下概括，可谓一语中的："窃见当今年少，不复以学问为本，专更以交游为业；国士不以孝悌清修为首，乃以趋势游利为先。"[1]

其实，这也怪不得曹孟德。一是风习转换，固然与他的倡导不无关系，但终究是时势所迫，他是无法负其全部责任的；二是曹孟德自己为人就任侠放荡，颇有些流氓习气。陈寿《三国志》就说曹操"少机警，有权数，而任侠放荡，不治行业，故世人未之奇也"[2]。而《三国志》裴松之注引《曹瞒传》，就曹操的行为特征作了进一步的补充，说他"佻易无威重，好音乐，倡优在侧，常以日达夕。被服轻绡，身自佩小鞶囊，以盛手中细物，时或冠帢帽以见宾客。每与人谈论，戏弄言诵，尽无所隐，及欢悦大笑，至以头没杯案中，肴膳皆沾污巾帻，其轻易如此"。行为如此轻佻，说明曹操不仅是放荡儿，而且也是轻薄子。

当然，在东汉末年与三国鼎立时期，任侠放荡者并非只曹孟德一人，凡是在当时闻名者，或为人豪侠，或行为轻薄，不治操行，或多或少都带有一些流氓气。不妨试举几例。如袁绍，《三国志》卷6裴松之注引《英雄记》，就说他"好游侠，与张孟卓、何伯求、吴子卿、许子远、伍德瑜等皆为奔走之友"。许褚，勇力绝人，手下养着许多"侠客"，当汉末时，"聚少年及宗族数千家，共坚壁以御寇"[3]。这种"少

---

[1]《三国志》卷14《董昭传》。
[2]《三国志》卷1《武帝纪》第1。
[3]《三国志》卷18《许褚传》。

年"，其实就是流氓，而"侠客"云云，其行为也大多与流氓相近。许褚豢养这类人物，其为人也可想而知。在吴国，名为豪杰，而实与"好事少年"、"轻侠少年"、"轻薄少年"这类流氓交往者比比皆是。如《三国志》裴松之注引《吴书》，说孙坚虽然少为县吏，但也"性阔达，好奇节"，与一些流氓都有交往。他历佐三县，所在多得声誉，一些"好事少年"纷纷归依门下，孙坚"接抚待养，有若子弟焉"。中平元年（184），黄巾军起事，汉朝廷派遣车骑将军皇甫嵩、中郎将朱儁率兵讨伐。朱儁上表，请任孙坚为佐军司马，于是，孙坚手下的"乡里少年"纷纷一同随征。[1]又如鲁肃，裴松之注引《吴书》，就说他"体貌魁奇，少有壮节，好为奇计"。当时天下将乱，这位鲁子敬就学习击剑骑射，"招聚少年，给其衣食，往来南山中射猎，阴相部勒，讲武习兵"。至于吴将甘宁，更是"轻侠杀人，藏舍亡命，闻于郡中"。到了后来，甘宁更是成了一些"轻薄少年"的首领，"群聚相随，挟持弓弩，负毦带铃"，闻名郡中。[2]

北魏时期，史料上虽少流氓活动的记述，但也能找到一些。如当时有大倪、小倪两人，"皆粗险薄行，好为劫盗，侵暴乡里，百姓毒患之"。[3]所为虽是劫盗之事，行为却如流氓一般。又如房法寿，小名"乌头"，弱冠时一度出任州里的主簿，但从其一辈子的行为来看，却与流氓极为相近。他在少年时，就好射猎，"轻率勇果，结群小而为劫盗"，以致成为宗族内的大患。至后，又时常盗杀猪牛，还"招集壮士，常有百数"[4]，成为一个流氓头子。还有一位刘灵助，《魏书·刘灵助传》

---

[1]《三国志》卷46《孙破虏讨逆传》。
[2]《三国志》卷55《甘宁传》。
[3]《魏书》卷56《郑羲传》。
[4]《魏书》卷43《房法寿传》。

就说他"粗疏无赖,常去来燕恒之界,或时负贩,或复劫盗,卖术于市"。显见,刘灵助初时也是一位流氓。

至晋代,关于流氓的记载就比北魏多了许多。《晋书·刑法志》曾就无赖之徒作如下阐述:

> 今为徒者,类性元恶不轨之族也,去家悬远,作役山谷,饥寒切身,志不聊生,虽有廉士介者,苟虑不首死,则皆为盗贼,岂况本性奸凶无赖之徒乎!

这里所说的"奸凶无赖之徒",就是"流氓"。《晋书·刑法志》所表达的意思也很简单,一般犯徒罪的,均是一些本性"元恶不轨"之人,一旦发配到山谷作役,就必然流为盗贼。其实,在晋朝,无赖凶徒是广泛存在的。如吴皮、王隐之流,本来都是"无赖凶人",却被"皆加重爵",[1]看来在官场上混得相当不错。与此同时,即使是一些官员,也绝无行检可言,行同流氓无赖一般。如周缙,曾经在建康乌衣道中遇见孔氏之婢,当时正好他与同僚同车,但他不顾廉耻,"便令左右捉婢上车",[2]其强暴无赖,如此张狂。

在说及晋代的流氓时,不能不提到周处。周处,字子隐,义兴阳羡人。父周鲂,是吴国鄱阳太守,出身倒算是名门,但周处所行,却一如无赖。史载:

> 处少孤,未弱冠,膂力绝人,好驰骋田猎,不修细行,纵情肆欲,州曲患之。处自知为人所恶,乃慨然有改励之志,谓父老

---

〔1〕《晋书》卷89《麹允传》。
〔2〕《晋书》卷58《周处传》附《周缙》。

曰:"今时和岁丰,何苦而不乐耶?"父老叹曰:"三害未除,何乐之有!"处曰:"何谓也?"答曰:"南山白额猛兽,长桥下蛟,并子为三矣。"处曰:"若此为患,吾能除之。"父老曰:"子若除之,则一郡之大庆,非徒去害而已。"处乃入山射杀猛兽,因投水搏蛟,蛟或沈(沉)或浮,行数十里,而处与之俱,经三日三夜,人谓死,皆相庆贺。处果杀蛟而反,闻乡里相庆,始知人患己之甚,乃入吴寻二陆(陆机与陆云——引者)。[1]

这段记述,其主旨固然是说周处弃恶从善,但从中对周处少时的无赖行径也揭示得淋漓尽致。周处的恶行,可与南山白额猛兽、长桥下蛟并称"三害",可见周处平日里"不修细行,纵情肆欲"云云,实在还是比较客气的说法,其实际所干的可能会更加横行无忌。

南朝刘宋,无赖流氓的活动也极频繁。首先,刘宋的开国皇帝刘裕,就很喜欢"摴蒲之事",在赌博场上鬼混,很有些流氓习气。《宋书》卷64《郑鲜之传》载此事:"刘毅当镇江陵,高祖会于江宁,朝士毕集。毅素好摴蒲,于是会戏。高祖与毅敛局,各得其半,积钱隐人,毅呼高祖并之。先掷得雉,高祖甚不悦,良久乃答之。四坐(座)倾瞩,既掷,五子尽黑,毅意色大恶,谓高祖曰:'知公不以大坐(座)席与人!'"皇帝如此,外戚更是有过之而无不及。如萧思话,是孝懿皇后弟之子。当他十余岁时,未知诗书,整天"以博诞游遨为事,好骑屋栋,打细腰鼓,侵暴邻曲,莫不患毒之"。[2] 至于一般官员,其少时的流氓活动更是随处可见。如何尚之,"少时颇轻薄,好摴蒲";[3] 臧质,

---

[1]《晋书》卷58《周处传》。
[2]《宋书》卷78《萧思话传》。
[3]《宋书》卷66《何尚之传》。

"少时好鹰犬，善蒲博意钱之戏",[1] 也是轻薄无检。

说及刘宋一朝的流氓，不能不提到朱龄石与王僧达两位。朱龄石，字伯儿，沛县人氏。少时就好武事，"颇轻佻，不治崖检"。他的舅舅蒋氏，人才伫劣。龄石就让其舅卧于客厅一头，"剪纸方一寸，帖著舅枕，自以刀子悬掷之，相去八九尺，百掷百中。舅虽危惧战栗，为畏龄石，终不敢动"。更为可恶的是，其舅头上长有大瘤，龄石乘其舅熟睡之际，偷偷将大瘤割去，以致其舅一命呜呼![2] 王僧达，琅琊临沂人，为太保王弘少子。后娶临川王义庆女为妻，又出任过太子舍人。从出身、婚姻、为官来看，王僧达还是个颇有身份的人，但所行却不加检束，如无赖一般。他先是在杨列桥观鸭斗，被有司纠参，而且"性好鹰犬，与闾里少年相驰逐，又躬自屠牛"。[3]

在南梁，流氓人物与活动也时常见诸史籍。据载，在南梁，戏荡好博之人不断。如裴之横，"少好宾游，重气侠，不事产业";[4] 朱异，"年十余岁，好群聚蒲博，颇为乡党所患"。[5] 而那位南郡当阳人邓元起，在少时就成了流氓头子。史籍说他"少有胆干，膂力过人。性任侠，好赈施，乡里年少多附之"。[6] 此外，一些有名的官员，若追查他过去的简历，或轻薄好游，或不持操行，或多或少带有一些流氓习气。如王瞻，"幼时轻薄，好逸游，为闾里所患";[7] 张充，少时也"不持操行，好逸游"，《梁书》这样记述他出猎时的行径："左手臂鹰，右手牵

---

[1]《宋书》卷74《臧质传》。
[2]《宋书》卷48《朱龄石传》。
[3]《宋书》卷75《王僧达传》。
[4]《梁书》卷28《裴邃传》。
[5]《梁书》卷38《朱异传》。
[6]《梁书》卷10《邓元起传》。
[7]《梁书》卷21《王瞻传》。

狗。"[1]架鹰牵狗，这本来就是纨绔恶少的本色。

关于南梁流氓的活动，最值得一记的是曹景宗、陈伯之两人。曹景宗，字子震，新野人。自幼就善骑射，喜好畋猎，很有胆勇，手下有一批无赖少年。后来做了官，当上了侍中、将军以后，仍不能摆脱其原有的流氓习气。他为人自恃尚胜，每次作书，"字有不解，不以问人，皆以意造焉"。还嗜酒好乐，"腊月于宅中，使作野虏逐除，遍往人家乞酒食"。这一仪式，本来不过是嬉戏而已，而他的部下则借此"多剽轻，因弄人妇女，夺人财货"。[2]部下这种流氓行径，曹景宗实负有其责。

陈伯之，济阴睢陵人。幼时就很有膂力。年13岁时，就喜欢带獭皮帽，时常带着刺刀，等到邻里田中的稻熟，就偷偷割稻。有一次，正在割稻之时，被田主发现，伯之就大耍无赖。史籍作如下记载："尝为田主所见，呵之云：'楚子莫动！'伯之谓田主曰：'君稻幸多，一担何苦？'田主将执之，伯之因杖刀而进，将刺之，曰：'楚子定何如！'田主皆反走，伯之徐担稻而归。"[3]少时的无赖习气，已是跃然纸上。

关于南陈时期的流氓活动，史籍的记载也着实不少。陈高祖少年时，就"倜傥有大志，不治生产"，颇有些流氓习气。只是长大以后，喜欢读兵书，"多武艺，明达果断，为当时所推服"，才成为"成者为王"一类的人物。[4]在南陈，"恶少年"的活动时有所见。如宝安，年十余岁时，就"便习骑射，以贵公子骄蹇游逸，好狗马，乐驰骋，靡衣偷食"，一副贵游公子的派头。后周文育为晋陵郡守，因征讨而无暇顾及郡中政事，就让宝安监知政事。宝安上任后，就"聚恶少年"，专

---

[1]《梁书》卷21《张充传》。
[2]《梁书》卷9《曹景宗传》。
[3]《梁书》卷20《陈伯之传》。
[4]《陈书》卷1《高祖上》。

干不法之事，成为地方上的心腹大患。[1]值得指出的是，后陈流氓大多流入军队，危害军队的军纪与战斗力。如当时有一支"自在军"，其中招集的军兵，都是一些无赖流氓。[2]

在魏晋南北朝时期，土豪、门客的活动也时见诸史载，同样应给以适当的叙述。在当时，"土豪"一词，通常是指那些先世无高官重名而在当地有财有势，但政治上却没有地位，往往被士族高门轻视的人。如西魏的"豪右"王覆怜因"先世无闻"，故被目为"土豪"。[3]梁末的落难士族子弟王元规，即将"土豪"刘瑱看作"非类"，不愿与他联姻。[4]不过这些土豪"子弟纵横"，为此，"百姓甚患之"。[5]如广平人李波，"宗族强盛，残掠生民"。后刺史薛道摽率兵讨伐，李波率其宗族迎战，"大破摽军"。因此，李波一家，成了"逋逃之薮"，一些流氓无赖也纷纷归附于他。所以当时为之语曰："李波小妹字雍容，褰裙逐马如卷蓬，左射右射必叠双。妇女尚如此，男子那可逢！"[6]可见，当地百姓对李波一家，惧之如虎狼。

这些土豪，手下又养着一大批"宾客"与"门客"。如南齐曹虎，"善于诱纳，日食荒客常数百人"。[7]"荒客"云云，其实就是门客，也是一些无赖流氓。这些宾客，也是似狼如虎，在当地胡作非为，欺压平民百姓。如晋祖逖手下，就有一批"宾客义徒"，都是一些暴桀勇士。这些人平常"多为盗窃，攻剽富室"。一旦被地方官吏所获，祖逖就自

---

[1]《陈书》卷8《周文育传》。
[2]《江南野录》，载《说郛》卷3。
[3]《周书》卷34《杨摽传》。
[4]《陈书》卷33《王元规传》。
[5]《梁书》卷53《沈瑀传》。
[6]《魏书》卷53《李孝伯传》。
[7]《南齐书》卷30《曹虎传》。

己出面救解。[1]

所谓"客",有时又指"剑客"。如北魏阳固,性格俶傥,不拘小节,少时就任侠,"好剑客,弗事生产"。[2]北齐高昂,为人俶傥,胆力过人,专事驰骋,剽掠当地。他"招聚剑客,家资倾尽,乡闾畏之,无敢违迕"。[3]可见,"剑客"之类,与流氓打手无异。

魏晋南北朝存在的流氓人物及其活动,也有其广泛的社会基础。当时,游手游食之人颇众,为流氓提供了大量的"后备军"。如晋人傅玄就说晋朝"游手多而亲农者少,工器不尽其宜"。[4]晋人束皙对当时城市游食之多,更是作了如下详尽的概括:"今天下千城,人多游食,废业占空,无田课之实。较计九州,数过万计。"[5]其实,"数过万计"不过是一个保守的数字,有晋一代,实际游食的人数将远过于此。到了东晋,因中原丧乱,元帝寓居江左,百姓也大量随之南奔,称为"侨人"。除"侨人"外,东晋还有很多"浮浪人"。据载,所谓"浮浪人",就是"无贯之人,不乐州县编户者"。[6]北周时期,从小农中也分离出一批好逸恶劳、不勤事业之人,其实就是一些农村二流子。他们游手怠惰,早归晚出。虽然地方官府将他们单独编为一籍,守令随时对他们加以处罚,但这些二流子仍是有增无减。[7]小农一旦脱离耒耜,流入城市,游手游食,成为无籍贯的浮浪人,其中的大部分固然又会找到新的正当职业,成为雇佣劳动者,而一部分则成为游手无赖,为害社会。

---

[1]《晋书》卷62《祖逖传》。
[2]《魏书》卷72《阳尼传》。
[3]《北齐书》卷21《高乾传》。
[4]《晋书》卷47《傅玄传》。
[5]《晋书》卷51《束皙传》。
[6]《隋书》卷24《食货》。
[7]《周书》卷23《苏绰传》。

二、无赖少年与轻侠

在魏晋南北朝时期,有关流氓的大量活动,应该从"无赖少年"与"轻侠"中去寻找。关于"少年",在当时称呼不一,或称"轻薄少年"、"好事少年"与"勇敢少年",或称"恶少年"、"乡党少年"与"州里少年",统称"无赖少年"。所谓"轻侠",虽可归于侠客一类,但有时与恶少的关系也颇为密切,所以又有了"轻侠少年"的称呼。有关轻侠的称呼也多种多样,如"凶侠"、"奸侠"、"游侠"之类即是。"游侠"一称,固然是战国、秦汉时的遗存,而"凶侠"、"奸侠"云云,则已明确道出这些轻侠不仅有一副凶狠的无赖嘴脸,而且所行也均是一些奸恶之事,并非一身凛然侠气。

关于"无赖少年"的活动,正史中有不少记述,不妨摘引分类如次:

首先,这种无赖少年,在史籍中称之为"少年",不作任何意义的限定。如东汉末,张绣"招合少年,为邑中豪杰";[1] 曹仁也"阴结少年,得千余人,周旋淮、泗之间"。[2]

其次,在少年之前冠之以"轻薄"、"好事"、"勇敢"等限定性的词。吴将甘宁,少年时就好游侠,于是手下就招集了一批"轻薄少年"。这些少年,有些其实就是亡命之徒,身负杀人命案。北魏时,一些郡国的豪右,大为民蠹。于是,太宗下令,优诏征召豪右,但民间多留恋乡土,一些地方官吏就逼遣豪右。为此,就有一些"轻薄少年",乘机煽风点火,"所在聚结",以致"西河、建兴盗贼并起,守宰讨之不能禁"。[3] 吴地豪杰孙坚手下,除了乡里知旧以外,其中大部分是一些

---

[1]《三国志》卷8《张绣传》。
[2]《三国志》卷9《曹仁传》。
[3]《魏书》卷24《崔玄伯传》。

"好事少年"。北周陈忻，少年骁勇，有气侠，姿貌魁岸，同类少年对他敬惮三分。魏孝武西迁之后，陈忻"招集勇敢少年数十人，寇掠东魏，仍密遣使归附"。[1]

再次，这种少年，有时则又称"乡里少年"、"乡党少年"，或称"州里少年"。所谓"乡里"、"乡党"、"州里"云云，其实都是一种地域性的限定，意思均指本地少年。如南陈周敷，本为郡中豪族，为人胆力劲果，超出时辈，而且生性豪侠，轻财重士，于是一些"乡党少年任气者咸归之"；[2] 又如任忠，少年时孤贫微贱，被乡党邻舍所蔑视。等到长大，就变得为人诡谲，足智多谋，而且膂力过人，尤善骑射，因此"州里少年皆附之"。[3]

由此可见，魏晋南北朝时期的少年，其种类甚多，他们不但为人轻薄无赖，到处煽风点火，扰乱社会治安，而且还好事凶顽，在乡里为非作歹，是一群为害社会的恶少。这批恶少的存在，对社会治安一直构成巨大的威胁。一旦封建统治秩序败坏，这些少年就会聚集在地方豪侠的门下，或与贼盗合一，或起而谋叛。如侯景之乱时，南昌著姓熊昙朗就聚集少年，"据丰城县为栅，桀黠劫盗多附之"。[4] 当然，有时候朝廷与地方官府也利用这些少年好勇斗狠的特点，调遣他们镇压叛乱或农民起义。如东汉末中平元年（184），黄巾起事，朝廷派遣车骑将军皇甫嵩、中郎将朱儁率兵征讨。孙坚为佐军司马，而随他出征的乡里少年也为数不少。又如梁末，海宁、黟、歙等县及鄱阳、宣城一带，多地方盗贼，近县官府甚感苦恼。当时有一位程灵洗，素为

---

[1]《周书》卷43《陈忻传》。
[2]《陈书》卷13《周敷传》。
[3]《陈书》卷31《任忠传》。
[4]《陈书》卷35《熊昙朗传》。

乡里所畏伏，于是地方官府就让他招募少年，"逐捕劫盗"。[1]

魏晋南北朝时期之侠，基本上可以分为以下三类：一是一般意义上的游侠，二是轻侠，三是凶侠与奸侠。分类不同，其性质也有所区别。这里所要叙述的是，这些侠客如何从行侠仗义之侠转化为为非作歹的凶侠与奸侠。

先说一般意义上的游侠。如刘宋时期的龙符，为人骁果有胆气，干力绝人。少年时好游侠，"结客于闾里"。[2] 又如晋时石崇，也是"任侠无行检"；[3] 还有北周时的韦祐，少年时就好游侠，与他相交游的人，都是一些"轻猾亡命"。[4]

关于"轻侠"，其活动也时见诸当时史籍。轻侠，有时就是豪强大族的同义语，他们不但与流氓无赖相通，而且与贼盗勾结，成为控制一方的恶势力。如三国时吴国斯从，为一县吏，"轻侠为奸"。当时贺齐"守剡长"，打算对斯从严加惩治。于是，主簿劝道："从，县大族，山越所附，今日治之，明日寇至。"但贺齐不听劝阻，一心严惩，将斯从立即斩首。不久，斯从的族党"遂相纠合，众千余人，举兵攻县"。[5] 有时"轻侠"成为豪强的门下之徒，或从事谋反，或起兵反叛。如北魏太宗时，昌黎王慕容伯儿"收合轻侠失志之徒李沈等三百余人谋反"。[6] 又如晋代王廞，"即墨经合众，诛杀异己，仍遣前吴国内史虞啸父等入吴兴，义兴聚兵，轻侠赴者万计"。[7] 至于少时轻侠、长时

---

[1]《陈书》卷10《程灵洗传》。
[2]《宋书》卷47《龙符传》。
[3]《晋书》卷33《石崇传》。
[4]《周书》卷43《韦祐传》。
[5]《三国志》卷60《贺齐传》。
[6]《魏书》卷29《奚斤传》。
[7]《晋书》卷65《王廞传》。

修改，在当时更是习以为常。如北齐高乾，"少时轻侠，数犯公法，长而修改，轻财重义，多所交结"。[1]又如刘海宝，也是"少轻侠，然为州里所爱"。[2]这种轻侠，有时则称"轻果"、"轻险之徒"，与盗贼一般无异。"轻果"云云，是说这些人为人轻率果敢，不计后果；"轻险"者，则在轻率果敢之外，又增加了奸险一意。如北齐时有一位东方老，少年时粗犷无赖，结交"轻险之徒"，共为贼盗，成为乡里大患。

轻侠一变而为凶侠，说明其行为发生了质的变化，侠义的一面逐渐减少，而凶残暴戾的成分却渐趋增加。直至奸侠，轻侠流氓化的历程已经彻底完成。什么是"凶侠"？一般说来，凶侠就是指那些大为民蠹的郡国豪右，也即带有流氓习气的地方豪强。如北魏太宗时，下诏征召豪右入京，以致盗贼四起。太宗曾问北新侯安同、寿光侯叔孙建、元城侯元屈，对凶侠乱民有所释义："前以凶侠乱民，故征之京师，而守宰失于绥抚，令有逃窜。今犯者已多，不可悉诛，朕欲大赦以纾之，卿等以为何如？"[3]所谓"奸侠"，比起凶侠来，就带有更多的流氓气。他们虽为人轻财重气，却也奸险狡猾，是一些十足的地方豪猾。如北齐时有一位薛脩义，少年时为人奸侠，轻财重气，时常招召豪猾，即使"有急难相投奔者，多能容匿之"。[4]又有一位李愍，少年时就胸怀大志，到40岁时，仍不仕州郡，"唯招致奸侠，以为徒侣"。[5]可见，诸如轻侠、凶侠、奸侠之辈，他们不仅是一些带有流氓习气的地方豪强，而且时常聚集在豪右门下，成为地方社会治安的一大隐患。

---

[1]《北齐书》卷21《高乾传》。
[2]《北齐书》卷21《高乾传》。
[3]《魏书》卷24《崔玄伯传》。
[4]《北齐书》卷20《薛脩义传》。
[5]《北齐书》卷22《李元忠传》。

第四章 隋唐时期的坊市恶少与市井凶豪

一、概说

隋、唐继南北朝分立数百年之后，一旦统一，迫使这两朝统治者在政治上修明制度，而在用人上崇尚才能。但隋、唐两朝相较，隋朝短命。唐代国家疆域既广，人口众多，经太宗一朝的休养生息，已是经济繁荣，城市生活极为奢华。如唐人对都城长安风习的变化就作了如下描述：

> 长安风俗：贞元侈于游宴，其后或侈于书法、图画，或侈于博奕，或侈于卜咒，或侈于服食，各有自也。[1]

这当然是指长安士大夫生活风习的变迁，但从这种士大夫的优雅生活中，也可看出唐代城市生活的繁华。而这种繁华，同时也导致了城市游手之徒的日益增多。

大致说来，唐朝统治者对户口的控制极为严厉，对那些脱离农村土地的"浮浪人"严惩不贷。如《唐律》规定："诸非亡而浮浪他所者，十日笞十，二十日加一等，罪止杖一百。即有官事，在他所事了，留住

---

[1] 王谠：《唐语林》卷6《补遗》。

不还者，亦如之。"⁽¹⁾如果出现浮浪者，而乡村管理人员容隐不举，那么这些基层管理者也将受罚。因此《唐律》又作如下规定，"诸部内容止他界逃亡浮浪者，一人里正笞四十。"⁽²⁾尽管政府法律作如此规定，但因为传统社会固有的社会矛盾无法解决，所以自开元承平以后，闾里浮食者却日益增多。史载："时天下户版刓隐，人多去本籍，浮食闾里，诡脱徭赋，豪弱相并，州县莫能制。"⁽³⁾"浮食闾里"云云，其实就是指那些失去土地，在乡村游荡的二流子。当然，这些流亡之人并非天生喜爱羁旅，甘愿忘掉桑梓，而是不得已而为之，即史书所谓的"敛重役亟，家产已空，邻伍牵连，遂为游人"。⁽⁴⁾

此外，由于豪猾日渐兼并土地，使大批乡村农民失去土地，逃役浮食，成为"客户"。请看下面唐人的记述："自后赋役顿重，豪猾兼并，强者以才力相君，弱者以侵渔失业，人逃役者，多浮寄于闾里，县收其名，谓之客户。杂于居人者，十一二矣。盖汉魏以来浮户流人之类也。"⁽⁵⁾这种流民在唐代又有专称，称为"雁民"。明人陈士元对"雁民"作如下解释："《唐书》：编氓有雁户，谓流民非土著者，来去无常，故以雁名之。"⁽⁶⁾

大批浮食者、浮浪人的存在，每天为流氓队伍增添新鲜的血液。就隋朝而言，游惰者也并不少见，而流氓更是屡见不鲜。如史载："是时山东尚承齐俗，机巧奸伪，避役惰游者十六七。"⁽⁷⁾大致说来，因为隋

---

〔1〕长孙无忌：《唐律疏议》卷28《捕亡》下。
〔2〕《唐律疏议》卷28《捕亡》。
〔3〕《新唐书》卷134《宇文融传》。
〔4〕《新唐书》卷112《韩思彦传》。
〔5〕柳芳：《食货论》，载《全唐文》卷372。
〔6〕陈士元：《俚言解》卷1《土著》。
〔7〕《隋书》卷24《食货》。

朝统治时间较短，故没有完整的关于流氓的史料记述，只在正史中有一些零星的记载。下面稍加钩稽，以见隋代流氓史之一斑。

关于隋代流氓，首先得从那些少年无赖而成年以后成为风云人物的人的传记中去寻找。不妨试举几例。如杨汪，少年时为人凶疏，好与人群斗，"拳所殴击，无不颠踣"，颇有些流氓习气。长大以后，"更折节勤学，专精《左氏传》，通《三礼》"。[1]有一位刘权，"少有侠气，重然诺，藏亡匿死，吏不敢过门"。[2]又如沈光，少年时骁捷勇果，但为人也有些流氓气，喜欢"交通轻侠"，所以成为"京师恶少年之所朋附"。[3]还有一位周罗睺，少年时也是一副无赖相。据史载，这位周罗睺年15时，就善于骑射，喜欢飞鹰走狗，"任侠放荡，收聚亡命，阴习兵书"。[4]即使如在隋末很有名的刘黑闼，少年时流氓行为也很多。他嗜酒如命，喜欢蒲博，不治生产，"亡赖，父兄患苦之"。[5]

当然，在那些豪猾、轻薄公子及不治细行的官员身上，也有不少流氓习气。如当时有一豪猾，为人奸猾凶狠，"每持长吏长短，前后守令咸惮之"，显然已成为地方一霸。不过，这些豪猾一旦碰到为政操切的酷吏，当然要自认晦气。如上述的那位豪猾，最后就伤在酷吏王文同手里。据史载，王文同如此惩治这位豪猾："文同下车，闻其名，召而数之。因令左右剡木为大橛，埋之于庭，出尺余，四角各埋小橛。令其人踏心于木橛上，缚四支于小橛，以棒殴其背，应时溃烂。"[6]这种

---

[1]《隋书》卷56《杨汪传》。
[2]《隋书》卷63《刘权传》。
[3]《隋书》卷64《沈光传》。
[4]《隋书》卷65《周罗睺传》。
[5]《新唐书》卷86《刘黑闼传》。
[6]《隋书》卷74《酷吏传》。

惩治招数虽近乎阴损，对付豪猾却恰到好处，反而使人拍手称快，真可谓一物降一物！宇文化及，是左翊卫大将军宇文述之子。他性格凶险，为人不循法度，"好乘肥挟弹，驰骛道中"。为此，长安人称他为"轻薄公子"。[1] 称其为"轻薄公子"，还算是客气的。其实，这位宇文公子是个地地道道的流氓，他"常与屠贩者游，以规其利"。[2] 其弟宇文智及，更是好斗成性，流氓习气更重，即史书所谓的"幼顽凶，好与人群斗，所共游处，皆不逞之徒，相聚斗鸡，习放鹰狗"。[3] 还有一位宇文惠及，比起他的两位兄长，更是流氓成性。明人袁于令在小说《隋史遗文》中这样描绘宇文惠及："目中便不看一行书，胸中也不晓一毫理，穿的绫锦，吃的珍羞。随从的，无非是一干游食游手、谗谄面谀的光棍，只有教他为非的，那有教他学好的？公子使父亲的势，帮闲的使公子的势，骗公子的钱，使酒渔色，顽耍游荡，无所不为。"[4] 可见，这类轻薄公子不仅与游手光棍打成一片，而且成了帮闲流氓的衣食父母。至于有些官员，虽有一定的身份，行为却同流氓无赖一般无异。如隋末唐宪，官为东宫左勋卫，但"不治细行，好驰猎，藏亡命，所交皆博徒轻侠"。[5]

有关唐朝流氓的史料，比隋代多了许多。宋人周密在说到汉高祖刘邦及唐高祖李渊的"少恩"时，曾举出李渊薄于父子之义的例子："唐高祖起兵汾晋时，建成、元吉、楚哀王智云，皆留河东护家。隋购之急，建成、元吉能间道赴太原，而智云以幼不能逃，为吏所诛。"[6] 这

---

[1]《隋书》卷85《宇文化及传》。
[2]《隋书》卷85《宇文化及传》。
[3]《隋书》卷85《宇文化及传》。
[4] 袁于令：《隋史遗文》第20回。
[5]《新唐书》卷89《唐俭传》。
[6] 周密：《齐东野语》卷18《汉唐二祖少恩》。

一方面说明唐高祖深明大义，为创大业，置儿子生死于不顾，确乎具有豪杰气概；另一方面也证明李渊刻薄寡恩，有些流氓习气。

隋末唐初，正值战乱，流氓活动也时见诸史料记载。一些无赖投身起义行列，如许州阳翟人郭孝恪，少年就有奇节，"不治赀产，父兄以为无赖"。隋末大乱，这位郭孝恪就"率少年数百附李密"。[1]有唐一代，"无赖贼"与"恶少年"的活动一直沿续不断，即使如"闲子"在城市中也时有存在，而豪猾更是猖獗不衰。在此稍举几例，详见后论。如唐人李勣曾对人说："我十二三时为无赖贼，逢人便杀；十四五为难当贼，有不快意，则杀；十七八为佳贼，临阵乃杀人；二十为大将，用兵以救人。"[2]李勣说下这番话，其本意无非是为了说明随着时间的推移，自己已弃恶从善，但我们从他这种随意杀人的行为中，可知唐代的"无赖贼"确实也很凶残。即使如韦应物这样一位在唐朝稍有名气的诗人，少时却也是一个十足的流氓无赖。在《韦苏州集》中，韦应物有一首《逢杨开府诗》，对自己少年时的无赖行径直言不讳："少事武皇帝，无赖恃恩私。身作里中横，家藏亡命儿。朝持樗蒲局，暮窃东邻姬。司隶不敢捕，立在白玉墀。骊山风雪夜，长杨羽猎时。一字都不识，饮酒肆顽痴。"寥寥几句，已将自己的无赖相刻画得淋漓尽致。不过，韦应物后来也折节从学，终于成为一个诗人。如李肇《国史补》就称赞他："应物为性高洁，鲜食寡欲，所居焚香扫地而坐。其为诗驰骤建安已还，各得风韵。"[3]

唐代恶少年的活动，史籍也时有所载。如《新唐书》载："初，州有盗劫贡船，捕吏取滨江恶少年二百人系讯。徽（指钱徽——引者）按

---

[1]《新唐书》卷111《郭孝恪传》。
[2] 郑志鸿：《常语寻源》卷上《无赖贼》。
[3] 转引自洪迈：《容斋随笔》卷2《韦苏州》。

其柱,悉纵去。数日,舒州得真盗。"[1] 这里的恶少年当然与劫盗活动无涉,但在大部分情况下,恶少年也时常干些偷鸡摸狗的窃盗活动。

唐代豪猾活动也极猖獗。酷吏是地方豪猾的克星,循吏同样也是豪猾的死对头。如唐人韩佽任观察使时,在地方上享有清简的声誉。当时正赶上使者至地方上,乡里豪猾就贿赂使者,买求县令。使者转而向韩佽请求,佽佯装允许。等到使者一走,韩佽就"召乡豪责以桡法,笞其背,以令部中,自是豪右畏戢"。[2]

时至唐末五代,群雄并起,朝代更迭频繁。五代八姓十三君,计自后梁之开平元年至后周显德六年,不过52年,其运祚之短,为历史上所罕见。而所谓的五代,不过是中原数州之地。当时,蜀、吴、闽、广、荆、湖都各立封疆,建号称尊。这种混乱大势的出现,实根源于唐末方镇擅兵,封殖自固。尤堪注意的是,社会的动荡不安直接导致了风俗的败坏。在五代,人人唯利是图,礼义廉耻的教化也无所实施,以致君臣、父子、夫妇、朋友之间的伦际关系,丧失殆尽。教化的丧失,传统伦际关系的衰败,为无赖流氓的活动提供了极方便的条件。

五代群雄或开国之主,即朱温之徒党,大多起于盗贼无赖,如张慎思、葛从周、胡真、张归霸、张归厚、张归弁、邓季筠、黄文靖、李重允、霍存、郭言、李唐宾等,就其出身而言,多少都带有一点流氓无赖的习气。下面不妨试举几例。梁太祖朱温,壮年时"不事生业,以雄勇自负,里人多厌之"。等到黄巢在唐末起兵,他就投入军中。[3] 后周太祖郭威,成年后,也是"爱兵好勇,不事田产"。这位郭威,负

---

[1]《新唐书》卷177《钱徽传》。
[2]《新唐书》卷118《韩思复传》。
[3]《旧五代史》卷1(梁书)《太祖纪》第1。

气用刚，好斗多力，颇有些流氓气。有一次，游历上党市，遇有一屠夫，长得壮健，众人畏之如虎，郭威却"以气凌之"，借着酒醉，命屠夫割肉，少不如意，就大声叱责。屠夫怒起，坦着腹对郭威说："尔敢刺我否？"郭威一刀刺进他的肚腹。[1] 屠夫一副流氓相，大耍无赖，可是郭威比他更加好勇斗狠，一刀进去，屠夫也就命归黄泉。此外，后汉高祖从弟刘崇，也是"少无赖，好陆博意钱之戏"，[2] 沾染了不少流氓习气。

在五代，流氓时时存在，史籍称之为"无赖"、"侠儿"、"雄儿"、"游侠"。陈州项城人李罕之，拳勇矫捷，力兼数人。少年时曾经学儒业，但久而未成，只好落发为僧。成为僧人以后，却极不安分，僧众"以其无赖"，将他逐出寺院。此后，就做了乞丐僧，但自早到晚，也无人施食于他，罕之性起，就"掷钵于地，毁弃僧衣，亡命为盗"。[3] 落草为寇，这是流氓的必然归宿。又如张万进，也是"少而无赖"。[4] 五代的"侠儿"无正当职业，到处游荡，替人行刺，其实与流氓一般无异。如五代唐武皇在云中时，曾经宿于妓馆，拥妓醉寝，当时有侠儿就"持刃欲害武皇，及突入曲室，但见烈火炽赫于帐中，侠儿骇异而退"。[5] 这位行刺的"侠儿"，实亦可归为流氓一类。

在五代，流氓又有"雄儿"与"游侠"之称。如寿州寿春人丁会，自少年时就放荡纵横，不治农产。长大以后，"遇乱，合雄儿为盗"。[6] 所谓"雄儿"，就是雄长乡里、独霸一方的流氓。又如史弘肇，也是

---

〔1〕《旧五代史》卷110《太祖纪》第1。
〔2〕《旧五代史》卷135《刘崇传》。
〔3〕《旧五代史》卷15《李罕之传》。
〔4〕《旧五代史》卷88《张万进传》。
〔5〕《旧五代史》卷25《武皇纪上》。
〔6〕《旧五代史》卷59《丁会传》。

"少游侠无行,拳勇健步,日行二百里,走及奔马"。[1]史称史弘肇"游侠无行",足以证明他是一位流氓。

值得指出的是,在唐末五代的牙兵中,很多人颇具兵痞特点,也应归属流氓一类。当时牙兵的基本特点就是异常凶狠、骄横。一般说来,唐末五代的牙兵都是非常跋扈的,而尤以魏博牙兵为甚。时人传言:"长安天子,魏府牙兵。"可谓切中要害之言。魏博牙兵"年代浸远,父子相袭,亲党胶固。其凶戾者,强买豪夺,逾法犯令,长吏不能禁。变易主帅,有同儿戏。如史宪诚、何进滔、韩君雄、乐颜祯,皆为其所立,优奖小不如意,则举族被害。"[2]凶戾骄悍,强买豪夺,这充分显示出唐末牙兵的兵痞特性。所以,法令对这些兵痞是无用的,他们随时可以以武犯禁,以下犯上,变易主帅,如同儿戏。可见,牙兵的流氓化,所产生的恶性后果决不可低估。

二、坊市恶少

唐代城市的市井生活,也是极其繁华的。这种繁华的城市生活,同样可以滋生出一批社会的渣滓,即"坊市恶少"。这种坊市恶少,在唐代的称呼各式各样,或称"亡命少年",或称"少年",或称"侠少年",或称"市井凶豪",通称"恶少"。

关于唐代坊市恶少的社会活动,史籍与笔记多有记载,不妨引述如下。元和初,上都东市有一恶少李和子,生性凶残,"常攘狗及猫食之,为坊市之患"。[3]在河南,恶少的活动就更频繁。史载,这些恶

---

[1]《旧五代史》卷107《史弘肇传》。
[2]《旧唐书》卷181《罗弘信传》。
[3] 段成式:《酉阳杂俎续集》卷1《支诺皋上》。

少"或危帽散衣,击大球,户官道,车马不敢前"。[1] 可见此类恶少其实与拦路抢劫的绿林大盗一般无异。需要指出的是,在唐代,确实有不少恶少年,最后逃入深山,占山为王,成为响马。如朗州武陵有一位雷满,本来是一名渔师,天生有勇力。当时"武陵诸蛮数叛",荆南节度使高骈将雷满提升为裨将,于是雷满就率领镇蛮军跟随高骈到淮南。不久,雷满逃归故里,与里人区景思猎大泽中,啸聚亡命少年千人,部署伍长,自称"朗团军"。[2] 在永州,恶少的活动更是令人惊骇:"邑中少年,常以七月击鼓,群入民家,号'行盗',皆迎为辨具,谓之'起盆',后为解素,喧呼疻斗。"[3] 显见,永州的恶少年借民间的庆典活动,从中大肆勒索。

唐代的长安,不仅是政治中心,而且商业也极繁荣,各色人物荟萃于此。流氓也大肆活动,从中猛捞好处。如会昌年间,正值李德裕当国,薛元赏重新出任京兆尹。当时,"都市多侠少年,以黛墨镵肤,夸诡力,剽夺坊间"。元赏到任三日,搜捕恶少,杖死30余人,在市上示众。其他恶少深为畏惧,"争以火灭其文"。[4] 上面史料记载中所谓的"镵肤",其实就是文身。与此同时,唐代京师恶少还充当军兵。他们为非作歹,干犯府县的法令。一旦有罪,就逃入军中,使地方官府无法追捕。后来,刘栖楚出任京兆尹,号令严明,诛罚不避权势。碰到恶少犯罪,即使逃入军中,这位刘公也"一皆穷治",使恶少的活动稍稍收敛。[5] 即使到了唐末五代,也仍有"市井凶豪"的存在。史载:

---

[1]《新唐书》卷181《李绅传》。
[2]《新唐书》卷186《邓处讷传》。
[3]《新唐书》卷197《循吏传》。
[4]《新唐书》卷197《循吏传》。
[5] 王谠:《唐语林》卷1《政事上》。

"又闻市井之中,多有凶豪之辈,昼则聚徒蒲博,夜则结党穿窬。"[1]可见,这些市井凶豪的活动,也不外乎赌博、偷盗两种。

坊市恶少的特点,大概莫过于"文身"这一项了,而在唐代则称"札青"。关于薛元赏整治恶少的活动,《新唐书》已有记述。在此,转引笔记,对唐代京师恶少的刺字文身活动再稍加补充叙述。在唐末,这些无赖男子竟相以"札刺相高",文身成了一时的流氓风尚。有的流氓在身上文上一本《辋川图》,有的文上白居易、罗隐诗百首,而有的流氓更是厚颜无耻,"至有以平生所历郡县饮酒蒲博之事、所交妇人姓名齿行第坊巷形貌之详,一一标表者"。对这些流氓的文身记录,时人号为"针史"。[2]此外,唐人笔记关于无赖少年文身的记载还有很多,再举几例。如王力奴花钱五千,让札工在他的胸腹上刺上各种花样,"山亭院池榭草木鸟兽。无不悉具,细若设色"。又贼赵武建札青达160余处,还在左右胳膊上刺言:"野鸭滩头宿,朝朝被鹘梢。忽惊飞入水,留命到今朝。"还有,高陵县捉住一位宋元素,这位恶少在身上刺有71处。左臂刺言:"昔日已前家未贫,苦将钱物结交亲。如今失路寻知己,行尽关山无一人。"在右臂,则刺上葫芦,上面长出一个人首,如傀儡戏一般。据说,这个葫芦,是葫芦精,可能与这些流氓的信仰颇有关系。元和末,蜀地市井中有一位恶少,名赵高,好勇斗狠,成为狱中常客,背上"镂毗沙门天王,吏欲杖背,见之辄止,恃此转为坊市患害"。[3]又唐人笔记载:"上都官肆恶少率髡而肤札,备众物形状,恃诸军张拳强劫,至有以蛇集酒家,捉羊胛击人者。"文身、张拳强劫,诸如此类的活动,就不仅仅是宋、明、

---

[1] 后唐庄宗:《严科市井凶豪令》,载《全唐文》卷103。
[2] 陶穀:《清异录》,载《说郛》卷61。
[3] 段成式:《西阳杂俎》卷8《黥》。

清诸代流氓活动的滥觞，而且已颇具近代流氓活动的一些基本特色。这些恶少经当时京兆尹薛元赏一番惩治以后，其活动已是稍见收敛。但是，也有一些流氓，顽固不化，对薛元赏的惩罚浑然不惧。如当时大宁坊有一"力者"，名张干，将自己的誓言札在左右两臂上，以示势不两立。左臂曰："生不怕京兆尹"；右臂曰："死不畏阎罗王"。[1]气焰十分嚣张！

唐代恶少的活动领域极广，他们不但聚集于妓馆青楼，靠此生活，而且还充巫行骗。当时长安有一平康坊，为妓女所居之地。因此，京都一些侠少就"萃集于此"。每年新进士"以红笺名纸游谒其中"，时人称此坊为"风流薮泽"。[2]可见，在平康坊内，名妓的弄姿，侠少的凑趣，新进士的捧场，如此种种，都是构成"风流薮泽"的必要条件。唐肃宗时，王玙任宰相，崇尚鬼神，"分遣女巫遍祷山川"。当时有一巫者，少年盛服，乘驿传而行，随行者有中使，更有大批恶少。所到之处，"诛求金帛，积载于后，与恶少数十辈横行州县"。到了黄州，所行恶事也大致如此。当时左震为黄州刺史，早晨去驿门，看见闭户不启。左震就命砸锁而入，"曳巫斩阶下，恶少皆死"。[3]显然，无赖恶少遇到方正循吏，就只好自认晦气，因为方正循吏正好是他们的克星。

唐代恶少有时甚至盛气凌人，随处欺侮他人，但当碰到膂力绝人、刚直勇猛之辈，恶少又如缩头乌龟。如当时有一位胡证，膂力过人，好打不平，后曾任岭南节度使。当裴度未显达时，曾赢服私饮，被一些无赖武士所窘辱。胡证听说此事后，"突入坐客上，引觥三釂，

---

〔1〕段成式：《庐陵官下记》，载《说郛》卷17。
〔2〕王仁裕：《开元天宝遗事》，载《说郛》卷52。
〔3〕王谠：《唐语林》卷3《方正》。

客皆失色。因取铁灯檠，摘枝叶，擽合其跗，横膝上，谓客曰：'我欲为酒令，饮不釂者，以此击之。'众唯唯。证一饮辄数升，次授客，客流离盘杓不能尽。证欲击之，诸恶少叩头请去，证悉驱出"。[1] 正所谓流氓相逢，能者胜。因为这位胡证不是一位好惹的主，也是一个歹事头。

有时候，坊市少年也行一些恶作剧，所行之事让人忍俊不禁。如唐代宗敬奉天竺教，"仍令京师耆老元和迎真体者，悉赐银碗锦彩"。于是，一些长安豪家就竞相装饰车服，驾肩弥路，四方百姓也"莫不蔬素以待恩福"，扶老携幼，前来观看。当时有一位军卒在佛前砍断一左臂，"以手执之，一步一礼，血流洒地"，以示虔诚。又有一位僧人，以艾覆顶，称作"炼顶"，火发痛作，僧人不堪忍耐，就掉首呼叫。为此，围观的坊市少年就暗暗使坏，将僧人按住，"不令动摇，而痛不可忍，乃号哭卧于道上，头顶焦烂，举止苍迫"。[2]

三、闲子与妙客

在唐代，有一种"闲子"，也应归属流氓史叙述的范围之内。"闲子"的本意，无非是说这一批人不务生理，是一些游手好闲之徒。不过，从现有记载来看，唐代"闲子"与宋、元两朝的"闲汉"、"闲民"颇有区别。

唐宣宗时，曾下一诏，对闲子痛加斥责。

    诏云：如闻近日多有闲人，不务家业，尝怀凶恶，肆意行

---

[1]《新唐书》卷164《胡证传》。
[2] 苏鹗:《杜阳杂编》，载《说郛》卷6。

非，专于坊市之间，恐胁取人财物。又其中亦有曾为趋吏，依倚门栏，自恐愆尤，遂致停解。不思己过，却务怨雠，妄构虚辞，恣行恐吓。[1]

自上述记载可知，唐代"闲人"主要包括以下两类人：一是横行街上的凶恶之徒，他们专门在坊市上威逼、诈取他人财物；二是一些"趋吏"，妄构词讼，对他人恣行恐吓，大致与讼棍同。

关于闲子，《新唐书》有较详细的记载。从中可知，所谓闲子，其实就是一批不肖子，他们都"著叠带冒，持梃剽闾里"。每当京兆尹刚上任，就将闲子中最不守法者斩首，以震慑其余党徒，但闲子们毫无畏惧心理，依然我行我素，在坊市间为非作歹。到了窦澣任京兆尹，就一下杀掉闲子数十百人，才使这些闲子"稍稍惮戢"。至唐末，黄巢攻入长安，京师百姓多避难宝鸡，"闲子掠之，吏不能制"。当时有一位高仁厚，素知闲子的好恶之状，就"下约入邑间纵击"。当仁厚率军入城时，这些闲子浑不知觉，还前来聚观，对军兵嗤侮一番。于是，军兵突起，"杀数千人，坊门反闭，欲亡不得，故皆死"。[2]自此以后，闾里闲子的骚扰才告结束。

在说到"妙客"之前，不妨先谈谈"偷薄少年"，因为他们与妙客颇有关系。"偷薄少年"当然不同于恶少年，他们或是纨绔子弟，行为放浪轻佻，或是破落子弟，行为轻薄无赖。如唐懿宗"薄于德"，却昵宠优人李可及。这位李可及不但擅长新声，而且还自己度曲，辞调凄折。为此，"京师偷薄少年争慕之，号为'拍弹'"。[3]在此，当然不能

---

[1] 唐宣宗：《委京兆府捉获奸人诏》，载《全唐文》卷80。
[2] 《新唐书》卷189《高仁厚传》。
[3] 《新唐书》卷181《曹确传》。

说优人李可及就是流氓,但与妙客却甚相近,而"偷薄少年"都是这些无赖优人、妙客的忠实追随者。

所谓"妙客",其实就是寄食妓院的闲人。有人这样记述妙客:"多有游惰者,于三曲中而为诸倡所豢养,必号为'妙客'。"[1]在唐代,南曲中的妓女,流行"私畜侍寝者"之风俗。不过,名为侍寝,但妓女"亦不以夫礼待"。可见,妙客与男妓颇为相近,而在唐代则为游食无赖,仍可归于流氓一类。

---

[1] 孙棨:《北里志》,载《说郛》卷12。

第五章 宋代的破落户与捣子

一、概说

在明代以前，宋朝堪称城市生活最为活跃的一个时代。关于宋代五光十色的城市生活，孟元老的《东京梦华录》与周密的《武林旧事》留下了许多生动的记载，为后人了解宋代汴梁（今开封）、临安（今杭州）的平民生活，无疑提供了许多便利条件。在这两座城市里，酒楼、茶坊林立，青楼、食店栉比，下层平民有着极丰富的文化生活。

就拿酒楼来说，杭州的酒楼就分为茶饭店、包子酒店、宅子酒店、直卖店、散酒店、庵酒店、罗酒店等不同名色，种类繁多，为社会各阶层的不同消费者提供各种不同的服务。在各色酒楼中，尤以户部点检所属下的"官库"最为著名。大致每库设官妓数十人，另有金银酒器千两，"以供饮客之用"。在这些酒楼里，酒茶不断变易，愈出愈奇，而歌管欢笑之声，也是每夕达旦。杭州的茶坊与酒楼一样闻名。当时的大茶坊一般均挂有名人书画，煞是风雅。在茶坊中，或是都人子弟在此会聚习学乐器，或是娼妓、弟兄打聚此处，互相嬉闹。杭州食店大多由旧京师人即汴梁人开张，如羊饭店兼卖酒，而点茶吃饭，其按排次序也大有讲究，"如欲速饱，则前重后轻；如欲迟饱，则前轻后重"。所谓"重者"，即指头羹、石髓饭、大骨饭、泡饭、软羊、浙米饭此类食物；所谓"轻者"，则指煎事件、托胎、奶房、肚尖、肚胘、腰子之类食品。与此同时，文化生活也极活跃，娱乐嬉戏的种类很多，尤以"瓦舍"为著名。《都城纪胜·瓦舍众伎》云:"瓦者,野合易散之意也"。瓦舍不知起于何时,但在杭州一般是作为士庶放荡不羁之所,也是浪荡子弟流连败坏之地。在瓦舍中,集中了散乐、清乐、百戏、相扑、傀儡、影戏等22种娱乐节目,以迎合不同社会阶层的欣赏口味。

繁华的城市生活,发轫于城市经济的发展、城市人口的膨胀。而所有这些,则需要一个漫长的历史过程。就宋朝廷来说,农村劳动人口的减少,城市游手的增加,对封建统治秩序是一个极大的威胁,所以政府对游惰之民严惩不贷。如太平兴国年间规定,在两京及其他诸路,允许民间共同推选一个"练土地之宜、明树艺之法"的人,县里将其补为农师,让他会同乡里的三老、里胥,召集各种农夫,"分画旷土,劝令种莳,候岁熟共取其利"。同时,这位农师则享受"蠲税免役"的特权。此外,假若民有饮博怠于农务者,则农师"谨察之,白州县论罪,以警游惰"。[1] 在重农惩惰的同时,宋朝廷对户口的控制也极严。如宋律规定,"诸脱户者,家长徒三年"。另外,里正对所辖范围内户口的增减脱漏不载,则"一口笞四十,三口加一等,过杖一百;十口加一等,罪止徒三年"。[2]

需要指出的是,尽管宋朝廷对户口的控制如此严厉,又极力禁止自耕农的游惰,但社会经济的发展、乡村土地兼并的加剧、农村劳动人口的分化,必然会导致大批农村游惰人口的出现。这样,在宋代的广大农村,不仅二流子随处可见,而且这些游手好闲之徒还源源不断地涌入城市,成为城市流氓的一大来源。宋人钱彦远曾对皇祐以后宋朝游手之多的实际状况及其原因作了如下分析:"唐开元年有户口

---

[1]《宋史》卷173《食货上》。
[2]《宋刑统》卷12《户婚律》。

八百九十余万,定垦田二千四百三十余万顷。国家(指宋——引者按)有户九百五十余万,定垦田一千二百一十五万余顷。其间逃废之田,不下三十余万顷,不及开元三分之一,是田畴不辟而游手多矣。"[1]其实,游手增多,何尝只是在广大乡村,在那些具有繁华的商业经济的城市,更是随处可见。譬如宋人陈世崇就对杭州游手好闲之徒的诈骗生涯作了如下动人的描述:

> 钱塘游手数万,以骗局为业。初愿纳交,或称契家,言乡里族属吻合。稍稔,邀至其家,妻妾罗侍,宝玩充案,屋宇华丽。好饮者,与之沉酗,同席或王府或朝士亲属,或太学生,狎戏喧呼。或诈失钱物,诬之倍偿。好游者,与之放恣衢陌,或入豪家,与有势者共骗之。好货者,或使之旁观,以金玉质镪,遂易瓦砾,访之,则封门矣。或诈败以诱之,少则合谋倾其囊,或窃彼物为证,索镪其家,变化如神。如净慈寺前瞽妪,揣骨听声,知贵贱。忽有虞候一人,荷轿八人,访妪曰:"某府娘子令请。"登轿,至清河坊张家匹帛铺前少驻,虞候谓铺中曰:"娘子亲买匹帛数十端。"虞候随一卒荷归取镪,七卒列坐铺前,候久不至,二卒促之。又不至,二卒继之。少焉,弃轿皆遁矣。有富者揖一丐曰:"幼别尊叔二十年,何以在此?"引归,沐浴更衣,以叔事之,丐者亦因以为然。久之,同买匹帛数十端,曰:"叔留此,我归请偿其直。"店翁讶其不来,挟丐者物色之,至其所,则其人往矣。有华衣冠者,买匹帛令仆荷归,授钥开箧取镪,坐铺候久晚不来,店翁随归,入明庆寺如厕,易僧帽裹僧衣以逃。戴生货药,观者如堵,有青囊腰缠者,虽企足引领,而两手捧护甚至。白衫者抬地芥

---

[1] 庄绰:《鸡肋编》卷下。

衔刺其颈，方引手抓，则腰缠失矣。有术士染银为药，先以水银置锅内，杂投此药，水银化烟去，银在其中。或者欲传之，欺以药尽，重需市药，则堕其计矣。殿步军多贷锃出戍，令母氏妻代领衣赐，出库即货以偿债。有少年高价买老妪绢，引令坐茶肆内，曰："候吾母交易。"少焉，复高价买一妪绢，引坐茶肆外，指曰："内吾母也，钱在母处。"取其绢，又入，附耳谓内妪曰："外吾母也，钱在母处。"又取其绢，出门莫知所之。[1]

笔者不厌其烦地引述这段记载，目的是使人们知道，在宋代的城市里，不仅盗贼奸宄荟萃，而且流氓、骗子丛生。他们或动武用强，靠讹诈谋生，或巧使诡计，靠欺骗度日。这种讹诈、欺骗的手段，宋代流氓实开其端，明清流氓不过是继承其衣钵，并有所改造发展罢了。

宋代游手局骗和流氓耍赖之多，固然与社会经济生活的改观极为相关，但与封建最高统治者的行为导向也不无关系。据史载，大宋开国皇帝赵匡胤"微时"，也即未发迹时，确实也是赌博成性，很是有些无赖气。相传，宋太祖赵匡胤往凤翔拜谒节度使王彦才，获钱数千。不久，过原州，到潘原，"与市人博，大胜"。但当地人欺他是客，就"殴而夺之"。宋太祖即位以后，就想实行报复，"欲迁废此县"，所以当地人以"赖"为耻。[2] 正因为有这种从小在江湖上闯荡的经历，才使宋太祖在豪杰气之外，不可避免地带有流氓无赖的习气。荣登大宝以后，宋太祖所实施的"杯酒释兵权"一招，与其说是略施政治手腕，毋宁说是大耍流氓手段。宋太祖微时的无赖经历，当然随着地位的改变，而被传统史家掩饰得一干二净，但我们从宋人笔记或明清小说中，

---

[1] 陈世崇：《随隐漫录》卷上。
[2] 庄绰：《鸡肋编》卷上。

同样可以看到一个活生生的赵匡胤。他固然独具大丈夫的气概，路见不平，拔刀相助，但也时而本性难移，大耍无赖。如冯梦龙《警世通言》第21卷就说他未曾发迹的时节，"专好结交天下豪杰，任侠任气，路见不平，拔刀相助，是个管闲事的祖宗，撞没头祸的太岁"。清人吴璿著《飞龙全传》，也对宋太祖兼具豪杰与无赖的双重人格有所刻画，可资参看。

皇帝如此，那么翻翻一大批大臣的老账，看看他们的少时行径，也有不少是一副无赖相，流氓习气极深。如那位在宋代极有声望的寇莱公，在少时也不是一个好学谆谨的后生小子，而是"不修小节，颇爱飞鹰走狗"。只是因为太夫人性严，怒发之极以后，"举秤锤投之"，打中寇莱公的脚，流血不止，才使得他从此以后折节从学，成全一代名声。[1] 又如余玠，开始也是"家贫，落魄无行，喜功名，好大言"。他曾经是白鹿洞的诸生，有一次携客进茶肆饮茶，殴打卖茶翁至死，"脱身走襄淮"。[2]

缙绅士大夫如此，那么他们的子弟更是有过之而无不及。这些士族子弟，因堕落而被称为"不肖子"。他们都是纨绔子弟，养尊处优，但不学长进，甘与市井为伍，飞鹰走狗，斗鸡赌钱，与一群无赖厮混在一起。如宋代开封的士族子弟，大多恃荫纵横，地方官员很难将他们治服。后陈尧咨出任开封知府，才将这些士族无赖子弟治服。当时有一位李大监，是尧咨旧交，而其子尤为强暴。一日，这位士族无赖因事到府堂。尧咨与其寒暄一番，向他询问其父兄宦游何方，得安信否，语言甚是勤至。此后，就责问这位旧交子弟："汝不肖，亡赖如是，汝家不能与汝言，官法又不能及，汝恃赎刑，无复耻耳！我与尔父兄

---

[1] 司马光：《涑水纪闻》卷7。
[2]《宋史》卷416《余玠传》。

善，义犹骨肉，当代汝父兄训之。"于是，将其带到便座，亲自"杖之数十下"。自此以后，那些无赖子弟都惕息收敛，不敢再胡作非为。[1]又如，当时京师有一位富家子，"少孤专财，群无赖百方诱导之"，其实就是一位流氓。这位不肖子很喜欢看弄影戏，每当弄至斩关羽一节，就不禁为之落泪，嘱咐弄影戏者暂且缓之。一日，玩影戏者对他说："云长古猛将，今斩之，其鬼或能祟，请既斩而祭之。"这位不肖子听了以后，甚是高兴。于是，玩影戏者求索酒肉之费，不肖子"出银器数十"。至日演罢斩关羽，大陈饮食，祭拜关羽，大批无赖聚集在一起，享受美味的祭祀食品。酒足饭饱之余，无赖们又怂恿不肖子，请他把银器散发给大家。"此子不敢逆，于是共分焉"。[2]可见，士族不肖子弟，不仅自己无赖至极，暴横乡里，而且手下还聚集了一大批无赖，成了无赖流氓的衣食父母。

在宋代的社会下层，市井无赖、乡里流氓也屡见不鲜。他们或在乡里横行霸道，欺压乡民，无恶不作；或投身行伍，仍旧本性难移；或落草为寇，起来造反。如薛惟吉，"少有勇力，形质魁岸，与京师少年追逐，角抵蹴鞠，纵酒不谨"；[3]傅思让，"少无赖，有勇力，善骑射"。[4]又如王罕出任广东转运使时，正好赶上侬智高入寇惠州，一些州里的恶少年也"相率为盗"，以致"里落惊扰"。王罕到任以后，就整顿秩序，设置乡兵，这些恶少年就"皆隶行伍，无敢动"。[5]宋代流氓流入军队中，其例还可列举不少。如当时镇州戍卒大多有些流氓习气，"恣暴不法，夜或焚民舍为盗"，其中的都校孙进，更是使酒无赖，

---

[1] 司马光：《涑水纪闻》卷7。
[2] 张耒：《续明道杂志》，载《说郛》卷34。
[3]《宋史》卷264《薛居正传》。
[4]《宋史》卷275《傅思让传》。
[5]《宋史》卷312《王珪传》。

"殴折人齿"。[1] 万胜所募军队，也都是京师"市井无赖子弟，罢软不能战"，被敌方目为"东军"。[2] 即使如巡检手下的土军，也都由"惰游恶少"充任，"习暴横，为田野患"。[3] 这些流氓一直在乡里游荡，有时不免触犯官府，遭官府捕逮，于是就落草为寇，过起了绿林生活。据载，方腊起兵时，"阴聚贫乏游手之徒，以诛勘为名，遂作乱"。[4] 可见，在方腊手下，也着实聚集了不少流氓。又如王景，"少倜傥，善骑射，不事生业，结里中恶少为群盗"；[5] 还有一位王晏，"少壮勇无赖，尝率群寇行攻劫"。[6]

宋代流氓在乡里鱼肉百姓，有时甚至敢杀人放火。如范廷召父范铎，就"为里中恶少年所害"。[7] 这些流氓也玩斗鸡的游戏，一有不合，就翻脸不认人，甚至将同伴杀死。如当时开封有一少年得斗鹑，他的同伴求之，少年不与。这位同伴凭着自己平常与少年相好，就私自将斗鹑拿去。少年马上翻脸，追上前去，一刀将同伴杀死。[8] 尽管他们这种无恶不作的行为，遭到了乡里百姓的唾弃，但他们毕竟在江湖上久所闯荡，练就一身无赖本事，时机赶巧了，也能借此进入仕途。宋人王伦的个人经历，似乎就很能说明这一问题。据史载，这位王伦，"侠邪无赖，年四十余尚与市井恶少群游汴中"。[9] 后来，他却因偶然的机会而官运亨通，白白得了一个兵部侍郎的官职。当时汴京失守，宋钦

---

〔1〕《宋史》卷304《王济传》。
〔2〕《宋史》卷324《张亢传》。
〔3〕《宋史》卷346《陈轩卷》。
〔4〕《宋史纪事本末》卷54《方腊之乱》。
〔5〕《宋史》卷252《王景传》。
〔6〕《宋史》卷252《王晏传》。
〔7〕《宋史》卷289《范廷召传》。
〔8〕《宋史》卷327《王安石传》。
〔9〕《金史》卷79《王伦传》。

宗御宣德门,京城百姓喧呼不已,一片惊慌。在这关键时刻,王伦充分表现出他的流氓胆识与气派,乘机来到钦宗面前,说:"我能将他们弹压下去。"钦宗就将所佩夏国宝剑赐给王伦。王伦得寸进尺,说:"我未有官衔,怎能前去弹压?"于是就自我吹嘘,自荐其才。钦宗无奈,只好取来片纸,写上"王伦可除兵部侍郎"。王伦获得满足后,就走下楼来,带领一些恶少,"传旨抚定,都人乃息"。[1]

当然,宋代流氓终究还归属游惰之民,无论他们对百姓的欺压是何等凶残,在官场上又是何等侥幸,他们的信仰似乎都与一般平民无甚差别。他们也求神拜佛,迷信算卜,希望自己有一好命。试举一例如下:宋人王昭远,"喜与里中恶少游处,一日,众祀里神,昭远适至,有以博投授之,谓曰:'汝他日倘有节钺,试掷以卜之。'昭远一掷,六齿皆赤"。[2]

在宋代的都城附近,因为沟渠极深广,所以一些亡命之徒多藏匿其中,自名为"无忧洞"。更有一些流氓,"盗匿妇人",又谓之"鬼樊楼"。[3]可见,宋代流氓的活动极为频繁。

辽、金虽同与宋朝对峙,但基本与宋代同时。关于辽统治时间及地域内的流氓概况,因为缺乏资料,不可能作一叙述。至于金,也因资料匮乏,有关流氓概况,只好作一零星的钩稽。据史载,金人孔彦舟,是一个地地道道的"亡赖"。他不事生产,因避罪而逃到汴梁,"占籍军中"。后又犯了事,被投入牢狱。幸亏买通看守,乘夜逃出城外。不久又杀了人,"亡命为盗"。至后,彦舟做了官,但流氓本性一仍未改。他"荒于色,有禽兽行"。他的小妾生有一女,天生丽

---

[1]《宋史》卷371《王伦传》。
[2]《宋史》卷276《王继昇传》。
[3] 陆游:《老学庵笔记》卷6。

质。孔彦舟就苦虐小妾，让她承认此女非己出，然后将自己的亲生女儿纳为爱妾。此外，属官如果欠了钱，他也"私其妻与折券"。[1] 在金代，还有一位益都人杨安国，也是"自少无赖"，以卖鞍材为业，市人称为"杨鞍儿"。泰和年间，金攻宋，"山东无赖往往相聚剽掠"，这位杨安国也入为同伙。后来，安国降金，"隶诸军，累官刺史、防御使"。[2] 此外，金代尚有一位张仲轲，幼名牛儿，也是一位"市井无赖"，靠"说传奇小说，杂以俳优诙谐语为业"。后时来运转，得到海陵王的宠幸，引之左右，"以资戏笑"，官至秘书郎。这位海陵王生活腐朽堕落，曾经当着张仲轲的面，与众妃嫔"亵渎"，但这位张仲轲却只称"死罪"，既不敢仰视，更不敢进谏劝阻，成了一个十足的帮闲流氓。[3] 金人侯策少时所作所为，大概也可归于流氓一类。这位侯策，"少不喜学，斗鸡走狗雄乡里"。不过，侯后来幡然悔悟，有为学之心，与一时名士交游，"尽绝少年事"，成就了一代名声。[4]

在金代，一些世家出身的将帅，细玩他们的行为，很多也颇具流氓性。这些人多出于世家，但都不过是"膏粱乳臭子"，成事不足，败事有余。他们人人均有绰号，如完颜白撒，"止以能打球称"；又完颜讹可，也能打球，故号"板子元帅"；完颜定奴，号"三脆羹"；又有一位世家子，因为人忮忍，所以号"火燎元帅"；纥石烈牙虎带，平生喜欢用鼓椎打人，故号"卢鼓椎"。更有一些将帅，不喜文士，凌侮使者，暴横一时，并玩弄种种流氓伎俩。如前面提到的牙虎带，为人飞

---

[1]《金史》卷79《孔彦舟传》。
[2]《金史》卷102《仆散安贞传》。
[3]《金史》卷129《张仲轲传》。
[4] 刘祁：《归潜志》卷3。

扬跋扈，不受朝廷节制。他尤其厌恶文人学士，"僚属有长裾者，辄取刀截去"。又性喜侮辱使者，凡是朝廷遣使者来，他"必以酒食困之"，如果使者推辞不饮，他就"并食不给，使饿而去"。一次，司农少卿张用章过户部，牙虎带召饮，张以寒疾推辞。牙虎带笑道："此易治耳。"于是就让左右拿艾炷来，"当筵令人拉张卧，遽蒸艾于腹，张不能争，遂灸数十"。又有一次会宴，众将与妻均在座，当时一起吃的是猪肉馒头，有一将妻告知不吃猪肉，牙虎带命左右换一种。不久吃毕，牙虎带问道："你吃的是什么肉？"其人答道："蒙相公易以羊肉，甚美。"牙虎带笑道："不食猪肉而食人肉，何也？尔所食非羊，人也。"其人听后大吐，一连病了数日。牙虎带所干恶作剧还有很多。如有一次，御史大夫合住因事路过。牙虎带"馆之酒肉，使妓歌于前"。到了晚上，又遣妓为合住侍寝。到次日早晨，合住将走，牙虎带就让妓女向合住要钱。合住愕然。牙虎带"因强发其箧笥，取缯帛悉以付妓"，并说："岂有官使人而不与钱者乎？"合住无言以对。当时宿州有营妓数人，都是他所宠爱者。他时时使一妓佩带银符，到州郡求贿赂。一些州将夫人还须远远出迎，称妓为"省差行首"。[1] 牙虎带暴横如此。

二、讼鬼与"业觜社"

所谓"讼鬼"，究其实就是明清时期的"讼师"或"讼棍"，也是近代流氓律师的源头。他们是一批专门从事教唆诉讼的无赖流氓，靠此骗钱度日。虽然在讼鬼与流氓之间不能划等号，但确实极大部分讼

---

〔1〕刘祁:《归潜志》卷6。

鬼沾染有流氓习气，所从事的也是无赖职业。[1] 所以，说到宋代的流氓，不能不对讼鬼这一类人及他们的组织有所探究。

这批健讼的讼鬼，一般长于词理，熟谙公门事体浅深，识得案件人物高下，专门教唆他人词讼，并代其料理公事，借此获得"解贯头钱"，以便养家糊口。凡是民间百姓发生纠纷，引起诉讼，就把这些讼鬼当作盟主，称为"主人头"。宋代讼鬼，其人员成分极其复杂。既有贡士、国学生或"进士困于场屋者"，又有势家子弟，宗族王室中之浪荡不羁者或断罢公吏，还有一些是破落户无赖。他们只是在背地教唆，或将小事装成大事，或人本无伤，而将其装为几丧性命，"或一词实而妆九虚以夹之，或一事切而妆九不切以文之"，往往无事生非，无中生有。当然，办理此案之吏也喜欢这些讼鬼成为自己鹰犬，而讼鬼则也"乐于挟村人之财与之对分"。[2] 可见，讼鬼不仅巧嘴善辩，熟悉公门事体，而且还与公门中的吏人互相勾结，狼狈为奸。

这些讼鬼在宋代已形成一个群体，并形成自己的行业组织，称"业觜社"。如宋代江西人好讼，所以当时人有"簪笔之讥"。在江西，往往有开讼学以教人者，"如金科之法，出甲乙对答，及哗讦之语，盖专门于此。从之者常数百人"。在松阳又有所谓"业觜社"，"亦专以辨捷给利口为能，如昔日张槐应，亦社中之铮铮者焉"。[3] 由此可见，宋代讼棍开设的"业觜社"，不仅有讼师"培训学校"的属性，同时也是

---

[1] 将讼师归入流氓史叙述的范围，并非是说讼师属于流氓阶层，而是因为讼师中的一部分人已经演变成"讼棍"。在清代的法律中，有严禁讼师之条，这当然属于朝廷的一种偏见。但值得注意的是，正如清人许仲元所言，自宋代以后，讼师确实多已成为"讼棍"，"安得云师"？假若讼师确实具有"《邓思贤》刀笔"，就不仅仅是"有司之所畏"，而且也是"有司之所欲"。参见许仲元《三异笔谈》卷3《讼师》。
[2] 陈淳：《上傅寺丞论民间利病六条》，载万历《漳州府志》卷10。
[3] 周密：《癸辛杂识续集》上《讼学业觜社》。

联络同行讼棍的行业组织。这种讼鬼组织的存在，与庞大的游民阶层的出现有着密不可分的关系，因为"从之者常数百人"，其人数之多，已不可等闲视之。确实，讼鬼中的大部分人，是"坊郭、乡村破落无赖"，他们"粗晓文墨，自称士人，辄行教唆，意欲骚扰乡民，因而乞取钱物"。[1]

这些讼鬼固然靠自己的伶牙俐齿吃饭，但若要成全大事，使自己作为盟主的案子立于不败之地，还需要搜罗一大批同党，替自己呐喊助威，这些人在宋代被称作"哗鬼"，又称"哗徒"，其实都是一些流氓无赖。譬如，在宋代，浙西嚣讼成风。这并非是因为当地百姓天生好讼，而是其中有一批"无藉哗徒"，别无其他艺业，专门"逐臭闻腥，索瘢寻垢"，替人打官司。事一到手，就"倒横直竖，一惟其意，利归于此辈，祸移于齐民"。关于宋代这些无赖"哗徒"，现有两则案例，摘引如下：

一是金千二与锺炎，是宋代"哗鬼"、"讼师"的头目。在浙江婺州，有金、锺二姓人物，互为唇齿，"教唆哗徒，胁取财物，大为民害"。这位金千二，原不过是势家干仆之子，而那位锺炎，也系州吏锺晔之子。这种家庭环境，不仅造就了他们的无赖性格，即所谓的"狼贪虎噬，种习相传"，而且也使他们对公门极为熟悉，便于教唆词讼。后来，他们"冒名郡庠，冒玷乡举"，获得了身份，更是肆无忌惮。他们号称，州县官吏对他们也无可奈何，而夹棍更轮不到他们吃。所以，他们大胆地出入州县衙门，"敢于欺压善良，敢于干预刑名，敢于教唆胁取，敢于行贿计嘱"。这两位同恶相济，互为羽翼，成了地方上所有"哗徒之师"。即使他们犯了事，被投入监狱，那些地方官吏还"畏威怀饵，逐日置酒狱房，与之燕饮"，更不敢将案犯推勘。可见，这两位

---

[1]《名公书判清明集》附录2《徐铠教唆徐莘哥妄论刘少六》。

无赖讼鬼的威力已过于官府,成了地方一霸。[1]

二是哗徒张梦高,乃吏人金眉之子。后冒姓张氏,"承吏奸之故习,专以哗评欺诈为生"。起初他不过是招诱各县来告状的人户,让他们停留在自己的家中,自己出面撰造公事,包打官司;到了中间,就行贿公吏,请属官员,"或打话倡楼,或过度茶肆,一罅可入,百计经营,白昼攫金,略无忌惮";至最后,他有了万贯家财,财重力厚,就出入州郡衙门,对胥徒颐指气使,少不如意,就唆使无赖,"上经台部,威成势立,莫敢谁何"。一旦有财得势,他就乘时邀求,吞并良民百姓的财产,以致当时"无辜破家,不可胜数"。[2]

这些哗徒,其出身本身就是无赖。如哗徒娄元英,就"系无赖子弟"。而另外一些无赖之徒,就如苍蝇逐臭一般,纷纷聚集在他们的手下,充当爪牙,以求得庇护。这些哗徒纠合呼嗾,并力角特,一呼百应,即使地方豪民也须对他们惧怕三分。久而久之,哗徒行事,也有自己的一套规矩,并有了行业性的切口暗语,如称贼人为"并旗鼓",厮仆人为"并旗帐",造蛊人为"蜈蚣虾蟆蛇"。[3]

宋代讼师的广泛出现,也有其特殊的原因。一是乡村土地兼并日剧,田地房产之讼日多,使讼师有事可做;二是一些狞干黠吏,本来就是一伙为非作歹之人,他们的子弟也是继承父祖之陋习,堕落为破落无赖;三是在一些士族后生子弟中,有一二不肖子弟,不尊父兄之教,专门交游匪类,渐习嚣讼,动辄挟持,"遂有畴昔乡党之相亲相爱者,一旦变而为相仇相怨"。讼鬼平日在乡,专以健讼为能事,虽然事不干己,也出头打官司。他们开始将钱借给公吏,以便自己以后把持

---

[1] 蔡久轩:《哗鬼讼师》,载《名公书判清明集》卷13。
[2] 蔡久轩:《撰造公事》,载《名公书判清明集》卷13。
[3] 吴雨岩:《豪与哗均为民害》,载《名公书判清明集》卷13。

公事。如果所求得不到满足，他们就"越经上司，为劫制立威之谋"。[1]关于宋代讼鬼的事例很多，在此摘引四例如下：

（一）把持公事的郑应龙。这位郑应龙，居住在县衙门旁，自称"朝奉"，专以把持为生。他每天在县衙门厅里打探公事，凡是遇到有追呼之事，就用钱买嘱公人，收藏文引。有时得到一判词，他就直接通报"所追之家"，透漏消息，以致"民讼淹延"。有一次，官府追呼缪元七作证，审问与陈元亨争夺产业之事。而郑应龙则公然收留陈元亨，"饮食于家"，同时又将缪元七藏匿起来，"不与到官"。[2]显见，讼棍郑应龙已是公然一手把持公事，欺公冒法。

（二）赶打吏人之刘必先。刘必先开始与苏廿二打官司，诉称苏廿二占了他的田地，不纳租税，官府为此已与"断罪监租"。在租谷未纳足前，刘必先自恃势力，每日入衙门催促。到了后来，他又挟徒党鲍垣、刘魏宝二人，突至厅前，赶打公吏。其实，刘必先兄弟，"每以把持公事为生"，是一十足的讼棍。而其徒党鲍垣，算是他的羽翼，也被市人取绰号为"金毛猫"，[3]其名不齿于士类，显然也是一个流氓无赖。

（三）教唆词讼之成百四。成百四，原不过是一个"闾巷小夫"，还充当过"茶食人"。至后，他又接受词讼，敢于兜揽教唆，出入于官府衙门之间，与吏胥狼狈为奸，"专一打话公事，过度赃贿"。如果小民百姓并不想打官司，只欲隐忍了事，他就诱迫他们诉讼告状；假若这些小民百姓不知贿嘱，他就唆使行贿。此外，他还以曲为直，以是为非，骗取他人财物，数以万计。更有甚者，他曾"带领凶徒，自称

---

[1] 蔡久轩：《讼师官鬼》，载《名公书判清明集》卷12。
[2] 翁浩堂：《专事把持欺公冒法》，载《名公书判清明集》卷12。
[3] 翁浩堂：《把持公事赶打吏人》，载《名公书判清明集》卷12。

朝奉，狐踪鬼迹，白昼纵横"，[1]显然已成了一个流氓头子。

（四）士人教唆词讼，把持县官。出身于筚门圭窦的刘涛，虽有士人之名，实则是一个地地道道的讼棍。他"专以教唆词讼为生业，同恶相济，实繁有徒"。他还把持县官，挟制胥吏，对他们颐指气使，使其莫敢不从。所以，阖邑之人凡是有争讼之事，无不走其后门，争相贡纳钱物，以求得他的荫庇。到了最后，"涛之所右，官吏右之，所左，官吏左之。少咈其意，则浮言胥动，谤语沸腾，嚣嚣嗷嗷，不中伤其人不已"。[2]

大致说来，那些田里农夫、乡村百姓，"足未尝一履守令之庭，目未尝一识胥吏之面"，口不善辩，手不能书。即使那些城市市井小民，本来也无好讼之心，假若不是这些平时出入官府的讼棍为之把持，那么这些争讼就无从兴起。而这些讼棍替人打官司，也并非出于侠义心肠，而是出于无赖本性。倘若官司侥幸打胜，则利归自己；反之，不幸而败，则害归他人。

三、"十虎"、"阎罗"与地方豪横

"土豪"、"豪强"这些称呼，早在秦汉、魏晋南北朝时期的史籍中就时有所见。不过，相比之下，宋代豪横更具有流氓的本性，因而在地方上也为害更烈。

有关宋代豪横所做种种违法之事，史籍多有记载。譬如，有一位号"王豹子"的地方豪横，"豪占人田，略男女为仆妾，有欲告者，则杀以灭口"；[3]在吉州，又有一位豪民，名萧甲，也是"豪猾为民患"，

---

[1] 蔡久轩：《教唆与吏为市》，载《名公书判清明集》卷12。
[2] 胡石壁：《士人教唆词讼把持县官》，载《名公书判清明集》卷12。
[3] 《宋史》卷343《元绛传》。

虽然最后被地方官梁鼎处以"杖脊黥面徙远郡",[1]但在此之前,残害地方百姓的坏事一定也干过不少。

宋代豪横为害之烈,非前代各朝所能比拟。这从当时老百姓称这些豪横之徒为"十虎"、"阎罗"中也可窥见一斑。所谓"十虎",就是指宋代江西铅山县被视为民害的十位豪民,即程仁、张槿、徐浩、周厚、余庆、詹澄、陈明、周麟、徐涛等十人。他们"盘据(踞)本县,酷毒害民"。[2]在婺州,有一位方震霆,在乡里无恶不作,血债累累,被老百姓称为"方阎罗"。这位方阎罗,"承干酒坊,俨如官司,接受白状,私置牢房,杖直枷锁,色色而有,坐厅书判,捉人吊打,收受罢吏,以充厅干,啸聚凶恶,以为仆厮,出骑从徒,便是时官,以私酤为胁取之地,以骗胁为致富之原,吞并卑幼产业,斫伐平民坟林,兜揽刑死公事,以为扰害柄把。日引月长,毒遍闾里,怨结亲族,虽其兄弟,亦不堪侵害之苦,莫不群起而攻之"。以上只是方阎罗罪恶的简要概括,下面摘引具体事例。

即以骗取来说,方阎罗就以私酒解官为名,骗取杨珍官会300贯;又以科排木为名,骗去杨珍40贯;又借私酒名头,向程万一寻衅,骗钱120贯;洪辛一因为私饮,被方阎罗敲诈300贯;王伯关因为饮酒,也被他骗去315贯;而詹士俊也因私下饮酒,则被骗去1000贯;徐璇因醉闯入道场,他就"胁取楼店之地骨";隅保因为催纳官物,也被他骗去35贯。更有甚者,他连僧人也不放过,向圆仁敲诈100贯。所有这些,还不是他骗财的全部罪行实录,只不过是他所供认的"强骗财物之一二也"。

以欺诈田业来说,方阎罗所作恶行也不少。如无辜砍掉方得的柘

---

[1]《宋史》卷304《梁鼎传》。
[2] 蔡久轩:《十虎害民》,载《名公书判清明集》卷11。

林，还拆掉方德的篱地，并占据其旗山、花尖坞山及徐氏屋前园业；又霸占方日宣塘头住屋，霸占方贤郎屋基，诈赖郑琇鲁畈田价钱50贯。如此等等，不一而足。其他如兜揽诈赖，也是方阎罗常行之事。如替徐大监买辛氏之居，他就拘夺余钱不还；齐家与郑琇交易，他也插一足，诈赖其钱110000文；又如为曹司户行嫁，他又拘留他人器用。

尽管如此作恶多端，激起民愤，地方官府却对他无可奈何，不能伤其毫毛。个中的原因也很简单，这位方阎罗靠豪断取财、不义致富，得钱以后，决不吝啬，大把花钱，去结交一些胥吏，同时大献殷勤，结识一些无识之士，还不惜宝货，去拜结一些无耻之官。正是因为有了这些官吏的依靠，才使得他势焰熏灼，州县猾吏纷纷依附于他。甚至可以说，他的财力足以搬使鬼神，毁谤足以欺惑王公，即使是那些士大夫，也对他畏惧三分。

当然，方阎罗不是一人独自行事：有同类，如方愿，就与他同恶相济；有爪牙羽翼，如杨千八、张明、童友等，都是"狠愎暴戾，不夺不餍"。[1]

宋代豪横所行虽与地痞流氓如出一辙，但其社会构成却极为复杂。既有士人、宗室、举人，也有乡官、胥吏，有些甚至还有很高的身份。

先说宗室之豪横。如赵若陋，也是赵姓宗室中人，所行却是十足的流氓之事。他专置哗局，把持饶州一州的所有公事，与胥吏结为党伍，搜罗恶少以充自己的爪牙，如陈念三、陈万三，就是他手下的爪牙，"以致开柜坊，霸娼妓，骗胁欺诈，无所不有"。当地有一位叫鲁海的人，就被他"妆造胁诈"，以致死于非命。当时吏人就为他开脱罪责，只决竹篦三十，使他逍遥法外。有一年秋天，士子聚集，前来参加秋试。若陋与赴试士子夏斗南发生争执，无端将他殴打。士子们不

---

〔1〕蔡久轩：《豪横》，载《名公书判清明集》卷12。

甘心，齐集呼吁，"欲求直于有司"，但官府并没有将若陋问罪，反而痛治士子，又使若陋成为漏网之鱼。[1]

再来看"儒衣儒冠"之人之豪横。在宋代地方豪横中，有些虽是五大三粗，不通文墨，"以强狠横行"，但大多数还是很有身份的，是一些"儒衣儒冠"之人，这些人也凭豪侠横行乡里。如豪民谭一夔，为人奸恶，凭着自己的举人身份，冒受官资，交结同类，成为自己的羽翼，蓄养无赖，作为自己的爪牙，虚张声势，欺压善良百姓，流毒一方。他所作恶事多端，不可殚述，在此举其荦荦大者："或撰造公事，恐吓夺人之山地；或把握民讼，暗中骗取其资财；或高抬制司盐价，诱人赎买，逼迫捉缚，准折其田宅；或与人交易，契一入手，则契面钱抵挨不肯尽还；或作合子文字，贷之钱物，则利上纽利，准折产业以还"。[2] 举人如此，有些儒生也是一副流氓派头。如陈宪，是宦家之后，本应熏染为善，实际上却顽赖无耻，与傅十九妻阿连通奸，霸占阿连，殴打傅十九，堪称一凶人。又有一位王木，家世业儒，本应知书识礼，但也与阿连通奸宣淫，以致与陈宪发生斗殴，讼至有司。[3]

乡宦、隅官、胥吏也是宋代地方豪横的重要组成部分。下面试举几例。

一是母子同恶相济。在江西信州，有一位官八七嫂，本姓刘，为恶甚多，老而益肆，堪称女流氓头子。长子官千乙，次子官千二。这位官千二，纳粟得官，任鄱阳西尉。他手下蓄养着很多亡命恶少，百十为群，充当自己的爪牙鹰犬。这官姓一家一直在乡里横行霸道，恣为不法，贻毒一县平民，即使外州县的客商，也惨遭荼毒。同时，他们

─────────
[1] 吴雨岩：《宗室作过押送外司拘管爪牙并从编配》，载《名公书判清明集》卷11。
[2] 宋自牧：《举人豪横虐民取财》，载《名公书判清明集》卷12。
[3] 赵知县：《士人因奸致争既收坐罪名且寓教化之意》，载《名公书判清明集》卷12。

又与官府胥吏勾结，如果受害人前来衙门告状，官府就将原告科罪，使其含冤而死。所以，当地的百姓只知官氏之强，而不知有官府能为民作主，以致"乡民有争，不敢闻公，必听命其家"。据当地官府的判词可知，官氏母子确是罪恶累累，在地方上民愤极大。他们私设牢狱，制造一些令人毛骨悚然的刑具，如蒺藜、槌棒、狱、铜锤索、手足锁之类。此外还私藏兵器，如兵杖、弓、刀、箭镞等。其中有一私刑最为惨酷，听后令人发指。即取细砂在锅中炒，等到砂赤红以后，灌入人的耳内，使他们立即聋聩，直到受害人吃苦不过，流涕供对为止。这个官家还参与经济活动，把持地方商业、税务，霸占他人田园屋业。如他家造有两座盐库，专门停放各地盐枭的私盐，搬贩贷卖，坐收盐利。又私置税场，拦截纸、铁、石灰等货物，收取税课，各有定例，获赃以万计。更为可恶的是，他们平白无故地抢夺平民的田园屋业，"又掠人女与妻，勒充为婢"，或者擅自将她们改嫁给恶少爪牙，而从中收取财礼，以致"一乡千家，父母不得子其子，夫不得妻其妻"。[1]

二是豪横无法的隅官与胥吏。如胡大发，本不过是一个乡下的隅官，却敢抬轿呵殿，挨门恐吓，骗取财物，确实是一个豪横。[2] 又如孙回，冒置充吏，把持县衙的权力，自号"立地知县"。其弟孙万八，更是横行市井，被市人称为"八王"。他们收拾配吏、破落乡司，分布自己的爪牙，对人稍不顺眼，就将人私押至牢狱，对其苛虐殴打。至于打人的方法，也极怪异，时常给人吃"纸馄饨"，即以纸裹木棒打人。[3] 当时还有一位黄德，也是假公行私，素为暴悖，大为民害。他

---

[1] 刘寺丞:《母子不法同恶相济》，载《名公书判清明集》卷12。
[2] 蔡久轩:《引试》，载《名公书判清明集》卷11。
[3] 蔡久轩:《违法害民》，载《名公书判清明集》卷11。

的罪恶，概括言之，则有："占养娼妓，据良人妇，打荡食肆，扰害市井，人莫不苦之"。举例来说，这位黄德枉法取财，逼取张焱300贯官会；又通过酷虐吊打，诈取杨千50余贯钱、会；因事受贿，收取吴有交300余贯官会；恐吓欺骗，胁取酒户汪拆1000贯官会。此外，如恃势醉酒，打碎祝家之店；恣行无道，奸据锺万五之妻；占养娼妓，每天酣歌于刘赛赛、柴五娘的妓馆中。可见，黄德也是罪行累累，恶贯满盈。[1]

当然，有些地方豪横，他们虽无特殊的身份，却也能凭借自己的万贯家财，在乡里胡作非为。如鄱阳有一位骆省乙，"以渔猎善良致富，武断行于一方，胁人财，骗人田，欺人孤，凌人寡，而又健于公讼，巧于鹭狱"。老百姓怕他罗织罪名，只好吞气饮恨，敢怒而不敢言。这位骆省乙，曾经"以妖教为名"，骗取李有德现钱50贯。同时，他还擅写知府都大右司衔位姓名及当司姓名，在通衢揭帖，勒令民户出钱。甚至聚集无赖凶徒，张旗鸣锣，敲梆击鼓，挨门叱喝，索钱索酒，所至鸡犬一空，与强劫一般无异。不但乡村百姓怕他，即使县城市民也惧怕他三分。此外，他还分遣爪牙，多带银器，贿赂公吏，打通关节，所以得以逍遥法外。[2]

四、浮浪人、闲人与"没命社"

宋代流氓的称呼，多种多样，五花八门，而诸如"浮客"、"浮浪人"、"闲人"、"闲汉"、"破落无赖"，则时常见诸史籍。

所谓"浮客"与"浮浪人"，意思是说这些人浮游于社会，而与附

---

[1] 蔡久轩：《罪恶贯盈》，载《名公书判清明集》卷11。
[2] 蔡久轩：《为恶贯盈》，载《名公书判清明集》卷12。

着于土地的土著农民截然不同。如《宋史》卷173《食货上·一》有"浮客"一词，大概指的就是"匿里舍而称逃亡，弃耕农而事游惰"之人。同上书卷177《食货上·五》，又有"浮浪奸伪之人"的称呼，所指含义大致与"浮客"相同。另外，《宋史》又称，当时"民罕土著，或弃田流徙为闲民"。显然，浮客又与"闲民"意义相同。据史载，这些浮浪人在地方上投充弓手，"无所顾藉，盗贼公行，为害四方"。[1]可见，浮浪人虽不能与流氓等同划一，但他们至少有以下两点与流氓发生联系：一是在宋代，一个庞大的浮客阶层的存在，是流氓社会的阶级基础；二是这些浮客，一旦从土地上分离出来，决不会与土著农民一样，男耕女织，安分守己，老老实实地做一个顺民，而是不可避免地从事一些违法犯禁的事，以维持生计。

至于"闲汉"，说白了就是一些游手好闲之徒。他们一旦从农村流入城市，家无产业，身无分文，无所事事，只好奉承阔佬，侍候公子哥，充当闲人，也即帮闲流氓。如在宋代的开封，专有这么一批人，时常在酒肆内转悠，遇见有钱子弟在酒肆里饮酒，就近前张罗，小心侍候，百依百顺，专干些替子弟买物命妓、取送钱物之类的事。时人称之为"闲汉"。[2]可见，宋代闲汉依赖于富贵少年子弟，是一个寄食阶层。虽然宋人只说到闲汉追随少年子弟，干些"买物命妓"的事，但是，一旦遇上一个不肖子弟，臭味相投，怂恿子弟，嫖暗娼，抢民女，打酒肆，想必也是这些闲汉的拿手好戏。

在宋代的杭州，同样存在着一个"闲人"阶层。什么是"闲人"？宋人作如下解释："本食客也，古之孟尝门下中下等人，但不著业次，以闲事而食于人者。"可见，所谓闲人，说得好听一点是食客，即寄食

---

[1]《宋史》卷178《食货上·六》。
[2] 孟元老：《东京梦华录》卷2《饮食果子》。

于富贵家子弟的门下客，究其实却是十足的帮闲流氓。宋代杭州闲人的社会成员来源及生活，宋人灌圃耐得翁在《都城纪胜》的"闲人"目下作了如下详细的描述：

一是有一些无赖子弟，失去正当行业，无所事事，但人又知书，还懂点写字、抚琴、下棋及音乐等玩意，尽管艺俱不精。所以，他们就凭这些本事陪伴富贵家子弟到处游宴，有时也陪伴外方官员到京师干事。当然，这些闲人中之人品猥下者，就只好替妓家书写或取送简帖。

二是"专以参随服事为生"，也即靠自己的艺术本事蹭饭吃。当然，他们也不是在嘈杂的市场里摆摊耍艺，而是在富贵人家的庭园里小心服侍，借此趁食。当时杭州有一位叫"纽元子"的闲人，百事皆能，诸如"学像生、动乐器、杂手艺、唱叫白词、相席打令、传言送语、弄水使拳之类"。

三是"专为棚头"，当时人又称之为"习闲"，所为大致有"擎鹰、驾鹞、调鹁鸽、养鹌鹑、斗鸡、赌博、落生"之类，的确是不务生业，游手好闲。

四是"刀镊手作"。闲人长于此技，所以当时人又称之为"涉儿"，"取过水之意"。据载，这批闲人所从事者，则为"专攻街市皂院，取奉郎君子弟、干当杂事、说合交易等"。

五是"赶趁唱喏"。闲人探听到有富贵子弟在妓院中厮混，或者游湖赏玩，就"专以献香送劝为由，觅钱瞻家"。大致说来，这类闲人，若子弟照顾他们，就会变得贪婪不已；若弃之不顾，他们则又强颜取奉，多呈本事，必得而后已。

除闲子、闲人之外，在宋代的城市中，还有一种"玩徒"。他们自称"拦街虎"、"九条龙"等名号，给市井造成很大的危害。[1] 地方政

---

[1] 周密：《武林旧事》卷6《游手》。

府无奈,只好从群盗中选取精悍强干、长于才术之人,充当都辖、总辖,专门缉捕这些市井玩徒。

宋代闲人也有自己的团体。他们整天与富室郎君或风流子弟鬼混在一起,成立"蹴鞠"、"打球"、"射水弩"等社,习玩游艺。[1]当然,假若说到宋代流氓的组织团体,还应推"没命社"最具代表性。"没命社"又称"亡命社"。从这一名称中,已可看出参加者都是一批视命如儿戏的亡命之徒。没命社出现在耀州,其流氓头子为豪姓李甲,结客数十人。此流氓团体"或不如意,则推一人以死斗,数年为乡人患,莫敢发"。后薛颜卿知耀州,就下令搜捕没命社的徒党,"杖甲,流海上,余悉籍于军",[2]才使这个流氓团体趋于解体。在扬州,流氓团体则称"亡命社",参加者均为一些"不逞"之徒,时常为侠于乡里。后石公弼知扬州,捉拿这个流氓团体的魁首,痛加惩治,"社遂破散"。[3]在这些流氓团体中,一般均有大家公认的流氓头子。如在开封,当时有一位吴生,"专以偏僻之术为业",被江湖上推为"巨擘",显然是一流氓头子。他居住在朝天门,开一个大茶肆,"无赖少年竞登其门"。[4]

---

[1] 吴自牧:《梦粱录》卷19《社会》。
[2] 郑克:《折狱龟鉴》,载《说郛》卷20。
[3] 《宋史》卷348《石公弼传》。
[4] 周密:《癸辛杂识续集》下《吴生坐亡》。

第六章 元代的无籍之徒

一、无徒与无籍之徒

元代是我国第一个以少数民族入主中原并统一全国的帝国。蒙古族本地处边疆，以射猎为生，看重倘来之物，举凡战争所得俘虏，常常以为自己的奴隶，而所得财物，也归己所有。所以，元代统治者入主中原、统一全国以后，其贪利赎货之风，更有足以惊人者，仍然保持其一些原有风俗。当然，元代立国以后，蒙古族百姓同样逐渐与中原百姓杂处，风俗也交相影响。

元朝统治者将其统治下的人民分为四个等级：（一）蒙古人；（二）色目人；（三）汉人；（四）南人。所谓南人者，即指南方汉人也。可见，元代实行的是一种民族歧视政策。当然，这四种等级，只是以民族作为划分的依据。如果以财产作为划分的依据，那么在任何一个等级中，都有有产阶层与无产阶层之别。换言之，在每一个等级中，都有流氓阶层的存在。

元朝统治者也与历朝汉族统治者一样，在治国方略上，采取重农抑商的政策，禁止民间百姓游惰。在元代乡村的基层，建有"社"一级组织，并设"社长"，用来劝农。每当州县官劝农的日子，如果社内有游荡好闲、不务生业、累劝不改者，"社长须得对众举明，量行惩戒"。尽管元政府在劝奖务农、禁止游惰上作了法律上的规定，但还是有很多失去土地的农民，游荡好闲，不务生理，成为流氓。

在元代，一般称流氓为"无徒"。此称时见诸元曲。元曲《救风尘》第4折"得胜令"云："淫乱心情歹，凶顽胆气粗，无徒，到处里胡为做。"又《魔合罗》第4折"道和"词云："泼无徒败伦伤化，押市曹正法严刑。"所谓"无徒"，即指无赖、坏蛋，也即"无赖之徒"与"无籍之徒"的省称。清末各地对流氓的称呼，诸如北京的"青皮"，天津的"混混儿"，上海的"白相人"，大致都与元代的"无徒"同类。在元剧中，一般多称无赖汉为"泼无徒"。可见，"无徒"已是元代流氓的通称。

其实，在元代，流氓不仅仅称"无徒"，而且还被称为"无籍之徒"。而"无徒"一称，实起源于"无籍之徒"。如明人余继登释"无徒"云："原其所由，皆无籍之徒窃假投献而渔猎其中。"这个"无徒"，有时又写作"无图"，意思是说这批人无正当生业。如《元典章·刑部十三》："却有无图之人，贪窃财利，盗发邱冢。"又同上书《刑部十九》云："今体知得一等无图小民，因弄蛇虫禽兽，聚集人众，街市货药。"所谓"图"，其实即指"籍"，也就是户籍。可见，所谓"无籍之徒"，就是指那些没有在户籍上登记的游民，即流氓。"籍"、"藉"音同，故"无籍之徒"有时又作"无藉之徒"。

在元代，"无籍之徒"时常见诸史籍。如至正时有一位胡仲彬，原先不过是杭州城内勾栏中一位演说野史的艺人，后因夤缘，而注授巡检之职。至正十四年（1354）七月，他招募一些"游食无藉之徒"，在他们的背上文上"赤心护国，誓杀红巾"八个大字，打算作乱造反。后因其叔告密而败，同党360余人被诛。[1]在元代的街市，也时有"无籍之徒"的活动，把持"昏钞"即破败纸钞的倒换。在元大都，在五门、顺承门、羊市角、钟楼、枢密院、东十字街等地，往往人群辏集，

---

[1] 陶宗仪：《南村辍耕录》卷27《胡仲彬聚众》。

流氓就与有司官员、提调官及库官、库子勾结,"公然倒换,昏钞拾两内,除壹两,或壹两伍钱,甚至贰两者有之,以致民间行用,揩除搭头钞两,沮坏钞法,良由于此"。事实上,如果百姓到钞库库官那里倒换,库官只取工墨三分,远比在街市上自由倒换合算,但百姓往往不去倒换。其原因很简单,这些库官、库子人等,他们与流氓勾结,对倒换昏钞者,故意刁蹬留难。所以,尽管街上小倒"揩除加倍",因为无迟滞淹留之患,小民反而争先前去倒换,以致"废国家惠民之善政,徒资无籍贪婪之奸党,伤公败私,沮坏钞法"。[1]

在元代,流氓还称"无赖之徒",有时则称"田野无赖子",大致相当于农村中的二流子。如元末民众起义以后,其中参加者大多是一些"田野无赖子",目不知书,攻破亳州后,揭竿于帛,一起至儒生曹彦可家,让他写旗。[2] 可见,元代的流氓同样是一些不识字的无赖之徒。

此外,在元代,流氓又有"亡赖"、"侠少"、"恶少年"之称。"亡赖"即无赖。李稷为淇州判官时,就有一位游民尚安儿,"饮博亡赖",结党五人,盗窃邻村王甲家财物。[3] 当时还有一位严实,字武叔,虽略知书识礼,但"志气豪放,不治生产,喜交结施与,落魄里社间"。因此,他常常因为犯事而被逮捕入狱,但他手下的"侠少辈"却很愿意出死力,随之将他救了出来。[4] 当时还有一些"恶少年",姓名已被载在盗籍,打算密谋劫夺,还未行动,就被当地大姓豪族执获。[5] 所有这些,既可以知道元代流氓的称呼,同时也反映了元代流氓的部分活动。

---

[1] 元《南台备要》,载《永乐大典》卷2611。
[2] 《元史》卷194《忠义二》。
[3] 《元史》卷185《李稷传》。
[4] 《元史》卷148《严实传》。
[5] 《元史》卷181《黄缙传》。

到了元朝末年，无赖讼棍与"虎狼之卒"的活动更是相当猖獗。根据刘基的记载，临江一府多"虎狼之卒"。所谓的虎狼之卒，其实就是一些靠衙门吃饭的人。这些人大多居住在城郊，平日里就不是"素良家"，均"执鞭以为业"，亦即当官府的马弁。但这些人的根基很深，而且人员众多，亦即刘基所说的"根据蔓附，累数百千辈，以鹰犬于府县"。当地百姓"有忤其一，必中以奇祸"。即使地方官员也受到他们的控制，"官斥弗任，则群构而排去之"，也即官员如果得罪他们，他们甚至可以凭借群体的力量，将官员排挤走。正因为他们有着如此大的能耐，所以可以做到"狱讼兴灭，一自其喜怒"。如果有百姓向官府告状，没有得到他们的帮助，那么"虽直必曲"；反之，若是"获其助者"，则虽曲必直。对于这些把持地方政治与诉讼的流氓，百姓只能侧足畏避，并称他们为"筋鼓"。为何有这样的称呼？一般人很难理解其中的含义，当时有人试作解释，意思是说他们"部党众而心力齐也"。[1] 可见，这些虎狼之卒已经在地方上形成了相当强大的势力。

二、豪民、衙内与闲人

说到元代的流氓，其间虽有各种各样的称呼，名色也极不一，但不能不提一提"豪民"与"衙内"。其中豪民时常见之于史籍记载，而衙内则在元曲中时有所见。固然不能说豪民、衙内就是流氓，但通过闲人的中介，豪民、衙内与流氓的关系却也非浅。

元代的豪民，首先是一些在职的官员，所行大多是一些侵暴小民的非法之事，而且网罗无赖，以充爪牙。如元贞年间，两浙盐运司同知范

---

〔1〕刘基：《刘基集》卷2《送月忽难明德江浙府总管谢病去官序》。

某,为人阴贼奸险,勾结、贿赂州县之吏,所以胥吏大多听他驱役。如果看到百姓家有珍货腴田,他就想占为己有。假若不能达到目的,那么他就勾结地痞无赖,"妄讼以罗织之,无不荡破家业者"。如兰溪州有叶一、王十四两位百姓,家中拥有良田美宅,豪民范某就打算将这些田宅夺过来,不如愿,就"诬以事",使叶、王两人"系狱十年不决"。范某在当地气焰极为嚣张,坏事做尽,人皆侧目。当地老百姓打算杀了他,但没有得逞,反而有数十人被他"诬诉逮系",死在狱中。[1]

元代豪民与恶少的关系极深。如江西铅山一向就有很多人制造伪钞,而以豪民吴友文为魁首。这位吴友文为人奸黠悍鸷,由伪造假钞致富,就分遣恶少四五十人,让他们在地方官府中为吏,凡是有老百姓告发他,就"先事戕之",前后杀人很多,并抢夺他人妻女11人,纳为自己的小妾,"民罹其害,衔冤不敢诉者十余年"。所以,除掉这个流氓头子并非易事,地方清官也须略施小计。当时林兴祖任铅山知州,一上任,就立下愿:"此害不除,何以牧民!"随即张榜,禁止伪造纸钞,并且"立赏募民首告。俄有告者至,佯以不实斥去,又有告获伪造二人并赃者,乃鞫之,款成"。吴友文无奈,只好亲自出面营救,结果却连自己也被逮捕。不久,前来控诉吴友文罪行的达百余人。林兴祖"择其重罪一二事鞫之,狱立具,逮捕其党二百余人,悉置之法"。[2]至此,这个流氓集团才一举破灭。

尽管有些豪霸曾经充任官吏,有些人曾经充任军役杂职,其中却大多是"泼皮凶顽"之人,都不是良善之辈。他们以强凌弱,以众暴寡,妄兴祸事,罗织平民,骗取平民的家私,夺占妻女,甚至伤害平民的性命,其罪状不可胜言。他们交结官府,与官府视同一家,"小民

---

〔1〕《元史》卷131《拜降传》。
〔2〕《元史》卷192《良吏二》。

既受其欺，有司亦为所侮，非理害民，纵其奸恶，亦由有司贪猥驯致其然"。为此，元朝廷重新作出规定，各地大小官吏，除了亲戚之外，不得与当地豪霸往来交通，受其馈送。与此同时，对这些豪霸的犯罪，在法律上也加重了处罚："其豪霸茶食安保人等，初犯，于本罪上比常人加贰等，红泥粉壁，标示过恶；再犯，通行断罪移徙；接连三犯，断罪移徙边远。"[1] 法规如此，豪霸却依然我行我素。

关于元代豪民的流氓活动，《元史》有一些记载，简单钩稽如下：

豪民黄甲，"恃财杀人，赂佃客诬伏"。[2] 高邮县豪民张提领，尚任侠，武断乡曲。后张桢任高邮县令，张提领至县有所嘱托，被逮系，"尽得其罪状，里中受其抑者，咸来诉焉，乃杖而徙之，人以为快"。[3] 有些豪民，生活在濒海地区，不但"专商舶以射利，累政以赂置不问"，而且还"持吏短长为奸"，以致一些地方官也受他们的牵制。[4] 在元代，有关豪民的记载还有很多，如：保定清苑县，"县西有塘水，溉民田甚广，势家据以为砲，民以失利来诉"；[5] 江西赣州会昌，"豪民十人，号十虎，干政害民"；[6] 江西金溪县豪民陶甲，"厚积而凶险，尝屡诬陷其县长吏罢去之，由是官吏畏其人，不敢诘治，陶遂暴横于一郡"。[7] 等到循吏杨景行至，就将陶甲"以法痛绳之，徙五百里外"。[8]

"衙内"一称，起源较早。如《新唐书·仪卫志》上："凡朝会之仗，三卫番上，分为五仗，号衙内五卫。"可见，在唐代，衙内指禁卫

---

[1]《大元通制条格》卷28《杂令·豪霸迁徙》。
[2]《元史》卷176《曹伯启传》。
[3]《元史》卷186《张桢传》。
[4]《元史》卷191《良吏一》。
[5]《元史》卷192《良吏二》。
[6]《元史》卷192《良吏二》。
[7]《元史》卷192《良吏二》。
[8] 曾廉：《元书》卷90《循吏传·杨景行》。

官。到唐末宋初，藩镇相沿以亲子弟领衙内之职，如五代陈洪进在漳、泉割据时，以其子文颢、文颐为衙内都指挥使，文顼为泉州衙内都校，又为衙内都监使。所以，世俗相沿，也将贵家子弟称为"衙内"。

衙内一称，也时常见诸元曲。从身份而言，衙内首先属于纨绔子弟，有些甚至本人就有官位，当属权豪势宦；而从行为来说，衙内则属恶少，可与流氓并称。元杂剧《包待制陈州粜米》，曾对那位作恶多端、仗势欺人的"刘衙内"写下两句概括性的词："花花太岁为第一，浪子丧门世无对。闻着名儿脑也疼，则我是有权有势刘衙内。"元人武汉臣撰写的《包待制智赚生金阁》杂剧，也对那位"庞衙内"多所刻画，所用也是两句，只是最后半句易为"只我有权有势庞衙内"。而关汉卿所作《望江亭中秋切鲙》杂剧，说其中的"杨衙内"，后一句则稍异："花花太岁为第一，浪子丧门世无对。普天无处不闻名，则我是权豪势宦杨衙内。"可见，在元代，"衙内"又有"花花太岁"、"浪子"等别称，更有甚者，则称"丧门星"。另外，从"普天无处不闻名"一句中，则可知这些"衙内"不仅仅是有权有势的权豪势宦，而且与近代大流氓一样，很像一个"闻人"、"大亨"。

衙内凭借自己的权势，为非作歹，造孽非浅，行为一如流氓无异。他们大多出身于权豪势要之家，为"累代簪缨之子"，所以"打死人不要偿命，如同房檐上揭一个瓦"（《陈州粜米》）。当然，有些衙内虽属"簪缨之子"，但自己靠耍弄小聪明，偷奸耍滑，也得以混进官场。如《陈州粜米》中那位刘衙内，就敢对自己的孩子说下"论咱的官位可也勾了"一句大言。这些衙内不仅白拿白要，白抢白夺，而且还随意打人，打死一个人，如同捏杀一个苍蝇一般。这不是笔者简单的想象与推测，而是《陈州粜米》、《生金阁》中刘衙内、庞衙内的自白录。谓予不信，请先看刘衙内之子小衙内出场时的一套自白："俺是刘衙内的孩儿，叫做刘得中。这个是我妹夫杨金吾，俺两个全仗俺父亲的虎威,拿粗挟细,揣歪捏怪,帮闲钻懒,放刁撒泼,那(哪)一个不知我的名儿?见了人家的好玩器好古董,不论金银宝贝,但是值钱的,我和俺父亲的性儿一般,就白拿白要,白抢白夺。若不与我呵,就踢就打,就挦毛,一交别番倒,剁(跺)上几脚,拣着好东西揣着就跑,随他在那衙门内兴词告状。我若怕他,我就是癞虾蟆养的。"活脱一副恶棍貌,一脸无赖相。再看庞衙内的自白:"小官姓庞名勋,官封衙内之职。我是权豪势要之家,累代簪缨之子。我嫌官小不做,马瘦不骑。打死人不偿命,若打死一个人,如同捏杀个苍蝇相似。平生一世,我两个眼里,再见不得这穷秀才。我若是在那街市上摆着头踏,倘有秀才冲着我的马头,一顿就打死了。若到人家里,见了那好古玩好器皿,琴棋书画,他家里倒有,我家里倒无。教那伴当每借将来,我则看三日,第四日便还他,我也不坏了他的。但若是他同僚官的好马,他倒有,我倒无,着那伴当借将来,则骑三日,第四日便还他,我也不坏了他的。人家有好宅舍,我见了他家里倒有,我家里倒无,搬进去则住三日,第四日就搬了,我也不曾坏了他的。"整天在街上瞎撞,见人就打,与其说是纨绔子弟,毋宁说是惹是生非的歹事头。当然,"借将来"、"搬进去"云云,无非是掩饰自己罪行的门面语,实则是抢夺、占据。所以,衙内们的自白,其实就是他们平日恶行的实录。

衙内平日里坏事做尽,丧尽天良,并非他们天生就是坏种,而是与一批闲人的帮衬、唆使大有关系。衙内不仅豢养着一大批爪牙鹰犬,如狼似虎,而且还有一批闲人寄居他们的门下,更是如虎添翼。如《生金阁》杂剧中的庞衙内,有两个心腹爪牙,一个叫张龙,一个叫赵虎。同时,还养着一批"花腿闲汉",时常陪着衙内去郊外打猎。在宋代,即有"闲人"存在。至元,闲人不绝,屡在城市生活中出现。关汉卿《赵盼儿风月救风尘》杂剧第3折,有诗说这"闲人":"钉靴雨伞为活计,偷寒送暖作营生。不是闲人闲不得,及至得了闲时又闲不成。"戏里有一张小闲,平生做不了买卖,只是替"歌者姐姐"们叫些人,"两头往来,传消寄信"。无正当生理可做,寄食他人门下,同样是元代闲人的时代特点。元秦简夫撰《东堂老劝破家子弟》杂剧第1折,也借柳隆卿、胡子传这两个闲人胡诌的几句歪诗,说明了元代闲人的特点。柳诗云:"不养蚕桑不种田,全凭马扁度流年。"胡诗云:"为甚侵晨奔到晚,几个忙忙少'我'钱?"可见,这些闲人不会做营生买卖,过的不是男耕女织的生活,而是全凭自己的三寸不烂之舌,连蒙带骗。"几个忙忙少'我'钱?"元代帮闲流氓不但无甚自卑感,而且多了几分自夸。如《东堂老》杂剧中柳隆卿、胡子传这两位闲汉,自从挂上了城里的赵小哥,与他结拜为兄弟之后,凭着自己的那张嘴,已使这位不肖子神魂颠倒。正如这位赵小哥所言:"他两个是我的心腹朋友。我一句话还不曾说出来,他早知道,都是提着头便知尾的,着我怎么不敬他?我父亲说的我到底不依,他两个说的合着我的心,趁着我的意,恰便经也似听他。"正是因为这位不肖子做了豺头,才使得这两位帮闲流氓找到了混饭吃的场所。胡子传老婆的裤子是赵小哥的,柳隆卿头上的网儿也是赵小哥的。一句话,胡、柳两位闲人的"吃穿衣饭,那(哪)一件儿不是他的?"[1]在元杂剧中,这种闲人有时又由小二哥替代。明人所作《金瓶梅》中卖梨的小二郓哥,原也不是一个安分守己之徒,而元人《逞风流王焕百花亭》杂剧中卖查梨的王小儿,更是"调风贴怪,帮闲钻懒,须是本等行业"。[2]

闲人们捧粗腿,呵大卵脬,溜须拍马,这自然是他们的本等行当,但有时他们也替豪民、衙内出歪点子、馊主意,是一批实实在在的寄食无赖。

---

[1]《东堂老》第1折。
[2]《百花亭》第1折。

第七章 明代的光棍与喇唬

在明代，存在着一种"宣谕"的制度，其主要目的还是显示一种朝廷重视农业的本意，并使这种政策能从畿内"布之天下"。按照这套制度，每月的初一，文书房就要向皇帝请下一道谕旨，顺天府府尹率领宛平、大兴二县知县，从会极门将皇帝的旨意领出，由顺天府的首领官将谕旨捧出，至承天门桥南，召见两县的耆老，将皇帝的谕旨当面传达给他们。这种活动每月举行一次，其中的谕旨不过随时稍为更易。只有正月、十二月，因为农事未兴，暂停这一宣谕活动。

沈榜的记录为后人提供了此类皇帝谕旨的详细内容，删除其中重复之言，比较有特色的教化之言，大抵有下面这些："勤谨务农"、"不要懒惰废业"、"不许早眠晏起"、"生理艰难，凡事务要节俭"、"各务农业，不要游荡赌博"、"谨守法度，不要教唆词讼"、"盗贼生发，务要协力擒捕"、"互相觉察，不许窝藏贼盗"、"收了田都要撙节积蓄"、"遵守法度，不许为非"、"不许纵放头畜，作践田禾"、"各守本分，纳粮当差，不要误了"、"依时务农，不许游惰失业"、"都要孝顺父母，不许缺了奉养"、"耕田都要牛力，不许私自杀宰"、"不许假充内外势要，诓骗财物"、"遵守朝廷教令，不要违犯"、"都要省俭，不要大破小用"、"桥梁道路，都要依时修理"、"各安本分，不要生事害人"、"各务生理，不要闲过"、"各保身家，不许指称诓骗财物"、"不许将耕种田地投献势家"、"天气寒了，父母有年老的，好好奉养他，莫教冻馁"、"都安分守法，贫的不要歹勾当，富的不要骄奢"、"孝亲敬长，不许忤逆，犯了不饶"、"男耕女织，务要各勤生业"、"农工已毕，各务生理，不要游手好闲"、"今农闲时月，务要勤做生理，勿得游惰"、"各宜节俭，勿事奢荡"、"须要昼夜巡逻火盗"、"都要安分守法，不要骄奢"、"早起晚眠，小心火烛"、"夜巡日检，要防不虞，凡百仔细"。[1] 值得注意的是，这套重视农业的制度，到了嘉靖、隆庆末年，因为畿民困敝而流于形式，即每当宣谕之时，当地耆民不再及时参加，而是临时雇用一些市井无赖充当耆民，前去听宣，这种移花接木、偷梁换柱的做法，若是按当时北京话的说法，叫"倒包"。可见，一种名义上倡导重农、反对百姓游惰的宣传教化活动，到最后不得不以那些真正的游惰之民即市井无赖冒充顶替前去听讲，这不仅仅是朝廷教化活动日渐衰落的反映，更说明了自明代中期以后，游惰之民已经成为城乡中一股很大的社会势力。[2]

一、逸民、喇唬与光棍、把棍

明太祖朱元璋经过历年的征战，平定元末群雄，将元朝残余势力赶出长城以外，终于建立起大明帝国。帝国一经建立，摆在明太祖面前的首要任务当然是制礼作乐，借此创设维护传统统治长治久安的等级秩序。但是，还有一个比较棘手的问题摆在朱元璋的面前，有待他给以圆满的解决。这就是经过元末的战乱，土地荒芜，人口离散。不仅如此，有些失去土地的不良农民，游惰成习，时常在城镇与乡村纵

---

[1] 沈榜：《宛署杂记》卷1《宣谕》。
[2] 关于明代的流氓，王春瑜在《明代流氓及流氓意识》一文（刊《社会学研究》，1991年第3期）中，早已作了较为系统的阐述，拙著主要是在此文基础上加以深入。

荡闲游，成为社会治安的一大祸根。

这种游惰之民，不是其他，正是被明太祖称为"逸夫"的这类人。逸夫又称"逸民"，大致都是一个意思。逸者，游也。所谓逸夫其实就是过去唐宋两朝时常出现的闲人。用较为通俗的说法解释，就是在乡村闲逛而又无所事事的二流子。这些逸民，一般以松江、苏州二府为多，所从事的活动主要限于以下两个方面：

一是在公门中求生活，阿谀奉承那些吏役皂隶，也即帮衬公门，夤缘害民。当时衙门中的吏役，主要有正吏、主文、写发三种，皂隶分为正皂隶、小弓兵、直司三种，牢子也有正牢子、小牢子、野牢子三种。一般说来，吏役、皂隶二种，是旧时衙门的常设服务人员，牢子也为一般府州县衙门所必备。但是，在这些牢子中，只有那些被称作正牢子的才算是正役，余下的如小牢子、野牢子、小官、帮虎等，都由一些游手市井之徒投充，称之为流氓也不为过。据记载，当时松江一府，光小牢子、野牢子就达900余人。如果包括其他的游逸之民，松江一府中不务生理、交结官府之徒，总数可达1350名，而苏州一府坊厢，这类人则更多，达到1521名。

在明初洪武年间，除了苏州、松江两府出现逸夫之外，福建沙县也有零星的"奸顽之民"出现。大概是在洪武十九年（1386），有一位名叫罗辅的奸民，手下有13个喽啰，不事生产，专门在乡里构非为恶。他们做尽恶事以后，又恐事情败露，于是就朋奸诽谤，故意玩弄断指的苦肉计，说什么如今的朝廷"好生利害"，我们都断了手指，一切都没用了。如此设谋，煽惑良善百姓，用心实在叵测。[1] 洪武七年（1374），浙东的无赖恶少更是大肆猖獗，寻衅闹事。就在这一年，明

---

[1] 朱元璋：《御制大诰续编》第79《断指诽谤》，收入张德信等编《洪武御制全书》。

太祖派遣靖海侯吴祯往浙东台州、温州等地,收罗方国珍的故旧部下。吴祯到达以后,这些地方的无赖恶少挟怨泄忿,故意指称一些平民富室是方氏部下,为此"濒海大扰"。[1]

二是在市镇乡村游逛,不务生理,专干非为,扰害百姓。这些游民虽无帮闲官府之名,却亦浪荡成习,堪称逸夫。

这些逸夫既出仕无门,又不愿务农,而经商做工似乎也不在行,所以只好在城市乡村中闲游,或帮衬官府,或做些坑蒙拐骗的事,不仅成为社会治安的一大祸害,而且危及乡村的社会基础。这位大明开国皇帝朱元璋虽出身农夫,但随后就离开故土,托钵求食,其实也是一个游民,不过是披上了宗教的外衣而已。正因为朱元璋自己有过这样一段经历,所以立国以后就能洞悉这些逸夫的危害性,从而对他们严加禁止。首先他要求统治下的臣民百姓,无论是出仕、务农,还是做工经商,都要各务本业,决不允许闲惰。其次是建立乡村的里甲制度,10户为一甲,110户为一里。在此基础上,在里甲内实行知丁之法,这就是一里之内,百姓之间应该互相了解,互相监督,得知某家有丁口几人,其中几人务农,几人受业读书,几人做工,几人经商,都应一清二楚。如果务农,就应该朝出暮入,不出一甲之间。若做工,一般也以就近为宜。如果远行,就要有路引。这种路引,必须写明所在里甲以及去哪个州里做工。若经商,也要有路引,写明要去水陆的远近。这些规定,全都登载在具有法律作用的《大诰》中。《大诰》公布以后,假若仍有逸夫,而里甲坐视不管,邻里亲戚不加拿获,一旦这些人犯了非为之事,捕获到官,那么逸夫就要被处死,而里甲邻里也要被迁之化外。[2]

---

[1] 徐学聚:《国朝典汇》卷81《府州县》。
[2] 分见《御制大诰续编》第2、3、74《松江逸民为害》、《互知丁业》、《罪除滥设》。

这位开国皇帝堪称"治国有方"。为了自己的皇位能传之万代，他不惜杀戮与他并肩作战过的开国功臣；为了使自己的统治稳固，他可以置自己曾做过和尚的经历于不顾，对僧人大开杀戒，于是就有了"铲头会"这样听了令人毛骨悚然的做法。更值得玩味的是，为了保持乡村的农业劳动力，他对号称逸夫的流氓的处置，也是决不手软。相传明太祖讨厌那些游惰子弟，专门在南京淮清桥以北建造一座逍遥楼，凡是不务本业及逐末、博弈、局戏之人，全将他们禁锢于这座逍遥楼中，美其名曰"逍遥牢"。[1] 既然是牢，何来逍遥？这种管制方法固属有效，取名却显得有点阴损。另外，朱元璋对杭州不务生理之"市民"的处置也极严厉。他下令，浙江等处及直隶府州的市民，"着他见丁出钱，买马往北地当驿站"。[2] 这种处置，无疑是让这些市民背井离乡，去北方充当驿夫，似有充军意味。

　　明太祖这种雷厉风行的整治措施，使明初的几十年时间里，部分消除了乡村土地兼并的不合理现象，农民大都依附于土地上，从而导致城乡无赖阶层缺少必要的"后备军"。所以，在以后的永乐、洪熙、宣德几朝，流氓的活动仅有零星的记载，并无大批出现的迹象。如永乐十五年（1417），浙江嘉兴府倪弘三，"纠无赖千余劫乡村，苏、松、常镇皆被害"。[3] 当然，这种现状并不能维持太久。到了明代中期，由于农村人口分化而产生的喇唬、光棍以及把棍的出现，显然已宣告了明太祖统治政策的部分失败。

　　"喇唬"的含义，清人作如下解释："诈骗之匪也。"[4] 喇唬在明初

---

〔1〕顾起元：《客座赘语》卷10《逍遥牢》。
〔2〕田艺蘅：《留青日札》卷15《盐口马丁》。
〔3〕谭希思：《明大政纂要》卷15。
〔4〕《六部成语注解·刑部成语》。

即已存在。据记载，当时有些喇唬中的无能之辈，时常口称圣号，大白天在街上倒地撒泼，引人围观。至于那些刁猾的无籍棍徒，更是气焰嚣张。他们有时身背黄袱袄，头插黄旗，口口称说要求奏告上诉，直入衙门，挟制官吏；或者自己根本没有冤枉事，代人捏写本状，教唆或扛帮他人赴京城或巡抚、巡按、按察司衙门告状，借此恐吓他人，获取财物；有时更是险恶张狂，上京奏告他人叛逆，或者诬陷他人犯有强盗人命。当然，喇唬这一类人，在明初虽有零星的出现，但人数不多。在明太祖的高压政策下，他们基本上不敢轻举妄动。所以，喇唬的泛滥成灾，基本上还是在正统以后。

正统以后，时值明朝中叶。就在当时，由于乡村豪强兼并土地日趋激烈，更由于农村赋役繁重，一些自耕农或半自耕农纷纷宣告破产，脱离了土地，或流落到城市，成为城市平民，或流入山林，成为流民。所以英宗皇帝在正统六年（1441）的诏令中也不得不承认，"近年有司劝农不至，种耕者少，游惰者多"。[1] 据记载，就在成化二十一年（1485）五月，都察院右都御史朱英上奏，认为近来京畿旱荒，民不自保，只好入城就食，以致"流移之民聚集日多"。[2] 京城内饥民的增多，一方面给社会治安带来一些麻烦，另一方面也不断滋生出社会闲散人员，使城市流氓具有足够的"后备军"。与此同时，城市经济繁荣所带来的直接后果，就是奢侈成风，风俗败坏。据时人记载，当时北京的淫风颇炽，男女通奸似乎已是习以为常。有一些人买来良家女子，当作使女或侍妾，但实际却纵容甚至强迫她们出卖肉体，与人通奸，觅取财物。[3] 为此，给事中丘弘建议，事发以后，将奸妇枷号示众。

---

〔1〕《皇明诏令》卷11，正统六年十一月初一日。
〔2〕《明宪宗实录》卷266，成化二十一年五月丙子条。
〔3〕戴金编：《皇明条法事类纂》卷43。

这项建议虽得不到宪宗皇帝的准许，却从侧面表明，风俗败坏已成为明代中期的一个社会问题。[1] 饱暖思淫欲，这本是一条常理。所以，风俗的败坏也就不仅仅表现为男女通奸，而且还表现为妓院业的过分发达，使娼优人数日渐增多。大概自景泰以后，北京以及全国各地的武职军官、舍余以及平常百姓，大多"嗜酒赌博，以为常行，妄求奢用，以为美事"。由于过分游逸放纵，最后导致家庭破败衰落，而又别无艺能，无法取利度日，只好卖掉妻妾，使之沦为娼伶。当时在全国南北直隶十三布政司，凡是府县、卫所与镇市所在地，娼家"多者聚有数千门，少者不下数百人"。更令人吃惊的是，在山东临清张秋镇等地方，有这么一些无耻之徒，也就是流氓，专干买卖良家女子的勾当。他们在家养二三口女子，或四五口，有时甚至多达七八口，将她们称作义女或侍妾，弹唱接客，觅钱使用，真是有伤风化。[2] 北京也不例外，有些军民之家，纵容妇人为娼，妆饰打扮成乐妇一般，大开门面，接纳"官舍、客商人等在家宿歇，歌唱饮酒，全无忌惮"。[3] 一些邻近的贫难妇女，看到别人如此富盛，大为眼热，于是争相仿效，终成风习。

可以这么说，妓院青楼不仅仅是嫖客的安乐窝，更是流氓无赖的避风港。无论是盗贼博徒，还是光棍无赖，一旦犯事，大多藏匿于娼家。按照明朝原有的惯例，嫖宿娼门之客一旦触犯刑律，那么追赃时就不得连累乐户。这一条旧例为一些娼家隐匿匪类提供了便利。她们自恃例不追赃，所以敢于对那些无赖纵容庇隐，以致奸弊日滋。为此，教坊司銮减庸上奏，请求将藏匿匪类的乐户"究问"，并得到了皇帝的

---

[1]《明宪宗实录》卷33，成化二年八月辛丑条。
[2] 戴金编：《皇明条法事类纂》卷22《申明禁奢僭服用纵容犯奸例》。
[3] 戴金编：《皇明条法事类纂》卷43《激劝风俗以隆治化等项条例》。

批准。[1]

下面还是言归正传。喇唬在明初出现以后，由于明政府的严厉打击，从而沉寂了相当长的一段时间。但自正统以后，喇唬的势力重新崛起，并在社会上逐渐扩大，至成化、弘治时而达到了极盛。正统五年（1440），通州张家湾军余邵斌等九人，各立"郎头"、"铁脸"、"阎王"、"太岁"、"先锋"、"土地"等名号，"往来上下马头，欺侮良善，吓骗财物"，恃强凌弱，谁也奈何不了他们。[2] 自此以后，有关喇唬的踪迹时常见诸史籍。如成化六年（1470），山西太谷县民杜文羲，自号"都太岁"，与兄弟一起结交一批恶少，号"十虎"、"二贤"、"八大王"，暴横乡里，时常聚众做一些奸恶不法之事。[3]

到了成化年间，喇唬的活动更是日渐猖獗。喇唬有时又作"剌虎"。从当时的兵部尚书余子俊的上奏中可以得知，喇唬实际上是指闾巷恶少与各处捕逃罪囚结聚党类后的称呼。[4] 明代号称喇唬的流氓主要从事以下几方面的活动：

其一，打架斗殴，行凶杀人。当时北京城内凡是军民杂处的地方，就有一些喇唬之徒，他们偶尔因为小忿，就大发雷霆，斗殴杀人。此后又将尸体扛抬，图赖他人钱财。有时在街上与人发生口角，喇唬就执刀持棍，纠合人众，行凶殴打。有时甚至将对方的"有钱器物尽数毁弃，或将房屋垣墙一概毁损"。[5]

其二，横行市肆，强取货物，他人莫敢谁何。明代的北京乃宸居之地，与四方万国往来，人烟辏集，买卖繁华。在北京，专有一批不

---

[1]《明宪宗实录》卷280，成化二十二年乙丑条。
[2]《明英宗实录》卷65，正统五年三月。
[3]《明宪宗实录》卷86，成化六年十二月己酉条。
[4]《明宪宗实录》卷209，成化十六年十一月壬辰条。
[5] 戴金编：《皇明条法事类纂》卷13。

务生理的喇唬，他们三五成群，非华衣不穿，非美馔不食，宿娼买奸，百无禁忌。等到家业荡尽，别无财路，就只好开场赌博。赌博花样较多，或抹牌、下棋、打双陆，或踢气球。赢者得钱，肆意所欲；输者丧气，莫返原物，以致饥寒交迫，不能自存，只好做贼，往来于京师之间，肆行劫掠，一些官员之家，全都受害。喇唬得财以后，怕官司追捕，只好将所偷衣服典当于印子铺，"低取钱锱，苟图自给"。如果过了期限，无钱取赎，质当之物只好就便准折，不再添价。一旦官府急行捕盗，喇唬们无处躲藏，就只好掠取衣甲马匹，公开为盗，纵横于近京并北直隶一带，大肆劫掠，了无忌惮。[1]

其三，充当揽头，兜揽钱粮，从中掺杂糠土，获取暴利。如顺天府涿州地方设有一座常盈仓，仓周围军民混住。每当夜里，就有一些无籍小人，抛掷砖瓦，偷盗钱粮。经访察，得知是孙全、庞富等喇唬所为。他们奸恶相济，结成党群，势如虎狼。他们还强行充当纳粮揽头，作弊以后上纳，如果不收，就行凶撒泼。每天早晚，喇唬自由出入仓库的大门，不容门役阻挡。更为可恶的是，喇唬甚至扬言："纵我揽纳事发，难比京仓例，不该充军。如要绝我衣饭，我每左右喇唬，将仓廒放火烧了，务要害你。"[2] 从上可知，威胁、讹诈也是喇唬惯用伎俩，而且气焰十分嚣张。

其四，在运河与长江沿岸交通要道，私设关津，打抢货物。自通州直抵济宁州一带运河，不仅是漕运要道，而且商业货船的来往也较频繁。在这些来往船只中间，有一些强梁之徒，其实与喇唬一般无异。

---

[1] 戴金编：《皇明条法事类纂》卷44《京城内外官民之家不许容留不务生理之人并禁约开张印子铺面赌坊例》；《明宪宗实录》卷209，成化十六年十一月壬辰条。

[2] 戴金编：《皇明条法事类纂》卷15《顺天府所属仓场揽纳打搅坑陷等项充军例》。

因为没有官府的管束,每当遇闸过浅,他们往往不挨次序,恃逞势豪,欺压良善。有时纠众行凶殴人,甚至抢夺他人篙橹。他们昼则设计骗人财物,一到晚上,更是倚强奸人妇女。当时近河地方,还居住着一批无籍军民,三五成群,专门打抢河道上的买卖货物,恃强凌弱,不依时价支付给买卖人,有时甚至"为船起车,强行霸取用钱,稍不如意,辄使殴打"。其中设谋诓赖,情弊多端,更是难以枚举。[1]长江下游沿岸也有喇唬横行。上自九江,下至苏州一带,在这些沿江去处,多有一些凶恶之徒,三五成群,驾驶船只,大白天在江上,或自称巡捕人员,或假称自己是牙行前来接客,从中途就邀截官民客商的船只,公然撒泼,殴打平人,抢夺财物,甚至有打人下水致人死亡者,肆意凶顽,确实"势如强盗"。[2]

此外,明代的喇唬还通过组织赌博或参与赌博而行骗。如在山西太原,专门有一批"无籍喇唬",他们"串同棍宗府役,朋比结党",其赌局或在私家开张,或在神会聚集,完全是靠"赌博为活计,借局骗为利阶"。于是,"良善受其吓害,稚子被其网罗"。这些喇唬开设赌局,起初还知道躲避官府,到了后来,则已是"石板遍置城市,动辄数十为群"。如太原城北新建的桧柏园,显然已经成为这些喇唬的"赌博渊薮"。[3]上面所谓的"石板",所知不详。若稍作推测,大概是指这些人赌博,随便搭起一块石板,即可成为赌桌。

据明代奇书《金瓶梅》的作者兰陵笑笑生所言,现代意义上的流氓,在宋代称"捣子",而在明代则称"光棍"。光者,赤也。故光棍

---

〔1〕戴金编:《皇明条法事类纂》卷29。
〔2〕戴金编:《皇明条法事类纂》卷34《沿江等处殴打平人抢夺财物照在京事例充军为民》。
〔3〕吴仁度:《吴继疏先生遗集》卷9《严禁赌博牌》。

又叫"赤棍"。何谓"光棍"？清人李鉴堂在《俗语考原》中这样说："俗谓无赖匪徒以敲诈为事者为光棍。今俗亦以无妻之独夫，谓为光棍汉。"这种解释比较全面，也有道理。近人齐如山在《北京土话》一书中作这样解释："凡因穷而耍不值，强索人钱财，占人便宜者，则名之曰'光棍'。言其穷如一根棍，比棍还光。且既名曰棍，则决非柔轸之物，故以形容硬而不讲情理之人。"[1]齐氏释"棍"，当然堪称自成一家之言。不过，近来有人对北京土语中的"棒"字又有新解释，使笔者又悟出"棍"字当也有别种意思，因为棒者即棍也。如石鹏飞曾就"棒"字作如下解释："'棒'即'棍'。'棍'者，男根也。故俗称无妻之男为'光棍'。'棒'，亦是男根。譬如印度古文献《百道梵书》就称男根为'酥油金刚杵'。杵，棒也。《说文》段注引《系辞》：'断木为杵'，可证。'棒'既为男根，故其越雄则丈夫气越重，丈夫气越重自然越好。这样，'棒'字便引伸为'顶呱呱'，其中的道理不难明白。"[2]这种解释，笔者击节称好。"棍"者，确实是"男根"之意。光棍终日无所事事，时常出入于青楼中，自然风月极好。这样，"棍"才又有了硬的意思。明朝的流氓除称光棍之外，还有号称"棒槌"、"槁子"者，其原因就在于此。光棍一词，确是明代官方对流氓的通称，有时明代的史籍又将他们称作"打光棍游食之徒"，或称"打光棍之徒"与"打光棍浪子"，简称"打光棍"。如果是外省的流氓，或者未见过世面的乡村二流子，只能称作"土棍"，意思是较小而显土气。正如在明朝，官方统治者称流动性很大的暴动农民为"流寇"，而称地方性的暴动农民为"土贼"或"土暴子"。"流寇"活动范围较大，自然见过世面，开了眼界，可称见多识广；"土暴子"限

---

[1] 齐如山：《北京土话》，第8页。按：原书标点有误，在此径改之。
[2] 石鹏飞：《我说棒》，载《读书》，1990年第12期。

于一隅，自然见浅识陋。所以，今人又称未见过大世面者为"土包子"，其意盖起源于此。由此，同样可证"土棍"，实指未见过大世面的流氓。

明代的光棍，其实就是现代意义上的流氓，此自不待言。现在需要给以阐述的是，这些光棍在明代究竟从事什么活动。下面笔者通过明代史籍的具体记载，对明代光棍的形象勾勒如下。

明代小说《梼杌闲评》的作者是这样描述这些光棍的：

> 个个手提淬筒，人人肩着粘竿。飞檐走线棒头拴，臂挽雕弓朱弹。架上苍鹰跳跃，索牵黄犬凶顽。寻花问柳过前湾，都是帮闲蠢汉。

此词极为通俗，自不待释，但从中透露出一个信息，就是那些光棍与故家恶少臭味相投。如小说记当时有一位金二，是一个故家子弟，平日不肯学好，目不识丁，专喜与那些破落户泼皮们终日在花巷柳陌中闲串。当然他并不慷慨，只是一味悭吝，一文不出，在青楼的姊妹家中赖嫖钱，睡几夜，临走撒个酒疯，就溜之大吉。在市上，他见好东西便要，只是不付钱。所以，市上开店的铺户以及那些小本生意人，都被他骗怕了。那些光棍泼皮也整天围着他凑趣，图他一些酒食。所以，小民对这些恶少光棍畏之如蛇蝎，而士大夫对他们却恶之如狗屎。在明代小说中，时常出现一些胡作非为的恶公子，在他们身边大多是一些游食游手、谗谄面谀的光棍，只是一味教公子做坏事。公子倚仗父亲之势，而光棍又使公子的势，骗公子的情，使酒渔色，玩耍游荡，无所不为。由此可见，浪荡公子一旦涉足市井，必然受光棍的骗，最后堕落为破落户子弟。

当然，光棍所为不仅仅限于此。据说他们还惯于赌博骗钱财，故又称这些人为"赌棍"。他们一般结成一伙同党,合伙设局欺骗一些少年子弟,这些同党俗称之为"相识"。光棍骗人,大多采用铅沙灌成药骰,有轻有重。光棍们用手指轻轻捻转,捻得得法,抛下去多是赢色。如果不懂里面的机关,任意抛下,那么就十掷九输。而那些不识事的小二哥,不知好歹,一团高兴,只是要赌,就正好落在圈套中,出身不得。这些愚蠢的小二哥,被光棍们唤作"酒头"。此称是嘉兴话,意思是说他们是专为流氓喝酒送酒资来的傻瓜。

光棍们有时也很神通,可以买通官府,专门替人打官司。他们专吃闲饭,好管闲事,捕风捉影,寻人家的闲头脑,挑弄是非,扛帮生事,所以又称作"没头鬼"。不管哪里有事,只要被光棍中的一个打听到,就合着伴去干,得利平分。他们结帮成派,也有头领,可以取绰号"钻仓鼠"、"吊睛虎",也可以取号"洒墨判官"、"白日鬼"。光棍头的手下,当然是一些提草鞋的无名小光棍。

光棍们无孔不钻。他们有时甚至偷盗官粮,以此度日。如北京的粮仓有11个,分布较散。每天各仓收放粮解,动以万计。于是,在仓场旁滋生出一些凶恶之徒,或号"搂扒",或号"光棍",三五成群,专门"恃仓场收放以为营生"。有时候,他们直接冒充收放粮食的"小脚",出入仓场,势如狼虎,吓取人财。如果解户稍有不从,就朋合殴打,使善良百姓深受其害。有时候,他们还入仓偷盗官粮,"搂扒"一号盖源于此。这些光棍的成分极复杂,有舍人、军余、家人与一般的民人。[1]

光棍们也靠衙门吃饭,充当囚户与铺户之间的介绍人,获取回扣,有时甚至公开勒索财物。如当时有两个"打光棍"者,即王玉与王海,他们不务本等生理,专门在通政使司与兵部衙门前,拦截告状人与送问囚犯,争先接到贯城街上的卖纸人家,以买纸送饭安歇为理由,向

---

〔1〕戴金编:《皇明条法事类纂》卷15《禁革打扰搂扒例》。

囚犯勒要银物。而那些卖纸人家，因为光棍们替他们招揽了生意，就高抬纸价，乘机大赚一笔，除掉本钱以外，剩钱与光棍平分。因此，良善者大多被光棍挟诈，贫难者也被他们逼迫，光棍可以任意为所欲为。更有甚者，有时光棍竟敢奸淫妇女，"剥捉衣服，留当行李什物，其害不可胜言"。[1]

京城内外，是光棍出没的地方，因为那里人口流动频繁，大有油水可捞。他们或者三五成群，人数多者达到数十。妓院娼门成了光棍们的集会地，他们在此不分昼夜地游荡饮酒，替人报私仇。有时候，光棍们凭借一股蛮力，在街市中肆逞凶恶，拦截买卖之人，强索人物。这些光棍常常随身佩带流星袖棒、秤锤、尖刀等凶器，往来挟制良善，强霸人妻女，欺侮殴打平民百姓。有时被害之人不服，前去赴官告理，但官府良恶不分，是非颠倒，必然使受害者与光棍一同受刑，所以受害者只好忍气吞声。而光棍们更是肆无忌惮，日加月渐，一以成风。等到地方上各衙门批委大户起解各项钱粮赴北京，必然投奔亲识乡里之家，"作主与京城揽头上纳"。面对这种极好机会，光棍们决不会放弃。他们乘此充当揽头，挟取财物。纳户稍有不从，光棍们就拳脚相加，孤单者惧怕他们凶暴，良善者畏忌他们刁泼，所以只好吞声含忍。[2]

到了万历年间，北京城内的棍徒，更是结义成风，而且敢于顶撞朝廷的命官，胆子不可谓不大。据巡视西城、陕西道监察御史郑锐上奏，当时北京已是"棍徒横行，虐害良善，凌辱大臣"。郑锐在奏疏中言，兵部尚书杨兆由宣武门大街经过，正好遇到锦衣卫总旗韩朝臣、校余傅宗仁等一批棍徒也骑驴进城。这些棍徒见到兵部尚书的轿

---

[1] 戴金编：《皇明条法事类纂》卷20。
[2] 戴金编：《皇明条法事类纂》卷34《禁约喇虎光棍欺打平人把截买卖抢夺财物赌博诈骗害人等项及窝藏奸宿开张赌场》。

子,不但不避让,反而"冲突轿前"。当杨兆的随从皂役喝令他们回避时,这些人更是大为愤怒,口称"我们兄弟十虎,谁怕你官"等语,甚至恶言毁骂,殴打皂役。杨兆初以为他们不过是醉酒无赖之人,尚不与计较,随即离去,前去拜会本部侍郎郑洛。谁知刚进入厅中,这些棍徒还是凶忿未息,仍然赶进宅内,嚷骂不已,声言"要行打碎牙牌"等语。无奈之下,杨兆只好叫该坊总甲前来捉拿,棍徒纷纷逃走,只捕获韩朝臣、傅宗仁二人,将他们锁在铺舍之中。那么,这些棍徒究竟凭借什么势力可以如此胆大妄为,甚至不把兵部尚书放在眼里?经过郑锐的多次侦缉暗访,才得知韩朝臣等人平日倚恃锦衣卫的声势,结义十个弟兄,号称"十虎",横行于各城地方,已非一朝一夕。在西城,其同党分别有李七(即李拱)、詹大(即詹计福)、吴古岗、贾三、白云;在南城,则有李二、景永受;在中城,则有牛二。这些人在平日就挟众逞凶,凌虐平民,赌博局骗,霸占巢窝,恶行难以枚举。姑且就其甚者言之:一是夺人妻女。如李拱有陈爱儿,詹计福有司娇儿,吴古岗有李官儿,牛二有陈香儿,各妇女见在可证。二是科敛民财。如擅派水户陈江、王见等月钱,诈骗人户庞儒等会银,也是各家逐一可审。三是白昼打抢。他们伙纠张成、仲玉等,在南城地方,抢夺庞儒银物,打落其二枚牙齿,这也有拿获的光棍卯历可证。四是盗拐人财。如窥见王监丞妾刘氏、婢何氏有一些姿色,就串通邻人阎守志,在夜半潜入其家,将二位妇女勒拐,并盗出金首饰一副、银一锭,并将她们窝藏在金箔胡同,轮流奸宿,至于首饰银两,各分入己,这在锦衣卫有案可查。此外,霸奸宣武门外娼女任氏,将她的寡母谋死,李拱甚至强卖其女,得银50两,买主袁铎算是证人;詹计福则霸占她的宅舍,卖银40余两,宋见其知道其中的内情。[1]

---

[1] 郑钦、郑锐:《伯仲谏台疏草》卷下《棍徒结党虐害良善凌辱大臣疏》。

光棍不仅在城市中为非作歹,即使在一些市镇中,也有他们的踪迹,刁悍撒泼。如江南的顾山镇,一向号称清净,在明末也有十个光棍,"扛帮打诈,结党公呈",号称"十虎","领袖者有二姓兄弟"。[1]

　　在明末崇祯年间,曾任大学士的吴甡也说,当时的"一切札付、名色之官",全由一些"赤棍白徒"充任。他们拥盖横金,恐吓乡村愚民,亵渎僭越礼仪名器,为害极大。[2]"赤棍"就是光棍,而"白徒"又是什么呢?《汉书·邹阳传》言:"公孙玃遂见梁王,曰:'……今吴楚之王练诸侯之兵,驱白徒之众。'"据注,白徒就是指非军旅之人。[3]但从吴甡的奏诉来看,白徒就是流氓,所从事的也是一些诈骗之事。

　　在明代流氓史上,逸夫的名称出现最早,在元末明初已成了气候;喇唬虽在明初也曾零星出现过,但直至成化时期才蔚成风气;光棍则是明代中期以后流氓的通称,而在明初极少见及。此外,"把棍"的出现则更晚一些,大概是在明末的泰昌、天启、崇祯年间。

　　泰昌元年(1620),御史张泼上言:"京师奸宄丛集游群,有谓之把棍者,有谓之拿讹头者。"[4]显见,至明末,流氓又被称为"把棍"。"讹"音与"鹅"通,故明代史籍有时又称"拿讹头"为"拿鹅头"。所谓"拿讹头",其实就是流氓所采取的行动方式。如明末姚希孟就说,当时都城里号称"把棍"的游手无赖之徒,其平日大多以"拿鹅头"与"生事诈人"为业。[5]据史料记载,杭州人俗称一人愚蠢为"豺

---

〔1〕李应昇:《落落斋集》卷3《答曾二云公祖》。
〔2〕吴甡:《柴庵疏集》卷1《御患莫如修备,弭盗莫如安民疏》。
〔3〕梁章钜:《称谓录》卷26《白徒》。
〔4〕梁同书:《直语补证》,载《昭代丛书》癸集卷37。
〔5〕姚希孟:《条上韩老师书》,载《明经世文编》卷501。

头",嘉兴人称"酒头",苏州称"鹅头"。[1]杭州话大多带有北方语音,所以其"豺头"之称,与北京土语极相近。如在北京土语中,称办事无能力者为"柴头",[2]以此形容那些无用之人。"豺"、"柴"音同,故"豺头"也可与"柴头"相通。

"鹅头"指愚笨之人,其意已明。不过,鹅头还有另外一层含义。清朝苏州府长洲县人张紫琳引《潜居录》一书,作了下面解释:"吴俗讥人,恒曰'鹅头',谓其顽傲类之也。"[3]可见,鹅头除了指愚笨之外,还指那些顽傲之人。有了后面吴地的这则记载,那么笔者就可以在此比附引申一下。众所周知,鹅头极长。在越地俗传"鹅头鸭脚鸡翅膀"之说,既言此等东西之味美,又告知人们,逮鹅须抓住鹅头,逮鸭须抓住两脚,逮鸡须抓住翅膀,唯其如此,它们才能俯首帖耳。可见,"拿鹅头"一词,是把棍欺压良善的形象表示。

那么,这些把棍又是如何"拿鹅头"的呢?所谓拿鹅头,明朝人姚旅解释道:"谓挟人之私而诈财也。"[4]清人的史料亦云:"持人阴事而利之,曰拿鹅头。"[5]这两条史料已经解释得相当清楚,但还可以再举例加以说明。据记载,每当把棍侦知一人将去作奸犯科,就尾随其后。正当那人动手之机,把棍跳将出来,以告官要挟,以此讹诈钱财。将"拿鹅头"说成"拿讹头",其义盖源于此。

"把"是把棍的组织团体。恶棍聚在一起,结成团体,就称"把"。把棍时常假借会茶的名头,结聚银钱,或千,或数百,如果把棍的恶

---

[1] 邓之诚:《骨董琐记》卷2《豺头酒头鹅头》。
[2] 齐如山:《北京土话》,第11页。
[3] 张紫琳:《红兰逸乘》卷2《遗闻》,载王稼句编纂、点校:《苏州文献丛钞初编》,上册。
[4] 姚旅:《露书》卷9。
[5] 康熙《当涂县志》卷1《方言》。

事被人告发，就用这些钱打点官司。把棍有各自的群，各把之间由于利害冲突，也时常发生群殴，即打群架。那些被殴的把棍，也不甘心，于是"结棍以求胜，以把胜把，而把遂不可胜穷"。[1] 把棍的诈骗行为，除了前述的"拿鹅头"之外，有时又采取"讨白债"的方法。所谓"讨白债"，就是引诱解送钱粮至京城的解官与客商到一个僻静的去处，威逼他们立下文契，公然讨取。有时候把棍冒用兵牌，勒取火夫，需索铺行。显然，这也是一个破坏性的组织。笔者存有一个推测，这就是明代的"把棍"是近代四川"舵把子"的不祧之祖。当然，这两者的渊源关系，有待于方家的论证。

把棍在北京的势力颇盛，所以能渗透到各个角落，有时甚至冒充儒士，进入国子监，滥带衣中，成为监生。把棍一旦有了监生的身份，就干禁私谒，肆无忌惮。国子监儒生中有了把棍的加入，使这些莘莘学子也染上了流氓习气，所以晚明的青衿学子常常鼓噪无忌。国学就在天子脚下，号称"去天尺五"，但最后也是假生市猾，充斥其间。[2] 可见，把棍的势力在明末极大。

二、打行与青手

自明代中叶以后，在经济富庶的江南地区，尤其是苏州、松江二府，出现了一大批专职替人报私仇的社会闲散人员。他们"皆系无家恶少，东奔西趁之徒"。[3] 这批不良之徒，结党成群，凌弱暴寡，势不可挡。其中最无赖者，偶与人有小嫌，发生口角，就密谋放火害人。

---

[1]《明光宗实录》卷5，万历四十八年八月己未条。
[2] 吴甡：《柴庵疏集》卷3《视学大典速赐举行疏》。
[3] 耿橘：《开荒申》，载徐光启《农政全书》卷8。

所以，在一些村落中，每遇风起，为防无赖放火，家家户户只好彻夜防守而不眠，搞得人心惶惶。这些无赖不是别人，正是当时名震江南的"打手"，又称"青手"，而打手的组织则称"打行"。

当然，打手在广东也存在，尤其是广州、新会两地，打手更是云集。如明人茅坤说抗倭军队中，"其余当不过柳州水东岩之游民，与广州、新会打手之属而已"。[1]可见在明代，柳州之游民与广州、新会之打手一样闻名，只不过广东之打手，主要流入军队充役，与江南的打手稍有差别。此外，在江西南赣的徭役名色中，也有"打手"与"力士"两种，[2]说明打手在江西也存在。

打行又称"打降"。在吴语系统中，"降"可与"行"同音。但是，这两种写法，同时见诸明清史籍，就决不仅仅是因发音混淆而出现的不同写法，而是有其特定的含义。换句话说，"行"是指行业，如在宋代的城市中，有诸色行当，而明代出现打手这一行也并不足怪。假若用"降"，则别有含意。"降"有降服、摧抑之意，前面加上"打"字，说明这些打手是用武力来降服对手的。这种同音而不同字的问题，在明代还有例子可寻。如明代绍兴的惰民很有名，其中的男人则一概被称作"大贫"（此称呼一直沿续至民国时期——笔者按）。这个"大贫"，有时也写作"惰贫"。在吴语中，"大"与"惰"也是同音。

打行出现的原因有二：一是承平日久，人口日渐增多，一批农村剩余劳动力流入城市，生计日艰，难以糊口，只好加入打行，成为专职打手；二是自嘉靖以后，倭寇掳掠东南沿海之风日炽，明政府招集武勇，以此来平倭。这样，那些为生计所迫者就有了用武之地。

―――――――――――

[1] 茅坤：《条上李汲泉中丞海寇事宜》，载陈子龙等编《明经世文编》卷256。
[2] 徐学聚：《国朝典汇》卷90《赋役》。

明代打行，最早应该起源于宣德初年。[1]清康熙《重修崇明县志》云：

> 崇邑向有打行。打行者，云打为行业也。又名打降，犹降伏之降也。明宣德初，巡抚周公忱另设重大枷板治之，此风稍息。至万历中，有曹铁、抄化、李三等。天启初，有杨麻、大陈、梅二、郁文、昌桥陈二、熊帽子等，名团圆会。崇祯时，有黄伦等结地皇会。至沈元西、沈二等，遂于狱中反出，劫库焚署。后又有施君正、胡八及陈章等，先后俱毙于法。国朝屯宿重兵，若辈衰息。[2]

清代的史料记载上海县打行的活动时也说："邑尚权勇，号称打降。游手好闲之徒，各分党翼。凡民间争讼，各出钱募此辈为护卫，持械横施，甚而迎神敛戏，纵饮撒泼，成群恣索，大为民害。"[3]

就打行的发展过程来说，先是兴盛于崇明县，随后才迁延到苏州。至于嘉靖中叶，打行势力始盛，至万历八年（1580）以后达到极盛。

---

[1] 我在初版《中国流氓史》（中国社会科学出版社1993年版）、《中国的社与会》（浙江人民出版社1996年版，台湾南天书局1998年版）、《飘摇的传统——明代城市生活长卷》（湖南出版社1996年版，湖南人民出版社2006年再版）等书中，均称"打行"起源于明代嘉靖中叶以后。然据台湾蔡惠琴所著《明清无赖的社会活动及其人际关系网之探讨——兼论无赖集团：打行及窝访》一文（台北"清华大学"历史所硕士论文，1994年，第177页）所引康熙《崇明县志》，可知宣德初年在崇明已有打行的出现，因周忱的打击，而一度沉寂。拙著旧说，显然疏于查考，在此新加订正。对拙著旧说的批评，可参见何淑宜《〈中国的社与会〉评介》一文，载台北《明代研究通讯》，第2期（1999年7月），第122页，注5、6。

[2] 康熙《重修崇明县志》卷6《风物志》。

[3] 乾隆《上海县志》卷1《风俗》。

打行所从事的活动,主要有以下几种:

(一)既然号称"打行",那么必然以殴人为专职。打行中人有时也被称作恶少年,他们群聚殴人,一人不逞,就呼集同类进行报复,不残伤他人决不罢休。打行中人打人也有独持的方法,内部转相传授,秘不告人。他们打人,或胸,或肋,或下腹,或腰背,可以做到定期让被打者死亡,或者被打以后三月死,或者五月死,或十月、一年死,一般不会出现差错。时间一久,如果有人以杀人告理,但早已超出期限之外,这样也就不用抵命。所以打行的同党胆敢跳梁市肆之中,市民只好"摇手而避之"。[1] 打行有时专门替人扛打。如果某人与他人有仇,打算侵暴他人,常常可以在暗地里贿赂打行中人,约好在某一天,在怨家所在的地方,"阳相触忤",故意寻衅,如果起而反抗,那么打行中人就起来群殴。有时打行中人又以不根之辞诬陷他人,用他们的同党作为证人。在这种情况下,如果受害者不出金帛谢罪,此事就无法释解。[2]

(二)诳骗偷盗,专门在街上"撞六市"。有时候,打行中人碰到乡下人持物入城做买卖,就设计诓骗,到了偏僻之处,就半骗半夺;有时候,他们白天在地方上偷盗东西,被人识破,扭送官府,刚好遇到打行同党,就乘机救解逃脱,而扭送者反而受到侮虐,这就是当时人们常说的"炒盐豆"。[3]

(三)打行中人大抵是一些侠少,中间选一些有勇力之人为头领,重报复,抱不平。这种无赖的做法,使打行中人给人以一种狰狞可怕的感觉。但打行中恶少所行之事,有时也极巧慧,每每成为人们茶余

---

[1] 范守己:《曲洧新闻》卷3。
[2] 万历《嘉定县志》卷2《疆域考·风俗》。
[3] 范濂:《云间据目钞》卷2。

饭后的谈资。据记载，当时有一僧业医，颇有资财，但很吝啬，因而打行中的少年很厌恶他，准备好好作弄他一番。于是，让一妓打扮成少女，又让一人假扮成少女之父，看上去像乡下的庄稼人。摇着小船，船上满载鱼肉酒果，等到无人，就投奔寺中，乞求僧人为女诊脉，叙说病源，故意做出许多痴态来。随后，陈列酒食，招待僧人，让他与女子同坐。女子劝僧饮酒，僧喜甚，一点也没有起疑。不久其父又对僧说，有少许药金在船上，我当去拿来，当面相谢。借故起身，很久没有返回。当时，僧人已经微醉，于是色胆包天，挑逗女子，与女子交合。等到其父返回，此女假装哭泣，将事情经过告知其父。其父故意大声叫哭："吾以出家人无他意，女已经许其村人，奈何强奸之？"僧人师徒只好再三解释。正在吵闹之际，有几个贵人从楼船中携童仆登寺游览，正好碰到此事。这位假父哭拜前诉，详说事情经过。贵人故意做出盛怒的样子，"缚僧拽登舟"。僧人偷偷地问，这是什么官员？仆人告诉他是某官某官。僧人大惧，只好叩头乞命。此时，同行者替僧人劝解，僧人只好罄其所有财产，替女子父亲遮羞。事后，各驾船离去，僧人竟不知道已被这些恶少欺骗。[1]

（四）打行中人有时又充当阉党余孽的打手，参与政治。此时的打手，又可称"青手"。如甲申（崇祯十七年，1644年）三月，李自成率农民军攻入北京，明亡。此时的南京，闻变以后，举行了一个哭临的仪式，阉党余孽也想随朝班行礼。于是复社中的一些志士草了一个檄文，攻击阉党。阉党余孽大为气愤，就雇募了数十名"青手"自卫，似乎有侮辱诸生的意思。为此，复社中徐武静与张子退二人，各率来自东阳、义乌的力士戴宿高等，也手执白棒，大白天在街上搜索行走，遇到青手，随即击逐。因此阉党余孽不敢轻举妄动，凌辱诸生，而士

---

〔1〕叶权：《贤博编》。

气则大振。[1]

（五）成为乡绅的鹰犬。松江地方乡绅董其昌既是一位书画闻名海内的名士，又是一位在家乡为富不仁的豪宦。从很多史料的记载中可知，他就利用了那些无赖势力，作为爪牙、耳目、打手，其中有"刺贼"、"帮棍"、"打行"等。董其昌招集打行，"肆行诈害"。当董其昌的不法行为引起民变之时，他又"招集打行吴龙等百余人，连夜入宅防御"。[2]

此外，打行中市井恶少也采用扎火囤的方法诓骗剽掠，武断坊厢之间。嘉靖三十八年（1559），江南遭灾，收成不好，各府县时常发生一些攘窃之案。正在此时，应天巡抚翁大立恰好到任。翁氏一上任，就严禁打行，侦缉诸恶。当他访得扎火囤诸恶少的名字后，就发檄给府县官员，要求他们捕治打手，严加督责。到了同年十月，翁大立携妻儿来到苏州驻扎。众打手更加惊惧，只好狗急跳墙，打算教训一下这位不知好歹的巡抚。他们事先埋伏在一条小巷中，等到大立的轿子一过，就突然跳将出来，"批其颊，撒去如飞鸟，莫可踪迹"。为此，翁大立也胆战心惊，打算停止捕治。但那些捕快，却很想赎罪，且想借此机会献媚上司，所以搜捕更急。无奈，打手们只好一起歃血拜盟，用白头巾抹额，各持长刀巨斧，夜攻吴县、长洲及苏州卫的监狱，劫囚自随，攻打都察院翁大立的住所，劈门而入，翁大立只好带领妻子跳墙逃走。于是，打手们放火焚烧衙门与公廨，这位巡抚所带来的敕谕符验及令字旗牌，一时俱毁于大火。打手率领众人，又打算劫掠苏州府衙门，知府王道行督率兵勇，才得以将他们击退。天将明，打手们冲出葑门，斩关而出，逃入太湖中做了土匪。官府遣人四处搜捕，

---

[1] 杜登春：《社事始末》。
[2] 翁元升、张复本等：《控董其昌辩冤状》，载佚名《民抄董宦事实》。

获首从周二等20余人。此事报告到京城，嘉靖皇帝命翁大立戴罪立功，严督地方军兵，克期消灭逃入太湖的打手，"以靖地方"。[1]

经过这一次变故，苏州打手的势力受到了部分的打击，但并没有被消灭。自此以后，打行的势力逐渐转移到松江、嘉定一带。如明末嘉定人侯峒曾就说："打行薮慝，敝邑（指嘉定县——笔者按）为甚。小者呼鸡逐犬，大者借交报仇，自四乡以至肘腋间皆是。"[2]显然，在明末，嘉定县不但成为打手荟萃的渊薮，而且遍布城乡各地，势力颇为繁盛。

至明末，打行的活动也有所变化。当时由于官府追赋急迫，百姓无法交税，时常有挨杖之苦。于是有流氓专门开设"打行"，实行垄断，代人挨板子。如明末清初人陆文衡记载："莫贱于代杖之人，忍痛以某朝夕。今俱鲜衣美食，至不能分身，声价日增，足见催科密，而敲扑繁也。"[3]这些流氓替人挨板子，定有时价，一般每挨一板付银二钱。[4]

三、衙蠹、讼棍与访行

明末清初著名学者顾炎武曾以愤激的口吻下过这样的断语："天下之病民者有三：曰乡宦，曰生员，曰吏胥。"[5]乡宦、生员在后还将详论，此不赘，只说吏胥。

从严格意义上说，吏胥属于一种职役，但同时也有部分特权，所

---

[1] 朱国祯：《皇明大事记》卷30《苏州打行》；《明世宗实录》卷478，嘉靖三十八年十一月丁丑条。
[2] 侯峒曾：《侯忠节公全集》卷7《与万明府》。
[3] 陆文衡：《啬庵随笔》卷4。
[4] 陆世仪：《桴亭先生文集》卷5《姑苏钱粮三大困四大弊私言》。
[5] 顾炎武：《亭林文集》卷1《生员论》中，载氏著《顾亭林诗文集》。

以也属统治阶级的下层。由此看来,吏胥与流氓似乎风马牛不相及。然而引人注意的是,明代的吏胥,由于久在官场鬼混,熟悉其中的诸多惯例,相对来说,油水较大,不免为一些光棍游食之徒所觊觎,这样就出现了"棍徒充吏",即流氓充吏的历史现象。[1]

在吏胥这一概念中,当然也包括其下层的衙役,诸如门子、斗级、牢子之类。衙役凭借自己手中的权力,在勾索罪犯之时,使劲向人勒索钱财,这就是白役下乡之害;仵作本从事验尸工作,但也借此诈害事主,骗取钱财;一些积年书吏,把持此行,挪移钱粮,搁灭卷宗,到处打通关节,赚取贿赂。所有这些,说明吏胥已成为社会上的一大祸害,故又称为"衙蠹"。

衙蠹在元末明初即已存在。如明太祖朱元璋就列述了野牢子、小牢子、主文、帮虎等几种,将他们都归入逸夫之列,即归于流氓的范畴。经朱元璋的严厉整治,衙蠹一度沉寂,但至永乐之后,衙役又变得肆无忌惮了,从而使衙蠹再一次成为一大社会问题。永乐十九年(1421),明成祖朱棣在《殿灾宽恤诏》中,就说到诸衙门中的吏卒、弓兵、皂隶、牢子,"多有久恋衙门,连年不替,专一浸润官长,起灭词讼,说事过钱,虐害良善者"。[2] 至宣德时期,在明初即已存在的衙役"帮虎",似乎显得格外活跃,充分显示出流氓的特性。据记载,当时明朝廷所取用的物件,或买办,或征收,动不动就差遣数名官员,前去州县坐派,所以常常是一批未回,另外一批官员又差遣出去了。这些钦差官员,"又各有帮虎十数为鹰犬"。他们渔猎百姓,以一科百,以十科千,百姓稍有不谨,即遭棰打,深受毒害。差官、帮虎所取的民物,也不过是其中的百分之一上交公家,其余剩下的全都

---

[1] 田艺蘅:《留青日札》卷37。
[2]《皇明诏令》卷6。

中饱私囊。显见，有些号称"帮虎"的流氓，不仅成了中央部院差官的鹰犬，而且臭味相投，毒害百姓。自宣德以后，衙蠹的势力更是极度膨胀。如正统十四年（1449），英宗在《南京殿灾宽恤诏》中，又一次说到这些吏卒、弓兵、皂隶、牢子，"多有积年民害，久恋衙门，父子兄弟更相出入，专一起灭词讼，把持官府，说事过钱，虐害良善"。[1]至成化年间，这些号称主文、书算、快手、皂隶、总甲、门禁、库子的衙役，似乎更加张狂，除了"说事过钱，把持官府，起灭词讼"之外，还洒派税粮，"买放强盗，诬执平民，陷害良善"。[2]关于衙役之害，明代奇书《金瓶梅》中又有比较形象的记述。如小说中，就说到有一个诨名叫李外传的人，专门在府县衙门前揽些公事，往来听气儿赚钱使。"若有两家告状的，他便卖串儿；或是官吏打点，他便两下里打背。"[3]所谓"打背"，就是"打夹账"，又称"树背张风"，即索佣金。

至明末，广东的衙蠹之害更为猖獗，吓诈取财显然已经成为这些衙役的家常便饭。不妨试举下面三个例子，对衙蠹危害地方百姓之行为有所揭露。

第一个例子是"积皂"莫扬。所谓积皂，即指长年在衙门中充当皂隶者。从当时的法律文书记录中可知，莫扬与土豪沈化源两人狼狈为奸，危害地方。其所犯罪行有下面几条：一是莫扬捏造李胤泰私卖硝磺，从中诈取银子7两。二是陈效齐被盗贼扳害，莫扬就与赵念一、阮敬宾前去"局吓"，从中诈取银子5两。三是罗爱斋为盗贼扳害，莫扬"局吓"银子1两，与沈九经瓜分。四是叶茂权家的牛死后，经禀明

---

[1]《皇明诏令》卷11。
[2]《皇明诏令》卷17《上两宫尊号及立中宫诏》。
[3] 兰陵笑笑生：《金瓶梅》第9回。

捕役，可以剥皮吃肉，莫扬却加以"私宰"牛只的罪名，从中诈取银子5两。

第二个例子是"捕甲"李完五。李完五仅仅是一个衙门中的捕役，却花名"横吞"，可知他在地方上的恶行已经如同"白额虎"、"水中蛟"一般无异。其所犯罪行有下面几条：一是同族李腾波的义男猝死之后，其"三父"李仰於到县衙门告状，而李於佐作为保长也具呈县衙。李完五不顾族叔的情面，乘机从中诈取银子10两。二是细稳欺奸幼女区氏，区益余将他告到衙门。为此，李完五就向细稳诈取银子4两。三是何家聚等人被盗贼扳扯，李完五在承担拘留何家聚的过程中，通过曹日成向何家聚诈取银子3两。四是高惟有被林尚汉所告，告其强奸自己的妻子。李完五在捉拿高惟有时，向高惟有诈取银子3两。五是李完五仰仗自己捕役的身份，掠夺董万荣的粮船。在诈取不成之后，就诬陷董万荣私宰牛只，将其捉拿到捕厅。这件事虽无入己之赃，但还是属于假公害民，有案可据。

第三个例子是"书役"何卓廷。何卓廷仅仅是一个巡检司的书役，却以缉盗为名，剥小民之肤，吸小民之髓。其所犯罪行有下面几条：一是乘缉获盗贼张国礼等人，何卓廷让他们妄扳黎日广，从中诈取银子5两。二是串通麦秀等人，诬陷余念贤私自煎卖硝磺，何卓廷从中"吓骗"银子16两，麦秀、梁标等从中瓜分银子3两。三是梁柱吾、程明耀一向以赌博为生，何卓廷就从他们那里"吓诈"银子1两5钱。[1]

衙役确实是靠山吃山、靠水吃水。他们利用手中一点极其微小的权力，胆大妄为，坑害百姓。衙役最拿手的好戏是靠起灭词讼赚钱，

---

[1] 颜俊彦著，中国政法大学法律古籍整理研究所整理标点：《盟水斋存牍》一刻，《谳略》卷2《衙蠹莫扬》、《衙蠹李完五》、《衙蠹何卓廷等》。

所以从某种意义上说，衙蠹之害就是讼棍之害。[1] 正因为此，当时的史料又称这些"衙蠹"为"衙棍"。

"讼棍"本叫讼师，是传统社会中官府与民间百姓对讼师的一种蔑称。讼棍有时又称"讼鬼"、"扛棍"。说其为"棍"，说明这些讼师很有流氓性，是明代流氓阶层的一部分；说其为"鬼"，从中也显示出这些讼师本领阔大，似乎有翻云覆雨的本事。包揽或者起灭词讼，扛帮他人打官司，从中获利，这是讼师的职业特点。

讼师是一种专门职业，需要具备熟悉本朝法律、擅长撰写符合格式的各类词状以及交通衙门等本领。讼师之学，亦有秘密相传的习学范本，号称"讼师秘本"，从最早出现的《新镌法林金鉴录》，到后来的《萧曹遗笔》，就是这种秘本的代表作。[2] 讼师有"刀笔先生"之称，其业务主要与词讼相关。据日本学者夫马进的研究，讼师的业务主要有"包揽词讼"或"教唆词讼"、代作呈词或诉状，以及与胥吏、差役交涉等。[3]

明代民间俗谚道："八字衙门向南开，有理无钱莫进来。"[4] 清代也有一句谚语："一字入公门，九牛拔不出。"[5] 诉讼之耗时间，费钱财、

---

[1] 明代的衙役与讼师的关系相当密切。如明末广东有一位名叫叶荣的"衙蠹"，就专恃讼师区赤玄助其"刀笔之雄，为虎之翼，为鹰之爪"。所以地方司法官员除了以衙蠹之罪处理这类衙役人员外，同时也认为以"教唆词讼"之律罪之，亦不为过。参见颜俊彦著，中国政法大学法律古籍整理研究所整理标点：《盟水斋存牍》一刻，《谳略》卷2《衙蠹叶荣等》。
[2] 夫马进：《讼师秘本の世界》，载小野和子编《明末清初の社会と文化》，第192—193页。
[3] 夫马进：《明清时代の讼师と诉讼制度》，载梅原郁编《中国近世の法制と社会》，第452—465页。
[4] 田艺蘅：《留青日札》卷18《三代狱》。
[5] 乾隆《重修伊阳县志》卷2《风俗》。

人力，于此可见一斑。一般说来，除了民风好讼之地，农民多不见官，遇到七品芝麻官下乡，鸣锣开道，躲避惟恐不及。多一事不如少一事，乡村农民是不轻易打官司的，民间词讼，多由地方老人调解。而城里人则好讼喜见官，习以为常。小有纠纷，动辄打官司，视若儿戏。尤其是一些刁头、歇家，专以打官司、把持诉讼为业。明代中期以后，不仅城市，而且乡村，也均"健讼成风"。[1] 这固然是因为商业的发展，对传统的经济制度形成冲击，利之所趋，不免导致词讼增多，但确实也与讼师的播弄、扛帮、教唆相关。而"健讼成风"一旦形成，反过来又为讼师提供了广泛的生存基础。

流氓最怕寂寞，故也最喜生事，他们靠在生事生非中获取财物。流氓中的一些无能泼皮，天生就有一种不怕打、不怕夹的本事，每当遇到别人打官司，就庆幸利市到了，直入公堂，为买通者作硬证，从中获利。而其中的狡黠者，就决不做这种与自己的皮肉过不去的傻事，而是教唆扛帮他人打官司，让当事者在公堂上受夹棍之苦，自己则躲在背后，出谋划策，从中获利。

这种讼棍早在永乐年间即已存在。洪武年间，有一些犯有死罪的犯人，没有被处死，而是发往沿边充军。永乐年间，又有一批造反的恶党，其本人均已伏诛，但他们有一些亲戚，均被宥罪，发往各边境充军。这些发配充军之人，本来就是一些奸儒猾吏，或是一些不从教化的顽民。这些平日怀奸挟诈、欺压良善的刁顽无籍之徒，一旦宥罪充军，仍然不思改悔，在一些边地三五成群，"教唆词讼，告状实封，上书陈言，把持官府"。[2] 至正统年间，这些专门从事告讦的流氓，

---

[1] 夫马进：《明清时代の讼师と诉讼制度》，载梅原郁编《中国近世の法制と社会》，第440—441页。
[2]《皇明诏令》卷5《戒谕五府禁访刁顽逃军敕》。

更是形成了自己的组织。如当时直隶丹徒县,有徐义等数人,不事生产,"惟持人短长,告讦以取钱帛"。他们"共刺血誓,死生无相背",还自己取绰号,分别为"开山龙"、"猛烈虎"、"利言鹦鹉",以此吓诈当地百姓。[1]到了成化年间,这类讼棍更是有增无减。在南直隶、苏州、常州一带,讼棍成了一种令人艳羡的流氓职业。这些刁泼无籍之徒,有些本身就是罢闲的吏典,曾在衙门中混过饭吃,熟悉官场的法律程序。所以,他们往往替人写状纸,捏词教唆,有时甚至鼓动事主直接上京城击登闻鼓,告所谓的"御状"。当然,在常熟、江阴等县,也有一些富户,不安本分,用钱雇觅他人,出名告状,"报复私仇,排陷良善,牵连人众,不得安生"。[2]每当此时,讼棍就有了用武之地。当时官方对这些讼棍也深感头疼,处罚极严,一经发现,就发配边地卫所充军。但这些讼棍并不因此胆怯,仍是我行我素,因为即使发配充军,他们仍可以在当地包揽词讼,所不同者不过是换了一个地方而已。

到了明代中叶,讼棍大量聚集在张家湾这一市镇上。按照明代惯例,诉讼必须遵循一种自下而上的原则,法律禁止越级诉讼。尽管如此,自宣德以后,民间越级诉讼仍是相当频繁。尤其是英宗即位初年,在北京郊区的张家湾,更是聚集了很多专门替人"告讦"的奸诈之徒,其实就是讼棍,专门替到京城告御状的人打官司。关于此,明代史料有下面的记述:

> 今江西等处人民越诉者,问发充军,已有禁例。但奸诈之徒,稔恶罔悛,多群聚于张家湾等处,骗害乡民,或匿名代人告讦,

---

[1]《明英宗实录》卷34,正统二年九月。
[2] 戴金编:《皇明条法事类纂》卷40《教唆写本状人发边卫充军例》。

或附名牵告，别境良善其被诬者，多因累致死。宜申明禁约，并行兵马司搜索发遣。[1]

上面这一段史料，基本可以说明下面两个问题：其一，张家湾等处的地方治安，已经属于五城兵马司管辖。其二，张家湾因为占据北运河北端的交通便利，再加之靠近京城的特殊地理位置，也就成为到京城告御状者的歇脚之处，为此也就吸引了很多讼棍聚集此处。

自正德、隆庆以后，讼棍在北直隶的保定、真定二府也在在皆有。从史料记载可知，当时因为风俗败坏，于是在真定就陆续出现了"刁诬"的现象。所谓刁诬，就是讼棍"聚党伙告，欺戕善类"，陷害他人。[2] 讼棍在保定府的活动，有更详细的记载，使我们得以了解他们的具体活动。在保定，讼棍主要表现为"歇家"与"刁头"两种。歇家本指开店之家，以安顿过往行旅客商为职业。但在明代，这些歇家也接待告状主人，并包揽词讼，所以又有讼棍之意。如在福建寿宁县的县城，就有这么一些人，专门"以歇保为生理"。所谓"歇保"，就是做保人，平息词讼。双方聚讼打官司，如果不责保人，虽官府前来拘摄，讼家也可不听。保人一般各为其主，"不减自讼"。如果双方愿意息讼，也由聚讼双方的保人出面处理。如果保人公正，由此息讼，自然是一件好事。但有些时候，保人往往私自串通，"私和兜侵"，由此平息词讼，从中得利。[3] 闲话少说，还是回到"歇家"上来。这些歇家大多由一些豪棍或衙门吏胥充当，他们假开店房，所干的却是包揽词讼的事情。前来告状的乡野小民一入店门，歇家就以菜四碟、酒二

---

[1]《明英宗实录》卷5，宣德十年六月。
[2]《古今图书集成·方舆汇编·职方典》卷103《真定府部》。
[3] 冯梦龙：《寿宁待志》卷上《狱讼》。

尊款待他们，这在当时有专门的叫法，称"迎风"，似与当今"接风洗尘"意义相同。此后，诸如写状投文、押牌发差等事，都由歇家代为周旋，告状之人可以一概不理。原告如此，而被告的一切事情，也由歇家包揽。歇家百计恐吓，巧言如簧，所以原告与被告不由不信，也不敢不从。开始是乡民上堂作证，至后来全由歇家对讼。诉讼完结以后，又用菜四碟、酒二尊款待，号称"算账"。说完，从袖中拿出片纸，上面罗列各款杂费，往往动至百金。无论打官司胜负与否，歇家都能从中得钱，所以十分富有。而那些打官司的小民，往往因此破家荡产，卖妻鬻子。

在保定府，当时还有一种"刁头"。乡村中专有一些黠猾，与各衙门中的胥役互相勾结，以健讼相尚，号称"刁头"，又称"圆头"。如果有一些乡宦，与这些刁头稍有仇怨，那么刁头就诬乡宦是"衙蠹"。有时他们就假借很久以前的人命、贼盗、逃人、钱粮等案子，牵连一些无辜之人，以此欺骗院道官员，这在当时称作"做汉子"。有时候刁头怕案子审理时真情败露，于是又用其亲属出来作证，称作"伙告"。如有一赵甲打算告钱乙，此案起初与李四无涉，但孙三与李四偏偏与赵甲相厚，于是买通赵甲，而将李四之名也窜入状纸中，以便让李四出来替赵甲说话，这叫"捎告"。又如赵甲欲告钱乙，但担心事情太轻，官府难以准状，于是就凭空在状纸中插入一个素不相识的衙役，等到上堂开庭审讯，则瞠目结舌，无以应对，此称"采名告"。有时候本府本县已经了结的事，很难再诉讼，于是就诡写籍贯，到别处告理，那里的官府只好移牒拘人，时称"冒籍告"。一些上司官员看到状词中情罪重大，于是不得不准其告状。告准之日，这些刁头就穿上新衣服，戴上新帽子，并随带线香"数驼归里"，在门上悬挂红布数尺，号称"挂彩"。又用红纸一张，上面写上"院道老爷原告"六字，"以示表庐"。此后，又指使同党或其他无赖数人，挟线香数束，粗纸一单一条，上面题上"某衙门原告某人拜",号称"散香"。一等线香散完,便选择吉日,拜受贺礼,那些收到线香之人都须输钱250文,号称"香会"。其中也有一些好事之辈,有时候干脆交上500文,号称"人情",以示夸耀。数日之内,就能敛资数百金,所以人们很羡慕。[1]

明代流氓以告状为职业,一旦碰到人命案件,他们就不失时机地前去教唆,扛帮他人上告诉讼。关于这一点,明代小说为我们提供了极其形象的材料。如凌濛初《二刻拍案惊奇》卷31中就说到了一位"陈喇虎",就是一位专门兜揽讼事的流氓。下引陈喇虎扛帮生事一例,可窥见明代流氓教唆诉讼之全貌。

事情经过是这样的。当时福建有一位名叫陈福生的人,在富人洪大寿家做佣工。偶因口语不合,福生遭到洪大寿的痛打,气郁在胸,回去不久,就郁闷而死。临死时,福生告诫妻子,不要听人教唆而出去打官司。这位陈福生有一族人名陈三,诨名"陈喇虎",是个不本分、好生事的家伙。看到福生被田主打死,就撺掇陈福生的妻子,教她告状执命,但被拒绝。陈喇虎无奈,只好去田主洪家,向他们吓诈,号称自己是陈福生的族长,并威胁洪家买通了福生的妻子,私和人命,若要他口净,也得给他"吃块肉儿"。但洪家自恃福生妻子已无话可说,丝毫不予理睬。这样陈喇虎也碰了一鼻子灰。陈喇虎见双方均说不动,自觉没趣,但又不甘心,狗急跳墙,只好自己跳将出来,到府里告双方私和人命。这场官司,官府虽以"家长殴死雇工人"律,只断洪家出钱埋葬,"问得徒罪",并无抵偿,洪家因此花了一些银子,但喇虎也没从中得到好处。在这一事件中,喇虎当然没有占到便宜,但对喇虎靠词讼混饭吃的本领及手段已揭示得相当清晰。

当然,专职的讼棍比这些靠词讼生活的小喇虎的本领要大得多,

---

[1]《古今图书集成·方舆汇编·职方典》卷72《保定府部》。

有时候他们简直具有一手障天的本事。这样，似乎不是官府掌管，而是讼棍掌握着生杀大权。关于这一点，凌濛初在《初刻拍案惊奇》卷11中又为我们提供了极详细的材料，不妨引述如下，以供读者品味。

明朝有一富人名王甲，是苏州府人。他与同府李乙是世仇。王甲百计思量害李乙，但一直未得其便。有一天正赶上大风大雨，三更之后，王甲用红朱黑墨搽了脸，径直闯入李乙家，将李乙一刀砍死，逃逸而去。后被李妻告发，吃不得夹棍之苦，就当堂招认了。这位王甲虽一时招认了，心里却还想辩脱，于是就让儿子王小儿去央求自己的相好讼师邹老人。这位邹老人极是奸猾，即使是十恶大罪，与他去商量，也能找到一条生路。我们且看这位讼师是如何设计救王甲的。且说这位邹老人向王小儿要了300两银子，来到南京，通过各种关系结识了刑部浙江司郎中徐公，而且混得厮熟。忽一日，捕盗衙门押来海盗20余人，解到刑部定罪。邹老人感到机会到了。第二天，他就备好酒席，写帖宴请徐公饮酒。席中，老人将100两银子托出，献与徐公，请求通融此事。徐公道："假如我能效力，敢不从命？只是王甲犯事在苏州，我也实难设计。"老人道："不难，不难。昨日见有海盗20余人解到贵部，内二人是苏州人。现在只要此二盗，要他们承认杀了李乙。此二盗总是一死，未尝加罪，而王甲则可获救了。"徐公收过银子，许诺此事。事后，邹老人又密访着二盗的家属，许诺给他们重谢，先付100两银子。二盗也应允了。等到会审之时，徐公唤二盗近前，开口问道："你们曾杀过多少人？"二盗随即招认，某时某处杀某人，某月某日夜间到李家杀李乙。徐公录下口供，做成文案。邹老人带了这些文案，一直回到苏州，到长洲县当堂投了。知县看到杀李乙者已有事主，也道是王甲屈招，登时将王甲释放了。而这位邹老人，既为相好王甲尽了人情，又得了100两银子的夹账。至于谢仪之类，小说不尽言，我想大概也不会少的。此例足证讼棍诡计多端，有时甚至能为死囚开脱罪责。

明朝的苏州告讦成风,一家有事,里中奸猾即聚集成党,连数十人为一党,连数十事为一词,其实并不是真有什么冤屈之事,无非是借此鱼肉他人,从中获利,这在当时称作"连名投呈"。有时候,这些奸徒与他人有睚眦之憾,或者事先欠了他人的债,一等这家有人死了,就去告官,让官府禁止他们发丧,然后派人检验,一检验,此家就立时破家。所以,当时有这样的说法,即所谓人命,并没有真假,只在原告不肯罢休。从事这些活动的奸猾之人,大概有以下六种:土豪、市猾、讼师、访窝、主文、偷长。当时,这六者有时是互为兼通。如湖北荆门有一豪强,就是兼六者而有之。六者中的讼师我们已经详述,主文也已提及,土豪留待后说,在此讲讲访窝。

与讼棍相同,开设"访行"的一些流氓,也是专靠衙门混饭吃的。说到访行,不能不先谈"访恶"与"窝访"。[1] 明代巡按御史访察恶人这一举措,究其源头,当始于历史上的"收取人"。而明代的访恶,则诸如武断之豪、舞文之吏、主讼之师,均得以访察。[2] 窝访的出现,则与明代官员的考察制度密切相关。按照明代制度,京官考察,主要凭借台谏与吏部的访单,而匿名文书则为朝廷法律所禁止。但在内外官员考察之时,吏部发出的访单,等到填注缴纳之时,上面却不落姓名,即使在上面开列秽状满纸,也不知究竟出自何人之手。[3] 地方上巡抚、巡按等考察府、州、县官员,除了寄耳目于吏胥之外,最为重要的是,地方官的毁誉,主要采自"窝访",于是一些不肖的府、州、县官,就

---

[1] 关于"访恶"与"窝访",其初步的探讨,可参见陈宝良《明代社会生活史》,第145—146页。
[2] 顾炎武著,黄汝成集释:《日知录集释》卷12《访恶》。
[3] 沈德符:《万历野获编》卷11《考察访单》,第301页。

"阴结窝访，阳事上官，而吏事毕矣"。[1] 窝访起到了左右地方官毁誉甚至仕途的关键作用。

窝访的存在，并不仅仅限于访察地方官的政绩乃至声誉，有时也承担地方上法律诉讼案的实情。万历十五年（1587），都察院左都御史詹仰在奏疏中就主张"严禁访察"，其中建议"御史亲受词讼，虚心谘访，则奸恶毕见。或拿问批问，自足行法。无待访察，且令省窝访之弊"，云云。[2] 这是窝访参与地方法律事务的最好例证。

访家其谋其术之巧，有时实在出人意表。明末人陈仁锡深知其害，在书中揭示道：

> 谨启访家之滋害也。有永巷焉，一白染卓。叩者至，童子出开门，即入，仍扃第二门。以白镪置卓，维书某人单款，趋出。主人收镪，抄誊，不面一人，不留一笔，盖亦巧矣。欲陷某为次犯，于是借一极恶人为之首。首恶如是，次犯可知，而其意非为首也。欲陷某为首犯，于是又借一极恶人为之次。次恶如是，首恶可知，而其意非为次也。于是以不相识之人牵作一人，以不相干之事并成一事，成者成，徒者徒。间遇明府推详暴白，而家已罄矣。[3]

可见，如果落入访家的圈套中，不是半死，也会倾家荡产。

在地方上，朝廷官员的黜陟之权，由巡抚、巡按共同操持，而瘅

---

[1]《明神宗实录》卷133，万历十一年二月辛丑条；卷182，万历十五年正月甲辰条。
[2]《明神宗实录》卷189，万历十五年八月戊寅条。
[3] 陈仁锡：《无梦园集》驻集《与吴邑周侯白章二盐访误拿书》。

恶之权，仅由巡按一人所操。究其实，也并非自操权柄，而是将它委任于府中的推官。推官也不是自操权柄，而是将其委任于胥吏。于是，就出现了"窝访"。他们与胥吏相与为奸。窝访的做法，大体不外乎以下两种：一是"卖而综之"，于是凶人可以漏网；二是"买而内之"，于是善类蒙受无辜之累。当时江西贵溪有一处访家的巨窝，各处"采访者"全都聚集于此。后被地方官所破获，从中找到了他们交通为奸之状，如凡是官吏士民各种不法之事，他们全都"款列而籍记焉"。[1]将这些记录下来，就是他们吃饭的本钱。

　　明代的史料已经真实地揭示了下列事实：自嘉靖以后，一些地方上的上司官员已经开始"访察拿人"。如何访察？显然需要利用这些"窝访"或者"访行"。所谓"访察拿人"，就是在既无原告、又无指证的情况下，通过访察就将犯人拿获，并将他们发到所属官府问罪。采用的方法就是逼迫犯人自行想象供招或认罪，中间当然也有因此而审得真正的罪犯，但被诬陷的也确实不少，甚至有些人还被枉问死罪、充军。于是，奸人乘机报复私仇，刁徒借此肆行诓诈。[2]这些"奸人"、"刁徒"，其实就是那些"窝访"或"访行"中人。

　　访行以苏州为最盛。明代苏州的风俗倾险狡悍，上官如果想察觉州里的豪蠹，不能不假借一些下面的耳目。于是，一些猾胥大奸，就投身到衙门中，交通近习。如果想害人，可以通过暗地里偷偷行贿，把怨家置入豪蠹之列，罗织罪款，暗投陷阱。等到对簿公堂，官府虽心知其冤，但也无法为他们开释罪责。有时候，这些访行中人也派出缇骑，偷偷地拘拿一些人，"设局讲款"，从中勒索。这些行为，在当时也有专门的称呼，叫"造访"。这些造访之人，必须公推一人为宗主，

---

〔1〕伍袁萃：《林居漫录畸集》卷4、5。
〔2〕明世宗：《宽恤诏》，载《皇明诏令》卷20。

而其他群凶在下附和。这样，一倡百从，竞相标榜，就称作"访行"。访行始于明末，最初不过是访察衙蠹，虽千百成群，还必须仰仗乡绅的鼻息，窥伺官长的喜怒。一至其后，访行中的奸猾胥吏或在城，或在乡，势力渐增，威权猛长，徒党一日多似一日，因此乡绅转而仰仗他们的鼻息，官府也"因之为喜怒"。

考访行的源流，大概以邵声施为宗主的时候较盛。当时，邵声施创设了"保生社"，其下面的同党有朱灵均、邹日升、陆惠云等人，再下面还有一些人，号称"干儿"。不久，巡按御史秦世贞将访行中人一律逮捕杀戮，但其中的朱灵均却漏网了。事后，他招集旧时同党，汲引后进，复相团聚。不久，访行的组织就有八大分、八小分这些称号，势力又增，号称"邵氏中兴"。直到王九玉执掌访行的牛耳，内部开始角立门户，党徒就一分为二，于是有了南、北两部。等到王九玉死于狱中，其下的党徒竞相雄长，出任访行宗主的人，不下数十人，而依附他们的无赖流氓，也以千百计，"访行之盛，至于斯极矣"。访行的势力颇盛，他们钳网作弄人的本领，鬼神莫测，所以常熟一带之人对他们极畏惧，为之谚曰："有饭吃不如饿，有衣穿不如破，莫逆前，避访蠹。"[1] 访行之害，转成一种"访蠹"。

访蠹之害，并不仅仅限于苏州一带，而且组织也并非只有一个"保生社"。此类积猾巨奸，大江南北都有存在，而且在山东、淮扬一带，其势力也较盛。据载，这些奸棍流氓，"专以卖访买访为业，招权纳贿，假手报复，肆焉无忌"。一些地方上的富豪，也都对他们低声下气，俯首结纳。至于一些州县小吏，更对他们莫敢谁何。如在淮安、扬州等府，这些奸棍替自己的组织私自取名，叫作"躲雨会"，意思是说他们能躲避风雨。在山东，奸棍则自称其组织为"三只船"，意思

---

[1] 佚名：《虞谐志》，载《虞阳说苑》乙编。

是说"不畏风波"。[1]

考察这些讼师的出身，正如前述，既有充军的罪犯、罢闲的吏典、歇家，也有革退的生员，[2]甚至不乏生员出任讼师，靠衙门前这一饭碗糊口者。

生员轻讼于官，这是元末以来形成的习气。故明太祖一立国，在学禁十二条中，就有一条明确规定，"生员事非干己之大者，毋轻诉于官"。[3]这主要出自以下两个方面的考虑：一是生员轻讼于官，容易养成一种骄横、斗狠之气，不利于生员的教育；二是生员到衙门打官司，易致受辱，使生员体面荡然无存。

明朝廷设立学校，其目的是养育人才，所以上司对待生员，有礼貌之施，有爱养之义，有勉励之道。根据朝廷敕谕，生员若非干犯名义、伤败彝教、有碍行止等项重大事情，不可轻加凌辱。可是，事实上生员很难摆脱词讼。有些刁泼之徒，"往往惯于构捏，或讼其祖父，而辄及孙男，或讼其伯兄，而辄及弟侄。甚者隐下生员名色，朦胧混书，牵连诬执，意在中伤，故为妨废"。[4]既有人攀告，上司一时未辨，不免即行拘提，承行衙门亦不得不行起解。一旦称起解，生员也不得不去巾襕服，带枷串锁，下同囚人，生员体面，荡然无存。为此，当时一些提学道官员规定：凡是涉及户婚、田土的官司，只许生员家人抱状赴该衙门诉理。如生员被人牵告，不系重情，亦止提家属讯质，

---

[1] 张萱：《西园闻见录》卷98《缉奸》。
[2] 如丁耀亢所著小说《续金瓶梅》记一劣行革退的生员，绰号"王起事"，"因他平日好告人，打官司，惯于开单捏款，赖债兴词，人家有争讼的，就是他的买卖，专一两下挑唆，只有弄起事来，再没有消灭下的"。说见《续金瓶梅》第28回。
[3]《明太祖实录》卷147，洪武十五年八月辛巳条。
[4] 姚镆：《东泉文集》卷8《广西学政》。

勿得一概拘提生员，挫折士气。如果事不干己，而生员出名包讼、插身帮证者，就会被究黜。[1]此外，生员被告被提，非从本学起解，不得听理。[2]当然，这只是问题的一个方面。事实上，很多生员亦多不顾自己体面，平素卑污无耻之病，入于膏肓，而自待其身，反仆隶不如，甚至视屈辱为故常，"至所以招受于人者，刑责非畏，不由该学起解，径肯驳脱衣巾，随同囚犯。不系父母急难，辄尔饰词抱告，甘俟拘拿。盖获利不多，可使屈身奔走，而词色稍厉，即至非礼称呼，积弱成风，恬不为怪"。[3]又有一些生员，有"褒衣矮帽，杂沓皂舆者"，有"毁冠囚首，徒跣呼号，若沉冤毕世、深足怜悯者"。[4]更有一些生员，不切己事，就诈称贼情、田土等项，擅自离学，赴各衙门告扰。显然，生员兴词讼，在明代已成一时风气。[5]

按照明代的惯例，只有具有举人身份者，方可与人居间说事，从中觅取好处。相对来说，生员身份未到此地步，不可入公门替人说事。明代地方有司甚至规定，生员出入衙门，必须在门簿上登记，借此禁止生员干扰有司。可是自明代中期以后，此例已成虚文。生员虽为一介儒生，无势无权，却有一张低昂人的口舌。地方官官声的好坏，实有赖于生员的口舌。秀才难管，已是当时地方官的共同心声。不得已，地方有司只好厚待学校生员，并称此为居官第一事。于是，生员整天伺候在衙门口，替人说事过钱，已成一时风气。正如王廷相所言：

---

[1] 王畿：《慕蓼王先生樗全集》卷2《两浙学政十六条》。
[2] 王宗沐：《敬所王先生文集》卷27《檄各儒学》。
[3] 王宗沐：《敬所王先生文集》卷27《檄各儒学》。
[4] 王畿：《慕蓼王先生樗全集》卷2《两浙学政十六条》。
[5] 生员兴讼，可举下面一例："曹景坡知漳州，有诸生以小隙搆（构）讼，涣岁不休。"说见李延昰《南吴旧话录》卷下。

> 访得各府州县，有等无藉省祭官，及年老学霸生员，豪富义官，及罢闲吏典，退学生员等项，专一出入衙门，挟制官府，欺凌师长，害众成家。[1]

尤其是到了冬尽，一些原在乡村训蒙糊口的生员，都歇馆在家过年。一等有事，就终日缠官扰民，今日上手本，明日上呈子，兴讼、息讼，一由他们任意所为。事前，可先得酒肉吃喝，索取轿金；事妥，又有谢银、白米。[2]

生员入衙门替别人居间说事，在明代亦已形成定例。不妨参看下面二例：

> 张太尊未第时，馆于海上。适东家有讼事在府，倩诸文学鸣其不平。太尊亦充数襕衫，拜跪彼一时也。[3]

> 周心鉴先生宪司理严州时，有一诸生出公门下，忽以大部古书献公受之。发书，得五百金，乃为人居间者。仍前封识，召生还其书，曰："偶检箧中，已有此书，故不敢受也。"遂与此生绝。[4]

前者为生员揽讼事之例，后者则为生员替人居间说事。

更有甚者，生员不顾自己体面，包揽民间词讼，成为讼师、"学霸"、"学蠹"。明人王廷相揭示道：

---

[1] 王廷相：《浚川公移集》卷3《巡按陕西告示条约》，载《王廷相集》。
[2] 金木散人：《鼓掌绝尘》第32回。
[3] 李绍文：《云间杂识》卷1。
[4] 丁元荐：《西山日记》卷上《器识》。

近日有等生员，虽云读书，绝无行检，不亲其亲，不睦其族，暴横乡民，凌傲师长；甚至朋比奸顽之徒，贪嗜刀锥之利，或揽纳税粮，或包当夫马，或起灭词讼，或嘱托公事；官府执法不从，即为记录过失，指摘政事，便行挟制，以快私忿，因而聚徒行凶，欺侮有司。此谓之学辱，此谓之学蠹，此谓之学霸。[1]

费密更是一针见血地说道：

　　各州县闻风，群起除五蠹：一曰衙蠹，谓州县吏胥快皂也；二曰府蠹，谓投献王府武断乡曲者也；三曰豪蠹，谓民间强悍者也；四曰宦蠹，谓缙绅家义男作威者也；五曰学蠹，谓生员之喜事害人者也。[2]

明季生员喜事害人，是谓"学蠹"，与衙蠹、府蠹、豪蠹、宦蠹并称"五蠹"。

若仔细爬梳史料，生员充当讼师的现象在明代已相当普遍。史载福建尤溪县之生员道：

　　子衿之家，以岸帻袒衫、谩骂凌侮市佣为奇效，甚至鸱张蛇伏于公门佐署。又如较奇赢于一毛半菽，而贪愚掺同剥肉。其下者渊薮群奸，与珥笔相雄长，以世其业。[3]

---

[1] 王廷相：《浚川公移集》卷3《督学四川条约》，载《王廷相集》。
[2] 费密：《荒书》。
[3] 崇祯《尤溪县志》卷4《风俗》。

可见，生员已将刀笔生涯作为世守之业。教唆词讼，也是生员常业。譬如，岭南词讼，"惟教唆之奸人可恶，生员、滑吏、罢闲书手，皆开门教唆，以致词讼日繁"。[1] 更有一些学霸生员，为图钱财，勾结他人，教唆他人越境控禀。[2]

至明末，常熟县劣衿之活动，如雁之群宿，被人目为"雁"。百姓遇劣衿于道，必曰"雁来矣"，人人趋避，唯恐不及。[3] 劣衿的活动，归纳起来无非是说事过钱、逢迎县官、颂德政之类。如有刘洪畴、李明侯、施眉轩、王锦侯、龚幼墨五位生员，号称"五尖嘴"，平日多聚集在申明亭，"批手本，作保证，兜揽官司，代写词状"。[4] 可见，生员稍通文词，替人撰写呈词、诉状不成问题；生员平日经常出入衙门，居间说事，替人打官司，也较便利；再加之生员与衙役、吏胥时有交通，互相利用。所有这一切，无疑都有利于生员充当讼师。

四、闲汉、帮闲与老白赏

明末冯梦龙曾在《古今小说》中提及，在明朝，有四种人惹他不得，如果起了头，以后就再也不好绝他了。这四种人就是游方僧道、

---

[1] 霍韬：《渭崖文集》卷10《与张甬川》。
[2] 如明代史料载，"至越境控禀之鲍一春，即鲍春，乃薄宦鲍一元之疏属，因一元为寇所杀，遗孤儿才数岁，结连颍州学霸刘濬淳等，将有事于孤儿，先剪伐其祖茔松槚千章。"此即学霸为词讼台后之例。说见吴世济《太和县御寇始末》卷下。
[3] 按：明季生员活动，"聚党而出，必屯聚一所，一人为探望使，有所闻，辄以报诸衿，蜂拥而来，故人目之为雁"。《虞谐志》，《劣衿传》第6《雁》，收入《虞阳说苑》乙编。
[4] 《虞谐志》，《劣衿传》第6《五尖嘴》。

乞丐、闲汉与牙婆。[1]我们姑且不说游方僧道、乞丐、牙婆这三种人中所包含的流氓性与帮闲性，因为这三种人中除了牙婆带有女帮闲的性质之外，其他两种尚不具专职流氓的特点，在此就说一说与流氓一般无异的"闲汉"。

何为"闲汉"？闲汉又称"闲人"、"闲子"。追溯闲汉的源头，当起于唐代。如唐宣宗时，在京城长安有一批"闲人"，不务家业，"专于坊市之间，恐胁取人财物"。[2]至宋代，既有闲人，但又有了一种"闲汉"。这些闲汉在酒肆中来回逛荡，看到一些少年子弟辈在此饮酒，就上前小心侍候，替他们买物命妓、取送钱物。[3]明代的北京，也有一些闲汉，名"闲的儿"。其人游手不能自给，遇到人搬家，他们就投充上去，替人搬运家具。[4]在清代的北京，又把这类闲汉称作"打闲的"，或称"闲子"。

在明代的城市中，闲汉广泛存在。闲汉所从事的工作是踢气球与卖瓜子。说到卖瓜子，不禁让人想起《金瓶梅》中那位卖梨的郓哥，虽是小买卖人，却也极不安分，专门在花街柳巷中串门，为嫖客提供服务，包打听一些桃色新闻，从中获益，显然也有一些流氓习气，只是尚未入流。当然，明代在娼门中卖瓜子的闲汉，与宋代闲汉也颇多相似之处。至于闲汉以踢气球为业，《金瓶梅》中专作《朝天子》一词，加以刻画，引述如下：

> 在家中也闲，到处刮涎，生理全不干。气球儿不离在身边，每日街头站。穷的又不趋，富贵他偏羡。从早晨只到晚，不得甚

---

[1] 冯梦龙编：《古今小说》第1卷。
[2] 唐宣宗：《委京兆尹提获奸人诏》，载《全唐文》卷80。
[3] 孟元老：《东京梦华录》卷2《饮食果子》。
[4] 朱彝尊：《日下旧闻》卷38《补遗》。

饱餐。转不得大钱，他老婆常被人包占。[1]

这首词把蹴圆闲汉的生活始末描绘得淋漓尽致。踢气球闲汉也有自己的行业组织，这在当时称作"圆社"。每当一些孤老大官人在勾栏中嫖娼之时，这些闲汉就拎着丁点礼物，或是一双烧鹅、两瓶老酒，前来孝顺孤老大官人，乘便吃点东西，填填肚子，顺便获得一些赏银。

有时这些闲汉闲得无聊，也去庙中烧香，乘机看看那些前来烧香的信女。更有一些闲汉口嘴刻薄，如果遇到有一家的癞子娶了一个美貌的媳妇，他们就会气不过，胡编几句口号，胡诌："伯牛命短偏多寿，娇香女儿偏逐臭。红绫被里合欢时，粉花香与脓腥斗。"[2] 这种口号，有时虽也给生活增添一些乐趣，但从中也体现出这些闲汉一副油腔滑调的流氓相。

在明代的小说中，有时说到的"闲汉"，其实就是指"帮闲"，如明末小说《初刻拍案惊奇》卷22就说到，有一位富翁郭七郎，在妓院中挥金如土，并不吝啬。这种行径，很快被一些"帮闲"知晓，他们就出来引诱郭七郎跳槽，去另一家妓院鬼混。同时，这伙"闲汉"又领了一些喜欢赌博的王孙贵戚，前来局赌，做下圈套，从中骗银子花。可见，小说将"闲汉"与"帮闲"并称。

什么是帮闲？明代史料有下面的解释："无藉之徒，不务生理，专帮富家子弟宿娼饮酒，以肥口养家而已。宋柳隆卿、胡子传是也。"[3] 柳隆卿、胡子传两人的事迹，在元代的杂剧中有相当深入的刻画。我们在前面关于元代流氓活动的叙述中已经提及。

---

[1]《金瓶梅》第15回。
[2] 冯梦龙：《醒世恒言》第9卷。
[3] 朱权：《原始秘书》卷10《俳优伎艺门》。

帮闲靠傍的主要是"子弟"。所谓子弟，就是那些出身官宦却又喜欢往花街柳巷里面钻的公子哥。明代有一首题为《子弟》的民歌，其中云："子弟们打扮得其实有兴，玉簪儿撑出那纱帽巾，白绸衫一色桃红裤，道袍儿大袖子，河豚鞋浅后跟。（一个个）忒起（那）天庭也，气质难得紧。"[1] 这是一幅轻薄子弟在妓院的行乐图。其一身打扮，已然是无赖相。根据冯梦龙的记载，到了明末，这些轻薄子弟的风俗又有所变化，以至当时有"十无赖"之语，从穿着行为上更加细微地描述了这些轻薄子弟的无赖相，其中云：

一无赖，网巾边儿像脚带。二无赖，做完巾后饶一块。三无赖，玛瑙簪儿束银带。四无赖，一双袖儿脚面盖。五无赖，两条魂幡做衣带。六无赖，踷了脚指鞋中耐。七无赖，排骨扇儿好躲债。八无赖，马吊花园图口赖。九无赖，无腔曲子赌色赛。十无赖，逢着小娘舍舍空口爱。[2]

事实确实如此。在明代，一些少年浮浪子弟，仗着自己家里有几贯家财，自家又有一些小才艺，于是浪迹狂游，无所顾忌，其实并没有那些豪杰的本领。有时候遇着一些下流匪类，就会被引入嫖赌一路，诱他们一掷千金，还胡说这些都是豪杰的本色，又引诱他们偎红倚翠，胡诌这是才子的风流。这些浪荡公子手中本钱有限，过不了多久，就被弄干净了。这一批人，专门白手骗人，在江湖上打憨虫，这在北京叫作"帮衬的"，意思是说鞋有了帮衬，外面才好看。苏州人把这批下流匪类称作"篾片"，这如同那些做竹器的，先有了篾片，那竹器才做

---

[1] 冯梦龙编：《挂枝儿》卷9《谑部》，载《明清民歌时调集》上册。
[2] 冯梦龙编：《挂枝儿》卷9《谑部》，载《明清民歌时调集》上册。

得成文。苏州人有时又称他们为"老白鲞",意思也很好理解,那鲞鱼是海中的贱品,但若与各色肉菜一起烹煮,吃起来就津津有味了。因此,这种人极是有趣,喜的是趋炎附势,惯于阿谀奉承,不好的也说好,不妙的也说妙,帮闲热闹,确实让人一时舍不得他们。到后来,苏州、杭州人又把这些人称作"陪堂",统称"帮闲"。

帮闲已释如上。下面引述两段描绘帮闲流氓的诗与短歌,以便读者对他们有更感性的认识。一首诗摘自凌濛初的《初刻拍案惊奇》卷31,诗曰:

每日张鱼又捕虾,花街柳陌是生涯。
昨宵赊酒秦楼醉,今日帮闲进李家。

另一首短歌引自方汝浩《禅真后史》第13回,短歌道:

白面郎君,学帮了介闹,勿图行止只图介钱。脸如笋壳,心如介靛;口似饴糖,腰似介绵。话着嫖,拍拍手掌,赞扬高兴;讲着酒,搭搭屁股,便把头钻。兜公事,指张介话李;打官司,说赵介投燕。做中作保是渠个熟径,说科打诨倒也自新鲜。相聚时,卖弄介万千公道;交易处,勿让子半个铜钱。话介谎,似捕风捉影;行介事,常记后忘前。害的人虎肠鼠刺,哄的人绵里针尖。奉承财主们,呵卵脬、捧粗腿,虚心介下气;交结大叔门,称兄弟、呼表号,挽臂介挨肩。个样人勿如介沿门乞丐,讨得个无拘束的自在清闲。

上引诗与短歌中,已把帮闲们的嘴脸刻画得栩栩如生,从中稍加概括,帮闲的特点与活动有:

(一)帮闲的脸皮极厚,犹如笋壳。他们靠大佬阔少吃饭,所以专门"呵卵脬、捧粗腿",小心侍候,不敢怠慢。他们没有固定的职业,只好在街上游逛,寻些空头事来过日子。所以这些人取名也极怪,倒与他们的身份颇相符契。如《初刻拍案惊奇》小说的作者就试着替他们取了几个绰号,有"石丢儿"、"安不着"、"褚偏嘴"、"朱百闲"等。《金瓶梅》的作者兰陵笑笑生替帮闲的取名也不乏幽默,有"应花子"、"孙寡嘴"。帮闲为了混饭吃,自己也需要有一手本事,才能去凑趣帮衬。当然,这种本事也是因人而异,各不相同。如《金瓶梅》小说中的帮闲应伯爵,他的拿手好戏是会一腿好气球,其他如双陆、棋子也件件精通,谢希大弹得一手好琵琶。当然,帮闲有时在酒肉场上也插科打诨,说说笑话,以便博得大佬们的欢心。

(二)帮闲也兜揽公事,替人打官司,有时甚至充当说情的居间人,从中获得好处。如在《金瓶梅》小说中,有几个光棍如韩二、车淡、管世宽、游守、郝贤等人,小说作者给他们的取名颇值玩味。仔细分析一下,所谓的"车淡",其实就是谐音"扯淡",盖讽刺其人好说谎言;所谓的"管世宽",意指其人爱管世上闲事;所谓的"游守",显然与"游手"谐音;所谓的"郝贤",则谐音"好闲"。上面这几个人因为在地方上闹事,被拿在狱中。四家的父兄慌了,就凑足40两银子,让帮闲应伯爵去向衙门中的西门庆说合,但应伯爵只花了15两银子,就把此事办妥,从中赚了25两的夹账。帮闲有时也在生意场上做掮客,从中说合,暗地里"打背工"。如《金瓶梅》小说中就说到,湖州客人何官儿到清河卖丝绒,因急着回家,打算将值银500两的丝绒卖掉,作价450两。此价已与西门庆谈妥了。西门庆就交付帮闲应伯爵前去办理。应领了银子,背地与何官儿杀价,最后以420两银子成交,"打了三十两的背工"。[1] "打背工",用现在通俗的话来说,就是私下拿佣

---

[1]《金瓶梅》第33回。

金或回扣。"打背工"又叫"打夹帐（账）"。如明末人冯梦龙说："凡交易事，居间者索私赠，名为'打夹帐（账）'。"[1]

（三）帮闲大多依附妓院，来了嫖客，从中引路、帮衬，所以有时又有了"游好闲"一类的浑名，意思是说这批人游手好闲。什么叫"帮衬"？常言道："妓爱俏，妈爱钞。"所以子弟行中，只要有潘安一般的美貌、邓通一般的钱财，自然上和下睦，可以做得烟花寨内的大王，鸳鸯会上的盟主。虽然如此，还必须有个两字经儿，这就是"帮衬"。所谓帮者，就如鞋之有帮；衬者，就如衣之有衬。大凡做妓女的，有一分所长，如果得到人的帮衬，就能当得十分所长。假如有一些短处，帮闲就曲意替她遮护，更兼低声下气，送暖偷寒，逢其所喜，避其所讳，以情度情，这样嫖客就没有不爱的道理，这就叫作"帮衬"。为了养家糊口，帮闲不惜在大佬们面前低声下气，倒不如沿门乞丐显得自由自在。当然，帮闲也在帮衬中揩点油，占点小便宜。《金瓶梅》对帮闲们这副嘴脸的刻画，堪称惟妙惟肖。如小说提到，应伯爵这批帮闲陪着西门庆去妓院李桂姐家玩耍，吃得煞是舒服。临走之时，帮闲们更是丑态百出，浑然一帮鼠窃狗盗之徒："临出门来，孙寡嘴把李家明间内供养的镀金铜佛，塞在裤腰里。应伯爵推斗桂姐亲嘴，把头上金琢针儿戏了。谢希大把西门庆川扇儿藏了。祝实念走到桂卿房里照面，溜了他一面水银镜子。常峙节借的西门庆一钱银子，竟是写在嫖账上了。"[2]

帮闲也有自己的聚会，定时凑在一起，大家凑点份子钱，吃酒玩耍。到最后，这批帮闲就会到玉皇庙中，叫道官写个疏头，结拜成兄弟。《金瓶梅》小说中西门庆手下的那批帮闲就是如此。

除了帮闲以外，在明末还有一种叫"老白赏"的人，大致也与帮

---

[1] 冯梦龙编：《古今谭概》第30《微词部》。
[2] 《金瓶梅》第12回。

闲相同，可归于流氓一类。"老白赏"可能与"老白鲞"是同一类，都是指清客，只是写法不同，其释义也就稍有差异。

那么，这些清客究竟是怎么一副嘴脸呢？在明代，苏州、松江一带到处传诵着一个讽刺清客的谚语，谚语云：

> 一清诓，圆头扇骨揩得光浪荡；二清诓，荡口汗巾折子挡；三清诓，回青碟子无肉放；四清诓，宜兴茶壶藤扎当；五清诓，不出夜钱沿门跄；六清诓，见了小官递帖望；七清诓，剥鸡骨董会摊浪；八清诓，绵绸直裰盖在脚面上；九清诓，不知腔板再学魏良辅唱；十清诓，老兄小弟乱口降（音扛）。[1]

这个谚语虽极通俗，但决不会出自大字不识一个的下层平民之手，也不会出自乡村的陋巷之士，必定出自一个轻薄文人之手。从这一则谚语中可知，清客比起那些闲汉、帮闲来，面子上似乎要清雅一些，但究其实，正如明人何良俊所言，也不过是一些游手好闲之人，是"百姓之大蠹"。

何以言此？上面的谚语无疑已经做了很好的回答。所谓的清客，其实均是一些"清诓"之人。所谓清诓，其意有二：一是清，说明这些清客也有清雅的一面相，诸如他们无不是当时时尚之风的追随者：随身带的是圆头的折扇、汗巾，穿的是荡口鞋；用的器皿是回青碟子、宜兴茶壶，尽管已经穷得到了在碟子中"无肉放"的地步；喜欢玩弄古董，甚至造假古董；即使是学的唱腔，也是当时在文人士大夫中最为流行并由魏良辅所创的昆曲。二是诓，说明这些清客又有如同骗子一般的俗气。所谓诓，就是欺骗、瞒哄。他们进婊子行夜嫖，可以不

---

[1] 何良俊：《四友斋丛说》卷35《正俗》2。

出"夜钱";又经常造一些假古董,借此骗钱;所用时尚宜兴茶壶,也要用藤包扎起来;穿的是绵绸直裰,长得一直盖到脚面之上;他们靠的就是那些小官,所以一见就要递上自己的名帖,帮衬熟了,就与小官"老兄小弟"地套近乎。

清客又称"老白赏",取这名字,其本意如何,现在看来已不太清楚了。据当时人猜测,这些人光着身子,身无分文,但随处插脚,不管是人家的山水园亭,还是古董、女客,不费一文,就可以白白鉴赏把玩,故称"老白赏"。老白赏一名"篾片"。这是嫖行里的行话。譬如嫖客本领不济,望门流涕,不得受用,所以只好靠着一条篾片,帮贴了方得进去,所以叫作"篾片"。这一称呼起源于一个笑话。据说有一个嫖客因为有阳痿之病,"折笆上篾片帮之以入,问妓乐否。妓曰:'客官尽善,嫌帮者太硬挣耳。'"帮闲主要是指那些闲汉无赖,所以后来又有人将"篾片"解释为"灭骗",其意是说这些人"灭人之德,骗人之钱",甚至有人称这些人"灭天理,骗人财"。帮闲还有许多别称:或称"丘蚓",其意是说这些人"泥里也去,水里也去,又会唱歌,又会呵脬",比拟还算恰当。或称"笏板"、"蛤蜊",原本各有专指,后来又成为"篾片"的专称。"蛤蜊"这一说法已经很难找到印证。不过,"笏板"还是可以从当时的记载找到一些依据。"笏板"有时又叫"忽板"。此名也有来头。如大老官嫖了婊子,这些"篾片"陪酒夜深,巷门关紧,不便走动,就只好借一条板凳,一觉睡到天亮,所以又称"忽板"。此外,根据这些帮闲形貌、老幼、优劣,明朝人还分别加以称呼:人长得形伟者,称"竹爿";貌长得萎缩者,则称"篾丝"。老年者,称"竹根";年幼者,则称为"新笋"。优秀者,称"篾青";低劣者,则称为"篾黄"。[1]

---

[1] 冯梦龙编:《挂枝儿》卷8《咏部·灯笼》,载《明清民歌时调集》上册。

帮闲又称陪堂，或称陪宾。有一首《陪宾》民歌专说此类人，歌云：

> 陪宾的，我问你着甚么紧，别人家有孝，(你到与他)带［戴］头巾。听敲云板勤勤奔，(那)来的(既不)是你的爹，(那)去的(又不是)你的亲。(临行)没甚么攀谈也，(只说道)请宽了白圆领。[1]

常言道：开门七件事，柴米油盐酱醋茶。这七件事，清客帮闲却一毫不加注意，他们有自己混饭吃的办法。每天早晨起来，就到河口，洗了面孔。昨晚还留下三四个青蚨，拿这些钱买下几朵茉莉花，戴在头上。随后戴上一个帽子，穿上一件千针万补的破烂道袍，出门也没有固定的去处，任着十个脚趾头，到处瞎碰，撞着为数。遇到好嫖的主儿，就一同前去撞寡门，觅私窠，骗小官。遇到好赌的主儿，就一同前去赌场，或铺牒，或掷色，或斗搠，清客是件件皆能。他们当中，即使是那些极不济、没本事的人，也能跟在大老官背后，撮些飞头，勉强推持生活。

小说《金瓶梅》对帮闲的真面目作了下面的剖析："但凡世上帮闲子弟，极是势利小人。见他家豪富，希图衣食，便竭力奉承，称功诵（颂）德。或肯撒漫使用，说是疏财仗义，慷慨丈夫。胁肩谄笑，献子出妻，无所不至。一见那门庭冷落，便唇讥腹诽，说他外务，不肯成家立业，祖宗不幸，有此败儿。就是平日深恩，视如陌路。当初西门庆待应伯爵，如胶似漆，赛过同胞兄弟，那（哪）一日不吃他的，穿

---

[1] 冯梦龙编：《挂枝儿》卷10《杂部》，载《明清民歌时调集》上册。

他的，受用他的。身死未几，骨肉尚热，便做出许多不义之事。"[1] 说明帮闲无不是一些势利小人，这是对帮闲嘴脸的无情揭露。

小说《忠烈全传》所刻画的吴公子门下的几个门客，也不过是些"帮闲抹嘴不守本分的人"。小说记道：

> 头一个最相契的姓顾，名曰适，表字顺侯，是开古玩铺顾员外的儿子，落了本钱，跌落下来，专在本城内出入，□□赌嫖刮食，因此人都起他个浑（诨）名叫做顾有吃，纸牌骰子件件皆精。第二个姓唐，名蜜，字蜜台，乃山东一个千户官儿，应袭子孙。自幼父母游手好闲把前程丢了。会一手好弦子，人也起个浑（诨）名叫做唐蜜脸。第三个姓周，名胡才，字天化，乃是本县阴阳生革退。专一在县前与官吏保债，以此与吴公子往来。人也起他个浑（诨）名，叫做周寡嘴。第四个姓都，名蒙，号知道，原是个破落户出身也。他的浑（诨）名叫做都不辞。第五个姓潘，名老简，字好修。乃本城一个戏班子里一个小旦的儿子。年方二十，生得仪容又善于诙谐。人也起他个浑（诨）名，叫做个潘着骗。[2]

当吴公子娶妾之时，这些门客前来贺喜，小说又记道：

> 顾日适袖中取了一副对联道："门下写得一幅喜联奉贺。"吴公子道："展开。"二人拿着让吴公子看。吴公子念道："娘增岁月爷增寿，妻满乾坤妾满门。通煞哉，通煞哉，妙极！"唐蜜台道："晚

---

[1] 兰陵笑笑生：《金瓶梅词话》第80回。
[2] 不题撰人著，周春华、洪迅点校：《忠烈全传》第10回。

生写了一幅喜圖。"说着展开铺在桌上。吴公子念道:"'有天无日。'怎么解说?"唐蜜台道:"不过要天上不出日色,让大爷与新人多睡一睡。"吴公子笑道:"趣人,趣人。"周天化道:"大爷好才学,直头字字认得个。"连忙在怀中取了一个册页道:"门下画了十二页新样'汉宫春晓',送与大爷做式样都知道,道晚生新合一瓶妙药,少助风清。"潘老简道:"学生新编了一部见色迷小说,以悦大爷春心。"[1]

可见,这些帮闲无不是一些"知趣"之人。小说接下来说这些帮闲唱清曲、掷骰行令、说急口令之类,无不是帮闲陪伴大爷时的惯用伎俩。当然,这部小说的帮闲形象,尽管是模仿了小说《金瓶梅》,但也有不少创新之处,显然便于对帮闲嘴脸作进一步的了解。

帮闲老白赏们也有各自的技艺,有时也是靠献技,才能骗口饭吃。如南京秦淮曲中的狎客,即篾片,就是各有专长。如张卯官之笛,张魁官之箫,管五官之管子,吴章甫之弦索,钱仲文之打十番鼓,丁继之、张燕筑、沈元甫、王公远、朱维章之串戏,柳敬亭之说书,有时聚集于二李家,有时则在眉楼相聚,每集至少花费百金。[2] 从史料记载可知,明代苏州歌坛著名的帮闲,分别有徐六之度曲,俞爱之之拨阮,汪君之品玉箫,管伍之吹管子,号称为"歌坛绝顶"。[3] 可见,这些狎客就是靠大佬们的花销才勉强度日的,而娼门青楼,则成了销金之窟。在这里,狎客们似乎均是一些民间艺术的专家,尤其是柳敬

---

[1] 不题撰人著,周春华、洪迅点校:《忠烈全传》第10回。
[2] 余怀:《板桥杂记》。
[3] 邹枢:《十美词纪·梁昭》,载虫天子编、董乃斌等点校:《中国香艳全书》1集卷1。

亭的说书，作为一个说书艺人早已成为公论。但是，作为一个社会阶层，狎客中的极小部分固然在艺术上有所成就，在人格上也能卓然独立，但终究还是属于一大批社会闲散人员，或寄食于大佬恶少之门下，或寄食于娼门青楼，仍属于帮闲流氓之范畴。究其原因，在明代，狎客还包括相面、算命之流。这些人大多游于公卿之门，虽偶尔也有相中者，但不中也多。当然，那些公卿大佬只是将他们视作狎客，虽不算中，也尽可置之不理。如胡可泉任苏州知府时，曾在门外张贴一副对联，甚是有趣。对云："相面者算命者打抽丰者各请免见，撑厅者铺堂者撞太岁者俱听访拿。"[1]"撞太岁"本是明代北京无赖子的拿手好戏，在这里也与狎客、"打抽丰者"并行不悖，说明在明代，确实也将狎客视若无赖一类。当然，狎客比起闲汉来，从表面上来看，好像显得斯文了一些，但就本质而言，狎客仍属闲人，所以时人又称他们为"闲客"。[2] 他们奔走于浪荡公子的门下，虽为人狡狯，却对大佬阔少俯首帖耳，无自己的人格可言，有时一副奴才相，有时却是一脸流氓相。

我们对老白赏或狎客作如是看，也是有一定根据的。狎客们也曾想树立自己的威望，像秀才一样自己尊重自己，所以要结一个大社，歃血拜盟。那么，他们请什么神道做自己的社主呢？据说，一是伍子胥，一是伯嚭。想当初，伍子胥吹箫乞食于吴市，而伯大夫掇臀捧屁，所以他们要将此二人作为自己的开山始祖。不过，伍子胥是个豪杰丈夫，而伯嚭则是个臭佞小人，却一同成了狎客们供奉的神道。当然，狎客也有自己的理由：得志时，他们也想充个豪杰；假若失意，也囫囵只好当个臭佞小人了。显见，狎客就是一个具有两重性的社会阶层。

---

[1] 苏祐：《逌旃璅言》，载《说郛续》卷19。
[2] 张岱：《陶庵梦忆》卷8《王胜》。

有时他们可以有自己的人格，而有时则人格皆无，一文不值，且流氓气极重。

五、秦淮健儿与莠民

南京是明朝的留都，是整个江南地区的政治、文化中心。想明代，南京一地，公侯戚畹，甲第连云，宗室王孙，翩翩裘马。乌衣子弟的生活奢侈糜烂。游湖海，则有挟弹吹箫；开筵宴，则有妓女侑觞。秦淮河畔，喧阗达旦；桃叶渡口，闹声不绝。说南京是人间的仙都，升平的乐国，其实并不为过。明代南京的市井也极发达，市场极为繁荣。当时的南京是人货汇集的地方，有以下几处最为著名。从三山街至斗门桥一带，大多贩一些果子行；如大中桥、北门桥、三牌楼等处，也称大市集，大多是一些鱼肉蔬菜之类。其他如铜铁器在铁作坊，皮市在笪桥南，鼓铺在三山街口、旧内西门之南；鞋子市场则在轿夫营，帘箔市在武定桥之东，伞市在应天府街之西。买卖集中，生意兴隆。可见，南京不但是勋戚贵族纸醉金迷的销金窟，同时也是市井细民买卖糊口的好去处。五光十色的生活，吸引着各个阶层的人们来到南京，既有一掷千金的大佬阔少，又有极愿在妓女身上花钱的徽州商人；既有诗酒风流的骚人墨客，又有唯利是图的帮闲流氓。各色人物荟萃一处，尔虞我诈。

南京以秦淮闻名，而秦淮则以旧院中的名姝著称。从唐、宋一直到明代，开国皇帝在建国立业之后，通常都要在京城及一些通都大邑设立"乐籍"，亦即官妓。这是什么原因？过去的论者多忽而不察。直至清末，著名思想家龚自珍才一言道破了那些开国皇帝笼络、牵制读书人的用心所在。按照龚自珍的分析，无论是一个国家，还是一个社会，若是没有达到"二帝三王"时期那样"醇备"的境界，那么整个国家乃至社会中的人，不可能"无私举动，无阴谋"。那些称霸天下、定鼎一统的帝王，其得天下与守天下皆然。所以，老子说："法令也者，将以愚民，非以明民。"孔子也说过这样的话："民可使由之，不可使知之。"既然朝廷对待一般的"齐民"尚且如此，更遑论那些读书的士子了。按照传统的观念，在四民之中，士当然属于"聪明"之人，而且生性"喜论议"。当他们"身心闲暇，饱暖无为"之时，自然会留心古今而好发议论。既然读书人具有"留心古今而好议论"的天性，自然对于"祖宗之立法，人主之举动措置，一代之所以为号令者"，都会造成"大不便"。京城属于帝王所居，无疑就会人民众多，而且"非一类一族"。于是，皇帝就募召女子千余户加入乐籍。一旦乐籍棋布于京师，其中必定会有一些"资质端丽，桀黠辨慧"之人出于其间。这些名妓"目挑心招，捭阖以为术焉"，就可以起到"钳塞天下之游士"的效果。当然，青楼妓女的功效并不仅仅限于钳制游士之口，而且还有下面这些笼络、消耗读书人意志的效果：当游士沉溺其中时，就会"使之耗其资财"，这些读书人谋一身尚且不暇，就更无谋人国之心了；读书人在青楼耗其日力，就无暇日以谈二帝三王之书，不读史，就不知古今；读书人缠绵歌泣于床笫之间，自然会耗其壮年雄才伟略，则思乱之志息，而议论图度，上指天下画地之态则更是消磨殆尽；读书人春晨秋夜都在做那些佥体词赋、游戏不急之言，借此消耗其才华，那么就再也不会去作论议军国、臧否政事之文章。一旦如此，自然就会达到"民听壹，国事便，而士类之保全者亦众"的理想效果，才可以保得新朝廷长治久安。[1] 既然温柔乡有如此神奇的功效，那么明代的开国皇帝朱元璋自然知道其中的诀窍，所以在定都以后，在南京也就建立了官妓十四楼，这就是一直被当时读书人所艳称的秦淮烟粉。

---

[1] 龚自珍著，王佩诤校：《龚自珍全集》第1辑《京师乐籍说》。

当然，烟粉秦淮所吸引的并不仅仅是读书士子，殊不知，秦淮还招致了很多健儿，也是极可让人注目的。"健儿"一称，始见于东汉。史载，朱遵战死，吴汉表为置祠，称"健儿庙"。[1]此称又见于《三国志》。又《世说新语》载，祖逖过江，"恒自使健儿鼓行劫钞"，说明健儿与盗贼一般，很是有些流氓习性。此称在唐仍有存在。如唐天宝十四年（755），京师招募军兵十万，号"天宝健儿"。[2]可见，健儿乃武艺精全的军兵。

明代的南京是政治中心，不但打手、无赖云集，而且天下的"健儿"也荟萃于此，一显身手。明末清初文人李渔作有一篇《秦淮健儿传》，据此可知明代秦淮健儿的所作所为。

明嘉靖中叶，南京秦淮民间产一小儿，相貌魁梧，肤色黝黑。生下数月，就用不着吃奶，与大人一同饮啜。满周岁，父母双亡，只好就养于外氏。年长以后，膂力过人，善于拳击之术，曾经一掌击毙一犬，于是人们就呼他为"健儿"。健儿性喜动恶静，不乐读书，又不安分守己，时常盗窃外氏簪珥衣服，典卖以后，前去酒家饮酒，醉后就猖狂生事。外氏为此很烦恼，将他逐出家门。无奈，健儿只好为人牧羊。但他也不老老实实地牧羊，时常偷窃羊只换酒喝。不久，被主人辞退。当时，健儿已经到了弱冠的年龄，听说倭寇入犯，就去从军。从小校积功擢至裨将。一天，与僚友饮酒，酒酣之时，两人互相斗力，健儿失手将僚友击毙。罪当死，于是他就弃官逃至泗州，改易姓名，做了一位屠夫。看到民家有牛，一至晚上，他就去偷盗。一等牵出，就大呼道："你们家牛我骑去了。"呼毕，倒骑在牛背上，以斧砍中牛臀，牛畏痛，就拼命奔跑，牛主很难追及。到了第二天，丢牛者前去

---

[1] 王楙：《野客丛书》卷30《健儿跋扈》。
[2] 梁章钜：《称谓录》卷26《健儿》。

市场，找到了牛。健儿就耍赖，说："昨晚到你家取牛的就是我。告而后取，道也，怎能说是盗？"牛主索牛，"则牛已脯矣"，无足凭据。市中恶少看到健儿力大无比，就推他做盟主。大白天在赌场玩，到了晚上，就纵游狭邪。健儿自恃武艺高强，不时感叹道："世人都不是我的对手，可恨的是生在今时，没法与拔山举鼎之雄较一胜负。"地方官禁止屠牛，健儿无所事事，只好取过去积攒的牛皮及骨角，往瓜洲、扬州等地出售，共得30两银子。将回之时，在旅馆中饮酒，解下银子，置于案头。酒家翁看到后，就告诫他："前途多豪客，这银子应该好好藏起来。"健儿掷杯砍案，道："我纵横天下三十年，一直没有遇到对手，若有人能取我腰间银子，我当叩首降服。"当时旁边有几位少年，在左边席上会饮，闻听此言，深感惊愕，一同起座，向健儿请问姓名里居。健儿道："我姓名不传于世，过去曾在边陲建功立业，如今挂冠微服，执泗上众英雄的牛耳。"众少年进而问："足下能敌几人？"健儿大言道："无论是遇万万敌，还是遇千千敌，不计人数，一概降服。"诸少年更感错愕。

健儿喝完酒，束装上马。没走出二三里，有一骑前来追赶，速度甚快。健儿自忖："这莫非就是店家所言之豪客？"等到来骑近前，一看是一后生，健儿就不介意。后生问他去哪里，健儿答道："回泗州。"后生说："我也是泗州人，迷失了路途，恳望长者能引路。"于是健儿驱马前行，后生在后跟随，马上谈笑，颇为相得。健儿对后生道："你身挂弓矢，看来擅长于此。"后生道："虽习弓矢，但不娴熟。"健儿拿过弓来试，用力已尽，但弓还不及彀。脸上无光，就弃弓道："此物无用，佩带它干什么？"后生说："物自有用。拉不开弓，不过是用物之人无用罢了。"于是拿弓自试。当时正好有一鹜从空中掠过，后生一发饮羽，鹜坠落马前。健儿深感奇怪。后生说："你腰佩短刀，一定善于击刺。"健儿答道："确是如此。我的专长不在射箭，而在于使短刀。"

脱下佩刀，以此相示。后生看后说："此不过是割鸡屠狗之物，有何之用？"用两手一折，刀就弯曲如钩，然后再用两手拉刀，刀直如故。健儿大惊失色，自忖腰间的银子，将不属于自己了。虽仍与后生一同前行，但已是胆战心惊。再向前行数里，来到一个无人之处，后生纵声一喝，健儿受惊坠马。后生先斩其马，说道："今日之事，如果你敢不唯命是从，就如此马！"健儿匍匐在地，问后生要什么。后生道："没什么可要的，你还不将腰间之物解下来送给我？"健儿无奈，只好将银子倾囊给他，顿首乞命。后生说："我今得此一囊银子，差不多可供十日之醉。你不过如草芥一般，用不着我下手诛锄！"说完，拨马寻故道而去。

健儿神气沮丧，自思30两银子倒不是长物，但自己半世英雄，今日败于一个乳臭儿之手，还有什么脸再去见诸弟兄。于是就不回泗州了，在一村墅，结庐卖酒聊生，每想往事，常常想死。

有一天，春风淡荡，有几个少年前来饮酒，裘马翩翩，好似五陵公子，但意气豪纵，又像长安游侠儿。众少年击案狂歌，旁若无人，且说："这位涤器翁看似不俗，让他与我们一同饮酒。"随即拉健儿入座。健儿见这九位少年全是弱冠，只有一位才"总角"，容貌白皙，如处子一般，轻易不发一言，一说，则九人倾听。健儿不解其故。而末坐一戴帽者，好像曾经谋过面，仔细一瞧，原来就是过去斩马劫财之人。此人对健儿说："东家还认识我这位故人吗？"健儿不敢答应。后生道："往昔在途中解缠赠我者，不是你吗？我辈难道是攮攘者流？只是在邮旁店肆中，听到你大言吓世，所以来与你一决雌雄，不料竟输我一筹。今天来，就是将此银完璧归赵。"说完，从左袖中拿出30两银子，放到案头，说："这是母银，至今已一年了，利息也与此差不多了。"又从右袖中拿出30两，一总还给健儿。健儿不敢受。旁边一后生拔剑怒目道："银子被人强夺而去，不能要回，还给你又不敢要，留下这样的懦夫又有何用?"健儿很害怕,急忙将银子纳入袖中,"乃治鸡黍为欢"。众后生不肯留下,还金的那位道:"此老也很可怜,如果拒绝他,会使他难堪。"众人就留下了。当时正好灶下柴薪已尽,健儿打算从邻居那里要一点。后生指屋旁一棵枯树道:"斧头藏于何处?"健儿道:"正苦于没有斧头。"后生踌躇良久,说:"此事须让给十弟,我们九人无能为力。"那位总角者用两手抱树,左右数挠,枯树就横卧于地了。于是拔剑砍旁枝,燃烧鸡黍,酒也喝了不计其数,然后告别,健儿竟不知他们是什么人。

经过此事后,健儿再也不敢与人较力了。有人殴打他,他也袖手不报。有人说:"你过去的英雄气概到哪里去了?"健儿则以衰朽逊谢。后终享天年。[1]

这一则关于秦淮健儿的故事,读来甚是有趣。那位"健儿",从小粗鲁失教,专喜打斗,欺压同类,偷盗东西。弱冠以后,从军抗倭,但又酒酣杀人,畏罪潜逃。此后隐姓埋名,做了屠夫,却又不安分,专事偷盗他人牛只,于是为市中恶少推为"盟主"。可见,这位"健儿"名不副实,颇似一位无赖。倒是那几位后生,意气豪纵,不留名姓,颇有游侠之风。自古以来,淮上多劲节人物与英雄好汉,明代也不例外。据载,明代淮阳少年,武健鸷愎,椎埋作奸,"往往有厄人胯下之风"。[2]证诸此事,此说堪称不假。

秦淮既多流氓化的健儿,而横行市井的"莠民"也不少。古人云:"十步之内,必有恶草;百家之中,必有莠民。"所谓"莠民",正如稻田中有稗草一般,是百姓中的不良之民。这些人或心态凶恶,或膂力刚强,既不肯力田亩,养其身家,又不能槁项黄馘,终老牖下,只好恣

---

[1] 李渔:《笠翁文集》卷2。
[2] 王士性:《广志绎》卷2《两都》。

其跳踉之性，逞其狙诈之谋，纠党凌人，犯科扞罔，横行市井，蔑视官府。如在南京，一向就有很多流氓团伙，有时以所结交成员的多寡取绰号，于是就有了"十三太保"、"三十六天罡"、"七十二地煞"等称呼；有时流氓们也以自己所执器械取为绰号，这样就有了"棒椎"、"劈柴"、"槁子"等称号。这批人整天赌博饮酒，告讦打抢。乡间百姓说到莠民，往往六月寒心。

其实，这批有绰号、整天横行市井的莠民，不过是一些抛头露面的小喽啰，在他们背后出谋划策的则是一些大流氓头子，如崔二、龚三之流即是。这些流氓头子就更是良民之"螟螣"，善政之"蟊贼"。流氓头子既富有气力，可以用武力震慑下人，又老谋深算，工于心计。有时候他们名义上是实施信义，但实际上是借此报自己的睚眦之仇。通过各种手法，他们笼络了一大批奸贪之辈。遇到闾巷百姓有婚丧大事，就替人着意营办，以显示自己的奇能；遇到有人打官司，就代为打点，以此获利。于是，就有一批官府下面的健胥猾吏，甘心作为他们的奥援；一些活跃于闾巷市井的刺客奸人，也成了他们的羽翼。至于那些土豪市侩、鸨儿娼妓，更是甘听使唤，愿供娱乐。若想报仇，这些流氓头子就雇用打手刺客，而自己不抛头露面；若要设局骗财，也有手下的喽啰去动手，自己在背后指手划脚。他们有求必应，无事不干，手下的徒党达数百人，名声远闻。[1]

六、神棍：僧道的无赖化

自明代中期以后，从农村中分化出来的劳动力，大多流入城市，或者仍在乡村中游手好闲，无所事事。这些农村过剩劳动力，当然有

---

[1] 顾起元：《客座赘语》卷4《莠民》。

些找到了正当的事,有生理可务,如有些流民,或流入深山,种植青靛和其他经济作物,或开矿,或加入走私食盐的行列,而那些流入城市者,或做点小买卖,小本经营,或受雇于他人,勉强度日,只有极小部分人成为纯粹的社会闲散人员,即流氓。当然,明代流氓所从事的职业是很多的,除前几节所述以外,有些则是借神道之说骗人,号称"方士"、"丹客"、"剑仙",名头虽甚好听,所行却是十足的诓人勾当,其实就是"神棍"。说其"棍",说明这些人很有些流氓性,说其"神",说明这些人借神唬人,借神骗人。说得更明白一些,在明代佛、道二教的宗教人员中,其中有不少已是由游棍充任,宗教清净门风荡然无存,寺院宫观也成了淫乱之窝。

在说到明代的游方僧道之前,不妨先引一句当时的谚语。这句谚语云:"长老种芝麻,未见得。"从谚语的语言来看,比较直白,意思是说僧人"无妇",即和尚不可能娶老婆。至于为什么用种芝麻作为比喻,这其中也有一些典故在里面。按照明朝人的说法,凡是种芝麻,必须夫妇一同下种,才能在收获时达到丰收,否则就会"结稀而不实",所以才有了上面这一句谚语。[1]

不过,谚语所反映的必然之事,确实也有例外。因为我们从明代的文学作品乃至很多史料中,发现这些和尚并不是"无妇",而是很多讨有"家婆"。何以言此?这还需要从明代佛、道的世俗化乃至游方僧道大量出现说起。明末人沈自晋根据水浒故事改编的戏曲作品《翠屏山》,其中记载了报恩寺僧人裴如海出场时的一番开场白,其中有云:

苦海无边是出家,也是爹生娘养好根芽。自从披剃为僧后,

---

[1] 郎瑛:《七修类稿》卷46《事物类·未见得吃茶》。

难道割去光郎结个疤？一会儿按不住春心垂玉柱，盼不成偶配咬银牙。正看经数声叹息，刚顶礼几度嗟呀。免不得行奸作歹，打伙儿恋酒迷花。只念着救苦菩萨，却撞个可喜冤家。开宝殿请他拜佛，入禅房递盏浓茶。也是俺宿缘有分，不争教两意无差。他缠着俺，俺缠着他，褊衫袖当做鲛绡帕，拜佛席便是雕床象牙。[1]

可见，僧人也有春心荡漾之时，平常日子做不成配偶只好"咬银牙"，再多也就是"行奸作歹，打伙儿恋酒迷花"。如果有了机会，遇到一个宿缘有分的"可喜冤家"，那么也就不顾自己出家人的身份了，做出一些"他缠着俺，俺缠着他，褊衫袖当做鲛绡帕，拜佛席便是雕床象牙"的勾当。这种僧人酒色过度的行径，除了证明"因果竹院逢僧话，难道不比寻常百姓家"，亦即佛教的世俗化之外，确实还可以证明僧人"行奸作歹"的无赖化倾向。

当时有一首打油诗，也对和尚败坏门风大加讽刺。诗云：

三件僧家亦是常，赌钱吃酒养婆娘。
近来交结衙门熟，篾片行中又惯强。[2]

这首打油诗对僧人的讽刺并非凭空捏造，而是有一定事实根据的。明代僧人的流氓化，这是当时基本的事实。[3] 下面所引关于僧人奸淫妇女一例足以为证。如在嘉兴，有一座精严寺，寺内造一殿，塑起了佛

---

〔1〕沈自晋：《翠屏山》第7出，载张树英点校《沈自晋集》卷1。
〔2〕艾衲居士：《豆棚闲话》第10则。
〔3〕关于明代僧人的无赖化倾向，可参见陈宝良《明代儒佛道的合流及其世俗化》一文（载《浙江学刊》，2002年第2期）及《飘摇的传统——明代城市生活长卷》（湖南出版社1996年版）。

像。这座佛像腹中是空的，在佛像座下，造一甬道，直通僧房。造好佛像与暗道后，这些无赖僧人就放出风去，诡称"无子之妇，从殿中宿以丐佛，灵则生子"。不久，就有求子妇女来佛殿借宿，这些无赖和尚就当着妇女家人的面，将殿门锁好，并在殿的周围守卫。到了半夜，和尚通过暗道来到殿内，强奸妇女，还"诈称为佛"。那些妇女虽被奸淫，但苦于害羞，也不敢声张。于是，"州人多堕其计"。后来，有一士族之妻，也前来求子。至半夜，僧人如例前来奸淫，此妇不就，而恶僧迫不及待，上前抱妇，"妇啮其鼻"。恶僧只好逃走。到了第二天，"妇家遍寺索僧，以物色之。一僧卧病，以被韬面，揭而视之，果鼻伤。捕系闻官，流其僧，毁其寺"。此寺虽毁，但其流风所及，一直影响到了北京。如当时"京师武官军民家无子者，其妻辄就寺求子，而与僧通奸，结为义戚往来"。[1] 时人有感于此，作下一绝句，以警戒世人："家无留俊仆，槛不种奇花。僧尼勿来往，方知守礼家。"

更有一些僧人，专门与"游棍"结交，成了名副其实的无赖。如明末广东光孝寺僧人显浩，与"亡赖游棍"赖思理结交，两人经常在一起嬉戏，而且成为"莫逆友"。一次，两人公然在一家市店聚饮，而且"座有红裙"，[2] 显然还叫了妓女侑酒。按照一般的说法，曲蘖可以迷心，烟花可以荡性。显浩却已是酒色不戒，这不仅仅是玷污祖风，而且已与无赖一般无异。

不仅如此，即使在当时以道德号召天下并在社会上极有威望的孔府衍圣公和龙虎山张真人，也是十足一副流氓相。如成化年间，衍圣

---

[1] 陈槐:《闻见漫录》卷上《辩异术》。
[2] 颜俊彦著，中国政法大学法律古籍整理研究所整理标点:《盟水斋存牍》一刻，《署府谳略》卷1《荡僧显浩游棍赖思理》。

公孔弘绪贪淫暴虐，奸淫乐妇40余人，勒杀无辜者1人，被依法提问。[1]那位正一嗣教大真人张元吉，也是凶暴贪淫，专恣不法，往往强夺民间妇女，诈取老百姓的财物。更有甚者，一有小忿，这位张真人就"指以为伪造符箓，棰之至死"。他还私设牢狱，狱中幽暗阴森，刑具皆备。他杀人的方法也多种多样，有时候将人缢杀，有时候在袋子里灌满沙，将人活活压死，有时候将人绑缚，投入深渊。前后杀死40余人，甚至有一家三口都葬身于这位大真人之手，[2]实在令人发指。

这些神棍，其最大的本事就是靠撞骗混饭吃。其实，他们自己也没有什么长生不老的丹药，只是装神弄鬼，骗骗蠢人而已。如当时的右至灵高宗谅等假装扶鸾，伪造丹药，号称是神人所降，服用后可以长生不老，打算将它进献给明宪宗。不料此事被内侍看到了，事情才败露。[3]

在明代历史上，洪武、建文、永乐、宣德年间，皇帝所行多是正事，不尚邪术，所以，一些神棍不敢轻易到京师。一至明宪宗统治的成化年间，由于宪宗崇道尚佛，为神棍提供了良好的滋生土壤。当时一些神棍或扶鸾祷圣，或书符咒水，或烧炼丹药，或假称耳报，往往潜住北京，开始出入于大臣之家，到后来则进入皇城之内，妄言祸福，煽惑人心。在成化时期，最受宪宗宠幸的是妖僧继晓。这位继晓靠傍的是专权太监梁芳，所采用的方法是贡献淫巧之术，以致被封为"通元翊教广善国师"。[4]但就是这位继晓，据说本来不过是一个"憸险小人"、"市井无赖"。他开始利用邪术，在楚王府靠欺诳混饭吃。后来事

---

[1]《明宪宗实录》卷65，成化五年三月癸卯条。
[2]《明宪宗实录》卷66，成化五年四月戊午条。
[3]《明宪宗实录》卷242，成化十九年七月甲午条。
[4]《明宪宗实录》卷258，成化二十年十一月庚寅条。

情败露，遭到楚府捉拿，就只好隐身逃罪，到处流窜，最后潜住于北京，靠太监梁芳，才得以被进用。[1] 进用以后，宪宗替他造了寺庙，"所居前后多置妇女"。[2] 在成化一朝，被宠用的方士还有不少，大致也是一些阴险小人，无赖神棍。他们夤缘太监，被不时擢用。如李孜省，初时不过是一位布政司的小吏，因受贿之罪而藏匿京师，后来听说宪宗喜欢道法，就跟人学习雷法，私托太监钱义、梁芳，将符箓进奉宪宗，于是被升为太常寺丞。其实，他的符箓也不过是一些骗人的把戏。进用以后，他好事不做，与太监相表里，专为奸恶之事，流氓习性难移。[3] 又如河南钧州游民米忠，妄称自己掌握了"黄白术"，通过太监李禧的引荐，也得到了宪宗的宠用，被升为太常寺四品散官。后来，米忠回到钧州，挟势害人，以贱值买进邻居的房舍，又将借于氏的100两银子赖账不还，一副流氓无赖相。[4]

明世宗统治的嘉靖年间，同样也为神棍的投机活动提供了一个很大的历史舞台。在嘉靖一朝，最得宠的是方士陶仲文，他官至礼部尚书，实封恭诚伯，每年食禄1200石，并加号"神霄紫府阐范保国弘烈宣教振法通真忠孝秉一真人"。[5] 这位陶真人本来不过是一位仓官，之所以被世宗宠幸，靠的就是贡献"房中秘方"。据说，陶仲文所进房中方药，是用红铅加上童女初行月经精炼而成。成后，药如辰砂一般，实际上是一种热剂。明世宗中年以后，主要靠吃这方药，以发阳气，名义上是说借此长生，实际上不过供秘戏而已。[6]

---

[1] 林俊：《扶植国本疏》，载孙旬编《皇明疏钞》卷11。
[2]《明孝宗实录》卷20，弘治元年十一月甲申条。
[3]《明宪宗实录》卷189，成化十五年四月丁亥条。
[4]《明孝宗实录》卷12，弘治元年三月庚辰条。
[5]《明世宗实录》卷490，嘉靖三十九年十一月丙戌条。
[6] 沈德符：《万历野获编》卷21《秘方见幸》、《进药》。

明穆宗虽有"太平天子"之号,但在他在位的六年间,也被内官、神棍所惑,时常服用一些房中秘药,致使损坏身体,"阳物昼夜不仆",[1]最后导致不能上朝视政。穆宗在位期间,游民、末作之民和神棍的活动甚是猖獗,最后出现了和尚假称师姑的"妖僧"。如隆庆四年(1570),和尚圆晓穿耳缠足,妆饰成师姑模样,来到浙江余姚,哄诱念佛妇人,"淫媾甚多,虽富贵之家不免其污"。[2]这位妖僧,其实就是十足的神棍。另据记载,神宗时,"法玩俗偷,民间一切习为闲逸游惰之徒,半于郡邑,异术方技,僧衣道服,祝星步斗,习幻煽妖,关洛之间,往往而是"。[3]可见,晚明时期的社会,确实已为神棍提供了极好的滋生土壤。

神棍骗人,大多冒充丹客,以炼丹诱人,有时结合流氓"扎火囤"的手法,使骗术更趋高明。为了对明代神棍的骗术作一更深的了解,下面不妨引用凌濛初《初刻拍案惊奇》卷18所言之事,作为一个实例。

明代中期的江南才子唐伯虎曾作有一诗,对丹客作过具体的描述与讽刺。诗云:"破布衫巾破布裙,逢人惯说会烧银。自家何不烧些用?担水河头卖与人!"在明朝,确实有这么一批烧丹炼汞之人,专门设立圈套,神出鬼没,哄骗那些贪夫痴客,说是能以药草炼成丹药,铅铁炼成金子,死汞炼成银子,号称是"黄白之术",然后告诉主人,要用银子为母,寻个破绽,偷了银子就走,这在当时叫作"提罐"。当然,这只是神棍骗人的一般方法,而有些神棍更是工于心计,设的圈套让人捉摸不透,于是有些贪婪者就不知不觉地钻了进去。一等醒来,悔

---

[1] 沈德符:《万历野获编》卷21《进药》。
[2] 田艺蘅:《留青日札》卷27《假师姑》。
[3] 《明神宗实录》卷4,隆庆六年八月癸酉条。

之晚矣。

当时松江府有一潘姓富翁，就是一位酷信丹术的贪夫痴客。他被神棍诓骗一事，说来实是可笑。但从他受骗一事中，我们也可领略神棍骗术之高明。

神棍骗人，决不是草草为之，而是有一整套的计划，事先安排周密，天衣无缝，让人不由得不信。前述唐伯虎笔下穿着"破布衫巾破布裙"之流，实在是下等神棍，他们的骗术不值一提。而一些积年老神棍，却是刻意打扮，大摆场面，设下一个圈套。一般说来，这些神棍大多穿梭于南京、苏州、杭州这些大佬阔少荟萃之地，假装前来胜地游赏，赁一处园亭住下。当然，行李是要很多的，仆从也都很整齐，另外还得有一个生得美貌的爱妾作陪衬。备下这些事后，接下来就是如何放出诱饵与长线了，去钓那些爱好丹术的"大鱼"。神棍找一个晴好的日子，雇下一艘天字一号的大游船，摆下上好的酒菜，吹弹歌唱俱备。然后携了爱妾游湖，浅斟低唱，觥筹交错，煞是风流快活。席间，满桌摆设的酒器，多是一些金银异巧式样，层见迭出，煞是诱人。做出如此诸多样子，又是为了什么呢？说穿了，无非是为了诱人上钩。世上自有这么一些贪财的蠢夫，手中虽有几贯钱财，生活足够富裕，但仍不知足，看到人家如此富有，不禁心里艳慕。于是，不知不觉地就去询问神棍，何以如此富足？神棍情知有人中计，就假装神秘兮兮地告知："吾有九还丹，可以点铅汞为黄金。只要炼得丹成，黄金与瓦砾同耳，何足贵哉？"说完，就亲自操演一番点铅为金的本领，让人不得不信。那些痴夫看到这些，当然一拍即合，迫不及待地将丹客请到自己家中。那位潘姓富翁就如此做了。下文且看如何骗法。

安顿下后，丹客首先要做的是将美姬带在身边，这是不可或缺的，因为美姬本身就是最好的诱饵。接着，收下母银，有时数目极大，或千金，或两千金，支起炼丹炉，开始装模作样地炼丹。为了使骗术更加圆满，丹客就让所谓的美姬去向富翁暗送秋波，最后勾搭成奸。如果此事能成，那么骗富翁一事就好办了。到了起炉那一天，丹客就与富翁一同走进丹房，声称丹房中的气色有些诧异。启开鼎炉一看，又假装大惊失色，声称真丹走失，连母银都是糟粕了。于是断言，丹房中一定有"交感污秽之事"，触犯了神灵，所以至此。接着，就拷问爱妾，爱妾也假装无奈，只好招认。富翁无脸，也只得求丹客宽恕。到了此时，丹客还会丢下这么几句话："你自作自受。你干了坏事，走失了丹，是应得的，没处怨怅。我的爱妾可是与你解馋的？受了你的奸污，却如何处？我只是杀却了，不怕你不偿命。"就这样，神棍就将富翁的上千两母银赚到手了，此外还要向富翁索要点赎罪银。

事后才知，所谓真丹走失，母银也成了糟粕，不过是神棍的骗人把戏，其实他早就将母银偷走了。至于那位爱妾，也不过是他花钱雇觅来的娼妓。

明朝人张应俞所著的小说《杜骗新书》，更是对那些游方道士的骗术作了很好的揭露，以供人们防范。《杜骗新书》的全称是《鼎刻江湖历览杜骗新书》，属于文白相间的短篇世情小说集。全书共4卷84则，所载均是形形色色的诈骗故事，分为脱剥骗、丢包骗、换银骗、诈哄骗、伪交骗、牙行骗、引赌骗、露财骗、谋财骗、盗劫骗、强抢骗、在船骗、诗词骗、假银骗、衙役骗、婚娶骗、奸情骗、妇人骗、拐带骗、贪缘骗（又作买学骗）、僧道骗、炼丹骗、法术骗、引嫖骗24类。我们不妨引用其中《诈无常烧牒捕人》一则，再加以详细说明。故事记道：

长源是一个人烟过千的大市镇。镇上有一位"日者"即算命先生，号称算命甚精，断人的死生寿夭最是灵验，所以乡里的老幼男女，经常找他算命。这位算命先生也算是有心计的，将三年之内找他算命的，凡是有该死者，该病者，各问出他们的姓名，暗暗登记在册，以观后面的效验。他白天在市场上替人算命，晚上就回到一座僧寺睡觉。

一天，有一位游方道士到了寺庙，恭恭敬敬地拜见算命先生，说："久闻先生推命极验，敢求此地老幼有本年命运该死者，或者该当有疾病者，全部将他们的姓名八字给我，我愿以游方经验药方几种与你交换。"算命先生说："你不知命，要此何干？"道士说："我自有别的用处。"于是算命先生就将自己算过之命，凡是本年有该病该死者，尽抄录付给道士。

道士后来到各家乞食，每次遇到痴愚一类的人，就自称是"生无常"，奉阴司的差遣，同鬼使一道来捉拿此地某人某人等，限这一季到阴司报到，云云。于是，那些痴人就代为替他传播，但人多未信。为此，道士又私自用黄纸写一牌文，末写"阴司"两个大字。中间开列那些从算命先生那里得来的本年命该死去的老幼之人的名单，写在上半行上。又从寺僧中打听到本地富家男女及人家钟爱之子的姓名，写在背面上层。到了晚上，故意在社司前，将黄纸牌从下截无人名处焚化，而其上半有人名处仍然保留下来。第二天，人们到社司祈祷，见香炉上有黄纸半截，尚未焚毁，取来一看，均是乡里人的姓名，后有"阴司"两字，大为怪异，持去传给乡里人看。不到一月，上面开列的姓名内，果然死了两人，于是互相传言，说前面来的瘦道士，就是"生无常"，这张阴司黄纸牌，他一定知道。于是牌上列名者，都前来询问，至于那些纸上无名之人，也怕下半截焚毁处有自己的姓名，也都来询问。道士假装半吞半吐，承认是自己同鬼使一同焚毁的。那些怕死的人就问他，阴司牌是否有计谋可以免除。道士道："阴司与阳间衙门相同，假如能交上银子，可以免除，即使还要拿到阴司，也可以用银暂时拖延二三年。"听了这番话，那些富家男女，纷纷拿出银子，贿赂道士，再送上冥财金银，托他到阴司能美言几句。道士靠此赚了将近数十两银子。其后，那些列在黄纸牌上的人大多没有死去，人们反而认为是道士在阴司说了好话的缘故。[1]

这位道士所利用的就是人们相信"鬼幻"之说,才敢设局行骗。而道士一旦流为行骗之人,则已与神棍无甚差别。

不仅如此,明代有些神棍还假称"剑仙",去找一些名公巨卿行骗。"剑仙"云云,本来只出现于唐人小说中,不过是寓言而已。但在明代,那些号称剑仙的神棍,似乎还是在操着这种骗人的旧业。如明末钱谦益(号蒙叟)是文坛盟主,又是名公巨卿,所以时常有一些逐臭之夫找上门来。一天,有一客找到蒙叟的门上,前来造谒。仔细一瞧,此客方巾青布袍,似乎有些仙气。不过,这位"剑仙"这次好像运气不佳,没有让蒙叟看中,蒙叟只是"以下客畜之"。数日后,这位神棍就找到钱的好友冯班,自称是"剑仙",听说蒙叟在外的名头,所以前来投见他,但这位钱蒙叟实是俗流,不知我的本事。如此云云。于是,冯班就"问其术"。"剑仙"答曰:"亦服药,亦祭炼。术成,遇大风即蓦然起行,不觉已乘空矣。后则微风初起而为之,又后则见旭日之光即为之,久久无不如意矣。"[2] 这种大话连篇的厥词,现在看来,确实是一派胡言。虽然这位"剑仙"后来行骗是否得逞,不得而知,尽管据纳兰成德言,此人确是有些本领的,但我们能断言,所谓的"剑仙",仍不过是神棍之流而已,也是十足的流氓。

七、豪强大猾与流氓

从本质上说,豪强与流氓属于两个不同的社会阶层。豪强在历史

─────

〔1〕张应俞:《杜骗新书》第4类《诈哄骗·诈无常烧牒捕人》,载《中国古代珍稀本小说》第5册。
〔2〕纳兰成德:《渌水亭杂识》。

上的称呼较多，或称"土豪"、"豪横"，或称"豪绅"、"豪势"，不一而足。说其"豪"，当然是指这些人有钱有势，在地方上有一定的声望；说其"强"，说明这些人大多在地方上横行霸道，用强使势，为非作歹，犹如"强人"、"横徒"一般，流氓派头很足。如果说流氓多是指那些身无分文、耍赖逞强的地痞无赖，那不过是一种误解。其实，有些人虽门阀颇高，财势甚盛，外表也是衣冠楚楚、雍容华贵，所行却多是不义之事，骨子里也是一副流氓相，所以古时就有了"衣冠禽兽"的说法。这样，豪门不仅仅是光棍无赖的庇护所，而且是孳生不肖子、无赖子的肮脏之地。由此可见，说明代豪强与流氓臭味相投，决不是牵强附会，而在明代流氓史上，给这些多行不义的豪强重重地写上一笔，也属理所当然。

笔者将豪强与流氓相提并论，也是有一定事实根据的。其实在明代，时人也将豪强与流氓并称，称"豪强光棍"。说其为"豪强光棍"，其意一方面是说这些人是豪强中的一些光棍之徒，另一方面是说这些光棍也颇有些财势。"豪强光棍"所行很不光彩，遭人蔑视。他们"始以助官杀贼为名，中以通贼寄赃得利，暨后以诬执平民、吓诈财物为业"。他们唯恐乱事平定，自己就只好还乡了。所以，只要有一些流民重新依附于土地上，成为"新民"，豪强就向他们索取财物，而一些安分守己的良民，豪强就让他们吃人命官司，从中勒索钱财。为此，乡党骚乱，复业的良民与招抚的新民也不得安居乐业，只好重新变乱造反。这样一来，正中这些豪强的下怀，他们便以此为借口，剿杀良民，消灭罪证。面对这些事情，官府也不过以一些浮言而各立意见，显得一筹莫展。对豪强光棍的所作所为，或认为有罪，或认为有功，莫衷一是。其间虽然也有一些为地方利弊深谋远虑的贤官，但终究也因彼此牵制，有所顾忌，对他们也无法禁止。所以，当时民间流传着这样一种说法，危害民间百姓者，第一是"豪强光棍"，第二是"盗贼"，而军兵的骚扰则又在其次。[1]

不仅如此,有时候一些地方豪横所行之事,简直与地痞流氓的行为如出一辙。如北直隶真定府所属各州县,有一些豪横之徒,或五七人,或十余人,会聚一起,甚是齐心,借此以强凌弱,以众暴寡。他们结交贪赃官吏,以财物引诱赃官,与他们一起害民。如果遇到廉正好官,使他们的奸谋难以得逞,就捏造事实,向上奏告,诬陷贤官。这些豪横凶顽,凡是靠骗诈所得钱财,则"各自均分入己,肆无忌惮"。[2]

说到豪强,我们不能不先谈谈明朝开国皇帝朱元璋的这些子孙们,也即那些亲王、郡王与将军的所作所为,因为他们是构成地方豪强的第一层次。换言之,朱元璋的有些子孙不但成了名副其实的豪强,而且他们的所作所为也大多无赖成性。而那些王府与将军府,也成了流氓无赖的避风港。如伊王朱㰘,就很有点流氓派头,"平居髡裸男女杂坐之",所以后来得了一个"厉"字的恶谥。[3] 又如荆宪王朱瞻堈,屡次聚集恶少骑射游猎,微服外出,抢夺他人美色妻子。[4]

正德年间,当时的一些流氓,诸如无籍奸人、游食术士、无名内使,更有一些私自净身的男子,大多依托王府,在王府中充当谋士爪牙,不仅"废置害人",而且"贻累宗室"。成化年间,在山东兖州府的城内,一些郡王、将军专门收买外姓子弟,或者容留一些各处逃来的军民囚夫及游手好闲之徒。而这些人大多无籍贯,来历也不明,实际上就是无赖流氓。这些人到了王府,无非是投充家人、厨役,或者

---

[1] 胡世宁:《地方利害疏》,载孙旬编《皇明疏钞》卷62。
[2] 戴金编:《皇明条法事类纂》卷35《禁止豪横交结贪赃官吏例》。
[3] 谈迁:《国榷》卷16,成祖永乐十二年。
[4] 查继佐:《罪惟录》卷4《荆宪王瞻堈》。

充当猪羊菜户等项名色，在府中听候使唤。一旦进了王府，这些游手好闲之徒就为虎作伥，假传令旨，虚张声势，逼取他人私债，强买商贩货物，挟制地方官府，欺压良善平民，有时甚至交通贼盗，劫夺杀人，骚扰一方，丝毫无所忌惮。更有甚者，这些流氓将人拿到王府，殴打致死，有时还随便捉拿良善百姓，逼打他们，让他们自己承认为盗，借此吓诈财物。等到事情败露，他们就躲在王府中不出来，地方官员也奈何他们不得。[1]

自明代中期以后，天下朱姓宗室人数激增，其中的一些宗室成员在当地暴横奸猾。如在湖广武冈州，有旁支宗室人员五人，均有"将军"之封。此五位将军"集亡命为奸利"，曾持刀闯入王府，逼迫亲王，亲王被迫"走匿"，而他们则"斫柱而出"。正因为他们的手下聚集了很多亡命无赖，所以亲王惧怕他们三分，至于那些州县以下的官员，更需要听从他们的指使，以致监司官员有长达20年之久不敢进入武冈州境内，民冤无处申诉。[2] 这些宗室成员由于生活穷困，不能自赖，所以常常为非犯法，尤以南昌宁王这一支的子孙为甚。如史料记载，崇祯末年，南昌宁王府属下宗室中的一些"强猾者"，时常"结凶党数十人各为群，白昼捉人子弟于市，或剥取人衣，或相牵讦讼破人产，行人不敢过其门巷"，百姓纷纷称他们为"鏖神"。[3]

勋戚贵族是构成明代地方豪强的第二层次。明代的勋戚贵族，或招罗非人，收纳无赖，成为流氓头子；或横行非为，自甘堕于流氓之列。据记载，这些皇亲公侯伯，中间多有一些不遵礼法、纵意妄为的

---

[1] 戴金编：《皇明条法事类纂》卷2《禁约无籍之徒投充郡王仪宾等府生事近远充军及坐捕道官枉法罪》。
[2] 张怡：《玉光剑气集》卷7《吏治》。
[3] 魏禧：《魏叔子文集外篇》卷17《朱中尉传》。

流氓。他们有时将一些因犯罪逃躲或其他来历不明之人藏留在家，听候使用，有时让家人在四周州县强行霸占军民的田地，有时起盖店房，把持行市，侵夺公私之利，有时则诡称中盐，挟制官府，亏损国家的课税。"其弊多端，难以枚举。"[1]不仅如此，这些勋戚贵族还霸占关厢、渡口、桥梁、水陂，贩卖钞贯，抽要柴草，"勒揩摆渡牙保水利等钱"。[2]

下面以郭勋为例，来谈谈明代勋戚贵族的流氓性。据史料记载，这位翊国公郭勋，招纳亡命之徒，滥开违法大店，擅收私税，酷用官刑，四路邀截客商货物，百计霸占军民房屋，贪酷专权。如南京是东南财赋之地，淮、扬又是鱼盐饶腴之所，临清、徐州、德州也是齐鲁会通贸易之区，而郭勋在这些城市都设有私店，手下的伙计群聚兴贩之时，无论是水上舟船，还是陆地车辆，都悬挂"翊国公金字牌面"，骚扰地方，而一些官府关卡因慑于郭勋的权势，不敢向他们收税。郭勋就是靠自己的特权，侵渔民利，"岁入巨万"。一些权势太监所置的房产，一旦故去或失势之后，也被郭勋任情吞并，无所顾忌。如北京南城水头华丽庄有房屋一所，田连阡陌，值银30万两，是已故太监萧敬的产业，郭勋却白白占据；东城沿沟胡同有大宅一所，在内古铜玩好之器不计其数；另外在城外还有庄田二处，值银20万两，是已故太监魏彬的产业，郭勋也是肆意吞并，归己所有。当然，太监产业的来源也并不光明，郭勋的行为不过是黑吃黑，但郭勋这种强行霸占的行为，确实很有一些流氓的手段。此外，郭勋还将黑手伸进专管漕粮运输的漕军身上。他每年派遣一些恶党光棍将银货借给运粮军士，按月收息。当然，这种借贷本身就用心不良。光棍们百般引诱运军浪费所

---

[1]《皇明诏令》卷13《戒谕勋亲大僚敕》，天顺二年四月二十八日。
[2]《皇明诏令》卷16《星变宽恤诏》，成化二十一年正月初七日。

借银货,好使他们堕于贫窘,借此逼勒运军还债。运军无奈,只好将官船准折私债。郭勋得到船后,无论船之大小新旧,一概拆卸变价。这些运粮船建造花费不少工价,朝廷也赖以为用,一旦被拆,漕运顿时败坏。更为可恶的是,郭勋还凭借自己的权势,向一些军官勒索拜见礼。如每年河南、山东等地春秋领班都司到营,须向郭勋交纳叩头银200两,其下领班指挥50两,管队千户、写字旗军各5两。如果叩头银交送不及时,就会被捆打责罚。当然,这些军官也不会乖乖地从自己身上掏腰包,而是羊毛出在羊身上,从辖下当兵的行粮赏米中一一扣除,最后受害的还是那些当兵的。[1]

郭勋所有这些为非作歹之事,当然不用自己去动手,而是坐地运筹。在他下面,号称"谋主"者,则有张维,亡命生员杨绍言,罢斥乡官钱俊民、翁守洪,喇虎高廷,专门舞文弄法,这五人尤其是无赖当中的巨魁。此外,堪称郭勋心腹者,又有横豪官旗人员陈璆、孙聪、梁永济、彭福、李福、邹经、刘宣、柴铎、郭镇、黄曙、韩杰、李魁等人,也都是"鸡鸣狗盗之辈也"。至于他手下的爪牙,则有棍徒孙锡、孙沄、裴应龙、袁亢瓒等人,专门生事害人。而每天到东西厂、锦衣卫打听消息,以访察诈财为生者,则有刁泼校尉刘玖、李淮、吕保、梁木等,大都狐假虎威,军民对他们咬牙切齿。

乡绅是构成地方豪强的第三个阶层。乡绅的组成,既包括致仕罢免官员,又包括丁忧在家守制的官员与捐纳钱粮而得出身的义官。这些人在乡也极不老实,专做坏事,故被人称作"豪绅"。即使是在朝为官的现任官员,有些人的行为也几乎与流氓无甚差别。如陕西都指挥司整,曾经与几位恶少结拜为"义兄弟",甚至胆敢在闹市处杀人。[2]

---

[1] 高时:《褫夺跋扈权奸疏》,载孙旬编《皇明疏钞》卷69。
[2] 张怡:《玉光剑气集》卷7《吏治》。

有些在朝做官的大臣，自己一副道貌岸然的样子，似乎像一个正人君子，却纵容自己的子孙家人勾结无赖流氓，武断乡曲。如崇祯年间，大学士温体仁之子浑名"八蛮"，在地方上强横奸淫。百姓积忿不平，"以绳絷其足，曳至金鱼漾，奔驰不止，皮肉无一存者"，[1]倒算是恶有恶报。对于乡绅子弟流变为纨绔子弟，进而转变成流氓，明朝人张东海有一首题为《有感》的诗，作了很好的揭露，不妨引录于下："父兄劳于官，子弟逸于家。一逸已过分，况乃事奢华。轩轩傲闾里，仆仆趋县衙。不知祸所倚，方谓势可夸。势亦有时歇，祸或来无涯。不知慎德业，庶几水无哗。"[2]对于那些纨绔子弟来说，这首诗称得上是顶门一针，而且其苦口婆心的劝诫之情，也不可谓不殷。即使如此，这些乡绅子弟还是我行我素，在乡里横行不法。

先来看看致仕官员在家乡的违法流氓活动。如成化年间，在四川内江县，一些致仕为民的官员，不知廉耻，常在一些府州县与官吏通融关系，只要碰到民间有争占田土、户婚、斗殴大小事件，就兜揽过来，颠倒是非，紊枉曲直，凡是有财的，他们就帮庇，凡是无财的无辜之人，他们就诬陷。每年春秋行乡饮酒礼时，这批豪强也违背常例，身着冠带，坐在席尊位置，虚张声势，欺压齿德。当遇到分巡官员到县的时候，这些丧尽廉耻的乡绅就带上酒前去谒见，叙叙乡情，拜托事情。假若只是这样，还不甚为过。更有甚者，有些致仕为民的官员，在乡为所欲为。他们倚仗自己的势力，又靠着子孙众多，每当下乡时，就如虎狼一般害人。小民百姓一见到他们，就四处逃窜，他们就将小民抓回来，锁在牛栏中。有些百姓因为受气不过，就上吊自杀，有些则因饥寒故疾而累死。

---

[1] 顾公燮：《丹午笔记·体仁恶报》。
[2] 张怡：《玉光剑气集》卷23《诗话》。

其次，我们来看看丁忧在家的官员是如何不守本分，充当地方豪强角色的。成化十八年（1482），原任南京监察御史的方辂丁忧居乡。在乡期间，他霸占其叔的田产，抢夺寡居嫂子的棺具。不仅如此，他还置朝廷守制大礼于不顾，在守制期间，放纵儿子饮酒作乐。多行不义，必然自败。这位方御史最后被族人告发，朝廷遣官勘治，却被轻描淡写地拟上"赎杖复职"的处罚。明宪宗认为方辂在乡多所违法，"难居风宪"，所以将他降为陕西肃州卫经历这样一个杂职。[1]

再次，我们来看看那些罢免官员在家乡所显露出来的种种丑态。这些罢免官吏，有些是被巡抚等官考查罢黜的，有些则是因为受害者上奏告发，而被充军为民。他们被充军或黜革以后，却多了一个心眼，偷偷将原受诰敕隐瞒了下来，而有些官员对他们也是睁一眼闭一眼，听之任之，并不依例将这些诰敕追夺。这样，这些罢免官员就假装要申诉冤枉，偷偷住在北京，时间一久，就可以蒙混过关。有时候，他们也可以假称自己是致仕官员，有时候则更换姓名，通过纳草纳马，重新取得官位。此后，他们就身着冠带，大模大样地回家了。到家以后，却并不安分，所穿仍是罢黜以前"原授品官花样金银衣带"，大摇大摆地出入地方衙门，交结地方官员。他们利用剩下的赃物钱财，去放高利贷，有时甚至一两本钱，过后要让借方还八九两银子。尽管如此，仍是贪心不足，直等到强夺人家子女田产牛畜，才惬了他们的意。那些做地方父母官者，有些因为与他们是同年，有些因为是旧识，所以就容忍这些罢免官员"说事过钱"，以致良善百姓多被害苦。等到点差服徭役之时，这些人却又享受优免的特权，沉重的徭役又落到了一些贫难户的头上。每当地方上举行乡饮酒礼，一些地方官却对他们这些"过恶昭彰人犯"甚是宽厚，仍是以礼相请，因而他们更是扬扬

---

[1]《明宪宗实录》卷228，成化十八年六月己未条。

得意。[1]

最后,来看那些纳粟义官。明代自正统以后,政治趋于败坏,其直接的原因就是捐纳制度的实施。不管是什么人,只要有钱,向朝廷上纳粟马,朝廷就会封他一个闲官,号称"义官"。这些捐官者当然不考虑这些,他们要的不过是身份与头衔。通过捐纳,他们也可以冠带荣身,与地方父母官平起平坐,分庭抗礼。在当时江南地方,就有这么一批地方豪强,他们或奉例纳粟冠带,或者从祖上开始就充当粮长,凭着家中富有,不遵国法,肆行不义。每当外出的时候,如果是陆路,那么就"凉漆伞轿",前呼后拥,如果走水路,也是"楼船响器",左摆右列,俨然一副官太爷出巡的样子。他们暗中容留各处逃来的军人、灶丁、工匠,乃至容留强盗窃贼,招集四方游手好闲或搬戏赌博之徒,而这些人其实都是因为在原籍犯罪,才逃至此地隐藏。此外,在这些豪强手下混饭吃者,还有一些躲避差役的小民,将自己的子弟投献豪强,也有一些极其贫困的人户,因为欠了钱债,只好将儿女准折。这些人一旦得到了豪强的庇护,就仗势欺人,流氓的本性暴露无遗。有时候,豪强主人让他们收租取债,有时候主人则支使他们外出经商,三五成群,凶似虎狼,十数逐队,恶似鹰鹯,或强夺小民家业,或欺奸贫民妻女,或绑缚欠债人户,或私置牢狱,或胡称租田名色,公然诈取,"非礼犯分,靡所不为"。[2]

这些纳粟散官有时也谋充粮长,出入一概骑高头大马。有时马骑腻了,就坐大轿(让一些贫民扛抬),腰束银带,张打凉伞,轿前有

---

〔1〕戴金编:《皇明条法事类纂》卷1《清理冠带禁约应充快手狱囚不许淹禁查考为事官吏》。

〔2〕戴金编:《皇明条法事类纂》卷1《在京法司囚犯纳纸许家属自买送纳无籍之徒及承送吏典诓要钱物事发问罪枷号职官有犯奏请》。

铜锣、叉枪、藤棍开道，下乡催粮，逼取私债，奸宿妇女，无所不为。稍有不从，就寻事陷害。更有甚者，这些豪强还随意挖平民百姓的坟墓，抛弃骸骨，侵占他人的"风水宝地"，小民只好吞声忍气，不敢说一声不字。当时也有一些不知廉耻的武职官员，贪图能从这些纳粟散官中获得酒食饱醉，又能获取钱财，就与他们结成亲戚契爱。等到散官豪强有冠婚丧祭的大事，这些武官就擅离城池，乘坐轿马，撑驾花船，亲自到豪强家中，祝贺拜祭。这样，豪强的门风似乎有所光耀，借着这些势头，他们更可以欺压小民，无所不为。遇到与人斗殴、争占产业和报仇这些事情，豪强就向武官要来军士，增加势力，帮自己打架、报仇。[1]

　　土豪是构成地方豪强的第四个阶层。土豪本来没有什么特权，凭借的无非是自己的财富，可是从明代土豪来看，他们的气势很是有点盛气凌人。同时，以他们的所作所为而言，也不仅仅是土财主的行为，而是一身兼任流氓与讼棍。如江西新淦县就有这么一些土豪，自己已经置有田庄房产二十余处，但还是贪心不足，一见到附近百姓有好山园或好地，就起谋心，"将远年钱债展转违例取息"，贫民窘迫至极，无从纳还，只好将自己的田园并房屋写作卖契，抵给土豪。这些贫民虽受苦不过，却又不甘心写卖地产文契，只好弃家逃走，土地产业随即被土豪霸占。碰到这种事，老百姓怵于他们的财势，谁敢言辩一声？土豪招纳吉安府各州或府属各县的逃民及军匠人等，分布到各个田宅，对待他们无异仆隶。每当土豪外出，就令这些人扛抬大轿，前呼后拥，势如虎狼。此外，土豪还雇募武术高手与教师，习练武艺。一旦与乡人斗打，土豪登高一呼，手下喽啰打手一拥而上，各执扒头、枪刀、铁鞭、竹竿等器械，不顾死活，如大军作战一般。如果械斗取胜，土豪

―――
〔1〕戴金编：《皇明条法事类纂》卷1《禁约散官违法》、《禁豪强以免民患》。

就杀牛置酒，歌饮喧唱。当然，若有杀伤的人命，即使告到官府，他们也不怕，因为里面的官吏他们都很情熟，会有所照应。最后不得已，做官的无非是问罚土豪运米、摆站，借此遮饰开脱他们的罪责。因此，土豪愈加得意，在乡里更加为所欲为。[1]

王廷相在出任陕西巡按御史时，曾对陕西各地的土豪进行了查访。通过查访得知，各地一些土豪之家，倚恃自己家里人力众多、财货富足，往往挟制官府，欺害小民，号称"靠山老虎"、"拦街太岁"等名色，或把持行市，或包揽钱粮，或窝藏贼盗，或扰害人命，或强赖婚姻，或抢夺财物。小民一旦对他们有所冒犯，就"纠集人众，执拿凶器，平空欺打，杀害性命，即将老病妇女，乞养子孙，打死抵对"。[2]又松江府华亭县豪民宋保等人，也号称"五虎"，"虐害乡里"。[3]显然，土豪在当地已是恶霸一方。

在长江下游沿江一带，土豪还参与了盐徒走贩私盐的活动，而且公然成为一些强贼的窝主。如江苏太仓、崇明、常熟沿江地带，一些土豪自造双桅大船，号称"沙船"，招纳亡命，聚集游手，教习武艺，养成恶性，肆行贩卖私盐，并乘机劫掠客商。这些劫掠客商的游手盐徒，大多投托土豪之家，"以为依止"，彼此坐地分赃。在平时，土豪就指使盐徒肆意抢掠，一旦事情暴露，他们再出面救解。至于那些地方上的巡捕官军等，平素就接受了土豪贿赂，或者夙昔就与土豪有来往，所以不但不加缉捕，反而暗地有所庇护。这样，就使得窝主得以自安，盗贼也逃匿外地。[4]

---

[1] 戴金编：《皇明条法事类纂》卷13《禁约侵占田产例》。
[2] 王廷相：《浚川公移集》卷3《巡按陕西告示条约》，载《王廷相集》。
[3] 李绍文：《云间杂识》卷1。
[4] 黄绾：《弭江盗疏》，载孙旬编《皇明疏钞》卷63。

至于珠江三角洲一带的土豪，其违法肆毒之行径，剥削百姓之惨，忽作"缦天网"，忽作"绞地龙"，真所谓有"伯约之胆"，"视三尺为儿戏"，显然已经成为百姓的"蟊贼"。下面两位名叫梁台华与袁正绅的土豪，应该说是明代土豪扰害地方的典型例子。

梁台华原本是一位生员，后来因为行为不端而被剥夺了秀才的身份，根据当时司法审讯的记录，其危害地方的罪行，确实堪称罄竹难书。大体可以概括为下面几条：一是开赌局诈骗。梁台华利用李六娘设为艳囮，又以恶奴梁景开作为自己的爪牙，"诱引局骗，非只一端"。如诈骗黄栋之银达100两，而陈礼则被骗银70两。两人倾囊不足，又被"勒写田房"抵债。又设局霸占范亚胜长坑田4亩，梁起铭亭边田6亩。二是纵仆诬盗。如梁台华手下的恶奴梁景开诬陷梁士俊盗果，以"吓诈送官"为威胁，诈骗得银2两。或许这可以说是恶仆狐假虎威，其实也与梁台华的指使有关。三是捏名冒诈。梁台华假捏陈善、李惟高两人的姓名，冒诈地方的约保，再诬讦梁彦觉、梁光益窝盗，勾结差役陈英将他们私自锁拿，然后再让梁台华出来代理摆平，从梁彦觉等人手中诈得银子60余两。四是毁屋割禾。梁台华之叔梁彦勖曾从梁则昭手中购得厅屋一座，田七丘。则昭死后，梁台华就图谋霸占，唆使则昭的儿子出来赎取，经过官府审理，断归梁彦勖。梁台华仍不死心，强行拆毁厅房，割尽田中之禾。

袁正绅原本不过是一位"狡棍"，拿着空头札付假冒"哨总"，作为自己的护身符，再假借捕盗，从中诈骗百姓钱财。如侯汝敬家中之牛被人盗窃，袁正绅就勒令侯汝敬告官，再以赌贼文耀伦设为奸局，辗转株连，"十百为群，一方骚动"；袁正绅统率家兵袁孕秀、袁亚四、叶良杰等，乘轩张盖，手拿锁链下乡，"捉赖奕善，指买贼赃"，从中骗取银子20两；袁正绅令蔡亚三扳扯李茂高为贼，逼迫李茂高卖掉屋宅，从中得银30两。[1]如此等等，不一而足。

除豪强之外，明代的乡村还广泛存在"大猾"。如江西吉安，里中就有一个大猾，"家徒数百，暴行里中，里中人大患之"，但都不敢上告有司，即使上告，"有司亦怵怵焉恐变不敢问"。[2]

大致说来，自明代中期以后，专做危害天下小民之事者，莫过于这些豪强大猾之徒。他们挟富盛之势，招纳伴当，充任自己的爪牙。凡是贫民佃种土豪之田者，即使遇到凶灾水旱，也要向他们交纳全租，一粒不可缺少。贫民向土豪借贷钱财，土豪也是违禁酷取，有时甚至旧债早已还清，而土豪仍向借贷者耍赖，勒取旧账，或挟要其子女以供自己驱使，或逼迫贫民写下田宅的文契，将田宅占为己有。这些土豪有时与里长这种乡村准官吏相勾结，奸恶互济，成了纯粹的地痞与恶霸。每当上司向地方上坐派军需颜料的时候，里长就以一科十。那些平民百姓稍有不从，里长就投靠豪恶大户。于是，土豪就派狼虎伴当与里长一起下乡捉拿百姓，非刑拷打，另外还向每家索要轿马铜钱一二百文。[3]

由上可知，明代豪强与流氓的关系颇深，从有些豪强的行为来看，他们本身就是流氓。

八、秀才闹事及其无赖化

在说到明代的秀才以前，不妨先举两个举人的例子，借此证明士人的无赖化在明代已成一种比较普遍的趋势。举人尽管已经可以出仕，出任知州、知县一类的亲民官，或地方佐杂官及学校教官，应该说属

---

[1] 颜俊彦著，中国政法大学法律古籍整理研究所整理标点：《盟水斋存牍》一刻，《谳略》卷2《土豪梁台华等》、《土豪袁正绅》。
[2] 宗臣：《吕叟传》，载黄宗羲编《明文海》卷403。
[3] 戴金编：《皇明条法事类纂》卷20《债主关俸问不应》、《豪强放债害民》。

于绅士的上层，应该放到地方豪强中阐述。但从下面所举的例子中不难发现，尽管举人也已经无赖化，但他们的势力不够，终究只能如街头的泼皮一般，而与那些地方上势力威震一方的豪绅有别，所以放到秀才之前，加以简单阐述。

士风的变化，举其荦荦大者，当数士行的堕落，甚至无赖化。按照中国传记文学的特点，原本应该是善恶兼备，但从明代传记文学的特点来看，作者却多是溢美人善，至于那些恶行，则大多隐讳不言。这不能不说是一大憾事。令人欣慰的是，明代著名文人李开先专门写作了《老黄浑张二恶传》，将"老黄"、"浑张"二人的恶行备加记录，使后人得以清晰地了解明代士行无赖化的过程。在李开先之前，陈束曾经写了一篇《老黄传》，但在所刻文集中并未保留下来。李开先正是在此基础上，对此二人作了更为深刻的揭示。

所谓的老黄，名彬，字宁质，河南开封人。其人自幼炫奇喜事，善为泛滥迂诡之事。曾中过乡试举人，但多次参加会试，均落第，被选为工部司务一职。按照明代的律令，若是官吏挟妓饮酒，就会被罢免，永不叙用。黄彬在任工部司务时，日夜拥群妓，丝竹酣歌，被吏部察知而罢官。回到家乡时，已经年老，鬓发垂白，所以当地人均称他为"老黄"。

从李开先的记载来看，老黄的恶行主要包括下面五条：

其一，大言欺人。李开先记道：

> （老黄）落魄家居，无所事事，往从书肆购得兵书数十册，昼从里中儿游，夜归读其书，时时揣摩，空斋灯下，张两拳作搏格之状，以为尽得孙吴战法矣。值岁凶盗起，开封太守檄属邑能捕盗者，老黄则至府请见，曰："盗乃狗鼠易治，檄下三日无应者，可谓郡中无人也！彬虽老矣，尚堪一行。"太守下堂，执其手而壮

其志曰:"幸有先生足矣!"立授之甲士千人,辞行十余里,则与诸甲士约曰:"吾老,而太守固强之帅诸君捕盗,君等皆愿生而盗轻死,倘卒遇之,将如之何?独不闻三十六计,走为上计乎?"已而一卒传盗至,军中溃乱,老黄弃去盔甲,望风先走,匿鄢陵城下。城中惊传盗至,急闭门设备,闻有人声呜呜,俯察之,知是领兵老黄也。相与乘埤投筥,悬两索,急缒上之。老黄股战不能就,两守门者挡入之,乃收泣呼城上人:"速曳我!我为若等辛苦,以至于此。"城上人怒而侮之,故缒之半城而止。老黄自度业已脱兵戈,而登城且半,筥中齁然熟睡。众闻鼾睡声,误疑气促将死矣,亟引上,呼老黄。老黄笑曰:"吾乃生人,非垂死者也。"太守虽不之罪,而追悔无及矣。

这是说老黄尽管大言炎炎,自称得孙吴战法,但尚未上阵,就抱定一计,即"三十六计,走为上计"。

其二,迂腐可笑。李开先又记:

黄河水溢,一昼夜流注汴城,湮没居民庐舍以万数,老黄仍求见前太守,陈说:"治水无难。夫水满城内,外平不可决,独可呷之而已。世之呷酒者,治铜锡器如蛇形,虚中曲身,以其端入瓿中,一人从外呷之,酒自流出。城壑虽大,一瓿之推也。百千万人,一人之积也。诚使锻铜铁若刓木,隆身虚腹,曲中两垂,以其中贯堞,而两端垂城内,百千万人以口从外呷之,城中水可立尽矣。"引说百端,太守时听时睡,俟其说罢,太守谢曰:"幸且归休,吾终不能如先生言治水。"已而水落不为灾。老黄大怨恨,谓水势幸自杀,不用吾良策,否则非吾策莫救也。里中少年多戏弄之者,图其貌于壁上,佝偻衰丑,老黄过而问之:"此果为谁?"

少年应曰:"乃昔日捕盗,今又呷水者。"老黄怫然曰:"疑其为我,果然是我矣!"掊击里中儿有至仆者,见者靡不大噱。

用嘴吸去城市中积水,其想法确乎有点匪夷所思,此举非老黄不能为。所幸者,这次知府没有上当。

其三,求名要誉。李开先又记:

是时两河之间,士夫多有骋诗赋、猎声名,如李崆峒、何大复辈,并年才三四十。老黄已七十余矣,列在父行,顾乃始学为诗,弃古而专力律及绝句,期以为人所称赏。而轻贱之者,日有加焉。乃出钱谷贸易绮縠锦笺,以其诗倩人杂书真、草、八分,博馈临郡邑,郡邑竟无正目视之者。则又甚悔恨,遂行束脩,业崆峒门下为弟子,崆峒有时坐堂上,老黄与诸后生逡巡立阶下,次第呈诗课。崆峒首肯,老黄喜不自胜,或以为未善,老黄手把白髯,汗雨出,退去。

学诗必须通于事变,发乎性情,而本诸才学,老黄本身不具此三者,只是想借此求名要誉,甚至看别人的脸色为嗔喜,更显可笑。

其四,弹刺乡党。李开先又记:

前此每以微文弹刺乡党,胁持人短长,乡党畏且恶之。韦使君之行县也,县令逆境上,使君甫出境而县令死。比其返也,老黄求见甚力,方入坐(座),即厉声云:"盛闻使君威严不可近,夫物忌太甚,昨某县令奔趋死矣!"使君拂衣出坐厅事,叱左右取老黄来。老黄尚不知,其睨壁后,两隶亟掖出,夹踞堂下,使君怒且骂曰:"吾降礼延君,只为士夫体面,而何无状如此?当即受吾刑！"老黄叩头流血，哀鸣求免。使君暂出厅登厕，隶乃泄其机曰："韦爷念系京官，实不欲刑君，特假此恐君耳！"及复出，声言先须加拶，老黄急舒两手，将答之，老黄褫衣露臀，既又曰："不如用夹杠！"老黄乃脱去靴袜，赤其脚，使君曰："恁般无耻！"遣隶捽出之。出而大喜曰："韦使君真父母，幸赦我死也！"

无胆量，却又喜弹刺乡党、地方官，真是"恁般无耻"！

其五，嘱托公事。李开先又记：

然在它处，犹嘱托公事无厌。一日，诣固安王大夫，大夫先敕门下毋内客，老黄强门者通之，大夫恚曰："吾有子出痘，势甚急，暂毋内客，而子执欲求见，何也？"老黄向前深揖曰："彬固闻贤郎痘病来也！大凡痘毒欲发不发则黑陷，不逾一二日夭矣！非老人齿不可药。"大夫作色曰："是安所得老人齿乎？"老黄趋出，食顷，封函一齿，使人跪进之。大夫启函，见题其上曰："谨奉先人齿一枚应用。"大夫掷其齿，大詈曰："嗟！老畜！何物乃尔？非汝先人齿，乃敢欺人如此！纵是先人齿，亦亏辱不孝甚矣，吾宁死儿，不受此齿！"命健卒撞而逐之。公人密告大夫曰："见其门齿缺一，此必自为之。数年前人已呼为老黄，真老人齿，可济急也。"大夫命人复请入，见其口血淋漓，怜而问之："有何事见教？虽杀人应抵命，吾亦允之。"闻者为之语曰："献齿遭撞嗟老黄，得通关节亦堪伤！"

为了嘱托公事，其法已是无所不用其极。

所谓"浑张"，这是浑名，其真实姓名叫张暄，济阳人。在明代，一般把"砱磋无棱者"，俗称"浑"。因为他做事糊涂，兼之形象蠢而

且短,所以称他为"浑张"。从李开先的记载来看,浑张的恶行有下面两条:

其一,混赖。李开先记道:

> 暄以嘉靖辛卯,徼(侥)幸中举,后即浪游四方,终岁家居者不数十日。书舍禅房,歌楼酒肆,以及大小衙门,无不游历,需索者亦无不贱恶回避之者。予邑人张师吕,与之同事成均,爱其段靴精致,绐言借赴一席即送还,数日后往取数次,坚不肯与。偶遇诸长安街,索之,应曰:"乡兄靴小似吾靴,乡兄足大似吾足,因其不能容吾两人足,鬻之矣。"

这是借人东西不还,而且还混赖。

其二,骗乞。李开先又记:

> (浑张)领其妻小在真定大路,遇会试举人过,则跪伏地上,垂涕为乞丐声态:"吾乃济阳举人张暄,亦欲赴试,不幸遇盗,愿少捐银钱,以济穷途。"虽薄有所得,旋即花费。人颇讶之,以为举行非求乞之人,真定非赴试之路,必是市井无赖,假托名目者。其知者为之谣曰:"京师卖履,真定寻钱,随得随失,堪笑堪怜。"[1]

堂堂一个举人,其在真定的求乞行为,已是斯文扫地。

从总体上看,无论是老黄,还是浑张,作为举人的身份,一生或

---

[1] 上面所引老黄、浑张之事,均载李开先《闲居集》卷10,收入氏著《李开先全集》中册。

求乞、混赖，或嘱托公事，尽管屈志辱身，蒙讥被挫，但还是终身不改。从儒家的说法来看，这是"三世沴气"，才生出这样的"不肖子孙"；而从佛教的话头来看，这都是他们前世的"孽缘"所致。当然，两人行为虽同，但目的似乎稍有区别：老黄所做，多为求名；而浑张所行，则多为求利。李开先举出这样两位举人，不能不说是独具慧眼，真实地反映了科举制度下那些落魄士人的心态。当然，那些在仕途上一帆风顺的读书人，亦即所谓的"贪暴有司"，他们的恶行更有甚于此二人者，而且从法网中脱漏者"滔滔皆是"。这才是李开先写作这篇传记的真实目的。

秀才是传统中国对读书士子的一种俗称，其在明代的正式称呼应该叫"儒学生员"，简称"生员"。尽管单个生员的个体行为也值得重视，然尤堪注意者则是生员群体的共同性行为。这些读书士子的共同性行为特征即构成士风或士习。关于士风，明人王达云：

> 士风为国之本，廉耻为士风之本。廉耻兴，则士风盛；士风盛，则风俗和，可知矣。[1]

这当然是儒家社会学说的精髓所在。在传统社会，士为四民之首，又为社会精英。从这种意义上说士风是关乎国家治乱的根本，有其一定的道理。与此同时，士风又是整个社会风俗的组成部分，士风盛，可以引导、扭转整个社会风气，则风俗和；反之，则风俗浇漓。而"廉耻"则又为关乎士风的根本。针对明季生员学问空疏、士风败坏，著名学者顾炎武开了以下两个医治的方子：一是"博学于文"，二是"行己有耻"。显然，顾氏也是将廉耻作为扭转士风的关键。

---

[1] 王达：《笔畴》卷下。

通观明代的士风，正好与整个明代风俗合拍一致，大体以成化、弘治为界，前后发生了根本性的变化：成、弘以前，士子均在学校肄业，循规蹈矩，士风端谨、宁静，一如"处子"；成、弘以后，士子游学成风，不在学校肄业，士风嚣张，游冶一如"妓女"。[1]

既然廉耻是关乎士风的根本，那么，探究明代士风趋坏的原因，也应从"廉耻"二字着手。

廉耻二字是儒家教导人们处己的根本行为准则。可是，明代生员自开蒙起所受的教育，即是世俗的"学而干禄"这一套："学而干禄，圣人所戒。今子弟为干禄而学，举家所贤，居乡无献替，古人或以为忘民。今士夫归休，但不咀嚼乡里，而流连歌舞花竹之间，则悠然自居高品。"[2] 明代风行一时的鼓励童蒙读书的"劝学文"，也是以书中之"黄金屋"、"车马多如簇"、"颜如玉"一类活生生的世俗利益加以劝诱。[3] 做童蒙时即已如此，那么，一旦为官，就会"不以营利为耻"。正如明代史料所揭示："士大夫不以营利为耻，非世道盛事。"又言："急功利，喜夸诈，于学者最为戾习。士风如此，世道将何所赖？"[4] 由此可见，当时士大夫已是趋利成风。

假若说一般百姓惟生员秀才马首是瞻，那么，现职官员无疑是生员的典范。换言之，生员士子的"士风"决定了官僚的"仕风"，可是，"仕风"也会影响"士风"。明代的仕宦之风，同样经历着一次从廉到

---

[1] 关于成化、弘治前后，明代风俗所发生的种种变化，陈宝良已经作了初步的探讨，可资参看。见陈宝良《悄悄散去的幕纱——明代文化历程新说》，第111—124页，陕西人民教育出版社1988年版。
[2] 陈龙正：《几亭全书》卷16《学言详记》13《人情》。
[3] 明人高拱记其偶过一学究家，见其壁上有宋真宗《劝学文》，云："书中自有黄金屋，书中自有千钟粟，书中车马多如簇，书中有女颜如玉。"于此不难发现当时读书士子的追求。说具高拱《本语》，载《高拱论著四种》。
[4] 徐三重：《牖景录》卷下。

贪的变化。下面这段史料记载就是最好的例证：

> 弘、正间，闽俗淳厚，仕宦以富腴为耻。有洪都御史归，囊仅以五箧自随，其友郑闾鄙之，绝不与交。今士大夫竞尚奢华，娥姣溢闱，高筵骈都，婚嫁矜逾，非广厦千间，良田万顷，不足以供之。一迹仕途，此念随踵，匪是则无与连（联）姻。游宴（宦）者捆载而归，由于耻尚失所故也。[1]

做官者崇尚奢华的生活，不再"以富腴为耻"。若欲富腴，俸禄有限，只好依赖贪污这一手段。而在官场，既要贪墨，又必须有一套为官的诀窍，方可不以贪败，而且还能步步高升。官场黑暗，于此概可想见。明代官场流行一句谚语，云："命运低，得三西。"何谓"三西"？即指山西、陕西、江西，均土瘠民贫。一旦在这些省份做官，势必无多少油水可捞，难怪做官者会随之郁郁不乐。于是，"居官辄求善地"，[2]则成为官场一时风气。简言之，就是儒名而盗行。

仕宦者丧尽廉耻，官场风气又是如此，不可不影响到生员这些读书士子。这样，士风亦转而变为好利而敢于为乱。明人姜宝揭示道：

> 今世俗虽好利成风，然尚畏法。闻漳人则好利而不畏法，士大夫家子弟多招纳群不逞之徒，或以罔利而致乱。至于生儒之无籍者，亦往往自同于群不逞之徒，或亦好利而敢于为乱，风俗因人心而日以坏也。[3]

---

[1] 陈益祥：《陈履吉采芝堂文集》卷13《木钺》。
[2] 陈玉辉：《陈先生适适斋鉴须集》卷1《语录》。
[3] 姜宝：《姜凤阿文集》卷12《寄戚南塘》。

士俗一旦好利成风，廉耻心亦就随之丧失殆尽。而廉耻心的丧失，恰恰可以成为不畏法的起始，甚至成为致乱之阶。明代生员的无赖化，以及"学变"不断，均可以从这里找出其根由。

廉耻心的丧失，仅仅是明代士风趋坏的一个原因。而廉耻心的丧失，则与学校教养之规不严以及教养的不得法有关。

在明初甚至中期，学校教规严肃，教养得法。生员遇到上司分巡到郡，一旦失于迎接，掣签不应，就会受到惩罚。即使已近岁暮，亦不敢回家，直至"试文义平通"，方才被放回家。[1] 严肃气象，亦可想见。中叶以降，由于学官考核往往由"待士之声"决定，导致士风更趋嚣张。举例来说，如提学道因"斥责生儒"而在考核时被人论劾，而其事果有实迹，则属"以师范而蠹儒生"，会受到"尽削其原官"如此严厉的处罚。[2] 于是，提学官视岁考为畏途，甚至有十六七年不加岁考者，所以秀才恣意任情，目无郡守，家无父兄。

生员不在学校肄业，并得到严厉的管制与教育，而是到处游学，那么，家庭、师友对他们的影响就更显重要。可是，生员从家庭、师友中学到的却是"势利语"，所习者亦为"势利事"。[3]

家庭环境对子弟的影响确乎相当重要。一般说来，阀阅之家自有一种阀阅气象，而寒素家亦自有一种寒素家气质。寒素家或因渐趋富贵奢豪，可以养成一种阀阅家气，然未闻阀阅家有寒素气者。正是习尚使然之故。假若一个生员自童蒙时即在家庭中听惯了"势利语"，受其习染，长大进学，从师友中所熏染的又只是"势利事"，难免会养成一种说"势利语"、做"势利事"的习气。明代士风趋坏，此又为一个

---

[1] 李乐：《见闻杂记》卷10。
[2] 冯琦：《宗伯集》卷53《为纠拾方面遗奸以裨计典疏》。
[3] 姜宝：《姜凤阿文集》卷12《寄郑环浦》。

原因。

传统医书云：居母腹中，母有所惊，则生子长大时发癫痫。若以此为喻，那么士子出官涉世，往往作风顿显狂态，竟是平日胎疾所致。明人陈继儒说："做秀才，如处子，要怕人；既入仕，如媳妇，要养人；归林下，如阿婆，要教人。"[1]陈继儒这段话被视若"圣贤格言"。而当时的实际却正好与此相反。士子出入公门，青衣屈膝，恬不知耻，一如"市中妓女"无异。[2]而秀才难管，则更是当时地方有司的一致看法。

其实，明代士风也有一个从端谨趋于嚣张的变化过程。有一篇《规士文》，不知作于何时，常为明代地方督学官或学官教诲生员时引用，从中可见士风的变迁。文云：

> 吾少时乡居，见闾阎父老，阛阓小民，同席聚饮，恣其笑谈，见一秀才至则敛容息口，惟秀才之容止是观，惟秀才之言语是听。秀才行于市，两巷人无不注目视之，曰此某斋长也。人情之重士如此，岂畏其威力哉？以为彼读书知礼之人，我辈村粗鄙俗为其所笑耳。若间阎其行，阛阓其心：言不根道义，信口开阖；身不守礼法，任意举动。三五相聚，则诙谐嘲讪，斗口舌之工；一二浪游，则淫邪狎昵，作苟且之事。少年恃其才学，藐视师长；霸者挺其习悍，挟制有司。或小不忍而动大怒，轻递呈词；或一人事而约众人，同行嘱托。[3]

---

[1] 陈继儒：《安得长者言》。按：明人海瑞将秀才比作"闺女"，并认为"今秀才不为处女，而为淫妇，亦多矣"。说法不一，其义则同。说见海瑞《海瑞集》上编《兴革条例·吏属》。

[2] 毛元淳：《寻乐编》。

[3] 海瑞：《海瑞集》上编《规士文》；吕坤：《实政录》卷1《弟子之职》2；陈玉辉：《陈先生适适斋鉴须集》卷4《规士文》。

生员因"读书知礼"而被乡间小民敬重。至于《规士文》中后半部分之假设，其实已是晚明士行的实录。南京士风的前后变化，正好证实了相同的事实。王丹丘《建业风俗记》云：

> 昔年文人墨士，虽不逮先辈，亦少涉猎。聚会之间，言辞彬彬可听。今我衣巾辈，徒诵诗文，而言谈之际，多杂乱不雅。
>
> 嘉靖中年以前，犹循礼法，见尊长，多执年幼礼。近来荡然，或与先辈抗衡，甚至有遇尊长乘骑不下者。[1]

一至明末，士风每况愈下。"师媚其生徒，邻媚其豪右。士媚其守令，乃至媚其胥隶，友媚其奔势走货之淫朋。"[2]生员并非一味目无尊长、傲上，有时亦向地方官献媚，养成一身媚骨，毫无骨气，廉耻丧尽。对此，明人赵南星专作"屁颂文章"笑话一则，[3]内中描摹，无行秀才，暴露无遗。

明季士风的堕落，大体说来，主要可以概括为以下几个方面：

其一，不务实学，专门务外。他们或浮慕名士，托以联社会文；或吠声胜流，唯恐自居不韵。棋朋酒友、丹青镌刻之辈，达旦连宵，哄堂接席，佳肴美酿，任其饮啖，而文章德业，蔑不挂齿。[4]

其二，不崇谦抑，专尚骄傲。刚弱冠，则称字称号；未壮龄，则曰老曰翁。一会行文，遂称饱学；偶考便利，辄讥前辈。自少至壮，养成一团傲气，人各自是，习以成风。

---

[1] 康熙《江宁县志》卷1《风俗》。
[2] 王夫之：《王船山诗文集》卷2《文学刘君昆映墓志铭》。
[3] 赵南星：《笑赞》6《屁颂文章》，载《明清笑话四种》。
[4] 唐文献：《唐文恪公文集》卷16《家训》。

对于生员来说，士气不可无，而傲气则不可有。士气与傲气有较大的区别。吕坤云："士气者，明于人己之分，守正而不诡随。傲气者，昧于上下之等，好高而不素位。"[1]毋庸讳言，在明代生员中，也不乏一些克谨自守之士。他们一服衣巾，便自认孔门子弟，深知纤毫有玷，便会遗愧儒门。于是，"兢兢自守，不敢失坠"。[2]然生员中的大多数则不守士气、士节，却一味以傲气自高。正如明人所言："近日秀才不惟才高气傲，才不高者，亦气傲。小试不利，便骂督学；场屋不中，便骂试官，全不返己进修。"[3]而从当时的实际来看，这种狂傲的秀才亦复不少。譬如，潘衡斋出访友人，肩舆误触一士人。"其人素负狂名，乘醉逐舆谩骂，直抵厅事，毁其椅桌而去。"又如蒋培宗，苏州府学诸生。"跅弛不羁，尝于棘闱中对月高歌，睥睨长啸，人骇其狂。奋拳握爪，喜为人报睚眦。"[4]

其三，士人养成了一种浮薄之习。一方面，或奇冠冶服，靡日不新，到处游荡，或务为新声，一唱百和，胡乱结交，士风恶薄，交道陵夷，为此"流言飞文，无胫而走"。[5]另一方面，以爱憎为毁誉，以口舌代戈矛，公论之地，反成私见杂陈之处。意所不快，造作谤言，写帖匿名，或无水而起风波，或因小而张重大，或聚谈人家是非、家门短长，或编起同庠绰号。

其四，声气相应，结党结盟。朋友之义，过失相规，此为常道。而在明季，士子相交，不过交往游从，宴会欢适而已。"语及误谬，则

---

[1] 吕坤：《呻吟语》卷4《外篇·品藻》。
[2] 钱晓辑：《庭帏杂录》卷下。
[3] 李乐：《见闻杂记》卷6。
[4] 李延昰：《南吴旧话录》卷下；顾公燮：《丹午笔记》109《矮将军》。
[5] 王衡：《缑山先生集》卷6《嘉定县新志序》。

拂情动色,虽素称厚善,亦不过恬颜好语相奖许",[1] 甚至不乏同恶相济者。此外,生员尚借斯文之名,倡义气之说,养成"背公死党"的习气。或一士见凌于乡党,则通学攘臂争告于有司;或一士见辱于有司,则通学抱冤奔诉于院道。纠众扛帮,骂詈官长,肆行无礼。

事实上,明季生员与地方有司的关系,存在着截然相反的两种状况:"方其成群而呼,有司畏之如虎;一遇孤弱,有司置之若弃。方其佁张为幻,则藩臬之长,降而称公称兄,甚至柄文者与诸生媾而相和矣。一旦势去,则门隶得而尔汝,家仆可以僇辱。"[2] 生员一旦势孤,不联声气,就会遭人欺凌,甚至受辱于皂隶和缙绅家仆。这有现存的例子可寻。譬如,史载,明末有皂隶承牌索诈,"将生员胡浪翔当场丛殴,裂衣重伤";又有乡绅子弟及其豪奴,"捆杀青衿"之例。[3] 可见,生员声应气求,纠众结党,亦有其不得已之处。

士风嚣张的结果,势必导致士行肆无忌惮,养成一种无赖习气。不仅如此,生员还与无赖勾结,共同把持地方事务。

晚明生员不在学校肄业,到处游荡:或联社会文,棋朋酒友,一概结交;或出入酒肆、青楼,养成一种冶游子弟习气;或出入公门,嘱托公事。由此也就养成了生员如下两种不良习性:一是"秀才性儿",二是轻浮子弟习气。

何谓"秀才性儿"? 明代有一句俗语,道:三个性儿,不要惹他。所谓"三个性儿",即"太监性儿,闺女性儿,秀才性儿。"[4] 太监为刑余之人,喜怒无常,其性介于男、女之间,自可无论。闺女惯于慈母,

---

[1] 徐三重:《牖景录》卷上。
[2] 丁元荐:《尊拙堂文集》卷1《国是隐忧疏》。
[3] 祁彪佳:《宜焚全稿》卷2,载《祁彪佳文稿》(一)。
[4] 吕坤:《九儿入学面语诫之》,载张伯行、夏锡畴录《课子随笔钞》卷2。

养成一种多泪常颦之态，其实就是一种娇痴。至于秀才，修格致诚正之身，任天下国家之重，上天下地，填一我为三才，任古来今，贯千圣为一脉，处则使四海望其大行，出则使万物各得分愿，照理应该有一种慷慨之性、豪迈之态。可是一至明季，秀才一等一袭襴衫上身，便自眼大心雄，胸高气粗，习性同于太监、闺女之流，或喜怒无常，任意闹事，或多泪常颦，一味娇痴。显然，所谓"秀才性儿"，简言之，即为骄、娇二气。

所谓轻浮子弟习气，即身著奇装异服，口说市井俚语，见人一副轻浮样儿，喜讨人便宜。西周生所著《醒世姻缘传》为此提供了较为详尽的佐证：秀才戴的是蹊跷古怪的巾帽，不知是什么式样、什么名色。一个十八九岁的后生，戴一翠蓝绉纱嵌金线的云长巾，穿了一领鹅黄纱道袍，大红缎猪嘴鞋；有时穿一领高丽纸面红杭绸里子的道袍，那道袍的身倒只打到膝盖上，那两只大袖倒拖到脚面。口里说的不知是哪里的俚言市语，也不管是什么父兄叔伯，也不管是什么舅舅外公，动不动把一个大指合那中指在人前搣一搣，口说："哟，我儿的哥阿！"这句话相习成风。[1] 文中之"搣"，即北京话中的"响榧子"。见人打响榧子，显然是一种对人戏弄、开玩笑的动作，是行为轻佻的表现。见尊长而口称"我儿的哥"，更是目无尊长、讨人便宜。

与此同时，一些生员凭自己的文才嬉戏人生，滑稽多端，靠文字游戏侮谑同辈或教官。如翟永龄，号海槎，武进人。平日不到学宫肄业，教官将其责罚，罚其作论一篇，以"牛何之"命题。翟操笔立就，结语云："考'何之'二字，两见于孟子之书：一曰'先生将何之'，一曰'牛何之'。先生也，牛也。一而二，二而一者也。"[2] 这是作文戏

―――

〔1〕西周生：《醒世姻缘传》第26回。
〔2〕蒋一葵：《尧山堂外纪》卷84《翟永龄》。

谑，讨学校教官的便宜。

"卷堂"的本意是散伙，后更多是指生员学子的罢课。为表达对不公平事件而撰写的"卷堂文"，除了说明事情原委、控诉不公之外，事实上也是"散伙"或罢课的宣言书。

生员卷堂最早出现于南宋。[1] 明代生员之"卷堂文"出现于嘉靖末年。明人李乐记道：

> 余少及见邑庠先生笞责诸生，无敢抗逆者。盖自嘉靖壬子、甲寅以后，而此风浸衰矣。浙省学使屠坪石公持正方严，访诸生行谊，诸生一时皆不敢失礼逾法。自后大都务宽，遂致肆无忌惮。分巡以代巡命考校诸生，不容唱名序坐，呼朋引类，莫敢谁何。不五年，而诸生骂父母正官矣，又骂祖父母官矣。骂不已，群攻府通判，而卷堂文出矣。[2]

按上段史料中之壬子、甲寅，即嘉靖三十一年（1552）、三十三年（1554）。卷堂文出现于其后"不五年"，当在嘉靖三十七年（1558）至三十九年（1560）前后。其后，王世贞与王锡爵书云："近日风俗愈浇，健儿之能哗伍者，青衿之能卷堂者，山人之能骂坐者，则上官即畏而奉之如骄子矣。"[3] 至明季，"诸生事不得直，即作卷堂文"，已成为"吴中故习"，甚至出现了"哭庙"的现象。

由上可知，从嘉靖末年以后，生员已养成一种不安于分的习气。

---

[1] 参见陈国栋：《哭庙与焚儒服——明末清初生员层的社会性动作》一文，刊《新史学》第3卷第1期（1992年3月），第80—81页。
[2] 李乐：《见闻杂记》卷2。
[3] 沈德符：《万历野获编》卷23《山人愚妄》。

究其原因，则是当时纪纲败坏所致。换言之，青衿骂父母官、卷堂、哭庙，乃至"青衿凌辱台臣"现象的出现，[1]不过是纪纲陵夷、法令废弛以后，"少凌长，贱凌贵，属官凌上官"的一种侧面反映。[2]

一至明季，士气日骄，士行更趋恶薄。生员到处惹事，被人称作"蓝袍大王"。明人管志道指出，明代士风凡三变，其最后一变即士有"蓝袍大王"之号。他说：

> 余既归田以后，而吾乡申（指申时行——引者）、王（指王锡爵——引者）二公，与兰溪赵公（指赵志皋——引者），相继当国。吴越之间，士既隐然若有所挟，而有司亦退然若有所避，于是为人上者，不贵士而下士，不贱士而畏士，士气日骄，浸不可制。其中贤不肖异流，如龙蛇之混渊谷，贤者无党，而不肖者多党。一呼则数十成群，强府县以理处法外所不可从之事，稍拂其意，则攘臂奋袂，哄然而起，提调官莫敢谁何。于是，"蓝袍大王"之号兴，而贤者却为不肖者所累矣。[3]

赵南星也将生员视作"蓝袍大王"。[4]蓝袍者，青衿、襕衫也，为生员所著之服。所谓大王，有下面两层意思：一指各色庙中称呼不一的大王神像。在中国民间，一般将神道称为"大王"，如黄河之神有"金龙四大王"，而民间则称之为"大王老爷"。[5]二指占山为王的山大王，即指那些绿林土匪的山大王。如明代成化年间的说唱词话《花关索出

---

〔1〕 吴甡：《柴庵疏集》卷1《尊主权以遏乱萌正人心以维世道疏》。
〔2〕 陈玉辉：《陈先生适适斋鉴须集》卷1《语录》。
〔3〕 管志道：《从先维俗议》卷2《崇礼让以挽士风议》。
〔4〕 赵南星：《笑赞》37《儒士》，载《明清笑话四种》。
〔5〕 刘廷玑：《在园杂志》卷3《老爷奶奶》。

身传》中有云:"林前一捧(棒)罗(锣)鼓响,撞出强徒落草人。大王披了板红被(袄),一柄刚(钢)刀手内呈(擎)。向前把住咽喉路,你把黄金买路行。"[1]又如明末人沈自晋根据水浒故事改编的戏曲作品《翠屏山》,其中的"小霸王"周通,平常就是"倚山为寨,打劫作生涯",而其手下也称周通为"大王"。[2]可见,大王就是拦路抢劫的"强徒",也就是落草为寇之人。生员有"蓝袍大王"之号,无疑就是生员无赖化的最好注脚。

生员是读书士子,是朝廷储为异日之用的人才,属于斯文一脉。照理说来,士之自爱与上之爱士,均若"处子"。换言之,生员既属斯文一脉,即应循规蹈矩,甚至不妨有些扭扭捏捏。可是,明季生员,斯文气荡然无存,倒不乏无赖泼皮者。正德《夔州府志》揭示道:"生员如有滥窃衣巾,不务实学,知孤作养,甚或泼皮无赖,行止有亏,亟宜摈斥,何以优为?"[3]由此可知,在明代学校生员中,不乏泼皮无赖、行止有亏的滥窃衣巾之辈。

晚明士风恶薄,生员稍不得志于有司及乡官,就"群聚而侮辱之",或造为歌谣,或编为传奇,或摘四书语为时义,极尽中伤他人之术。在明末,曾流传着这样的笑话:凡是市井间阎有人互相争斗,动辄曰:"我雇秀才打汝!"[4]秀才本应温文尔雅,却被人雇去充作打手,一脸凶相,士风至此,已是可想而知。

事实上,在明季,生员颇有以"凶"出名者。《虞书》记道:

---

[1]《新编全相说唱足本花关索出身传(前集)》,载朱一玄校点《明成化说唱词话丛刊》。
[2] 沈自晋:《翠屏山》第13出,载张树英点校《沈自晋集》卷1。
[3] 正德《夔州府志》卷12。
[4] 伍袁萃:《林居漫录》卷3。

粮道中军有姓白者，貌甚黝。秀才单君右有"靶子"之号。强裱裥妻，人与之宿，须费多金。时人语曰："白军中（当作中军——引者）倒黑，善靶子倒凶，强婆娘倒贵。"盖善与单同，而强者，俗所云贱也。[1]

在明季，生员之间互相斗殴厮闹，已成家常便饭。如小说《鼓掌绝尘》记"金陵相公"王端与"江南秀才"李八八，为抢馆，在宾馆里争个不歇："这一个，擦掌磨（摩）拳，也不惜斯文体面。那一个，张牙努目，全没些孔孟儒风。"[2]又如许州生员王某，年少放肆，曾经因为一件小事而怒骂老秀才魏显。这位魏显，虽颇有学，然亦无行，对王某也肆加詈骂。于是，"王某呼其族无赖数十人，殴显几死去，发殆尽，呕血伏枕"。崇祯年间，济宁诸生陈益修，"与人厮打，被人剜去双目"。[3]秀才行径，简直与无赖如出一辙。

明末曾任广州府推官的颜俊彦，处理过很多地方上的司法案子，在其保留下来的法律文书《盟水斋存牍》中，我们可以找到很多案子牵涉到当时地方学校的生员，基本可以说明生员中的一部分确实已经无赖化了。换言之，在青衿中的确出现了一些"匪类"。这样的例子很多，稍举几例如下：一是"诬讼生员张司南"。如采监祠僧人海怀曾在万历四十四年（1616）承佃祠前的旷地，而张司南承佃的时间则在天启六年（1626），尽管张司南作为一个生员，其势焰有限，但他还是想通过一场诬陷的诉讼官司，霸占僧人的室庐与祠前旷地。二是"刁

---

[1]《虞书》，载《虞阳说苑》乙编。按：常熟县生员单含章、蒋昭、钱穜、顾征，号称"四大拳"，专能"扎囤打人"。《虞谐志》，《劣衿传》第6《四大拳》，载《虞阳说苑》乙编。
[2] 金木散人：《鼓掌绝尘》第37回。
[3] 戴柬：《鹊南杂录》，载《虞阳说苑》乙编。

讼生员何与球"。从史料记载可知，何与球已经成为有了"讼癖"的"妄人"，"终年以讼为疗贫之药"，而且其所讼之事，均属无中生有，亦即史料中所谓的"摭拾眼前人俱未生时之事，以发难端"。而其所讼之法，则是"控之部院，控之两司，控之粮宪、学宪，蔓及其兄弟叔侄，以及于同辈，以及于小民"。可见，从何与球"惯讼刁徒"、"图逞诈局"的行径，基本也可以断定他属于"青衿无行者也"。三是犯下诈冒之罪的生员吴元震。他身为"子衿"，不能遵守卧碑与宪规，出入衙门，甚至伪造兄书，"唐突部院"衙门。四是生员何瑞成霸占水埠。如广东的疍民，一般大多依赖海畔的水塘种蚬捕鱼为生，却被何瑞成等生员递相霸占产业。五是生员成为"访犯"。如黄飞岫身为生员，却是"惯走衙门，以包揽词讼为生涯，以赌博诱人为活计"，甚至成为盗贼的窝主。六是生员参与打架。如天启七年正月初七，黄玄修建自家家中的园圃，正好靠近曾良宽家的前门。照理说来，良宽是玄的母舅，此事本可商量，但良宽嫌园圃太靠近自己家前门，于是就引发了一场"互相角殴"。良宽的族众曾廷试、曾廷光、曾亚科均"群手交攻"，而曾梦图、曾起虬两位生员则"从中指麾"，最后打伤了黄玄之足。又如指挥孙联芳专门负责城门的启闭，而按照正常的规矩，每天城门启闭自应有时，到了晚上，还有夜禁之制。可是生员徐时来情耽风月，晚上还在外面喝花酒，乘醉大声叫呼，行为极为粗野，甚至借着酒劲对指挥"攘臂相加"。七是生员参与讹诈。如梁龙、朱国真、张昭、张瑞南等人假借林际期被杀一案，沿乡"吓诈"，甚至捆锁何允成，搜掠其家，真可谓胆大包天。而林应龙作为一个生员，却甘心"与鼠辈狼狈而行"，这已经不仅仅是为名教所不容，而且属于一种"强贼"的行径。八是生员"欺孤占产"。如生员吴自昆丧心蔑理，"攘孤寡之业"；生员曾洪儒，通过一张远年白契，"占孤寡之产"。

第七章 明代的光棍与喇唬

至于那些已经被剥夺了生员身份的"黜生",更是肆无忌惮,成为名副其实的"土宄"。史料记载,黜生张镇有叔张凝蒲,家中拥有厚赀,于是张镇就"见金不见叔"。张凝蒲在晚年得一儿子,取名张炳镒,已经得到了张氏家族的承认。可是,张镇硬是捏造不根之语,喷血横诬,称张炳镒不是张凝蒲的亲生儿子,活活气死了自己的叔叔。正当张凝蒲弥留之际,张镇又拥戴张炳铉成为凝蒲的继子。又黜生黄履顺,结纳衙役,横行乡里,人人侧目,其行为已经如同"南山白额虎"与"桥头水中蛟"。这有一个实际的案例可以说明。如乡农吴苍华曾被一件盗窃案牵扯,当南海县派差人陈迁前去巡司拘提时,理应将巡司作为办公之所。令人称奇的是,黄履顺将自己的家作为差人"居停讲事之所",向吴苍华讹诈银子50两,黄履顺从中瓜分,显然已经是"土宄"的行径。还有黜生何光裘,开始引诱曹宪周典田,随后又串通曹晋立契,赖价转售,对曹家之产,"不夺不餍"。[1]

由此可见,在明末确实存在着一些学霸,武断乡曲,不畏强御。不仅如此,生员还与访行、衙蠹相结交,"尊访行为父母,结衙蠹为前辈,投刺或书,辱爱通名,必曰晚生"。[2]其实,访行就是一些无赖团体,而衙蠹亦均由无赖组成。显然,明季生员已与无赖、衙蠹沆瀣一气。而事实上,地方上的无赖为了扩大自己的声势,也需要得衣冠之助。正如明代地方志所言:

---

〔1〕颜俊彦著,中国政法大学法律古籍整理研究所整理标点:《盟水斋存牍》一刻,《谳略》卷3《诬诈黜生张镇》、《串局黄履顺等》、《诬讼生员张司南》、《刁讼生员何与球》;《署府谳略》卷1《诈冒吴茂勋等》、《清占水埠李从兴等》;二刻,《谳略》卷3《访犯黄飞岫等》、《助斗生员曾梦图等》、《攘斗指挥孙联芳、生员徐时来》;二刻《谳略(署府)》卷1、2《借盗吓诈梁龙等》、《欺孤占产吴自昆等》、《占产曾洪儒》、《计诱卖产何光裘等》。
〔2〕《虞谐志》,《劣衿传》第6,载《虞阳说苑》乙编。

> 今各镇市中有魁猾,领袖无赖子,开赌博,张骗局。社节出会,则奋身醵金钱,甚至贩盐窝盗,兴讹造言,无所不至。黠者又结衣冠为助,把柄在手,头绪甚多,流棍异说,可疑之人,因而附丽,显为民害,暗酿乱端。[1]

生员与无赖相结交,虽为一种互相依赖、需要的关系,但无疑亦是士行堕落的一种反映。明季,比学宫为"狗窦",呼秀才为"乞儿",就颇能说明这一问题。

士风的刁波喧嚣,以及生员的无赖化,已是"学变"(或称"士变")的张本;而生员"卷堂"、"哭庙"之事的出现,更是开启了"学变"的先声。换言之,晚明汹涌如潮般的"学变"的出现,乃是明代生员士行堕落以后的必然结局。[2]

"学变"一称,为晚明出现的专有名称,说得通俗一点,就是秀才的种种闹事行为。"学变"与"民变"、"兵变"、"奴变"、"佃变"并称,说明明朝廷或地方有司对生员闹事并非等闲视之,而是将其视作一种生员的哗变行为。在晚明,有些"学变"往往与"民变"纠缠在一起,不易分清。究其原因,则因生员层不但成为城市民变的参与者,甚至成为领导者。但两者的区别也是明显的:学变为生员(甚或童生)闹事,无民众的直接参与;而民变则以民众反抗矿监税使或者地方恶势力的斗争为主体,当然也有生员的参与。

生员闹事,无疑当始于南宋。清代学者俞樾据宋周密《齐东野语》一书,辑成"杭学多游士"、"临安士人作闹"二条,详记南宋杭州士

---

[1] 崇祯《乌程县志》卷4《风俗》。
[2] 关于晚明的"学变"及生员的无赖化倾向,可参见陈宝良《晚明生员层的无赖化及学变》,刊台湾《淡江史学》第12期,2001年。

子之"大哄肆骂"、"诟骂无礼"。[1] 明代生员闹事,始于永乐年间,当时已有生员骂内使事。[2] 成化年间,苏州三学士子骂太监王敬一事,堪称生员闹事的继续。一至晚明,生员闹事,风起云涌,学变不断,直至明亡。

由生员所发动或参与之各种学变可知,明代生员群体在地方上已形成一股不可忽视的政治和社会力量,并由此而登上地方政治舞台,参与地域社会的种种事务。正如明代史料所言,明季生员,"以猖狂为气节,以结党为豪举。事关一人,乃倡通学而聚蚊雷之声;事关本学,乃联各学而成鸥张之势"。[3] 生员群体的形成,于此可见一斑。清初善书中多列有警告士人不要写呈禀和诽谤他人的条款,说明16世纪晚期和17世纪早期士人所参与的许多城乡抗议运动,在善书中得到了很好的回应。[4]

如何评价晚明频繁出现的学变?这是一个牵涉面相当广泛而又棘手的问题。一方面,学变与晚明城市民变紧密相关,或遥相呼应。按照已有的研究成果,自万历末期至天启初年的二十多年中,较大的民变几达二十多起。[5] 对这些民变,较早者是与明代的采矿业以及万历

---

[1] 俞樾:《茶香室丛钞》卷7,第1册。
[2] 俞樾:《茶香室续钞》,第2册。
[3] 《明神宗实录》卷524,万历四十二年九月戊寅条。
[4] 包筠雅(Cynthia J. Brokaw)著,杜正贞、张林译:《功过格:明清社会的道德秩序》,第216页,注(1)。
[5] 刘炎:《明末城市经济发展下的初期市民运动》,载存粹学社编集、周康燮主编《明代社会经济史论集》第1集,第190—220页。按:另有学者认为,有记载的明末的城市民变,至少有25次。参见 Tsing Yuan, "Urban Riots and Disturbances," in Jonathan D. Spence and John E. Wills, Jr.(eds.), *From Ming to Ch'ing, Conquest, Region, and Continuity in Seventeenth-Century China*, pp.279-320.

年间的反矿监税使运动结合在一起研究。[1] 1949年以后，大陆历史学界对民变的研究，主要是适应明代"资本主义萌芽"问题的探讨，以证明在晚明城市也出现了初期的"市民运动"。而近期的研究成果显示，已有学者抛弃诸如传统的"民变"或带有阶级色彩的"市民运动"说，而是借用西方社会史学家查尔斯·蒂利（Charles Tilly）所使用的名称——"集体行动"（collective action），以泛称这类"人们为追求共同的权益而聚集行动的行为"，或者将这类集体行动中带有暴力行为的事件，称之为"集体暴动"（collective violence）。[2] 另一方面，在很多民变中，一些地方官吏与缙绅士儒均参与其间。过去的研究，有人简单地将其视作一场"统治阶级内部的皇权与绅权之争"，[3] 事实上是对绅士力量作为朝廷与地方之间的媒介体的忽视。

生员层会同绅士的上层，共同参与了一些晚明城市的民变，说明了绅士力量的整体一致性。但这仅仅是一个方面，而晚明纷纷出现的学变，却正好说明绅士层的力量也处于日益分化之中。换言之，生员层渐渐从绅士层游离出来，成为相对独立的一股社会力量。俗语云：不平则鸣。生员闹事（或鼓噪、大哗），固然是士风堕落、生员无赖化的一种反映，然细究其事，所有这些学变，并非无风起浪，而是多由一些不平事激成。正如明人李绍文所言：

---

[1] 龚化龙：《明代采矿事业的发达和流毒》，载包遵彭主编《明史论丛》第8辑《明代经济》，第121—163页。按：龚文早于1935年即已刊行。
[2] 巫仁恕：《明清城市"民变"的集体行为模式及其影响》，载郝延平、魏秀梅主编《近世中国之传统与蜕变：刘广京院士七十五岁祝寿论文集》上册，第230页。
[3] 刘炎：《明末城市经济发展下的初期市民运动》，载存粹学社编集、周康燮主编《明代社会经济史论集》第1集，第217—218页。

士风之弊，始于万历十五年后。然迹其行事，大都意气所激，而未尝有穷凶极恶存乎其间。且不独松江为然，即浙直，亦往往有之。如苏州则同心而仇凌尚书，嘉兴则同心而诇万通判，长州（洲）则同心而抗江大尹，镇江则同心而辱高同知，松江则同心而留李知府，皆一时蜂起，不约而同，亦人心世道之一变也。[1]

明季生员学变，确乎为"人心世道之一变也"。从其广泛性来看，为前所未有的特殊现象。正如前揭，学变多由不平激成，而不平则来自一些地位远远超越生员的太监、宗室、地方官以及乡宦，甚至不乏因富民扛打生员而激发学变者。在这些学变中，有两种现象尤其值得注意：一是生员殴辱父母官，导致纪纲败坏；二是生员与乡宦之争，最终导致绅、衿对立和分化。

生员与地方有司的冲突，究其原因，可以从生员与当事者的对话中找出答案："当事诘之曰：'令，父母也。天下无不是底父母。父虽不慈，子不可不孝，何故诉令？'诸生答之曰：'令南面治我，吾君也。抚我则后，虐我则仇。'当事为之抚然。"[2]显然，冲突的原因是地方官虐待生员，而推动生员闹事者，则是生员群体力量渐露峥嵘。于是，学变的极端例子则为生员直接谋叛，反抗朝廷。如万历三十四年（1606）九月，福建漳浦诸生程可兆纠亡命徒千余人，反叛朝廷；[3]崇祯十六年（1643），浙江东阳诸生许都因不满知县姚孙棐横派，谋乱造反。[4]许都事件无疑证实了下列事实：以绅士为社会阶级基础的地方忠

---

[1] 范濂：《云间据目钞》卷2《记风俗》。
[2] 姚旅：《露书》卷7。
[3] 谈迁：《国榷》卷80，神宗万历三十四年九月壬申条。
[4] 谈迁：《国榷》卷99，思宗崇祯十六年十二月。

臣开始在政治和社会领域反抗中央集权,其目的是赢得地方的支持。[1]为了达到这一目的,甚至无法阻挡他们在自我防御的目标上成为维护地方利益的斗士。

生员与乡宦的冲突,固然是因乡宦家奴为恶所致,如华亭徐氏之变,其因是一生员与徐氏家奴为负券或赌博起争执。[2]然家奴之种种作为,一方面是仰仗乡宦势力而为非作歹,另一方面,亦是乡宦直接指使所致。[3]生员势力增长,并积极参与地方事务,事实上部分地削弱了乡宦在地域社会中的特殊地位,必然会引起绅、衿之争,进而导致绅衿阶层的内部分化。

生员学变,事后追究的当然是首事之人。为此,诸生具牒当事者时,采用"列名如八卦形"的策略,借此免祸。而事实上,这一策略更有利于团结生员阶层,形成群体的力量,并在地域社会中造成更大的声势。

九、太监与流氓

看到这样的标题,人们或许会心存疑惑:太监是刑余之人,无生殖能力,而流氓则称光棍,风月极好。显然,太监与流氓风马牛不相及,怎么能将他们牵扯在一起?存有这种疑惑的人,我想绝不在少数。

---

[1] Jerry Dennerline, "Hsü Tu and the Lesson of Nanking: Political Integration and the Local Defense in Chiang-nan, 1934–1645," in Jonathan D. Spence and John E. Wills, Jr.(eds.), *From Ming to Ch'ing, Conquest, Region, and Continuity in Seventeenth-Century China*, p.96.
[2] 李乐:《见闻杂记》卷5。
[3] 如苏州原任尚书凌云翼,聚众惨辱儒生,致死二命,伤复不少。此即其例。说见詹事讲《詹养贞先生文集》卷1《劾宦豪伸士气疏》。

但应该提请注意的是，太监与流氓虽属两个不同的社会阶层，但从明代太监的所作所为来看，或者从更广泛的意义上说，明代政治的流氓化，与这些太监的参与很有些关系。所以，研究明代流氓史，不能不将太监作为一个特殊的考察对象。明代太监中的不少人不仅是从流氓起家，而且一旦掌权以后，招纳亡命无赖，成为流氓的主子，对流氓颐指气使。而这些无赖，显然对太监的权势甚是艳羡，他们也借助太监的权势，为自己的非为找到一棵庇护的大树。诚如明人谢肇淛所言："盖我朝内臣，目不识字者多，尽凭左右拨置一二驵棍，挟之于股掌上以鱼肉小民。如徽之程守训，扬之王朝寅，闽之林世卿，皆以衣冠子弟投为鹰犬，逢迎其欲，而播其恶于众。"[1] 这些投靠太监的"衣冠子弟"，其实早已流氓化了，是专行不义的不肖子与无赖子。

中国的老祖宗早就留下了训条："身体发肤，受之父母，不敢毁伤。"又说："不孝有三，无后为大。"可见，阉割净身而做太监，这是为一般常人所不屑为，更为士人所鄙夷。所以，明代太监的出身，虽然其中有一部分是近京地区穷困农民的后代，但确实有很大一部分是由久已在社会上游荡的无赖子阉割而成。如在明末权倾朝野、有"九千岁"之称的大太监魏忠贤，其出身就是"市井一亡赖耳"。这位魏太监长得形质丰伟，善于言辞，虽目不识丁，却性多狡诈，而且大有胆气。我想这种胆气，大概就是流氓在市井中久混而具的豪气。不过，这位魏忠贤在成为司礼监秉笔太监以前，却是身无分文，产业皆无，每天以"樗蒲"即赌博为计。因为他有胆气，虽家无担石之储，却敢在赌场上一掷百万。他整日无所事事，所以闲散本事倒也学了不少，诸如歌曲弦索、弹棋蹴鞠，都是样样胜人。因此，里中一些无赖少年，竞相与狎。他们大多落魄无行，凑在一起，迷恋的都是青楼翠袖，整日

---

[1] 谢肇淛：《五杂俎》卷15。

依人醉醒，不顾妻子饔飧韦布，游手好闲，以穷日月。后来，魏忠贤到了北京，投靠一些势豪之家，为他们效犬马之劳。由于他生性狡诈，又极能办事，所以势豪甚是爱他，让他当了部役长班。当上长班以后，他也极能迎合人意，因此势豪更是对他宠信承托。尽管当上了长班，他过去的流氓习性却一丝未改，大白天就在大街上游逛，到处寻觅可以骗诈钱财的地方，一至晚上，就直奔青楼，去倚红偎翠，将白天所得钱财"付之缠头"。他还时常邀人豪饮，整日不休，以致囊无余蓄。不过，他对此恬不挂意，因而平日里只能听到叫啸狂跃之声，很难看到他有悲愁戚郁之态，倒也有几分豪气。时日一久，他就患上了疡毒，体无完肤，最后连阳具也糜烂了。无奈，他就只好考虑当宦官，于是下了狠心，净身入宫。[1] 从这位赫赫有名的魏太监的出身中，我们可以知道，在明代的宫廷中，很有一些太监是流氓出身。

在明代的京畿地区，确有这么一些人，他们家中无地可种，又生性疏懒，不愿为人佃佣，整日在乡村中闲游，为非作歹。当看到有些人做太监以后发了财，又长了威风，着实羡慕煞人。于是，就自己私自净了身，在北京潜住，想找个机会，托上一个熟人，到宫中找份差使干，既好混碗饭吃，或许将来自己也能得权得势。关于此，明代的史籍有很多记载。在明初洪武年间，宦侍都由俘孥罪囚充当。到洪熙年间，明仁宗就曾与刑部尚书金纯谈到那些自宫求用的无赖子，断定这些人之所以这么做，无非是为了贪图一生富贵。仁宗进而认为，古人求忠臣于孝子，而这些自宫之人绝其祖宗父母不顾，怎能会有诚心事君？所以，这位"圣明之君"决意不用这些人，并对他们的不孝之罪，给以适当的惩治。仁宗指令刑部尚书金纯，今后凡是有自宫之人，

---

[1] 朱长祚：《玉镜新谭》卷1《原始》。

必须严惩不贷。[1] 这位仁宗皇帝虽在位只有一年多时间,但还算是一位明智的君主,所以能看出这些自宫者是不孝之人,其本意是贪图富贵享乐。当然,仁宗不曾想到,这些自宫之人,本身就是什么事都做得的无赖子。至景泰年间,这种自宫求进的现象更加普遍,而且有些人真的被宫内收用。这样,畿甸之民,以至山东、山西、陕西之间,有些人希图躲避徭役,又想侥幸得到富贵,而家中又有数子,就将其中一子阉割,名曰"净身男子"。进用以后,有些就掌了权,志满意得。尽管如此,太监有时仍将阉割视作奇耻大辱。如英宗年间,太监于经得志,其父来探望他。于经下帘笞父,冤他父亲:"尔忍阉儿?"过后,才上堂称父子,抱持而泣。[2] 此后,这种私自净身的现象就更趋风行。如正德末年,明世宗在即位诏中,就提到:"私自净身人,多有在京潜住,希图收用。"[3] 可见,自宫的人是越发增多。

在这种风气下,自宫人成了一批数量很大的游民。这是因为,自宫后若能进用,经过一段时间的吃苦,至后确有一些人能享受荣华富贵。但是,宫内所需宦官毕竟不是无止境的,所以这批私自净身者,只能是其中的一些幸运者进入内宫,成为宦官,而大批倒霉蛋只能仰望紫禁城的门楼而不得入。那么,这些人怎么办呢?老家是不能回了。刑余之人,不能回家传宗接代,若回去,不但会遭到家人的唾弃,所见的也都是一些乡人鄙夷的目光。不得已,只好偷偷地在京城或城郊地方住下来,从事一些偷、抢、骗、诈的流氓活动。有些人无所依托,成了弃人乞子,只好入了花子帮。从明代的史料记载可知,当时的太监均至皇城以外设有混堂(即澡堂)的佛寺沐浴,其中有一些不被选

---

[1] 余继登:《典故纪闻》卷8。
[2] 谈迁:《国榷》卷27,英宗正统十三年。
[3] 《皇明诏令》卷19《即位诏》,正德十六年四月二十二日。

中入宫的净身男子,俗称"无名白",即古代的"私白",就专门在佛寺的混堂中替前来洗澡的太监擦背搓澡,借此向太监讨取赏钱。[1] 这当然是另外一部分无法进宫的净身男子的下场头。

那些入了宫做了太监的幸运者,做事也很有些流氓习气,把明代政局搅得一塌糊涂。当然,太监中也有一些贤者,有的甚至很有些知识,可以附庸风雅一下,有些则帮助内阁大臣,成全了一些于国于民有利的大事。不过,从总体上来说,太监中大多是一些目不识丁、专做害国害民之事的坏胚。换言之,太监尽管是皇权专制政体这种制度所产生的悲剧性人物,但太监自身确实也应该负有一定的责任。

在明代政治生活中,令人听后毛骨悚然的是几个特务机构,即东厂、西厂和内行厂,它们全都由太监把持着。明代太监专权,无疑在中国政治史上也很出名,其中专权的太监则有王振、汪直、刘瑾、魏忠贤几位。可以这么说,这些太监专督的特务机构,是网罗流氓最多的机构。

东厂最初设立于永乐十八年(1420),地点则在京师东安门北。用宦官提督,时常由司礼监秉笔太监之第二、第三人充任。这个东厂自从设立以后,就成了流氓无赖的渊薮。据记载,东厂设立以后,就大开告密之门,于是,"凶人投为厮役,赤手巨万。飞诬及于善良,招承出于私拷,怨愤满乎京畿。欲绝苞苴,而苞苴弥盛;欲清奸宄,而奸宄益多"。[2] 这里所说的"凶人",其实就是流氓无赖之流。

据载,太监没有家室,一般将自己名下的小宦官当作子孙。明朝廷选宦官也有一定的程序。一般朝廷下旨,要求遴选净身男子,于是就差中官二人作为钦差,一同前往礼部,并发檄五城兵马司,让他们

---

[1] 刘若愚:《酌中志》卷16《内府衙门职掌》。
[2] 《明史》卷275《祁彪佳传》。

聚集净身男子。净身男子大致都是北直人，其他省份极少。至时，定期将这些人起送到钦差面前，让他们口诵"二月二十二"五字，考察是否有短舌口吃的缺陷。另外，还须看人的面孔，看是否有麻痣。如果口不短舌，脸无麻痣，即可入选。选毕，就进入东华门，称作"进皇城"。内有一桥，叫"皇恩桥"，意思是说从此即可"受皇恩也"。不过，一般俗称为"忘恩桥"。据说，当宦官者大多是一些贫窭家子。一旦阉割以后，必定成为他人的厮养。等到进了皇城，获得富贵，就开始仇恨起养他之人。报德以怨，所以把这座桥称作"忘恩桥"。这些净身男子入朝以后，内府各衙门的大太监就选择其中面容姣好者，任意拉去，名曰"拉名下"。所谓名下，犹如其子一般。所以，大太监显贵，其名下亦显贵。

凡是进入东厂的人，除了中官家的厮养之外，其中也有一些是市棍当中的凶恶之徒，凭着锦衣卫旗尉的名色，用上二三百两银子，贿赂东厂中的头面人物，就可以行文取用，拨至某伙名下办事。还有一些少年无赖子弟，也多方营求，进入写字房，可以显得资级稍优，但不管怎样，凡初入东厂之人，日子一般都比较清苦。

在明熹宗时，皇帝曾经赐给东厂刑官一种"过肩狮子服"。所以，凡是锦衣卫的千百户，一般都穿狮子补服，而东厂那些掌帖刑仪从，尤其显赫吓人，远远望去，犹如监察御史一般。近前仔细一看，却是长须大腹，甚至丑态万状。在东厂服役者，尽是一些市井无赖，自恃成了主子的爪牙，一概睥睨缙绅，无所不为。至于这些人的打扮，更是裘马翩翩，几乎可与王孙贵游争胜。东厂中每伙人之首领，名曰"档儿头"（或"档头"）。这些档儿头更是骑乘壮马高骡，一人前导，一人身背蓝布衣包，驰马于市，路人都目之曰："这就是东厂某太爷。"明代北京"太爷"这一称呼，下至乞丐也都使用，就是打这时开始的。

每伙档头下，有番子数人，名之曰"干事的"。番子，又叫"番子手"，其实尽是一些光棍、无赖。在明代小说中，就将"番子"与"闲汉"并称。如冯梦龙《古今小说》第16卷，就记述一位名叫宋四公的人，"是小番子闲汉"。番子们一般穿着白靴刺事，很有特点。举凡北京城中有亡命之徒，或缙绅家里出了逆奴，或部胥中互相仇雠，或兵部洼、菜市口一带有"拿讹头"的光棍，番子都能持人阴事，刺探清楚。另外，如果碰到缙绅擅用私札，在官场交通往来，或者地方官员"乞得青目书"，一旦被番子手打听到，他们就偷偷地禀告档头。每次遇到一事，档头自己先捐出数十两银子，作为费用，并给番子布置任务，号称"起数"。所以，档头给番子银子花费，就叫"买起数"。档头获知所谓的"不法事"，就同番役一起到所犯之家，在左近地方寻一所空庙宇，名曰"打桩"。档头在里面设公座，番子直抢入犯人家，将犯人扭送到档头前，既无原告，无干证，也无拘拿人的牌票，硬问犯人所犯之事。犯人一听之下，十分害怕，只好"以贿献"，这样就可相安无事。如果稍有不从，那么就用非刑拷打，常用的刑罚有"干醉酒"、"搬罾儿"。有时也用细竹条鞭打犯人两肋，所受痛楚十倍于官刑。这些档头番子的欲壑也是很难填满的。有时他们授意犯者诬扳，如果此案涉及又一家缙绅，就故意张大其辞，敲诈数千金，至少也得数百金。给了钱，万事皆休，若不给钱，那就把事情上报。皇帝震怒，就将犯人下到锦衣卫镇抚司打问。进去以后，一般就很难活着出来。档头在缉盗过程中，被诬扳者大多致死，莫可辩白，甚至国家的盐政大事，也受到了这伙档头番子的鱼肉。[1]

　　太监所掌东厂与流氓的勾结以及所从事的流氓活动，即如上述。那么，太监所掌西厂又何如呢？西厂创设于明宪宗成化十三年（1477），由太监汪直提督。其人员权力超过东厂，活动范围自京师遍及各地。

---

[1] 陈僖：《客窗偶谈》，载《昭代丛书新编》卷6。

成化年间，宪宗将一切大权都委给太监汪直一人，而汪直当时还年幼无知，未谙世事，只好"转寄耳目于群小"。这些群小，其实很大一部分就是流氓无赖。如汪直手下的百户韦瑛，算是一位得力的干将。此人曾是无籍小人，多次投靠势要之家，但都不被容留。后来投奔汪直，进入西厂。韦瑛又招纳谲诈小人王英，结为自己的心腹。西厂下面所设的办事人员，原专门用来缉访谋反、妖言、强盗、人命及盗仓库、钱粮等项大事，但至后来，西厂的番役人员却专门搜寻细故，从街市斗殴、骂詈、争鸡、纵犬，到一时躲避不及之人，就拿获捶楚，置于重法，以致在城军民，惊惶不安。至于官员犯罪追赃，本来法司自有成规，但西厂也横插一杠，一等官员有犯，正身还未曾提问，先将犯官家门封闭。到了晚上，越墙进入家里，搜检财物，有时还将命妇剥去衣服，用刑辱打，被害之家，犹如抄家一般，以致各衙门大小官员惊恐不安。又如京营管军头目，本来都系朝廷托以重寄之人，他们的公私勤惰自有赏罚，但西厂也要介入参与。不论这些军官有无事情，一概令番役跟缉钤束，以致这些官员也各怀危疑。至如各处镇守总兵官，乃是一方安危所系，责任甚重，既然用了他们，就应该任之无疑，但西厂各处差人，对他们也是时时监督，采听事情。这些总兵得知此事，也是人人自危。漕运河道是南北两京各处钱粮货物的必经之路，其本意在于通行，而不是阻滞。但在成化年间，西厂官校分布于沿河一带，遇有货船到来，即上前盘问，甚至公差官员也被他们搜检，以致往来客商军民，闻风惊疑，所以有些商人还未起程，就停止不前，而有些则在途中寄放货物，回还老家。太监汪直权力之大，有时简直让人难以置信。如在东西长安门牌上，用黄纸帖写"太监汪传奉圣旨"，书姓而不书名，满朝官员见及此，无不惊骇。[1]

---

[1] 商辂：《请革西厂疏》，载孙旬编《皇明疏钞》卷26。

另外，西厂缉事旗校的行为也很有些流氓性，并且与流氓内外勾结。如在成化年间，官方以缉捕妖言为急，于是就有一些流氓，造了一批属于"妖言"的伪书，引诱普通百姓收藏信奉，然后再密告旗校，以致"冤死相属"。[1]

由此可见，西厂不仅仅是朝廷的一个特务机构，同时也使流氓无赖参与政治、经济、军事等方面的事务变得合法化。此后，这些流氓不必再在暗地里敲诈，而是堂而皇之地公开勒索，有时甚至是劫夺。

正德时期，太监刘瑾专权，特意在京师荣府旧仓地设立"内办事厂"，又称"内行厂"，权力又在东厂、西厂之上。这位刘太监所采用的捕奸手法，很有点流氓的气魄，即所谓的"养奸捕奸"。当他缉捕奸盗的时候，就以一人之事而牵连十余人，或者以一家之事牵连数十家，锻炼狱词后，再付之法司，称之为"铸铜板"。他搜缉妖言的方法也很特别，有时是派番子手四出，搜罗百姓的诡异之书，而有时则是买通奸僧，在暗地里引诱百姓信奉弥勒教，然后一网打尽，无有逃脱，称之为"种妖言"。[2] 这些奸僧，究其实乃一神棍，亦属流氓之辈。

在明代一般是"厂卫"并称。换言之，在东厂、西厂、内行厂之外，还有一个锦衣卫。锦衣卫创设于洪武十五年（1382），原来不过是护卫皇宫的亲军，掌管皇帝出入仪仗。但明太祖为加强专制统治，又下令锦衣卫兼管刑狱，赋予其巡察缉捕权力。明中叶以后，锦衣卫更是与东、西厂并列，活动加强，日渐成为流氓艳羡的衙门。至明末，锦衣卫下属北镇抚司的校尉，尽由一些流氓充任。如有些市棍膏粱，只要拿出二三十两银子，就可以买一名额。出银以后，朝廷就给予他们

---

[1]《明宪宗实录》卷164，成化十三年三月乙亥条。
[2] 安磐：《饬法令惩奸恶以保治安疏》，载孙旬编《皇明疏钞》卷27。

堂帖一纸，作为依据，意思是承认他们已是掌卫官帖下某所的校尉。[1]

无赖流氓一旦成为太监，说明他们本身就是一些势利之徒与投机分子。一等跻身宫门，他们有了皇帝赐予的特殊身份，就决不会满足于过清苦的生活，而是凭借自己的权势，到处敲诈勒索，贪婪之心暴露无遗。而那些地棍流氓，视这些太监如衣食父母，其追随太监之势，则更如苍蝇逐臭一般。

太监决不会安心于宫廷内的寂寞生活，外面喧嚷的花花世界，对他们同样具有很大的吸引力，因为只有到了地方上，他们才可以凭借自己的权势，招摇撞骗，敲骨吸髓。不过，太监捞钱霸业的本领并不阔大，必须借手他人，如家人、义男、外亲之类。这些人尽是些"无籍之徒"，平常就是肥马轻裘，纵横豪悍，任意作奸。[2] 显然，所谓的家人、义男，无非都是一些光棍无赖。太监外出，最初都是借着采办与岁办的名头，到了地方，在一些无赖随从的拥戴下，大捞实惠，从中谋私。如成化十七年（1481），明宪宗命中官王敬到湖湘、江西、江浙、京东诸郡采药，随行的有一位王臣。这位王臣，在当时正人君子看来，不过是一"妖人"、"少亡赖"，其实就是神棍。他自幼就在南京一些公侯府里做家人，数次变易主人，每次换一主人，就改姓易名。王臣平常只是靠妖幻之术骗人，取人财物，所得很快荡尽。他曾因做奸盗之人，被人打伤了腿，所以又号"王瘸子"。不过，这位王瘸子几经攀援，最后终于见到了皇上，并在成化十七年得了一个外出采药的美差。王臣与中官王敬一同外出采药，一路上随从者有"无赖二十余辈"，专门攫取财物，所经过的三司、郡县地方，官员受到他们的凌辱，民众受到他们的骚扰，有好几次几乎激发民变。到苏州以后，二

---

[1] 陈僖：《客窗偶谈》，载《昭代丛书新编》卷6。
[2] 谭希思：《明大政纂要》卷25。

王命工匠将搜罗来的银子熔成元宝，达2000余锭。此外，举凡江南的书画、器玩、道释像典之精绝者，也"检括殆尽"。[1]

太监出镇在外、边镇，也是他们发财的一次好机会。如弘治中，内官吉庆外出镇守金齿路，就选择"京师恶少"随行，一路上搜括民财，不遗锱铢，势如掳掠。所收货物都是一些宝石，吉庆就选择其中最珍贵者装入一楞，随身携带。随行的恶少流氓都对这些宝货垂涎三尺，所以打算谋杀吉庆。正好吉庆病中口渴，随从恶少就不与他水喝。又私自贿赂医生，让他进金石药。吉庆吃药后，更加燥极，招来亲信，拿出楞中宝贝换水活命。不过，随从恶少得宝后就驰去不顾，吉庆最后也死于他乡。[2]

到了正德时期，武宗宠用权监刘瑾，政出多门，太监掌握的内监各衙门假公济私，搜集无赖，假充监匠，消耗了很多京师的粮食储备。[3]

万历中期，两宫同时发生火灾，而九边的后勤供需也日益缺乏，内帑空虚。明神宗听信小人之言，派太监充当矿监税使，分道四出。这次矿监税使的四出，为市井恶少、无赖大猾又提供了一次尽情表演的机会，不过其表演仍是丑态百出，令人切齿。当时出使湖广的太监名陈奉，本来就是一个市井赌徒，最是无行。这位陈太监在武昌开设衙门，时而巡历各地方府县。每至一地，地方官即使厚赂他的随身左右，还不免拷索。那些不肖地方官，反而阿谀奉迎，嗅其靴鼻。这些税使下面都有很多税官，一般由一些吴越大猾或市井恶少充任。税官密布于各个府县，即使一些小市，也有税官六七人之多。而这些小税官，专以攘夺民众的财富为务，很是有些流氓习气。看到某富民以资

---

〔1〕王锜：《寓圃杂记》卷10；何良俊：《四友斋丛说》卷7；祝允明：《志怪录·王臣》。
〔2〕沈德符：《万历野获编》卷1《镇滇二内臣》。
〔3〕郑自璧：《信明诏以杜弊源疏》，载孙旬编《皇明疏钞》卷14。

相雄，税官就奏告陈奉，说是某邑某富民冢墓地有生金可采，应当如旨掘伐。祖坟被挖，富民当然害怕，只好倾家入资贿赂税官，此事才算作罢。[1]

前述的税官，史籍有时又称作"税棍"，其实均是流氓的别称。如在万历三十一、三十二年（1603、1604）之间，正是矿监税使猖獗之时，在无锡就有两位比较有名的"税棍"，一个叫俞愚，另一位称金阳。他们所到之处，横行恣肆，敲诈勒索，民不堪命。据东林党魁顾宪成记载，他家乡人去城市贸易，买货回来之时，一到中途兴塘等地方，税棍就称漏税，"诈而取之"，生意人只好剩得一空手而归。对于这些强盗行径，牙行中一位叫赵焕的人，实在气愤不过，就向巡抚上告，将税棍的奸贪行为全部暴露于天下。于是，俞愚这一班税棍对他痛恨入骨。有一次，在江阴之长泾，税棍正好碰上赵焕，就将赵焕绑缚带走，杀死以后，沉尸于河。[2]这种目无法纪的做法，完全是一种流氓行为。此外，依附于矿监税使者，还有一种"土棍"名色，[3]大概是些乡村二流子。

自万历中期以后，在京畿地区，举凡诈骗、逞刁、越诉等不法事，已是不胜枚举。所有这些事情，均是一些市井无赖、草莽不良之夫所为。他们中的有些人是作奸犯科而漏网脱逃者，有些是问罪于军徒而离伍潜窜者，有些则行不齿于乡里，身不安于伍，只好萍梗浪踪，到处流窜。等到矿监税使四出，于是各直省棍徒，闻风四集，达数百辈之众。当时，税监高寀到了福建，成为榷税的税使，于是一些黜吏、逮囚、恶少年及无生计者，纷纷望膻而喜，营充税役，自觉刀刃在手，

---

〔1〕袁中道：《珂雪斋近集》卷3《赵大司马传略》。
〔2〕顾宪成：《泾皋藏稿》卷4《东浒墅榷关使者》。
〔3〕叶永盛：《玉城奏疏·差珰播虐乞诛首祸疏》。

乡里百姓好像案上之肉，任他们宰割。这位高税监在福建的恶行，也是不堪寓目。他在省城税衙的后面，建了一座望京楼，规制宏壮，几乎可以与皇家建筑相比。地方众棍受高寀之意，让人在平远台上立一碑，歌颂高寀的功德，恬不为怪。

太监到了地方上，其搜刮攘剥的钱财一多，就会视锦绣如敝叶，视金玉如瓦砾，他们的服食器用甚至可以与号称"天子"的皇帝相比，真可谓是人间的福分，已是享受无不穷极。但有一样太监还是感到遗憾，即不能"淫乐女色"。为此，那些有权势的太监就常常命令自己身边的亲信，去访购能使阳道复生的方子，即使花去万金也在所不惜。于是，就有一些方外的道士，为了骗取太监的钱财，就以私臆测度，胡说古方上说，"土以土补，木以木补，人以人补"，胡话连篇，意思是说食人可以补人。[1]当时有魏天爵、林宗文两位恶棍，向高寀百般献媚，并向高太监进一秘方："生取童男女脑髓和药饵之，则阳道复生，能御女种子。"这位高税监听后大喜，就多方买取童稚男女，碎颅刳脑。一些贫困之家，因生活所迫，只好割爱以售。更有甚者，一些恶少年用药迷人稚子，得手以后就进献给高寀，以获厚偿。这样，税署池中，白骨齿齿。接着，高税监买了几位少妇，"相逐为秘戏，以试方术"。[2]税署中，歌舞娈童也不下数十人，备极荒淫。

这些矿监税使在外横行霸道，无恶不作，归根结蒂是因为在他们手下聚集了一批心狠手辣的流氓。除上述的税棍之外，还有一些"地虎"，其实就是土棍、地头蛇之流。如税监陈奉抵达荆南以后，大开告密之门，于是就有像韩丙类这样的地虎，前来投奔，日有告密，日见

─────────

〔1〕张应俞：《杜骗新书》第19类《拐带骗·太监烹人服精髓》，载《中国古代珍稀本小说》第5册。
〔2〕张燮：《东西洋考》卷8《税珰考》。

搜括。[1] 万历中期跟随太监来到江南搜括珍宝的中书程守训，其人原系市井无赖，过去曾在淮、扬一带做屠酤生意，后来拐骗一妓逃到京师，几经转托，被太监陈增认作侄婿，终于谋了一个"访各处富商，搜求天下异宝"的差使。这位程中书一路行来，手下又聚集了很多流氓，如京棍同治成了他的中军官，而中军官下面又有许多爪牙逻卒。每到一个地方放告，专门拉拢各方"无籍棍徒"，让他们出来揭首，匿名告状，平空架影。今日械击一人，说，"你富而违法"。明日又械击一人，说，"你家藏匿珍宝"。一落在他们的圈套中，无论多么富有之家，立即倾家荡产。[2] 可见，这位程中书所行也多是流氓手段。

当时，被派往陕西的税监是梁永，在当地也是残杀人命，无恶不作，无辜而毙于敲朴鞭笞之人，超过百人，都历历可指，冤魂得不到申雪。他又吓掳人财，寻人家的事，榨取金银器玩，赃盈百万。当然，所有这些罪恶活动，也都是在一些流氓无赖的煽动下才得以完成的。这位梁永，既不识一字，而又穷奇饕餮，欲壑难填，所以不得不仰仗一些无赖，让他们充当自己的谋主。于是，在他手下就有了大奸乐纲、神棍吕四这两位无赖。他们在背后拨置唆使，欺弄把持。他们说"绑缚"，梁永也说"绑缚"；他们说"吊打"，梁永也说"吊打"；他们说"买命钱不几百几千不休"，梁永也说"不休"。可见，太监对流氓言听计从。这两位恶棍还借着太监的权势，广泛结交"土棍"，即地痞，抢夺他人财富，贪占娼妓，并奸污良家妇女。[3]

显然，太监与流氓臭味相投，互为依靠。在太监任何活动的背后，都有流氓的影子在作怪。太监目不识丁，手段无几，需要借助流氓的

---

[1] 陆师赟：《过庭随笔》卷1《为张公子解危》。
[2] 董其昌：《神庙留中奏疏汇要·刑部》卷4。
[3] 余懋衡：《恶珰荼毒乞正国法疏》，载《明经世文编》卷471。

手段；流氓空有一身做坏事的本领，但一动就触犯刑律，需要借助太监的权势以脱祸。当然，两者最终的目的都是攫取钱财，中饱私囊，所苦者还是大众百姓。据记载，这些矿监税使在地方上诈取的钱财，如果以十分为率，那么归内帑即宫廷的只有一分，税监自己却也只能得二分，剩下七分，三分被参随瓜分，四分被土棍骗取。[1] 可见，这些矿监税使的大骚扰，国家所得无几，税监捞了不少实惠，参随、土棍则皆大欢喜，而百姓却不堪忍受。

太监与流氓合而为一，使本来就已污浊不堪的明代政治更增添了流氓化的色彩。尤其是自英宗以后，太监擅权已成了家常便饭，更使大批流氓跻身政治舞台，最终导致政治流氓与清流人士的颉颃，也即阉党与东林党的对抗。东西厂的设立，是太监参与政治的最显著表现。太监以伺察为工，于是士君子就以欺诈自处，以致世风日下。而缙绅中一些奸诈无赖者，更是直接投靠太监，成为阉党成员。太监大多流氓成性，有时也有些气魄。他们给清流知识阶层戴高帽，搞黑名单，说他们讲学聚会是结党，并给人封了一些名号，如"托塔天王"李三才、"及时雨"叶向高、"浪子"钱谦益、"圣书手生"文震孟、"白面郎君"郑鄤等，都收于《点将录》、《天鉴录》这些黑名单中。而清流知识阶层，大多恪守儒家伦常，显得有些唯唯诺诺，毫无手段可言。这样，也就决定了东林党要败于阉党之手。道理很简单，一批手无缚鸡之力而又显得迂阔的书生，怎能和一批手段毒辣的流氓争斗？

---

[1] 文秉：《定陵注略》卷5。

《金瓶梅》明崇祯年间刻本 第十五回《狎客帮嫖丽春院》

《金瓶梅》明崇祯年间刻本 第十九回《草里蛇逻打蒋竹山》

《金瓶梅》明崇祯年间刻本 第二十回《傻帮闲趋奉闹华筵》

晚清《点石斋画报》

太岁被打

太岁被打

历书载於太岁二字原出仪书十干十二支相配而成名干支本於五行生剋有自然之理人於其所尅之位取土作事多致不祥而附会者以其能禍福人也而以為神則羣起而禋祀之者嚴若有臨上質旁之氣象焉而黠然之徒偏人愚取此二字以為混號思血食一方傳聞京師有傅二者即其人百順胡同蘭讌堂有雛鳯二頭新荷暴於兩公子太歲欲得而食之斜徒而六公子欣闢之者殊不駭异骈肩而出探手揖入如執雛狗太歲眼前則心怯退則顏若正在為難之際而此身已入公子之手曾不謂能禍福人者至此乃為人禍福然是笑話

太岁被打

阅小操记

跪北小流氓时之旷地操演情形有心人尝窃忧之今观其阵式亦有驳人听闻者爰详志之日前鼎丰里有小流氓一摹约七八十人咸就纸糊之刀或执木削之镜或执竹捎炮棒而以执旗者为领队旗分六七色领队者有七八人大抵一旗十数人有执黄旗者一人高登楼梯之上甫坐定举旗左右指挥则黄旗者便欠身两盖各人之举动皆视旗为举的也俄而黄旗左挥则诸人皆自右而左青旗右挥则诸人皆自左而右黄旗高举则左右皆合而为一若一字长蛇阵势执旗者左右相间而走黄旗平举则以一字变成方阵执旗者通左四隅中心俄而黄旗左旋右书圆就四隅中又出一黄旗才阵又变而为圆阵矣而两翼为之朔如指左右则圆阵变为两翼之朔如断之斯又有石入队伍者四人皆站立楼梯下各就作批有行步不齐及先

阅小操记

晚清《点石斋画报》

匪棍横行

其一
大英雄心至良，横拳窮形相。
有進帳要搜，搜就。
你阿耶我過竟鄉愚。
錢大家用得勿能銅。
倍混帳就是關。
外國牢祇富。
我勒相相其二請入算

上海社會之現象：流氓搶物之凶橫

鬼拆梢

桐上生素善夢自言前晚就枕恍惚至一處伏莽深密野景蕭疎相距一里之地有一巨宅如今之巡防局也者駐足視之忽有小流氓十餘輩蜂擁而來謂此係何地汝敢散擅入偷覘耶生聞言謗徑無措衆流氓遂强拖硬曳搜攫財物恣意拆梢生情急夫呼救命正喧擾間遽見巨宅中有二官員模様者大踏步而出飭令差

中一
場
混戰郭大砍傷頭顱
而郭
二之手指去其三薛四
已刀
唱
劍地猪唱打不止口
觀者
逸
立數百步外雖唱住
斗要
無
一人欲扎上前攔阻者
真惡
打
也任金革犯而不厭二
語不
舂
為若輩寫照

津人恶打

又東街作船之時功會兩經捕房得悉通飭拿獲該孔各包探分班追捕拘獲党于九名暨刺刀十把鐵火鋼鞭蝠等兇器並有其公館用人因生外喊捕亦被刺傷等情解經英廨飭令飭縣黃大令親詣祖聆訊明行訊各情訢已承別承認越當按律訊辨吐萬自此釀命之渡名流說當稍知儆懼淫凶匪踩銷夢兵詎越日又主該寳持刃橫行被探捕拘獲姿名解案訊德何若擊之目無王法懸不畏死克一玉扎此古玄治亂氏用重典鋤顧有地方之貴者作惡一做百之想萬勿姑息養奸是則泥非生民之福也

金桂

晚清《点石斋画报》

流氓凶横

沪北唐家弄一带，每有小流氓威吓结队身藏利刃铁尺铜蚰蝠等利器，过事生风，藉端滋诈。昨时有所闻，前夜有著名流氓罗海二带领堂兵河田珠河六等，因捱骂甚夥，身藏剃刀至唐家弄八百七十八号瑞典饭店，借该店刃伤该店主妇金赵氏并其女彩娥，寺（？）⋯⋯

流氓凶横

棼雨頗通家自謂無罣礙無恐怖也乃惡少輩不做好事伺其深入極樂世界斜衆掩捕之髮匠懷獲無閒得脫踰墻墮傷足冒險行仍被執拳腳橫施竟爾頌命陳妙常受恩深重其何以爲情不識諸惡少定做人命更何以爲地

尼庵滋事

男女好合之私，聖人弗禁，同居生生，氣化中豈能外此。洪爐之鼓鑄，但非閒之以禮，則與禽獸奚擇我。石湖之濱靈巖之麓，有鎮曰墅鎮，鎮有尼庵，尼喜整容倩髠正除毛髮

狭路相逢

立棍张娃卿前经闻道窦吕观察谕拿一纸官符亦常紧急拿人之皆写张应诉讼番新难逃法网矣岂知张毫不悚惧依旧婿武猖威目无条子首晚八点钟带领童羽时逢三米关柄皮鞋令三等十人伺候虹口二十三保十图新朝地方期内条小苶肆为御人厝集茗话之听离圆通寺巡行匓约一里许衔人陈健山英张有陈……

又有強姦民婦之巡警

浙省新設之海塘巡警往往閗入居民家內任意騷擾。日前見三里市某姓少婦踽踽獨行。竟敢曳入圖強牽。附近居民聞聲起集當獲住巡警一名即縛送海甯州署請為懲辦。

又有強奸民妇之巡警

晚清《点石斋画报》

局赌害人

局赌害人

償巨家日耀武汯柳
補入負雜刼
煊赫僕從紛紛門外多嚻
者車轍蹄印
必饯償天時在內室論
事非凡人所得
聞甲將寄擱家宿時有妓喜聲
門詢煦居伴寅衆
揮金如糞主向舖戶買物
亦求值以故
舖無大小寒以得文
其甲為辛一日輸其僕日凡有客來
惠擔駕賜夕久
有客來僕持帖詣上房
但見門戶洞開其無人惹敎甲宿䔿䘓
梅手抹家住探諸着復北
甲之支好展詢
杰燕有回驗箱箧空 如也由是風聲
一布眾戶畢長各肸㴒
負按對約七八千金拾知為兩誕担率
朝官嗚大盜不操戈矛此之謂興

晚清《点石斋画报》

设局骗财

衣冠禽獸

某生某之摩慶人小有才,恆甚悒鬱武斷鄉曲虎威不為人肖畏之為虎甚肥胖某民通商人集甲年長婚天賊下一女年已十二歸刑影相依倉年為苦景某凡愧不能開恆反刺揚以精骨裝色視為青貨可居陰謀詭計唆令早即枝融拆屋庸所之而某生木悔也有某甲者年駘矣夫棚賬

晚清《点石斋画报》

恶丐索钱

京师西安门外有二丐向菜铺户唱曲索钱自晨至午铺主执不與丐乃集二十馀人與該鋪

恶丐索钱

巡捕戴枷

有人寓于租界者其言曰沪北一隅五方杂处匪类潜匿其中车马交驰也不有巡捕焉为之侦察而弹压之将白昼行却赀截伤人之事几无刻而不见余应之曰然则为巡捕者其皆奉公守法毋曰论若辈之未必皆无非出于谄诈青皮之类然一入捕班即恪遵捕范善惟其在公而有所不敢也此西商立法之善也乃未几而有法租界三十五号韡巡捕侯阿二因开赌枷责一事美绘之以示众曰吾不必谓合租界如侯阿二之敢于捕皆如侯阿二之敢于为非也而侯阿二已居然戴矣

晚清《点石斋画报》

巡捕戴枷

晚清《神州画报》

流氓当路行劫

晚清《神州画报》

流氓之衣冠送殡

第八章 清代的无赖棍徒

一、概说

清代是我国帝王时代最后一个王朝，统治时间近300年。在这一段漫长的历史时期里，流氓的活动十分猖獗，留下了不少流氓活动的踪迹，积累了很多流氓史的资料。尤其需要指出的是，自1840年以后，由于社会的大变动，外国殖民势力的进入，沿海商业口岸的日趋繁荣，使流氓的活动更趋活跃。在明代，流氓活动的中心在北京、南京、苏州与杭州。而清代则不同，除了北京因仍是政治中心而导致流氓麇集以外，其他如苏州、杭州的地位，已被天津、上海所取代，这样天津、上海成了流氓活动新的中心。其中，天津的"混混儿"与上海的"白相人"的出现及其闻名，则是这种转换的最好例证。

清代流氓的称谓出现了以下两个方面的显著变化：一是称谓的更趋分化，使"无赖"一词因地域的差异而呈现出各自不同的特色；二是称谓的综合倾向，也即自明代出现"光棍"一称之后，至清代已在法律文书上将其视为各色无赖的通称，乃至清末而最终被"流氓"一词所取代。

这当然仅仅是就其总体趋势而言。事实上，清代流氓的称谓也因地域的不同而各显风姿。关于此，清末人汪士铎的日记有很详细的概括，可以为我们提供清晰的画面。需要指出的是，传统中国所谓的流氓有广义与狭义之分，广义的流氓当然包括"盗贼"，而狭义的流氓则仅仅是指各色"棍徒"。按照汪氏的记载,清代光棍、盗贼同样因地域不同而各显特色,引述如下:光棍之称谓有:"青皮"(海州)、"喇子"(江宁)、"苦家"(江宁)、"二八降"(江宁)、"土棍"、"匪类"、"不成常"、"无二鬼"、"囚犯"(地域不详)。而盗贼的称谓则包括:"红胡子"(颍州)、"幅匪"(山东)、"田匪"(曹州)、"捻匪"(徐州)、"啯匪"(四川)、"贼匪"(广西)、"会匪"(福建)、"痞匪"(湖北)、"斋匪"(湖南)、"担匪"(江西)、"土匪"(安徽)、"教匪"(广东)。[1] 上面关于流氓的诸多地域性称谓,在此不一一加以阐释,仅就"喇子"、"青皮"二称,稍作解释。据清代著名的乾嘉学者卢文弨记载,早在雍正初年,江宁一些无赖子就倚仗自己的拳勇,结死党以害民,号称"喇子"。后江宁知府李天培缚其首恶数人,"毙杖下,余党始戢"。[2] 这是江宁称流氓为"喇子"之例。又据清末人包世臣的记载,在海州所属的青口镇,就有一些"青皮",纠结"刁劣生监",串通"蠹役",常常争夺"马头"(码头),其凶狠已与"枭匪"无甚差别。[3] 这是海州称流氓为"青皮"之例。广义的流氓,也即各色盗贼,并不是本书所拟详细探讨的课题,只在后面的具体内容中简单加以列出。至于狭义的流氓,在清代的名色之多,也不仅仅限于上列这些,而是因地域不同而各具特色。

固然清入关以前,关外一隅也有流氓活动的踪迹,固然入关以后,关外成为流人的天下,流氓、强盗的活动更趋频繁,但就清代流氓史而言,还是应当从清入关以后的顺治年间说起。清顺治年间,清兵南下福州,一些"四方无赖棍徒"就投充靖南王府,被靖南王收用,充

---

[1] 黄濬著,许晏骈、苏同炳合编:《花随人圣庵摭忆》,第72—73页。
[2] 卢文弨:《抱经堂文集》卷27《四川布政使长芳李公家传》。
[3] 包世臣:《齐民四术》卷3《农》3《青口议》。

任爪牙。这些无赖流氓,一旦有了靠山,"于市中买物,率十余辈,或用假银抽包,或剪绺掏摸",[1] 横行市井,坏事做尽。在江南松江府,流氓活动也时有所闻,如松江青浦县周浦西六里,名苏家桥,此地就有一些流氓,时常扰乱社会治安,还斗殴打降。据载,苏家桥一带,比较有名的流氓有陆寅、王六等人。有一次,他们拦路抢劫了一客商之米,被周镇乡兵擒获,就地斩首。周浦镇地方虽小,但流氓的"打降"活动极多,镇上大富之家不多,而小康之家确实也不少。镇上的人获知此事以后,知道苏家桥的流氓会前来寻衅报复,于是一些"强梁者立起议论,倡为先锋之说。分一镇为四境,每镇之富商店铺,或两数,或钱数,各就其地,每日送与强梁者为防护焉。整备刀枪器械,置造旗帜衣甲,编十家为甲,练集乡兵,铸成大炮,以御抢掠"。其实,所谓"强梁者",也无非是一些流氓打手,只有他们才敢出头露面,充当斗殴中的"先锋"。不久,苏家桥的流氓果真纠合梁家角并塘口等地的流氓,前来周浦镇报仇,"二更时分,东西发号炮,各家惊愕","人人结束执械,思图混战"。[2] 这是一次乡镇流氓之间的大斗殴。其实,松江流氓的"打降",在明代即颇盛,至清初不过是尚有遗存而已。

在清顺治年间,松江府上海县的地棍流氓,还参与地方经济,凭借儒户的名头,既拖欠朝廷的钱粮,又从中获利。关于这一点,时人作如下揭示:

> 上海立册,有以儒户免本年之役者。有地棍借儒户射利且以拖欠钱粮者,儒户所得不及六七金,而地棍苛索于民,有五六倍之得。此风六学皆然,而上洋尤甚。非门役即无赖生员,与图伯

[1] 海外散人:《榕城纪闻》。
[2] 姚廷遴:《历年记》上。

为之。自朝廷大加诛求，新旧白银，完足无余，复有赔偿子衿之苦，而地棍方知法律，不敢复为非分之望矣。[1]

可见，地棍与无赖生员与一些乡里长，构成把持地方经济的一股恶势力。至于"六学"云云，当然是指当时松江府的府学、华亭县学、金山卫学、娄县学、上海县学与青浦县学。自清朝廷在江南实行奏销案以后，这些地棍流氓才有所收敛。

顺治年间的流氓，不但把持地方经济，而且还贩卖人口。当时有一批市棍流氓，不守本分贸易，专门充当人贩子的角色，"或诱拐无知，私禁土窖，从而外贩，或将满洲妇人子女，圈诱贩卖，或略卖民间子女"。另外，还有一批"强悍棍徒"，"托卖身为名，将身价伙分"。[2]

此外，在顺治年间，北京还出了两位大流氓，一名李应试，一名潘文学。关于他们的流氓活动，在说到清代大猾时还将详细阐述，在此不赘。

康熙年间，由于地方豪强的盘剥，使农村人口的分化更趋激烈，农民纷纷逃亡。对此，康熙帝在康熙二十三年（1684）年召见山东巡抚张鹏时，对其原因直言不讳：

> 今见山东人民，逃亡京畿近地，及边外各地处为匪者甚多，皆由地方势豪侵占良民田产，无所倚借，乃至于此。[3]

逃民一旦离开土地，进入京畿地区或其他城市，有些就会变得游手好

---

[1] 曾羽王：《乙酉笔记》。
[2] 《清世祖实录》卷63，顺治九年三月甲申条。
[3] 《清圣祖实录》卷116，康熙二十三年九月己丑条。

闲，借助于妓院混日子。如清代南京的一些无业游民，略微熟悉《西游记》之后，"即挟渔鼓，诣诸姬家，探其睡罢浴余，演说一二回，藉消清倦，所给不过杖头，已足为伊糊口"。当时最擅长此艺者，旧推周某，众人称其为"周猴"。此人自进京城为某公所赏识之后，其名遂益著。某公败后，周猴不得不丧气而归南京，其后不知所往。[1]这位周猴，相当于明代以说书著称的"柳麻子"，属于"狎客"之类。有些则只好沦落为流氓无赖，从事各种无本的买卖，把持地方，勒索钱财。他们或拐骗人口，"设置窑子，隐藏私卖"，[2]成为贩卖人口的奸徒；或"私立牙行名色，勒掯商民"，[3]对瓜果菜蔬之类，一律私自征税，多方勒索，成为把持地方的棍徒；或勾引八旗旗丁，私自放债，"准折子女，贴累亲邻，不能安生"，[4]成为扰乱社会治安的"土棍"；或者潜入贵州的苗寨，"勾通本地玩法之徒，将民间子女拐去四川、湖广贩卖，甚有唆使无知民苗，将荒村居住之人硬行绑去，窝藏深山，贩卖外省"，[5]成为专门从事绑架活动的"流棍"。

既然上面已经提到了"狎客"，不妨在此将清代的帮闲流氓作一简单阐述。众所周知，专有一种无赖，平日主要靠那些宦家子弟生活，事实上就是骗宦家子弟的钱财。据纪昀记载，当时有一位宦家子弟，家中拥有资产巨万。于是，很多无赖就假装与他亲近，引诱他冶游，整天饮博歌舞。不到几年，家中炊烟竟绝，导致宦家子弟含恨而死。[6]

根据清朝人梁章钜的记载，当时的北京清客最多，但也并不是所

---

[1] 捧花生：《画舫余谭》，载虫天子编、董乃斌等点校《中国香艳全书》18集卷1。
[2] 《清圣祖实录》卷116，康熙二十三年九月戊辰条。
[3] 《清圣祖实录》卷238，康熙四十八年六月庚子条。
[4] 《清圣祖实录》卷104，康熙二十一年九月庚戌条。
[5] 黄国材：《奏陈流棍绑买民间子女折》，载《宫中档康熙朝奏折》第6辑。
[6] 纪昀：《阅微草堂笔记》卷7《如是我闻》。

有的流氓都可以加入到清客的行列。毫无疑问，清客作为一种闲人，毕竟与街头的那些小混混有所区别。按照梁章钜的说法，清客必须才品稍兼者方能自立。当时有人编写了一首十字令，道："一笔好字，二等才情，三斤酒量，四季衣服，五子围棋，六出昆曲，七字歪诗，八张马吊，九品头衔，十分和气。"这或许就是做帮闲、清客的基本功夫。又有人加以续作，云："一笔好字不错，二等才情不露，三斤酒量不吐，四季衣服不当，五子围棋不悔，六出昆曲不推，七字歪诗不迟，八张马吊不查，九品头衔不选，十分和气不俗。"则当然应该说是更进一步，清客的身份又有所提升。时人程春庐说："果能如是，虽近今翰苑诸君，何以加此？"[1] 确乎其言，既然清客已经到了如此地步，完全可以去翰林院任职了。这显然是对清客理想化的结果，事实上在当时的社会上实属罕见。而最多者还是替官宦大老及其子弟帮闲凑趣而已。如清代佚名所撰小说《山水情》，记载了一位专门在乡宦人家里帮闲的花遇春。从小说记载中可知，这些帮闲又称"陪堂"、"门宾"、"门客"。花遇春替主人所做之事，就是替主人的小姐保媒。当然，在保媒的过程中，这些帮闲原本就是"胁肩谄笑之徒"，所以不过是从中就便行事，成了事后再赚些花红钱钞，根本不管别人的名节。[2]

在康熙年间，流氓的活动极其频繁，时常见诸史籍。如康熙四十七年（1708），福建漳州府所属宁洋、漳平交界地方，有一批"奸民"，"聚众商图抢米"。此次行动，实出自"奸棍"陈首魁的指使。[3] 流氓鼓动的抢米风潮，在康熙年间一直不绝如缕。如康熙四十八年（1709），在望江、宿松、桐城、太湖、建德等处，因为连年荒歉，穷民乏食，

----
〔1〕梁章钜：《归田琐记》卷7《清客》。
〔2〕佚名著，王建华点校：《山水情》第15回《递芳庚闻信泪潸然》。
〔3〕梁鼐：《奏陈拿获闽中狡贼朱辛折》，载《宫中档康熙朝奏折》第1辑。

于是"地棍勾连,向殷实之家借米索食"。[1]"借米"云云,不过是抢米的代名词。此后,浙江台州府所属黄岩县,也因灾荒,导致福建的"流棍"潘邦教、潘邦郁等人,"煽惑愚民,群向贮谷之家,假以称贷为名,公然抢夺"。潘氏兄弟成为流氓头子后,下面嫡系的流氓,不过十余人,其余都是"邻近无赖之徒"。[2]

康熙年间,在旗人中不仅盗贼、匪人日渐增多,而且光棍流氓也时有所见。如康熙十六年(1677),康熙皇帝下谕色塞黑等,对此种情况有所揭露:"朕观数年以来,镶白旗盗贼、光棍、匪人甚多。凡此妄行之人,皆因该管官不豫行晓谕严禁,听其陷于法网,故无知愚民自投死地。"[3]旗人中流氓无赖的增加,固然与入关以后八旗内部成员的阶级分化以及八旗官员管束不严有关,但更与汉人流氓无赖流入八旗相关。当时,常常有"地方光棍"因为作恶多端,怕为人所不容,就"投身王、贝勒、大臣之家,借名横行,抗拒官吏,欺凌小民"。[4]逃人法实施后,这些无赖就诬赖平民,恐吓他人为逃人,借此诈取钱财。如康熙二十年(1681),张七等同谋,将同伙小米儿假装逃人,"诬张二为窝主",[5]完全是一种光棍讹诈手段。

雍正时期,流氓的活动比之康熙年间毫不逊色。雍正皇帝曾有这样一段话,揭露了当时游手无赖的活动:

> 又谕:从前屡降谕旨,禁止赌博,京城内外,稽察(查)甚严。闻游手之徒,潜往通州、天津,公然犯禁聚赌,其赌具之所

---

[1] 曹寅:《附陈江西地方盗匪事件片》,载《宫中档康熙朝奏折》第2辑。
[2] 王度昭:《奏陈黄邑奸民抢谷情形折》,载《宫中档康熙朝奏折》第4辑。
[3] 《康熙起居注》,康熙十六年三月十三日己丑条。
[4] 《康熙起居注》,康熙二十二年五月二十日辛酉条。
[5] 《康熙起居注》,康熙二十年三月初九日壬戌条。

从来,有司亦不究问。又如京城禁止宰牛斗鸡,及畜养鹌鹑等事,而无赖之辈则于通州、天津地方,仍敢擅宰耕牛,私开斗局。[1]

所谓斗鸡、养鹌鹑者,都是赌博的工具及手段。在清代,北京的一些市井无赖,往往热衷于斗鸡、斗鹌鹑,借此聚赌,荒嬉人生。经过朝廷的严令禁止,这些活动一度在北京销声匿迹。不过,并不是这些流氓无赖甘愿寂寞,而是在暗地里转移活动地域,逐渐在通州、天津等地开展活动,并不断扩大其势力,诈骗民间百姓的钱财。

流氓活动猖獗,与无赖阶层的客观存在休戚相关,并不是一纸令文所能禁绝。只要地方豪恶势要不断兼并小农土地,农村失去土地的农民不断流入城市,城乡流氓的活动就不会沉寂。如雍正三年(1725),在浙江就发生了土棍"打降"(即聚众斗殴)的流氓事件。二月二十一日,仁和县土棍董御天赊欠仓桥面铺的面账,造成殴打。次日,董御天再次寻衅行凶,地方百姓看后不服,就纷纷劝解,才使得"恶心未逞"。到二十三日,流氓董御天又纠集旗人陈老八、胡老六、张老二、李老八、高老五、高三腊梨、王保等人,"拥至面铺,磬打器皿,并连打倪四、许云先、王长善、徐云乡四家面铺,以致邻近二十余家畏其凶势,关闭店门"。[2]雍正末年,杭州更是出现了如"青龙党"一类的流氓团伙。史料记载,当时杭州有一些恶少,歃血结盟,在各自的背上刺上一条小青龙,号称"青龙党",横行于闾里之间。最后,按察使范国瑄将他们一一擒治,死者达十之八九,其中的"首恶"董超却得以漏网。[3]

---

[1]《清世宗实录》卷79,雍正七年三月戊午条。
[2] 甘国奎:《奏明整饬地方戢暴安民折》,载《宫中档雍正朝奏折》第4辑。
[3] 袁枚:《子不语》卷4《青龙党》。

康、雍、乾三朝，是清朝盛世，其中尤以乾隆一朝为盛。固然社会的动荡不安，会导致土匪、贼盗、奸宄丛生，但社会经济繁荣，城市生活的过度奢侈，同样也是滋生游民与流氓的极好土壤与气候。如清代乾隆年间的南京，一些游手之人多喜欢养一种百灵雀。此鸟产自开封山中，在鸟类中属于善于鸣叫之鸟，凡是百鸟之声无不可以模仿，而且模仿得惟妙惟肖，所以称为百灵雀。此鸟尤其能学猫叫，由一二声，四五声，八九声，至十三声为止。大多以三五声者居多，能学九声者已少，至十三声已属相当稀有。养鸟当然需要有鸟笼。这些游手之人养鸟的鸟笼，也相当讲究：擘细竹丝作笼，铺砂于笼底，底之中央，安小台子如春菌然，便其憩息，高可二三寸。笼外两旁，则盆盂瓶插，或铜或象牙，或名窑细瓷，为之极尽工巧，甚至有些鸟笼以羊脂玉或翡翠作为装饰。一只鸟笼所费，高达数十两银子。至于防护之珍重，饲养之殷勤，即使是那些孝子之事其亲生的父母，亦无以过之。[1]流氓属于无赖游民，给人的印象总是一些提笼架鹰之流。南京游民的养鸟之风，显然也证实了这一点。

乾隆一朝，流氓的活动也极其频繁，他们的踪迹也时见诸史籍记载。乾隆皇帝一即位，就有一些好勇斗狠的莠民，在市井横行。关于此，史载：

> 又有市井奸凶，十五为群，聚党斗狠，为患于乡间，或强争市肆，或凌挟富人，朝罹官法，夕复逞凶，其恶不减于劫盗。[2]

可见，乾隆时期的流氓活动，已是结党成派。关于这一点，在天津的

---

〔1〕捧花生：《画舫余谭》，载虫天子编、董乃斌等点校《中国香艳全书》18集卷1。
〔2〕《清高宗实录》卷7，雍正十三年十一月下丙辰条。

流氓活动中也可以得到印证。乾隆时,一度下旨放宽对私贩、盐枭的缉拿与禁止。于是,在天津一带,一些"无赖棍徒,纠合多人,公然以奉旨为名,肆行不法"。[1]

乾隆时期的流氓,专干一些奸淫妇女的勾当,但最后还是落得一个天理报应的下场。如沧州城南上河涯,有一无赖叫吕四,平日里就很凶横,无所不为,人畏如狼虎。一天薄暮,他与诸恶少在村外纳凉。忽然隐隐闻得雷声,风雨且至,远远望见似乎有一少妇,避入河干的古庙中。吕四对诸恶少说:"彼可淫也。"时已入夜,阴云黯黑。吕四突入庙内,掩住少妇之口,众人一同将其剥去衣服实施轮奸。突然,电光穿牖,吕四一看之下,见少妇之貌似是自己之妻,急忙放手询问,果然不谬。吕四为此大怒,想提妻掷向河中,其妻大声号叫,道:"汝欲淫人,致人淫我,天理昭然,汝尚欲杀我耶?"吕一时语塞。急觅衣裤,已随风吹入河流,彷徨无计,只好自己背着赤身裸体的妻子回到家中。云散月明,全村哗笑,争相前来询问。吕四无言以对,最后自投于河而死。[2]

值得注意的是,在乾隆时期,流氓活动已遍及广西这样的偏僻之地。据当时两广总督鄂弥达上奏,在广西明宁州一带,"力萼、琴力二村土民,最为顽劣,有著名土恶黄兆运、黄胜文等,借称修庙,统众肆横"。[3]"土恶"云云,实与"土棍"同类,即指横行肆恶于乡间的流氓。

不仅如此,在乾隆时期,即使求乞于安徽一带的"流丐",也颇有些流氓气。据冯钤上奏,这些流丐在平时就踪迹无常,"聚集多人,用强索讨,已为地方之害"。后来,广德州的州官会同都司前往查拿,这

---

[1]《清高宗实录》卷14,乾隆元年三月上丙申条。
[2] 纪昀:《阅微草堂笔记》卷1《滦阳消夏录》1。
[3]《清高宗实录》卷47,乾隆二年七月下丙辰条。

些流丐就拾砖掷打，公然拒捕，殴伤官兵。[1]关于安徽乞丐船所从事的拐卖人口的流氓活动，笔者在后面关于流氓社会活动的阐述中已有详文，读者自可参考。在清代，固然尚未见到在安徽一带有如明一般的"乞丐船"，但从上述的"流丐"活动中即可知，安徽一省的乞丐，其流氓性也是显然的。

进入嘉庆以后，清代已步入衰落期。可以这么说，在清末这段时间里，社会日趋动荡不安，这固然一方面是因为内部社会的阶级矛盾日趋激化，但另一方面也与外国殖民势力的入侵相关。在嘉庆一朝，其社会的动荡，从当时全国各地土匪的猖獗中可以得到部分印证。在河南、安徽、湖北三省交界地方，土匪活动极为频繁，其名目分别有"红胡子"、"白撞手"、"拽刀手"等，所从事的也是一些抢劫活动。这些土匪虽与流氓有一定的差别，但从某种程度上说，他们与流氓也有千丝万缕的联系。如活动于汝、光一带的红胡子，其特点是"不过无赖恶少纠集成群，计图劫夺"。[2]可见，这些红胡子的成员，大部分是"无赖恶少"，即平常在乡里游手好闲的流氓。嘉庆时期，活动于天津一带的流氓，更是横行市井，在街市上任意寻衅滋事，挑起事端，借此获取钱财。

道光时期，流氓活动最大的特点莫过于宗室子弟的无赖化。早在嘉庆年间，韩鼎晋就对"赌徒"与"莠民"的关系作过如下阐述："莠民多起于博徒。欲息邪说，先除莠民；除莠民，自博徒始。"道光时期，北京轿子房一带，更是赌风渐炽，致使"内城旗人多受其累"。[3]可见，当时京师风气日偷，宗室子弟往往游博无度。这些人一旦家产荡

---

[1]《清高宗实录》卷787，乾隆三十二年六月下己酉条。
[2]《清仁宗实录》卷308，嘉庆二十七年七月戊戌条。
[3]陈康祺：《郎潜纪闻四笔》卷9《韩鼎晋上疏禁赌》。

尽，就偷偷前往荒僻之地，抢夺农家乳孩以归。次日，故意张贴寻人招领，"托词途中拾得者"。等到农家来赎时，"则又多方勒索酬金，必取盈而后止"。[1] 此外，如宗室成员福山，聚集一帮无赖，开宝聚赌，"讹诈钱文，奸淫妇女"，[2] 更是无恶不作。又如北京前三门外，一些闲散宗室，也是"三五成群，刁讹百出"，并自称"春三爷"，还有"麻赵"这样的外号。[3] 显然，这也是一批出自宗室成员的流氓。

当然，在道光年间，在安徽、江苏等省，无赖土匪的抢劫活动仍继续存在，而且大有一发不可收拾之势。如安徽颍、凤一带，时常有匪徒出没。当地有一批"无赖棍徒"，强迫良人子弟，勒令其装作卖水烟主人，成为烟童，而匪首名为"水烟箱主"。假若匪首起意抢劫一家，那么箱主就先让烟童"以装烟为名"，踏看门户路径。在踩点完备之后，就前去抢劫。[4] 在江苏徐邳淮海一带，因为与安徽、河南、山东接壤毗连，也是匪徒出没，"每以佩刀持械为能，始则三五成群，借端吓诈，继则肆意横行，凶抢仇杀，最为地方之害"。[5]

至咸丰年间，流氓不仅参与绿林组织，而且加入秘密社会，与会党组织发生联系。据史载，在广东省琼州府属琼山、会同、文昌三县地方，有"无赖游手"纠集多人，成立了"老洪会"，"借端讹索，肆行抢掠"。这些人在当时又被朝廷称作"会匪"，[6] 其实也与流氓大同小异。

当时的流氓，还重演康熙、雍正时期流氓的故伎，在地方为所欲

---

[1] 徐珂：《清稗类钞·棍骗类·攫孩勒赎》。
[2]《清宣宗实录》卷80，道光五年三月丁未条。
[3]《清宣宗实录》卷76，道光四年十二月上丁卯条。
[4]《清宣宗实录》卷89，道光五年九月下庚戌条。
[5]《清宣宗实录》卷96，道光六年三月戊戌条。
[6]《清文宗实录》卷134，咸丰四年六月下辛卯条。

为。如在河南许州尉氏县，一些"刁生恶棍"把持挟制，鼓惑乡愚，"抗粮聚众滋事"。[1]又如顺天府属文安县，有一著名恶棍，名王二贝子，其实真名叫"王为之"，伙同其子王松林等，胆大妄为，盗窃左格庄行宫树石，将树木砍伐100余株，运回家私造月门。此外，这个恶棍还与知县潘履恒交结，狼狈为奸，"因指官讹诈监生何泽清等不允，赴县诬控，将该监生等责押囹圄"。[2]

同治皇帝在位13年，史称"同治中兴"。但是，若据实看来，所谓的"中兴"，实际上要大打折扣。这是因为在同治年间，老百姓的生活不但没有改善，生活质量反而更趋恶化，而且社会治安也并没有多少好转，除了农民暴动的余波继续存在以外，在全国各地，流氓、土匪的活动也日益猖獗，毫无收敛之势。就土匪而言，关外盛京、吉林所属地方，就有一些"骑马贼匪"，"动辄聚集数百人，肆行掳掠，烧杀村民，并于各城附近地方行劫当铺"。[3]在蒙古地区，也有一些土匪结成"老人会"，"敛钱抢物，嗣复纠合多人，持械逞凶，藐法抗官"。[4]

土匪如此。同治年间的流氓也极活跃，不时蠢蠢欲动。当时的土棍流氓，时常与土匪结盟，共同为非作歹。如昌平州马房村，有土匪张六即张连升，冒充顺天府的承差，与土棍杨家悦等"结盟二十余人，抢掠讹诈，种种不法"。[5]又如顺天府大城县有一个土匪头子，名李玉峰，其弟李五，"素称无赖"。咸丰三年（1853）时，这位李玉峰与其弟李五曾经勾结棍徒，"四乡抢掠"，被官兵砍去左耳。但他仍不甘寂

---

[1]《清文宗实录》卷148，咸丰四年十月中乙卯条。
[2]《清文宗实录》卷293，咸丰九年九月上庚午条。
[3]《清穆宗实录》卷139，同治四年五月中戊申条。
[4]《清穆宗实录》卷88，同治二年十二月中戊子条。
[5]《清穆宗实录》卷71，同治二年六月下庚子条。

宽，不久又招集一批亡命之徒，"啸聚多人，结党横行，与骑马贼交结往来，坐地分赃"。当时还有蠹棍吴庆云，在官场里替李玉峰代为夤缘，一些县里的捕役得到赃贿后，就替他包庇，于是也就相安无事。[1] 可见，在清末，土匪、马贼已与无赖、蠹棍、捕役相互勾结，织成一张无形的网，所以可以明目张胆，为所欲为。在同治年间，徐州某氏有一仆，姓田，一向暴戾凶恶，善拳勇，也是一位流氓。他"遇事生风，盖无日不与人寻衅"。当地百姓畏之如虎，于是给他取了一个外号，名"横虎"。[2]

同治年间，经西风熏染，流氓更加活跃。在过去，无赖子调戏妇女，只有等清明踏青、元宵灯会与各种庙会时节才有机会下手。而至同治时，由于女子已不深藏闺阁，时常出来抛头露面，这就为那些"轻薄子弟"调戏良家妇女提供了极好的机会。即以当时上海为例，一些妇女时常游逛于街头，中途遇到相识之人，还欢然道故，寒暄笑语，视为固然。如果在家无所事事，妇女还到茶轩酒肆，杯酒谈心，握手无罚。这样，就使得一些轻薄无赖子弟"得恣其所欲为，绝无忌惮"。

据《申报》载，同治十一年（1872）四月二十八日，在上海城中城隍庙前，一妇人彳亍独行。此妇人年甚少，相貌却颇美。当时有两个轻薄无赖男子，一名相交，一名徐锦，见这位妇人孤弱无伴，就从后面追赶上去。近前以后，嬉笑指点，品其妍媸。这两个无赖感到光说兴犹未尽，于是再赶行几步，到四景园茶室门前，就挨妇人之肩而过，竟伸手摸妇人的乳头，"兼肆谑浪"。这位妇人一时大惊失色，急忙用两手紧握其臂，大呼捉贼。两人意欲甩手逃跑。此时路人聚集，

---

[1]《清穆宗实录》卷85，同治二年十一月中丙辰条。
[2]《申报》，同治壬申四月二十八日。

全环视妇人，向她询问何事。妇人如实道来，"具言所行，众人均笑詈之"，于是将这两个无赖捆送县署，"二人共荷一校"，在四景园门前示众三日。[1] 其实，相交、徐锦这两位轻薄无赖，不过是结帮成派的流氓中的两位。这批流氓一般家住浦东，在城内以做豆腐为业。他们一有空，就三五成群，挨肩联臂，遨游于市廛。遇到一些衣冠文雅之士，就故意近前挤撞，"反指称撞彼要害，扯住叫号，其党即云集响应，互相助为詈骂牵拉"。这些弱者迫于无奈，只好出钱谢罪，然后事情才归了结。这帮流氓有时甚至在大白天肆意斗殴，在黄昏时恣意抢盗，无所不至。城隍庙前的四景园茶室，实际上就是他们的窝藏之地，时常在此拉人"吃讲茶"。[2]

同治年间，流氓不仅调戏良家妇女，而且还诱奸妇女，专干性犯罪的流氓活动。如当时浙江鄞县城内西双桥，有吴姓婆媳两人，专门以替人收生为业。婆婆年达六旬，而媳妇尚属少艾，且丰姿秀美。同治十二年（1873）八月二十三日夜里三更时分，行人已经绝迹。忽来一恶少，持灯一盏，命轿一乘，说是前来请收生。还说地点在小教场，韩姓家，请您媳妇去，大概属于难产，满嘴谎言。当时正值仓促之极，婆媳俩也来不及多细想，媳妇就"登轿径去"。婆婆看到轿夫身着绵绸小衫、纺绸裤子、广式镶鞋，与一般轿夫的装束不同，心里也就产生了怀疑。于是，就请邻里五六人追赶上去。正好碰到恶少与轿夫商妥，打算借演武厅作云雨台，"意将轮奸"。显然，这位轿夫也是无赖的党羽。后来看到有人喊叫而至，只好弃轿而去，狼狈逃窜。[3]

光绪一朝，正值多事之秋，流氓活动更是有增无减。即使在北京

---

[1]《申报》，同治壬申四月二十九日。
[2]《申报》，同治壬申四月三十日。
[3]《申报》，同治癸酉九月初二日。

城内，这些匪棍也敢聚众，在白昼公然抢劫。如光绪十四年（1888）八月，在御河桥地面，有匪棍数十人，"各持器械，施放洋枪，肆行劫夺"。这批匪棍的头目就是方二，即方占元。[1]

在光绪年间，流氓的称呼更趋多样化，有时称"土棍"、"匪棍"，有时则称"棍徒"，而在湖南则称"痞棍"，大概与今日痞子相近。不过，不论作何称呼，其活动无非是讹诈民人，鱼肉良善。如河北沧州土棍王鸿宾等，"勾串吏役，讹诈乡民"；[2] 棍徒张四愣子等，"交通兵役，鱼肉良善"。[3]

在这段时期，流氓无孔不入，肆意勒索。如在南京，当地土棍就向妓馆勒索"使费"。据载，在南京淮清桥一带，一向多青楼妓馆。太平军失败后，这些妓馆时常遭受一些土棍的凌虐，以致萧条日甚。此后，有著名光棍数人，向各妓馆敛钱若干，要求按月致送，便可不来寻衅骚扰，并且还能约束他们的同党。各妓欣然允诺。于是，就如法捐款，或月送十余千文，或月送数千文，多少不等，"由来数年，遵行不改"。不久，又有几个流氓，因为自己的欲望得不到满足，就常去冲打。各妓馆不堪其苦，只得援例增加这几个流氓的使费，按月分送。这些流氓视为得计，就变得更加骄横。此后，凡是一些窝赌、窝娼等事，"均有伊等人干预，直是肆无忌惮"。[4]

在光绪年间，一些教民也不再循谨，而是变得为所欲为，流氓气十足。在教民中，一些不法之徒每因雀角微嫌，聚众持械，扰害生事。"甚或耶稣、天主两教，因异教之故，倚强凌弱，恃众暴寡，互相攻

---

[1]《清德宗实录》卷258，光绪十四年八月丙戌条。
[2]《清德宗实录》卷287，光绪十六年七月乙未条。
[3]《清德宗实录》卷294，光绪十七年二月辛丑条。
[4]《申报》，光绪乙亥五月念二日。

击,各树党徒"。[1] 每当此时,教民中的流氓往往起到急先锋的作用。大致说来,自洋人传教以来,一些入教的教民,"恃教士为护符,词讼抗传,钱粮抗纳,几成锢习,甚至拒捕殴差,纠众夺犯"。[2] 这样,从依恃洋教到目无官府,在教民中逐渐产生了一些横行乡里、鱼肉百姓的恶霸。正因为教民有如此大的声势,所以一些"漏网之正凶,著名之积匪",纷纷加入洋教,将它恃为护身符,这样,就更增加了教民中的流氓成分。所有这些教民流氓,当时称作"撑洋劲"的"洋霸天"。1910年,日本人山口昇在中国根据自己的耳闻目睹,对流氓与天主教的关系作了如下描述:"最值得注意的是,质朴粗鲁、真挚纯真的良民依然慊忌耶稣教。反之,比较的悍智、具有小聪明的人好与传教士接近,利用教民的名义在朴实的愚民中图谋私利。他们常常以放纵高慢、旁若无人的行为肥私囊。……故教堂附近必有一种讼棍的游惰之民众,因而产生教民问题的种种骚扰,但这毕竟是远因的起源。"这些带有流氓性的教民,时常伙同一些恶棍,"恣意以不正不义之手段屡次残害良民"。[3]

宣统在位虽只三年,时间不长,但同样留下了流氓活动的记载。大概在宣统二年(1910)三月,湖南省城长沙的米价陡涨,于是一些"痞徒"就煽惑贫民,"聚众滋事,殴伤官长,打毁衙署,并烧毁教堂"。[4] 所谓"痞徒",实属湖南方言,其实就是流氓。宣统年间,当时枝江县洋溪镇还出了一个著名的"棍徒",名张家炎,又叫张家沅。

---

[1]《东方杂志》第2年第3期《宗教·直隶总督袁摘录律例禁止教民滋事示》。
[2] 徐赓陛:《不慊斋漫存》卷5。
[3] 山口昇:《中国的形势及秘密结社》第2卷第6章《华南的外国传教士》,载《近代史资料》总75号。
[4]《宣统政纪》卷33,宣统二年三月庚申条;吴庆坻:《蕉廊脞录》卷2《长沙抢米风潮》。

这位大流氓"犯案累累，罪大恶极"，实际上就是一位"光棍"，所以最后也被正法处死。[1]

二、大猾与豪强

如果想对清代流氓活动作一详细的了解，那么，有清一代各地方大猾与豪恶所从事的流氓活动，则是一个关键。清代大猾与豪恶，似乎对历史上的同类的经验有所吸取，所以为人变得更加狡猾，手段也变得更加毒辣，而且得以逍遥法外于一时。谓予不信，不妨请看下列史实。

清朝初年，在苏州府，就有施商余、袁槐客、沈继贤、徐掌明四位有名的大猾。他们"揽据要津，与抚按声息相通，鱼肉乡里，人人侧目"，是一些名副其实的恶棍大流氓。他们气焰嚣张，即使回乡归田的地方缙绅，也对他们惧怕三分。如当时太傅金之俊归乡，屡屡遭受施商余的污辱，以致"患膈症而殁"。缙绅尚且如此，遑论小民！这位施商余，诡计多端，敲诈欺压他人，有时不动声色，有时则凶相毕露。有一次，施商余下乡，遇雨，只好"停舟某船舫内"。船舫主人延之上座，盛馔款留。施商余见此家藏有兵器，就暗地里指使人，"以私藏兵器报县拘查"，而自己佯为解救，还恬不知耻地说："以此报德。"舫主不知，再三感谢。又有一次，施商余见到一个银匠之妻年轻貌美，私下道："眼最俏。"银匠听到后，慑于其威势，害怕被抢，只好"以石灰瞎妻眼"。其势焰如此张狂！当然，善有善报，恶有恶报。这位名叫施商余的流氓大猾，后来被金太傅的门生某臬司"杖毙，沉其尸于胥江"，也算是不得好死。还有一位名叫袁槐客的大猾，也是作恶多端，

――――――
[1]《宣统政纪》卷38，宣统二年七月上癸卯条。

所以其子为盗,也是老天报应。

至于大猾沈继贤、徐掌明,其凶焰决不在施商余与袁槐客之下。如沈继贤与人斗牌,被人捉一张,就大嚷:"我之牌,谁敢捉?"那位捉他牌的人不知内情,也不示弱,反驳道:"捉你何害?"于是,沈就与家人悄悄耳语几句。不久,县差就将此人捉去。其人不知缘由,道:"我犯何事而捉?"沈一脸的满足感,笑道:"捉你何害?"又有一次,一位势家款客,沈继贤被安排在上座。有一少年不明事理,向沈只作一拱,以致满堂骇然,纷纷斥责少年无知。少年怒道:"我不认得沈继贤,此又何妨!"不久,这位少年就"被盗扳害于狱"。少年的父兄无奈,凑足500两银子,求沈解救,"得释,踵门叩谢"。沈道:"此事实我讨情,不过五百金仍原璧归赵。"少年恳求沈继贤收下银子,沈再三不受。少年更加感激,叩首不已。沈笑道:"如今是认得我的了。"少年至此才悔悟。当时吴地有一俗谚,道:"得罪了你,又不是得罪沈继贤,怕什么?"由此可见,沈继贤这位大猾在清初的势力实是炙手可热,其为人也于此可见一斑。后来,这位沈大猾被巡抚汤斌"杖毙三清殿前,竟绝嗣"。

大猾徐掌明,与清初昆山三徐联谱,所以也"势可炙"。当时有一谚语,说徐掌明的势力:"长吴两县印,不及掌明一封信。"这位徐大猾曾与至戚黄振生有隙。有一次,有人殴死人,徐大猾就命人"抬至黄门讹诈",讦讼长达13年。直至康熙二十二年(1683),制台王新命才秉公断结,将徐掌明发遣。不久,徐氏逃归,被处死。其子逊如又装扮强盗入某氏室,"强奸妇女以泄忿"。此妇被奸后,"摸盗手六指,即知为掌明之子逊如也"。案一破,徐逊如也被"骈斩"。掌明父也被湖盗赤脚张三之党斫死。[1]

---

〔1〕 顾公燮:《丹午笔记·大猾天报》。

在清初顺治年间，盘踞北京的元凶巨盗李应试、潘文学，比起苏州施、袁、沈、徐四位大猾来，其势更盛，作恶更加多端。李应试，别名"黄膘李三"，原是明朝的重犯，后漏网出狎，专门豢养强盗，勾结聚集一批奸枭，交结官司，役使衙蠹，凡是远近的贼盗，竞相前来输纳重资，而一些南城的商家铺户，也尽纳常例。这位李大猾，明作威福，暗操生杀，"所喜者，即有邪党代为市恩；所憎者，即有凶徒力为倾害"。当然，李应试的罪恶远不止此，其他如崇文门一带的税收，他都自立规制，"擅抽课钱"；其恶侄杀人，"死者之家不敢申诉"。诸如此类，罪不胜数。

大猾潘文学，原不过是一个马贩，但他潜通贼线，时常挑选膘健马匹，接济远近土匪，"每次多或一二百匹头，少或数十匹头。群盗得骑，如虎生翼"。这位潘大猾还交通各级官吏，打点各级衙门，包揽一切不公不法之事，任意兴灭，"甚至文武官员，多与投刺会饮，道路侧目，莫敢谁何"。

当然，李、潘两位大猾的为非作歹，一方面是因为他们交通官府，有官府作为靠山，另一方面是因为他们役使衙蠹，手下聚集一批爪牙。如兵科给事中李运长，身为言官，反与李应试的侄子李天凤联宗，"认为兄弟"。李应试恶迹盈满，举国上下，一致痛恨，但李运长不仅不能揭露他的奸恶罪状，而且还往来亲密，将天凤之子李蓁，"冒作己子，充送官监"。等到事情败露，李运长又不举首，"仍藏匿天凤子，希图幸免"。在李、潘二位大猾的手下，还聚集着高思敬、高三、王国桢、顾麟、槐启璋、李之栋、李东明、刘文登等蠹恶，"或窝盗得赃，或行贿纵寇"，与李、潘二位大猾臭味相投，狼狈为奸。

李、潘二位流氓头子，虽然享尽人间的荣华富贵，气焰嚣张，作威作福，逍遥法外于一时，但终究天报不爽，难逃法网，他们及其子侄,最终得了一个"俱行枭斩"的可悲下场。[1]

除大猾外,清代的一些地方豪强,也把持一方,武断乡曲,肆行讹诈,作恶多端,颇有些流氓习气,也可归于流氓一类。笔者将土豪恶绅之流也归入流氓史叙述的范围,是有事实根据的。如康熙二十九年(1690),沭阳县民周廷鉴告太常寺少卿胡简敬"父子兄弟,一门济恶,霸占民人妻女田产,诬良为盗"。最后朝廷对这位土豪作出的判决是"应坐光棍为首例,立决"。[2]显然,在清代,法律判决上已将土豪为恶当作流氓头子惩处。又如原住浙江黄岩总兵仇机,革职后潜住北京,"讹诈官民",最后被处以"光棍为首例,论斩立决"。[3]下面根据史实,对清代豪强的成员构成及其所作恶行,以及他们给地方百姓所带来的危害,试作归纳如下:

一是清代宗室成员。他们不但成了把持一方的地方豪恶,而且日趋流氓化。如宗室全胜,平日就起有绰号,一副破落无赖相,时常出入于酒肆茶馆。有一次,他与旗人马五率人赴贝勒奕绮府内,"恃强肆骂,无故扰害",被配发至吉林,交付该将军严行管束。但是,全胜不思悔过自新,怙恶不悛,开设赌局,流氓恶习一仍未改。[4]还有一位明瑛,平时就喜欢教习拳勇,并不安分。后裕丰仓发放成色官麦,他"辄以为土麦夹带好麦,纠合棍徒,拦车入城,冀图讹诈得钱"。[5]

至清末,宗室成员的无赖化,已成当时一大趋势。道光九年(1829),道光皇帝在上谕中曾对此有所揭示:"朕因宗室近来积习,往

---

[1]《清世祖实录》卷70,顺治九年十二月壬戌条。
[2]《清圣祖实录》卷146,康熙二十九年五月辛丑、六月乙丑条。
[3]《清圣祖实录》卷280,康熙五十七年八月乙未条。
[4]《清宣宗实录》卷112,道光六年十二月下丙寅条。
[5]《清宣宗实录》卷117,道光七年五月甲午条。

往以不干己事具控，借端讹诈。"[1]可见，讹诈是清代宗室成员从事流氓活动的主要手段。如宗室福山，原系闲散宗室成员，不但"聚集无赖，屡次讹诈良民，逼勒钱文"，而且还"奸淫妇女，开宝聚赌"，无故扰害地方社会治安。[2]此外，清代宗室成员还随意强奸良家妇女，行同流氓无赖。如嘉庆年间，宗室喀勒明阿前因犯罪，移驻盛京，本应安分守己，但这位喀勒明阿流氓恶习未改，仍在盛京恣欲游荡，"先经调奸罗洪氏未成，兹复将民妇阎汪氏踢伤，强行奸污"，[3]实属横肆不法。

宗室成员如此。那么，构成宗室主要成员的八旗人员又如何呢？从史籍来看，八旗人员的流氓化，并不比宗室成员差。早在康熙初年，在旗人中就有无赖光棍的存在。如史称："迩年以来，镶白旗盗贼光棍匪人甚多。"[4]此后，一些地方土棍开始勾引旗丁放债，使他们更趋流氓化。据当时浙江总督李之芳疏言，杭州北关门外居民罢市，其起因就是由于"土棍勾旗放债，准折子女，贻累亲邻，不能安生"。到了第二日，杭严道王梁在衙门会审此案，忽有旗兵王和尚等，率领流氓数百人，"辱骂行凶，毁裂舆盖"。[5]至乾隆时期，更是有八旗子弟甘愿堕为无赖，"每遇年节，有在街市纵酒妄为者"。[6]

宗室成员、旗人日趋流氓化，并成为武断乡曲的地方豪强。所以，一些流氓行事，为了掩人耳目，往往假借宗室的名头，或行骗，或讹诈。如光绪四年（1878），在北京户部三库，每当到了放款之日，就

---

[1] 张寿镛编：《清朝掌故汇编内编》卷55《刑法》2。
[2] 《清宣宗实录》卷80，道光五年三月丁未条。
[3] 姚雨芗原纂，胡仰山增辑：《大清律例会通新纂》卷3《名例律》上《应议者犯罪》。
[4] 《清圣祖实录》卷66，康熙十六年三月己丑条。
[5] 《清圣祖实录》卷104，康熙二十一年九月庚戌条。
[6] 《清高宗实录》卷12，乾隆元年二月上乙亥条。

有一些土棍流氓，"假冒宗室，纠集多人，在三库左近地方，设局诓骗，将领项之人及库兵书吏等，拥诱讹诈，甚至剥取衣服，逼写欠票字据"。[1]同时，在北京前三门外地面，有土棍松保、惠林、惠四、普八、罗三、大龙等，也是"假冒宗室"，与一些有绰号之流氓，如"金刀赵四、金标赵六、单刀小王五、李占鳌、阎四虎、刘保、汪保、周保，并邓三凤、马三凤等"，在各处肆行骚扰。[2]

宗室成员、八旗子弟的无赖化以及与地方流氓的臭味相投，对清最高统治者来说，构成了极大的威胁，动摇了其统治基础。所以，清政府对流氓勾引宗室以及八旗子弟随意妄为的无赖行为，在法律上作出如下严厉的规定："凡旗人窝窃、窝娼、窝赌及诬告讹诈、行同无赖、不顾行业，并棍徒扰害、教诱宗室为非、造卖赌具、代贼销赃、行使假银、捏造假契、描画钱票一切诓骗诈欺取财，以窃盗论。"[3]尽管政府对宗室成员的无赖化作了如此严厉的法律制约，流氓集团还是无孔不入，而宗室、八旗子弟经济地位的日渐下降，也迫使他们加入流氓团体，所以，政府的法令也就成了一纸空文。

二是太监及其子弟。太监作为刑余之人，他们充当的只是朝廷的家庭奴仆的角色。但是，太监也扩充自己的势力，置买田产，纵容老家的家人欺压百姓。这样，太监也成为地方豪强的一员。如雍正时期，太监李信父子，就在房山地方聚集数百人，"违禁独霸石行，将附近居民牲口强夺拉车，以致四五十里之内居住人民，不敢畜养牲口"。关于李信父子的流氓罪行，大致可概括为如下几条：

（一）房山县的矿场，原来一向由李儿台等处百姓开采。李信霸占

---

[1]《清德宗实录》卷84，光绪四年十二月下辛丑条。
[2]《清德宗实录》卷90，光绪五年三月下甲子条。
[3]《大清律例会通新纂》卷3《名例律》上《犯罪免发遣》。

矿物，不许外人开采，权力归于"伊一家"。他将100余人分为三起，议定开采物"伊家七分，挖矿之人三分"。每天有40人进矿劳动，每人背出矿砂100余斤，出铅30斤，约得银四五两不等。除了五、六、七月不开采外，共计一年可得银四五万两。李信凭借特权，向朝廷纳税很少，有时甚至不纳税，而且"不容附近居民生理，勒揹挖矿人民贵价买伊米布等物"。他手下的家人于五、刘六管理房山矿场事务，"百姓稍有违拗，即非刑拷打"。

（二）李信强行霸占宛平县良民于文龙之媳王氏，并强娶房山县陈铁匠孀居弟妇三儿为妾。

（三）李信重息放债，不早行收利，等待年代一久，本利一并折算，将百姓房产折赔。如果有人不能完，"即将妻室子女勒买为奴"。他还在房山张房等处开有印子铺，由本村人王重元任管事。此铺"以八两为十两，每月抽银一两二钱，十个月抽十二两为完"，违禁重息害民。

李信父子还勾结庄头李保住父子，"朋比为奸，势大莫制，平白霸占，无故肆殴，被害畏惧，各皆吞音，莫敢言喘"。[1] 可见，太监成了把持一方的豪强恶势力，并成为地方流氓头子。

三是庄头家人。在明代一些讲史小说及白话短篇小说中，诸如《海公小红袍全传》等，对家人在地方豪强武断乡曲时所起的鹰犬与爪牙的作用，我们均会得到许多形象的认识。庄头在明代即已存在。他们之助纣为虐，也已为世人所瞩目。不过，庄头为害，则以清代尤烈。他们的行为，不但在研究清代豪强时不容忽视，即使研究清代流氓史，对这些庄头的流氓行为也需要重重地写上一笔。

关于庄头之危害乡间，清兵一入关，此弊就已存在。顺治二年（1645），顺治皇帝对庄头之害深恶痛绝：

---

[1] 李维钧：《奏为访拿恶势以除民害折》，载《宫中档雍正朝奏折》第1辑。

> 今闻各处庄头人等，辄违法禁，擅害乡村，勒价强买，公行抢夺，逾房垣，毁仓廪，攘其衣服资财，少不遂意，即恃强鞭挞，甚至有捏称土贼，妄行诬告。且狡猾市侩，甘为义子豪仆，种种不法，肆行横恶，殊为可恨。[1]

从上面所列庄头恶行来看，与其说他们是庄头，倒不如说是流氓头子。至于"狡猾市侩，甘为义子豪仆"云云，说明这些庄头手下，聚集着一大批流氓无赖。这一点，从清代史籍中也能找到证据。如当时陕西道御史罗国士就上奏，对无赖投入八旗有所揭露。他说："近有奸宄之徒，托名满洲者，……或亡赖借之以倾富室。"[2] 这里所说的"奸宄之徒"与"亡赖"，究其实就是流氓。这些庄头，不仅诬陷军民老百姓为"土贼"，借此讹取钱财，而且还包庇真正的盗贼，成为他们的窝主。关于这一点，兵科给事中王廷谏就疏称，"为窝主者，非地方豪恶，即投充庄头也"。[3] 可见，这些庄头与"盗贼"、"奸宄之徒"与"亡赖"这些黑社会成员关系密切，并成为他们的保护伞。

至康熙时，旗下家人庄头危害地方之事，仍是层出不穷。如康熙二十二年（1683），刑部就指出：这些庄头家人，"在外倚势害民，霸占子女，把持衙门，及拿人到家捆缚打死者"。[4]

到雍正年间，庄头的势力有增无减，而且出现了几位颇具流氓头子声势的庄头。他们大都强横不法，流毒肆虐，为害地方，以致人人侧目。如宛平县鹅房庄的庄头索保住，以及其子八哥、侄乌允一，"横

---

[1]《清世祖实录》卷16，顺治二年四月辛巳条。
[2]《清世祖实录》卷22，顺治二年十二月甲申条。
[3]《清世祖实录》卷71，顺治十年正月丁丑条。
[4]《清世祖实录》卷112，康熙二十二年九月甲午条。

霸一方，田连阡陌，所招佃户俱系山西并西山里人，一呼千诺，供其驱使。出入骡马成群，路人为之惊观"。索保住的侄子乌允一，尤其凶恶蛮横，常常酗酒打人，毫无顾忌。还是这位乌允一，曾经将李世英活活打死，犯有人命案子。索保住父子与房山县夏村庄头陆哥原系至戚，交好甚密，所以他们互为犄角，朋比作奸。这位陆哥，家富势大，家里养着四五百匹骡马，而且时常在家里男女混杂，弹唱演剧，耍拳弄棒，一副流氓派头。不仅如此，陆哥虽然以开矿开窑为业，但若追查过去的历史，也曾窝顿过"响马贼"，说明与土匪关系也颇密。[1]

宝坻县焦姓兄弟，身为庄头，他们的罪恶比起索保住父子来有过之而无不及。焦氏兄弟，其名分别为焦国栋、焦国用、焦国壁、焦国俊、焦国杰、焦四巴喇。他们"分住城乡，各肆横，霸田土千余顷，豪仆如云，出入行走，骡马成群，店铺当庄各处开张，均有家人分管其事，而且田连阡陌。又有走京及本县操事之总管，以致骄奢淫佚（逸），凶虐无忌，受害人民畏势吞声"。关于焦氏兄弟的流氓恶行，揆之史实，并参照各类史籍记载，大致可以概括为如下三项：

（一）随意妄为，活活打死家人或雇工人。打伤人的命案主要有：活活打死家人刘进生，贿赂买通尸亲，使死者家属不上诉控告；活活打死家人崔之林之妻，将尸体抛在河内，之林赴内务府申告，因焦国栋势大，冤仇未伸，反将本人发往关东管事；活活打死壮丁常柱，连尸首也无下落；活活打死壮丁李三；在当铺内，焦国壁带领家人，活活打死伙计孔儙子；活活打死张姓雇工人一人。

（二）奸淫家人及雇工人妻子，如若不从，立刻打死。如有一次，焦国栋奸淫家人妻女。众家人一时情极胆大，将焦国栋捆绑在厅堂，百般殴辱。此事立刻惊动了本县知县与守备，他们亲至其家，对家人

---

[1] 李维钧：《奏陈地方庄头横行折》，载《宫中档雍正朝奏折》第1辑。

好言安抚,向家人下保证:"但肯解放,愿甘不究。"当然,这次因为家人心齐,才使焦氏兄弟失了威风,假若平常,他们要凶狠得多。如焦国壁强奸家人万六之妻,不从,就将万六活活打死,万六之妻也随之自缢身亡;强逼雇工人张姓之妻,不从,也被活活打死。此外,焦氏兄弟还隐瞒壮丁之妇柱姐,并私霸为妾。

(三)在自己家门口,私自创立做买卖的集场,还擅自设立保长、地方等职,垄断这个集市。[1]

清代的庄头,凭借他们满洲主子的势力,到处掠夺,倒也混得万贯家财,一副财主老爷的派头。但从上述庄头的种种恶行中,我们确实很难将他们与流氓无赖区分开。这是因为,一方面,在他们手下的家人中,确有一批人就是流氓无赖。如当时投充八旗家人者,"率皆无赖游手之人,身一人旗,夺人之田,攘人之稼"。[2] 另一方面,庄头的财富、家势虽已与市面上厮混的泼皮光棍不同,就行为而言,却无二致。换言之,庄头是那些破落无赖的衣食父母,是地地道道的流氓头子。

四是衿棍。衿者,绅衿也,指地方上一些颇具身份的人物。棍者,光棍也,指一些泼皮无赖。所谓"衿棍",说明这类人兼有"绅衿"与"光棍"双重身份。说得更清楚一些,清代"衿棍"一称的出现,说明绅衿不但成为地方豪强的一员,同时也成为地方流氓的头子。

绅衿流氓化,并非清代所独有,早在宋、明两代,就有例子可寻,只是以清代尤为明显。清代的绅衿已成为一方豪强,而且他们的所作所为也是一副流氓派头,这是清代的特点。所以,《大清律》中对绅衿豪强的违法行为实行严厉禁止:"绅衿倚仗势力,诈害地方,骚扰百姓,霸占田房,强夺妻女,致毙人命,抗粮行凶等事",都在禁止之

---

[1] 李维钧:《奏闻察访势恶害民折》,载《宫中档雍正朝奏折》第1辑。
[2] 《清世祖实录》卷25,顺治三年四月辛卯条。

列。法律虽如此规定，这些衿棍却依然故我。在湖北省所属州县，早在雍正年间，就有一些"恶衿土棍"，"把持包揽，与地方官少不遂意，动即勒众逐官罢市，打入内衙，辱及妻子"。[1] 嘉庆二十一年（1816），蒙古捕盗官忠禄身为职官，却"犯奸宿娼，妄拿良民，复挟嫌诬控，冀图讹诈"。当时地方官员在处理忠禄一案时，仅仅"照棍徒扰害例拟遣"。案子到了刑部，刑部官员认为，忠禄身为职官，引用"平人之条"殊未允当，应该加重惩处，所以最后改用"旗员诬告讹诈，行同无赖，不顾行止"例，将他发遣黑龙江三姓等处当差。[2] 清代绅衿的无赖化，有时确实出乎人们的想象。如当时湖北的一些绅衿，有时甚至敢聚众闹事，抬孔子木主及诸贤牌，"与人打架"，一副市井泼皮相。

道光时期，在江苏一些地方，衿棍更是肆无忌惮，包揽漕务，坑害地方百姓。关于这一点，史籍对"衿棍把持，借端讦告"有记述，不妨详引如下：

> 如所奏旗丁津贴一项，前经奏定每米一石，给银二三钱，多者不得过五钱，……而包漕衿棍，借此横索陋规，不可不亟行革除。据奏，富豪之家，与稍有势力者，皆为大户，亦有本非大户而诡寄户下者，其刁生劣监，平日健讼者，则为讼米，完纳各有成规，而讼米尤甚，稍不遂意，非逞凶闹仓，即连名捏告，借控为抗，包揽分肥。人数最多之处，生监或至三四百名，漕规竟至二三万两，实骇听闻。[3]

---

[1] 杨宗仁：《奏请严禁楚地刁顽风气折》，载《宫中档雍正朝奏折》第3辑。
[2] 祝庆祺、鲍书芸等编：《刑案汇览三编》卷1《旗员行同无赖讹诈诬告拟遣》。
[3]《清宣宗实录》卷111，道光六年十二月上癸丑条。

照例说来，绅衿是朝廷统治百姓的阶级基础，可是，由于绅衿的流氓化，更由于绅衿包揽漕务、把持地方事务以及抗粮闹漕，使绅衿阶层对朝廷统治构成了某种程度的威胁。

绅为一邑之望，士为四民之首。照例，他们是稳定地方社会的一股重要力量，但事实上他们的行为往往成为瓦解传统统治基础的一部分。关于此，清人田文镜对顽绅劣衿有很好的揭露：

> 有一等不肖绅衿，专以唆讼抗粮为能事，窝娼窝赌为生涯，或出入衙门而钳制官长，或武断乡曲而鱼肉小民。完粮必短封减耗，保甲必抗不当差。出借仓谷则捏造鬼名而负欠，包揽钱粮则诡寄田地而侵收。收留异乡无籍之徒以为雇工佃而霸其妻子，招致游手好闲之辈以为外班家人而滋扰地方。甚至挟妓包娼而转向推荐，窝奸隐线而坐地分赃，纵容佃户挑贩私盐，违例放钱，十分取息。恶不胜书，罪难屈指。[1]

这番话并非空穴来风，而是有事实依据的。如清末光绪年间，地方豪强劣绅的流氓恶迹更是昭著于天下。如在湖北，在籍侍卫黄兆晋，"聚赌诓财，贩卖人口，霸占妇女，抢劫财物，擅用私刑，包揽词讼，武断乡曲，闾阎侧目"。[2] 直隶天津县在籍二等侍卫佟在田，也是"屡次生事讹诈"。本县奸媒萧氏窝娼贻害地方，还有民人王三保霸良为娼，地方官员先后访拿，这位侍卫却出来阻挠说合，并有"包庇流娼、捆人勒赎等事"，为所欲为，"行同无赖"。[3] 四川富顺县大衿棍侯选道、

---

[1] 田文镜：《抚豫宣化录》卷4《为严禁绅衿败类奴仆横行以端风化事》。
[2] 《清德宗实录》卷228，光绪十二年五月丁未条。
[3] 《清德宗实录》卷83，光绪四年十二月上癸未条。

王余照,也是"倚侍富豪,欺压乡里,被控之案,多系私设引局,抽收井厘,侵吞公款,并占买已字民女为妾"。[1]这些衿棍,不但自己行同无赖,而且还与地方上的匪棍流氓相勾结,狼狈为奸。如安徽在籍郎中曹英,倚势横行,私带兵役人员锁拿平民,还殴打民人潘观海等,"几于毙命"。此外,曹英还纠集匪棍,"勒索商船"。[2]

在籍官员如此,回籍官员也行同流氓。如试用知县李维棠,丁忧回籍以后,"窝留娼妇,卖奸分钱",实属有玷衣冠。此外,他还以"铅银诬赖黄八观","串诱杨拔英醉后赌钱,拘留恐吓,勒写欠票";"又将邻人曹复观诬奸索诈",卑污强横,简直行同棍徒。[3] 关于李维棠的流氓行径,《刑案汇览三编》有详细的记录,我们不妨详引几条如下:一是乾隆五十九年(1794),李维棠买陈魁之女素娥为婢,后来素娥之母杨恳娘前来李家看望女儿,李维棠却与杨恳娘"调戏成奸"。李维棠丁忧回家后,又招来杨恳娘,在他家的空屋中"居住卖奸,得钱抽分"。二是嘉庆二年(1797),李维棠到黄八观的店里买蜡烛,令其让价,但被拒绝。为此,李维棠就设下计谋,"挟嫌图诈"。当时举人曾宝光的住处与黄八观相近,李维棠就写一信,在信内封上灌有铅的"番银"四元,托黄八观转寄曾宝光查收。随后假称还想添写一些内容,将信取回,当着黄八观的面将信拆封,诬蔑黄八观将信内的银子换成了"铅银",声称要将其送到官府治罪。黄八观在害怕之下,只好给以赔偿。三是嘉庆四年(1799),李维棠与素识之武生杨拔英一同赴省参加考试,见杨拔英尚年轻,不懂世务,就引诱他赌博。先是将他灌醉,而后一同赌博,赢了杨拔英番银25元,因无现银,就将他"关禁

---

[1]《清德宗实录》卷91,光绪五年闰三月上乙酉条。
[2]《清德宗实录》卷249,光绪十三年十一月癸酉条。
[3]《大清律例会通新纂》卷3《名例律》上。

恐吓",自己亲自写下欠条的草稿,让杨拔英照抄,写欠番银100元欠条一张。李维棠将杨拔英释放以后,逼迫杨拔英交上番银60元才算了事。四是李维棠的邻居曹复观家中的鸡走入他的书馆中,央求他家的婢女一同帮助寻找,被李维棠撞见。于是,李维棠诬陷曹复观调奸婢女,从曹复观那儿诈得番银10元。[1] 身为丁忧回籍的官员,却能招纳奸妇在家卖淫,并从中取利,而且其讹诈的手段也是花样繁多,这显然已经不是"无耻已极"而已,而是与流氓如出一辙。

五是土豪。土豪是指那些没有身份、却有财势的地方豪强。从某种意义上说,土豪大致与民间所言的"地头蛇"相近。换言之,土豪虽与劣绅有所差异,但就他们的恶行而言,颇多相似之处。

清代土豪的恶行也是不胜枚举。他们或与一些带有流氓习气的散兵游勇臭味相投,把持地方税卡;或在地方纠合恶少无赖,肆意为恶。如咸丰五年(1855),御史宗稷辰就上奏,揭示常州、镇江土豪私设税卡的罪行,说他们"在江滨距圌山关相近地方,树帜拦船,肆行盘踞,与营卡比列,莫辨公私"。[2] 又如台湾已革副将林文明,纠合恶党林万得、林清郊、黄河山等,"霸占民人洪朝随等数十家田土,及林振元等房屋数百间,烧毁洪林氏房屋数十间,房(掳)去洪金榜",[3] 种种恶行,不可胜数。

三、流氓的种类:各色棍徒

在清代,流氓活动极其频繁,流氓的种类也是名目繁多,称呼不

---

[1] 祝庆祺、鲍书芸等编:《刑案汇览三编》卷1《未入学时犯赌并丁忧官扰害》。
[2] 《清文宗实录》卷163,咸丰五年三月下乙酉条。
[3] 《清德宗实录》卷84,光绪四年十二月下辛丑条。

一。大致说来，清人俗称无赖之徒（即流氓）为"棍徒"。这是因为，世俗称棒为棍。此称无非是形容这些流氓的凶恶之状，"如以棒击人也"。"棍徒"一称，大致原于李绅《拜三川守诗序》，此文言："闾巷恶少年，免帽散衣，聚为群斗，或差肩追绕击大球，里言谓之打棍，士庶苦之。"由此可知，凡是行为凶恶、在里巷间无好名声者，都可以称之为"棍"。所以，在清代又有"地棍"、"土棍"、"痞棍"之称。[1]下面，就清代流氓所从事活动的差异，对各色棍徒试作如下区分：

（一）光棍。在宋代，一般称流氓为"捣子"，而在明代则称"光棍"。不过"光棍"一称，在清代沿而未改，也被专门用来指那些从事流氓活动的无赖泼皮，成为流氓的通称。在清代，光棍究竟是何等样人？清人编《六部成语注解·刑部成语》认为，光棍就是"诈骗之匪也"。清人李鉴堂所著《俗语考原·光棍》作如下解释："俗谓无赖匪徒以敲诈为事者为光棍。今俗亦以无妻之独夫，谓为光棍汉。"在这里，可以抛开今天尚流行于世的"光棍汉"这一层意义不谈，因为它与流氓史似乎无涉，专论具有流氓意义的"光棍"。

在清代，凡是从事诈骗、敲诈等事的无赖，一般均可称为"光棍"。如史料记载：

> 每有一种无赖，三五成群，好拳学武，遇事蜂攒，索诈酒食，戏狎妇幼，不遂其意，捉人凶殴。京师称为"闯将"，江南、江北或称"闲汉"，或称"打行"、"打手"者，皆属光棍，不加重处，不但懦弱受其欺凌，亦致事有不测。宜严拿党类，痛行枷责，依律决配。[2]

---

[1] 徐珂：《清稗类钞·棍骗类·善棍》，
[2] 潘月山：《未信编》卷4《刑名》下《理杂犯》，载《官箴书集成》，第3册，第126—127页。

需要说明的是，清律中专有一种"光棍罪"，并将其列入"杂犯"之下。

那么，清代的"光棍"在当时主要从事什么活动？下面根据清代史籍，对他们的活动试作分析如下。

正如上述，从事诈骗活动，是清代光棍的看家本领，而且其诈骗的手段也无奇不有。谓予不信，不妨看看下面的实例。明末苏州府有一陈明卿（讳仁锡）先生，曾中探花，官至国子监祭酒。这位陈老先生一生好刻书，所刻行世者有《资治通鉴》、《大学衍义》等书，共计一二十种。他的儿子陈济生也好刻书。至清初，这位陈济生也已去世。当时有一光棍，名施明，从海上来，与沈天甫等合伙，伪造《顾推官咸正传》一书，假托已故陈济生之名，"而罗江南北之名士巨室于其中，以为挟害之具"。同时，他们又伪造明朝内阁大学士吴甡一序，借此向在清朝廷任中书的吴甡之子吴元莱要挟讹诈。这批光棍流氓也是结帮成伙的。除了施明、沈天甫外，还有夏麟奇、吕中、吴石林、叶大等人。后经过刑部审讯，才知他们无非是想以伪造逆诗的方法，向吴元莱敲诈2000两银子，因吴没给，他们就将此书出首，"欲图三品前程"，即借出首混个三品官做做。不过，事不如愿，不但银子未到手，而且头未戴上顶戴，却先已落地，被朝廷处以"押赴西市处斩"。[1] 又如康熙年间，有一位著名的"积恶光棍"，名沈颠，他霸占尹鸿勋的田产，"又打勒书写卖身文契"。这位光棍作恶多端，后也不得好死，最后被处以"在伊行凶地面正法"。[2] 真可谓罪大恶极，必有后报。

有时光棍也冒充府差，或假充"通事"（翻译），随意骗取钱财，干扰地方政治。据当时工科给事中雅齐纳疏言，每当外藩蒙古入贡之时，常常有一些光棍，假称"通事"，"豫往边外，羁占外藩贸易之

---

[1] 顾炎武：《亭林佚文辑补·与人书》，载氏著《顾亭林诗文集》。
[2]《康熙起居注》，康熙二十五年十二月初五日乙卯条。

事"。[1]又如雍正年间,在常州府靖江县,曾发生过光棍假冒府差的事情。当时有一光棍,"持假票一纸",号称委任靖江县县丞刘鉴为知县,摘取该县知县丁应蕙的印信,"封闭宅门仓库"。[2]更有甚者,有些光棍的行为纯属肆无忌惮,干脆落草为强盗,干起了行劫商旅的无本买卖。如河南祥符县所辖十二寨地方,俗尚剽悍。内有号称"光棍"的无赖匪徒,"以行劫为长技,窝匪徒为任侠"。[3]

在清代,光棍有时又充当商业经纪人,把持地方经济。一般说来,凡是清代城市乡村的通商之处,陆地设有牙行,河边设有埠头,替客商交易货物。这些牙行埠头,一般选取有家产人户充当,"官给印信文簿,附写客商船户籍贯、姓名、路引、字号、物货数目,每月赴官查照,私充者杖"。可是,光棍并不理会朝廷的规定,而是"自呼为经纪,百十成群",每天往州县衙门,领牙帖数十张,每张付银二三钱不等。拿到牙帖后,就到市集上任意勒索,不论货物大小精粗,皆视买卖盈缩为抽分之多寡,"名曰牙帖税"。如果客商村贩稍有不服,就予以驱逐,不容他们在街道上做买卖。[4]有时候,这些光棍冒充是买卖牙行开店,"勒逼买卖人等到伊店内卸货"。[5]

关于清代光棍所从事的诸般性犯罪活动,史书也多有记载。有些光棍本属男人,却故意男扮女装,出入闺门,奸淫妇女。如雍正年间,苏州有一位美男子,姓乔,不知其名。他不剃发,也不缠足,假称女子。他故意穿珠点翠,出入于大家闺阁。不久,他就以"乔姑娘"著名于世,不肯与男人相近,人们也以"贞洁目之"。就在这种美名之下,

---

[1]《清圣祖实录》卷94,康熙二十年正月辛未条。
[2]何天培:《奏报地方恶棍假票摘印折》,载《宫中档雍正朝奏折》第4辑。
[3]李维钧:《奏报访拿匪类折》,载《宫中档雍正朝奏折》第4辑。
[4]张寿镛等纂:《清朝掌故汇编内编》卷25《职役》。
[5]《康熙起居注》,康熙四十五年八月二十一日丙午条。

这位由光棍乔扮的"乔姑娘",却是"遍淫妇女无算"。一日,他又打算用此手段强奸某夫人,事情败露,于是控告到官府。臬司(按察使)葛继孔派手下差人立即将这位光棍拿住,将他杖毙。[1]

在市井上,有时也出现一种不男不女的光棍,凭借自己身体具有两性的功能,专干淫乱之事。据说,在晋怀帝时,在京洛人中,就有"兼男女体,亦能两用人道"之人。清乾隆三十二年(1767),这种两性人又有所表演。当时吴县拿获一个不男不女之人,姓周,"具茎物、阴户二形"。这位周氏幼年时曾经嫁人,丈夫死后,就充当媒婆,出入于闺门,乘此奸淫女子。不久,事情败露,被照光棍例,处以"遣戍"。[2]

此外,有些光棍男扮女装,与一些男人搞"鸡奸"一类的同性恋活动,伤风败俗。据刑部奏,有一位光棍邢大,在其17岁时,就与"洪大鸡奸"。光棍洪大让邢蓄发穿耳,扮作妇人,免得让人看破。邢大与洪大情密,于是就答应此事,随即在家做女工针线一类的活计。不久,洪大因为身患重病,不能养活邢大,就与邢大商定,捏称邢是自己的寡妹,嘱托媒人嫁给刘六为妻,共得彩礼钱25吊。因邢大假装妇人很久,声容举止,宛然与女子相同,所以刘六之父母均被瞒过。到了同房之夜,邢大多方掩饰,"诱令刘六与之鸡奸,并未窥破"。日久厮熟,刘六也发觉此事。但邢大再三央求包涵,表示情愿服侍终身,并称自己能看香治病,"得资添补"。刘六被他甜言哄骗,也只好隐忍不言。于是,邢大就假称狐仙附体,建画图像,供在家中,替人看香治病。但刘六父母不依,邢大就撒泼吓唬,老刘六夫妇只好分居另住。不久,此事被人发觉,邢大随之被拿获。[3] 可见,邢大、洪大就是一对搞同性

---

[1] 顾公燮:《丹午笔记·乔姓美男子》。
[2] 顾公燮:《丹午笔记·不男不女》。
[3]《大清律例会通新纂》卷7《礼律祭祀·禁止师巫邪术》。

恋的光棍流氓。

（二）土棍。照理说来，土棍也是光棍的一种。明清两代，北京均是都城，为人物荟萃之处。所以，北京话成了官场通用语言。这样，"光棍"、"土棍"一类的词，一方面属于北京土语，另一方面又属于全国通用的官话。那么，为什么称之为"土棍"呢？近人齐如山作如下解释："'土棍'即'光棍'，但较小而土耳。此名词似系介乎'光棍'、'泥腿'之间的性质。"[1]"泥腿"一词，也是北京土语，但与光棍、土棍两种称呼不同，它并不是极坏的名词，不过是指下等人而已。"如人在街面上做事，两腿永有泥也。言外是永远在卑贱脏污的地方去踏，故人品不能高尚。"[2]

一般说来，清代史籍大多以北京土语为基础，所以"土棍"之称时见诸载籍。不过，土棍有时又称"地棍"，而地棍其实就是近代意义上的流氓。如清人徐珂言："上海之流氓，即地棍也。"[3]在清代史籍中，"土棍"、"地棍"两称一般并用，不加区分。"土"、"地"二意，盖又指地域而言，如天津之"混混儿"、苏州之"獭皮"、杭州之"滥聊"等均是。从这层意义上说，"地棍"又可转为"地头蛇"，只不过其意义更显土气罢了。"地头蛇"，在清人《儿女英雄传》第21回中又作"地土蛇"。于此可见，地、土二义相近。一般说来，"地头蛇"是指本乡本土有势力之人，但都系坏人，而那些正人君子，就不用此称呼。谚语有"强龙难压（斗）地头蛇"之称。所以，土棍、地棍中之头目，大概也可称之为"地头蛇"。

清代土棍的活动，史籍也多有记述。如清末，在东北宁古塔地方，

---

[1] 齐如山：《北京土话》，第8页。
[2] 齐如山：《北京土话》，第8页。
[3] 徐珂：《清稗类钞·棍骗类·上海之地棍》。

一些土棍成了一方家长,可以为所欲为。在清初,宁古塔所属各城,只是一些旗人聚族而居,自是相安无事。至道光初年,将军富俊屡次建议开荒,内地人迁流关外,如水归壑。此后,吉林民人之多,已经数倍于旗人。这些民人,本来就良莠不齐,时间一久,也就梗顽成俗。在一些声教不通的穷乡僻壤,更是流氓横行无忌,"土棍强豪自为家长",官府只好放任不管。这些土棍之间,强弱相并,大小相凌,杀人放火,习以为常。时间一久,就连拒捕抗官也成了积习。[1]

在清末的上海,土棍的活动更是日趋猖獗,气焰也十分嚣张。如在吴淞镇,有一土棍,"虎而冠者也"。他横行于市肆,强买他人之物,人人侧目。有一天,这位土棍及其党羽前往一姓康之人舟中,在此舟中吸食鸦片"至一百余筹",共计钱三千有零,但土棍不付价值,强赊而去。过不了多久,这位土棍又前往强赊。[2]

土棍的恶行并不止此。他们有时兽性大发,随意抢劫良家妇女,包占奸宿。如嘉庆十年(1805),山东土棍田二与其父田坤、弟田三均系"披刀匪徒",即是随身带刀的流氓。当时有一位李麻,不学长进,专在街上厮混。他与王振海之妻谢氏通奸,捏称夫妇,在刘宋氏家借屋居住。王振海找寻妻子无踪,在万般无奈之中,只好恳求田坤代为寻觅。不久,土棍田坤父子将李、谢二人搜获。田二随即带回奸宿,想霸占谢氏为妻。于是,田坤强给王振海钱五千,"逼夫卖休"。王迫于淫威,只好勉强依从。后王振海又不甘心,拦住田坤,让他将谢氏放回。为此,田二扬言,要杀死王振海。振海恐遭毒害,只好将妻谢氏送还母家,自己出家做了道士。此后,土棍田二又获知邻庄朱张氏少艾,也想抢占为妻。有一次,正好张氏在庄子里独自碾米。田二看

---

[1] 张寿镛等纂:《清朝掌故汇编内编》卷1《官制》1。
[2] 《申报》,同治壬申五月十四日。

见以后，就拿出腰间掖刀，威胁张氏不许出声，拉回家中，强逼奸污。田二外出以后，张氏就向田坤恳求，让他放自己回家。回去以后，田二怕张氏丈夫朱汉清告状，就邀同田三赶去，"赖称张氏逃走，经伊留养数日，索谢"。朱汉清惧怕田二刁恶，只好"给与牛只钱文而息"。此外，土棍田二所干奸淫之事还有很多。如有一次，田二获知庄驴之妻王氏与姚松有奸，就携刀前去，挟制王氏，强迫成奸。同时，他又逼勒庄驴卖休王氏，"将王氏买为妻室"。[1]所作所为，已是暴横至极。

（三）流棍。"流棍"也是光棍的一种。它与土棍、地棍不同。如果说土棍、地棍强调的是地域限定，那么流棍则无地域限制，他们是一些到处流窜的光棍流氓。流棍大抵不在本地作案，而是流窜到外地干一些违法犯禁的事。

翻翻清代的史籍，流棍的活动也能发现不少。如在贵州地方，时常发生流棍干的绑架活动。这些外省流氓，偷偷潜入苗族山寨，勾通本地的玩法之徒，将民间的子女拐到四川、湖广等地贩卖。不仅如此，这些流棍有时甚至唆使一些无知的苗民，将在一些荒村居住的人硬行绑去，窝藏到深山中，然后贩卖到外省。于是，流棍的这种绑架、贩人活动，成了当地的一大民害。[2]

流棍这种绑架、贩人活动，引起了清朝廷的注意，所以专门将其列入法律中，并作详细规定。如清律中有这样一条："贵州地方有外来流棍勾通本地棍徒，将荒村居住民苗人户杀害人命，掳其妇人子女，计图贩卖。"这种罪犯，将与"光棍"一同处理。[3]显然，这条律例就引自黄国材在康熙时的上奏。

---

[1]《大清律例会通新纂》卷9《户律婚姻·强占良家妻女》。
[2] 黄国材：《奏陈流棍绑卖民间子女折》，载《宫中档康熙朝奏折》第6辑。
[3]《大清律例会通新纂》卷4《名例律》下《犯罪事发在逃》。

在清代，流棍有时又指带有无赖性质的其他三教九流，即各类术士之流。如在清代，江西省从事医卜星相的这类术士，多于其他省份，于是"流棍假托地师、风水，煽惑尤甚"。[1] 可见，在清代，流棍还充当风水先生与地师。有时候，流棍又鼓动、煽惑愚民抢米。如台州府所属黄岩县，就有从福建流入本地的流棍潘邦教、潘邦郁两人，在他们手下，聚集着十几个无赖，煽惑愚民公然抢劫贮谷之家。[2]

（四）山棍。山棍也可算作无赖棍徒中的一种。它主要是指那些占据山林、干些打家劫舍之事的无赖匪徒。换句话说，山棍即是近代意义上的土匪。不过，在清代，土匪与流氓的界限并不很清楚，或是土匪成员大多由无赖构成，或是流氓与土匪互相勾结，共同为非作歹。如清末同治年间，活动于顺天府大城县的土匪李玉峰，"素称无赖"，显然就是一个无赖流氓。又如在昌平州，土匪张六就与土棍杨家悦等结盟。还有在清末，京西妙峰山上的土匪，有"大和尚"、"和尚"的称呼；在京北怀来一带，土匪头子则称"大光棍"、"光棍"，手下都有几百人。[3] 可见，土匪有时也称"光棍"，与流氓称谓相同。

土匪的称谓虽在清代即已存在，但在清代史籍中多将土匪称"匪棍"，有时则直接称"山棍"。据御史蒋诗上奏，嘉庆二十三年（1818），在山西岢岚、交城、平阳、霍州等处，大山连结，就成了"匪棍藏匿之薮"。另外，和顺、榆次、平定、辽州等地，也有匪棍藏匿山内，当地人就称他们为"山棍"。这些山棍，"或即在山中劫夺行旅，或出山纠约抢劫，或潜入城市攘窃多赃，甚至拒捕伤人"。[4]

---

[1] 裴㣟度：《奏陈革除里长严禁邪教折》，载《宫中档雍正朝奏折》第3辑。
[2] 王度昭：《奏陈黄邑奸民抢谷情形折》，载《宫中档康熙朝奏折》第4辑。
[3] 李尧臣：《保镖生涯》，载《人在江湖》，第18页。
[4]《清仁宗实录》卷339，嘉庆二十三年二月乙未条。

清初太湖中赤脚张三所率领的"白头兵",尽管从某种程度上说带有抗清义军的性质,但从他们的行为来看,大致也可归于"湖匪"一类。这些人因白布缠头,故称"白头兵"。其头目分别有赤脚张三、毛二、沈泮、柏相甫、扒平大王等,盘踞在淀山、长白荡、澄湖。白昼出来抢劫,称为"打粮"。一般选择缙绅富人并其爱子,抢来后藏匿于巢穴,向被绑者"勒千万金取赎"。如果过期不赎,就对人质采用水牢、河泥、粪窖、烟熏眼等刑罚。有时候,这些头目也亲自"赍刺拜谒巨家",口称贷饷,如稍不允诺,到了晚上就前来烧劫。当然,这些湖匪对贫人村民,仍采取公平交易,甚至"献新者或邀厚赏"。[1]

在清初,福建还有一种"喇棍",显然就是"喇唬"与"光棍"的合称。从他们的行为来看,颇有土匪习性。事情还得从康熙元年(1662)说起,大概在这一年的夏秋之间,福建建宁地方有十几个喇棍,酗酒撒泼,"剥削米盐牲畜,局骗远乡小民五钱一两,骚扰市积,通里苦之"。当时,受害者曾将此事"连名密揭于邑主",但官府却听之任之,放任不管。这些喇棍知道此情后,胆子就更大了。他们拥戴李祥为首,联络三四十人,号称"天罡"。这些喇棍性本流宕,寄身狭斜,既无家室,也不修行业。李祥手下有一书记官,名邹贤。此外,加入这个天罡党的喇棍,其名可知者尚有邱赛、邱笃、李命、李希、李楚、李双、李檀、李武生、邱长生、邱献、邱现、王富、王友、王显、李毛、李凤、温焦、李解、谢韬、官易、官君望、官计、杨喜、周仓、周启、曾斋公。李祥诱集一些亡命之徒,占据黄家坊土堡,"出入连袂,呵避行人"。开始之时,他们不过是伪造远年契券,勒逼他人清还虚债,并故意捏造无端仇隙,勒令和解。至后来,就明目张胆,"径攫市金,复截商货,刑捆平民,批票赎命"。碰到公差,他们也用"斩杀"一词进

---

[1] 顾公燮:《丹午笔记·苏州群盗》。

行威胁；遇见故家，他们则用"焚掳"一词进行恐吓。如有一次，他们曾绑架甘坑地方的余可儆，向他家勒赎百余金。可儆被释放以后，就到府里控告，至此府里才"批刑行具严缉"。[1]

清代"山棍"即土匪。由于地域的不同，其称呼也不一。如稍加归类，大致可以分为如下几种：

（1）老瓜贼。康熙四十五年（1706），康熙皇帝曾说："老瓜贼向来所无，近日始有之，不可不严拿。"[2]可见，"老瓜贼"大致起源于康熙四十五年之后。那么，"老瓜贼"究竟是些什么人？据当时直隶巡抚赵弘燮条奏，老瓜贼这种匪类，所干的事无非是"谋财杀人，甚于强盗"。可见，老瓜贼也是土匪一类。

（2）啯噜子。所谓啯噜子，一般是指存在于四川的土匪。《清史稿·顾光旭传》云："蜀民失业无赖者，多习拳勇，嗜饮博，浸至劫杀，号啯噜子，至是益众。"可见，啯噜子大多来源于"蜀民失业无赖者"。不过，关于啯噜子成员的来源，清人张汉在《请禁四川啯匪疏》中有不同的看法。此疏认为：

> 啯噜子一种，多是福建、广东、湖广、陕西亡籍之人，逃窜入川，结成恶党，各州县皆此辈盘踞，大概居无定所，每于州县赶集之区，占住闲房。时于集上纠众行强，酗酒打降，非赌即劫，杀人非梃即刃，甚至火人房屋，淫人妇女，常有其事。贫弱之民，莫敢谁何。有司亦惧凶强，只图无事，万一民不得已，告诉有司，一经缉拿，则此县逃之他县，积年屡月不获到案，无可如何。本地住

---

[1] 李世熊：《寇变后记》。
[2]《康熙起居注》，康熙四十五年九月初一日丙辰条。

民,近来亦有附入其党者。[1]

于此可知,啯噜子的成员,并非土生土长的"蜀民失业无赖者",而"多是福建、广东、湖广、陕西亡籍之人",只是因为后来啯噜子的势力壮大,才使一些四川的本地居民,也纷纷"附入其党"。其实,这种"啯匪",也并非四川所独有,在陕西也有存在。如乾隆四十六年(1781),刑部回复:"陕西案,啯匪王士花、向迪胜结伙多人,肆行攫窃,复公然打抢,报复私嫌,实为民害。"[2]

啯噜是四川的土语。清人李调元《童山诗集》有一首《啯噜曲》,是专门颂黄制军的。其序云:"啯噜本意国鲁,骂人呼赌钱者通曰啯噜,皆作本声,如曰群奴。"[3]啯噜会也叫啯噜党,清统治者则统称其为"啯匪"。

有人认为,"啯噜"就是"哥老",而"啯噜会"则是"哥老会"。如清人左宗棠就称:"盖哥老会者,本川黔旧有啯噜匪之别名也。"[4]这种说法是有事实根据的。所有清代土匪的名色,大致均可以从明代找到他们的源头。哥老会又称"袍哥",而袍哥则又有袍儿哥、光棍、海皮、袍皮闹等社会上种种流行的称呼。称袍哥为光棍,这一方面是借用了当时北京的官话,另一方面也是因为袍哥中的大部分人就是无赖。称"袍哥"为"袍儿哥",其起源就较早,在明代,四川就有"保儿"一称。如明人康海在《与乾州太守赵君书》中称,"山东响马"与"四川保儿",在当时均很有名。[5]"响马",就是绿林土匪。既然保儿与响马并称,可见明代的"保儿",大致也是一些与响马相同的土匪。保、

---

[1] 师范:《滇系·艺文》,转引自邓之诚《骨董三记》卷4《啯噜子》。
[2] 《大清律例会通新纂》卷23《刑律贼盗》中《白昼抢夺》。
[3] 邓之诚:《松堪小记·啯噜》。
[4] 左宗棠:《左文襄公奏稿》卷31。
[5] 《明经世文编》卷140。

袍音近，"袍儿"，大概就是从"保儿"转化而来。另，"保儿"一词，又指妓院龟头。而啯噜一词，据清人李调元的解释，也有"群奴"意。龟头、群奴均为贱流。可见，明代保儿与清代啯噜子、袍哥一脉相承，只是两者之间的关系，苦于资料缺乏，目前尚无法作更深入的探讨。

啯噜子最早出现在清朝雍正年间，活动于川陕黔鄂四省边界一带，其成员基本上为一些无业游民，即"亡籍之徒"，平时靠劫富济贫为生。啯噜子的首领称"老帽"、"帽顶"、"大五"、"大满"等。如清律中就说到，在贵州匪徒中，有"帽顶"、"大五"、"小五"等名号，[1]就是指啯噜子的首领。而有些史书则说，啯噜子的头领称"朋头"。[2]引述于此，以供参考。啯噜子之间，主要靠江湖义气作联系纽带，彼此团结互助，秘密发展成员，纪律约束严格，没有宗教迷信。

啯噜子外出，时常带刀，短的称"线鸡尾"，长的称"黄鳝尾"，全都象形而名。其成员分红、黑两种："昼曰红钱，如剪绺割包之类；夜曰黑钱，如穿墙凿壁之类。"他们"或三五成群，或百千成党。少则劫夺孤旅，多则抗拒官兵"。[3]根据《成都通览》一书，可知四川抢劫人的土匪分为以下四类："南路谓之棒客，北路谓之刀客，东路谓之啯匪，省垣谓之棒客。"[4]关于这些记载，在正史中同样可以得到印证。如《清实录》载，嘉庆二十二年（1817），"川省有红黑钱、刀背客等贼匪，抢劫民财"。[5]又如在贵州，一向就有"红尚"、"黑尚"两种土匪。他们勾结外来游民，盘踞在各州县交界地带，尤其在云南、四川、广西

---

[1]《大清律例会通新纂》卷24《刑律贼盗》下《恐吓取财》。
[2]《清史稿》卷321《周煌传》。
[3] 邓之诚：《松堪小记·啯噜》。
[4] 傅崇矩编：《成都通览·成都之袍哥话》。
[5]《清仁宗实录》卷337，嘉庆二十二年十二月辛未条。

等省接壤之处，出没无常，"结党行强，民遭扰害"。[1] 上述记载，不仅可以证明，啯噜兴起于嘉庆年间，还可证知啯噜子确分红、黑钱两种。至于"刀背客"云云，大概是指"刀客"与"棒客"。

（3）棒客。棒者，其意无非是指雄伟，故土匪尤喜用此字。关于"棒"，《曹操传》载，曹操为洛阳北部尉时，始建"五色棒"，"有犯禁者，不避豪强，皆棒煞也"。[2] 清人徐珂言："棒客，盗也。"[3] 可见，棒客就是土匪。关于棒客的起源，清代史籍无详载。不过，经笔者考证，至少在元末，就出现了类似棒客的"盗贼"。如当时河南的"棒胡"极为闻名，为河南确山人，好使棒，棒长六七尺，进退击技如神，"棒胡"由此以名。他的徒弟百余人，也都善使棒。后来，"棒胡"就起兵反元。当时，开州人"辘轴李"、陈州人"棒张"都"起兵应之"。[4] 由此可见，所谓棒客，盖由所使武器为棒得名。至明末，在当时又有"棒党"的存在。如明末人吴甡曾言，河南永城县"居本省偏南，与南直隶之萧、砀，山东之曹、濮，北直隶之开州、大名错土接壤。莲妖（指白莲教——引者）棒党，实繁有徒。而大盗往往潜匿其中，伺隙思逞。"如当时永城县之何喜龙、胡宗文等人，都是"不逞棒棍"。[5] "棒党"、"棒棍"云云，也都是清代棒客的源头。不过，在清代，棒客大致以四川一省为多。这些棒客，平日里专门以抢掠为事，掳人勒赎，则是他们的惯用伎俩。所在地方州县，某些中产以上人家，如果平时不向棒客有所贡献，那么"必难安居"。不过，棒客还不若东北胡匪那么凶残。

---

[1]《清宣宗实录》卷100，道光六年七月上丁亥条。
[2] 唐留存：《事始》，载《说郛》卷10。
[3] 徐珂：《清稗类钞·盗贼类·棒客》。
[4]《庚申外史》卷上。
[5] 吴甡：《柴庵疏集》卷5《流妖煽惑可虞疏》。

（4）胡子与马贼。所谓"胡子"，就是横行于东北三省的土匪。据说，明袁崇焕计杀毛文龙，于是文龙部下散落四处，有些则入海为盗，出没于辽沈、登莱之间。这就是胡匪的起源。其后，边将孔有德、耿仲明、祖大寿等，相继叛明而降于清，"其部下或有怀田横五百人之志，不愿寄身于降将旗下者，则亦附和文龙之遗众，自逃于海"。时日一久，凡是逃卒都加入其中，于是就形成一党。开始时他们专与官吏为仇，绝不行劫商旅百姓。至后，官兵力量更盛，无法与抗，再加之部众蔓延，未能用纪律加以约束，就转而变成到处劫掠。但是，他们也只是劫掠一些豪商巨贾，"掳而勒出巨金以赎之"。此后，东北一些"响马贼"就开始与胡子联合。在胡子中，有一匪首名商峻，曾是毛文龙的部将，"长其曹，为之部勒其众，故商氏世为胡匪，其后裔今犹有谱系可稽也"。

胡子因与响马贼联合，所以有时也称"马贼"。其中的首领不一，各自为股。每股或数人，或数百人，多则达到二三百人。他们无纪律，再加之剽悍特甚，不相统一，所以各股胡子之间时常互哄火并。胡子抢劫的方式有二：一是掳人勒赎，名曰"绑票"。被绑之家，必须先探明绑票者为何路何股胡子所为，然后请人设法商议赎价。有时胡子也"定价勒限以告"。赎价的高下，常常视被绑者身家及其关系而定。倘若逾限不赎，那么被绑者就只有死路一条。二是掠夺牲口，名曰"出贩"，意思是说"夺于此而贩于他也"。[1]

至清末，东北盛京、吉林一带的马贼，活动尤为猖獗。如同治二年（1863）十月，在盛京省城附近，"即有匪徒结伙盘踞，往来行旅被劫者，层见叠出"，其中尤以承德、开原、广宁、宁远等地为甚，致使

---

〔1〕徐珂：《清稗类钞·盗贼类·胡匪》。

行旅受累不堪，即使各衙门的差人，被"劫去衣物者，亦复不少"。[1]同治四年（1865）五月，盛京、吉林所属地方，马贼动不动就聚集数百人，"肆行掳掠，烧杀村民，并于各城附近地方行劫当铺"。[2]

（5）土马与飘马。在说到清代广东的土匪以前，不妨顺便提一下明代活动于潮州、惠州一带的土匪，即"大侠"，借此作为引子。这些大侠每当看到富豪家子弟外出，就将其人绑掠而去，随即"出帖通衢"，让被绑者家属"多金赎取，必餍其所欲，始听归"，这在明时称之为"勒赎"。土匪绑票经过，说来也有意思。每当将人掳去后，就将被绑者的眼睛糊住，几个人携掖前行，行不了多久，就到了一所地方，入门以后，全是迂回深巷。再向前走一里多地，就是一所巍然殿宇。殿上端坐一王，两边仪卫森严。携掖之人就让被绑者伏谒。到了赎还之时，再让其谒辞山大王，再给被绑者开宴会。席上异馔罗列，宴毕辞出。再糊住眼睛，掖到出帖的地方，才让被绑者"自取道归"。[3]

"土马"与"飘马"，主要集中在广东一省。在北方，一般称强盗土匪为"响马"，在东北称"骑马贼"，大致都与骑马有关，但这种称呼，对广东也有影响。如在广东韶州府曲江、英德等县，一些矿徒也开始"行劫乡村"。这些矿徒，分为以下两种：一是自外地流入者，称为"飘马"；一是本地游手好闲之徒，称"土马"。大致说来，那些飘马如果没有土马的帮助，就不能知道"地方之通塞"，而那些土马也因为有了飘马的帮助，而变得更加妄行无忌。这些土匪每每窥伺一些远离人烟的孤独乡村下手，"逞凶飘劫"。等到官兵前来追逮，那么飘马潜逸外境，而土马仍混杂在良民中间。有时候飘马被追急迫，来不及

---

[1]《清穆宗实录》卷83，同治二年十月下辛丑条。
[2]《清穆宗实录》卷139，同治四年五月中戊申条。
[3] 郑仲夔:《耳新》卷6《陈风》。

远窜外地,就窝藏在土匪之家,或者"逃匿林箐之内"。[1]

接下来具体说说"飘马"。一般说来,广东的土匪,凡是在巢中者,就称"飘子",也称"飘马"。花山一带的土匪,即称"东飘子";而铁山一带的土匪,则称"西飘子"。这些土匪本来都与北方的"响马贼"不同,不过是些步贼徒卒,却称"马",这是什么原因?据说,如此称法,一是为了"不欲言人",即不暴露自己的真实姓名,这是土匪的惯用伎俩;二是因为"马有威武也",即借"马"炫耀自己的威武。关于后一种说法,我们也颇能找到一些证据。凡是流氓、土匪,若取绰号,不说"棍"、"棒",即称"马"。如流氓称"光棍",土匪有"棒党"、"棒客"。可见,"棍"、"棒"也均有威武意。而近人小说《林海雪原》中的匪首自称"许大马棒",其中大、马、棒几字,无非也是为了耀武扬威。

闲话少说。这些清初存在于广东的土匪,其中的头目一般称"都"。大致说来,凡是为"都"者,不但有资本,而且有谋力,还能做到分物平均,为手下的土匪徒众所信服,所以称"都"。土匪也立营,每当设立一营,远近的无赖就纷纷投入,称为"签花红"。其中的骁勇者,称"花红头目","自大老以至十老,自先锋一以至先锋十,悉以十人为一曹,十人满则更一名号以相统"。每次行劫,"惟都及公王所指",即一切均听"都"及"公王"的安排与指挥。"都"为土匪首领,此不必多言。"公王"者,其实就是土匪信仰之无名神。此神"范铜为之,戴兜鍪持戟,长二寸许"。神的代言人是一"妖人",即巫,土匪称之为"神总"。神总朝夕虔祝,"且咒骂以激公王之怒"。每天早晚,向公王献上浓茶,"视茶路以知凶吉"。所谓茶路,就是茶倒入碗中,其气散后,必留下波纹,并"凝为物象"。凡有官兵至,则"茶中分裂,珠

---

[1] 施世骠:《奏陈捕获韶州盗贼矿徒折》,载《宫中档康熙朝奏折》第3辑。

花沸起"。如果出劫缴获众多而且无患,那么"茶气为刀枪形外向,否则内向"。有时土匪也用筊杯卜算自己的进止。凡土匪头目死后,"悉召其魂魄至坛,俾王公役使之"。这位神总,多妖术,举凡"大而攻围,小而椎剽",众土匪都对他遵行唯谨。每次分赃,神总坐得其半。这是因为,土匪"听于公王,公王又听于神总也"。可见,在广东"飘马"一类的土匪中,"都"无非徒有匪首之名,只有神总才是事实上的土匪头目。

这些匪巢大多设在阻峭凭深之处,"绵络群峒",所以"俚獠蛮逻"这些少数民族,也都与土匪"扭红盟诅",结为知交。每次土匪行劫,都传筹为号,称为"赶马"。不久,匪徒四集,"蚁聚蜂屯,钯筅如林,不可止遏"。

土匪中流行隐语黑话,目的是保护自己,不暴露真实情况。如称每十人为"一钱",百人为"一两"。如果有人问及匪众有"几何马",回答或是"几钱马",或是"几两马"。有些外路土匪,一般生活在匪巢之外,听说匪众出来行劫,就前来投奔,这种人被称为"搭马"。有些土匪在墟市佯为商旅牙侩,乘机抢劫闹事,此被称作"牵白线"。当细作奸细之人,称为"亚妹"。每次劫掠,先登者则称"斯头"。都下有时也分子营,那么下面的都子都孙,就称之为"太公",这是"老都"。四周村落若已胁服,则称之为"开马路";若非胁服,则称之为"生水"。土匪称官兵也叫"水",用钱财贿赂官兵,则称"买水"。

这些"飘马"土匪,一般也以"捉人为先,勒金取赎,打票为约期,期过则拷掠烧钳,备行惨毒。或投之于豕圈马栏,或尽屠而肝其肉。女为姜婢,妇为干湿奶婆。或以鬻诸澳门,或以质诸当户,或以充作人事",馈送土匪。绑票来的男女,富者称为"沉香",贫者曰"柴"。土匪中有金多者,就"包买沉香以待赎",这被称作"挑香",无钱土匪只好"挑柴",但更得厚利。

这些土匪，无论是大屯，还是小伙，其中"皆有大猾主之"。一般说来，土匪"以大猾为资，大猾又以贪官为援"。这些大猾，耳目甚广，爪牙极多。事情一急，他就行贿贪官，使事缓解，事情一缓，他又舞文弄法，"持吏短长，与胥役相为囊橐"。大猾又善于暗地里"行鸩蛊"，如果有人对他们的事情有些睚眦不平，他们就"假手金蚕挑生毒杀之"，或者嗾使同类，"词连善类，使污蔑无以自明"。此外，他们与藩台前有势力之人交为奸利，以金银子女贿赂交好这些有势之人。所以土匪都倚借这些大猾，公行无忌。"大猾"云云，就是地方上的流氓头子。当事者有时也想发官兵征剿，但就在这些官兵中，有些就是大猾的同党；有时打算募土兵前去征剿，但土兵本身就是土匪。同时，县里的令史，乡里的巡检，也时常接受土匪的贿赂，多所包容，以致"良善之民，噤口而不敢一语"。[1]

（6）刀匪。河南西部，山箐丛密，宛、洛之交，尤称盗薮。在河南一带，盗群一般称"刀匪"。其匪魁称"杆子首"，有名的杆子首达十数人。光绪年间，洛阳张黑子、汝州董万川、南阳王八老虎几位杆子首尤称剽悍。这些刀匪"白昼剽劫，掳人勒赎"，[2] 使人莫敢谁何。

（7）红胡子、捻子手、白撞手与拽刀手。到了嘉庆年间，安徽、河南、湖北等省的土匪，变得更加肆无忌惮。尤其是"红胡子"，更是成为地方之大害。史载，当时的"红胡匪徒，久为地方之害，闻近日勾结伙党，千百成群，蔓延数省，劫掠横行"。[3] 这种"红胡子"匪徒，尤以在河南的汝、光一带活动更为频繁，并且活动也有其本身的特点。每当贩私肆掠时，他们就"聚集多人，肆行不法"；而在平时，他们

---

[1] 屈大均：《广东新语》卷7《盗》。
[2] 徐珂：《清稗类钞·盗贼类·豫西刀匪之多》。
[3] 《清仁宗实录》卷307，嘉庆二十年六月戊辰条。

仍"散处村落,自附齐民"。[1]可见,红胡子与秘密社会的"勾结伙党、聚而倡乱"不同,他们只以抢劫为生。

在河南光、息一带,还存在另外一种土匪,即"捻子手"。如嘉庆二十年(1815)三月,在光、息交界的五福桥一带,有捻子手百余人,他们手执长枪,前往互斗,并且挟带一支一丈余长的抬枪,经过市场时,"人皆分道让路,不敢声言,仇杀多人,亦不报官"。他们的势力极大,即使县官下乡,也只好带民壮数百人执械随护。此外,捻子手也在衙门中发展自己的势力,一些衙门差役,也纷纷成了捻子手。[2]

在河南、安徽、湖北三省交界地方,除红胡子、捻子手以外,还有"白撞手"、"拽刀手"等类土匪名目。"白撞手"因史料缺乏,不知其所指为何类。至于"拽刀手",笔者认为与前述的"刀客"一定有渊源关系。拽刀手的分布,除河南、安徽、湖北三省交界地外,山东省的兖州、沂州、曹州三府,江苏省的徐州、淮安、海州等府州,也是"拽刀手匪徒甚多"。[3]

在河南,另外还有一种土匪,名"白吃",藏匿在南、汝、光一带,"或负贩私盐,或纠众为盗"。[4]

(8)莽匪与沙匪。云南普洱府,地处极边,因而时常有"莽匪、沙匪出没"。[5]这种土匪开始并不很多,不过是在土司境内"需索财物粮米"。但一些无识土司狃于便安,不但听之任之,而且还"赂以财物",不向上级官府呈报。随后,因外地年年杀夺,人户离散,农民不能在僻壤种地,收成又薄,于是只好纷纷为匪。"莽匪"的首领

---

〔1〕《清仁宗实录》卷309,嘉庆二十年八月壬戌条。
〔2〕《清仁宗实录》卷308,嘉庆二十年七月戊戌条。
〔3〕《清仁宗实录》卷309,嘉庆二十年八月丙寅条。
〔4〕《清仁宗实录》卷333,嘉庆二十二年八月丁丑条。
〔5〕《清高宗实录》卷744,乾隆三十年九月上甲戌条。

是召罕彪，他率众前往境外，即"漫入边地"，[1]对清地方统治构成一定的威胁。

（9）会匪。在清代，民间的秘密社会组织极多。在这些社会组织中，固然大多具有反清的性质，而与一般土匪的掳掠不同，但确实也有一部分会党，从其行事来看，似乎与土匪无甚差别。尽管清政府一律将这些会党骂成"会匪"，但我们仍需作必要的区分。所以，这里所谓的"会匪"，主要是指那些确具土匪掳掠性质的结会组织。如在清末，畿内各州，盗劫重案，层见叠出。在过去，有一种"砍刀会"的土匪组织，专门"为害行旅"。后来，近畿一带，马贼肆行无忌。这些马贼也创立"马王会"这样一种土匪组织，"勾匪抢劫"。[2]

在江西，有"洪连会"、"添弟会"、"千刀会"等组织，也属于土匪一类性质的秘密社会。在雩都县属水头里地方，有一人，名谢拒本，他同县役孙美老孜勾结在一起，强横不法。道光元年（1821），他们歃血共盟，纠集多人，创立了"洪连会"。这帮"会匪"，在当地犯下了不少抢劫的案子。如在南康县横石井地方，抢劫布客的银子数百两；在赣县社富圩地方，抢掠店房数家；在赣县大滩面地方，抢劫本地徐姓一富豪，共计万金。[3]

南安府属的"添弟会"，因限于资料不全，现尚无法作详细介绍。"千刀会"又称"添刀会"，主要分布于赣南一带。这些"会匪"烧香结盟，每人携刀一柄，聚党至数百人。他们出没无常，"沿途劫掠"。如道光五年（1825）的冬天，在兴国、雩都、瑞金等地，一月之内，接连发生劫掠商贩的案件50余起。又"千刀会"匪徒曾劫掠泰和县马

---

[1]《清高宗实录》卷758，乾隆三十一年四月上甲寅条。
[2]《清德宗实录》卷118，光绪六年八月下辛酉条。
[3]《清宣宗实录》卷69，道光四年六月辛丑条。

家洲郭姓一家，劫去资财万余金。一些地方官讳盗规避，害怕缉捕，也就听之任之。有时盗案发生在地界毗连之处，地方官更是互相推诿，这样就使"千刀会"匪徒的势力发展迅猛。这些"会匪"还与盐枭勾结，互相利用。如在泰和之马家洲，万安之白渡市，贩私盐的盐枭充斥，他们常常假借千刀会作为自己的声援，"放炮闯关，蔽江而下"，公然贩卖私盐。此外，当地的匪徒还创立"花会"，制为36字，号称"三十六天罡"，让人射取，"打中者数十倍偿之"。这种花会赌风在兴国、雩都、吉水、泰和、永丰等处尤甚，大约计来，一乡多者设百余厂，少也有数十厂。这些"花会"赌徒，也有不少加入了千刀会，所以与寻常的赌徒有一定的差别。[1]

清代的土匪，所用手段无非是捉人勒赎，或抢劫商旅，或抢掠村落。抢劫时，他们有时涂面掩盖。如嘉庆二十三年（1818），山东滕县、东阿一带，有些土匪，"涂面执械，抢夺商旅，甚至打伤事主，将车辆径行赶去"。[2] 土匪所采取的手段也极毒辣。如据山东商人高恒立的呈控，在沂水、蒙阴两县，一些土匪聚众抢夺，打伤巡役，割耳挖眼，抢店毁垛，无恶不作。[3]

大致说来，土匪与一般的反清会党不同，没有统一的主旨，而是一些纯粹以抢劫维持生计的"棍徒"，故清人称之为"山棍"，归入"棍徒"一类。当然，土匪与流氓，因其维持生计手段的不同，在两者之间存在着一定的差异。不过，土匪与流氓的界限也很难划清。有些土匪，如"红胡子"之类，并没有匪巢，而是混在良民之中，更与流氓无法区分。何况，有些土匪，本身就是由一些流氓组合而成。如

---

[1]《清宣宗实录》卷101，道光六年七月下丙午条。
[2]《清仁宗实录》卷341，嘉庆二十三年四月丙申条。
[3]《清仁宗实录》卷319，嘉庆二十一年闰六月甲午条。

红胡子，初时不过是"无赖恶少纠集成群，计图劫夺"。[1]又如广东的"飘马"，每当开山招收匪徒时，也往往"远近无赖者踵至"。[2]清朝廷对付红胡子、白撞手、拽刀手这类土匪，在法律上一般仿照四川啯噜子之例，并且从重定拟罪名。经皇帝钦定而严惩土匪的条款主要有：（1）红胡子、白撞手、拽刀手等类土匪，如果纠伙五人以上，在场市肆行抢劫，不论曾否得财，一律"照光棍例，为首拟斩立决，为从拟绞监候"；（2）如果土匪拒捕伤人，"首犯即行正法枭示，在场加功者，俱拟绞立决。同谋抢夺，并未在场者，拟绞监候"；（3）土匪在野拦抢，未曾伤人之案，"除实犯死罪外，数在三人以下，不分首从，俱发极边烟瘴从军，如四人以上至九人者，不分首从，俱发伊犁分给官兵为奴。若十人以上，无论伤人与否，为首拟斩立决，为从拟绞监候，被胁同行者，发乌噜（鲁）木齐给官兵为奴。倘有杀人夺犯伤差等事，即将首拟各犯，分别斩枭绞决监候"。[3]可见，清朝廷对土匪的处置，也如同流氓一般，即"照光棍例"。所以，笔者在此将清代各类土匪作为各色"棍徒"中的一种加以叙述。

（五）讼棍。所谓"讼棍"，在清代算是恶名，所干之事却与近代律师有相近之处，所以可称之为近代流氓律师的"祖师爷"。讼棍与流氓时常发生关系，有时还须利用无赖。如清刘敏斋购得宅外隙地，上有土丘，相传这是无后之墓，地主就请其迁走。刘敏斋曾任甘肃陇西知县，知道这样不妥，就与本地讼师王清臣商量。清臣就派一无赖某甲，承认是自己先人之墓，要求迁葬。正要掘土之时，市中另外一个无赖某乙，拿着香烛，来到土丘前跪下就拜，且哭且诉，说这

---

[1]《清仁宗实录》卷308，嘉庆二十年七月戊戌条。
[2] 屈大均：《广东新语》卷7《盗》。
[3]《清仁宗实录》卷309，嘉庆二十年八月甲寅条。

是其家三世祖坟，不是某甲所有。讼师命人将某乙赶走。某乙愤愤离去，声称一定要打官司。不久，掘到丘下数尺，土中一无所有，才知"称墓之误"。某甲正感惊讶之时，讼师王清臣就让他往钱家坡乱坟堆中，"觅一死枢，移至其家启视，仍封如旧，朝夕奉祀，以备讼事"。等到质讯之日，官问道："既然是你的祖先，应该知道其为考为妣。"某乙支支吾吾，不能回答。而某甲则滔滔陈述枢内情状，官下令验视，果然如此。无赖某乙因此败诉。[1]可见，讼棍在包打官司上确有一手。

词讼之事，在康熙年间即已较为普遍。康熙二十二年（1683），朝廷就特意作了如下规定："恶棍包揽词讼，从重治罪。"[2]至嘉庆年间，讼棍势力渐盛。这种讼棍播弄是非，拖累良善，唆使别人前去告状，而自己则"勾通胥吏，把持官府，种种鬼蜮伎俩，为害滋甚"。如北京的都察院衙门附近，就有一批山东讼棍"窝留其间，包揽词讼"。此外，在城外会馆及庙宇里，也时常是外地讼棍的藏匿之处。讼棍的横行把持，致使来京上控各呈词，"字迹语句，如出一手"。[3]到咸丰年间，讼棍已有劣衿充任，"勾串门丁，包揽词讼"。如顺天府所属通州地方，有一劣衿姓李，绰号"冰窖李"。这位李姓讼棍，出入衙署，并与道署一施姓门丁结拜弟兄，专门在当地包揽词讼。[4]至光绪时，讼棍仍有活动。如当时山海关地方，一些刁生劣监，"往往串通书役，交结匪徒，唆讼行强，无所不至"。[5]

讼棍盘踞州县或京城各衙门，其本意是为了从中牟利，但其伎俩

---

[1] 刘体智：《异辞录》卷3《讼师》。
[2] 《清圣祖实录》卷113，康熙二十二年十一月乙酉条。
[3] 《清仁宗实录》卷307，嘉庆二十年六月己巳条。
[4] 《清文宗实录》卷168，咸丰五年五月下辛卯条。
[5] 《清德宗实录》卷86，光绪五年正月下戊辰条。

却颇可推敲。大致说来，每当民间有讼案发生，就多与讼棍商量。而讼棍则利欲熏心，不顾理之是非，事之大小，就"为代作呈词，架轻为重，造无为有"，这就是所谓的"图准不图审"，不过是先取一时耸听，而案之结局如何，"且置为后图"。等到人证提集，势必水落石出。为此，讼棍又教唆原告避匿，"以暂缓其诬罔之罪"。[1]

在福建漳州，一些尸亲（死者家属）接受讼棍的怂恿，把官司告到北京，以致"京控滋多，地方官益疲惫矣"。在漳州，人被打死，尸亲到官府控告，并非是为死者索命，而是借此索钱，发一笔大财。讼棍也借此起哄，浑水摸鱼，从中捞得好处。所以，原告一方为了索钱，就捏造出一个凶手，这个凶手必定富有家产，或是新婚郎，或是书生，或是独子，家里视其为掌上明珠，以此讹诈。而真正的凶手反而逍遥无事，控主在状纸上也不书真凶的名字与家庭，甚至防范真凶出去自首。这样，就造成了"有钱无命可，有命无钱不可，至无钱无命，拖延日久"。本地的讼棍与住京讼师，相为推挽，顺风航海，七日即可达天津，再三月就到北京，于是此案就成了"京控"。当然，有时官府也出兵拿真正的凶手，但即使将真凶全部拿获到省，尸亲仍刁猾狡黠，"抗不结服"。奏限迫促，审讯官也为所难，不得已只好"听民相习于调和"。[2]

按清代的法律，对正凶的规定极简略，即"下手致命"之人，是为了省去拖累。但事情并不如此简单。如在仙游县，一日地方上出了人命案子，地棍、马快与城内讼棍、值役，"如蛣蜣闻臭趋集"，表里为奸。这些讼棍流氓就随便找一个死者亲属，扛帮其打官司。此后，就将数十里外风马牛不相及的殷实富户，一网打尽，诬陷他们为"主使"、"喝令"、"党率"、"不救"、"朋殴"，"威逼呈内，正凶半隐半

---

〔1〕《清仁宗实录》卷370，嘉庆二十五年五月己巳条。
〔2〕陈盛韶：《问俗录》卷4《京控》。

见"。阳作词稿,而暗地则通风报信,让受牵连者"纳钱买静"。这样辗转过去五六日,才将词稿呈报县里。而至此时,"邑人之倾家者大半矣"。此案上报前,"纳钱买静"者有数十人,而"株控者尚盈数十",这些讼棍必待填满欲壑才肯放手,否则上控不休。这种由讼棍把持的上控,无孔不入,有时甚至波及到小窃之案。如仙游南乡朱寨、东乡昆头、西乡井头一带,盗窃案较多,"窃之小者地瓜,大者衣物畜产"。一等窃案发生,无论大小,就上控告官,"拘贼赴案,必将稍有赢余之中户,一口咬定,或称窝主,称买赃,甚指为同行",真窝主却绝不齿及。等到审明雪释,这些受害者已"不免于典田宅,鬻妻子"。[1]可见,讼棍对社会的破坏性影响也是很大的。

一般所谓的讼师,大概就是指那些稍知笔墨之人,他们不务恒业,靠扛帮他人打官司为生计。这种人就被称为"讼棍",又称"刀笔吏",可以按名缉获,随地拘拿。但如果是积惯的真讼师,则本事更大。他们置身事外,掀髯抵掌,睨视旁观,更为得手。这是因为,所谓真讼师,常常名不闻于人,术也不传于人,而他们颠倒是非之术浅,揣摩时好之术神。"官重先入,彼则驱被为原;官重诉词,彼可抑原为被;上宪重访问,彼则暗为鼓簧;上宪重亲理,彼则径行越控。"

上面所说的还是平常的讼师,至于那些极刁积猾的讼棍,即使有明察的上官与强干的属吏,也往往不自觉地受他们的播弄。如道光年间,琦侯任直隶总督,当时京控之案层见叠出。琦侯深知这一定是京城中的讼棍所为,于是就委派能吏十数员赶赴北京访拿,竟然拿获一个吕姓讼棍。凡是直隶京控各案词讼的底稿,也都在他的窝中搜出。这位吕姓讼棍系江南人,自己藏匿京城,把家属安置在河间府,还有一父在。当他被拿获时,已经自知罪责难逃,就写成词稿,遣人送到

---

[1] 陈盛韶:《问俗录》卷3《开花》。

河间，令其父将自己告发，诉状中有"不听教训，呈送忤逆"，并控其"盘踞京师作恶诸事，请即按律发遣，庶免拖累"等语。河间离北京数百里，这位讼棍所遣之人在当日四更就到了河间，次日清晨，其父就将状纸递送县堂。可见，这位讼棍知道自己的事情必定败露，所以事先蓄养快马以备用。等到吕某解到保定，河间县的详文也到了。当下就发局严讯，吕某供认不讳，于是照例拟罪发遣。但是，两罪齐发，科从其重，这是清代律例的规定。因为其父状告吕某忤逆，事关伦理，于是援引"不孝之律"定罪发遣。当时无人知道这是讼棍的阴谋，确实做得"事过无痕"。过了两年，其父又假装思子情切，请求将其儿子放归。这样，吕姓讼棍就大摇大摆地回了家，若无事似的，至此人们才知讼棍奸猾，连官府也"为其所卖"。这是因为，如果当时照讼棍罪发遣，"罪在不赦"。但若照不孝罪发遣，则"权在伊父，可以任其请遣请释"。这位琦侯也算以明察闻名，当时参加审讯者，也都是强干之吏，却被讼棍玩弄于股掌之上。讼棍本领之大，于此也可见一斑。

（六）蠹棍。所谓"蠹棍"，就是"衙蠹"，也就是那些流氓化的胥吏、衙役。如顺治十七年（1660），一些光禄寺的菜户，就借端强占民地，成为名副其实的"蠹棍"。清人胡文学在疏中说："光禄寺菜户张汝源、马二、秦大、田傻子等，借端添设菜园为由，朦胧圈占城内民园，或强占民地，吞（霸）菜苗，或拆毁房屋，推坏墙屋，或夺坟地而破冢殃民，或踞官井而勒钱买汲，或私科租银至十两二十两之多，或抢掠器具及家伙日用之细，逐民诈赃，不一而足，甚有勒贿饱欲放还复业者。"[1]至嘉庆年间，蠹棍扰害地方的事仍时有发生。如嘉庆二十二年（1817），山东单县皂役曹岩，纠众持械，凌辱生员李端恒。该县知县审明属实后，仅将曹岩枷号一日，即行释放，说明蠹棍

---

[1] 胡文学：《疏稿·为蠹棍借名圈地事》，载《清史资料》第3辑。

势力颇盛。又如革役姬瑞，因看到张改殴打刘秋，就前去吓诈，获取钱财。[1] 清末同治年间，蠹棍的声势似乎更大了。当时顺义县有一蠹棍张桂林，原名张有德，绰号"东霸天"、"一只虎"，专门欺压良善，豢养匪类。如时有一家被骑马贼劫去钱物骡马，这位蠹棍就向事主索贿，将失物代为赎回。此外，他还与庄头玛勒呼善即马四，结为死党，无恶不作，私设刑具，残害无辜。县里的书役，都是他的心腹。乡里人不服，到官将他控告，却遭到了他的反噬。[2]

衙蠹害民，甚于虎狼。所以，当时有言道："官府一点朱，民间一点血。"在这里，对差役之害的刻画已是入木三分。这是因为，这些衙蠹，本身都是市井无赖，"一票入手，便是生涯"。所以承牌者有"正差"、"副差"、"接差之差"、"提差之差"、"坐差之差"，[3] 名色繁多，随意增加。

清代蠹棍的构成，首先是一大批流氓化的胥吏。所谓胥吏，就是官府用来掌理案牒之吏，各治其房科之事，俗称为"书办"。凡是中央部院衙门之吏，以役分名，分别有堂吏、门吏、都吏、书吏、知印、火屋、狱典之别，统名之曰"经承"。

清代胥吏十分暴横，其行为颇似流氓。如顺治初，苏州有一胥人，名周宗之，是长洲县猾吏，"横暴一时"，最后被巡按御史张慎学访察拿获，"杖毙之"，才得以大快人心。这位书吏的家门上，曾贴有这样一副春联："曲巷幽人宅，高门大士家。"所说口气甚大。那么，这位蠹棍到底做了哪些恶事呢？当时胡溯翁曾作歌以咏之，不妨摘录如下：

---

[1]《清仁宗实录》卷332，嘉庆二十二年七月乙卯条。
[2]《清穆宗实录》卷153，同治四年九月上甲子条。
[3] 赵士麟：《武林草附刻·禁差》。

城南曲巷宗之宅，大士高门自标额。华堂丽宇初构成，粉壁磨砖净如拭。侧闻其内加精妍，洞房绮疏屈曲连。朝恩室中鱼藻洞，格天阁上簇花毡。百凡器皿皆精绝，花梨梓椅来滇粤。锦帐一床六十金，他物称是何须说。前列优俳后罗绮，食客平原无愧矣。势能炙手气熏天，忘却由来吏委琐。嗟嗟小吏何能为，泥沙漏卮安从来？考课不明铨选杂，前后作令皆驽骀。钱谷讼狱懵无识，上下其手听出入。哆口嚼民如寇仇，官取其十吏取百。满堂知县人哄传，宗之相公阁老权。片言能合宰公意，只字可发官帑钱。涂脂衅膏曾未已，御史风雷伸法纪。[1]

一个小小县吏，生活竟能如此奢华。那么，钱财来自何处？说白了，无非就是贪污，即"官取其十吏取百"。不仅贪污，而且还"哆口嚼民"，任意侵暴百姓，横行一时。

胥吏虽职位卑微，但一旦根深蒂固，并与流氓发生关系，就可以舞文弄法，甚至可以随意玩弄知县。如光绪初年，在安徽庐江县，有一库吏，名陈运昌，管库多年，"老而多智"。有一年冬天，知县刘某至库索金，这位蠹棍就故意不"遽应"。刘某对其狡猾甚为愤怒，就将他撤下，"募人任其事"。有一米贾，名唐端，富有田宅，一向羡慕陈库吏这一肥差，很想垄断这个职位。于是，就向刘知县贿赂巨金，从而获得了库吏这份差使。陈库吏恨唐端排斥自己，乘机抢了自己的饭碗，于是就将库里的旧籍藏匿起来，没有交付唐端。唐端年少，初次当库吏，大喜，感到可以立刻致富，就请人替自己写春联，有"户吏堆金宝，房科积玉材"之句。到了春天，朝廷开始征收赋税，刘知县"责赋于唐，唐语众里胥"。按照惯例，田赋春纳其四，秋纳其六。由

---

[1] 徐珂:《清稗类钞·胥役类·周宗之横暴一时》。

于当地春天很少种麦,"无可偿,大半赖里胥贷于人,秋责偿于民,民亦相安无违言"。但这位刘知县一向嗜利,当春天时,仍"督责无已"。各地里胥见换了唐端,更不奉命征赋。唐端大窘,只好补苴弥缝,倾产也不足以偿赋。无奈,只得自书其事,吞鸦片烟而死。[1]

按照清代的惯例,胥吏役满之后,就必须卸任回籍。事实上,这一规定并没有得到很好的执行。胥吏役满以后,常常改换姓名,窜入别部,舞文作弊。此外,更有一种"缺主",也属于蠹棍。他们"己身并未充役,居然盘踞都中,呼朋引类,遇事生风,影射撞骗,靡所不为"。[2]这种"缺主",不仅京城各部院有,即使外省也有,而且在钱粮之地尤甚。如浙江布政司衙门,一向就有"通供"一缺,常常是"父以传子,兄以传弟,钱粮出入,尽归掌握"。又如学政衙门,有"掌案",盐差衙门,则有"长接",都是"事无巨细,一切把持,与缺主无异"。[3]这些藩臬衙门的"缺主"分为外班内班,"包揽州县公事,操其准驳,串通门丁,借端讹诈"。此外,一些州县的"幕友",或系胥吏出身,每当遇到案件,"密与缺主往来商议,撞骗分肥"。这些人朋比为奸,把持政务,实属地方之蠹,而缺主、幕友也就成了害政的蠹棍。

胥吏的流氓化,其手段不外乎以下几种:(1)说事过钱。据清人编《六部成语注解》言,所谓"说事过钱",就是"胥吏人等暗中向本官代他人说合情面,并通送贿赂"。(2)吓诈求索。据《六部成语注解》,所谓"吓诈求索",就是"胥役人等以危言恐吓犯罪之人,以便诈索其财物"。如地方上发生人命案子,州县官下去相验,随带的差役

---

[1] 徐珂:《清稗类钞·胥吏类·库吏玩弄县令致死》。
[2] 《清高宗实录》卷5,雍正十三年十月下庚寅条。
[3] 汪继燝:《奏为请定胥役之限折》,载《宫中档雍正朝奏折》第1辑。

就向被告"多方吓诈"。有些是道路倒毙的人命案,这些差役就"串通地保,逐户挨派,勒取场规数百千文,或百数十千文,而进城取得打点书差费,又不一致"。[1](3)需索勒掯。据《六部成语注解》,所谓"需索勒掯",就是指"官吏办事必当速快,有时因需索使费而故意迟延,迫人行贿",又称"勒掯强迫"。在清代一些榷税的关卡,胥吏均有一些"需索勒掯"过路客商及行人的行为,其中尤以北京崇文门税关的胥吏为甚。尽管言官不断弹劾揭露这一弊端,皇帝也屡次下旨警诫,可是仍积习未改。这些胥吏不仅敲诈商贾行旅,还胆大妄为,即使外官入都,也不轻易放过。如乾隆时,山东布政使陆耀进京陛见,崇文门关卡的关吏需索过奢,陆不能给,于是就将衣被放到外头,携带一仆前行,并声称:"我只一身,看他们如何对我收税!"到了城里,只好从故旧那里借来衾褥,事竣以后,归还而去。对于商客,这些胥吏就更肆无忌惮。不过,有一次,这批胥吏碰到一聪明过人之人,也吃了大亏。此事说来颇有趣味,不妨赘言几句。道光年间,有一何某,嗜鼻烟,每次外出,必随身携带古壶十数具,而且在烟壶里都贮上佳品。一天进北京城,全被胥吏抢去。何某很气愤,就将此事告知好友周某,周某道:"此小事,我定为你报复。"随之研疥痂末,将它装入鼻烟中,共贮存八九壶,并假装过客,前往崇文门而来。胥吏得到烟壶后,很高兴,又将烟壶抢走。过了十余日,周某再次入城,看见胥吏每人都长上了疥疮,就大笑不止。胥吏询问,周某就从容说出前事。胥吏听后大怒。周某道:"疥疮已入内脏,赶快忏悔,还可以治疗,不然,会全都烂死。"众胥吏很害怕,急忙下跪乞求药方,并发誓以后再不需索刁难。周就给其药,并叮嘱须赶快忏悔。过了数日,这些胥吏

---

[1] 张寿镛等纂:《清朝掌故汇编内编》卷8《吏胥》。

的疥疮才好。自此以后，他们对客商行旅也不敢过分刁难了。[1]（4）抑勒恐吓。据《六部成语注解》，所谓"抑勒恐吓"，就是"胥役用言恐吓罪犯，强迫其银钱"。

在清代，衙门官员有一大批"幕友"及"长随"。就这些人的行为而言，很大一部分人也流氓化，成为蠹棍。所谓"幕友"，就是各级官员聘任的幕僚，说白了就是"师爷"。这些"幕友"，有些人本身就是"职业游民"。他们一旦被官员延为幕宾，帮办文案，时间一久，就会"情伪愈熟，舞弊愈工，以致罔顾声名，把持公事"，成为颇具流氓性的"劣幕"。据说，这些幕宾盘踞省会，互相联络声气，招揽事权，并且招致亲信，散布党羽，"或倚仗上司，借声援以图影射；或勒荐属吏，分脩脯以遂私谋"。[2]如在福建布政司衙门中，咸丰时就有钟姓、叶姓两个劣幕，他们"表里为奸，通同纳贿"。凡是州县官新到福建上任，他们必定推荐一些秀才，"勒抑延请其生徒及素所熟识之人，更有报捐州县，指省福建，以求庇护者"，所以当时人称他们为"钟叶党"。[3]

所谓"长随"，就是跟班。在清代，这类人颇有些流氓习气，成为"蠹棍"。据清人分析，长随可分为三等三宗。所谓三等，一是"超等长随"。这些人"祖父本系士官，后嗣因家寒，读书不能上进，欲改经营，手乏资本，又属外行。亦有身列生、监者，运蹇之际，一时难以高发，只得奔走他乡，谋当长随。其人胸中本有智识，品性端方，能替官府办事，善察上人之意，奉公守法，始终如一，不作卑污之事"。二是"特等长随"。这些人"父兄经办买卖为商，已娶亲生子，已身懒于

---

[1] 徐珂：《清稗类钞·胥役类·崇文门胥役之需索》。
[2]《清宣宗实录》卷118，道光七年闰五月上戊申条。
[3]《清文宗实录》卷131，咸丰四年五月下丙寅条。

生涯，直到父兄故后，手又缺资本，命运乖张，日渐萧条，无可位置，只能觅作长随。其人自幼奔走江湖，历练老诚，颇有苏、张舌辩之势，官府见其才能，必当重用，稍为得手，仍旧为商为客，居心本分，不负初业"。三是"次等长随"。这些人"父母名下不受管束，未学营业，专喜结交朋友，吹弹歌舞，嫖赌逍遥，父母恶其不孝，置之不教。或是父亡母故，产尽家倾，无所可依，见跟官一道，衣履齐整，气概轩昂，由此立志跟官"。大致说来，蠹棍主要出自这些"次等长随"。在此下面，清代长随又可分为三宗，大致都与蠹棍相近。一是"上宗长随"，这些人自幼不听父母教训，懒于读书，也不习手艺。一旦跟了官，更是作威作福，还欺压同人。有了钱，"托熟即用，有处赊欠便己财，赌誓发愿，口是心非，办事有头无尾，说话不应前后"。二是"次宗长随"，这些人幼年失去父母，在伯叔名下度日，欠于教导，又无恒业，整日游手好闲。一旦混入长随之门，就"不顾廉耻，非理妄为，朝秦暮楚，见利忘义，袖里藏刀，专献谗言，嫖玩闹笑，衣履光华，任意纵恣，滋生事端"。三是"下宗长随"，一旦入长随之门，他们就"风流轻狂，好吃懒做，卖弄风情，烟赌宿妓，难以细述"。[1]

在清代，衙役也成了"蠹棍"。凡是差役，本来不过是"奔走于公家，执杂役者也"，所以也称为"差人"。清代俗称衙署差役为"快手"，捕盗贼者，称为"捕快"，亦称"马快"。这是因为此等人事急时大多骑马而行。由于清代吏治混淆，所以这些差役也就循良者少，大部分人都营私舞弊，对百姓敲诈勒索。清人田文镜对河南一省胥吏、差役有如下揭示：

> 乃访得豫省恶蠹一入衙门，即恃为护符，竟同职衔，状纸手本则书某衙门书吏某人、某衙门某役某人，公然出入，或在经过

---

[1]《偏途论》，载《近代稗海》第11辑。

州县招摇撞骗，或在原籍地方惹是生非。有等庸碌有司视为上司衙役，竭力奉承，或送下程，或送银两。甚至有开正门延见，亲自回拜，听其说情诈钱，而且争田夺地、告债裹租，无不瞻徇情面。以致曲直不分，小民被其鱼肉。[1]

我们从其他史料中也可以找到相同的例子。如嘉庆年间，直隶各州县讼案繁多，都是因为"书役播弄所致"。这些衙蠹"大则纳贿招摇，小亦舞文延搁"，即使是一些人命盗贼重案，这些人也敢"减伤改供，串嘱诬攀"。[2] 又如光绪年间，在江西赣州府属下南安、宁都等地方，差役纵横，自己随意设立"总督"等称号，而且人数众多，持票下乡，骑马乘轿，俨如官府一般。这些差役所到之处，"骚扰不堪"。不仅如此，这些人还"串通土棍"，擅受民词。[3] 即使是那些衙门中的门子、皂隶，其行为也形同流氓。如清末苏北盐城门阁袁太与皂役杨彪、萧玉三人，串通一气，鱼肉乡民，控案累累。[4]

照惯例，这些差役都有额设人数。可是，这些差役却又私自支使一部分人，这些人称为"白役"，俗称"圆扁子"，实际上就是并不额设的衙役。这些"圆扁子"，大多是一些"无赖之徒"，时常"借番役名色，吓诈生事"，行同流氓。如果遂其所欲，他们就将事件消弭，否则就告知番役，前去捕治，从中得些赏银。更为可恨的是，这些人还"往往出银设计，诱人犯法"，然后告知番役，前来捉拿，借此得些赏银。[5] 养奸捉奸，养贼捉贼，这是流氓的惯用手段。

---

[1] 田文镜：《抚豫宣化录》卷3《为再行严禁各衙门书役在州县招摇以肃功令事》。
[2] 《清仁宗实录》卷370，嘉庆二十五年五月戊辰条。
[3] 《清德宗实录》卷276，光绪十五年十一月上辛亥条。
[4] 丁日昌：《抚吴公牍》卷9《盐城县记功》附《加函》。
[5] 《清高宗实录》卷20，乾隆元年六月上乙亥条。

在清代的州县衙门，一般设有"捕快"。在这些捕快中，固然有一部分人原系安分守己的民人，投充衙门当捕快，不过是为图个体面，躲避差徭，但其中的大部分捕快，本来不是"市井无赖"，就是"土棍游民"。他们当上捕快以后，就呼朋引类，把公门当作流氓活动的巢穴。同时，他们还瞒官作弊，如赌博、流娼、私贩、私销等朝廷严令禁止的事，这些捕役都勾串其间，"瓜分包揽"，包庇犯罪无赖，使他们公然违禁犯法。更为甚者，这些捕快并不能承担缉拿盗贼的职责，而是"每多纵盗扳良之弊"。[1]

这些差役把持地方衙门，办案时常常是需索钱财得逞，才准请官查验。譬如，阜宁县差役刘八，绰号"飞天蜈蚣"，"诸事归其把持，此案闻索费一百千，始准请官查验"。[2] 在清代，差役干一些需索敲诈的无赖勾当，早已习以为常。差役一出差，就向原告勒索"草鞋钱"。如果有窃案发生，这些差役更是敲诈不断，滋扰地方。他们一般在被盗的邻居中，选择一般实而无权势之家，诬指为"窝户"，拘押索贿，称之为"贼开花"。所以，当时有一位典史在堂上挂这样一副对联："若要子孙能结果，除非贼案不开花。"[3] 堪称实录。其实，这些差役才是盗贼的最大窝主。清人田文镜揭示道："访得各州县坐里捕快之家，以及僧庵道院，啰戏厦处，尤为盗薮。更有恶宦劣衿、俦生吏员、各衙门书办、皂快、营兵、汛卒，自恃以为官役不能访拿，里地不敢过问，肆意窝养，坐地分赃，殊为民害。"[4] 所说也是当时实情。

---

[1] 张寿镛等纂：《清朝掌故汇编内编》卷25《职役》。
[2] 丁日昌：《抚吴公牍》卷20《阜宁县禀吴学诗海船被劫获犯讯认惟事主并不请勘船亦不知何往与勘报格式不符请示由》附《加函》。
[3] 徐珂：《清稗类钞·胥役类·蜀中差役之需索》。
[4] 田文镜：《抚豫宣化录》卷4《严拿强窃窝家以杜盗源事》。

有时候，这些差役因为勒索太多，骤然暴富，于是就成为另外一批无赖流氓绑架勒赎的对象。如当时北京的户部设有银库，额设管库库役40人，称"库丁"，也称"库兵"。这些库丁三年更换一次，一般由旗人充当。每当点充之时，满洲尚书及其左右都能得到库丁的规费，常常达六七千金。规费一纳，满尚书就坐堂上，"唱名而点之，库丁跪谢而出"。出来时，库丁都有保镖"护之以行，恐人劫之也"。行劫之人，大致都是一些"觊觎丁缺无力贿充之人"。他们纠集无赖，伺新充库丁至大堂阶下，就"劫之以去，囚于家，使误卯期而纵之归"。如果误卯，这些库丁所纳的规费就白掷了。如果想让绑架者尽快释放，就必须"赂以数千金"。[1]

州县缉捕称"差"，武弁缉捕则称"兵"。在台湾，除兵、差之外，还有一种特殊的差役，就是"线民"。什么是"线民"？根据清律，"所谓购线者，谓其人党羽众多，否则藏匿幽深，人迹罕到，必就其地觅一线为引，使兵、差得以入而从事，如线之引针然，故曰线"。但是外面的人，并不知这些人是"线民"。到后来，这些线民诩诩然自负，自称"我某衙门线民也"。同时，乡市的老百姓也纷纷惧怕他们，称："渠某衙门线民也。"所以，时间一久，线民就不再安分守己，公而忘私，而是"遇事生风，恐吓取财，滋扰民间"，[2]成为蠹棍。

（七）神棍。所谓"神棍"，又称"善棍"，即指那些披着宗教外衣，打着行善旗号，实则行同流氓的无赖棍徒。这类无赖吏徒，最具有欺骗性，所以需要多加揭露。

一般说来，只有身得恶名之人，才能称之为"棍"。但在光绪、宣统年间，确实有一些假托善名而实际作恶之人，当时人称之为"善棍"。

---

〔1〕徐珂：《清稗类钞·胥役类·库丁》。
〔2〕陈盛韶：《问俗录》卷6《线民》。

如当时有一善棍,常常打着兴办慈善事业的旗号,在街市上赁一小屋,挂上"某某善堂"的匾额,刊刻办此善堂的缘起,四出募捐,并在上面列上一些有声望的绅商的姓名,称之为"发起人"、"赞成人",或干脆称之为"董事",借此欺骗市民,以便让市民踊跃捐助。其实,凡是在上面列名之人,这善棍未必一一征得本人同意,"惟经手之数人,得朋分金钱而已"。善棍号称经办的事情,大致不外乎放赈、办学、育婴、养老几项,此外还有衣米、医药、棺冢以及惜字、凉茶等的施舍,也在上面一一胪列,巨细无遗。究其实,所行者不过其中一二而已。所得之财,大半归了自己的腰包,有些善棍因此而发家致富。[1]

至清代,佛、道二教世俗化的倾向更加严重,为"神棍"的产生提供了便利条件。史载清代苏州的僧人,其穿戴妆扮一如俗家轻薄子弟:"游僧服绮,藕碧莲红,睥睨道旁,自矜绚美。"[2]僧人不在寺庙或入山清修,而是出入于衙门,遍持语录、诗扇,沿门送人,甚至持书向官员"干求书札序文"。[3]又如当时有"应付僧"、"火居道士"两种,"借二氏之名,而作奸犯科,肆无忌惮"。[4]另外,北京的僧人替人作佛事也接连不断,并竞相唱艳曲,随便主人点唱,鼓乐喧阗,通宵达旦,良家妇女,"往往因而堕节,最为风俗之蠹"。[5]在江浙一些地方,更有一些人,没有削发,却擅自称为"比邱"。这种世俗化倾向的结果,就使释、道二教门风败坏,神棍辈出。

照例说来,释氏之教,大致不外乎清心、寡欲、戒恶、行善四端。

---

[1] 徐珂:《清稗类钞·棍骗类·善棍》。
[2] 《本厅戒常熟寺庙僧众不得异服示》,载王庆成编著《稀见清世史料并考释》,第280页。
[3] 魏象枢:《寒松堂全集》卷2《游僧干求书文有犯法纪等事疏》。
[4] 《清高宗实录》卷8,雍正十三年十二月上庚辰条。
[5] 邓之诚:《骨董琐记》卷5《京师僧人》。

释氏之徒，虽然分为律、讲、持、诵等派，但都以这四端为本。可是清代的僧道已经渐趋无赖化，这可以从以下事实中得到证实：一是僧寺、道观成为藏奸之所。僧道实意焚修者固不乏人，但无籍恶少托迹于黄冠缁衣者之流也确实不少。如当时河南鹿邑县破获一起行劫阎雯家的大案，其中的案犯安福就是一个和尚；又有一起杀死鹿邑县捕役蔡子亮的案子，拿获的凶犯文太也是一个道人。[1]二是自雍正以后，一些无赖棍徒开始混迹佛门，他们饮酒食肉，无所不至，专干不法之事，与僧行大相乖违。这些僧徒中的无赖，虽可通称为神棍，但在当时也各有专门称号。如在应付僧中，分别有"马流"、"鏖头"、"挂搭"、"闯棍"等，而在江湖术士中，则有"捏怪"、"炼魔"、"泼皮"等称号。[2]下面不妨试举两例：

乾隆五十八年（1793），在上海县，有一僧人名文照，与其徒弟得见之母张氏通奸。文照将张氏留住在庙里。得见发现后，就将其母劝回家里。文照大怒，对得见肆行辱骂。得见一时忿激，就用柴斧将文照砍死。[3]乾隆十八年（1753），"匪僧"吴时济倡立龙华会，"教劝人修炼功行圆满，即可白日升天"。有蒋法祖、秦顺龙等人，被惑心迷，妄冀成佛，就将吴时济请到家，向他叩问行止。吴时济告知蒋法祖，让他七日不食，即可脱凡，"应在水乡飞升"。蒋、秦二人信以为真，就携子孙弟侄女媳共13人，赴太湖盎山绝食，"先后饿死"。[4]"匪僧"云云，实与神棍是一路货色。

和尚如此，尼姑也不例外。这些尼姑并不安心清门，而是罗致美

---

[1]田文镜：《抚豫宣化录》卷3《特揭保甲之要法以课吏治事》。
[2]张寿镛等纂：《清朝掌故汇编内编》卷54《刑法》1。
[3]《大清律例会通新纂》卷3《名例律》上《称道士女冠》。
[4]《大清律例会通新纂》卷15《礼律·祭祀·禁止师巫邪术》。

男子，为一些富贵女子开一个男妓嫖院。其中佳妙者，入上等，不是那些富贵之家属，就不能"沾润泽"。这种上等男妓，嫖金每月达50两银子。中等之男妓，则必取壮健之男子，当作常货，尼姑有暇，也"取以自奉"。这些中等男妓，嫖金为一二十金一月。他们一旦"削伐成疾"，就被贬入下等。下等男妓，一般供庸妇贫家女之用，每月嫖金只需数金即可。

和尚的募化，本来无非是沿门托钵，"原所以吾佛慈悲，而用慈悲之态募激护法者发慈悲之心耳"。至清末则不然，和尚募化，不但借此行骗不说，而且采用硬功，诸如"立关烧臂"之类，借此打动施主之心。如时有一湖南僧人，据称募修浙江某寺，在上海大东门外鸣鱼募捐。有一铺户，因不愿捐钱，而触犯了和尚，竟然与人斗殴，被团防局送到县衙门。知县念其是僧人，看在佛面上，就不予深究，只是将他驱逐出境。但是，这位和尚怀恨在心，再次前来募化，又与施主争吵殴打。和尚见施主人多，就以木鱼槌招架还击，以致打伤施主的头颅。[1]

道士的流氓化，也大致如此。如在广西象州，有一人蒋应富，是一无赖。他原本是黄社潮的母舅，而黄本人也是一个"火居道士"，一向靠替人礼忏念经度日。后来，近村延请黄道士祈雨，念诵清净经咒，果然求得雨降，"佥称灵应"。于是，蒋应富等无赖就捏称黄社潮成了神仙，诱人前来烧香，借此诓骗钱财。他们造好一座木龛，将它抬到岩洞中，黄道士穿戴道衣道袍，坐入龛内，邓老晚扮作道童，侍立一旁。有一些愚昧百姓如蒋老大等，都信以为真，陆续前往烧香礼拜，给予钱米鸡酒等物。[2] 可见，蒋应富固然是一个靠骗人度日的无赖，而黄道士也是一个地地道道的神棍。而杭州的道士更是与无赖合谋，骗

---

[1]《申报》，同治壬申十月初一日。
[2]《大清律例会通新纂》卷3《名例律》上《称道士女冠》。

取百姓的"香火"钱。如史料记载，杭州有一位叫廖明的道士，募钱重塑关圣帝庙的塑像。当神像开光之日，城乡男女蜂拥而至，前来庙中拈香。忽然来了一位无赖，昂然坐在关圣帝像旁，指着神像大声辱骂。众人很气愤，极力禁止。道士说："不必，听其所为，当必有报。"不久，无赖就倒在地上，大呼肚痛，在地上翻滚不已，直至七窍流血而死。众人大骇，无不以为关圣帝君显灵，才使无赖有此恶报。此后，庙中香火大盛，道士因此致富。过了一年，同党因为分赃不均，向官府告发，称："去年无赖之慢神，乃道士贿之，教其如此。其死乃道士先以毒酒饮之，而无赖不知也。"地方官派人发棺验之，果然其骨呈青黑色，于是下令将道士诛杀。[1]这件行骗之事，尽管也有无赖的参与，但这位无赖不过是一个冤死鬼，真正的主角还是廖明这位无赖化的道士。

清末的上海，有一批不法之徒，擅自戴着五品、六品的顶戴，以符箓等名色，"遍地引诱善信，招摇撞骗"。[2]显然，这批"不法之徒"都属流棍。又如上海新北门外，曾设有一座广济局，像医局，但又不是医局。局中人一般用符咒替人看病，门外招帖上竟称："向来修炼金丹，深通道教。现当疾疫流行，幸上海、江、浙、广东等省，敬神作善，可免。乃奉大真人委示来护，拯救施符治病，兼可传授奇门符诀。"[3]看此招帖，已是荒诞可笑。但是，一些愚民信而就治，当然会落得个毫无见效的结局。

至清末，就连北京白云观的道士也部分流氓化，成了神棍。按照惯例，每年元宵后，白云观开庙十多天，倾城士女全去游玩，称之为"会神仙"，住持道士获资无数。当然这不过是其小者，观中道士的主要目

----

[1] 袁枚：《子不语》卷14《鸩人取香火》。
[2] 《申报》，同治壬申八月廿八日。
[3] 《申报》，同治壬申九月十六日。

的在于借此交通宫禁，卖官鬻爵。当时的总管太监与道士高峒元结拜为盟兄弟，而慈禧又封峒元为总道教司，与江西龙虎山的正乙真人并行。其实，正乙真人的势力远不如高峒元。因此，凡是达官贵人妻妾子女有姿色者，都寄于高峒元名下，称为"义女"，若为高所幸，就算是莫大的荣耀。时有一侍郎，杭州人，其妻绝美，也拜在峒元门下，称其为"假父"。峒元替这位侍郎在慈禧面前美言了几句，他就得了一个广东学差的肥缺。观中房闼数十间，衾枕衾具全，都精美无比。所有这些，都是"备朝贵妻女之来宿庙会神仙者，等闲且不得望见之也"。[1]

在清末，神棍骗钱之案已是层出不穷。如光绪年间，在苏州升平桥地方，有一某甲，自称是大道教的头目，其教内的规例如何，外人却不得而知。其所最明显者，就是号称人若肯入其教，不但死后长享荣华，即使生前也专利禄。入其教者，必须先"持斋而阅目"，然后才获准拜师，授以教内经课。当然，入门者必须先送大钱4000文，作为入门的贽见礼。从此以后，就须"闺室长斋，各守教规"。每年至师父处忏悔二次，而每次或送大钱千文，或二三千文不等。于是，"城内外愚民半想发财，故入其教者亦复不少云云"。[2] 可见，这位大道教头目某甲，并不是自立宗教，而是披着宗教的外衣行骗而已。

（八）学棍。"学棍"一词的出现，是清代生员流氓化的必然结果。关于"衿棍"，笔者在论述地方豪强时已有专节阐述，在此不赘。

"青衿卷堂，山人骂座"是明季士风的基本特点，说明生员无赖化早在明季已初露端倪。明季士风固然嚣张，但至少尚可看出作为绅士的下层，他们与在乡缙绅存在着矛盾。而清代生员中流行结成"破靴党"，却更是等而下之，说明生员与无赖已合而为一。据史料记载，嘉

---

[1] 坐观老人：《清代野记》卷上《白云观道士之淫恶》。
[2]《申报》，光绪乙亥二月廿三日。

庆年间，浙江宁波府属鄞县、慈溪两学生员，结成"破靴党"，包揽地方词讼，"婪索扰累，挟制官长，甚至有动众劫掠，棍械伤人情事"，[1]不但有玷士林，而且其行为简直与无赖如出一辙。至清末，这些生员就更趋无赖化。如崇仁县人陈常，光绪四年（1878）考入县学，成为生员，"平素包揽词讼，武断乡曲，酗酒凶横，人多畏惧"。[2]至于清末出现的"游方学者"与"考先生"，[3]也是士之无赖化在更广泛层次上的真实反映。

至清中期以后，监生、生员流氓化的例子并不少见。他们撒泼嗜酒，挟制师长，不守监规学规，已是习以为常。至于时常干些挟妓赌博、出入官府、起灭词讼、说事过钱、包揽词讼一类的事情，似乎也成了他们的家常便饭。下面这段史料就是最好的例证：

> （乾隆）四年谕，据湖南巡抚冯光裕奏称，长沙府各属生童，因考试齐集省城。有童生赴城上乘凉，看视城外居民妇女，相向戏侮。该民李胜进城理论，经众童生赴逐。内有攸县文良书走急，被同伴挤跌。文良书之父文德炽，捏以被殴受伤，喊禀善化县，并未指出姓名。随有好事童生刘树高、谢岳等，即同应考多人，群赴县堂嚷闹，勒逼出差查拿。次早，知县韩宗蕃赴文良书寓所验伤，系属跌磕，并非殴打。众童生遂拦街喧哄，将所乘之轿毁坏。又复拥

---

[1]《清仁宗实录》卷354，嘉庆二十四年二月丁卯条。
[2]《江西巡抚德馨奏拿获哥老会吴金海等分别惩办折》，载《近代史资料》总77号。
[3] 英国人麦高温曾在中国生活了50年，他对清末"游方学者"的无赖行为有深刻的揭示。又陈独秀以自己的亲身经历，对清末那些参加乡试的"考先生"所具有的无赖性的一面也有形象的描摹，与麦高温所记有异曲同工之妙。分见麦高温著，朱涛、倪静译：《中国人生活的明与暗》，第88—89页；陈独秀：《江南乡试》，载丁帆选编《江城子：名人笔下的老南京》，第235—236页。

至府署嚷闹，经副将等喝拿始散。又赴城上搬取砖石，打坏居民二十九户屋瓦。[1]

童生尚且如此，而生员之横，则更可想而知。这些学棍，有时聚众寻事，大闹考场，有时则公开罢考。如雍正二年（1724），贵州毕节等四县文童正好赶上考试。突然毕节县生员邵藩奭指称童生邵汝钧"为伊家奴"，同族人邵景奭一同围打。后经大定州知州苏霖泓途中遇见，就将邵景奭等拿到州署责禁。随后，有糜粱、盛周权、张时焕等几位"劣生"，到教官家中，寻觅保护邵汝钧的廪生杨理殴打，又让童生傅才选、何淳厚取去邵汝钧的试卷，"致使册卷搬散"。[2] "劣生"云云，其实就是行同无赖的学棍。在清代，有时各地方的生童，往往因为与地方有司发生争竞龃龉，就"相率罢考"。[3] 更有甚者，有时生员与地方官发生争执，就擅自纠众喧闹。如嘉庆年间，江苏吴县劣生马照因本县擅责吴三新，就"借称生员被责，辱没斯文"，纠集多人，恃众喧闹，而且"称缴还衣顶，各掷手本于地，扛帮生事，肆行无礼，乖谬已极"。[4] 又如光绪六年（1880），长兴劣生"挟嫌聚众，入城抄毁衙署"。[5]

至清末，一些监生成为讼棍，与流氓一般无异。照理说，士为民之首，自然应该恪守朝廷卧碑，束身自爱。到清末，这些生监却并不安分守己，而是包漕闹漕，成为地方上的"讼户"。据载，当时各省劣衿，往往出入衙门，干预非分，以收漕一节，把持地方官之长短。如

---

[1] 光绪《大清会典事例》卷383《礼部·学校》。
[2] 王奕仁：《奏明毕邑考试劣生闹事折》，载《宫中档雍正朝奏折》第3辑。
[3] 《清世宗实录》卷147，雍正十二月九月戊子条。
[4] 《大清律例会通新纂》卷31《刑律·犯奸·官吏宿娼》。
[5] 《清德宗实录》卷112，光绪六年四月壬子条。

江苏吴江县勒休知县王廷瑄挪移亏缺漕粮银数万,"皆因刁生劣监等在仓吵闹勒索陋规所致",经审讯确实,参与者有吴景修等314名刁生劣监。[1]按照惯例,漕粮系清朝廷的正供,贫生交纳钱粮,其规定的时限为第二年的二月或四月,比起平民来,已是推迟数月,算是待士优厚。但这些无赖生监仍我行我素,积年抗欠。道光五年(1825),据浙江学政上奏,浙江杭、嘉、湖三府,钱漕逋欠太多,都是因为生监"上控有案,包漕闹漕,抗不完纳"。地方官也不能催征,无奈,只好加以"讼户名目"。[2]这些"讼户",大致都是一些流氓。

(九)赌棍。正如在宋代讼棍称作"讼鬼",在清也将赌棍称作"赌鬼"。赌棍干犯朝廷功令,贻害父兄,大致与《周官》中之"罢民"相等。在清代,游民人数的剧增,是赌棍得以存在的社会基础。如福建建阳,山多田少,一些无主荒山,就"以历来管业者为之主"。后来,这些荒山大多租给江西人开垦种茶。每当春天二月,大约有近十万江西人涌入建阳,以致通衢、市集、饭店、渡口,都有"毂击肩摩之势"。这些来自江西的种茶山农,自朝至夕采茶,自夜达旦拣茶,食不饱,寝不安。苦极思乐,这是人之常情。每当集场一开,这些山民就"餍酒食而后已"。茶山靠近市场,"一市之人皆若狂,乘醉而赌,毫无忌惮"。等到茶叶收成以后,一些游民更是"集棚伙赌,以为生涯"。[3]

流氓与赌博的关系极深。凡是专职的流氓赌徒,即可称为"赌棍"。所以,清律中规定:凡旗人、民人将自己银钱开场诱引赌博,经旬累月,聚集无赖放火抽头者,无赖匪徒,串党驾船,设局揽载客商,勾

---

[1]《谕禁生监勒索漕规碑》,载王国平、唐力行主编《明清以来苏州社会史碑刻集》。
[2]《清宣宗实录》卷90,道光五年十一月庚戌条。
[3] 陈盛韶:《问俗录》卷1《茶山》、《茶赌》。

诱赌博，折没货物，捎留行李者，皆要受到惩治。

　　赌棍与盗贼土匪的关系也极深。这些赌棍，大致都是一些"无赖子弟"，平常就无行能技业，"相率为樗蒲六博之戏，所在成群，昼夜相聚"。一旦资产荡尽，谋生无策，就流为"窃攘"之辈。何况他们平时就呼朋引类，用不着纠合就数百人立等可至。[1]

　　在清代赌棍中，有些赌棍诡计百出，即使缉赌之官也对他们惧怕三分。如北京的步军统领，俗呼为九门提督，其专职是缉捕盗窃赌博。当时北京的赌坊遍布九城，每年都向九门提督衙门交纳例规，自然不肯捉拿。有时候侦得一二贵介子弟，或是那些富有之外官，聚赌于宅中，而宅中又有内线通报于九门提督，于是提督衙门番役（俗呼番役为大班）出动。至半夜，包围这处宅房的前后门，一拥而入，无一人能逃。"累累锁至署，置班房中，声言明早候堂官莅署严讯。被絷者，乃以贿说大班，盈千累百，各具手条，画押讫，付大班手，然后大班飨以盛筵。食毕，各款款而归，天犹未明也。"显然，富贵者只要有钱，只管去聚赌好了，不必害怕蹲班房，因为那些大班也未必真想依律捉赌，不过借此发点小财罢了。而那些赌棍，也借赌博而混饭吃。如当时有一人，名姚四宝，是安徽人。原任湖南巴陵知县，因事革职。无以为生，只好恃赌为活，无人能赢他。一入赌坊，一些博徒全"视其所向而随之"。坊主因此大困，表示愿意每天对他"奉规例"，条件是请他勿下注。姚四宝因此月得千金，享用如贵官，"凡京师之雏伶名妓皆父事之"。有一天，姚在某宅赌博，被番役捕去，与贵介一起押到提督衙门。番役们本来就不想向姚勒索，等到各位贵介子弟纳贿完毕，就开筵。姚也在座，伪醉而卧。不久，见众人纷纷提灯出门去，姚假装熟睡，鼾然大睡。又过一会，一番役拍拍他肩道："醒醒，可以走了。"

---

〔1〕吴士玉：《奏请杜绝盗源以安民生折》，载《宫中档雍正朝奏折》第1辑。

姚曰："去哪儿？"番役道："他们都走了，你也可以走了。"姚道："你们逮捕我时，不是说等到天明候讯，况且你们今天所得的贿赂，某某若干，我都要禀陈于官。"番役道："你果真要这么干？"姚道："当然。公事公办，理当如此。"番役恫吓他，姚大声道："你们没听说过姚四宝的大名？无名鼠辈，竟敢如此！我一等长官至，就喊冤。"番役大惧，恳求勿要言声。姚因而道："分肥于我，我就不告。"不得已，番役只好分给他千金。姚四宝于是挟金而归。[1] 这位姚四宝，确是具有泼皮胆气，又有泼皮手段，才使番役们也无可奈何。

（十）积枭巨棍与盐枭恶少。所谓"积枭巨棍"，也是各色棍徒之一。在清代，贩卖私盐之弊，虽然大多为一些盐枭所为，但在漕河的粮船上也时常发生。如当时有一种积枭巨棍，名为"风客"，"惯与粮船串通"，在粮船上搭载积盐，运到淮扬，托付给当地的奸徒，让他们代为卖货买盐，预先在小的水次积囤。等到粮船回空之时，就顺路装载，"其所售之价，彼此朋分"。[2] 可见，风客已与粮船水手及当地奸徒串通一气，共同贩卖私盐。

当然，贩卖私盐者，大多为一些巨棍与盐枭。这些巨棍贩卖私盐，常常"聚徒百十人，其众足以拒官兵，而其盐利则舟车相属，俨然一富商也"。[3] 在淮扬地方，如山阳、宝应、高邮、盱眙等处，挑贩私盐之徒，更是一伙多至数百人，各执兵器，鸟枪、铁刀之外，又有绳鞭，长一丈有余，打人百发百中。从山阳、宝应经高邮湖，至盱眙的永兴镇、东阳镇，再往六合、和州、徐州等地贩卖。这伙盐枭，不但参加者多为无赖之徒，而且沿途的所作所为，也与流氓一般无二。贩私途

---

[1] 坐观老人：《清代野记》卷中《赌棍姚四宝》。
[2]《清世宗实录》卷81，雍正七年五月甲子条。
[3] 吴镐：《奏请严杜私盐疏》，载《宫中档雍正朝奏折》第1辑。

中,这些盐枭"抢人驴骡驼载,兼索酒米鸡鸭等物"。盐捕与居民碰到这种事,都不敢声言,稍有阻挠,盐枭就将人毒打。如康熙四十八年(1709),盐枭孙荣在东阳镇打伤官兵周世爵;康熙四十九年(1710),盐枭王简臣在永兴镇打伤乡约,都有案可稽。[1]

在江南地方,这种盐枭更是所在多有。大伙私枭,每伙百余人,或数百人不等。私枭的头领一般称为"仗头"。在泗州一带,也有一种"枭匪",称之为"黑头批"。而在和州,则称盐枭为"白抢子"。这些盐枭,在平日里,"或结会拜盟,或强抢行劫,各分党类,互相争夺械斗,甚至将人支解"。在清代末年,当时最著名的盐枭是李大本,"尤为凶横,肆行无忌"。[2]

盐枭在西南一带也极横行,成为地方一害。如在松滋等地,盐枭李曰万等,伙同船载私盐,潜行越卡贩卖。后被官府发现,拿获私盐。但李曰万并不甘心,再次纠合30余人,分别驾驶渔船,乘着夜色,潜入关卡,打伤兵丁,将已拿获盐船绳缆砍断,夺回盐包,并将巡役哨船顺流推下。[3]

在清末上海,贩卖私盐的盐枭,一般称为"光蛋"。后来,光蛋干脆营充缉私盐营的勇弁,时而当贩私的光蛋,时而当巡缉私盐的官巡,踪迹无定。假若光蛋与勇弁途中相遇,也"皆约两不相犯",光蛋贩盐的盐船,每月都有月规馈送盐营的管带,所以缉私盐巡对光蛋的贩私也就听之任之。更由于光蛋当上了盐巡,于是一些盐巡的船只,也时常在浦江上干些"抢劫孤商"的事。

在浦东各港口,都有盐炮船停泊。光蛋的猖獗,都因盐营纵之

---

[1] 杨汝毂:《奏陈盐枭为害地方折》,载《宫中档雍正朝奏折》第1辑。
[2] 《清宣宗实录》卷92,道光五年十二月上乙卯条。
[3] 《清高宗实录》卷744,乾隆三十年九月上乙酉条。

之故。而一些内地的流氓，也与他们连结一气，于是更加害人非浅。光蛋分南、北两帮。北帮蛋魁名邓海青，本为盐营旧弁，在龙王庙盘踞多年，虽然干些贩卖私盐的勾当，但还能做到不扰害地方。自从南帮各光蛋打算断绝他的私贩，于是南北二帮就成了仇敌。他们之间互用枪炮竟日交战，一些文武官员对此绝不一问，有时奉命捉拿光蛋，反而预先通风报信，让光蛋暂且回避，所以光蛋的活动更肆猖獗。[1]

（十一）其他棍徒：京棍、囤棍与滩棍。清代的各色棍徒，举其荦荦大者，大致已如上述，可分为十大类。但此外，还有一些无赖棍徒，依其行事，随处命名，无法纳入上述十大类中，只好在此另行补述。

所谓"京棍"，就是在京把持官府的无赖棍徒。他们与一些劣绅衿棍相勾结，专门把持府县官吏。如果挟制不遂，就开款上告，或者在京捏揭，恐吓有司，一切听其麾使。这些京棍，鱼肉小民，窝藏响马，撒帖聚钱，无恶不为。所以，"官府闻之加畏，小民惧而侧目"。即使巡抚、巡按访查，也无人敢据实开报，唯恐"反招其尤"。[2]

所谓"囤棍"，则是一批活动于三吴一带的无赖棍徒。这些囤棍，每当看到女子有姿色，"即用价质当，重利盘算，任其掠卖他乡，为婢、为娼，父母不复能见"。[3] 显然，这些囤棍固然与开妓馆之鸨儿、龟头有所不同，但与人贩子倒颇为相近。若在湖北，此类人称为"囤户"，是一些专门从事贩卖人口的流氓。如光绪年间，在湖北安陆府之钟祥、天门、京山等地，就有这么一批流氓，专门从事掠卖人口的事。此地附近的妇女，大多被他们诱拐，有时甚至"纠众房抢，勒令收赎，

---

〔1〕秦荣光：《上海县竹枝词·风俗九》。
〔2〕胡文学：《疏稿·为备陈畿内时弊事》，载《清史资料》第3辑。
〔3〕鄂容安：《襄勤伯鄂文端公年谱》，雍正二年乙巳。

否则径行转卖，并与衙役地保狼狈为奸"，[1] 简直如土匪一般。相同的例子也见于清末江南的南汇县，如当时有一位恶棍李阿狗，鲁家汇人，掠拐妇女，无恶不作。[2]

所谓"滩棍"，则是指一批把持滩荡的无赖之徒。如在洪泽湖一带，有苇荡营，"久为弊薮，樵兵空额无人，营员领饷，临时雇募，弁目专其利。又为滩棍所持，荡料归滩棍者十五六，归弁目者十二三，归工用者十一二，岁仅得苇十数万束"。[3]

四、北京的流氓

北京是清朝的都城，为四方人物荟萃之地。商业的繁华，游手的增加，都为流氓的活动提供了很好的社会土壤。众所周知，在明朝，北京不但有一些无赖子在衙门前或街市上"撞太岁"，而且有一些把棍在市井街巷乱窜，到处"拿鹅头"，显然流氓活动极为猖獗。这种流氓活动的势头，虽因两朝鼎革而有所收敛，但一等清朝廷在全国势力稳定，北京的流氓又照样蠢蠢欲动，甚至卷土重来。

清代的北京，聚集着不少游手好闲之徒。如夏仁虎在《旧京琐记》卷1《俗尚》中就说："别有坊曲游手，提笼架鸟，抛石掷弹，以为常课。"显然，这些"坊曲游手"所为，尽是一些于社会无益之事。为了便于对这些游手之徒的行为有更形象的了解，下面不妨引述一段清人记载：

---

[1]《清德宗实录》卷98，光绪五年七月辛卯条。
[2] 丁日昌：《抚吴公牍》卷36《南汇禀门袁姓等需索讼费饬查》。
[3]《清史稿》卷362《朱尔赓额》。

京师人多养雀,街上闲行有臂鹰者,有笼百舌者,又有持小竿系一小鸟使栖其上者,游手无事,出入必携。每一茶坊,定有数竿插于栏外,其鸟有值数十金者。[1]

当然,上面的"京师人"云云,不能一概以"游手"视之。同时,即使是"游手",也不能与流氓混为一谈。不过,这些提笼臂鹰之人,大多是一些游手之徒,即所谓的"游手无事,出入必携",而流氓也大多从这批游手中涌现出来。

清代的北京,社会治安并不很好。市井之上,斗殴、酗酒、拐骗之事时有发生。清朝廷为示弹压,专门设立五城兵马司,分为五城,各有管辖之地,一般不采取越界拿人,以免滋扰。这种规定,有时也会因为执法者拘泥,给管理地方社会治安带来不便。如五城司坊各官,在路上遇到斗殴、酗酒、拐骗、吓诈之徒,就会因为非自己的管辖之地,置之不问,以致罪犯逃遁无踪。有鉴于此,后来清政府又作了补充规定,此后凡是五城司坊官在途中遇见斗殴、骗诈等事,"应不论何城地方,准其当时拘执,押送该城司坊官录供,详解该城御史审讯发落"。[2]尽管清朝廷对管理北京的社会治安有一套衙门体制,但一些市井无赖流氓仍是我行我素,流氓案件时有发生。

北京流氓的活动,存在于整个有清一代,尤以清末为甚。在清末,北京的流氓不但有自己的组织,而且大多取有绰号,借此唬人。

清代北京流氓的组织,大致以"会"为表现形式。需要指出的是,流氓的结合与被清政府骂为"会匪"的民间秘密社会存在着一定的差别。光绪十三年(1887),在北京南城樱桃斜街一带,有两个流氓头子,

---

[1] 阙名:《燕京杂记》。
[2] 《清世宗实录》卷142、145,雍正十二年四月,雍正十二年七月。

一外号"拦路虎杨三",真名杨魁龙,立有一个"裕庆恒会";另一个外号"小金刚廖大",真名廖凤仪,立有"源丰厚会"。他们手下各聚集很多无赖,盘踞当地,到处滋事,干一些违法之事。[1] 在京东一带,有一些无赖之徒,专门抢劫民间马骡,勒令取赎。他们的头目,分别是"金骡子"与"快马张三"。后来,从京城到西山一带,流氓干脆成立了"马王会"。凡是民间驼马往来,必须先出资入会,否则就"邀夺勒赎"。[2] 这种行为,实际上已与土匪的抢掠相差无几。

清末北京的流氓,往往各自盘踞一地,各有称号,互不相让。在顺义县,有一流氓头子,原名张有德,后改称张桂林,当地人称之为"黑张老",绰号"东霸天"、"一只虎";[3] 北城地面李铁拐斜街南口,也有一批"著名绰号"土棍在活动,大白天抢夺人口、衣服,他们分别是宋六、王端、李老、徐二大鼓、龙三、刘八;[4] 在前三门外地面,有一批土棍,分别是松保、惠林、惠四、普八、罗三、大龙等,与他们相勾结的流氓,其绰号分别为"金刀赵四"、"金标赵六"、"单刀小王五"、"李占鳌"、"阎四虎"、"刘保"、"汪保"、"周保"和"邓三凤"、"马三凤";[5] 在东直门外北新桥一带地方,流氓活动也极猖獗,流氓团伙成员的绰号分别为"小军师"玉三、"坐地虎"田逢春、"小鬼"刘六、"白面虎"李大黑、"太岁"马三、"赛判官"张三、"独爪龙"刁大等;[6] 在外城地面,也有土棍活动,恃众逞凶,在内外城设局,"关闭善类,勒写字据,持以恶讨,甚且抢人勒赎",团伙成员绰号分

---

〔1〕《清德宗实录》卷242,光绪十三年闰四月辛亥条。
〔2〕《清德宗实录》卷132,光绪七年七月癸未条。
〔3〕《清穆宗实录》卷153,同治四年九月上甲子条。
〔4〕《清德宗实录》卷89,光绪五年三月上甲寅条。
〔5〕《清德宗实录》卷90,光绪五年三月下甲子条。
〔6〕《清德宗实录》卷260,光绪十四年十月庚子条。

别为"活太岁"陈大、"伏地王"常大、"铁巴掌"王三、"花枪杆"李大、"罗似虎"罗三；[1] 在正阳门外煤市街，也有流氓聚众斗殴，放洋枪砍伤人，其流氓头子名恩瑞，绰号"恩四大王"，手下有一个重要同伙，名林世生，绰号"活判官"；[2] 顺天府属东安县之罗官屯村，一些流氓冒充官役，靠讹索为生，他们分别是高起发，绰号"大阎王"，仇祥，绰号"二阎王"；[3] 在外城有一土棍头子，名林三，绰号"大肒（胳）膊"。[4]

清代北京流氓所取绰号，有一个共同点，就是借绰号张大自己的声势，借绰号唬人。无论是"阎王"、"判官"、"小鬼"，还是"霸天"、"霸王"、"太岁"、"白面虎"，无非都是为了说明他们在地方上很有势力，可以横行一方，掌握着一般市井百姓的生杀大权。

京城流氓，生活在天子脚下，当然也有他们自己的特点。正如上面所说，他们各霸一方，互不相让，一有争执，就大打出手。如光绪十三年（1887）三月十三日的夜里，在正阳门外煤市街，流氓头子"恩四大王"就聚众斗殴。打架与盗贼、赌博、娼妓并称"四恶"。参与打架之人，周公称之为"乱民"，孟子称之为"贼民"，在清代算在光棍之列。所以，流氓斗殴，一向为清朝廷所禁止，并在法律上作了具体的规定："凡凶徒好斗生事，见他人斗殴，与己毫无干涉，辄敢约伙寻衅，迁怒于其父母，毒杀致毙者，照光棍例，分别首从治罪。"[5] 有时候，流氓斗殴之时，碰到巡夜员弁捕拿，他们则公开拒捕。如光绪七年（1881）四月初七日夜间，吉四因与松保有仇，就纠众20余人，向

---

[1]《清德宗实录》卷245，光绪十三年七月癸亥条。
[2]《清德宗实录》卷240，光绪十三年三月壬子条。
[3]《清德宗实录》卷232，光绪十二年九月戊戌条。
[4]《清文宗实录》卷118，咸丰四年正月中丁巳条。
[5]《大清律例会通新纂》卷25《刑律·人命·斗殴及故杀人》。

松保寻衅。后遭巡夜员弁捕拿,吉四就公开拒捕,将局勇王顺扎伤。[1]这些流氓,所持武器已不再局限于刀棍器械,而是有了洋枪。如当时有一流氓头子王喜儿,就持洋枪"肆行掠抢"。[2]

"锅伙"与"混混"本来是天津流氓的专有称呼,在北京一般称"光棍"与"土棍"。但在北京,同样有"锅伙"与"混混"。如宛平县属西山门头沟地方,到处有流氓把持开采的煤窑。每年夏天,这些无赖就开设"连夏锅伙","诓诱贫民,逼勒入窑,关禁不容脱身"。不仅如此,各窑锅伙内,有些流氓将因工作患病之人忍心抬弃。可见,这些"锅伙",都与"光棍"一般无异。[3]另外,北京的一些"混混儿"还抢劫库丁,靠此生活。原来当年北京当库丁是一项很肥的差使,库丁可以从银库偷偷往外拿银子。尽管朝廷的防范措施很严密,如库丁出来时要裸体打一个跟头,但这些狡猾的库丁仍可以从肛门里把银子偷偷地带出来。既然库丁如此发财,于是北京城里就有一些混混儿,专抢库丁,一般采用绑票勒赎的手法。所以,一些库丁上班下班,就只好找镖局子保护,以免被流氓绑去。尽管如此,流氓绑架库丁的案件仍时有发生。

说到"库丁",需要对"仓蠹"作更详细的介绍。所谓"仓蠹",即指那些专靠盗窃、打抢仓库吃饭的无赖棍徒。"仓蠹"在咸丰年间就已出现。如当时有一位刘七,绰号"禄米侯",手下有无赖20多人,专门暗中把持京仓。至同治、光绪年间,流氓把持仓务的问题更为严重。如北新仓应放内廷供用米2000余石,但耽延二年之久,还欠米1000余石,显然是仓蠹暗中把持、耽延影射所致。据查,这些仓蠹分别是:

---

[1]《清德宗实录》卷129,光绪七年四月丁未条。
[2]《清德宗实录》卷224,光绪十二年二月丙戌条。
[3]《大清律例会通新纂》卷33《刑律·捕亡·知情藏匿罪人》。

王四群，绰号"一里王"；张二即张廷舟，绰号"弥勒尖"；玉三，绰号"水晶寿星"；刘得海，即刘夸子，绰号"铁头太岁"；李八，绰号"瞪眼李"；张二群，绰号"小脚张"；薛二黑，绰号"搬不倒"；李六，绰号"红长虫"。[1] 至光绪年间，这些仓蠹往往在夜里聚集数十人，用白布缠头，各带顺刀，"至各仓附近游弋窥伺，即遇兵役巡逻，而情势凶悍，毫无忌惮"。[2] 当时比较有名的仓蠹，号称"唐家五虎"，都是逃军。唐大即唐棣，其他又有唐二、唐五、唐老、唐顺成，结党搅扰，勾串把持。[3]

在清代，北京的流氓主要靠骗混饭吃，而且都有特定的称呼。有时流氓装饰妇女，将她们"聘卖于异乡人，乘隙卷而飏焉"，称为"放鹰"，也称"打虎"；有时流氓设为赌局，诱骗愚懦之辈，称为"腥赌"；有时代接妇女，秘密卖淫，称为"转当局"；有时引诱富家子弟游荡嫖赌，"以博其资"，称为"架秧子"。[4]

在清末的北京城里，还专有这么一种流氓，靠吃仓、讹库、到宝局子跳案子过日子。这类人被当时人称为"嘎杂子"。由于清末兴起的镖局，专门保护仓丁、宝局，是他们讹诈的绊脚石，所以这批人就专门跟镖局子作对，彼此之间就不断寻仇斗殴。在当时，最著名的嘎杂子叫康小八。据史载，光绪年间，北京有个比较出名的流氓，名康升儿，又叫康二，绰号"小霸王"。[5] 这位康二，不知与康小八是什么关系，俟考。嘎杂子康小八和镖局子的人，在哪儿遇见就在哪儿打。清末，北京城里从珠市口往南一带，人烟稀少。因此，镖局子里的人就

---

[1]《清穆宗实录》卷133，同治四年三月中戊申条。
[2]《清德宗实录》卷81，光绪四年十一月上丙午条。
[3]《清德宗实录》卷92，光绪五年闰三月下庚寅条。
[4] 夏仁虎：《旧京琐记》卷1《俗尚》。
[5]《清德宗实录》卷248，光绪十三年十月丁亥条。

专和康小八在这一带打群架，以致仇越结越深。

康小八是京东康家营的人。据说，此人没有什么真功夫，就是心狠手辣。后来他有了洋枪，更是气势汹汹，身上总别着洋枪，看谁不顺眼，就给谁一枪。关于这位康小八，还有这么一回有趣的事：有一次，他找个剃头的替他理发。他剃着头，就信口问："你知道北京城有个康八爷么？"剃头的忙说："那小子不是东西。"他忍住气，又问："怎么不是东西？"剃头的答道："净胡来。"他又问："你认识他？"答道："不认识。"康就说："好，叫你认识认识他。"说完，掏出洋枪，一枪就把剃头的打死。

开始康小八手下有一伙人，后来他就单挑了。他打死的人越多，就越疑心有人暗算他。每当黑夜里走道，后面有人脚步比他快，他就给一枪。后来，康小八叫五城兵马司的练勇逮住，在菜市口被剐了，也算报应。[1]

嘎杂子、流氓时常闹宝局，靠此讹诈钱财。他们好勇斗狠，有时不惜伤残自己的肢体，以获取钱财，到了要钱不要命的地步。光绪初年，在琉璃厂西门，有一饼店，店前人如堵墙，只见街上躺着一个裸体少年，另外一个少年举着擀面杖，用力向地下少年的两腿打去，卧地者绝不出声。打到五六十下，卧地的那位少年突然爬起，向饼店主人说："这遭吃定了。"店主人道："好小子，吃罢。"原来，这位卧地的少年无赖欠饼债甚巨，不但不偿还，还强行赊欠。所以店主用大杖击打，并说能受杖不喊痛，不但不索要前欠饼债，而且从此以后，吃饼不再要钱。所以，这位无赖少年"任其痛击而不声也"。又一年秋天，在五道庙三岔路口，有一群人，全是黑绸夹衫，快靴，从北而来。其中一人，自衫衣以致外衣，全都敞襟，而脸上血淋淋的，血由衫衣一

---

[1] 李尧臣：《保镖生涯》，载《人在江湖》，第13—14页。

直流到脚，随行随滴。近前一看，此人一眼已被剜去。原来，此人乃宝局雇的地痞流氓。大致说来，开场聚赌，在清代算是犯法的事。而一些地痞土棍，也每天向赌局索要规费，然后替宝局做一些保护工作。当然，不是那些强有力的土棍，不能获此殊荣。只有那些舍得伤残自己肢体的土棍，才被宝局奉为上客，每天都付给他例规。至于伤残肢体，又分上中下三等，以此分别所得例规的高下。这位剜目的土棍，就可以享受最上等的规例。[1]

五、天津的"混混儿"

在明代，天津不过是一个"卫"。居民以卫军、舍余为主，所以名声并不很响。到了清代，尤其是清末，由于开埠的原因，天津的声望一下大了许多。这样，天津的流氓，即"混混儿"的活动，也因此而"名闻遐迩"。说到活跃于天津一带的流氓，不能不提到这批混混儿。

据说，混混儿原是反清的秘密社会组织，创始于清代中叶。又据故老传说，混混儿是哥老会的支派，只是因为年深日久，他们才渐渐忘却了自己的出身根本。关于混混儿与秘密社会的关系，因为缺乏资料的佐证，目前尚无法遽下断言。不过，揆之史实，清代天津的流氓活动，倒是始于清初康熙中叶。如康熙二十年（1681），天津这些地方，"恶棍聚集，公贩私盐，潜住村庄。夏则乘船兴贩，冬则于附近处所，恣行劫掠"。[2]

至雍正年间，其势更甚。当时，雍正皇帝屡次降下谕旨，禁止赌博，一时京城内外，稽查很严。于是，一些游手无赖之徒，就只好偷

---

[1] 坐观老人：《清代野记》卷上《要钱弗要命》。
[2] 《康熙起居注》，康熙二十年十一月初六日乙卯条。

偷跑到天津，在那里"公然犯禁聚赌"。同时，当时北京还严厉禁止宰牛、斗鸡及畜养鹌鹑，无赖之辈也只好到天津，在那里擅宰耕牛，私开斗局。[1]

在天津一带，盐枭的贩私活动一直很猖獗。至乾隆初，乾隆帝下谕，放宽禁止私贩及缉拿盐枭。于是，天津一带的无赖棍徒觉得有机可乘，"纠合多人，公然以奉旨为名，肆行不法"。[2]

嘉庆年间，在天津有一棍徒，向开设当铺的周姓老板赎取当衣，因为口角争闹，这位流氓就纠集多人，拆毁当铺的铺门，公开抢夺钱物。后来当地知县察觉后，就前往弹压。但这个流氓毫无惧色，又将知县的轿子打碎，衣服撕破，这位知县只好从后门"逃脱回署"。[3] 至清末，天津一带无赖子的诈骗活动更是时常见诸史籍记载。唐韩文公有诗句云："偶然题作木居士，便有无穷求福人。"但据《风俗通》所载，诸如鲍君、李君、石贤士等人所为，也大率类此，看来这种诈骗活动也是自古已然了。至于说到天津所传的"雪弥勒"一事，更是说来可笑。有一年，天津大雪，好事者"戏聚雪作弥勒，低眉垂目，笑态可掬，偏袒踞坐，大腹彭亨，右手持牟尼珠，左手持布袋"。在旁又作两位侍者，也是生动有致。一些老百姓见到以后，就顶首膜拜，竟然还有人拿着香烛去供奉这位"雪弥勒"。这件事被一些无赖子知道后，就感到是敛钱的好机会。于是，就到处放风，胡说这"雪弥勒"如何灵异。不久，前来瞻礼的百姓更多，就搭起一棚，檐前悬挂两盏红灯，看上去倒像一座佛殿。由于人多气盛，再加上棚内香气烛光熏蒸终日，没过多久，这位"雪弥勒"就颓然化为水。这些善男信女，只好"废

---

[1]《清世宗实录》卷79，雍正七年三月戊午条。
[2]《清高宗实录》卷14，乾隆元年三月上丙申条。
[3]《清仁宗实录》卷343，嘉庆二十三年六月丁亥条。

然而返"。[1]这虽是一出闹剧,不过无赖子借此骗钱却是事实。

据史载,至清末,天津土棍之多,"甲于各省"。当时有这么一批市井无赖游民,在一起同居伙食,所以称为"锅伙"。关于此,《清史稿·循吏传四》有如下记载:"天津民悍好斗,锅伙匪动为地方害。"不过,这批无赖游民,自称"混混儿",或称"混星子"、"无二鬼",有时又自称"耍人儿的"。不过,清朝官府则把这批无赖称为"锅匪",或称"锅伙匪"。

混混儿的组织和设备极为简单。大致说来,这些混混儿一般先在闹中取静的地方,半租半借几间房屋,在里面设立"锅伙",屋子里也没什么东西,只有一铺大炕、一领苇席和一些饮具桌凳。从表面上来看,这个组织没有什么特殊的形式,但混混儿们自己却称之为"大寨",其中的首领则称为"寨主"。其实,所谓的"大寨",也不过在里面暗藏兵刃,如蜡杆子、花枪、单刀、斧把之类。如果发生事端,寨主一声呼唤,混混儿就抄起家伙,上街一场群殴;无事,则在里面吃喝盘踞。寨主下面有两三位副寨主,另外再聘请一个文人暗中出谋划策,以充"军师"之任。余者就一律无名称。寨主对于众人则一概称为兄弟。若有无赖想入伙,一般不举行任何仪式,也没有师徒行辈,只按平日行辈相称。入锅伙,叫"开蜓",日后因故自动退出锅伙,则称"收蜓"。一有新加入的混混儿,于是当天大家凑在一块儿,吃一顿捞面,仅此而已。[2]

据史书记载,自同治十年(1871)以来,天津混混儿的头目可知者分别有罗仲义、冯春华、魏洛、张庆和、丁乐然等人。罗、冯、魏

---

[1] 徐珂:《清稗类钞·棍骗类·无赖子假雪弥勒以行骗》。
[2] 参见李然犀《天津的"混混儿"》一文,载《帮会奇观》。下所引同者不再注明出处。

三人先后被官府处决，而张、丁两位也"站毙立笼"。[1] 此外，在天津城内东南角草厂庵前还有两个混混世家，一个姓滕，一个姓窦，每姓都有百十个族人。

光绪年间，地方官府曾刊发一首《混星子悔过歌》，让这些混混儿诵习熟背，痛改前非。歌云：

> 混星子，到官衙，多蒙教训。混星子，从今后，改过自新。细思量，从前事，许多顽梗。一桩桩，一件件，自己问心。想当初，父母恩，一言难尽。受尽了，辛和苦，养育成丁。原指望，为善良，可以上进。原指望，承祖业，可以守成。原指望，孝父母，报答养育。原指望，保妻子，买卖营生。谁知我，丧天良，全不务正。交了些，坏朋友，狗党狐群。有的是，圈鞋底，不安本分。有的是，挑鲜货，假托良民。倚仗着，众泼皮，一呼百应。吃娼赌，占市口，讹诈钱文。有时节，在街头，持刀弄棍。打群架，立锅伙，一味横行。打伤人，生和死，全然不论。只顾得，不义财，按股均分。……有的说，能忍刑，才成光棍。……[2]

让混星子唱《悔过歌》，既示改过自新，也算是警醒世人，这是传统中国教化伦理所常用的手法。如明代"三言"小说中浪荡公子沦为乞丐后唱"莲花落"以示自悔，大概也是如此。不过，从这首《悔过歌》中，则可对天津混混儿的情况作更深的了解。

一般说来，加入锅伙的人不外乎下面几种：有好吃懒做的游惰少年，不守家规的不肖子弟，更有一种被逼上梁山的鞋行工人，即前引

---

[1] 张焘：《津门杂记》卷中《混星子》。
[2] 张焘：《津门杂记》卷中《混星子》。

的"圈鞋底"一类人,这些人到了忍无可忍的时候,也只好咬咬牙,跺跺脚,抛弃这碗做鞋的行业饭,投入锅伙充当混混儿。当然,他们加入锅伙,无非是为了摆脱羁绊,找机会寻衅报复,发泄心中的冤气而已。到了这时候,他们也会特意到鞋铺找事儿,照样借买鞋挑剔发横,而鞋铺中人也只好忍气吞声,反而得受他们的气。

混混儿的穿着,史称是"小帽歪,衣襟敞,提眉横目慌里慌张",[1]说得倒也颇为形象。确实,混混儿的穿着与常人迥然不同。他们入锅伙时,就认为自己很是了不起,所以手中稍微有几个钱,就想穿一身青色裤袄,做一件青洋绉长衣披在身上,纽扣不扣;或者搭在肩上,挎在臂上;腰里扎一月白洋绉搭包,脚蹬蓝布袜子、花鞋;头上发辫续上大绺假发,称为"辫联子",越粗越好,不垂在背后,而是搭在胸前,有的还在辫花上塞一朵茉莉花。这些混混儿走路也与常人不同,迈左腿,拖右脚,故意作伤残之状,所以时人又称混混儿为"花鞋大辫子"。当然,锅伙中久经世故的老前辈对混混儿的这种打扮看着很不顺眼,有时甚至当面予以申斥。每当此时,混混儿就立时将发辫后垂,敛手站立,诺诺连声。有时候老前辈勒令他们脱下花鞋,手拿着走,他们也只好谨遵莫违,等前辈走远以后,才敢穿鞋行走。

在北京,一般将流氓泼皮称作"卖打的"。揆之事实,天津的混混儿也是一批挨打的货。他们平日无事可做,只想招灾惹祸,讨一顿打,好借此成名。按照他们的规矩,挨打时不许还手,还不准出声呼痛,称作"卖味儿"。假如忍不住,口中迸出"哎呀"两字,对方就马上停手不打,这个混混儿就算"栽啦",会被赶出锅伙,丧失做混混儿的资格。当然,挨打时若破口大骂,就不在此例。若有机会随同大伙一起打群架,就应当本着"不肤挠不目逃"的精神,勇往直前,直至胜利。

---

[1] 杨一昆:《天津论》,载张焘《津门杂记》卷下。

对方有人用刀剁来，就应当袒着胸膛，迎上去；以斧把来打，就用头去挡，以示不畏。如果害怕或用武器去抵挡，就被称为"抓家伙"，虽还不至于立时被斥，但从此就被同伙贱视，成为锅伙内的终身笑柄。可见，混混儿都是一些不要命、不怕死的亡命之徒。

混混儿忍受挨打的本领，一般以搅赌局、索规例钱时的表现最为出色。当时天津混混儿搅赌局，得来规例钱也颇不易，确是靠"卖打"得来的。这些混混儿在搅局前，先喝个酩酊大醉，壮壮胆气，"上不衣，下不袴，止以尺布蔽下体"，昂然而至。一到赌局，就肆口谩骂，博徒群起，各用木棍痛打。但是，打者自打，骂者自骂，一直打到体无完肤，气息仅存，混混儿还喃喃骂不绝。于是，赌徒们就叹道："好汉！好汉！"随后，就取来儿童的小便，让挨打的混混儿喝下，又用温水洗去血污，"负以归"。由此以后，开赌局之人，就必须每月供给这个混混儿规例钱。[1]

混混儿在锅伙内经过一段时间，渐渐地混出了名头，有了一定的地位，就可以寻个生财之道，凭自己的气力、胆量、言谈，谋一个自立之路。再过一个时期，人已届中年，饱经世故风霜，混混儿就会变得对人和蔼客气，同时穿着上也务求朴素。袍子渐短，而马褂有所增长，袖子也比常人长一二尺，为的是能在袖中暗藏斧把，有的则在腿带子上插一把匕首（俗名攮子），时刻不离身傍。衣服的颜色，也由青蓝而变成灰色，至于鞋，则早就不穿花鞋了，而是改穿双梁布鞋或缎鞋。到了老年，混混儿多半家成业就，就可以回家享福了。有的中途转入县衙门，在班房里补个名字当差，熬成班头，来路也颇可观；有的则到总兵衙门投效，倒也可以混个小武官当当。清代的总兵俗称"镇台"，管辖天津、河间两府十几州县的军务，手下有不少武职官位可补

---

[1] 张焘：《津门杂记》卷中《混星子》。

缺。混混儿们差不多都是先作旗牌，以便在衙门中服役，一点点地递升，作千总、把总和外委的职位。

混混儿发财致富以后，就改变服装，穿着的是长袍短褂，绸缎缠身，云子履、夫子履，表面上已和乡绅无甚差别。此后，他们就做一些办理地方公益的董事，遇到地方有事，就出来排难解纷，垫人垫钱，仿效古人所称的"任侠"一流人物的行径。不过，仍需要挺起腰肢，说话提高嗓门，使外人一望即知其为何人。混混儿在早年曾经受过不少折磨和考验，到老年时才能成为名利双收的露脸人物。而有些人，甚至在年轻时就因打群架而命归黄泉，根本享受不到老年时的荣耀。这些人露脸以后，年纪已老，就更须保持令誉，言谈行动不得有丝毫差错。倘若一时失于检点，一言说错，一事做差，就会被人问短，顿时前功尽弃。迫不得已，为了保持自己的令誉与地位，这些有了声望的混混儿就只好把自己禁闭在家中，永不见人，至死不敢跨出大门一步。

在清末，天津混混儿中也有女人，虽然为数不多，但做出的事情，却不让须眉。其中最著名者，就是火烧望海楼教堂案中崔老台之妻。当时天津人焚毁洋人教堂，杀死18个法籍男女，酿成外交交涉。曾国藩被清朝廷特派来津，与法国领事谈判此事，结果除赔偿损失外，还要有18个人偿命。但是，杀人的凶犯已经逃得无影无踪。无奈，只好由一个混混儿出身的武官张七把一人承担，一手包办。他用哄骗的手段，骗取18个混混儿的信任，使他们情愿舍身纾难，而崔老台就是其中之一。张七把按每人500两银子包下来，这18个混混儿抵命后，每家却只得到50两，张七把因此也发了一笔横财。后来，崔老台的妻子顶着丈夫的名字，也加入混混儿阵中，打架奋勇当先，也算得上是混混儿中的一员"健将"。她平日里以卖糖为生，自食其力。有时想起仇恨，就到张七把家门前叫骂。张七把只得烦人出资了结，前后不知多少次。又据说，她身材高大，做事极豪爽，而且膂力过人。有一次，她到一家大柴禾厂，厂主很想试试她的膂力，就对她说，若能扛起一个大苇坨子，分文不取，任她拿走。她一声不响，扛起一个100多斤的苇坨子就走。厂主不但因此破财，还失了面子。

锅伙长期养着一群游惰闲人，必须设法觅取生财之道，才能维持锅伙内一大批混混儿的日常开支。混混儿的敛财之道，归纳起来有以下几种：

（一）开赌局。开赌局是混混儿最普通的敛财之道。只要有宽阔的地方，赌徒就会自然丛集。锅伙挑选强梁的混混儿作局头，再拨些打手相助，马上就能成立一个赌局。所赌方式，则以押宝、推牌九、摇滩获利最多，每日所抽的头钱以千百吊计。除了一部分给执事者以外，还有一大笔收入，足够锅伙混混儿的吃喝。不过，锅伙对于官方人士还要随时应酬，年节时又需点缀一下，送点礼物，这样赌局就可平安无事。遇有别的混混儿来搅局，则自己的打手足可以应付。

（二）抄手拿佣。在天津城厢一带，每年需要青菜瓜果甚多，这些东西都来自四乡和外县。乡村小民运货来到天津，在沿河一带及冲要地方趸售，自由成交，本来并没有什么花销。后来，左近的一些混混儿就出头把持行市，硬要乡民全数交给他们经手过秤，转卖给行贩。成交以后，混混儿就向双方取佣。开始时，乡民当然无人听从。每当此时，他们就用武力解决，打翻几个，不怕你不俯首帖耳，百依百顺。这在当时称作"平地抠饼，抄手拿佣"，打下来的天下成为定例，便成了行规。混混儿把持的店家，最大的要数西头老店，是大批瓜菜总汇，当初设立时曾经历过无数次恶战，伤亡了不少人，才最后奠定了根基。

（三）吃妓馆。当时天津女闾称"店"。北门外侯家后一带，为妓馆丛集之处。其中的龟鸨称作"掌柜"，假母称"领家"，领家的住处叫"良房"。妓馆中出费有"大小房钱"之别，小房钱一般给付房东，大房钱就给付那些无赖,即俗称的"混星子",以取得他们的庇护。如果遇到"花丛荆棘"或"醋海风波",妓馆中人一告混混儿,这些混混儿就擦掌摩拳,前来报复,俨然以"护花铃"自居。此外,当时天津的妓馆,不但游人甚多,而且无赖流氓也时常出入,东出西进,彼往此来,这些无赖与一般嫖客一语不合,就挥拳打人,温柔乡反而成了用武之区。[1]

(四)鱼锅伙。无论西河、北河的河鲜或海河的鱼虾蟹,一般均由船运到天津。这些东西都必须卸在鱼锅伙里,由这些混混儿开秤定行市,卖给全天津的大小行贩,而他们则从中得佣钱。在当时的天津,有不少鱼锅伙把持,他们分有疆界,各占一方。其中以陈家沟子、河北梁嘴子、邵家园子几处为巨擘,而李家、赵家、邵家乃是其中最大的鱼锅伙。

(五)把持粮栈。一般粮行斗店代客买卖,这是经官方许可的合法生意,这些人也是正式的行商。但锅伙这批人有时也可以在村边料峭的地方,以武力把持粮食的买卖,从中获取钱财。

(六)开脚行。脚行表面上是替行栈客商起卸运输的承揽人,一般有定价,也有行规,但索价极高,而以极低的代价叫劳动者搬运。这些脚行当时就均被混混儿把持。真正的脚夫所流的血汗挣来的工资仅足糊口,而混混儿所得却超过若干倍。这些脚行各有辖境,互不侵犯,管装不管卸,如兼管卸货,须另给当地脚行一笔费用,名为"过肩儿钱"。假若违犯行规,立时就会有一场斗殴。

(七)霸占摆渡。当年的天津各河桥梁不多,每隔一个地段,必有一处摆渡口。渡口撑船的也是由这类混混儿把持。有的一家独揽,而有的则两三家合作。每人过河一次虽只一文钱,而一日所得为数也颇

---

[1] 张焘:《津门杂记》卷中《妓馆》。

可观。这也是混混儿靠争打得来的世传事业。

（八）口上的。这行又名"站口的"，在北京则称"闲的儿"。口上的是指一些小脚行，只限于抬轿和替人搬家，以及遇有婚丧大事代雇人等，每两三条巷子，就有一家口上的把持。一般也有各自的管界，不得随意逾限，违者也能酿成群殴。

（九）拦河取税。混混儿当河拦一道大绳，不让商人船只通过，并派有专人把守。船只经过时，必须先给这批混混儿一笔钱，方能撤绳放行通过，否则就立即苦打。当年在天津流传着这样几句口号："打一套，又一套，陈家沟子娘娘庙，小船要五百，大船要一吊。"指的就是这件事。

（十）立私炉。在天津南关外二三十里，原来是一片荒凉地带，出南门就是荒草小坑。于是，混混儿就在那里私立铸钱炉，用带砂子的次黄铜铸钱。所铸一般都是光绪钱，其薄如纸，入水不沉，名为"水上漂"，其小不及原来一半的名叫"鹅眼"，也有较大较厚的。混混儿将这些钱私运入城，每三四吊换正式制钱一吊，而他们仍然有利，成色之次就可想而知。

混混儿这一行业一般都和府县衙门的差役相勾结，平日供奉，三节送礼，应酬周到，而这些公门衙役也多半是混混儿出身，岂能物伤其类？所以，常言道："吏不举，官不究。"下边无人告发，上边当官的也乐得糊涂，这早已成了公开的秘密。一旦闹到不可开交，官厅才出示严禁，派差抄拿，但也只是选择几个平日应酬不到的抓来充数。当然，这些混混儿也很知趣，深知进退，给官府一点面子，每当此时，也就悄悄收场，候风声平定，继续再干。

混混儿的最拿手本领就是"平地抠饼，白手拿鱼"，做一些讹诈把持的无本生意。一旦得到地盘，别的锅伙就想从他们手中夺来享受，于是就掀起争夺行市的平地风波。这种争行夺市，大致不外乎打群架、搅赌局、争老店、夺粮栈这几项，而其方法，无非是比谁不怕疼、不怕死的泼皮手段。

在天津，一般把斗殴称作"打群架"。每当此时，混混儿们就呼朋引类，"集指臂之助，人亦乐与效劳"，这在当时称为"充光棍"。有时甚至执持刀械火器，恣意逞凶，为害闾阎，莫此为甚。[1] 关于混混儿打群架的场面及所用武器，清人有如下记载："有人犯了他边界，聚伙成群来打仗。铁尺斧把，竿子鸟枪，赶上房，开水砖头往下淌，那顾生死存亡。"[2] 混混儿认为打群架是正当行为，所以需要有一定的步骤。打架的起因不外乎争夺行市，或者因细故而扩大，到了一定时节，双方就约定时间、地点，有时也有突然袭取。事先由一方约妥若干人预作准备，名为"侍候过节儿"。在准备期间，混混儿一律集中在一起，每天供应好吃好喝。所约多至百人以上，少也数十人，有的甚至连日期也不能预定，因为对方何时来到难以预测，所以没有巨款者就势难应付。内部虽如此紧张，磨刀擦枪，但表面上还要不露形迹，如果有人问及，就坚不承认，只称万无此事。至于那些公开争斗的场面则又不同。人到齐后，在门前摆列所有兵刃，名为"铺家伙"，其意在于向对方示威。在出发以前，如与对方有"死过节儿"，就预先选定几个人准备牺牲，或者自告奋勇，或者用抽签方法取决，这被称为"抽死签"。即使当场不死，事后也由这些人顶名投案，认作凶手。出发时，寨主在前，众人随后，长家伙当先，短家伙跟后，一律散走，并无行列队伍；最后面，仍有一些混混儿兜着碎砖乱瓦，在阵后向对方投掷，这被称作"黑旗队"。双方会面后，用不了三言两语，就立即会战。混混儿们平日不练武术，只有少数人能抖蜡杆子，其余的人一律死打死剁，

---

[1] 张焘：《津门杂记》卷中《混星子》。
[2] 杨一昆：《天津论》，载张焘《津门杂记》卷下。

毫无章法。但打仗也只限于头破血流，肢体伤残，没必要时，谁也不愿酿出人命重案。打架须打到分际上，甚或有人死亡，才有人出头劝止，再办善后事宜。

打架如果伤人不多，又无死亡，就可以不经官涉讼，双方自愿和解，也有已经涉讼，经人调解，双方又递呈息讼。就其和解的方式而言，一般先由双方知交的老前辈所谓"袍带混混儿"凑集几人，分头向双方解释，请求抛弃前嫌，言归于好。他们必须先说到这里，经许可后再到那边，两边儿都如此说，以示尊重。经过两三次说和以后，就会得到双方同意，然后再约定日期地点，由和事佬出资备若干桌酒席，并请些人作陪。他们定好时间，约定双方同时到来。双方见面以后，彼此客气几句，而两人都不肯先进门，互相让过三两遍后，终由和事佬婉商，仍须一先一后入内。入座时后入的首座，先进的陪坐。临走时后入的先出，先入的后出。入座时，彼此一味客气，作陪的众人也趁着帮腔，只叙旧交，不谈前嫌。这一席酒饭虽不是上等酒席，但动辄几十桌，所费也属不少。每人只吃一小碗饭便罢，同时起席。二人向众人告别，出门后仍由原和事人相陪送回。这种会餐，俗名叫作"坐坐儿"。打群架双方经过几次会面，一揖分手之后，一场恶战也就从此而告结束。

当然，有时打架以后，也有告官经理的。这些混混儿被拿到案，极能忍受官府的酷刑，数百答楚下来，仍能做到"气不少吁，口不求饶，面不更色"。如果不这样，就被人称为"摘（栽）跟头"。[1]

关于搅赌局，上面已有所提及，这里再稍作补充。赌局抽头，可以说是日进斗金，羡慕眼热的自然大有人在。如果想从中染指，也不是件容易的事。有些混混儿想从中得点好处，就只好单人独马，闯进赌场大闹一场。

---

〔1〕张焘：《津门杂记》卷中《混星子》。

搅赌局也有一定的规矩。一般是进门后，不动声色，到赌案前用刀在自己腿上割下一块肉作为押注，代替押宝的赌资。有的宝官就只当作未见，押上时照三赔一的定例割肉赔注。这样一来便不好了结，双方造成僵局。此时，另外有旁人过来，满脸赔笑，婉言相劝，结果仍须给挂钱。有时不幸押输，宝官把肉搂走也是不好下台的。双方不得已只好将案子一掀，再作第二步的挑衅，这样一来就少不得重新挨打。遇有识事的赌头，这时就会急忙赶到，笑道："朋友，咱不过这个耍儿……"随即向手下人说："快给朋友上药。"便有人拿过一把盐末，捂在伤口上。这时来搅局的混混儿仍然谈笑自若，浑如不觉疼痛的模样，神色如常。这样，混混儿搅局就算胜利了，每天可以从赌局中拿钱。

至于混混儿争老店、夺粮栈之事，也确实留下了不少的惊人奇事。据老年人传说，当年混混儿争老店，不止于争打，还有摆下阵势的，双方约定时日，当场比赛。有的架一块大铁板，用火烧红，赤足在上面走几趟，如对方不能照办，就只好知难而退。最后一次，主人张绍增熬热一锅油，跳在锅里炸死，从此再也无人敢生心，奠定了子孙们永世衣饭根基。这件事曾经轰传一时，并为后人所传诵。据说，当时天津河东有一家粮栈，主人外号叫"王半城"。曾经有人想谋夺他的事业，他当时慨然应允。但到了接替那天，他在门前烧一锅热油，伸手到热油里捞了几下，将手臂炸成焦炭。对方见此，纷纷逃走。

天津混混儿以河北大街为界，分为上、下角。当年河北大街离御河不远有一座收税的大关。清廷用的米和旗人发放的口粮都由南方运来，经过大关时收一笔税。大关以西名关上，以东称作关下。上角、下角的名称大概就由此而来。

一旦分为上、下角，两派混混儿就成为世仇，而各乡镇所有锅伙也都分了界限，成为一时习惯。有的隔几条巷即不同角，有的一条街上也分两角，界限甚严，彼此不得越界。上角的混混儿误入下角地面，如被认出来，就会遭到一顿毒打。反之，下角误入上角也是如此。混混儿还有一种习惯，素日无论交情如何深，一朝反目成仇，就终身不忘，不但避而不见，甚至连对方住的街巷也不肯走。而且本人之外，还传及子孙，结下累世解不开的芥蒂。只有侯家后的混混儿，因为环境关系，没有上下角之分，有事两角都可约请，因此在当时被称为"活轴子"。

混混儿到了中年，自有其独特的营生与活动。他们自知平日所为不守规矩，而且危险万分，深知整天在街上耍赖当泼皮，终究不是长久之计。所以，一旦遇到机会，他们就另辟营生，主要有以下几种：

（一）开娼窑。开窑子，招妓卖淫，虽然称不上是正当营生，但也得到官方许可。搭上一个老妓，开个班子或者较低的妓馆，也能做到每天钱来伸手，饭来张口。无事时，提笼架鸟，喝清茶，听听评书，斗纸牌，而澡塘子、酒馆里也尽能消磨时光，过的倒是十分惬意的生活。有的混混儿结交官绅，也能得些意外之财。

（二）开小押。在当时，小押当铺没有字号，只好暗中营业。当本比一般当铺大，而利息也十分高。大致以100天为满，若至时不来赎取，就将物折本。当时预扣一个月的利钱，当一吊只给950文，合5分利，有的比5分利还重。

（三）滚利盘剥。混混儿放利息钱也有不少的方式：或按月取息，普通的3分利、4分利；或叫转子钱，借钱人书写12个条子，一年还清，即借10吊，每月还1吊；或按日归还，出一个札子，借10吊，每天还100文，120日为满，名为"印子钱"。其中更可怕的是"滚子钱"、"赘儿把"、"蹦蹦钱"等，不外乎将息作本，息上加息，一经上套，就还不清了。

（四）开戏园子。开戏园子还比较容易，只要寻觅到相当的地点，收拾好，赁些桌凳，就可以开办了，只是遇到空园子不太容易。开张时，约角不用自己出钱，自有鲜货案子、壶碗、手巾把所谓"三行"代垫。他们每月应给园主一笔费用，还应有垫款的义务，方能在园中作业。此类营生，一般无人争夺。

（五）开落子馆。按照天津传统的行规，一个落子馆统辖若干个高等妓馆，所属的妓女能唱的都应尽义务替落子馆唱曲，而且分文不取。后台另有一班人主持，一般称为后台老板，带领一帮弹拉歌唱的男艺人。侍候场面兼报幕的人，名叫"皮靴"，自称"男伴伙计"。前台对于后台不给工资，全赖教妓女歌唱得代价，遇有台前点曲，及外边侑酒得资，馆主扣一部分，余者充后台开支，妓女得不到分文。所得票价全数归馆主，更有三行的月例。馆主对于妓馆妓女负有保护责任，她们借钱由馆主经手向放债人转借，落子馆作保，因而获得监视权。

值得指出的是，这些混混儿成家立业以后，仍然不甘寂寞，便随意做一些所谓的公益事业，借此出出风头。大致有：

（一）组织救火会。在没有消防队之前，遇到火灾，大概就只好由有地位的混混儿们去救。他们有自己的组织，称为"水会"，就地向富绅大贾募集巨款设立"会所"，购置一些水激子、水筒，以及旗帜、灯笼、响器，公推几个有声望的人主持，选一个会头作首领，加入组织尽义务的都是一般劳动人民和小贩。当时正式的水会，全天津统共只有48家，总会在东门外大街，名叫"阖津会所"。最后的总会头名叫支玉林，就是一位成名的老混混儿。不过，混混儿办水会，有时仍留有他们争强好胜的流氓习气。其中的一些"少年喜事之流"，每当救火之时，常常会因为救灾拥挤，"不相逊让，往往与别会角胜，以斗殴从事"。[1]

（二）举办赛会。在神道设教下的旧时代，各大庙宇普遍盛行赛会迎神，招待那些善男信女前去烧香。按规定的日期出会，叫作出巡。

---

[1] 张焘：《津门杂记》卷上《水会》。

其中以天后宫的皇会、城隍庙的鬼会为最盛,更有许多小型的会,如中幡、挎鼓、重阁、鹤龄、法鼓、吹会之类参加。所有这些赛会,大多由混混儿这批人做会头以及承办。

(三)主持在理公所。在理公所表面上是戒烟戒酒的公会,实际上却是一种反清组织。后来因为清朝廷查拿得紧,便改变形式,成为类似修道的样子。当家的参禅打坐,在原有祖师"羊祖"之外,又供奉观音菩萨。在理公所主持事务的人,一般也以混混儿居多。

光绪二十六年(1900),义和团勃兴,虽然只有短短的几个月,但锅伙的势力却因此沉寂,不敢活动。等到八国联军进城,地方官逃走,洋兵掌握了地方政权,混混儿们就更不敢出头露面了。《辛丑条约》签订后,外国军队退出,政权收回,袁世凯当上了直隶总督。他到任不久,就下令严拿混混儿,一经捕获,即诬为海盗,送往营务处枭首正法,混混们由此死了不少。混混儿们知道这位混世魔王不易应付,为了保全脑袋,只得敛迹销声。

六、上海的"白相人"

追溯清代上海流氓活动的源头,当始于明末清初。在当时青浦县的周浦与苏家桥一带,曾发生过一次极有影响的流氓斗殴"打降"活动。此后,因资料缺乏,上海一隅的流氓活动不得而知。至清末上海开埠以后,流氓日渐增多,流氓活动不但不断见诸报端,而且在史籍中也时有所见。

清末,上海的无业游民极多。时人李维清就说:"本邑莠民,成群聚党,倚势作恶,层见叠出。"[1]"莠民"云云,其实就是无业游民中的

---

[1] 李维清:《上海乡土志》第75课《诛锄莠民》。

一些不良分子，即流氓。这些游民一到夏天，就提鹇啜茗，在一些亭阁楼榭纳凉，所以，在西园望月轩侧，时常悬挂着雕笼数十，"睍睆绵蛮，不绝于耳"。上海的田间，多产一种鹦鹆，百十成群，"亦具慧性，解人言"，于是上海的游民，就捕捉鹦鹆以谋利。到了冬天，他们又开始蓄养鹌鹑，"处以绣囊，斗以百计，虽破产倾家弗惜也"。时人陈金浩《衢歌》中有两首极道上海游民恶习，不妨摘引如下：

> 轻平蟋蟀重平银，结伴登场秋兴新。
> 抛去花枝才歇手，提囊又约斗鹌鹑。
>
> 不归葱肆不租田，十市三乡闲少年。
> 朝弄画眉呼鸽子，夜吹笛管拨筝弦。[1]

这些游民、莠民或闲少年，固然还不能与流氓等同齐观，但确与流氓相近，而且这种无业游民的大量存在，是孳生流氓的社会温床。换句话说，在这些无业游民中，每天都在产生流氓。

至清末，关于上海流氓的打扮与活动，有两首竹枝词叙述较详，不妨引述如下：

> 紧身窄袖半洋装，非勇非兵躯干强。
> 马夹密门绸纽扣，成群结队荡街坊。
>
> 头上前留发下披，快靴脚着杂绒呢。

---

[1] 王韬：《瀛壖杂志》卷1。

刀名插子双锋快，出手伤人血涌时。[1]

可见，在清末，上海流氓均穿紧身窄袖之衣，披密门纽扣之马夹。这些流氓，随身都带两面锋利的小刀，俗名"插子"，动不动就戳人流血；或者袖藏洋枪，或者肩扛洋枪，每到一处，就恐吓百姓，搞得鸡犬不宁。到了后来，这些流氓更是劫持人质，时常说"借一双枣子"，其意为"挖眼也"。清末上海流氓的凶残，于此可见一斑。

清末上海的流氓，起初称之为"地棍"或"土棍"。不过，在清末，上海已正式有了"流氓"的称呼。大致说来，这批人一般各自拥戴自己的魁首，横行于市，互相团结。他们平日里都没有固定的职业，专事游荡，设阱陷人。如果在街上随便抓住一个流氓，问他："从事什么职业？"他必定嗫嚅而对道："白相。"所以，他们自号"白相人"。[2]那么，"白相人"又是什么意思？"白相"一词，是吴语的方言。据《姑苏志》，"白相"原作"薄相"，意思是说"嬉劣无益，儿童作戏"。"薄"音"勃"。至清，俗呼"薄"为"白"。[3]可见，"白相"一词，本指嬉戏游玩。白相人者，也就是指一些在街上专事游荡嬉戏之人。"白相"一词，后又成为上海方言，其义也大致如此。上海流氓自称"白相人"，犹如天津流氓自称"混混儿"，及北京称流氓为"碰词的"、"打闲的"、"瞎打混"一般，其意无非都是指在街上游逛的无赖。

清末上海流氓的种类极多。除"白相人"外，还有"野鸡"、"轻薄子"、"囤头"、"罗间"。野鸡一般指手持扁担绳索，立于十字路口，为人挑行李的无业游民，相当于明代北京的"闲的儿"。不过，这些

---

[1] 秦荣光：《上海县竹枝词·风俗九》。
[2] 徐珂：《清稗类钞·棍骗类·上海之地棍》。
[3] 顾张思：《土风录》卷9《嬉游曰白相》。

野鸡一等客人稍微疏忽,就"即至远飏",[1]倒与无赖小偷相近。所谓"轻薄子",即指一些轻薄无赖,在街上见到妇女,随意调戏,大耍流氓。如当时有两位轻薄子弟,名相交、徐锦,在街上见到一美貌女子后,就伸手摸其乳头,"兼肆谑浪"。[2]至于"囤头"、"罗间",其实也是一些土恶地棍,时常以当差为名,把持勒索。如当时上海西城廿二铺杜家湾混堂桥一带罗间,就很凶顽。他们一般与衙门中的差役熟识,又与拆梢党相勾结,"私设地段,恃党行凶"。凡是遇到当地居民有婚丧喜庆之事,所需的轿役、脚夫,全由这批囤头把持。他们任意向主人家索食酒肉,不但嫌少,还埋怨质量差。主人偿付工资,他们又嫌少。稍不如意,就任意行凶。后来当地居民恨他们凶狠,就自备肩舆物件,雇用别的轿班。此事被罗间知道后,就"纠集多人,中途拦阻喧闹盈衢,便欲殴打",还将肩舆物件夺去,"勒令出资来赎,否则竟可不还"。[3]

在清末的上海,本来不过是一些游手之徒在兴风作浪。至后来,倒有"以巾帼而效青皮者",即产生了一批女流氓。如当时有一位外号"夜来香"的女流氓,原籍苏州,本来是烟花巷的健将,以淫艳得名。后年老色衰,就不事旧业,"明则贷阿芙蓉膏度日,而暗中常作掠卖妇女之生涯"。[4]当时的女流氓,成群结队,横行于虹口一带,号称"十姊妹党"。这些女流氓撒泼讹诈,无恶不为,一点也不比男流氓差,有时甚至一言不合,她们就"露体赤身,沿街叫骂",[5]真是丧尽廉耻,无奇不有。

---

[1] 葛元煦:《沪游杂记》卷2《野鸡》。
[2]《申报》,同治壬申四月廿九日。
[3]《申报》,同治癸酉二月二十日。
[4]《申报》,同治甲戌十二月初九日。
[5] 黄式权:《淞南梦影录》卷3。

在清末的上海，不仅有本地"白相人"，而且还有"白相洋人"，即洋人流氓。如时有一位西方人，在市面上颇有势力，很多普通人见了他就退避三舍，非常害怕，所以沪上谚称"白相洋人"。[1]

那么，清末上海的流氓到底有多少人呢？据清人徐珂估计，大概有8000余人。[2] 这不过是一个保守的估计数字，但已足以对地方造成很大的危害。这些人白天在饭馆里，夜晚在旅馆里，而且在一些茶坊酒肆里，也无不有他们的踪影。如果以每人消费银币半元计，其总数每天已达4000余元。假如以一年计算，全上海的流氓所耗费的银子达140余万之巨。这是一个多么惊人的数字！

当时上海的流氓，各有自己的组织。上海的流氓组织大致有：

（一）拆梢党。所谓"拆梢党"，又作"拆稍党"，其实就是"流氓党"。清人葛元煦作如下解释："沪上无业游民串诈乡民孤客，或乘机局骗，或无债索偿，遇者受其欺凌，旁人莫辨真伪，谓之'拆梢党'。"同治年间，上海"拆梢党"的头目是唐少坡，号"圣人"。这是因为，这位唐少坡每次临场拆梢之际，索要钱若干，所勒数目一从他口中说出，被勒索人就必须依从，所以就有了"开口圣人"的雅号。这位唐少坡手下，有一位"枪手"。这位枪手自幼惯习下流，时常将右手第二指头骨节曲起，对着墙壁操练，日久成功，就称"枪手"。每次打人，这位"枪手"只须将曲指向他人筋骨边插入，对方就疼痛难当。[3]

（二）擦白党。所谓"擦白党"，其本意是说"本系劣质之铜，偶借磨擦以欺人耳"。至后来，"擦白"误为"拆白"，于是"擦白党"也

---

[1] 姚公鹤：《上海闲话》。
[2] 徐珂：《清稗类钞·棍骗类·上海之地棍》。
[3]《申报》，同治癸酉八月初五日。

就误称为"拆白党"。[1]

（三）豆腐党。所谓"豆腐党"，"系失业豆腐店伙成群作恶"。[2]后来，豆腐党中人也并非专以做豆腐为生，还有从事其他职业的人。如同治年间，豆腐党的首恶有七名，全在城内画锦牌楼居住。瞿会正，是木匠，但已歇业多年，专门靠在街上敲竹杠为生；马阿七，原来是营兵，后开烟馆，也是"私和词讼，坐地分赃"；瞿茂松、瞿茂和、瞿金和，混名"小太岁"，此三人都是瞿会正之子，也是"游手好闲，专为不法"。此外，还有一位地保张培坤，其实真名叫金保荣，也"护棍分赃"，成了这批豆腐党的保护伞。[3]

（四）丝绦党。此名其意不详。如同治年间，官府拿获该流氓团伙的一名首犯，名吴穆之，在租界"拆梢生事，无恶不作，凡属无赖者流，互相依倚"，所以当时人又将此派称为"拆梢党"，其实就是"丝绦党"。该团伙的特点也是"拜会联盟"。[4]后来，官府又抓获两名丝绦党主犯，一名张镜荣，一名周纪坤。周纪坤原系著名土棍，一向在八仙桥龙闸一带，招集无赖，开场聚赌，"抢亲武断，无所不为"。还有一位张镜荣，与周纪坤朋比为奸，"有过之无不及"。[5]

在这些流氓团伙内，又以地域不同而分为不同的帮派，自成一系。如在"拆梢党"中，就各分党类：天津党最为凶横，动辄持械斗杀；闽、粤党次之，而湖南党则别无长技，只不过从事剪绺调包及偷窃轮船搭客行李而已。后来又有泰西（西方）流氓帮，聚集在虹口外

---

[1] 姚公鹤：《上海闲话》。
[2] 葛元煦：《沪游杂记》卷2,《拆梢党豆腐党》。
[3] 《申报》，同治壬申五月廿四日。
[4] 《申报》，同治癸酉闰六月初八日。
[5] 《申报》，同治癸酉闰六月初十二日。

国人的窝中，"强赊硬买，持帮殴人，华人皆畏之如虎"。[1]而上海本地的流氓，则分为庙帮、塘桥帮、百龙党、糖团、草泥团。塘桥帮的巨魁为严炳，后来被上海县知县刘郇膏擒获诛杀。有的史料称塘桥帮、庙帮与百龙党的头目为朱月峰、沈绍。这些本地流氓啸聚凶党，煽惑乡愚，索诈铺户，后来演变为明目张胆，无所顾忌，甚至大白天持刀抢劫行旅。[2]咸丰三年（1853），这些流氓团伙与福建、广西的"会匪"有一定的联系。事后，大多漏网，反而应募得功，被"加职衔翎顶"，变得更加肆横。咸丰十年，知县刘郇膏得知这些流氓与贼相通，就立即诛杀。[3]另一条史料对当时上海的流氓团伙的记述则更为详细，从中可知，当时上海的流氓帮派中，福建、广东、浙江、南京的无赖子，多"跳荡好斗"，而庙帮则属于土著无赖。所有这些无赖，妓院中人均称呼他们为"流氓"，甚至畏之如虎。妓院接待他们，若是少不如意，就"纠队篡人而去"，称为"拔官人"。无奈之下，妓院的老鸨只好与县衙门中那些有声势的隶役即"管班"交好，甚至不惜贿以重金，作为自己的护身符。这些有声势的隶役，在当时也有一种专门的称呼，叫"撑头"。此外，一些讼师、营卒也会从妓院那儿按节分利，称为"黑规"。[4]说白了，就是黑道的规矩。

清末上海"白相人"的流氓手段，花样翻新，各极其巧，简而言之，大致有以下数种：

（一）敲竹杠。拆梢党是清末上海极有名而常见的流氓团体。"拆梢"这种流氓手段，在苏州、上海一带比较常见，而尤以上海为甚。

---

[1] 黄式权：《淞南梦影录》卷1。
[2] 毛祥麟：《三略汇编》卷5《会匪记略》，载《明清上海稀见文献五种》。
[3] 秦荣光：《上海县竹枝词·风俗九》。
[4] 玉魫生：《海陬冶游录》卷下，载虫天子编、董乃斌等点校《中国香艳全书》20集卷2。

什么是"拆梢"？清人徐珂作如下解释："盖以非法之举动，恐吓之手段，借端敲诈勒索财物之谓也。"[1]当时沪上的《申报》也敏锐地观察到了流氓的这种敲诈勒索手段，并作了下面解释：一是"洋泾浜之土棍，遇乡民之懦弱者碰诈，谓之拆梢"；一是"上海之讹诈图者，谓之拆梢"。[2]可见，所谓的拆梢，大致与通行的"敲竹杠"相当，原本是历朝乃至全国各地流氓通用的一种讹诈手法，只是各地的说法稍有差异而已，如南京则称"敲钉锤"，镇江称"钉钉子"，杭州称"刨黄瓜儿"。敲竹杠之"竹杠"二字，实际上是"斮杠"之误，有苛敛横征的意思。在清末的上海，"白相人"与地棍惯于拆梢为生涯。在洋泾浜未设公堂之前，此类流氓人犯太多，几乎遍地皆是。所以，上海人讳言流氓之名，而一概将他们称为"拆梢党"。

在清末的上海，这类专干拆梢的流氓党相当之多。他们招集无赖，动不动就凭一些细微小事，构成空中楼阁，机巧百出，需索多方，必等填饱他们的欲壑才肯罢手。有时甚至一而再，再而三。这些拆梢党专门选择一些老实人欺侮，所以一些愚民无势之人，常常被他们鱼肉。这些专干拆梢的流氓，本来都是一些上海本地人，即史料里所谓的上海"地棍"（本地光棍），无非是本地人而欺本地人。后来，来自宁波的一些无赖流落之辈，也使用这些讹诈手段，看到同乡中稍有可乘之机，就用这种手段索扰，于是又出现了宁波人欺侮宁波人的现象。

流氓的拆梢之法，"或借碰为由，或捏欠票硬讨，讹诈取财，甚至剥取衣帽，白昼抢夺，种种不法"。[3]上面所说的"借碰为由"而拆梢，其实相当于北京的"碰词的"。下面不妨引述一些例子，以便对清末上

---

[1]徐珂：《清稗类钞·棍骗类·上海地棍之拆梢》。
[2]《申报》，同治壬申十月十二日，又同年十一月初五日。
[3]《申报》，同治癸酉八月廿二日。

海流氓的拆梢活动有更深入的了解：

（1）任意勒索。据当时的《申报》记载，有两位拆梢党，分别叫方中来、谢阿，在某座酒肆饮酒。有一位乡下人贸然投店小饮。这两位流氓觉得有机可乘，就急忙出门去。行没多远，两人又假装返回，并道："真可笑，忘记拿钥匙就走了，可能是忘在台头上了？"假装四顾张皇，作觅钥匙之状。随而指责乡下人道："店中喝酒者，只有我们与你，钥匙忘在店中，主人谅也不需要此。你不妨让我们搜一搜你的口袋，以表明心迹。"这位乡下人无奈，只好倾囊，"露番蚨五饼"。这两位流氓急忙抢夺而去。[1]

（2）勾通捕房包探伙计，肆行无忌。如上海北门外沿城河一带，有一位裁缝携一包袱，到押铺押钱，其形状极是可疑。这是因为，裁缝包内的衣服，是主顾请他做的，因急需用钱，就送来押铺押钱。怕被原主看见，所以不免显得东张西望。所有这些，全被一批小流氓看到眼里。他们就上前盘诘来历，裁缝不服，争论之间，包袱与衣，已到了小流氓的手中。裁缝一急，就大声喊闹，又遭到小流氓的殴辱。[2]

（3）诈称图讹。如在虹口，有一位乡下人进城，卖掉花布，得了银洋十元。在半路上，正好遇到一批拆梢党。当流氓知道乡下人有银洋后，就出来一人，不问情由，拦面一拳，"口称欠钱已久，何其避匿不面"。还没等乡下人回答分辩，拆梢党又一顿拳打脚踢。随后，又出来一个拆梢党同伙，假意劝架，拉到茶馆讲和，而身带的银洋也就成了他人之物，茶未数开，人即逐渐走散。[3]

（4）讹诈图赎。据《申报》载，当时"有某钱庄之绍兴人吴某，

---

[1]《申报》，同治癸酉闰六月十三日。
[2]《申报》，同治癸酉十月廿二日。
[3]《申报》，同治癸酉十一月初十日。

被宁波无赖借有宁波裁缝陆某与之有隙，而纠人图讹，亦此类也。缘陆某揭欠吴某钱六百文有零，久而不还，因以典钱之马甲票纸抵作两讫。吴备本利赎出，亦约六百之数。今陆与无赖为伍，有人谈及需穿马甲，忆及曾有典票抵欠，初意无非图赎变钱，多用几文而已。继后向索，已经赎出，吴则回以如要原物，不妨归还其赎本欠钱，两共一千二百文，亦可取去。彼此因事久争执，无赖之徒竟将诬为硬取其马甲"。陆等看准吴某在钱庄生意，必然怕死，有可乘之机，于是"纠人邀吃讲茶，多方讹扰"。[1]

敲竹杠固然是清末上海流氓惯用的伎俩，但也必须看人下菜。换言之，这种方法不能"施之于老门槛也"。所谓"老门槛"，就是指那些"精熟世故者"。这样，一些懵懂愚蠢之人，就必然成为流氓敲竹杠的对象。这些人，当时的上海人分别称之为"瘟孙"、"洋盘"、"曲辫子"、"寿头码子"、"猪猡"、"猪头三"、"蜡烛"、"饭桶"、"阿土生"、"阿木林"、"戆大"。当然，这些称谓，有利于我们对当时的语言进行确切的理解。

（二）硬诈。上海地棍所采用的拆梢，必定还有线索可寻，罅隙可乘，决不是贸然为之。至于他们所用的"硬诈"，则更是兔起鹘落，猝不及防，就连受害者也莫明其故。这些地棍之所以敢如此明目张胆地硬诈，其原因就是巡警、包探与他们通同一气，即使目击此事，"亦皆佯作不见，而相喻于无言"。事后，地棍就提钱若干，馈赠巡警、包探，称之为"劈霸"。所谓劈霸，说白了就是分赃。

如有甲、乙、丙三人，乙与丙为流氓。而甲却一毫不知，无意中，甲在乙面前谈到丙的事。乙假装与丙不睦，就说出种种污蔑丙的话，以撩拨甲，"甲含糊以答之，敷衍以应之，而祸机于是伏矣"。不多一

---

[1]《申报》，同治壬申十月十二日。

会儿，丙就纠集多人，来到甲的住处，"责其不应毁我"。甲如果不承认，乙就出来作证。同时，另外又有一些人，也是"长丙而短甲，驯致于殴"。到了这个时候，甲才感到为难，不得不"乞人调停，而出金以酬之矣"。

关于流氓的硬诈，还有一例可以为证。如浦东李某，形貌淳朴，家道小康。一天，他来到上海城里，行到闹市处，流氓看到他软弱可欺，就故意向他身上撞去，脱下鞋袜对他说："你为什么损我鞋，污我袜？现在还有什么话说？"李某不服，流氓的团伙就一起谩骂，还自己撕碎衣服，对众人大嚷："此人不但污损我的鞋袜，还撕碎我的衣服，我决不饶他。"于是，揪住李某辫子，来到一所茶肆，说非到捕房不可。这时候，就出来一人，上前调停，"劝其出资赔偿，且叩头而后已"。[1]

（三）扎火囤欺财。在清末的上海，"扎火囤"好像仍是流氓惯用的伎俩。当时有人作有一曲，以示扎火囤之害："黑夜入人家，非奸即是盗。光棍及乌龟，搭通做圈套。一星灯火摇黄昏，郎当铁索声在门，吾家并不开烟墩。直入床闼知何因？洋钱到手放出人。劝君何必装斯文，君不见扎火囤。"[2]

所谓扎火囤，其意就是"以少妇为饵，如掘坑得兽，俟其入觳，欲后从而鱼肉之"。在清末的上海，从事美人计的，还有一种"蚁棍"。如当时的城厢租界等地，"迩来最多以妇女诓嫁，而骗得财礼分肥，乘间逃遁，甚或被卷钱财"。这在当时有一专门称呼，即"放白鸽"，其实也是"美人计之末也"。[3]

---

[1] 徐珂：《清稗类钞·棍骗类·上海地棍之硬诈》。
[2]《申报》，同治癸酉四月廿三日。
[3]《申报》，同治癸酉闰六月初三日。

（四）勒索妇女使费。从史料记载可知，清末的上海存在着很多游民，这些人在白天则"提鹌挈鹭，逐友征朋"；一到晚上，则"醉酒听歌，访花问柳"。他们绝不知生计之艰难，一般的市民也不知道他们何以度日。这些人一到妓院，鸨母必须为他们提供瓜果，泡上上好的芥片茶，否则就会招呼同类，滋累无已。所以，妓女都感到很厌恶，称他们为"茶会客"。无奈之下，妓院中的名妓只好"匿不出见"，一概以"丑者"聊为应付。陈金浩有一首《衢歌》，云："不归葱肆不租田，十市三乡闲少年。朝弄画眉呼鸽子，夜吹笛管拨筝弦。"[1]道尽清末上海游民恶习。

由此可见，在清末的上海，一些老鸨开妓院，必须与一些地方无赖搞好关系。如果鸨母对他们接待不周，或者有钱债首尾不清，这些流氓动不动就纠集同伙，抢走妓院中的妓女，这在当时被称为"拔官人"。老鸨对流氓的这种做法很害怕，所以每逢节日，就送钱酬谢他们，称之为"照顾钱"，俗名"使费"。自从西方人通商以后，妓院大多开在租界内，由巡捕房按月向妓院收取捐费。"拔官人"这种颓风，就此尽绝。即使有使费，也比以前收得少多了。[2]

（五）为人复仇取财。如有甲乙两人，本来就有微隙。这事被一些流氓知道后，就"百出其计以煽之"，不是煽动甲，就是煽动乙，务必使甲与乙之间有不共戴天之仇。如果甲招纳这些流氓，流氓就招其同党，护甲到乙处，声言复仇。先以一二人前去，与乙为难，继而各自拿出武器，恐吓乙。不久，就有同类流氓一二人出来调停，"责乙罚酒若干筵，每筵作价银币五元"，还美其名曰："红红面孔，请请弟兄。"

---

[1] 玉魫生：《海陬冶游录》卷下，载虫天子编、董乃斌等点校《中国香艳全书》20集卷2。
[2]《申报》，同治癸酉十一月十一日。

其实，都折价而纳入私囊。所谓"红红面孔"，即指醉态。

更为可恶的是，这些流氓今天护甲到乙处，向乙复仇，并从甲处得好处费，明天又护乙到甲处，向甲复仇，并从乙处得好处费。如乙势孤力寡，恐自己成为"皮榔头之架子"（当时称打人为"对皮榔头"），只好忍气吞声，献出酒筵若干桌，作为赔礼道歉的代价。到了第二天，流氓又到甲处复仇，有些曾经护甲的流氓也大胆"溷迹其间"，到甲处寻衅，当然，最后的结局，大致也与乙相同。[1]

（六）吃讲茶与讲烟。清末洋泾浜茶肆众多，大小不等，几乎星罗棋布。一些下等社会之人，每当遇到争论，就到"茶肆以判曲直"。大凡茶肆中所有人的茶钱，均由负者代偿其值，而不仅仅是是非双方的茶钱。这种行为，在当时被称为"吃讲茶"。当然，吃讲茶在清末上海的流氓中也很盛行。所以当时人记载："失业工人及游手好闲之类，一言不合，辄群聚茶肆中，引类呼朋，纷争不息。甚至掷碎碗盏，毁坏门窗，流血满面，扭至捕房者，谓之吃讲茶。"[2] 上海流氓的吃讲茶，与一般游民不同，即未必直者果胜，曲者果负，而是"两方面之胜负，又各视其人之多寡以为衡，甚且有以一言不合而决裂用武者"。[3] 由于吃讲茶时屡次斗殴，所以官府对此严令禁止，深罚店主。于是，在一些大茶室中，还大书悬挂禁牌，上书"奉宪禁止讲茶"。但一些私街小弄里的茶肆，不免阳奉阴违。至后，流氓团伙间发生争执，就变为一起至烟室，"易讲茶为讲烟者，益觉肆无忌惮矣"。[4]

（七）以"好买卖"为业。譬如某甲的老婆有了外遇某乙，而"甲

---

[1] 徐珂：《清稗类钞·棍骗类·上海地棍以为人复仇取财》。
[2] 黄式权：《淞南梦影录》卷1。
[3] 徐珂：《清稗类钞·棍骗类·上海地棍之吃讲茶》。
[4] 黄式权：《淞南梦影录》卷1。

之力不足与乙角"。于是，一些地棍就揶揄某甲，暗地里告知某甲，愿意替他捉奸夫。等到捉到奸夫，又与奸夫谈判，必须供奉上银子若干，才能相安无事，否则就拳脚相加，尖刀插刺，连续而下。即使不得已，到公堂上诉，既有原告，又有奸夫淫妇，这些地棍也能做到自身无恙。乙一被拿获，当然很害怕，就只好允诺他们的要求，"而若辈之欲餍矣"。地棍碰到这种事情最喜，称之为"好买卖"。[1]

（八）充当牌九司务。所谓"牌九司务"，就是指那些由无赖少年充当的赌棍。他们习成五木诀，"呼卢得卢，呼雉得雉"。白天装扮成富商大贾，往来于歌楼妓院中，翩翩裘马，照耀途人。一旦遇到那些涉世未深或者老实可欺的少年子弟，就多方引诱，献媚殷勤，或者邀入青楼，或者引诱他们进酒馆，往还次数一多，就已知"鸟之罹罩，鱼之上饵"，然后要挟少年子弟参与赌博，通宵达旦。等到他们负欠数千金，或数百金，就逼勒吓诈，翻脸若不相识，"务使其称贷以偿，然后已"。即使有人到公堂控告，经问官严行惩究，但这些人伎俩既精，性情也很狡猾，变端百出，终究难以断绝其根株。[2]

（九）包开销。上海新开商店，其开市那天，必有人在清晨前往购物，以廉价而购得大批物品，甚至可以强迫店家赊欠东西给自己。于是，一些流氓"得因之以为利"，称为"包开销"。他们预先前往，劝店家纳银币若干，并向店家保证，此后再无人来赊欠。[3]

（十）摆丹老。所谓"摆丹老"，就是一些流氓强行向他人供资财。如果不给，就"嗾使同类挫辱之"。[4]

---

[1] 徐珂：《清稗类钞·棍骗类·上海地棍有好买卖》。
[2] 黄式权：《淞南梦影录》卷1。
[3] 徐珂：《清稗类钞·棍骗类·上海地棍之包开销》。
[4] 徐珂：《清稗类钞·棍骗类·上海地棍之摆丹老》。

（十一）索陋规。凡是市场买卖，均为流氓把持。到一定时候，流氓就向店家索要陋规。到了新年令节，陋规就更多。像赌场、私设之烟馆，所得的陋规就更多，"有得百金以上者"。[1]

（十二）充当"露天通事"。在清末的上海，专有一种"洋泾浜语"，就是采用英文的发音，通过中国文法表达出来。当时，就专有一批游手好闲之辈，如歇业之西崽、马夫等，稍微懂几句洋泾浜英语，就在上海滩上结伴混饭吃，史称"露天通事"。遇到有外国水手及初到上海的商人购物，就充当向导，并代购食用等物，实际上不过是借西人不了解市场行情，从中渔利。所以，有时不过价值数百文的东西，这些人就报价至一二元。据说，这批人总共只有36人，如果有人假冒，进入这一领域，这些人就必然群起殴打。自从施耐庵在《水浒传》创为"天罡"、"地煞"之说以后，凡是一切民间的秘密结会或黑社会，都以"三十六"这一数字凑为自己的内部组织。这些"露天通事"本身在上海就以无赖著名，是否其从业人员只有36人，也并无史料可以作证，只是相传如此而已。其实，这种无业流氓，呼朋引类，"未可以数计也"。[2]

七、清代其他地域性流氓

除了北京、天津、上海的流氓外，其他地区的流氓也各具特色。概括言之，大致可分为苏州之"獭皮"、常州之"棍徒"、扬州之"恶少"、杭州之"地棍"、台湾之"罗汉脚"。下面依次分述之。

（一）苏州之"獭皮"。在清代的苏州，一般俗称土棍为"獭皮"。

---

[1] 徐珂：《清稗类钞·棍骗类·上海地棍之索陋规》。
[2] 黄式权：《淞南梦影录》卷3；姚公鹤：《上海闲话》。

这些獭皮无所不为，举凡逼醮、构讼、杀牛、开赌等不法之事，都出自这批土棍之手。清人费葵有一首《獭皮歌》，大有惩恶之意，不妨引述如下：

> 苏松界处东海滨，素称泽国水潾潾；为渊驱鱼偏有獭，实逼处此何不仁？东邻醮妇丧所天，西邻卖儿偿租钱。渠先攫取数缗去，那管汝曹泣涕涟。忽闻村南诉讦声，计兴波浪定财生。不然唆使公庭去，涉讼经年祸不轻。良民动色常闭户，无辜波及窃与赌。觇知里甲暗中谋，愚民股栗色如土。小语低声里甲前，哀求大力脱网罟。且卖郭外祖遗田，再鬻舍旁种菜圃。大家剖食事方休，免得钩提到官府。里甲何人庇獭皮，虎威狐假更神武。吁嗟乎，罄竹竭波难尽传，聊言一二已惨然。肥尔身兮果尔腹，百般诡计掠人钱。如狼如虎亦可称，虎狼噬人未猛烈。为蛇为蝎何不名，蛇蝎螫人可扑灭。惟有獭居水族中，涵淹卵育择肥啮。安得韩公驱鳄文，食肉寝皮波浪息。[1]

从上面这首《獭皮歌》中不难知道，这些号称"獭皮"的流氓，主要从事下面这些活动：一是"逼醮"，即逼迫那些丧夫的妇女改嫁，从中获取好处，甚至迫使人家卖儿卖女；二是"构讼"，无论是村里百姓家庭或邻里之间的吵闹，还是邻里为琐屑小事而争吵，獭皮都唆使他们到公庭打官司，通过"涉讼经年"，而取得钱财；三是开设赌场，引诱少年子弟去赌，暗中设下计谋，诈取钱财；四是与里甲勾结，侵渔邻里百姓，使得百姓除了卖掉祖宗遗留下来的田产之外，还不得不卖掉房舍旁的菜圃。一言以蔽之，这些獭皮横行乡里，鱼肉百姓，其

---

〔1〕徐珂：《清稗类钞·棍骗类·獭皮歌》。

罪行已是罄竹难书。他们如虎似狼，但比虎狼更为猛烈；他们似蛇如蝎，但螫起人来比蛇蝎更为恶毒。无奈，当地百姓只好称这些土棍为"獭皮"。

在清代，苏州土棍地痞极多。如同治年间，吴门有一个地痞，假称官役，挟携朋类，在酒楼饭馆专门吃白食，肆行无忌，欺扰市场。百姓怕他假托势力，还怕经官惩办以后，这个地痞挟仇报复，所以只好隐忍不言。这个地痞在酒楼饭馆屡次硬欠，不久又招同伴来食。酒醉饭饱以后，在柜台付账时，"假作怀惭之态，且云屡屡欠账，自觉难以为情。今番决要押一微物，或折扇、或烟筒、或手巾之类，以为后信"。约定马上就让人来赎，并指定谁来还钱。等到还钱赎去后，就又串通同伙，再携钱来赎，店中人告知已被你指派的人赎去，这位地痞就立刻要求交人质证，店家到哪里去立即找人对质？于是，地痞就乘此鼓动人哄闹，店家无奈，只好给以厚偿，此事才告了结。[1]

（二）常州之"棍徒"。清代常州，也算一方繁华之区，所以流氓活动也极其频繁。尤其是一些官宦子弟，在乡里为所欲为，不但成为一方土豪，而且成了名副其实的棍徒。

清末同治年间，常州刘、龚、吴、盛、邵、沙等姓，都是一方大姓，族中尽多绅宦，可是，他们的子弟因为父母溺爱，不事诗书，却大多流入匪类，成为流氓。其中的吴姓家族，其出身为军营，后来保擢参将，就更是恃势妄为，横行无忌，结党成群，逞凶索诈。百姓虽视之为大患，但害怕他家的权势，又考虑到他家人多势众，也只好忍气吞声。这几家流氓子弟，恶迹多端，也算得上罄竹难书，这里摘引一二，以见一斑。

如当时常州有一户屠姓人家，素业木行，家财饶富，后来捐了一

---

[1]《申报》，同治甲戌七月廿二日。

个同知的官衔。有一次,这位屠同知戴了红风帽外出,在半道上突然与龚姓子弟相遇。龚摘去其帽,道:"你是什么人,竟敢戴此帽?"屠道:"我遵朝廷之例捐衔,朝廷允许我戴,难道就你不许?"龚道:"虽也算虚衔,但终究不能算是出仕。商人是贱业,怎么能自我炫耀!"说完,就将其帽夺去。这位姓屠的商人一向畏葸,也只好"慨焉赠之"。龚接着对他说:"我正好要购皮袖,但缺钱,你替我代为赊欠。"屠无奈,就只好一同到了皮货店,挑一副上好水獭袖,"购而赠之"。但龚姓无赖还未满足,道:"这不过是贱货,不是像我这样的人所用的东西。别店中有皮袍,你去替我代购来。"屠只好一同与他到了一家衣庄,购羊裘一袭。不料,龚又贪心未足,翻脸道:"这只能算是粗货,非换一件细毛不可。"这时候,屠姓商人已是不胜愤激,但还是隐忍不言。而且他一向就有大烟之瘾,因被流氓纠缠太久,已是气沮神昏,再三哀乞,龚姓流氓还是不许。无奈屠姓商人只好解衣卧地,奄奄一息,愤然道:"你索诈无餍,我只有老命一条,任你所为。"一时路人围观,纷纷为其鸣不平,但都胆小怕事,不敢出来管。正好刘姓等流氓来到,就佯为劝解,并捆屠姓商人到一家茶肆,对他说:"龚君正值拮据之际,不得已而为此。你是商人,何必与他计较,徒自取辱,不如慷慨相赠,以了此事。"屠知道他们是同类,无可奈何,只好向别处借数十元给他们,才了结此事。

又有一次,龚姓流氓游览姑苏,冒充营弁。在半路上,见到一个少妇,就上前调戏。正值互相争抠之时,少妇的丈夫归来,看到此情,就大声呵斥。龚不服,竟将少妇丈夫殴毙,被抓获入狱。但是当道的是他的至戚,百方替他营救,竟然被释放了,杀人如无事一般。

当时常州东门内有一家火腿店,刘姓流氓因与店主发生口角,就纠众往殴,合店之人纷纷逃窜。凡是店中动用物件,被他们毁掷殆尽,"犹汹汹未已"。店主一时情急,就只好托人央求,表示愿意设席赔礼。

刘姓流氓也答应了。到了那天，数十人前往，店主盛筵相待，礼貌优隆。酒足饭饱以后，刚要撤席，忽然群起哗然，道："这种席不是待上宾之礼，简直是轻视我们！"店主只好伏地认罪，不得不又交上一些银子，才算了事。

这几位流氓子弟，凡是上酒楼茶肆，都不付钱。如果有人稍有不依，就会遭到一顿毒打，全常州之人都畏如狼虎。有时也有人前去上告，但地方官碍于情面，就概不准理。因此，这些流氓子弟就更加肆无忌惮，荼毒更甚。如有一次，沙、邵等人酒醉而归，正好路上碰到武弁巡查，呵道而前，这些流氓上前，挡住武弁的去路，并辱骂道："你不过是一个武夫，竟敢遇到相公不下马？请饱尝我们的拳头。"武弁怕他们人众，只好滚鞍下马，婉词以谢，并喝令手下的兵役分立左右，让他们先行。又行一段，这些流氓正好路上遇到一位少妇乘轿而过，就喝令停止，掀帘注视，出语调戏："深夜归来，是不是与情郎有桑中之约？还不如跟我们一起玩玩。"少妇惊惧，一时不知所措，轿夫就代为叩求，流氓们才"哄焉始散"。

有一年冬天，署阳湖县知县陈大令，强毅有为。那时正好赶上一件人命大案，就前去查验。案发地与刘姓流氓宅第相近。这时百姓围观，摩肩接踵，人山人海。刘姓流氓率同党前去，一路大声疾呼，百姓纷纷躲避。这些人嬉笑辱骂，旁若无人。有些衙役不知他们的来头，就上前禁止。于是，这些流氓就群情汹涌，争相殴打，一直打闹到知县的公案前。陈大令打算对他们大加叱责，但又怕遭到横辱；如果听之任之，这些人又喧哗不已。无奈，只好仓促退堂，请刘姓流氓等到内衙，婉言谢过，并责备书役唐突之罪，还令家丁提灯送归。当夜，陈大令就到了省里，"密禀各宪"，上官都为之震怒，于是就"札饬访拿"。而这些流氓还蒙在鼓里，正自感上下畏惧，更加横行。腊月末，忽有县役持束邀请，说主人有事相商，请速到县衙。这些流氓不知内情,先后到达,一起被邀入花厅,正当他们扬扬得意之际,寒暄一毕,陈大令将宪牌出示,立刻就锁押擒获流氓头子七人,同伙七八十人。不久,押解省里,按律惩办。只有龚姓流氓闻风远遁,也算是漏网之鱼。[1]

(三)扬州之"恶少"。扬州城市生活的繁侈,当追溯到唐代。至明代,则更甚。到了清代,扬州仍未衰落,城市生活也显得相当繁荣。一旦城市繁华,就会导致社会成员复杂,各色人物荟萃,流氓活动也随之频繁。清代的扬州也不例外,当时市井"恶少年"的活动极为猖獗。

如当时东关街鞋工郭宗富,娶妻王氏,美而贤。里中有一位恶少,名储淳,羡慕王氏,就用银子嘱托其邻居孙姬。这位孙婆就替他出谋划策,劝郭宗富借贷储家银子,自开店铺。郭就与妻子王氏相商,王氏道:"这个人是恶少年,不可借贷。"郭就谢绝了孙姬。过了几天,郭宗富夜里归家,孙姬牵衣入室,正好储淳也在。姬道:"储君想到你家贫,愿意借银子与你。"郭刚想谢绝,这位储恶少就从怀中掏出银子,强行放到郭宗富的怀中,共饮而散。郭归来后,就对妻子王氏说起此事。王氏道:"物各有主,何其易也!一换,恐怕其变随之而生。奸人居心叵测,我深为忧虑。"郭还犹豫未决。到了第二天早上,储恶少就在门前等候,携他一同去看店面,店铺就算办成了。一天,储恶少看到王氏入灶间,就突入其内,用手拍拍她的肩,道:"饭熟了吗?"王回头一看,见是储恶少,就大喊"杀人了"。孙姬进来,对王氏道:"储相公手无寸铁,怎么能说杀人?何况你家借他银子,没立笔券,正是为了成全今天的好事。事情既然已成,你还能往哪里逃?"于是,王氏就换了笑容,说:"刚才说杀人,不过是开一玩笑。"王氏就说一些好

---

[1]《申报》,同治壬申四月廿六日。

话,以拖延时间,然后乘他们不备,突然逃出屋外,大声呼救。邻居夏子筠闻声赶来,储恶少只好逃走。等到郭宗富回家,王氏以实相告。郭道:"贷人者受制于人,只好暂时忍一忍。"第二天天明,郭又外出,王氏越想越气,就关门自缢。郭宗富回家后,盛殓埋葬,但没有告知岳丈家。王氏父名鹏飞,是金坛县皂隶,很贫。过了二年,渡江探望女儿,到后才知女儿已死,就向邻妇孙妪询问,妪道:"是郭宗富打死的!"再问夏子筠,夏隐忍不言。无奈,只好控告到官,"呈结请检"。当时正好是盛夏,署令王公验报勒伤,判郭宗富"伏法"。不久,原令龚公回县,重审此案,感到郭罪无可辩,而夏子筠言语含糊,就再次细审子筠。子筠怕事,就吞吐不语。过了两天,雷霆击死孙妪。知县再审子筠,刑夹子筠,储恶少的事情才败露。于是,"寘储极刑"。[1]

这位储姓恶少,为调戏、霸占王氏,可谓心机费尽,但最后被处以极刑,这不仅是对王氏冤魂的抚慰,也是恶少始所未料的。当然,清代的扬州另外还有一些无赖,他们虽也惹是生非,但不触及刑律,倒也过得安分。如当时有一位周大脚,体丰性妒,好胜争奇,开始在旧城隍庙前卖猪肚,以此得名。到了中年,就成了一家"如意馆"的跑堂。这位周大脚也是天生无赖性格,"秋斗蟋蟀,冬斗鹌鹑,所费不赀,倾家继之,亦无赖中之豪侠者"。[2]

在清代的扬州,还有一些善拳勇的拳师,虽有一副侠义心肠,但也与流氓关系颇深。如徐五庸,在扬州一向以拳勇称,不甘心受别人的气,大凡里巷有一些不平之事,他就出来管,于是市井诸无赖都惧怕他的神力,称他为"都老大"。[3]

---

[1] 李斗:《扬州画舫录》卷16《蜀冈录》。
[2] 李斗:《扬州画舫录》卷9《小秦淮录》。
[3] 李斗:《扬州画舫录》卷9《小秦淮录》。

（四）杭州之"地棍"。清代的杭州虽已无昔日南宋时的繁华，但依然称得上是一经济繁荣的城市。在那里，依然能找到不少地痞流氓的活动踪迹。如清人赵士麟就曾经对杭州的流氓游食之徒作如下记载："游手游食之辈，不事本业，淫酗赌博，犯上蔑伦，动辄纠集多人，背黄喊冤，喊冤不已，即行打抢。此等平日则为刁民，有事即为强盗。又有身列衣冠，而明火执械以往，为人子弟，而纠合外盗以逞，此皆不赦，合并申严。"[1]

说到清代杭州的流氓，不妨先说说清初顺治年间活动于西湖边上的一大批"无籍棍徒"。这些人专门"托以打捕水鸟为由"，公然置办火药，手执鸟枪，往来湖畔，"日戕鸥凫多命，薄暮劫夺商贾"，不但鸳鹭纷飞，湖山削色，而且男妇畏途，游人敛迹。[2]

至清末同治年间，杭州地棍的活动似乎更趋频繁。如当时有一位地棍，一向称为"积棍"，其邻居都对他避而远之。有一天晚上，时已四鼓，他到下二段地方，敲一家烟馆之门，一定要进去。该馆主人道："夜色已深，人都睡下，没有烟了。"这位地棍不听，敲门之势更甚。主人不得已，只好开门。到了里面，确已无烟。这位地棍就大耍无赖，将馆内洋灯等物乱扔一气。此后，这位地棍每天到此馆门前谩骂。有一天晚上，正好遇到一位千总巡事，这位地棍又纠合党徒多人，将千总殴打，顶帽掀翻，衣服也扯碎了。于是，千总呼来地保及其他人，将地棍解往钱塘县衙。不料，知县置之不理。原来，杭州地棍个个胆大，他们熟悉衙门，与胥役勾结相通，即使犯了事，也用不着吃什么苦头。[3]

---

[1] 赵士麟：《武林草附刻·正风俗》。
[2] 秦世祯：《抚浙檄草·禁民间鸟枪》。
[3]《申报》，同治甲戌七月初十日。

（五）台湾之"大哥"与"罗汉脚"。清代沿海一带，一向号称难治，尤以闽、粤两省为甚。在闽、粤两省中，又以漳、泉、惠、潮四府为最。在这四府中，有这么一批无赖之徒，在内地无法安身，偷渡到台湾，与土著匪类结为一气，"窝娼、包赌、械斗、抢劫，不知有官刑"。一旦结为伙党，就会乘机分股外出劫掠。首倡之人，号称"股头"，从者称为"旗脚"。这些股头，手下人都尊称为"大哥"。其实，这位"大哥"也是一位无勇无谋之人。他树大旗，乘四人大轿，在手下聚集一批乌合之众，勉强听他的号令，实际上都是为"劫仓库、抢殷户、得财计耳"。征剿的官兵一开炮，大哥手下的乌合之众就各成鸟兽散之势。在当时为官府暗地里提供线索之人，一般称为"线民"。线民觅拿卖大哥者，价值数千金。每当赴察时，这些无赖都大言不惭，直认不讳，以示义气，有时还发生互相争吵，说："他不过是一个旗脚，不配做大哥，我才是真正的大哥。"随后，大哥坐囚车中，被押往北京，一路观者如堵墙。一些无赖子弟，纷纷捧送槟榔给大哥，而且甚感羡慕，道："真不愧为大哥！"可见，这些流氓平时气习凶悍，又受《水浒传》诸小说影响颇深，所以"竟以大哥为荣"。[1]

《王制》云：游民有禁。《周官》也云：闲民无常职有罚。这无非是说，"劳则善心生，逸则淫心生也"。在台湾，除了"大哥"之外，还有一种"无田宅、无妻子、不士、不农、不工、不贾、不负戴道路"之人，俗称为"罗汉脚"。为什么称之为"罗汉脚"？其意无非是说这些人是单身，游食四方，随处结党，而且衫裤不全，赤脚终生。在清代的台湾，此类罗汉脚，大市村不下数百人，小市村也不下数十人。[2]他们从事的活动，无非是嫖赌、摸窃、械斗、树旗。在这里，别的都

---

[1] 陈盛韶：《问俗录》卷6《大哥》。
[2] 陈盛韶：《问俗录》卷6《罗汉脚》。

易理解,唯"树旗"颇难懂。据当时人的记载,所谓"树旗",这是台湾罗汉脚一种特殊的敲诈手法。如果他们有求于一家富户,富户不给,就"大书富户姓名,树谋逆旗于其门首"。假若官府不出来审理,"转就旗中人搜拿,使富户倾家资而后释,而造谣树旗者反逍遥事外"。[1]这种讹诈行为,在地方上造成极大的危害。

---

[1] 陈盛韶:《问俗录》卷6《树旗》。

第九章 流氓手段举隅

清代的法律中，专有一种"光棍例"，或称"棍徒例"，这是清朝廷当时处理流氓罪的唯一法律依据。为了对流氓手段作更为深入的了解，不妨在此对"光棍例"作较为详细的阐释。

　　首先，以光棍例处理各种诈骗之匪。毫无疑问，光棍是诈骗之匪的通称。《康熙起居注》为我们提供了很多"光棍例"的事例。具体有：（1）夏三等用迷药面饼拐诱童子12名，"应照光棍例坐罪"；（2）徐一新等假写文契，卖民投旗，诈索银两，"此事与光棍例相符"；（3）郭二、张二讹诈朝鲜贡使银两，"应照光棍例，即行处斩"；（4）路途抢夺妇女，或借窝逃名色诈财者，亦照光棍例处之；（5）宫振等伙诈浙江巡抚陈秉直，应照光棍例。[1] 尽管康熙皇帝因出于恤刑的考虑，对刑部的议定有驳回并让再议者，但清代法律或典制无不将所有诈骗活动均归于"光棍之例"，并以此例处罚犯罪者，这一点似应无疑。

　　其次，以光棍例处理从事性犯罪的无赖匪徒。其例有：（1）轮奸良人妇女已成之案，审实以后，照光棍例判处；（2）恶徒伙同众人，将良人子弟抢去，强行鸡奸，无论曾否杀人，照光棍例判处；（3）强奸12岁以下幼女，并因此而导致幼女死亡，或者将未满10岁的幼女诱

---

[1] 上面所引，均可参见《康熙起居注》，康熙十八年十月初六日丁卯条、十八年十一月二十二日癸丑条、十九年二月十四日甲戌条、十九年四月初三日壬戌条、十九年七月十八日乙巳条。

去强行奸污,照光棍例判处;(4)凡是喇嘛、和尚等强奸妇女,并导致该女死亡者,也照光棍例判处;(5)恶棍欲得犯人的妻子,设谋害死犯人,"也照光棍例立斩"。[1]可见,今日意义上的性犯罪乃至强奸罪,在清代均被当作光棍例处理。

从清代的司法实践来看,将强奸罪也作了一些细微的区分:若是一般的强奸一类的性犯罪,则按"棍徒例"惩处,即处以流氓罪,充军发配;若犯人是"掖刀匪徒",而且在强奸过程中又有行凶的事实,那么会在流氓罪的基础上加重处罚,即处以"绞立决"。[2]

第三,以棍徒例处理斗殴之事。如道光六年(1826),道光皇帝在上谕中明确指出,当时办理"棍徒扰害"治安,一向都是临时"酌量问拟",由此也就造成了法律惩处的不一:或引用"屡次行凶"之例,将棍徒处以充军;或即使犯者"有实在情势凶恶",仅仅"一时一事",也引此例,将其处以充军;或虽"情同扰害",但尚不属于无故逞凶,所以在处理时"量减",处以徒罪。[3]不论是何种处罚,其中也有轻重之别,但有一点可以无疑,即在清代的司法实践中,多将街头行凶斗殴者,定为"棍徒例"加以惩处。

第四,以光棍例处理聚众闹事者。清代的律例规定,若是"刁民"假借地方公事强行出头,"逼勒平民,约会抗粮,聚众联谋,敛钱构讼,及借事罢考罢市,或果有冤抑不于上司控告,擅自聚众至四五十人,尚无哄堂塞署,并未殴官者",一律按照光棍例惩处,为首者处以"斩立决",为从者处以"绞监候"。如果有"哄堂塞署"或"逞凶殴

---

[1] 上面所引,均可参见:《大清律例会通新纂》卷31《刑律·强奸》;《清圣祖实录》卷12,康熙三年五月壬午条。
[2] 祝庆祺、鲍书芸等编:《刑案汇览三编》卷8《掖刀匪徒奸占良妇情节凶横》。
[3] 祝庆祺、鲍书芸等编:《刑案汇览三编》卷1《宗室负欠逞凶行殴酌加枷责》。

官"的行为，那么为首者处以"斩决枭示"；若是"同谋聚众转相纠约下手殴官者"，则处以"斩立决"。细绎这一法律条例，其中"假地方公事强行出头"是整条律例的纲领。在此纲领之下，"逼勒平民，约会抗粮，聚众联谋，敛钱构讼"，可以归纳为一种情节；"借事罢考、罢市"为一种情节；"果有冤抑不于上司控告，擅自聚众至四五十人，尚无哄堂塞署，并未殴官者"，又是一种情节。在这数事中，只要符合其中的一条，即可按照光棍例"定谳"。[1]

第五，以光棍例处理诬告者。有些奸民隔属赴控，如果审出事属虚构诬告，这赴控与代书状纸之人，也"俱以光棍例治罪"。[2] 这类光棍，其实就是"讼棍"。

从上面的这些例子中可以看出，清代法律在处理流氓罪时，若是带有人命一类的流氓罪，或者是聚众闹事一类，重则可以处斩，甚至斩首以后还要示众。当然，在实际处理流氓罪的例子中，若是仅仅限于在街头扰乱社会一类，其处罚显然要轻许多。以江苏徐州府、淮安府及海州三地为例，当时官府对流氓的惩处已是例有专条。按照当地处理流氓的惯例，若是有一些棍徒，佩带凶器刀械，挟诈逞凶，罪止枷杖者，拿获到案，在施以枷杖之刑后，再给流氓锁上铁杆一枝，在这一年之中，若是有所改悔，就给他除去铁杆。若不悛改，再系一年。倘始终怙恶，按其情节，照棍徒屡次行凶扰害之例分别严办。[3]

当然，这仅仅只是一个方面。清代的法律同样也有加重惩处之例。如清代的律例专门有"恐吓取财例"，不妨引用下面两条：一条记载，

---

[1] 祝庆祺、鲍书芸等编：《刑案汇览三编》卷11《激变良民土民聚众勒收土官应征米粮》。
[2]《清世祖实录》卷2，顺治十八年三月癸亥条。
[3] 丁日昌：《抚吴公牍》卷33《高淳县禀匪徒系带石墩铁杆拟式请示由》。

"凡恶棍设法纠众系颈,谎言欠债,逼写文券者,不分曾否得财,为首斩立决,为从绞监候"。另一条记载,"凶恶棍徒无故生事,扰害良人,发极边足四千里"。[1] 推测这两条律例之意,凡是棍徒纠党横行,公然挟势滋扰,法律也会加重惩办,"以安善良"。

流氓本来就是由乡村分化出来的剩余劳动者所构成。他们没有产业,光棍一条,无牵无挂。但他们又不愿安分守己,做一个小商贩或雇佣工人,而是好吃懒做,招摇撞骗,打抢讹诈,做一些白手起家的无本买卖,号称"包走空"。这就是人们常说的"泼皮胆气"与"泼皮手段"。尽管流氓的手段五花八门,不胜枚举,但大致不外乎骗、讹、抢、打四种。

一、欺骗

先说骗。由于史料缺乏的原因,宋代以前流氓的行骗之术,在此暂且不说,先从宋代说起。宋代流氓骗人的手段五花八门,有些听后令人发指。其中借赌博骗钱则是他们最惯用的伎俩。在宋代杭州,流氓就开设"柜坊赌局",其实就是"以博戏关扑结党手法骗财"。[2] 在浙江衢州,有一位支乙,其妻原是娼家之女。这位支乙在衢州南市,楼上开置柜坊,楼下开设茶肆,以妻子的美色作为诱饵,群聚无赖赌博,实为"欺骗渊薮"。而前来参与赌博者,都是一些游手流氓。如曾参与这一柜坊赌博的余济,就是一位"贩盐恶少"。[3] 一般说来,宋代的恶少无赖,肆凶不逞,小则赌博,大则屠宰牛马、销铸铜钱,公行

---

[1] 包世臣:《齐民四术》卷7上《刑》1上《议刑条答》。
[2] 泗水潜夫:《南宋市肆记》,载《说郛》卷60。
[3] 潘司理拟、蔡久轩断:《因赌博自缢》,载《名公书判清明集》卷14。

无忌。而一旦赌博输了钱，无以偿付赌债，他们就沦为穿窬小偷。更有甚者，假若他们的同党很多，还会公开做劫盗，纵火行奸，杀人取钱，成为地方大患。[1]

当然，宋代流氓的骗术并不仅仅止此，其他还有不少，有些骗术还甚为高明，令人叹为观止。在杭州，就有一种"美人局"，其实就是以娼优假扮姬妾，诱引少年为事，从中敲诈。[2]这种"美人局"，在明则称"扎火囤"，至清又称"仙人跳"，可谓"源远流长"。在宋代，有些神棍流氓，号称行善，实则行骗混日子。如天圣、景祐年间，京师建龙观有一道士仇某，号称化缘修真武阁，"冬夏跣足，推一小车"。远近士人，或闾巷小民，军营卒伍，大都信奉真武帝，事之甚虔，所以轻信无疑。因此，这位仇姓神棍，骗得钱财无数，真武阁却始终未见动静。[3]

他们有时则假扮"剑客"，设下圈套，诡计百出，骗取缙绅士大夫钱财。试举一例如下，以见宋代流氓骗术之高明：

> 万州白太保，名廷诲，即致仕中令讳文珂之长子也。……廷诲素好重道术之士。从兄廷让，为亲事都将，不履行检，屡游行于廛市中。忽有客谓廷让曰："剑客尝闻之乎？"曰："未闻。""见之乎？"曰："未见。"客曰："见在通利坊逆旅中，呼为处士，即剑客也。可同往见之。"廷让如其言。明日，同至逆旅中，见五六人席地环坐，中有一人，深目丰眉，紫黑色，黄须。廷让拜，黄须据受。徐曰："谁引子至此？"客曰："白令公侄，与某同来，专

---

[1] 王栐：《燕翼贻谋录》卷2，载《说郛》卷44。
[2] 泗水潜夫：《南宋市肆记》，载《说郛》卷60。
[3] 江少虞：《宋朝事实类苑》卷24《诈修庙》。

起居处士。"黄须笑曰:"尔同来,可坐共饮。"

须臾,将一木盆至,取酒数瓶,满其盆,各置一磁碗在面前,舁一案驴肉置其侧,中一人鼓刀切肉作大脔,用杓酌酒于碗中。每人前设一器肉。廷让视之,有难色。黄须者一吸而尽。数辈亦然,俱引手取肉啖之。顾廷让扬眉摄目,若怒色。廷让强饮半碗许,咀嚼少肉而已。酒食罢,散去。廷让熟视,皆狗屠角抵辈。

廷让与同来客独款曲。客语黄须曰:"白公志士也,处士幸弗形迹。"黄须于床上席下取一短剑,引出匣,以手籈弄讫,以指弹剑,铮然有声。廷让视之,意谓剑客尔。复起,再三拜之曰:"幸睹处士,终愿乞为弟子。"黄须曰:"此剑凡杀五七十人,皆吝财轻侮人者,取首级煮食之,味美如猪羊头尔。"廷让闻之,若芒刺满身,恐悚而退。

归,具以事咨于弟。廷海贵家子,闻异人奇士,素所好尚,且曰:"某如何得一见之?""可谋于客。"遂告之,客曰:"但备酒馔俟之。"明日辰巳间,客果与俱来,白兄弟迎接之。延入,俱设拜,黄须据受之。饮食讫,谓白曰:"君家有好剑否?"对曰:"有。"因取数十口置于前,黄须一一阅之,曰:"皆凡铁也。"廷让曰:"某房中有两口剑,试取观之。"黄须置一于地,亦曰:"凡铁尔。"再取一观之,曰:"此可。"令取火箸至,引剑断之刃,无伤缺;以手弹掷,若舞剑状。久之,告去。廷海奇而留之。

黄须大率少语,但应诺而已。一日,谓廷让曰:"于尔弟处借银十锭,皮箧一,好马一匹,健仆二人,暂至华阳,回日银马即奉还。"白兄潜思之,欲不与,闻其多杀吝财者;欲与,虑其不返。黄须果怒,告去,不可留。白昆弟逊谢之曰:"银马小事尔,却是人力,恐不称处士指顾。"悉依借与之。不辞,上马而去。

数日,一仆至,曰:"处士至土壕,怒行迟,遣回。"又旬日,一仆至，曰："到陕州，处士怒，遣回。"白之兄弟谓是剑客，不敢窃议，恐知而及祸。逾年不至，有贾客乘所借者马过。问之，曰："于华州买之。"契券分明，卖马姓名易之矣，方知其诈。数年后，有入陕者见之。[1]

上面这则记载，文字还算通俗，所以照录下来。所设圈套，虽不能说天衣无缝，因为对不喜道术的人来说，这种骗局毫无意义。但对于白氏兄弟如此好奇的人来说，这种骗术已足以使他们堕入陷阱。其实，这位冒称"剑客"的黄须人，不过是一流氓而已。据说，假若有人不轻易信他的骗术，他就"假剑术以威人"。即使对付白氏兄弟，他也并不完全靠欺骗，也兼用威胁之手段。"取首级煮食之"云云，其实就是胁迫。

元代流氓的手段，大致以骗、诈为主。他们或假称神降，妄言祸福，煽惑乡民，鸠钱敛物，聚众妆扮，鸣锣击鼓，迎神赛社，借此骗取钱财；或结党设局，"白日强骗人钱物"。[2]

明代流氓久在社会上鬼混，熟知官场及市井习气，所以大都骗术高明。明人张应俞所著小说《杜骗新书》，就将当时光棍的"脱骗"之术分为下面两种：一是"侠棍"，二是"狡侩"。一般说来，侠棍通常采用一种"设局暗脱"之术，大体上可以归于"窃盗"一类；而狡侩则经常"骗货明卖"，更是属于"强盗"之行。[3]上面所谓的狡侩，从字面上理解就是狡猾的市侩，实际上即指那些好行"脱骗"而又带光

---

[1] 张齐贤：《洛阳搢绅旧闻记》，载《说郛》卷51。
[2]《大元通制·诸条格》。
[3] 张应俞：《杜骗新书》第6类《牙行骗·狡牙脱纸以女偿》，载《中国古代珍稀本小说》第5册。

棍习气的牙人。

明代官方规定，财货交易，"全凭牙行"。在明代城市或乡村商业交通要道，照例设有牙行，一般是"选有抵业人户充应，官给印信文簿，附写客商船户住贯姓名路引字号，物货数目，每月赴官查照"。若是私充牙行，就会被处以"杖六十"，所得牙钱入官。为何法律规定牙行从业人员必须"选有抵业人户充应"？这是因为他们拥有一定的家业，"可以抵其客货"。[1]这显然是为了保障客商的合法商业利益。不过，明代的很多史料已经证明，江南市镇中的牙行，往往与无赖相勾结，以把持地方市场。如嘉定县，"市中交易，未晓而集。每岁棉花入市，牙行多聚少年，以为羽翼，携灯拦接，乡民莫知所适，抢攘之间，甚至亡失货物"。[2]

自明中期以后，天下大码头逐渐兴起，主要有荆州、樟树、芜湖、上新河、枫桥、南濠、湖州市、瓜州、正阳、临清等处。这些地方大多是商货辏集之所，买卖兴旺，一些牙行经纪人靠此赚钱，颇有一些骗人的流氓手段。这些牙行经纪人平常假装架高拥美，乘肥衣轻，挥金如土，显得他们资本雄厚，借此炫耀人目，吸引客商投入自己的牙行。有些客商不远千里，前来发卖货物。一入牙行，经纪人"但以酒食饵之"。货一旦入了牙行，则"无不侵用，以之结交官府，令商无所控诉，致贫困不能归乡里"。当然，商人中也有一些奸黠之辈，又替牙行引诱后到的客商，挪前趲后，自己得以脱去，俗称"做移夫"。[3]这些流氓化的牙行经纪人，由于过分奢侈，没过几年，也就衰败。就明代法律而言，本对牙行"无籍之徒"这种"邀截客货"的行为处罚极

---

〔1〕熊鸣岐辑：《昭代王章》卷1《私充牙行埠头》、《定私充牙行埠头罪款》。
〔2〕万历《嘉定县志》卷2《疆域考》下《风俗》。
〔3〕叶权：《贤博编》。

严,不论他们是否诓赊货物,一律处以"枷号一个月";假若有诓赊货物的行为,以致"累死客商",那么就处以"充军"。[1] 但是,牙行经纪人仍是我行我素。

为了进一步说明这些狡狯的骗人伎俩,下面不妨再引用两则小说记载加以揭露。明代张应俞所著小说《杜骗新书》记道:

当时有一位叫张霸的四川人,为人应该称得上机关精密,而且身长力勇。一天,买蜡百余担,前往福建建宁府一位姓丘的牙人店中发卖。这位姓丘的牙行经纪,本身早已家贫彻骨,但还是喜欢外张富态,欠前面客商很多货银。所以,等到张霸的蜡一到,就让光棍假顶一个子虚乌有的鬼名来买蜡,约好随后付款。

几天以后,张霸前往街上游玩,看到各家铺子里均有他的蜡在卖。到店铺中一问,又与他的账名对不上,张霸开始怀疑其中必有弊窦。回到店中,就问牙人道:"你脱我蜡去还前账,可一一实报来。若不实言,你且吃我几拳。"丘姓牙人哑口无言。张霸轮拳擒打,犹如老鹰擒雀,又如脚踢戏球。丘牙连忙求饶,不得不坦白:"公真是神人。此蜡真还了前面客商的旧账,并补贴家用,怎么能够让各店退回?"张霸道:"你将还人的及各店买去的,都登上账来,只说他是借去的,都还未付清货款。我自己拿着账本去催讨银子,你再作证,不怕他各家店铺不还我货款。"丘牙只好依言,一一写出发货之账。张霸随后就写了状纸,到府中告状。尽管张霸是一个精明人,在被牙人骗取货物之后,还能通过官司将货款追回,但从中不难看出,当时确实有一些光棍牙行经纪,通过用后来客商的货物顶充前面客商的欠账,甚至骗取货款。有鉴于此,小说作者在后面特意告诫那些外出经商的客人,虽然必须依靠牙行经纪作为中间人,替自己卖货,但对那些牙人还是应该有所

---

[1] 熊鸣岐辑:《昭代王章》卷1《条例》。

选择。换言之，若是遇到经纪公正，则货物有主；反之，若是投靠到狡狯的店里，则必定会抑货亏价。小说作者进而谆谆告诫客商选择经纪的方法：

> 如其人言谈直率，此是公正之人。若初会晤间，上下估看，方露微言，则其心中狡猾可知。若价即言而不远，应对迟慢，心必怀欺。若屋宇精致，分外巧样，多是奢华务外之人，内必不能积聚。倘衣补垢腻，人鄙形猥，肩耸目光，巾帽不称寒暑，此皆贫穷之辈。若巧异妆扮，服色变常，必非创置之人，其内必无财钞。若衣冠不华，惟服布衣，此乃老实本分，不可以断之曰贫。[1]

这确实可以说是经验之谈。行走于江湖之间的那些商人，只有掌握了这些相看牙人的本领，才可以避免牙人的"脱骗"。

成书于明朝万历年间的公案小说《百断奇观重订龙图公案》(今本改为《包青天奇案》)中《青靛记谷》一则，专门记载了当时光棍的诈骗之术。小说记许州有两位光棍，一名王虚一，一名刘化二，从名字上即可看出，此两人即是做空头无本买卖之人。两人从事诈骗活动，甚至学得一种专门的诈骗之术，即"撮抟之术"。为了说明他们这种诈骗的伎俩，我们不妨顺着小说的记载，加以部分地揭露。小说记两人探听到南乡富户蒋钦家中谷积千仓，于是就设下一计，带了10两银子，径往蒋钦家中籴谷。到了蒋家，见了蒋钦说："在下特来向翁籴些谷子。"蒋钦道："拿银来看。"虚一递过10两银子，蒋钦收下银子，随即唤家人来保开仓，发谷20担付于两位客人。王、刘两位光

---

[1] 张应俞：《杜骗新书》第6类《牙行骗·贫牙脱蜡还旧债》，载《中国古代珍稀本小说》第5册。

棍得到谷子后，暗自高兴，采用一种摄法将谷子"撮将去了"。假装行了半里，将谷子推回还给蒋钦，说是吃了亏，要求退还银子再到别处去收购。蒋钦看到谷子入仓以后，将原先所付银子还给他们。那两人得了银子以后，于是就将蒋钦谷仓中一仓谷子"尽行撮去"。忽然有一位佃户张小一在路上遇见，来到蒋家说："恭喜官人，粜了许多谷子，得了若干银子。"蒋钦回答道："没有粜得。"小一说："我明明遇见推去许多车谷子，官人何故瞒我？我听说有一种撮抟之术，休要被他撮了去！"蒋钦听后大惊，赶忙唤来保开仓验看，只见一仓之谷全无半粒。[1]

小说没有明言光棍所用"撮抟之术"这一类诈骗的详情，让人感到有点匪夷所思，但从具体的过程中也不难推论，这两位光棍在退还谷子的过程中或许采用了一种调包之计。

明代城市经济的繁荣，使流氓的欺骗手段大有用武之地。当时市场上的货物，奸伪之风颇盛，尤以南、北两京为甚。此外无过苏州。如苏州卖花人挑花一担，前来市中发卖，这些花看上去灿然可爱，却"无一枚真者"。卖杨梅的也以作假为能事，在大棕刷上弹上墨，再用来轻刷杨梅，杨梅就成了紫黑色。更可恶的是，也有人将老母鸡拑去毛，插入长尾，假装"敦鸡"卖。[2] 如此等等，不胜枚举。

流氓骗人，或假借名人之后的名头，或假借现任在朝大官之亲族家人，以此唬人，骗取钱财。如当时有一位方外医人，自称是宋时"包孝肃公"（即包拯）的后代。虽稍知医术，但替人诊太素脉，服其药后，却又不见效果。他还自称已有一百几十岁，曾经到了阎王殿，却被阎王"放还"。此外，他还时不时直呼当时名头正旺的大儒王阳明的大名，

---

[1] 无名氏撰，锦文标点：《包青天奇案》卷2。
[2] 叶权：《贤博编》。

大叫："我吃了王守仁狗骨头的亏,可憾,可憾!"[1] 其实,这些话都是欺人的无根之谈,根本无从对证。至于骂王阳明,一是证明自己大有来头,就连王阳明都敢骂;二是证明自己年岁确实很大了。又如嘉靖时期,大学士顾鼎臣原籍苏州府,于是就有一些无籍之徒,假冒是顾大学士的亲族,"私出路引,贿买关文,驾舟悬牌,装载客货,所在骚扰,逃匿租税"。更有甚者,有时流氓就直接假充官职,"恐吓害人"[2]。还有,这批"无籍光棍"与"帮虎"冒充"寿宁侯",或侵夺贫民田地,或强占有禁的山场,拦住往来船只,索要银两。他们出入大小衙门,"属托公事,货卖九门钱钞,包揽内外钱粮"。此外,他们吹打响器,张挂"寿宁侯"的旗号,经过地方,就向人需索人夫酒食,勒要车辆船只,"豪横恣纵,不畏公法"[3]。

上述流氓之骗,是靠官吃饭。此外,尚有流氓混迹官场,招摇撞骗,靠官府吃饭。这就是当时闻名北京的"撞太岁"。何为撞太岁?据明朝人陆容记载:"京师有依托官府赚人财货者,名撞太岁。吴中名卖厅角,江西名树背张风,盖穿窬之行也。"[4] 撞太岁这一专有称呼,在当时的安徽当涂县又称"撞木钟",主要是指诈骗。[5]《明实录》对无赖子的"撞太岁"行为记之甚详,兹引述如下:

在明英宗天顺年间,京师有无赖子数十人,常在吏部前徘徊,打听到听选官吏监生,"或谋略内外官求美除",但因贫只好借贷,于是无赖子就将他们带到富家借金。借来银子以后,就替他们行贿,其实,或往或否,也只有天才晓得。有时凑巧,选除偶得美官,无赖子就"掩

---

[1] 李乐:《见闻杂记》卷10。
[2] 徐学聚:《国朝典汇》卷133《风俗》。
[3] 戴金编:《皇明条法事类纂》卷50《通行在外府州县一应公文不许差人扰害例》。
[4] 陆容:《菽园杂记》卷14。按:此则记载同样见于张衮所著《水南翰记》(抄本)。
[5] 康熙《当涂县志》卷7《方言》。

为己功，分有其金"。同时，无赖子又执借银凭据给所除官，一同前往任所，"取偿数倍"。[1]

其他的明代史籍同样可以证明无赖还通过科场之事而加以行骗。根据明人姜宝的记载，在南京有一些"积棍"，通常结党成群。他们常常勾引一些监生宿娼，等到来往一久，监生与他们稔熟甚至成为莫逆之交后，就开始引诱这些监生，由他们"代买字眼于科场"。在某一科乡试中，有一位姓党的御史曾拿获一个叫程护的奸棍，就靠此行骗。他的行骗之术，开始时是"诳惑人曰某官作主考，此我至亲"，但不久来的主考却并非某官，而是另外一官，他则又指称这位官员也是自己的至亲。[2] 这种拿科举诈骗他人之事，在明代一般也称为"撞太岁"。如明代史料说：

> 照得当科之年，游食之徒往往以科举为奇货，或假托主司，或捏写字号，传播各地方，而富室豪家每生觊觎之念，然亦有幸而得之者，乃其人文理原自可观，遂坠其术中而不知耳。此所谓撞太岁也。[3]

"撞太岁"一词，这个"撞"字用得极妙。无赖整天无所事事，在街上闲逛，毫无目的，骗人的把戏当然撞着算数。

这些无赖游棍，不但骗取听选官吏的钱财，而且借宗藩请封，向皇室宗亲勒索钱财。自明中叶以后，宗室伪滥已不成样子。每当填报出生之时，或"花妄为嫡生，或以女而易子，或以殇而冒存，买嘱收

---

[1]《明英宗实录》卷342，天顺六年秋七月。
[2] 姜宝：《姜凤阿文集》卷28《礼部条陈疏》。
[3] 林景旸：《玉恩堂集》卷2《申明敕旨以隆宾兴盛典疏》。

婆，要结邻右"，所在有之。到了宗室请封的时候，这些京师游棍就"指称打点名色，要索宗室钱财"，并将索要银子定为价码，如郡王请名请封，"动以千计"；三将军（即镇国将军、护国将军、奉国将军），则"以五百计"；三中尉（即镇国中尉、护国中尉、奉国中尉），则"以三百计"。财货诓收以后，他们未必真为人出力；而如果骗吓未遂，则会依法为奸，作弄宗室子弟。[1]

有时候，流氓的骗局更是赤裸裸的。他们骗拐幼女，卖钱花费，罪恶不轻。淮阳花子帮可为一例。在明代，专有一种"乞丐船"，大都出自淮阳人。丐首善骗术，果饼内放入哑药，幼童吃后哑不能言，"即抱入舟，浮舟他去，人不得其踪迹"。幼女长大以后，如果长得美貌，就先将她奸淫，然后再卖掉，"得高价"；若相貌平平或丑陋，"或瞎其目，或断其手脚指，教以求乞活，行乞焉。乞所得不如数，痛责甚惨"。[2] 显然，丐首的恶行与流氓相比并无二致，骗术亦大致相同。所差别者，丐首借此手段行乞，而流氓则可强行抢夺。

说到流氓的骗术，在明代一般被通称为"棍术"，其意是说光棍的骗术。由于城市经济的繁荣，外出买卖交易的增多，棍骗更趋兴盛。为了更好地揭露这些光棍的骗术，我们不妨引用《杜骗新书》中的两则故事加以详细说明。

小说中有一则叫《假马脱缎》的故事，其所属骗术的门类为"脱剥骗"。故事记道：有一位叫陈庆的江西人，经常在南京承恩寺前三山街贩马。一天，他带着一匹好马，价值约40两银子，等待有人来买。忽然有一位光棍，手擎一把好伞，身穿光鲜的色衣，翩然来到陈庆的面前，伫立瞻顾，做出一副不忍离去的样子。然后问道："此马卖多少

---

〔1〕吕坤：《宗藩要疏》，载《明经世文编》卷415。
〔2〕李乐：《见闻杂记》卷10。

钱?"陈庆说了价钱:"40两银子。"这位光棍说:"我买了,但要回家作契对银。"陈庆问道:"住在何处?"光棍说:"住在洪武门。"于是光棍就骑上马,陈庆也骑马跟在后面。行到半道上,光棍看见一家缎铺,就下了马,把伞放在酒坊边,嘱咐陈庆道:"帮我看住伞,待我买几匹缎,一会儿与你同归。"陈庆暗想:"此人想是富翁,想必这笔买卖能成。"光棍进了缎铺,故意与店主争价,等到卖缎客不耐烦,责备他不识价,于是就假装道:"我把缎给我的相知朋友看,再来还价如何?"店主说:"如此好的缎子,你尽管拿给人看,只是不能走远。"光棍随即说:"我有马与伙计在,你有什么可以担心的?"于是拿了缎子,出门就逃了。店主见马与伙计尚在,心中也不慌。

陈庆一直等到中午,还不见这位光棍回来,顿时醒悟,觉得其人必是骗人的光棍,于是就舍弃其伞不管,骑上自己的马,又手牵一马,准备回到自己歇息的店中。卖缎的店主见状,连忙上前,扯住陈庆,道:"你们合伙拿了我的缎子,你又要骑马去何处?"陈庆道:"何人是我同伙?"店主道:"刚才与你骑马来的人。你为何假装不知?我定要叫你还缎。"陈庆辩解道:"不知那人是何方之鬼,只是问我买马,让我与他到家取银,所以与他一同到了这里。他又说在你店里买缎子,一会儿再与我一同回家,我等了很久不见他回来,所以就骑马回店。你凭什么缠住我不放?"店主说:"若不是你的同伙,为何叫你看住伞与马?我见到有你的伞与马在,才将缎子给他。你为什么一同做了套子,专门骗取我的缎子?"

两人为此争辩不已,互相扭在一起,到应天府讲理。卖缎的店主就将情况说明。陈庆辩解道:"我是江西人,专门以贩马为生,通常是在三山街翁春店发卖,何时做过棍骗之事?今天遇到一人,想买我的马,让我到他家取银,所以与他同行。他中途下马,在他店里拿了缎子逃走,我也不知,怎么能说我是这位光棍的同伙?"应天府府尹说:

"不必多言,将店家拘来审问,即可问个明白。"陈庆下住的店家到后,说:"陈庆经常贩马,安歇在我家,确实是一个老实本分之人。"卖缎的店家说:"既然是老实人,为何替那位光棍看伞与马?此是我明明白白听见的,何况他自己也答应了。"陈庆道:"叫我帮他看伞,是因为他买我马的缘故,怎么会与他是同伙!"府尹接着问:"那人去后,伞也拿去了吗?"卖缎店家道:"未曾拿去。"府尹说:"这真是一个光棍。他本来就想骗你的缎子,故意假托买马,以陈庆为人质,再用他人之马,来赚你的缎子,这可以称得上是'假道灭虢'之术。这是你自己遭骗,与陈庆无关。"于是将他们各自逐出。[1]

作为一个在南京城内常年经营缎匹生意的店家,照理说来也应该具备一些江湖的经验,并不很容易上当受骗。那么,为何还会着了这位光棍的道?究其原因,还是因为光棍的骗术实在太巧妙了。光棍先说买马,实则并非为了买马,而是借助买马作诓骗的由头,最后还是为了行他的"脱缎之术"。所以,他身穿光鲜的衣服,目的就是让人相信自己确是豪富。接着伫立看马,是为了让卖马人相信他是真想买马。等到进入缎铺,故意大声言有马与同伙,这是为了让店家相信这也是真的。一直到"脱缎而走",再用一把伞给卖马的陈庆,让他与卖缎的店家争讼,而自己则早已金蝉脱壳了。所有这些,无不是事先设计好的骗局,不过是用巧术愚弄人的鬼蜮伎俩而已。

上面的这位光棍显然是一位久在江湖上混的老手,所以其骗术行得如此得心应手。假若是一位初出道的"雏棍",也想在江湖上行骗人的把戏,加之再遇到一位久在江湖行走的"老客",那只好认栽,其结果只会是做下一笔"赔了夫人又折兵"的赔钱买卖。小说中还有一则

---

〔1〕 张应俞:《杜骗新书》第1类《脱剥骗·假马脱缎》,载《中国古代珍稀本小说》第5册。

《先寄银而后拐逃》的故事，说的就是一位"雏棍"碰到一位老江湖时所做的赔本买卖。

小说记道：有一位叫苏广的通州人，与他的儿子一同到松江买梭布，再到福建贩卖。布银到手之后，就准备打道回府。走到半道，遇到一位叫纪胜的人，自称与苏广同府异县，而所说乡语也同，也是在福建卖布回家。纪胜原本不过是一个"雏家"，途中认苏广是同乡，又见到苏广财本更多，于是就将自己的20余两银子寄藏在苏广的箱子内，一路小心代劳，浑如同伴一般。时日一久，纪胜见利生奸。一天夜里，假称自己拉肚子，夜里出去数次。殊不知，苏广是一位久在江湖行走的"老客"，见他不时开门往返，已经怀疑他有诈谋，又想他来历不明，尽管有20两银子寄存在自己的箱子里，但还是怀疑纪胜晚上会起歹意。所以乘纪胜外出，就偷偷起来，将自己与纪胜的银子并一些衣服，另藏在别的包袱里，放到自己的身边，仍用旧的衣被，包上数片砖石，放在原来的箱子里，假装熟睡。纪胜看到苏广父子都已睡去，就将银箱盗走，连夜逃跑。苏广在床上听到纪胜的动静，而且出门不归，才相信纪胜果然是一个光棍，若不是自己提前有所防备，必着其道。

第二天，苏广起床后，故意大声叫嚷，说是纪胜盗走了他的银子，将店主扭打，说他与纪胜串通一气，将自己的银子偷去。苏广的儿子不知父亲之谋，甚至怒殴店主不已。苏广偷偷对儿子道出事情的原委，才停手不打。早饭后，苏广对店主说："我往县里告状，若能捕获到那位光棍，你来作证，不然定要问你要银。"苏广心知纪胜已经中了自己之计，于是就抄近路回家。

纪胜窃得银箱以后，暗自高兴，一直走了将近百里的路，时已近中午，才敢打开箱子，一看之下，大为吃紧，里面不过是砖石旧衣而已，心中大恨，于是再回到原来的住店，却又被店主扭打了一场，店主大骂道："你这贼子，你偷了人家的银子，害我被牵累。"于是用绳将纪胜捆起,打算送官。无奈之下,纪胜只好道出实情,并叩头恳免。当时纪胜与苏广已经隔了两日的路程,再也无法追及,只能独自悔恨而已。[1]

从上面这则故事来看,纪胜名义上是一位"雏客",实则是一位"雏棍"。他先用自己的银子,寄存在苏广的箱子内,是为了不引起苏广的怀疑。到了后来,假装闹肚子开门,等到苏广熟睡,就盗走银箱逃跑。他原本以为自己所设之计已经很巧妙,也就是俗语所谓的"欲取姑与"之计,算是光棍局骗中的一种"甜术"。殊不知,苏广乃是一个"老客",久在江湖行走,见解完全在纪胜之上,等到识破骗局之后,就将计就计,最后纪胜反而着了苏广的道。由此可见,"雏家光棍"确实不如"老年江湖"。

中国城市流氓的手段,大致初起于宋代,至明代已基本定型,到了清代,就显得更加完善。正如清人王韬所说,清代的流氓,"劫夺打降,掳人勒赎,靡事不为"。[2] 招摇撞骗是清代流氓最惯用的伎俩,而且花样翻新。清代的法律对撞骗的处罚法规极多。概括起来,清代流氓的欺骗之术大致可分为以下几种:

(一)拐骗人口。在北方土语里,一般将拐骗之徒称为"念秧",意思是说,这些人用言辞浸润,乘机以行其诈骗。而在南方,则称之为"局骗"。清代法律中专门列有"略人略卖人"一条,并对此作出具体处罚规定。所谓"略人",就是采用计谋,哄骗诱引人。所谓"略卖",就是不以道取,兼有掳掠、劫掠之意。流氓拐骗人口以后,有些将内地人卖到边地土官土人那儿,谋取钱财;有些拐骗幼孩,割筋刺眼,让他们求乞;有些诱拐妇人子女,将他们典卖,给人做妻妾;有

---

[1] 张应俞:《杜骗新书》第1类《脱剥骗·先寄银而后拐逃》,载《中国古代珍稀本小说》第5册。
[2] 王韬:《瀛壖杂志》卷1。

些拐来妇女开窑子；有些与洋行勾通，拐来人以后卖到外国当劳工。各色各样，不胜枚举。

照例说来，以强力取不义之财者，可称之为"棍徒"，即流氓；以诡计取不义之财者，称之为"骗子"。这两种人，虽与"盗贼"不同，但他们在见利忘义这一点上却是相同的。在骗子中，拐骗人口之骗子，清朝廷一般也照光棍例处置，即与流氓的处罚相同。如康熙十八年（1679），骗子夏三用迷药搀在面饼中，拐走孩童12名，就被照光棍例坐罪。[1] 此外，在清代还有一种贩卖"猪仔"之人，则强力与诡计兼而有之，实际上是棍徒与骗子两种身份兼具一身。换句话说，流氓参与行骗，强力与诡计两种手法兼而用之。

所谓"猪仔"，这是指内地平民被拐卖出洋，略卖为奴，让他们专干苦役，所以称之为"猪仔"。在当时的南洋群岛，有一批不肖之徒，专门勾结内地地棍，"诱致壮丁"。如果见到贫穷男子，起初用小利引诱，再用好话劝导，对他们说，一同到某地经商，定能发财。一些愚蠢者就被他们所惑，随从他们一同来到贩卖"猪仔"的场所。这些贩"猪仔"者，一般都租有旅馆，作为自己的窟穴。一入其室，这些人就被禁锢起来，不让他们随意出入，甚至将他们囚禁于木笼中，每个木笼关押一人或二人，每天只给吃二次粥。等到议定价钱，贩卖者就将他们集中起来，用海船载往新加坡等地，沿途发卖，大发横财。[2]

至于一般性的拐带人口，则以上海一地为最多。这些拐卖人口的棍徒，内部也有自己的黑话，称妇女为"条子"，称小孩为"石头"。当时，扬州、苏州、松江、无锡等府的乡下女子，以为上海工资比内地高，就纷纷到上海的巨室中做佣人。一到上海，就投到"荐头"的店中。所谓

---

〔1〕《康熙起居注》，康熙十八年十月初六日。
〔2〕徐珂：《清稗类钞·棍骗类·贩猪仔》。

荐头，实际上就是专干介绍佣仆之人。不过，这些人有时也干一些拐卖妇女的勾当。以介绍为名，而暗地里将妇女带到邪僻之旅馆，"先与奸宿，无几时即入拐匪之手矣"。[1]在清末，上海拐带妇孺的案子时有发生，而且屡见报端。如同治年间，上海有一批无赖匪徒，专拐童男幼女，"引至僻静之处，毁其面目，残其肢体，百出机巧，务使不齿于人类。然后携之通都大邑，居为奇货，以供观览，而借以乞求"。[2]其实，清末流氓的这种做法也是渊源有自的。笔者在前面阐述明代流氓的手段时，曾经提到过横行于安徽一带的"乞丐船"，他们的所行大致也是如此。

在清代，苏州还有一种"瘦马家"，与流氓的拐卖妇女颇有渊源。这些瘦马家"收取妇女，涂饰卖人作婢妾"。在买方与瘦马家之间，有一批中间人，大都由一些流氓充任，名称"白蚂蚁"，意思是说这批人"无缝不栖"。于是，有些买妾者就时常到瘦马家拣择，中意就付高价，否则，就以零星银子犒劳，称作"看钱"。这样，就专有一批"浮浪者"（即流氓）只办看钱，去瘦马家"故作拣择，以恣调趣"。[3]

自成都、重庆而下，也有匪徒出没，专门以拐带妇女为业。这些人交结极为隐秘，而且拐带妇女之术，诡计百出，很容易让人上当受骗。不妨举些例子，以示揭露。每当拐带少妇时，这些流氓就指使团伙内的妇女去执行。这些女拐匪骑着驴子，不时在村落之间游弋，看到有村妇骑驴出门，其丈夫若跟在后面，则赶驴向前，故意与村妇并

---

[1] 徐珂：《清稗类钞·棍骗类·拐带妇孺》。
[2] 《申报》，同治甲戌六月十八日。
[3] 龚炜：《巢林笔谈》卷4《瘦马家与白蚂蚁》。按："瘦马家"的存在以及由此而形成的养瘦马习俗，从其源头来说，当始于明代的扬州。明末清初人张岱专有《扬州瘦马》（详见张岱《陶庵梦忆》卷5）一篇，详细描述此事。明清两代的"瘦马家"，大体相同，其所别者，尚无史料可以证明明代养瘦马的人家与流氓掠夺人口相勾结，而清代则显然已与"白蚂蚁"结合在一起。

行。随后，与村妇互通姓名，假装献殷勤，而暗地里却紧赶驴子，让其快行，而村妇"不觉亦速"。过了一段时间后，其夫就落在后面。"如是数转，乡妇路迷急遽。"女拐匪就假装安慰道："不用怕，前面有我亲戚，可去小憩。如果困乏，也可借宿。"于是，就将村妇引到匪所。一入门，拐妇就躲起来，但见满室都是男子。村妇见状，必号哭，就让人将她痛打一顿，并告诉她："你已经落入我们的陷阱，不依从我们，就打死你。"随后，流氓的同党就将村妇奸污，名之曰"灭耻"。村妇不但受到恐吓，而且失身于人，也就逐渐心灰意冷了。于是，他们就让同党扮成买主，前来买去为妾，然后好言相问，问其从何而来。妇人听后，必然哭泣，并诉告冤苦。此同党就假装目不忍睹，然后退下。接着，拐匪又将村妇痛打一顿。慢慢观察，发现她确实已无变志，就又让一匪前来购买，相问如前，如果村妇还诉冤，就再痛打一顿。如此三四次后，村妇就不敢再说了，然后才将她带到市镇上卖掉。[1]

（二）设局赌博，骗人钱财。在清代，有些旗人自己出钱开赌场，诱引别人，聚集无赖，从中放头抽头。又有一些无赖流氓，串党驾船，"设局揽载客商，勾诱赌博，折没货物，揩留行李"。如在湖南宁乡，专有一批痞棍，怙恶不悛，"设局诱赌，酿成多患，贻害地方"。有些赌场，是由痞棍所开，而且开在市场上，而有些赌场则由"匪衿"所开，他们也"日集无赖开场赌博，盘算良善"。这些痞衿的赌博场，一般深藏于密室，极为隐蔽。不过，同是赌局，其所起的不良影响则是相同的："痞棍之赌博，已驱无业之游惰而为盗贼；痞衿之赌博，更驱有业之子弟而为游惰也。"[2]

---

[1] 徐珂：《清稗类钞·棍骗类·拐带妇孺》。
[2] 朱孙诒：《宁乡劝戒士民条约》，载《团练事宜》。

清末的上海，盛行一种"花鼓会"，也是一种赌钱之戏，"害人至死，不可胜计"。花鼓会最初源自安徽，当地人恨透了这种赌博，所以又称之为"花灯蛊"，大致与流行于闽、粤一带的"花会"相同。这种赌博，"得隽者以一赢三十，愚人以为失仅一而得则三十也，争趋之。夫三十而中一，甚难之势也。业此者欲人财之聚也，偶露其倪，时令获中，故忻羡者不可遏"。道光末年，花鼓会初起于绩溪，盛于歙县，举凡山村水堨，均设坛场，聚集游手。当时专门有一种人，替赌场报信，称为"走水"，"交驰于道，数十里内，呼吸通也"。当时安徽最有名的赌棍叫吴老铭，又称吴曰富，是绩溪人，自名豪健，不吝于财。于是，"棍猾附之，穷困之士亦从之"。[1]

（三）假造"制书"行骗。所谓制书，就是圣旨，也即诏、诰、敕、谕之类。本来并无圣旨，这些流氓却假捏事端，伪造旨意。有时候，流氓也伪造六部等衙门的文书，或者假造都察院、布政司、按察司和府州县等衙门的文书，"诓骗科敛财物"。从史料的记载可知，早在明代嘉靖年间，流氓就已经开始伪造邸报骗人。如嘉靖十一年（1532）六月，吴城的一些恶少看到里中富室子弟不知务学，而且盼望通过输粟这种捐纳而做官，于是戏撰邸报，到处投送。为此，合郡之士奔走若狂，争挟重赀，"谒权要，以先投牒为幸，谓其额之狭也。邻封接壤，转相告报，鬻产称贷者，旁午不绝"。过了很久，富室子弟还是不见朝廷下文，才知道是伪造的消息。[2] 史料没有说这些恶少是否通过这种行为谋财，可能仅仅是一个恶作剧而已。但这种伪造朝廷重大事件消息的功夫，却显然被清朝的流氓继承下来了。如乾隆二十七年（1762），在湖广，有一位流氓魏延文，捏造"上谕和总督官衔报单，在各社长

---

〔1〕刘体智：《异辞录》卷1《花鼓会吴老铭》。
〔2〕方鹏：《矫亭存稿》卷6《二邸报记》。

家报称圣旨",并许愿给他们八品顶戴,"诓骗银钱"。[1]

(四)冒充官员、内使,到处行骗。官大压人,这是中国自古以来的传统。这些流氓当然深谙其理。所以,有时他们冒充皇家亲族姻党家人,或者在京,或者到外省,出入于大小衙门,嘱托公事,贩卖制钱和盐,包揽钱粮,有时甚至巧立名色,挟骗财物,侵占土地;有时他们假冒大臣和近侍官员的家人,在乡村地方横行霸道,惹是生非;有时则干脆伪造凭札,自己充当起官员来,借此到处招摇撞骗。清代的内官太监,虽已与明代不一样,说不上权势显赫,却也不是好惹的主。所以,流氓也拉起他们的大旗,假冒内官的亲属或家人,"恐吓有司,诓骗财物"。[2]

(五)设局行骗,花样甚多。清代流氓的骗术很多,让人防不胜防。为示揭露,下面不妨引述几个例子:

一是饰男为女,借此骗钱。当时有一位绅士,前去扬州买妾,接连看了数家,都没有中意的。时有一老妇,寄居卖女。此女年方十四五岁,丰姿姣好,又善诸艺。绅士大悦,急花重金购回。"至夜,入衾,肤腻如脂,喜而扪其私处,则男子也"。[3] 原来,这位老妈买美童,刻意修饰,"设局以欺人"。

二是黠妇以伪夫取财。康熙三十年(1691),在山东张秋镇,有一妇,年30余,雇驴到兖州探亲,驴夫从之而行。到了中途,问驴夫:"娶妻了吗?"驴夫回答:"尚无娶妻"。妇道:"我刚好也新守寡,与你可结为夫妇。"驴夫大喜,"因野合焉"。到了兖州,对驴夫说:"我母

---

[1]《大清律例会通新纂》卷30《刑律·诈伪·诈为制书》。
[2]《大清律例会通新纂》卷30《刑律·诈伪·诈假官》;又同书,《刑律·诈伪·诈称内使等官》。
[3] 徐珂:《清稗类钞·棍骗类·饰男为女以鬻钱》。

家很有钱,你的衣服破烂如此,不便同归。"说完,给驴夫10两银子,让他到缎铺买缎。买回后,此妇偷偷将缎烧了几个洞,然后怒道:"如此破缎,你买回来有什么用?吃完饭后,去换好缎。"其实,已偷偷置毒于饭中。驴夫吃完后,就一同到缎铺,争论之际,驴夫毒发而死。此妇就以缎铺杀夫之罪,打算鸣官告理。缎铺老板无奈,只好拿500两银子贿赂此妇,"妇遂挈资骑驴而去"。[1]

三是访取官场阴私,设局行骗。当时有一位外号"插天飞"的流氓,熟谙宫廷中的事情,手下的党徒也很多,专门靠伺察各省大吏的阴私取财。河南巡抚某,"以事撄上怒,将罪之,未发也。"忽然有一天,哄传有数十个操北京口音的人来到开封,居住在某座寺庙内,早晨开门,通樵汲,其他时候都关起大门,禁止出入。祥符知县每天派干役前去窥探。一天薄暮,差人看到从寺中出来一人,面似内监,提壶行沽。就尾随到了酒肆,与他谈话,但没有回答。次日,相遇,差人替他付了酒钱,又邀请他一同饮酒。再三相询,才答道:"吾主听说巡抚于某某等案,得贿枉法,所以命我们密访,如果得实,将有不测之祸,请勿泄密。"差人急忙回去禀报,官吏听后,全都失色。第二天,巡抚率属往谒,叩门,无人答应,只听到里面有打人及呼号声,不久归之寂然。开门以后,有两人抬出一具尸体,原来就是昨天买酒喝的内使。众官懔懔然报名以进,只见上面有黄马褂、珊瑚冠、孔雀翎一人,侍上坐少年侧,对众官道:"爷在此,可行礼。"少年欠伸小语,此人又代宣道:"明日回家。"到了晚上,巡抚就密派人,馈赠黄金万两。第二天天明,巡抚又率属,到城外饯行。这批人就大摇大摆地走了。其实,这是一个骗局,扮演那位侍侧之人者,就是流氓头子"插天飞"。[2]

---

[1] 徐珂:《清稗类钞·棍骗类·黠妇以伪夫取财》。
[2] 徐珂:《清稗类钞·棍骗类·插天飞屡行骗》。

二、讹诈

再说讹诈。讹者,讹诈也,实则耍赖用强也。如果设局行骗不成,这些流氓就强索、讹诈,而且无孔不入。如在宋代,江东村落间有一"丛祠",很多女巫借此兴风作浪,混口饭吃。可是,有一恶少年却不信,喝醉了酒,借着酒劲,冲入庙内,肆意诋辱,勒索钱财。诸女巫深感骇愕,一时不知所措。事后,女巫们碰在一起,商量道:"我们为修此庙,花费了不少钱财。一旦被这小子揭穿,远迩相传,则我们的大事去矣。"到了晚上,女巫们一起去见恶少年,以实情相告,说:"我们的实情,你当然已了然于胸,倘若能成全我们的好事,将拿出钱十万,重重谢你。"少年听后,喜形于色,急问其中的原因。女巫就教他道:"天明你再入庙,像从前一样大肆詈辱,凡是庙里所有酒肴,都拿起来吃喝。过一会儿,就假装被受械,做出种种祈哀之状。如此这般,就差不多能成全我们的好事。现在先交给你一半钱。"恶少年答应此事,并坦然受钱。到了第二天,恶少果然又来到庙里,袒胸裸背,大声呼叫,大声辱骂,不堪闻听。庙民大惊失色,围观者纷至沓来。恶少年到神像前,看到祭品罗列,就拿起祭祀之酒一口喝下,肴馔也被他吃得一干二净。不久,就"俯躬如受絷者,叩头谢过"。突然,黑血从口中涌出,七窍皆流,随即倒地而死。乡里百姓对神更是信之不疑。当天,这一消息就哄传旁郡,前来祈祷者纷纷云集,"庙貌绘缮极严,巫所得不胜计"。[1]这则故事听来神奇,其实是这些女巫做了手脚。事后数月,女巫同党因为分财不均,到府里告理,才知是恶少年因喝了女巫的毒酒而一命呜呼。这位恶少年前去讹诈女巫,但不幸的是,所遇者也是无赖神棍。同类相争,智者胜。这位恶少年到底不如无赖

---

[1] 费衮:《梁溪漫志》卷10,载《说郛》卷18。

神棍诡计多端，所以讹诈不成，反赔进去自己一条小命。

在宋代，乞丐的强乞索讨，也当属于流氓讹诈之手段。在福建漳州府，就有一批"无行止奸雄浮浪客旅"。他们既不是商贾贩卖之流，又不是残疾跛蹩之辈，而是相貌堂堂，气力如大兵一般，凶狠则如暴虎。他们假称是来自尤溪的师巫，或携刀子，或鸣牛角，或吹竹筒，或木拳捶胸打业，或蓬头，或裸体，擅自进入百姓屋里，强行乞丐，"厉色峻辞，如诛所负，排门逐户，无一放过"。如果应之稍迟，他们就恶口相加，以致百姓畏惧，对他们不敢讥呵。这种强乞行为，实与流氓无异。更何况这些人"实非乞丐，乃假托此态，窥觑人门户为窃盗计"。[1]

在元代，流氓骗取不成，也是强行敲诈勒索。后至元五年（1339），据中书省呈文，民间婚姻嫁娶一般都择良辰吉时，但当时有这么一批"不畏公法、游手好闲人等"，每当遇到民间嫁娶，就"纠集人众，以障车为名，刁蹬婚主，取要酒食财物，故将时刻阻误，又因而起斗致伤人命"。[2]这就不仅仅是讹诈了，而且还引起斗殴，造成市井骚乱。更有甚者，元代的一些"凶徒恶党"，不务本业，"风闻公事，妄构饰词，论告官吏，恐吓钱物，沮坏官府"。[3]这就是公开干预地方政府的行政了，尽管其目的仍是诈取钱物。显然，这些流氓就是讼棍。这种讼棍在元代也时有所见。如当时有一胥吏，因犯赃私，被革去职役，只好回乡，无以为生，"辄嗾乡民为讼，佐之请谒"，[4]显见，这位革职的胥吏，就是专门教唆他人打官司的讼棍。

---

[1] 陈淳：《上傅寺丞论民间利病六条》，载万历《漳州府志》卷10。
[2]《大元通制条格》卷27《杂令·障车害礼》。
[3]《大元通制条格》卷28《杂令·恐吓钱物》。
[4] 曾廉：《元书》卷90《循吏传·张毅》。

到了明代，流氓讹诈百姓钱财的活动更为猖獗。从王廷相的记载中可知，一些帮虎、无赖开始与机兵、快手结合在一起，参与吓诈百姓的活动。王廷相曾说到，陕西的军卫有司选用兵牌、机兵、快手、弓兵及巡捕、巡山老人等名目，本来是为缉捕盗贼而设，令人称奇的是，有一些奸恶之徒，以应捕为名，专门吓诈良善。他们讹诈的手法，通常是先纠集帮虎，假借官威，先使用一个无赖，作为贼眼，到乡村山庄的殷实之家，"随意指攀，就行执拿，或为窝主，或为寄赃，或为同盗，拷打逼认，加于官府"。于是，那些素有蓄积的人家，就会被抢劫一空；而仓促无备的人家，就只好变卖所有的财产。这种强行讹诈的行为，显然已是"白昼公行，甚于强盗"。[1]

那么，明代的流氓又是如何耍赖讹诈的呢？下面三则记述，可将流氓的讹诈行为揭示得淋漓尽致。

成化年间，龙虎卫左所有一军余王骚狐，倚恃凶泼，专门殴打平人，强赖他人银两，人称"赖皮"。成化四年（1468），骚狐手拿尖刀，到军人刘海家强讨白面食用，刘海没给他。于是，"骚狐自将头额打破血出，睡倒在地图赖"。刘海惧怕，只好"将银一两三钱，白面一斗与骚狐接受回家"。次日，这位王骚狐又到卖面军余刘清家毁骂，也是自己将头打破图赖，"拿刀要戳"，强行将刘清"身穿水褐绵细衣裳，羊皮袄一领剥拿回家"。[2]

浙江钱塘江上的"梢公"，一般有"白日鬼"之号，所采用的也是这种讹诈要挟的方法。如冯梦龙《醒世恒言》第36卷就说这些流氓化的水手："都是凶恶之徒，专在河路上谋劫客商。"此说实是不假。在明代，钱塘江上的航船舟子最强横，惯于用讹诈骗财。每当船行到波

---

[1] 王廷相：《浚川公移集》卷3《巡按陕西告示条约》，载氏著《王廷相集》。
[2] 戴金编：《皇明条法事类纂》卷34《白昼抢夺三五成群及打搅仓场充军为民例》。

涛险恶处，舟子"谓一舟性命死生尽在吾手，辄索财物不已"。[1]

又如当时常州有一士夫，其兄极恶，实是一个流氓。到了年末，就对群仆说："可寻事来，为过年费。"仆人四出，无所得。后至郊外，"有葬者，棺好而无持服之人，疑有故"。到了晚上，发棺视之，"乃一少妇，衣饰如生，当是大家妾暴死者"。群仆将女尸抬到小船中，摆设四盒，"缚一鹅于上"，好像去串亲戚一般。到了薄暮，专找货船，故意与其相撞，"倾尸于河，鹅扑扑飞水面"。这位流氓故意大叫大船撞沉了小船，"吾娘子溺水"，于是缚商捞尸，到第二天才捞出，果然是一妇人。"商大窘，愿悉货赎罪。"[2]可见，流氓讹诈的手段就是没事找事，从找出的事端中向他人敲诈钱财。

流氓的讹诈手法多种多样。除上述所举例子之外，或借放火要挟百姓，获取钱财；或借访察豪蠹，诈欺他人；或安排圈套，以撞人致伤相讹诈。如在明代，就有这么一种"游食之徒"，有田不输赋，有丁不出差，不作本等生理，不服官司钤束，跑到外地潜住。这些凶徒，"比处良善之家，少不如意，辄便扬言，要烧某人房屋，某人积垛谷麦柴草，并田野积聚之物"，还故意让业主明明白白地听到这些话。或对着众人扬说"我要烧他"等语，使人畏惧，借此吓人财物，诈人酒食。假若业主不听从，到了晚上，这批凶徒果真放火焚烧。[3]明代访行中的流氓，他们讹诈人钱财的方法也堪称一绝。自嘉靖以后，上司官员多凭访察拿"所属官员问罪"，既无原告，又无指证，通令犯人自行想象供招，中间被诬枉者不少。为此，一些好人就乘机报复私仇，诬称某

---

[1] 王应奎：《柳南随笔》卷1。
[2] 叶权：《贤博编》。
[3] 戴金编：《皇明条法事类纂》卷44《无籍之徒放火烧人房屋但有指实证佐明白即系显迹依律问罪》。

人是豪蠹；流氓刁徒也"缘此肆行诓诈"，假说某人是乡豪里猾，获人钱财。[1]

一至明末，在广东，一些无赖棍徒"依草附木，平空跳诈"，已遍地皆是。他们无风起浪，假冒名色，诈骗乡民，更是家常便饭。这种诈骗，在当时的法律文书中，则称为"跳诈"、"局诈"，或称"跳局吓诈"。[2]而在这些诈骗活动中，尤以"假命陷人，平空跳诈"为甚。地方上一死了人，或者出了人命案子，对那些流氓来说，就是一个极好的敲诈他人的由头。不妨试举下面三个例子：有一位名叫黄盛佐的人，又叫张盛业，其实就是一人而两名。此人曾犯盗窃罪，已经被官府挂号。一次，黄盛佐无端死于路上，已经里老殓收。正在此时，"异棍"张瑞就出来，将他认为自己的兄弟，再从外面找来一位妇女黎氏，认其为自己的丈夫。张瑞如此做的目的，就是"居死为奇，掠诈乡民"。还有，孔名太的妻子病死以后，已经收殓，这时却有一位叫梁大伦的流氓自己做主谋，再联合梁腾耀等恶少，向官府告称"死于非命"，"群起而居为奇货"。又有一位叫陈有科的流氓，以乞丐之尸"为奇货"，借此"局陷吴东璧"，想从中诈取一些钱财。[3]借人命而敲诈，应该说是明代流氓的普遍手法，而此类活动则以明末的广东为甚。当然，这些流氓的"跳诈"活动，更多的是将手伸向一些"乐户"。如明末广东有一位叫马尚义的市井恶少，与狼仆李九、梅四等朋比为奸，在平日里就平空跳诈，择人而食。如蔡凤家的妓女因为失于应接，被

---

[1]《皇明诏令》卷20《宽恤诏》，嘉靖六年二月十三日。
[2] 颜俊彦著、中国政法大学法律古籍整理研究所整理标点：《盟水斋存牍》一刻，《谳略》卷3《诬诈梁云海等》、《诬诈棍徒叶茂容》。
[3] 颜俊彦著、中国政法大学法律古籍整理研究所整理标点：《盟水斋存牍》一刻，《谳略》卷1《藉死掠诈张瑞》、《假命诬诈梁大伦等》、《假命被诬吴东璧》。

他们"抄洗一空,伤及幼女"。[1]

为了更好地对明代流氓的讹诈手段加以揭露,我们不妨引用当时小说的例子加以说明。小说记载,当时浙江金华府金华县崇德乡民潘贵一娶有一妻,名叫郑月桂,两人生下一子,刚刚才八个月。因岳父郑泰十生日,夫妇俩前去拜寿。来到清溪渡,与众人一同过渡。月桂坐在船中,儿子因饥哭闹,月桂就掀衣乳儿。她的左乳下生有一颗黑痣,恰好被同船中一位叫洪昂的光棍瞧见,于是就起了讹诈他人妻子的不良之心。等到下船登岸,潘贵一携月桂走向东路,而洪昂则扯月桂向西路走。贵一说:"你这等无耻,缘何无故扯人妇女?"洪昂却说:"你这光棍可恶!我的妻子,如何争是你的?"二人为此而厮打起来。洪昂将贵一打至呕血,二人混争在一起,扭入府中。

知府丘世爵升堂,问道:"汝二人何故厮打?"潘贵一说:"小人与妻同往贺岳父生日,来到清溪渡口,与此光棍及众人等一同过渡。上岸时他就紊争小人妻是他的,故此二人厮打,被他打至吐血。"洪昂说:"小人与妻往贺岳父生日,同船上岸,被他混争我妻。乞老爷斧断,以剪刁风。"知府一时错愕,于是就将月桂喊上堂,问道:"你果是谁妻?"月桂道:"小妇人原嫁潘贵一。"洪昂故意说:"我妻不廉,想当时与他有通,今日约他同来,做此圈套。乞老爷详情。"知府道:"既是你的妻子,何处有记认否?"洪昂答:"小人妻子左乳下有一黑痣可证。"知府令妇解衣,看见果然有一黑痣,即将贵一重责二十板子,并将其妇断给了洪昂。[2]

此案虽最后经新任金华知县苏万民断明,给了潘贵一一个公道,

---

[1] 颜俊彦著、中国政法大学法律古籍整理研究所整理标点:《盟水斋存牍》一刻,《署府谳略》卷1《跳诈马尚义等》。
[2] 海若汤著,杨之锋点校:《古今律条公案》卷6《混争总类·苏县尹断光棍争妇》。

而光棍洪昂也受到了应有的惩罚，但至少说明，明代光棍无理讹诈的手段层出不穷，确实让人防不胜防。

明代流氓所用讹诈手段，最值得一记的是"扎火囤"，宋时称"美人局"，清时称"仙人跳"。有一诗，专说"扎火囤"之害：

> 睹色相悦人之情，个中原有真缘分。只因无假不成真，就里藏机不可问。少年卤莽浪贪淫，等闲踹入风流阵。馒头不吃惹身膻，世俗传名扎火囤。[1]

"扎火囤"这种讹诈行为，有时即使是恶少，也会着了道儿。如河南澶渊有一恶少，名李九德。同时，在内黄也有一个叫田世禄的流氓，专门"以妻妾招摇者也"，即专以"扎火囤"过活。李九德见世禄妻葛氏美貌，"与之昵处有日"。为此，田世禄"沾沾以为此少年乃入吾彀中者也"。两恶相当，则狡者胜。李九德虽奸，但仍难以"脱出平康之井"，最后也"倾囊而掷，吮髓过于肱箧矣"。[2]

至于为什么将这种美人计称为"扎火囤"？其中又含有何种特殊的意义？明代的史籍与小说之类均没有具体的解释。我不妨稍作推测。扎火囤的形式已如前述，是流氓的一种讹诈手段。不过，此说法的由来，大概与江南的习俗有关。在江南地区，冬天流行一种"火囤"，又称"火箱"，属于取暖工具。犹忆儿时，在我的家乡越地，婴儿夏天睡"摇篮"，冬天则坐"囤窠"。所谓囤窠，或许就是明代火囤的一种。囤窠之制，为木桶之形，上窄下宽，上下无底。中间横插一杠，以供婴儿之坐。下置炭盆，以供取暖。婴儿坐于其中，有火盆取暖，当然

---

[1] 凌濛初：《二刻拍案惊奇》卷14。
[2] 张肯堂：《辞》卷3《田世禄》。

很舒服。但一旦坐于其中，除非大人将其抱出，否则真有点动弹不得、无可奈何的感觉。这当然也是出于一种安全的考虑，即使大人不在身旁，婴儿也不会发生危险。至于流氓用扎火囤诈人，被诱者或许真有点如婴儿坐"囤窠"之感。[1]

"扎火囤"在明代还有一个较为形象的称呼，叫"艳囤"。这个说法比较易懂，即以女色做成圈套，让人来钻。据陆容记载，当时北京凡是有妇女嫁给外京人为妻妾，男方初次来看时，一般让美色者出拜。等到临娶之时，再用丑者换之，此被称为"戳包儿"。这当然是北京土语，其实就是调包的意思。有些女子过门才住一晚，就偷盗了男方家的财产逃走，这也有一个专有的称呼，叫"拿殃儿"。更有甚者，以幼年男子假装成女子，其态逼真。等到过门时，乘其不意，随即逃去。成化年间，曾经有人嫁给一位监生，正好无衅可逸。到了晚上，男子与其同床，才发现是一个用男子假扮的冒牌货。于是就将其扭送到官府，并将其与媒人一同治罪。[2]

至万历末年，万历皇帝不再勤政，多年不坐朝，甚至不阅臣下的章奏。于是，京城的那些官员也无所事事，间有陶情花柳之事。一时教坊妇女，竞尚容色，投时好以博赀财。到了后来，教坊妇女开始联布羽党，设局诓骗。其中的骗术，是先妙选姿色出众者一人为"囤"，名曰"打乖儿"。其中一同参与行骗者，男的称"帮闲"，女的称"连手"。此类帮连之人，其选择也有一定的讲究，必须选择那些能"见影生情，撮空办事者"，才与之共事。事成之后，计力分财，而"为囤者"独得其半。于是，构成机巧，变幻百出，不可究诘。至崇祯中，御史

---

[1] 关于明代"扎火囤"一说的由来，我在《明代社会生活史》一书（第183页，注222）中已经作了初步的推测，暂引于此，以俟日后作深入的考察。
[2] 陆容：《菽园杂记》卷7。

风闻其状，奏请裁汰在京乐户。于是这些行骗的乐户女子开始散入各省，而流寓扬州者独多。[1]

还是言归正传。当然，专做扎火囤生意的流氓，有时碰上一个熟谙个中行径的流氓，反而会竹篮子打水一场空。如明时有一泼皮子弟，深知扎火囤的行径，却佯为不知，故意来缠。正在床里作乐的时候，做此生意的流氓就打将进来，可是这个泼皮不慌不忙，将流氓的妻子搂抱得紧紧的，不放一些宽松。流氓将刀背放在泼皮的颈子上捺了一捺，却不敢下手。只好放下刀子，拿起一个大擀杖来打泼皮，不料又错打在自己妻子的身上。到了此时，泼皮才与他实说："老兄放下性子！小子是个中人，我与你熟商量。你要两人齐杀，你嫂子是摇钱树，料不舍得。若抛得到官，只是和奸。这番打破机关，你那营生弄不成了。不如你舍着嫂子，与我往来。我公道使些钱钞，帮你买煤买米。若要扎火囤，别寻个主儿弄弄，须靠我不着的。"其夫见说出了海底眼，无计可施，也只好就此收场。于是，这位泼皮起来，从容穿了衣服，对着妇人叫声"聒噪"，摇摇摆摆，竟自去了。[2] 当然，这正好碰上一个泼皮，他有如此胆量，又有如此手段，才不致破财。假若偷腥者恰好是富家子弟，他们多是娇嫩身子，又缺少江湖经验，必然着了道儿。

讹诈也是清代流氓惯用的手段，在清代法律文书中一般称为"恐吓取财"。所谓恐吓，就是指"假借事端，张大声势，以恐吓平人，使之畏惧，而取其财也"。这个"人"字，是指那些平民，即本来无罪之人。如人本无违法之事，流氓凭空驾端，诈去财物，才能说是"恐吓"。[3]

---

[1] 严思庵：《艳囮二则》，载虫天子编、董乃斌等点校《中国香艳全书》2集卷1。
[2] 凌濛初：《二刻拍案惊奇》卷14。
[3] 《清代律例会通新纂》卷24《刑律·贼盗》下《恐吓取财》。

讹诈在清代又叫"拆梢"，其实就是"敲竹杠"。在清代的法律文书中，关于索诈之例很多，诸如"张贴揭帖"、"捏告各衙门"、"勒写借约"、"谎言欠债"、"逼写文券"之类，都是讹诈的具体表现。在史籍中，关于流氓吓诈的事例很多，不妨引述几例，作为引子。如康熙二十三年（1684），流氓王进孝指称甄五道、翟应聘等窝隐逃人，"吓诈银钱，又复行诈，致翟应聘自缢"；[1] 康熙四十五年，流氓林三假冒九门提督的家人，"吓诈银两"；[2] 在福建仙游县，每当"筑垣墉、开典铺"之时，就会有一些无赖子弟及孤贫丐民，"亦往往蚁附索扰"。[3] "索扰"云云，虽以"讨彩头"的形式出现，实际上也与讹诈相同。又如在江苏的沛县，有一位地棍，以红糖水碰人倾泼，讹索乡愚。[4]

在清代的律例中，专有"恐吓取财"一条，显然也将讹诈定为流氓罪。下面引用其中的两例，说明清代法律是如何处理这种讹诈罪的。

第一个例子发生在嘉庆十九年（1814），属于一桩"包娼诱奸讹诈逼索"而最终导致殴打致人于死的人命案。案情的经过如下：侯同乐子与杨攀寿等，伙同娼妇张招才子"赁房卖奸"，侯同乐子引诱刘成娃前来嫖宿，从中获钱35千文。随后侯同乐子看见刘成娃又来嫖宿，就"起意讹诈"。于是，就与杨攀寿商量，让张招才子引诱刘成娃行奸，他们假意撞入，恐吓他"捆缚送官"。刘成娃深感畏惧，答应付给他们钱100千文，而且愿意立下"借约"。杨攀寿担心事情过后刘成娃反悔，就嘱咐王守先借钱给刘成娃，上面说明是嫖资，日后让他们自行清算。刘成娃在写好借约后，才被释放。事后，刘成娃还钱20千文。

---

[1]《康熙起居注》，康熙二十三年五月二十九日甲午条。
[2]《康熙起居注》，康熙四十五年十一月十三日丁卯条。
[3] 陈盛韶：《问俗录》卷3《索彩》。
[4] 丁日昌：《抚吴公牍》卷30《咨行饬议印官相验差保需索章程并沛县记过由》附《加函》。

一次，侯同乐子遇到刘成娃，又向他逼索要钱。刘成娃就让他一同到神原村取钱，杨攀寿因为有事就先行回家。侯同乐子与刘成娃行至中途，坐地休息。刘成娃表示自己母亲已经知道给过100两银子，不肯再给，已无钱偿还，恳求侯同乐子暂缓一些日子，但遭到侯的拒绝。刘成娃因此生气，声称这不是"正经钱债"，为何如此逼讨，还说从前已经给过"嫖钱"，应该从中扣除。侯同乐子却不依不饶，于是两人互相争闹。在两人殴打过程中，侯同乐子将刘成娃打死。地方官员经过审理，引用"恶棍勒写借约，吓诈取财，因诈财不遂，竟行殴毙"之例，将侯同乐子处以"斩决"。[1]

第二个例子发生在嘉庆六年，是一桩"诱赌输钱勒田作抵"而最后威逼致人自尽的人命案件。案件的具体经过如下：陈朝宗因家贫难以度日，就引诱陈朝秀"跌赌输赢"。陈朝秀输钱之后，无钱偿还，朝宗就勒令他以田作抵押，并写下了票据。到了还钱之期，陈朝秀尚无钱还，陈朝宗就"往向逼索"。陈朝秀恳求再暂缓几日，但陈朝宗"以如不还钱，欲归田亩之言"加以恐吓。陈朝秀之父知道事情真相后，就将陈朝秀"斥詈欲殴"。陈朝秀被逼情急，不得不"投缳殒命"。地方官经过审理，将陈朝宗"比照棍徒"之例，处以充军。[2]

上面所引几例，虽也是流氓讹诈的实例，但史料记载简略。下面，就详引例子，以便对清代流氓的讹诈手段作详尽的剖析。

（一）靠撒泼、玩命的手段，向人讹诈财物。这显然是清代流氓最常用的手段。如天津的混混儿，在搅赌局时，就摆出一副要钱不要命的样子。关于这些，在前面已有详述，在此从略。不过，需要指出的是，倒不是这些流氓长得皮糙肉厚，经得起打，而是个个都是玩命的

---

[1] 祝庆祺、鲍书芸等编：《刑案汇览三编》卷19《包娼诱奸讹诈逼索殴毙其命》。
[2] 祝庆祺、鲍书芸等编：《刑案汇览三编》卷19《诱赌输钱勒田作抵威逼自尽》。

主，靠泼皮的手段讹诈钱财，混饭吃。

（二）仙人跳——一种诈骗与恐吓相结合的流氓手段。这种手段，在明代叫"扎火囤"，清代仍有此称。仙人跳大致流行于苏州、上海一带，一般是男女协谋，假装夫妇（有时也有真正之夫妇），让女子以色为诱饵，引诱其他男子入室。刚刚坐定，同谋的男子假装丈夫，就突然从外而归，见此人，假装愤怒，大嚷一定要同去见官。上当者大惧，"长跽乞恩，不许，括囊金以献，不足，更迫署债券，订期偿还"。[1]

（三）寻衅滋事，敲诈勒索。如清末有一位流氓，名朱福保，是江苏吴县的举人，专门靠讹诈为生。道光年间，被人控告，革去举人功名，还被投入监狱。到咸丰元年（1851），因遇上大赦，才被释放。出狱以后，这位朱福保不改初恶，仍然横行霸道。关于这位流氓的敲诈手段，不妨引述二例：

有一家新开的面馆，生意兴隆。一天，朱福保来到这家面馆，上了楼，连呼跑堂的，"取光面来"。所谓"光面"，就是"无饺之面也"。店里的伙计开始不认得他，就随口说："本店规矩，吃大面坐楼上，吃光面坐楼下。客官吃光面，请下楼吧。"朱道："按照你的说法，吃中面者（半饺之面曰中面）将坐到楼的中间了。"店伙随口答应。到了第二天早晨，朱福保召集乞儿若干人，每人给钱数十文，以二人为一班，分班到面馆中吃中面。吃时，一律坐到楼梯的中间，一班去后，又一班来，至中午还未散去。别的客人到面馆中来，看到乞儿坐在楼梯上，进门后就即刻离去。店主大窘，急忙向朱福保请罪，"且贿以金，朱乃麾乞儿去"。[2]

又有一次，朱福保路过一家古董店，看见一个古瓷瓶，色泽至佳，就问店主价格多少。店主答道："没有银十元不卖！"朱道："在我看

---

〔1〕徐珂：《清稗类钞·棍骗类·仙人跳》。
〔2〕徐珂：《清稗类钞·棍骗类·朱福保率乞儿吃光面》。

来,也就只值一元。"店主嗤之以鼻,且道:"一元钱,只能买瓶耳罢了。"这个瓷瓶旁有两耳。朱福保默然离去。第二天,又来到古董铺,从囊中掏出银圆一元,放到柜上,在地上捡起一块砖,敲掉瓶旁两耳,"怀之而去"。店主害怕他的势力,只好不与计较,"沮丧者累日"。[1]

(四)设计讹诈,花样甚多。道光年间,烟禁很严。在广州一地,嗜鸦片烟的人很多。有一位西关的千总,"借以渔利,所得不赀"。时有一无赖,名陈谭,"善以诈欺取人财"。于是,陈谭在千总对门,赁一民屋居住,每次出入,就用舆马。后来,人们就经常看到"豪仆三五,宾客杂沓,日集于堂",所以都以为他是巨室。一天,忽然有一仆人被责打,创甚。仆人偷偷逃出来,埋怨他主人,并告诉千总道:"我因小小失误而被主人责打,而我家主人其实犯了更大的罪责,还敢如此作威作福,你说是不是?"千总问:"你的主人犯了什么罪?"仆人道:"今天我就给他抖露出来,就是吸鸦片烟。"千总问:"你有证据吗?"仆人答:"大白天不吸,到了漏三下,才开始吸。"千总庆幸发财的机会又到了,就用话诱仆道:"我奉上官之命,专门在此禁吸鸦片,如果获得证据,就酬劳你百金。不过,你得替我带路。"仆人答应。到了夜深之时,仆人带千总前往,随从还有几个当兵的。到了门前,一拥而入,将陈谭捆绑,并带走他的烟灯烟枪。陈谭一到千总衙门,就大笑道:"到了这里很好,我就不走了。"千总问:"你是谁?"陈反问:"难道你不知我是陈谭?"千总道:"咄!现有证据在,你还有什么话说?"陈谭取过枪掷于地,问千总:"你仔细瞧瞧,这个也可以当证据?"千总仔细审视枪之斗门,在竹节下面,根本不可吸食。到了这时,才知道被他骗了,就只好深自引咎,放陈谭回去。陈谭不许,"千

---

[1] 徐珂:《清稗类钞·棍骗类·朱福保买古瓶耳》。

总乃出金为谢，遂挟以归"。[1]

照理说来，这位千总靠禁烟专门敲诈烟客，也算门槛很精，可是最后也着了流氓陈谭的道儿，钻到他所设的圈套中，偷鸡不成，反蚀一把米。可见，流氓敲诈的手段，确是五花八门，让人防不胜防。另外，流氓敲诈有时也带有很大的随意性，颇有些即兴表演的意味。

清人曾衍东所著文言小说《小豆棚》所记，同样可以作为清代流氓讹诈手段的补充。小说中有《张二棱》一则，所记济上人张二，为州中一个小小的捕快，因为为人凶悍，故有"张棱"之号。他的讹诈手段主要有下面两种：

一是"配药"。所谓配药，就是看人设局，恐吓他人，以达到讹诈钱财的目的。如在荒年之时，人相食，流民遍野，民不聊生，于是出现了一些私自贩卖人口之举。每当此时，张棱就站在道旁，等待那些来往的车辆。若是看到有人用车载小孩四五人，他就能确定是私贩人口。于是，就将他们拦截，公然道："何处私来人口，敢从官道扬鞭耶？随我至官廨报验。"这些人贩子只好拿出钱贿赂他，如其所愿，才得以放行。又如张棱曾经看上城里一位商人，想从他那里讹诈钱财。为此，事先寻觅好一位妓女，等候在城角，等这位商人路过时，就让妓女主动上前，用肩膀挨挤商人，并大喊有人调戏。这时张棱就冲出来，诬陷商人白昼调戏良家妇女，要将他锁到官府。商人无奈，只好出钱数百缗，以赎免官司。

二是"打锅"。所谓打锅，就是通过诸如破颅、抬尸之举，讹诈他人钱财。如在荒年时，行将饿死的乞丐塞满道路。张棱就将尸体偷偷抬到乡下一些大户人家中，不久乞丐死去。于是，张棱"索诈尽致"，遂其所欲，才将尸体抬走。有时张棱也会到乡下大户人家中，无故与

---

[1] 徐珂：《清稗类钞·棍骗类·陈谭以鸦片骗某千总》。

他们发生口角，或者用石头将自己的头颅打破，血流满面，借此讹得银子，以供自己十日之醉。[1]

（五）任意敲诈，即所谓的"硬诈"，也是清代流氓常用的手段。清末光绪年间，朝廷下令，不许民间剃发。当时宁波桃花渡地方，有一家剃头铺，自从奉行出示的晓谕后，就闭门歇业。只是有一天，有过往客人进店梳辫，这当然不在朝廷违禁之内，所以剃头匠也不拂客人之意。不久，客人离去。突然，有两个无赖进入店内，身穿号衣，好像兵勇装束，对店主人道："私自替人剃头，法令何在？速速随我们走，不得稍迟。"店主人反驳："你说我替人剃发，那么现在剃发者在哪里？如果凭空捏造，这怎么能服人？"另一个无赖接口道："姑且不要说剃发者在哪里，总之，你生意很好，也须大家弄些好处。"店主人道："正因为不好，才致今日无从糊口。你们如必欲得好处，那么随尊意可也。"无赖子见他语言激扬，便不由分说，将店主人拖翻，乱打一顿，"过新浮桥而去"。幸好当时围观者各抱不平，将无赖捆住痛打，才使店主免遭敲诈。[2]

三、打斗

流氓中虽多无能之辈，他们只有挨打的份儿。但确有不少颇有点拳脚功夫，即使这种功夫不过是花拳绣腿，与武松这样的英雄相抗，只好做乌龟缩头，连大气都不敢喘，然对付武大郎之流还是绰绰有余的。《金瓶梅》小说中"破落户"西门庆，想来就是这类流氓的代表。动不动就打人，在街上如凶神恶煞一般，这大概就是人们对流氓的基本印象。流

---

[1] 曾衍东著，徐正伦、陈铭选注：《小豆棚选注》，第123页。
[2] 《申报》，光绪乙亥二月初五日。

氓喜欢打架,在街头打架斗殴,对他们来说应该是家常便饭。清朝人钱泳对此就深有感触,他认为,一些"乡曲狂徒"或"市中匪类",平时聚饮,三三两两,尚多"相打相击之事"。一等赛会,人头攒动,千百为群,这些流氓就更是"遇店行沽,逢场入局,一撄忿怒,便逞横凶,或莫与解纷,即酿成命案,因而祸延保甲,讼累村坊。"[1]

打群架,横行市井,以强暴之力诈取市井小民的钱财,这是宋代流氓的基本手段。宋代流氓时常在城市里欺行霸市,欺压乡村入城小农;动辄打人,而且打人的拳法还自成一派,号称"社家拳"。南宋时期,在一些瓦市里,还有一批不逞之徒,专门"以掀打衣食户为事"。即使受害者告官治理,也毫无作用,以致其害益甚。这类流氓活动,在当时也有专门的称呼,称为"打聚"。受害者被逼无奈,只好暗地里打听这些流氓"所溺何妓",大家凑钱,替他偿付嫖债,然后向他许诺,一定保证让此妓嫁给他,只是要等到大家凑足钱后才能兑现。然而所需钱不可能一时凑足,这些受害者也故意拖延时日,这样流氓反而"阴堕其计中",成了这些衣食户的"外护"。[2]即使流氓还想少逞掀打故智,但此时已无能为力。

明代也不例外,打人仍是流氓的家常便饭。一些街头的市井无赖,常常因为小小的口角,就与人发生斗殴,甚至打人至死。如市井无赖胡日辉,一向纵横闾里,曾因为租赁灯棚这样一件小事与胡敬南发生口角,一言不合,就逞凶对胡敬南加以毒殴,将其打得遍体鳞伤,回到家后即死。[3]

---

[1] 钱泳:《履园丛话》21《笑柄》附录《恶俗·出会》。
[2] 周密:《癸辛杂识续集》下《打聚》。
[3] 颜俊彦著,中国政法大学法律古籍整理研究所整理标点:《盟水斋存牍》一刻,《翻案》卷1《人命胡日辉》。

流氓打人，其实就是为了诈骗钱财，所以在当时的史料中又有了"打诈"这样一种专门的称呼。如成化年间，在长江沿岸，上自九江，下至苏州一带，就出了一批凶恶流氓，在大白天公然撒泼，"殴打平人，抢夺财物"，有时甚至将人打落水中，伤人性命，其凶顽放肆的程度，犹如强盗一般。[1]据明朝人李中的奏疏可知，当时各处奸猾游食之徒，或豪富恶少之辈，不安本等生理，"或以打诈财物，或以报复私仇"。他们动辄"三五成群，或十数余众"，将在乡的一些良民"妄作盗贼咬攀，及买寄赃物，便行捉拿，非法捆吊拷打，百计吓诈，财物到手，方才释放"。这些被他们捉拿来的良民百姓，有时因为一时无法凑足他们所要的钱财，就被带到临近的寺观，或一些空便处所，"昼夜经缚，不令母妻相见"。被害之家，无可奈何，只得变产售业，鬻男卖女，以凑足其数交给他们。更有甚者，这些流氓"指以起赃为由，公然前去各家，沿房搜番，拆墙坏物"，抢掠各家财物，奸淫妇女，无所不为。[2]

当时北京的流氓也极凶暴刁泼，有专以打人为生者。他们时常拿着流星袖棒，有时携带秤锤、尖刀，藏在身上，强霸他人的妻女，"欺打平人"。有时碰到地方上的大户解送各项钱粮到北京，这些流氓凶徒就乘机抢取财物，稍有不从，"辄便欺打"。[3]那么，通州至天津卫、河西务一带的流氓又如何呢？其凶暴程度大致不亚于前。遇到平民百姓，他们也是强诈财物，稍有不从，"辄加绑打"。又如无锡城内，专有一批市井流氓，群萃州处，"以饮博相逐"，遇到事情，就

---

[1] 戴金编：《皇明条法事类纂》卷34《沿江等处殴打平人抢夺财物照在京事例充军为民》。
[2] 李中：《谷平先生文集》卷1《地方事疏》。
[3] 戴金编：《皇明条法事类纂》卷34《禁约喇唬光棍欺打平人把截买卖抢夺财物赌博诈骗害人等项及窝藏奸宿开张赌场》。

"逞其拳勇",也是以打人为生。[1]当然,流氓之间有时也发生冲突,出现互相仇杀的局面。如在江苏太仓沿海一带,就有一些流氓以贩卖私盐为业,随后结党行劫,最后导致"互相仇杀"。[2]至于前面已经提到过的"打行",更是出了一批专职的"打手"和"青手",专门替人扛打。如果有人与怨家结仇,就偷偷地贿赂打行中的恶少,恶少就替人"群殴"怨家。[3]

一言不合,就随意动手打人;流氓团伙之间发生利害冲突,也以打架解决;如果敲诈不成,就动武,打人一顿。如此种种,都是清代流氓的家常便饭。如天津的混混儿经常打群架,以显示自己的实力,也算是耀武扬威,上海的白相人也常在茶馆中"吃讲茶",如果言语不和,最后也诉诸武力,靠斗殴解决问题。

在清代流氓中,也有专事打架的"打手"。那么,打手究竟是些什么人呢?清人魏禧作如下记载:"四方行教者,技艺悉精,并诸杀法,名曰打手。"[4]"打行"原是明代存在于三吴一带的流氓组织,其间的参加者都是一些职业打手。这种组织至清代仍存在。如康熙年间,"男子联姻,如贫不能娶者,邀同原媒,纠集打降,径入女家抢亲。其女必婿亲扶上轿,仍以鼓乐迎归成亲,次日杯酒释欢"。民间发生诉讼,一般双方"各有生员具呈",到了听审那天,双方"又各有打降保护"。所以,"打降"又称"打行"。打行的头儿一般善于拳勇,他的部下都是一些少年无赖,"闻呼即至,如开行一般,谓之打行"。[5]

清人周石藩治理辉邑长达10年,离任时,当地士民作《共城士庶

---

[1]《古今图书集成·方舆汇编·职方典》第715《常州府部》。
[2] 周用:《浙直盐法疏》,载孙旬编《皇明疏钞》卷42。
[3] 万历《嘉定县志》卷2《疆域考·风俗》。
[4] 魏禧:《兵迹》7《华人编·打手》。
[5] 顾公燮:《丹午笔记·打降》。

十愿歌》，其中一首云："秦镜照胆明如何，我侯高坐威严多。鬼蜮现形魑魅惧，相戒莫犯包阎罗。至今治辉十年久，巷无打降与酗酒。"其中附注对"打降"作如下揭示："俗谓斗殴为打降。公出示严禁，棍徒皆为敛迹。"[1]可见，清人通常将打架斗殴称为"打降"。清人黄六鸿的记载，可以作为流氓"打降"的补充。从黄氏所记可知，在吴越一带的州县中，有一些无赖少年，常常纠合绅衿不肖子弟，"焚香歃血，公请教师，学习拳棒，两臂刺绣花纹，身服齐腰短甲，狐群狗党，出入茶坊酒肆，蜂游蝶舞，颠狂红粉青楼"。一旦听闻他人有不平之事，"便指报仇而恣抢夺，忤伊凶于一盼，辄为攒殴而折股肱"。这些专门掌握拳棒技艺且为他人报仇之人，被人称为"太岁"，有时又名为"打降"。[2]

这些打手，有些被豪强豢养，成为他们的爪牙；有些本身就是游手好闲之徒，平常日子轮叉舞棍，演拳弄棍，"遍游街市，射利惑民，打降赌博，无所不至"；[3]有些就自称"枪手"，参与地方械斗，受雇在场帮殴。

打行中的打手，在清代时有活动。如雍正三年（1725），杭州的土棍董御天在仓桥面铺因赊欠面账而与铺主发生争吵，就纠集一大批流氓，连续打砸倪四、许云先、王长善、徐云乡四家面铺。[4]在清代，打手在杭州的斗殴活动甚是猖獗。时人记载："岂尔杭城有等不营生业、游食趁闲之辈，专逞耍拳使棒，名为打手教师，引诱良家子弟，转相学习，结党成群，见事鸱张，沿街虎踞，甚至受他人之雇倩，代为泄

---

[1] 周石藩：《共城从政录》附《共城士庶十愿歌》，载《官箴书集成》第6册，第310页。
[2] 黄六鸿：《福惠全书》卷11《刑名部·禁打架》，载《官箴书集成》第3册，第336页。
[3] 《大清律例会通新纂》卷26《刑律·斗殴》上《斗殴》。
[4] 甘国奎：《奏明整饬地方戢暴安良折》，载《宫中档雍正朝奏折》第4辑。

忿报仇。抑且入豪右之牢笼，甘作飞鹰走狗。"[1]

在当时的京城北京，流氓斗殴之事也时有发生。如光绪十三年（1887），在正阳门外煤市街一带，时常发生"聚众斗殴、放洋枪、砍伤人口之事"。参与这些斗殴的流氓，最著名的是恩瑞，绰号"恩四大王"，还有林世生，绰号"活判官"，而手下的同党则很多。[2]这些流氓，胆量很大，有时甚至连职官也敢打。如当时有一流氓宋恒，就率领多人，"将骁骑校刚魁殴砍成伤，至二十余处"，[3]凶横至极。

四、抢掠

打与抢是流氓合用的手段，很难分开。打有时是为了抢，如果打不成，就干脆采用抢劫。所以，清朝人对杭州流氓的"打抢"活动作如下记载："游手游食之辈，不事本业，淫酗赌博，犯上蔑伦，动辄纠集多人，背黄喊冤，喊冤不已，即行打抢。"[4]显然，也是将打与抢并称。

抢劫是宋代流氓的一种手段。在抢劫中，流氓尤以剽掠人口为主，然后贩卖获财。每当遇到荒歉疾疫年份，这些从事"贩生口"生意的流氓，就将人口径行掠去，"大是卖与求食人家"，即买人当粮食吃。这是因为，将人卖给良人家为奴仆，得钱太少，而卖给"求食人"，则得钱甚多。[5]流氓唯利是嗜，把人不当人看，卖人犹如卖猪羊，其手段之毒辣，于此可见一斑。

---

[1] 赵士麟：《武林草附刻·禁打手》。
[2]《清德宗实录》卷240，光绪十三年三月壬子条。
[3]《清德宗实录》卷86，光绪五年正月下丁卯条。
[4] 赵士麟：《武林草附刻·正风俗》。
[5] 吴雨岩：《禁约贩生口》，载《名公书判清明集》卷14。

明代流氓所从事的活动，往往是打抢同时进行。如在吴中一带，就存在着很大一批流氓，即所谓的"乌合游手无籍数百人"。他们常常先至一家，"打抢一空"。所以，在吴中地区就流传着"假人命，真抢掳"的谣谚。[1]

当然，有时候流氓的抢夺也以杀人为前提，这就是所谓的谋财害命。如浙江桐乡县乌青镇有一马姓幼儿，才四五岁，两手戴着银镯子。马姓族内有一无赖，就将幼儿哄骗到荒野，"杀而夺焉"。[2]更为可气的是，这些流氓不仅抢财物，而且抢老婆，伤风败俗，莫甚于此。如在常州府，有些市井无赖贫不能娶，事先打听到某家有女，长得漂亮，也不通媒妁，到了晚上，乘女家不备，"率众攫之而去"。等到女家诉之官府，官府却迟延不审。等到开审，这些流氓就买嘱假媒人，或者伪造庚帖，此事也就搪塞过去。即使碰到一个精明强干的官吏，经过反复查究，最终将此女断还父母，但至此时，此女却已遭污生子，生米已煮成熟米饭了。[3]

在清末，上海的"拆梢党"虽以敲诈为其职业，但有时敲诈不成，就干起公开抢夺的买卖。如刘长顺专靠挑京货担为业。有一天，在新北门口，途遇王阿桂等四位流氓，流氓上前搜身，搜出银洋21元，就"抢攫进城而去"。有时候，上海的流氓又抢劫娼家的妓女，名之曰"拔官人"，借此向鸨母索取"照顾钱"。[4]

在清代，流氓参与抢劫的例子很多。如在盛京一带，有些外来流氓，"勾结旗民，或投托宗室觉罗，聚至三人以上，横河拦绳，诈索扰

---

〔1〕许自昌：《樗斋漫录》卷12。
〔2〕李乐：《续见闻杂记》卷8。
〔3〕《古今图书集成·方舆汇编·职方典》第715《常州府部》。
〔4〕《申报》，同治癸酉十一月十一日。

累,肆行抢夺"。[1] 在直隶一带,一些流氓乘着地方歉收,就"伙众抢夺,扰害善良,挟制官长"。有时因为赈贷稍迟,这些流氓就"抢夺村市,喧闹公堂"。[2]

如果讹索不成,流氓就转而公开抢夺。如光绪年间,有邢孙氏率领一批流氓,向韩李氏讹索银两,讹索不成,就"寻殴抢掠"。[3] 在湖南零陵县,有一位流氓陈一炑,纠众"伙立大会,立誓鸣神,会党多系衙役"。有一民人陈文隆,不肯入会,流氓们就诬陷他有人命案子,县差李泰等将陈文隆锁带拷打,"抢劫钱物"。后因索银未允,又将其弟陈文荣拿去,"并抢劫钱谷衣物",其抢劫总价值,达5000余两银子。[4]

现在流传着一个成语,叫"趁火打劫"。在清代,流氓不但趁火打劫,而且还亲自放火。就拿当时杭州来说,就经常发生火案,而纵火者,实都是一些无赖流氓。当然,他们纵火,本也是"利在抢夺",乘混乱,任意抢劫。这种趁火打劫,清人有一专门称呼,即"抢火"。关于杭州流氓的"抢火"活动,清人毛奇龄作如下记载:"乃不幸失火,则杭城多游手人,噪聚乘间,名为救火,实抢火也。"[5] 清人作有一首竹枝词,云:"打降聚赌作营生,抢火拦丧党横行。敝俗总由明失政,转移风化仗官清。"[6] 说的大概就是清代上海的流氓活动,"抢火"则是其中流氓手段之一。

---

[1]《大清律例会通新纂》卷24《刑律·贼盗》下《恐吓取财》。
[2]《大清律例会通新纂》卷23《刑律·贼盗》中《白昼抢夺》。
[3]《清德宗实录》卷89,光绪五年三月上癸丑条。
[4]《清宣宗实录》卷72,道光四年八月庚辰条。
[5] 毛奇龄:《杭城治火议》附录。
[6] 秦荣光:《上海县竹枝词·风俗九》。

第十章 流氓活动与中国社会

就社会学的角度而言，流氓无疑是社会过剩的劳动阶级，也即没有劳动地位，或仅做不正规劳动的一股社会力量。而从中国古代的实际情况来看，流氓是从农村土地中分离出来的一股社会闲散力量，是不事劳作或仅从事不正规劳作的职业游手。在中国传统社会中，流氓的起源颇早，而且在社会中的力量也相当强大。而流氓阶层力量的强弱，也会在某种程度上反映传统小农经济的稳定与否。

流氓一旦势力扩大，形成一个独立的社会阶层，势必会扩大自己的影响，参与政治、经济、军事、文化诸领域。换言之，流氓既有代表本阶层利益的政治与经济要求，同时也将积极地参与军事及文化活动。

一、流氓团伙与组织的形成

时至宋代，中国中世纪社会的流氓，确实已形成了一个具有广泛基础的社会阶层，并有了一定规模的组织团体。到了明代，流氓作为一个社会阶层也确是一个客观的存在，而且其势力至明中期以后，大有迅猛发展之势。而清代的流氓，更是成为一个独特的社会阶层。就他们的人数而言，已是极为可观。即使像台湾的"罗汉脚"此类无赖之辈，也是小市村数十人，大市村则达数百人。而上海的地棍，即"白相人"，据清人徐珂估计，已达8000余人。这决非一个小数字，而是一个足以在下层社会造成极大影响的人数。

就流氓的组织而言，虽说不上有一整套严密的组织机构，但具有一些凝聚力的流氓团伙，却着实不少。从前面对历代流氓史的简单叙述中不难发现，尽管在唐代以前，流氓尚采用一种分散而且零星的方式加以活动，很难看到他们的群体性组织，但至少自宋代开始，讼棍已结成"业觜社"，而社会上的那些浮浪人、闲人更是结成自己社会性的群体组织"没命社"，说明流氓势力开始渐趋扩大，而其活动也更趋群体化乃至组织化。

常言道：物以类聚。元代的流氓继承了宋代流氓的习气，自然也会形成一些社会团体，并有自己的一套组织体制。据史载，元人史天倪的曾祖史伦曾"以侠名河朔，大为诸郡所重"。史伦卒后，河朔人"为之社，曰清乐，以祠伦焉"。这个"清乐社"，原不过是一个宗教性的祭祀组织。但到了史天倪手里，却凭借"清乐社"建立起一支"清乐军"，有壮勇万人。[1] 这支清乐军虽有军事上的积极意义，但大致亦由无赖招募而成。从某种意义上讲，它不过是流氓团体的军事化而已。这在元人组成的"扁担社"中可以得到更为有力的证实。如在元泰定二年（1325），"各处游手好闲之徒，结成群党，号为匾担社，执把刀斧棍棒，夤夜偷斫桑枣树，搬收米麦谷豆，纵捉拿，喝喊拒捕，致伤人命"。[2] 这个"匾担社"，在《元史》中又作"扁担社"。如泰定二年九月，"禁饥民结扁担社，伤人者杖一百，著为令"。[3] 扁担社所行虽与盗贼一般无异，但从它的成员构成来看，均为一些游手好闲之徒，显然也是一个流氓团体。

至明代，流氓组织更趋增多，而且其组织日渐严密化。众所周知，

---

[1] 曾廉：《元书》卷35《史天倪董俊石天应传》。
[2] 《刑统赋疏通例编年》。
[3] 《元史》卷29《泰定帝纪》1。

明代北京的"把棍"以"会茶"作为联络团伙成员的组织纽带，而且还出现了"打行"、"访行"一类的同行组织。除此之外，尚有很多流氓组织，在过去的研究中没有被揭示出来，在此再稍作补充。

在说到明代的流氓组织之前，不妨稍对惯行于盗贼、土匪、流氓中的绰号（或称诨名、外号）加以简单梳理。说到诨号，事实上牵涉到以下两个问题：一是诨号究竟起源于何时？二是正宗的史书是否可以书写人的诨号而不提大名？

关于诨号的起源，应该说清人赵翼在《陔余丛考》一书中已经作了详细的考证。他认为，一般世俗轻薄子互相品目之时，就常常会取一个诨号。他又引《吕氏春秋·简选篇》文云："夏桀号'移大牺'，谓其多力，能推牛倒也。"据此他断言诨号始于夏桀。

清朝人方濬师对此提出了异议，认为诨号不始于夏桀。他根据《左传》一类的经传，明确指出，诸如驩兜之为"浑敦"，共工之为"穷奇"，鲧之为"梼杌"，三凶之为"饕餮"，均属于诨号的例子。此外，他又举出了在夏桀之后的诨号例子，诸如"京城太叔"、"斗谷於菟"，以及殷纣之为"独夫"，周灵王之为"髭王"，百里奚之为"五羖大夫"之类，均属诨号之例。[1]

清末人魏源撰写《武事余记》时，在写到"教匪"如高天升、马学礼、魏学胜等人时，均书其本名，而不写成"高二"、"马五"、"魏棒棒"一类的诨号。为此，魏源对吴伟业所著《绥寇纪略》及王横云所著《明史稿》提出了批评，认为正是因为他们的不加核实及不加厘正，才导致像"一丈青"、"摇天动"、"不沾泥"一类的诨号进入到了史传之中，使正史形同于《水浒传》一类的小说。其言外之意，即正史不应该书写人的诨号，必须书写本名。对此，方濬师亦提出了异

―――――
〔1〕方濬师：《蕉轩续录》卷1《混号》。

议。他列举了很多正史中关于诨号的记载。如《汉书·王莽传》："青、徐贼众数十万人，迄无文号、旌旗、表识，咸怪异之。"曰"无文号"者，其意是说这些人乱书名目，如市俗之所谓诨号。又东汉张角之乱，所在盗贼并起，如博陵"张牛角"、常山"褚飞燕"及"黄龙"、"左校"、"于氐根"、"张白骑"、"刘石"、"老髭文八"、"平汉大计"、"司隶缘城"、"雷公"、"浮云"、"白雀"、"杨凤"、"于毒"、"五鹿"、"李大目"、"白绕"、"眭固"、"苦蝤"等等。关于其中几个诨号的出典也大体可以考知，如："褚飞燕"，即"轻便者言飞燕"；"于氐根"，出于《左传》之"于思于思"，所谓的"于思"，则是"多须之貌"。此外，骑白马者为"张白骑"，大声者为"雷公"。隋末起兵群盗，如王簿称"知世郎"，王须拔为"漫天王"，魏刁儿为"历山飞"；宋盗之"杨天王"、"透手滑"、"武胡"、"一窝蜂"；元盗之"芝麻李"、"定光活佛"、"戕命官"、"破头潘"、"大刀敖"；明成化时荆襄之盗之"刘千斤"、"李胡子"等等，均是正史中关于人名诨号的记载。[1] 正史中出现流氓的绰号，甚至开始被传统的史书体例所认可，说明流氓的势力确实已经引起一些士大夫的关注。

明代的流氓无赖，当然存在着不少比较松散的团体，这大抵从一些外号即可看出。如在湖广的蕲水县，"恶少群聚，纵横市邑，十虎、九龙之号，全无忌惮"。[2] 这种"十虎"、"九龙"一类的称号，即代表了一种临时性的松散组织形式。在福建莆田，"少年群不逞，诟而过市，市人或目之曰将、曰虎、曰地煞。"[3] 可见，明代福建莆田流氓的绰号以"将"、"虎"、"地煞"居多。又如在南直隶宜兴，也有一种"罢棍"。

---

[1] 方濬师：《蕉轩续录》卷1《混号》。
[2] 嘉靖《蕲水县志》卷1《风俗》。
[3] 朱国祯撰，王根林校点：《涌幢小品》卷12《寝大狱》，第230页。

关于罡棍，祁彪佳曾有下面记载："又闻西乡五洞桥凤凰窠等处罡棍，以借米为名，拥众聚抢，复计擒其首恶陈光宇、黄寿七等，分别捆打，而乡中法纪始彰。……至该县张渚之罡棍潘义等，或擒或逸，势以鸟散。"[1] 说明这些罡棍，平常也是采用一些诸如"拥众聚抢"一类的群体性行动，而且存在着如"首恶"这样的流氓头子。

不仅如此，明代的流氓已经开始采用"饮血"这种形式结党。明代的史料已经显示，当时一些"凶暴游民"，通过"饮血"这种喝血酒的形式结成团伙，他们"或假称欠债，或捏骗赌博，拿棍操刀，或夜劫财物，或昼抢平人，一人有仇，则聚众同报，一人告状，则彼此扛帮"。[2] 前面已经提及的北京"把棍"，所谓的"把"，不仅仅限于一种组织形式，而且也是流氓之间拜把子的证据。又据祁彪佳的记载，在苏州府昆山县，衙蠹、打行、讼师、豪奴也已经公然结党。起先经过巡按御史的访拿，再加之知县将这些人的恶名立在碑上，加以禁戢，算是暂时沉寂。但随后因为官员变得懦弱，这些无赖又"毁碑复出"，比较著名的有周贵、朱天逑等人结成之党，比起原来的势力更有大增。[3] 明末人祁彪佳，系统概括了当时苏州、常州亦即"三吴"一带的无赖团体的种类，乃至他们的所作所为，已经说得比较详细，不妨引述在下面：

> 从来地方棍徒，无有显著其名号者，独三吴则在苏属有打行，在常属有天罡，其种类又有獭皮、蚂蚁、黑虎、秤槌之名，其团聚又百子、团圆、冬青、棒槌之会，其所为则曰放线、生蛋、放

---

[1] 祁彪佳：《宜焚全稿》卷1，载氏著《祁彪佳文稿》（一）。
[2] 吕坤：《实政录》卷5《乡甲事宜》。
[3] 祁彪佳：《宜焚全稿》卷2，载氏著《祁彪佳文稿》（一）。

春、扎囤,而其流毒最甚,则曰造访、团赖、打抢、奸淫。[1]

这段史料已经清楚地说明,过去的流氓团伙,很少公开打出自己的称号,而到了明代,在江南的苏州、常州二府,则公开出现了"打行"与"天罡党"。从其种类上看,分别有"獭皮"、"蚂蚁"、"黑虎"、"秤槌"之名;从其团体与组织上看,则有"百子会"、"团圆会"、"冬青会"、"棒槌会"。上面史料中所言的"冬青会"、"棒槌会",因为目前史料的匮乏,尚无法作深入的探讨。至于"团圆会"、"百子会",则或是打行无赖的团体,或为无赖之人所结的银钱合会。如清康熙《崇明县志》记载,崇明县早在宣德初年就出现了打行。至天启初年,有杨麻、大陈、梅二、郁文、昌桥陈二、熊帽子等人,更是结成了"团圆会"。崇祯年间,又有黄伦等人结成"地皇会"。[2] 又清人赵吉士《寄园寄所寄》引《鹏升集》云:"今时邑无赖子,邀百人作百子会,人出银二两,摇骰子,点多者先收。每月一应,八九年乃毕,冀其不能终局,先收会者得图赖之耳。"[3] 显然,流氓团伙内部,同样存在着一种在民间比较流行的经济互助组织。此外,在山东章丘县的颜神镇,一些恶少也结成"花心会"这样一种无赖团体,"每会必歃血誓天,数十人为死生交,各携娼妓,昼夜喧饮,以致富者就贫,贫者行劫"。[4] 所有这些,无不证明明代的流氓阶层已经趋于团体化与组织化。

明代的流氓,不仅具有自己的组织团体,而且其组织结构已经相当严密。以盛行于江南常熟县的访行为例,其声势之大,乃至组织的

---

[1] 祁彪佳:《宜焚全稿》卷17,载氏著《祁彪佳文稿》(一)。
[2] 康熙《重修崇明县志》卷6《风物志》。
[3] 赵吉士:《寄园寄所寄》卷1《技巧》。
[4] 李开先:《闲居集》卷12《足前未尽》,载氏著《李开先全集》中册。

严密性，大抵可以说已经达到了传统社会的顶峰。从史料记载可知，访行的头目称"大阿哥"，当时为邵声施。而在大阿哥的手下，显然有一些类似于金刚一类的中层头目，主要有邹鲁延、陆奉泉、宋云卿等人。这些人尽管被巡按御史捉拿归案，最后都惨死于苏州府的监狱中，但从当时官方对他们的判决词中不难看出，访行权势的显赫确实已经出乎一般人的想象。如判词云："虎狼蛇蝎，毒聚一团，羽翼爪牙，满张要地，阴握朝廷之政，明操生死之权。"云云。访行能够具有如此大的能力，甚至可以"阴握朝廷之政，明操生死之权"，这显然得益于邵声施这位大阿哥的活动能力。史载邵声施生性慷慨，挥金如土，凡是四方游客及女伎之流到了常熟，他全都加以结交，而且让他们"饱所欲而去"。这是以钱财进行拉拢。于是，即使是一些地方官员，也与这些流氓存在着频繁的来往，而且在某种程度上已经成为他们的保护伞。如常熟县一位姓瞿的知县，因为在辖区内发生了一起囚犯越狱事件而遭到弹劾，即将面临被罢官的命运。正当此时，邵声施出来替他营求，才免于罢官，为此，瞿知县"甚德之"，对邵声施无不言听计从，甚至在与邵声施往来的书信中，全都自称"盟弟"。可见，地方官员已经与地方流氓团伙的"大阿哥"称兄道弟。又有一位姓骆的地方教官，还专门在地方学校的明伦堂设宴，款待邵声施。邵氏尽管是一位流氓头子，但从身份上说，仍不过是白衣布丁而已，能得到地方官员如此的厚爱与款待，不能不说是一件罕见之事。正因为此，邹鲁延、陆奉泉、宋云卿等人，依靠邵声施的影响力，才开始在地方上"横行无忌"，甚至"归恶于邵，而邵多未之知也"。即使如此，尽管访行组织在地方上多所行恶，但因为通过团体的势力而取得了巨大的财富，所以当地人也大都害怕他们的势力，"莫之敢指"。[1]

---

[1]《后虞书》，载《虞阳说苑》乙编。

至清代，流氓仍采用一种取绰号的方式，既是吓诈地方百姓，也是通过绰号以告知地方百姓自己势力之强大。如在浙江绍兴府，一些少年无赖平日扰害里间，并且诡立名字以自标，如"九尾狐"、"小罗成"、"赛秦琼"之类，均是民间所谓的绰号。他们所到之处，"人皆畏之，或虽被害，亦不敢言，盖其结为死党者众也"。[1]可见，流氓所凭借的就是"结为死党者众也"的群体力量。清末江苏南通州，专有一些不安本分之人，与营兵、武生勾结成群，专在赌场、妓馆中生事，有"上二十八宿"、"中二十八宿"、"小二十八宿"等名目，只露别号，不露本名。当地百姓"恐撄其锋，敢怒而不敢言"。可见，这些不安本分之人，从其行为乃至取号来看，其实就是"棍徒"。[2]又据丁日昌的公牍记载，当时江都县按照按察司的指令，曾经拿获了两位著名的地方棍徒，一为杨永盛，绰号"杨五瞎虎"，一为稽标，又称稽长林。此外，在江（都）、甘二县，还有很多著名的棍徒，分别为汤天福（绰号"汤大乱子"）、葛长松、赵六、花林、杨石秋等人。在这些人中，又以杨石秋最为"刁狡"，"在詹启纶营中为之主谋，占屋占田，已保花翎县丞"。[3]

至清代，无业游民继承了明代把棍会茶之习，也将聚众群饮称为"会茶"。一入其"会"，不要说一般富民可以高枕无忧，即使一些医卜星相之流，别人也不敢随意欺侮。其内部成员的活动，无非是"为花会，为强凌弱，以众暴寡"。当时，会内也有"师傅"一职，并设立规条，即"毋强抢，毋劫杀，犯者加酷刑"。[4]其实，规条虽立，但并未认真执行。大致说来，强抢、劫杀等等，仍是清代流氓的惯用伎俩。除此

---

[1] 卢文弨：《抱经堂文集》卷30《浙江绍兴府知府朱公涵斋家传》。
[2] 丁日昌：《抚吴公牍》卷28《饬查通州滋事之人并禁堂费停棺等由》。
[3] 丁日昌：《抚吴公牍》卷7《江都县禀访获地恶杨五瞎虎等分别讯办由》附《加函》。
[4] 陈盛韶：《问俗录》卷5《会茶》。

之外，清代城市中的流氓组织仍复不少，如北京的"马王会"，天津的"锅伙"，上海的"拆梢党"、"豆腐党"，都是当时赫赫有名的流氓团伙。

最引人注意的是，在明清两代，出现了"女帮闲"与"女流氓"。女性加入到流氓阶层的行列，这应该说是一种新趋向。

明代的帮闲，有男女之别，亦即除了男帮闲之外，尚有女帮闲。万历二十年（1592），松江府最为著名的男帮闲为翟衍泉、朱沂川、朱良宰等人。这些人的特点就是"能坏人名节，破人家产"，被称为"一郡之蠹"。这几位男帮闲最后被巡按御史甘紫亭所擒获，并在通责以后加以问罪，为此"诸恶敛戢"。但仅仅过了一年多，又死灰复燃。当时一丁姓宰相府家有两位奴仆，一姓包，一姓陆，又开始引诱相府子弟前去赌博，不到五年，"万金家业俱成乌有"。

至于女帮闲，当时以吴卖婆最为有名。据史料记载，吴卖婆名木樨，是范太卿家的女奴，因为卖给吴姓人家，所以又称吴卖婆。其人颇有姿色，凭借兑换首饰这一职业，得以出入大户人家，这些大户人家的男主人"多狎之"。除了靠姿色迷惑男人之外，这位吴卖婆还另外有一种本领，吸引了很多大户人家女子的信任。她通晓淫具、淫药方面的知识，以迎合那些好淫的妇女，借此获财。一旦富足，吴卖婆就开始变得张扬起来，出入必坐轿，而且衣饰盛妆，平常的饮食也与富贵人家看齐，于是就招致一些人的嫉恨，甚至不能相容。至万历二十年，巡按御史甘紫亭按临松江府，有人向这位御史告发了吴卖婆的恶迹，称之为"女帮闲"，将其批送知府项东鳌处置。项知府对吴卖婆深恶痛绝，就将其剥去衣服，重重责打，并追罚赃款。[1]

如果说明代的女帮闲，尚不过是从"三姑六婆"一类人物中分化出来的角色，那么，从清代的小说可知，清代的女帮闲已有演变为女

---

[1] 李绍文：《云间杂识》卷1。

流氓之势，而清代的女流氓，则更是属于一种职业游民。

这一转变的最重要标志，就是清朝人已经将"三姑六婆"中的这些媒婆称为"女无籍"。众所周知，自宋元以来，乃至明清两代，传统文献一直将流氓一类称为"无籍之徒"，而所谓的女无籍，显然即指此类人群中的女性人物。清代佚名所撰小说《山水情》记载了两位外号分别为"赵花嘴"与"包说天"的媒婆，为了争夺替宦家小姐做媒的生意，两人不但当场相骂，而且扭打在一起，骂的骂，打的打，真个热闹之极。小说作者用一曲"黄莺儿"将两个女流氓撒泼的场面作了生动的描述：

> 包赵两相逢，做媒心个个雄。忽生嫌隙奸心动，浑（诨）名儿自攻，丑声儿自同，喧哗攘臂相争勇，气冲冲。头蓬鬐乱，沫血尽颜红。[1]

曲词中所谓的"浑（诨）名儿自攻"，就是两人拿对方的诨名加以攻击，如赵花嘴称包说天为"说天婶婶"，而包说天也反唇相讥，揭对方的老底，称赵花嘴为"花嘴娘娘"。

一至清末，更是出现了不少的"女棍"，亦即女流氓。如光绪二十三年（1897），上海县在关于锡金公所的告示中云：

> 据内河官船牙陈瑞生、锡金帮船户顾长兴等呈称：窃官牙去司经管内河各帮船户安分停泊，毋许滋事。身顾长兴等前因锡金两邑米船来户，虽经锡金公所董事派人经理船务，而偶有不安分之船户，仍欲争档，深恐肇祸，曾于前年七月初三日环求示禁。

---

[1] 佚名著，王建华点校：《山水情》第17回《义仆明冤淑媛病》。

即蒙批俟示严禁，并移水利局随时派丁稽查等谕，自奉示禁并移局查禁后，彼等敛迹多时，颇称安静，商船感戴莫名。孰料码头告示已被雨淋风残，以致不知法度者又敢恃强插档生衅，屡次理遏不听。近且有划子船韩和尚妻，即女棍杏妹，遇有争端，彼即伴为劝解，借以勒诈渔利，并至公所以借灯为名，屡次吵扰。各船户殊难安业，求请移局示禁，押逐女棍等情到县。[1]

由上述史料不难发现，在清末上海内河各帮船户中，如"划子船"的船户韩和尚之妻杏妹，已经堕落成"女棍"，不仅"勒诈渔利"，甚至屡次骚扰公所。

又在江苏江都县境内，有一位陈大脚，"无恶不作，人所共知"。还有一位探花巷长源店的店主刘三娘，史料均称其为"女棍"，其实相当于女流氓。她们所从事的多为掠卖人口的职业，在自己的店里豢养妇女多人，以待出售。此外，东关德昌店店主"大脚蓝子"，三义阁巷豫隆昌店主"杨小瞎子"，都是她们掠卖人口的"软下处"。所以，史料又称她们"引诱良家闺阁，藏垢纳污"。[2] 这已经是典型的女流氓。

明清两代流氓势力的扩大，流氓组织的更趋严密化，无疑引起了官方与民间的共同关注。以明末的广东省城广州为例，已经是"五方杂处，异省棍徒指称名色，潜踞地方为祟"。在这些流入广州城内的人中，有些就是"宵小亡命"，平日朝入暮出，时隐时现，导致地方官府很难加以管理。为此，当时的广州府刑厅衙门，除了下令附郭两县的

---

[1] 彭泽益主编：《中国工商行会史料集》下册，第930页。
[2] 丁日昌：《抚吴公牍》卷7《江都县禀访获地恶杨五瞎虎等分别讯办由》附《加函》。

巡捕官加以缉拿之外,还通过制定一些具体的管理措施,以控制流动人口。如当时的广州府刑厅推官颜俊彦就行文给附郭县,通过登记造册的方法对这些流动人口加以管理。具体方法如下:由县衙门将省城各歇家及河下湾船处所各埠头的姓名登记造册,一本存在县衙门,一本上缴府刑厅,每月责令结报。如果有"异棍"在城中被查出,必须知道他们的船只停泊在哪个埠头,或者寄寓在哪个歇家。假若原本不是歇家,私自容留外来人口,就会按照"排门册事例连坐"。至于那些到省城来的候缺官员,也必须另造一册,一本存于县衙门,一本上缴刑厅。官府还规定这些到省城的候缺官员,一主只能随身携带一位仆人。若是在他们的寓所发现多人,即会被定为"窝棍为奸",官府立刻派遣巡捕前去擒拿。另外,当时广州的地方政府对"游客"的禁止也相当严厉。当时所谓的游客,并非今日意义上的外出旅游者,而是指那些与地方官员有亲戚、朋友、世交等关系,而且凭借这一层关系到官府打秋风之人。正如史料所言,"蹊壑难满,游客之欲甚奢。闪烁行骗,游客之局甚巧。蜚语中人,游客之锋甚毒"。正因为此,广州府刑厅衙门下令禁止安歇游客,如有庵观寺院及寻常人家容留安歇"面生异客",一等查出,重责五十大板,再用120斤的重枷枷号两个月。若是左右邻居没有举报,也会被处连坐。[1]清末的包世臣也详细列出了当时地方上最为常见的恶势力及他们的行为。根据他的记载,这些恶势力包括"绅富武断"、"棍恶把持"、"市侩居奇"、"滚垛兼并"、"刀笔唆讼"。这些恶势力平日的行径以及日常所作恶事,则包括"聚众恐吓"、"结盟凶横"、"窝窃保娼"、"囮囵讹陷"、"挟和命盗乱逆"等。[2]

---

[1] 颜俊彦著,中国政法大学法律古籍整理研究所整理标点:《盟水斋存牍》一刻,《公移》卷1《禁异棍牌》、《禁安歇游客》。
[2] 包世臣:《齐民四术》卷5《礼二》。

至于如何对付这些恶势力，包世臣主张由地方长官亲自"廉访"，而不是交付下面的佐贰官及巡检一类的杂职官员处理。

从官方来说，通常是通过册籍登记的方式，对流氓闲散人员加以控制。一般说来，士、农、工、商四民，每天"各有生理"，亦即各有自己的事要做，甚至为生计忙得不可开交。只有那些游食光棍，才每天安享自在，百无"生活"，无所事事。他们整天所做之事，不过是"酒朋茶友，趁会游街，或捕鸟斗鸡，或围棋双陆"。正因为此，明代官方并没有将这些人与士、农、工、商四民并列，而是将他们排斥在户口登记册籍之外，另外列于"弃民簿"中。[1] 又如在广东的香山县，其册籍不收之民包括下面三类：第一类是"棍人"，俗称"光棍"，这些人经常性的活动是打点衙门；第二类是"妖人"，主要是指那些从事"师巫邪术"之人；第三类是"淫人"，主要是指"妖童娼妇"。[2] 由此可见，凡是流氓都没有被官方登记于正规的户籍册中，即使有所登记，也不过归于"弃民簿"中。

就历史的渊源而言，无赖的本意就是无所依赖或依藉之徒，简称"无徒"。这当然仅是就其字面的意义而言。事实上，无赖尚有另一层面的含义，即他们是一些"无籍之徒"，也即一群从土地上游离出来，既不是士、农、工、商四民，而又不为朝廷册籍登录的游民。对于这些无赖流氓，清朝廷也是采用一种将他们归于"另籍"或"另册"的方式，其目的是便于对这些职业游手的管理。如清代的救荒策中就有这样的规定："平日居民有不农、不商、不工、不庸者，令绅保查造保甲册时于姓名下添注'游民'二字，再按册造游民册一本，查系某都、

---

〔1〕 吕坤：《实政录》卷6《按察事宜》。
〔2〕 嘉靖《香山县志》卷2《食货》。

某甲之人，即饬该处绅保督令力食谋生，不遵者案究治。"[1] 这并非某一个人就救荒而提出的设想而已，其实清代现存的地方档案证明了这种设想已在一些地方付诸实施。如嘉庆十八年（1813）四川巴县团首牌甲条例规定：

> 各甲中如有素不安分或犯过窃案，各甲自均不肯编连，然听其散处，毫无管束，更属不妥。该团保等务将此等户口，附列于各团簿之末，作为畸零户。该团众等，仍不时留心察看，如其果能自新，安分守法，三年不犯前恶，即收入团内，准作良民。倘仍有犯，许该团保等随时禀究。[2]

这是将无赖游民作为畸零户而附于团簿之末。在传统中国社会，户口、册籍制度往往规定了民众的性质，亦即所谓的民以籍为定，除了"贱籍"之外，原本只有士、农、工、商一类的良民之籍，而一旦不将流氓无赖编入良民籍，而是编入另册，无疑是通过歧视的政策而对这些流氓无赖起到警示的作用。于是，在当时的档案中，又出现了一些特殊的案子，也即为册籍的编排而状告团首的事例。譬如，道光六年（1826），佃户黄文泰、邹宗福因不艺不业，整天在场市与人口角肆闹，而被团保拒绝将他们的姓名编入良民册内，以致他们的田主李华上告控案。[3] 这是最好的一个例证。当然，有鉴于保甲册原为稽查匪类而设，故凡是作贼为匪、窝娼窝盗、习过邪教之家，尽管与良民有别，但为

---

[1] 严寄湘辑：《救荒六十策》。
[2] 《嘉庆十八年三月二十九日巴县团首牌甲条例》，载《清代乾嘉道巴县档案选编》下册。
[3] 《清代乾嘉道巴县档案选编》上册。

便于稽查，往往还是将此等人户编入保甲之内，不过需要在牌甲册内据实注明，朱书"改过自新"以示区别，并附于十家牌之末。[1]

尽管册籍制度中仍然保留了让这些流氓无赖改过自新的机会，以便让他们重新回到良民的行列中来，而且也不能排除有一些流氓无赖因为改过自新或者重新获得土地而编入良民册籍，但即使如此，也不可避免地有一些新的流氓无赖的产生，这一点又决定了"畸零册"存在的合理性。康熙末年北京城无赖游民的骤然增加，无疑可以作为一个例证：

> 又覆请户部议覆监察御史周祚显条奏，通京城内糊口游民有数十万，白昼充满街衢，夜间不知栖止何处。此皆抛离乡井游手为生之人，不可不亟行禁止。[2]

显然，从"无籍"到"弃民簿"、"另籍"、"别籍"或者"畸零簿"，这既是明清两代流氓无赖不容于传统政府与社会的一种真实反映，也是流氓无赖势力扩大的最好佐证。中国传统社会建立于小农经济之上，流氓无赖的大量出现，一方面说明土地兼并日趋严重，最终导致小农破产，只好离开土地，成为城市或市镇乡村的游民；另一方面，游手无赖的增加，也不排除好逸恶劳习气从中作祟，而这又会动摇传统小农社会的基础。换言之，传统社会的稳定，无疑需要小农依附于土地之上，而这种社会稳定的保持，更需要由勤俭持家或勤奋务农的品质作保证，而不是游手好闲。所以，传统的家族组织也同样对族内子弟

---

[1]《道光十三年正月三十日巴县编查保甲条规》，载《清代乾嘉道巴县档案选编》下册。
[2]《康熙起居注》，康熙五十三年十二月二十日戊子条。

的败家行为持排斥的态度。于是，游手好闲者既不容于社会，被编入另册，更不容于家族。

从民间的家族组织来看，中国传统的家法族规无不列有一些对游手好闲的破败子弟实行惩处的条例。概括言之，主要有下面几条：

一是戒争讼。五代人章仔钧所作《上虞雁埠章氏家训》，其中有"戒争讼"一条，云："好争非君子之道。争之不已，则必致讼，讼岂必胜哉？且讼者之辞，多鲜实情，最足坏人心术。费财破家，何益之有？凡事宜忍宜让，不必争讼。纵有外侮，亦宜静以制动。公道既明，自然可寝。若以非礼讼人，尤为不可。故《易》讼卦，终讼受服，而尤有终朝三褫之戒。"[1]大概作于元代中期的《盘谷高氏新七公家训》，其中也有"戒争讼"一条，云："聚族而居，偶有嫌隙，即当禀白族正，公辨是非。勿得蓄怒构怨，健讼公庭。若因人有隙，从中唆使，是为小人之尤。违者，重惩不贷。"[2]作于清代康熙年间的《毗陵长沟朱氏祠规》，其中有"族中禁挑讼"一条，云："人或一时忿激，全借居中劝解。有等好事之人，乘机唆撮，或图取利，或泄私仇，幸灾乐祸，两败俱伤，为害不浅。察明责三十板。"[3]可见，"健讼"甚或"唆讼"，进而成为无赖讼棍，这都会被家族所不容。

二是除凶暴。五代人章仔钧所作《上虞雁埠章氏家训》，其中有"除凶暴"一条，云："恃血气之勇，凌人傲物，侮慢尊长，欺压孤懦，深可痛恨。甚至酗酒撒泼，以为得志，无赖极矣。不知忘其身祸且及亲，亲亦何辜。吾族有此，房长惩饬不悛，合族严加重处。"[4]订于光绪

----

[1] 转见费成康主编《中国的家法族规》附录，第235—236页。
[2] 转见费成康主编《中国的家法族规》附录，第250页。
[3] 转见费成康主编《中国的家法族规》附录，第281页。
[4] 转见费成康主编《中国的家法族规》附录，第236页。

十年（1884）的《宁乡熊氏祠规》规定："酗酒、无赖、游荡荒业者，责二十或枷一月。该亲属谕令改行，恪守正业。"[1]订于清末的《寿州龙氏家规》对家族内的凶横之徒，亦制定惩处的条例，规定若是恃强生事、好持凶器者，属于"凶暴一流"，需要及时加以惩处。若是初犯，那么责打二十板；再犯，加等惩处；三犯，或与外姓人斗殴，凭户长送官处治。[2]所有这些，凡是在家族内或社会上行凶暴之人，同样不被传统的家族组织所见容。

三是戒淫盗。大概作于元代中期的《盘谷高氏新七公家训》，其中有"戒淫盗"一条，云："万恶淫为首，偶一涉足，终身莫赎。穿窬攘窃，非士君子之行，玷宗辱祖，莫此为甚。少有干犯，即当痛责。与其身试官刑，孰若治以家法。不悛者，革无赦。致若犯劫盗之罪案，经族正会议，立予除名，不准入谱。"[3]可见，奸、淫二者，显然已被传统家族视为很大的恶行。

四是戒赌博。大概作于元代中期的《盘谷高氏新七公家训》，其中有"戒赌博"一条，云："士农工商，各有正业。一入赌场，虽家拥厚资，亦不足恃。且嗜好失当，凡类似赌博者，虽名为借端消遣，皆足耗费其精神。"[4]明代的《浦江郑氏义门规范》中，有一条也对子弟赌博无赖作出了处罚规定："子孙赌博无赖，及一应违于礼法之事，家长度其不可容，会众罚拜以愧之。但长一年者，受三十拜；又不悛，则会众痛棰之；又不悛，则陈于官而放绝之。仍告于祠堂，于宗图上削其名。三年能改者复之。"[5]作于清代康熙年间的《毗陵长沟朱氏祠规》，

---

[1] 转见费成康主编《中国的家法族规》附录，第312页。
[2] 转见费成康主编《中国的家法族规》附录，第324页。
[3] 转见费成康主编《中国的家法族规》附录，第250页。
[4] 转见费成康主编《中国的家法族规》附录，第251页。
[5] 转见费成康主编《中国的家法族规》附录，第255页。

亦有"禁赌博"一条，云："赌博之害，欲赢人钱，反失己钱；相争嚷斗，必遭人命；无计偿还，必为盗贼；败家丧身，皆由于此。犯者重责四十板。"[1]赌博是败家之始，败家之后成为流氓无赖，很多也是靠赌博维持生计，所以，赌博也是为传统家族组织所排斥的恶行。

五是戒游佚。《浦江郑氏义门规范》规定：其一，"俗乐之设，诲淫长奢。切不可令子孙听，复习肆之。违者家长棰之"。其二，"棋枰、双陆、词曲、虫鸟之类，皆足以蛊心惑志、废事败家。子孙当一切弃绝之"。其三，"子孙不得畜养飞鹰猎犬，专事佚游。亦不得恣情取赝，以败家事。违者以不孝论"。[2]由尚可喜订于康熙十四年（1675）的《定训》十三条，其中一条，就要求自己的子孙"须宜立志读书，或工韬略，各守一业，为农为商，随分安生"，训诫子孙"不作游荡之徒"。[3]所谓的游佚，其实就是游手好闲。尽管尚不能一概将游手好闲者均归于流氓，但流氓无不是从这些游手好闲者中所产生。所以，家法族规对子弟的游佚行为也有相当严厉的惩处。

在清代的士大夫设立的义学中，通常也有惩治无赖子弟之法。如华亭人胡士贵在铜陵做官时，曾设立省心义学，专门训导"世家无赖子弟"。其训治之法分为三等：一等是加以"拘挛"；二等是"闭于室而禁其出入"；三等是"与师共处"。无论哪一等，其目的还是以教化为主，通常"各授以书，俾之熟，复历三稔归，归而不悛，仍令入塾"。[4]

更值得注意的是，清代的一些家法族规甚至将家族内子弟的游手

---

〔1〕 转见费成康主编《中国的家法族规》附录，第281页。
〔2〕 转见费成康主编《中国的家法族规》附录，第265页。
〔3〕《海城尚氏先王定训、遗训》，转见费成康主编《中国的家法族规》附录，第276页。
〔4〕 章鸣鹤著，范槭士校：《谷水旧闻》，载上海市松江区博物馆、华东师范大学古籍研究所编：《明清松江稀见文献丛刊》，第1辑，第44页。

好闲或最后流入匪类的行为处以"出族除籍",这显然是相当严厉的惩罚,说明民间对流氓无赖的匪行确实是深恶痛绝。如清代道光、咸丰年间的很多族规均规定,凡是诸如不孝不悌、赌博、健讼、酗酒、无赖、(当)僧道、(当)屠户、壮年游惰、荡费祖基,或者不安本分、流入匪类,甚至作奸犯科者,一旦犯了此类玷辱祖先之事,轻则无法享受宗族义庄的好处,不得支取赡米,重则"出族除籍"。"出族者,及其妻女子孙;除籍者,只除本身之籍。"[1]

当然,无论是官方的做法,还是民间宗族的惩处之例,都应该说是传统的应对流氓势力扩大的消极之举,显然无法起到消除这一特殊的社会阶层的真正效果。鉴于此,明朝人才及时提出了积极利用这些流氓势力并加以有效管理的想法,这应该说是一种创见。按照传统的观念,诸如"天罡"、"地煞"、"打降"、"把棍"之类的流氓,无疑是一种"恶人",也即良民的"蟊贼"。尽管大家一致认同,只有去除这些"蟊贼",良民才得以安居乐业,但在如何管理这些流氓的问题上,明末著名学者高攀龙则提出了比较新颖的看法,也即不再是除恶务尽,而是利用流氓中的首领,即那些所谓的"首恶",由他们来管理与控制手下的党类。他的具体主张是将那些"天罡党"中的首领登记在册,由地方政府提供他们的薪禄,平时则由他们"摄其徒党",一有事情,则再使用这些流氓。若是党类中发生诈害良民之事,也是惟首领是问。[2] 这样具有创新意义的见解,出自明代以讲儒家正统之学为主的东林党魁之口,不能不说流氓无赖的势力在当时确实已是相当强大,

---

[1]《常熟县邹氏隆志堂义庄规条》、《济阳义庄规条》、《延陵义庄规条》,均载王国平、唐力行主编《明清以来苏州社会史碑刻集》。
[2] 高攀龙:《高子遗书》卷7《申严宪约责成州县疏》、卷8下《答陈筼塘四条》之与筼塘二。

以至儒家的正统人士也开始考虑如何适当管理和利用好这些势力。这当然是问题的一个方面。从另一方面来看，这种见解出自东林党人士，也将促使我们对东林党所代表的社会利益阶层作出诸多新的评价。

二、政治参与及政治的流氓化

早在宋代，流氓已经广泛参与政治，积极充当政治上的说客与中间人。南宋的杭州，成了一时的政治中心，于是专有这么一批游手之徒，从事"水功德局"这种流氓职业，也即"以求官、觅举、恩泽、迁转、讼事、交易等为名，假借声势，脱漏财物"。[1] 又如南宋有一位专门从事"卖阙"的沈官人，手下养着很多人，就是地地道道的把持选官政治的流氓。凡是官员选授除官，必先"往扣之"，所以沈家时常门庭若市，获利不少。宋人对这位沈官人的"卖阙"生涯作如下描述：

> 或遇到部干堂之人，欲得便家见阙者，或指定何路，或干僻阙，虽部胥掌阙簿者，亦不过按图索骏。时方员多阙少，动是三五政十年，殊不易得。必往扣之，门外之履常满。彼必先与谐价邀物为质，或立文约，然后言某处为见阙，某处减两政。……乃各相引指踪迹访问具的，然后能射阙，阙已则以所许酬之。天下诸州属县大小员阙，无一不在其目中，如指诸掌。亦各有小秩，然时时揭帖，实为觅阙之指南，虽有费不惮也。[2]

这种"卖阙"之人，其所作所为，与明朝北京无赖子所从事的"撞太

---

[1] 泗水潜夫：《南宋市肆记》，载《说郛》卷60。
[2] 周密：《癸辛杂识续集》下《卖阙沈官人》。

岁"活动实有异曲同工之妙。而宋代政治，一旦由这些流氓把持，其官场腐败已可想而知。

士人是中国传统统治的阶级基础。在宋代，部分士人也已流氓化，对宋代政治造成极坏的影响。如杭州的学校一向以来自四方的游士居多。至淳祐年间，杭州城内的游士，"多无检束，群居率以私喜怒轩轾人，甚者，以植党挠官府之政，扣阍揽黜陟之权，或受赂丑诋朝绅，或设局骗胁民庶，风俗浸坏"。[1] 尽管只寥寥数语，但宋代游士的流氓相已是跃然纸上。

宋代各级政府中的胥吏中，也大多聚集着一批无赖之徒，把持官府，玩弄官员于股掌之上，使政治更趋腐败。试举一例，如当时三司有一胥魁，为人桀黠狡猾，潜通权幸，举凡衙门中的一切事务，都需要向他咨询。每当长官将他召至前来，往往阳为欠伸，而长官却"不敢当其礼"。正好陈贯为省副，对此深感不平，决心"入省斥逐之"。等他前来参见，就严颜以待。这位胥魁知道其含意，就故意奉事弥谨，禀承明敏，举无留事。一年多过去以后，陈贯也以善待之。一天，陈贯对胥魁说："宅中欲会一二女客。何人可使干办？"胥魁道："某公事之隙，暂往督视亦可。"陈贯不知他心中包藏祸心，于是就说："尔若自行，甚善，宴席所须，十未具一。"胥魁于是携带一个10余岁女子，在头上插上纸标，在东华门街卖，道："为陈省副请女客，令监厨无钱陪备，今嫁此女子，要若干钱遂结。"皇城内巡逻之人，就将此事偷偷上报给皇帝，"朝廷特以黜降，赖宰臣辨解，终岁竟罢去，止得集贤学士"。[2] 黠胥通过耍阴谋诡计，驱逐长官，把持衙门，堪称巨猾。至于其他为非作歹之事，史虽未载，但可能所行也与流氓之讹诈如出一辙。

---

[1] 周密：《齐东野语》卷6《杭学游士聚散》。
[2] 江少虞：《宋朝事实类苑》卷73《诈妄谬误·黠胥》。

元代流氓在当时的政坛上也留下了自己的踪影。元成宗时，郑介夫就上书言：

> 且夫今之为教授者，失于遴选，薰莸并进，有犯赃十恶之徒，有市井无赖之辈，亦有江湖间说相谈命技术之流，及有新进少年假儒之名全不通文理者。[1]

在上段论述中，除了"新进少年"与流氓无关以外，其他如"犯赃十恶之徒"与"江湖间说相谈命技术之流"，虽不能确指为流氓，但都是游手好闲之徒，颇有些流氓气。至于"市井无赖之辈"，无疑就是指流氓。可见，元代流氓已经混进官场，充当起教育他人子弟的教授学官来了。市井无赖做官，这在元代并不罕见。元人胡祗遹对这种现状也有如下揭示：

> 前省所选人员，例以贿赂得官，屠沽驵侩、市井无赖，群不逞之徒十居七八。诗云：恺悌君子，民之父母。使若辈治民，欲民之安则不可得矣。淫夺人妻子，强取人财产田宅、马牛羊畜，听讼之间，恣情枉法，以是为非，以非为是，百计千万，务在得钱。[2]

儒生大多经过良好的儒家传统文化教育，在道德践履上有所成就，他们为官，虽稍显迂腐，缺乏变通，但还不至于公然收受贿赂，掠夺百姓财富。当然，儒生官员中存在个别渣滓也是难免的。而这些流氓进

---

[1]《历代名臣奏议》卷67《治道》。
[2] 胡祗遹：《紫山大全集》卷23《民间疾苦状》。

入官场，本来就是"务在得钱"，而无一丝一毫为国为民之心，所以一旦为官，就会颠倒是非，恣情枉法，唯利是图，侵害百姓。可见，元代官场风气的败坏，与大批流氓进入官场也不无关系。

如果不能行贿为官，那么流氓就充任"祗候"、"行人"，成天跟随官员，坏事做绝。据当时中书省属河南行省朱参政说，在大德二年（1298），就专有这么一批游手好闲的人，他们不能按照本分干活，"多于诸衙门官根底投做总领、面前、祗候"。在江南一些地方，每一个司县官手下，常常有百十个"行人"跟着。当然，这么多的跟班，他们又没有俸钱田产，这些人家中老老少少的吃穿，还得出在百姓身上。更有甚者，这些流氓投充"行人"后，就"兜揽公事，取受钱物"，为所欲为。[1]当然，有时流氓也投靠依附"诸侯王驸马，为其腹心羽翼。中才以下，鲜不为其所惑"。[2]

再来看明代流氓与政治之关系。明人黄凤翔曾对流氓乔装冒充缙绅，以期与缙绅为伍的实情作了如下深刻的揭露：

> 又有无赖子，家绝诗书世泽，目不识丁，日与椎埋屠沽为伍，而俨然妆首者，一如缙绅冠帽之制，恣情逾僭，慢无忌惮。[3]

其实，明代的流氓何尝只是僭用缙绅服饰，而是实际参与政治。前述诸如衙蠹之害及流氓与太监之关系，已足能说明流氓与明代政治关系之深。换言之，明代的胥吏专权、太监擅权，无可否认地与一个庞大的流氓阶层的客观存在大有关系。所以，在这里我们所要做的工作，

---

[1]《大元通制条格》卷27《杂令·带行人》。
[2] 曾廉：《元书》卷72《张养灏传》。
[3] 黄凤翔：《救时名实论》，载黄宗羲编《明文海》卷88。

仅仅是摘述流氓是通过何种途径，采取何种手段，对明代政府各级机构实行渗透的。

明英宗以后所实行的捐纳制度，为流氓参与政治提供了极便利的条件。明人骆问礼一语道破天机："市井无赖，朝得十金，夕可舞文官府。"[1]流氓大多油嘴滑舌，所以又有"江湖上游嘴棍徒"的称呼。他们凭着自己三寸不烂之舌，又借着靠各种无赖手段得来的钱财，投机钻营，进入明朝中央政府的各级衙门中，虽不做大小官吏，张盖打伞，却也投充书办胥吏，在街上神气活现。

明代京城差官外出，事务不外乎计算钱粮与行移作稿、书写本章两项，但这些政事官员一般是不屑为，有时甚至是不能为，于是只好依靠书吏了。这些书办胥吏，本来就不是一些良善之辈，不过是"积岁棍徒"而已。一旦听到有差官要外出办事，他们就多方钻刺，贿赂一些"有力者"，深相嘱托。等到当上了书办，就大摇大摆地跟随差官外出。到了地方，他们就唯思诈骗，不仅捞回了行贿此职的银钱，而且还额外取求，赚钱不少。诈骗方法也是不胜枚举：有时是替人传递消息，有时则胆量陡增，直接改窜考察地方官员贤否的册籍。如果官员事先向他们行了贿，即使有罪，也能改罪为功；反之，假若事先没有打点，或者打点稍晚，那么这些书吏就会故意驳查申详，索其差错，即使有功，也被改窜为罪了。此等由流氓充任的书吏之辈，"神奸秘计，玩弄差臣于掌股，而颠倒武臣，索之重贿，不厌不止，差臣固不能万目防之也"。[2]

这些无赖棍徒，又称"市棍"，俱系四方流民，长期潜住在北京城中，人数着实不少。仅据郎中赵世卿告示所开，就有黄毛、李秀等

---

[1] 骆问礼：《定经制以裕财用疏》，载《皇明疏钞》卷40。
[2] 钟羽正：《条议阅视事宜以图实效疏》，载陈子龙等编《明经世文编》卷412。

四五十人。这些市棍有时就连书吏也当不成，干脆投靠书吏之家，假充家人名色。一旦遇到王府赍奏到京，就三五成群，三四合伙，串通书吏，开立房户，设局诓骗。更有甚者，这些棍徒专门"指称打点，坏人名节"。[1]关于此，明朝人高拱在上疏中有相当真实的揭露。根据他的记载，当时的北京号称"辇毂之下"，是各行事衙门办公的所在，而且天下官吏、生儒、军民人等无不辐辏于此。正因为北京这种特殊的地位，所以当时就有一些"无籍光棍"，号为"走空之人"，专门指称可以到各衙门打点，借此诓骗人财。明代六部中的吏部专门掌管官员的升选，所以这些流氓"指称吏部诓骗者尤多"。他们动辄十数成群，或假扮主人，或假扮仆役，或假扮宾客，或假扮亲朋，做成圈套，互相勾引，哄骗外来之人。有时说"有银若干，可补某官"；有时说"有银若干，可除某地"。拍着胸脯，说得头头是道，但一旦财物到手，即行诓骗。即使打点者日后一无所验，然皆系有官之人，谁敢声言索取？即使想声言索取，他们也早已搬移潜躲，莫可寻觅。等到官员领凭前去上任，这些流氓仍旧出来行骗。高拱在上疏中就称，他曾自行访获，拿获到王三聘等数人，这些人或称是高拱的外甥，或称是高拱的表侄，"诓骗人财，咸有证据"，最后都被高拱送到刑部问罪。[2]为什么在明代流行这样一种假装替官员打点行骗的流氓？究其原因，还是当时官场风气不正、政治黑暗。正如高拱所言，明代的社会已是"黠狡成风"，当时不但有黠狡之民，而且还有黠狡之官。一些官员往往因为遭到论劾，或因为考语不佳，或因为左谪、劣处，于是就买通所在任上州县的"无藉棍徒"数人奏保，多写鬼名，称颂功德，以为公论。[3]

---

[1] 沈鲤：《酌议宗藩赍奏事宜疏》，载陈子龙等编《明经世文编》卷418。
[2] 高拱：《高文襄公集》卷10《禁奸伪以肃政体疏》。
[3] 高拱：《高文襄公集》卷10《参处崇明县民黄善述等保官疏》。

若要人不知，除非己莫为。这些市棍流氓的神奸之计，官员有时也会察觉，打算将他们究治驱逐。每当遇到这种情况，市棍也有自己的办法对付官长。此法非他，即捏造匿名飞语，横肆诬谤，扰乱视听。如明人顾存仁就说到这些游食之徒，在北京"匿名投书，暮夜黏贴，纠习成风"。[1]众所周知，明代自成化以后，匿名飞语在京城的出现，似乎已是司空见惯。如天顺八年（1464），明宪宗刚刚即位，就有一些不逞之徒，由于政府的政策不便己私，造言生谤，写匿名帖子，"揭于内府及京城内外，指其姓名，明言伤害，沮挠朝政，败坏风俗"。[2]从某种程度上说，这种匿名帖子应属于民间舆论的一种变体，对揭露朝政的败坏起到一定的作用。但毋庸讳言的是，自明代中期以后，这些揭帖已为市棍无赖所操纵，所以仍会起到阻挠朝政的不良作用。

捐纳制度，归根结底就是卖官鬻爵。而卖官制度的存在，确实又为那些流氓奸棍行骗提供了很大的方便。明朝人方震孺在上疏中，已经将奸棍通过假印、假文书卖官的事实做了详细的揭露。其实，在方震孺以前，一些先贤就已经说："国家大病，病在朝廷受鬻爵之空名，奸棍享纳官之实利。"又云："千官不如一吏，千真不如一假。"这两句话的意思是说，假印、假官之为术甚巧，为途甚捷，但为害甚大。方震孺在巡视南城时，曾找到了一位叫陆培元的绍兴人。此人最为机巧，偶然因为赌博而被人告发。方震孺打算对他判杖责之罪，又考虑到其人还有利用的价值，就对他说："尔能发一大奸，则宥尔杖。"培元再三踌躇，不得不将相关造假文书者的姓名告诉了方震孺。随后，方震孺带人先到了陈双泉家，从他家中搜得假印文书一箱。次至沈业家，又搜得假印文书一箱。搜查出的假印文书，自州、县以至藩司，自抚、

---

[1] 顾存仁：《陈愚悃以广天恩疏》，载《皇明疏钞》卷32。
[2] 《明宪宗实录》卷3，天顺八年三月戊寅条。

按以至部堂，其中的印文无所不备，而其印亦无所不假。甚至太仓空印之库，收南京空印之办，票多至300余张，确实令人啧啧称奇。随后又到了王九家，搜得假长单一束，兵部原解印文一宗。又至董小江家，搜得假文书一束，假印八颗，共11面，有县、卫之印，有吏部之印，有后军都督府之印。又据陈双泉自己交代，他也曾有印一箱，今已毁弃，恬然不以为怪。假若想纳一官，参一缺，根本用不着巡抚、巡按，也不用银库、铨部，用上这些假印文书，即可将事情办妥，而这些奸棍也可以从中牟利。从搜查出来的文书可知，有些文书起自万历二十年（1592），说明这些奸棍"父子相传，以为世业"。而他们盘踞为奸，也已经长达30年。如果以此推算，他们所卖的假官，何止千万辈，而侵没内帑，又何止千百万。[1]

当然，捐纳制度所及，并不仅仅限于冠带出身，还包括私下行贿进入各级衙门办事，以及纳粟或纳马入监这些内容。这样，像朝廷太学这种学规谨严的清净之地，由于纳粟而使无赖进入国子监，最后使得学风也变得喧嚣起来。换言之，从明代中期以后，在国子监中，着实也出了一些学棍，即流氓化的监生。对此，明人吴甡曾作了如下描述："即如国学，去天尺五，而假生市猾，充斥其间，见于词臣姜逢元所参摘者。把棍得滥衣巾，而干禁私揭，肆行无忌，见台臣方大任所纠题者。"[2] 这就是说，在明代，由于捐纳制度的存在，致使国子监生的身份也是鱼龙混杂，甚至一些无赖，也可以通过捐纳而堂而皇之地进入太学。正如陈仁锡所言："四方罪罟，为乡里所摈，涂名改姓，俨然称上舍。首善之地，为首恶之薮矣。"[3] 这绝不是危言耸听，而是当时的

---

〔1〕方震孺：《方孩未先生集》卷1《搜获假印疏》。
〔2〕吴甡：《柴庵疏集》卷3《视学大典速赐举行疏》。
〔3〕陈仁锡：《无梦园集》驻集《署国子监纪事》。

实录。如天启年间，北京国子监中，有章尚安、赵维清两位监生，就是名副其实的流氓。他们在监中结党养交，交结匪类，市面上的无赖纷至沓来，成为他们的走狗。章尚安死后，赵维清继续行骗。[1]

由于捐纳监生的增加，晚明的士子已是鱼龙混杂，良莠不齐。这就导致当时的监生既无师生体统，又能横行霸道，终致士习败坏。如万历时期，监生茅迪吉、沈德谦等人恣行凶暴，笞辱祭酒殷迈的仆人，将他禁锢于深居，"榜掠无数，以绳系其足，继以水灌之，几于非刑"。当祭酒殷迈听说此事后，派遣皂隶叶萃等人往救，结果连皂隶也被殴打。司业周子义知悉此事，也命典籍持牌晓喻，可是这些监生也敢拒典籍于门外，让他吃了一个闭门羹，还"狂呼漫骂，无师生之体"。又如万历七年（1579）四月，鸿胪寺序班郭廷林僭乘四人大轿赴饮，道上正遇举人监生聂文贤、朱正色也"肩舆而来"。廷林恨他们对自己不回避，就捉其家奴笞打。当时监生未识此人是何官，但已怀恨在心。过后，当打听到所遇不过是序班，于是就踵门大骂，迫使郭廷林坚闭不出。第二天，聂文贤就纠集徒党百十余人，"直造其室，捉廷林，诣鸿胪，讼于寺卿张焕"。这位郭廷林囚首去冠，徒步随往，一市以为欢笑。[2] 晚明的监生，有些本来就是无赖出身，所以也将一些无赖习气带入监中，日常纵费淫荡，终致破败身家。有些巧制巾服，甘愿与优贱者为伍；有些嬉游街市，逞逆而殴辱职官；有些驰骋鞍马，恃众而犯大僚。更有甚者，同侪之间，也是互相陷害，刊刻诬谤文书，有时甚至将他人阴私编为戏文，诬毁及于他人妻子，显得流氓气十足。

国子监生如此，那么地方学校的生员呢？晚明士风恶薄，生员稍不得志于有司及乡官，就"群聚而侮辱之"，或造为歌谣，或编为传

---

〔1〕黄儒炳：《续南雍志》卷4《事纪新续》。
〔2〕黄儒炳：《续南雍志》卷4《事纪》。

奇，或摘四书语为时义，极尽其中伤他人之术。如《二刻拍案惊奇》卷4中，就提到一位"学霸廪生"，名叫张寅。此人"赋性阴险，存心不善"。虽是小说之言，所言却是事实。在明末，曾流传着这样的笑话：凡是市井间闾有人互相争斗，动不动就说："我雇秀才打汝。"[1] 秀才本来温文尔雅，在此却被人雇去用作打手，一脸凶相。士风至此，已是可想而知。

明代秀才之间互相斗殴厮闹，这已成了家常便饭。如许州学生王某，年少放肆，曾经因为一件小事而怒骂老秀才魏显。这位魏显，虽颇有学，然也无行，对王某也肆加詈骂。于是，"（王）某呼其族无赖数十人，殴显几死去，发殆尽，呕血伏枕"。[2] 秀才行径，简直与无赖如出一辙。

士风败坏之极，使得皇帝赐给进士的"恩荣宴"，也有一些无赖棍徒参与。据载，在隆庆年间，礼部举行恩荣宴，每当进士拜大臣礼毕，席中所陈品物已是荡然一空，原来已被棍徒"用叉口抢去"。[3] 不仅是礼部的恩荣宴为把棍所把持，即使皇宫禁地，无赖也是随意进出，如入无人之境。这种情况，至明末天启时尤甚。史载："偶因年来防卫废弛，出入无禁，遂使皇城之门，殿廷之前，凡游闲无赖贩夫乞儿，莫不摩肩掉臂于其间。每遇午门朝见，杂班行之中，闲人挨挤，往往拜起未毕，蜂拥而入，喧杂如市。"[4] 这简直是明代朝会的一大奇景。

监生一途，是明朝用人的三途之一，而生员又是科贡、岁贡、选贡监生的来源。这些监生凭着自己的身份，资格一到，就可选官就职，而

---

[1] 伍袁萃：《林居漫录》卷3。
[2] 邵宝：《对客燕谈》。
[3] 李乐：《见闻杂记》卷8。
[4] 沈国元：《两朝从信录》卷1。

其中的部分监生，可重新参加科举考试，进入仕途。可见，监生是缙绅的后备力量。他们在做监生的时候，就已恣意妄为，横行街市，一副无赖相，那么一旦为官，怎能安分守己？如果我们了解到这些内容，那么对晚明广泛出现的武断乡曲的乡宦、如潮汹涌的"学变"，以及刁横喧嚣的士习士风等等，也就不难理解了。换言之，在探讨晚明"学变"的过程中，除了对晚明青衿阶层的自身变化作足够的研究之外，尚须注意无赖投入国子监以后，对改变士子阶层所起的不可估量的作用。

明代的流氓还将势力渗透到乡村政治中。在明代的乡村，具体的行政管理人员不外乎里长、甲长、粮长、耆老、保长等人。有明一代，这些乡村管理人员，也有不少由无赖充当。如在广东香山县，一些里长，就由"光棍包揽"。这些光棍当上里长之后，就借此"科派小民"，"一年所取之小民，又甚不赀也"。[1] 又据史料记载，吴中之地有"三般粮长"，其中之一就是"光棍"。[2] 早在宣德年间，在常、镇、苏、松、湖、杭等府，一些"无籍之徒"就开始营充粮长。当上粮长以后，他们就专门掊克小民，以肥私己。每当征收税粮之时，这些由无赖充任的粮长就在各里内置立仓囤，私造大斛与大斗，以此收粮，另外还有什么"样米"、"抬斛米"等名色，增收巧取。收民粮之时，已是五倍于额数，但输纳之时，却将平斗正数付与小民，让他们去京仓输纳，沿途费用，至仓地以后，已是所剩无几，只好自己赔纳。[3] 到了弘治年间，流氓把持粮长一职，侵吞公粮之事，似乎在江南有增无减。据载，自弘治以来，一些刁恶之徒，纷纷营充粮长，肆无忌惮，浪费国家钱

---

[1] 颜俊彦著，中国政法大学法律古籍整理研究所整理标点：《盟水斋存牍》一刻，《公移》卷1《议革香邑里长答应》。
[2] 伍袁萃：《林居漫录》卷2。
[3] 《明宣宗实录》卷6，洪熙元年闰七月丁巳条。

粮。这种弊端，有些地方官吏当然也是知晓的，但官员大都接受了贿赂，害怕他们借此挟制，所以对这些流氓粮长也不敢更换，听任他们侵盗公粮。这些粮长，侵吞仓粮有时达到万余石，花费官银也有达千余两者。等到上司追比，这些流氓粮长也有应付的办法，只是让工人、义男顶名代追，苟延岁月，希望恩宥。如果确是上司追得太紧，他们就捏写本稿，雇请一些惯讼之徒，违例赴告奏扰。所行方法也极刁恶，诸如"有将远年还过私债而捏作原诈粮价，有将近月纳过租税而妄作系官钱粮，有将原还田价而捏作恐吓之数者"，等等，共计12款，不一而足。一旦奏告，就牵连与此事无干的百姓三四百人。等到行提问，粮长这些正犯又不出官，只是将家人搪塞，所以案子终年不得结绝，而无干小民终被无端牵害。这些地方粮长，下有工人、义男、家人，显然已是有产有业，应属流氓头子。

在明初，乡村耆老原本由一些地方上德高望重的老人充任。但自嘉靖、隆庆以后，却由一些无赖充当，前文对此已有涉及。即使在明初盛行一时的乡饮酒礼，自成化以后，其中的宾众，也已不是"甘贫守分、节义广廉之人"，而是一些"强梁豪横、奸顽素著者"，其实就是无赖。[1]

明中期以后，里甲制度败坏，保甲制度崛起。但就在保甲制中，这些保长、保正，也都是"市井无赖人耳"。其中的强者，武断乡曲，"既恣睢而为奸"；其弱者，则"阘茸而无能为也"。[2]

在明代，流氓有时也充当揽纳户，借此赚钱骗财。明代田赋的征收，大致还是以米麦实物为主。穷苦小民有时只交纳升斗之税，也需要亲自赴指定粮仓输纳，路途上的花费甚至会超过正税，因此只好交

---

[1]《明宪宗实录》卷60，成化四年十一月戊辰条。
[2] 张萱：《西园闻见录》卷98《缉奸》。

给一些揽纳户包纳。这些揽纳户多系地痞流氓,他们在包揽税户交来的税粮时,不但要收取很重的手续费,有时甚至将"揽到人户诸包物件粮米等项,不行赴各该仓库纳足,隐匿入己"。等到后来会计,结果缺少税粮,问出前情,这些充当揽纳户的"无藉之徒",当然只是一死而已,而那些粮草正户,也波及牵连,罚纳十倍。[1]

自明中期以后,流氓包揽钱粮之事就更为普遍。尤其是在杭州府,这种现象已成了社会一大弊端。流氓为了营充揽纳户,多方钻刺,花费不少钱财。营充以后,又为别的无赖所把持,破财也不少。所以,当百姓将税粮交给他们之时,这些揽纳户很不爱惜,穷奢极欲,要不了多久,就将钱粮荡费殆尽。于是,"复图领别项钱粮,那移掩护"。等到事情败露,这些无赖"家无盖藏,必易事产。事下里中,开报殷实人户,求解免者,横被索诈,无所逃者,痛遭捶楚,皆良善之民"。[2]可见,到头来受害者,还是那些安分守己的良善百姓。

此外,明代流氓还充任各种"役夫"。他们或从中骗钱度日,使官场更趋污秽不堪;或聚众闹事,使社会乱风四起;或屡掠官杠,使盗风日炽。如明代各处设立递运所,所内的"防夫",原本专门选拣"丁粮相应之家编当",用来递送囚犯。但自成化以后,防夫也改由一些不务生理的无赖充当。他们遇到有押解的囚犯,往往不是立即起程,而是私自带回家锁禁,逼诈钱物,如果囚犯稍有不从,就动用铁刀等凶器,任意捶打,还对囚犯实行搜身,以致囚犯"盘缠罄尽,莫敢如何"。[3]游手无赖以充役夫为生,一旦失募,他们就起来闹事。如杭州城中的

---

[1] 朱元璋:《御制大诰》第19《揽纳户虚买实收》,载张德信、毛佩琦主编《洪武御制全书》。
[2] 万历《杭州府志》卷19《风俗》。
[3] 戴金编:《皇明条法事类纂》卷31《成化九年十月十五日礼部为建言民情事》。

各个街道巷弄，也与北京的胡同一样，设有栅栏，专设役夫防守管理，一般是户捐钱票，"募游手充之"。至后，实行"正身受役"之法，这些游手之人就因失募而怨。当时正好有一人，名丁佐卿，素以舞文称，与一些市井大猾相交甚厚。听到这些，他就到官府，请求仍行招募游手充任役夫，但不为官府所采纳。于是，丁佐卿就结纳大猾，"裹白刃相向，破内台使者门，尽挟其衣装以出"。[1] 又如铅山县，在明朝是八闽的冲会，冠盖络绎，人来人往，但缺少役夫，只好从民间雇募。四方无赖子借此机会，"争应其募，以故官杠屡被掠去，至不可稽"。在这些无赖子中，有一个名叫宋三四的人，是他们的渠魁。这位宋三四惯于与官府勾结，一旦盗事发觉被抓，不等官府对他用刑，宋三四就心领神会，故意多报当地富人之名，诡称赃物全寄放在这些富人家，以致富民大多无辜受累，而宋三四却得逍遥法外。[2] 其实，这些无赖棍徒拿了役夫官银以后，有时也不好好充任。所以，每当官员往来之时，地方上仍然"乏夫供役"，那些夫头只好从乡人出市者中强拿，"囚于空室"，充当轿马之夫。可见，无赖充役以后的结局，得利者当然是这些棍徒，而所苦者却是乡村小民。[3]

清代流氓在政治领域中也相当活跃。他们随意干预朝政，变乱法治，而最为常用的手法就是造谣言，散布揭帖。据史料记载，清代一些势豪衿棍如举贡生监及考职捐职人员，恃有顶戴为符，播弄是非，包揽词讼，甚至出入衙门，求情关说。"得遂其欲，颂扬德政；稍拂其意，投递条陈。"[4] 又康熙年间，据工科给事中姚缔虞上疏言，在当时的

---

[1] 查继佐：《罪惟录》，《列传》卷11下《张佳胤》。
[2] 郑仲夔：《隽区》卷1《政隽》。
[3] 李乐：《见闻杂记》卷10。
[4] 《嘉庆二十五年十二月十七日四川省按察使司告示》，载《清代乾嘉道巴县档案选编》下册。

北京，就专有一批"奸棍"，散布揭帖。其实，"奸棍"云云，就是无赖流氓。另外，还有一些不肖官吏，也唆使"劣棍"去粘贴布散"首告"。[1]"劣棍"云云，也是无赖流氓。无论是布散揭帖，还是粘贴首告，所有这些，或是流氓受不肖官吏嘱托所为，或是一些流氓化的官吏亲自所为，其目的无非是造谣生事，中伤朝政。

地方利弊，官司优劣，理当由上官兴革举劾。可是，舆论的好坏，消息的通否，往往又会影响地方官员的前程。正是因为有这方面的利害关系，清代的地方官才看重地方舆论，甚至不惜利用流氓来与上官通消息。如在河南，一些不肖地方官存心窥探巡抚喜恶，买通在省奸徒恶棍，每日录报，名曰"辕门小钞"，又曰"省报"。巡抚号房每季受其规礼，按日钞给，内中不过记录巡抚今日见某官、拜某客、审某事、收呈几张、如何批发而已。[2]

地方乡绅干预地方行政事务的基本手法，大体不外乎把持地方舆论。若地方官遂其所欲，就贴"德政歌"；反之，则贴"无名揭"。[3]这样，地方官员的调黜升迁，往往也为无赖化的乡绅或受乡绅指使的无赖所干扰。每当地方官员考成之时，必定有"棍徒数人倡首，聚众保留"，或者垒门罢市，或者雇觅多人，十百成群，"装点公举，分投各衙门投递呈状"。这种流氓干预朝政的习气，各省都有存在。当然，如果官员得升美缺，地方上就不会再有这样的举动。原因很简单，"保官之人，即告官之人；粘贴德政之人，即匿名揭帖之人"。说白了，这些流氓的举动，大都为官员所雇倩。而这些流氓，平日里就专门要结衙门，教唆词讼。所以，碰到官员离任，就聚集在一起，上呈保留。

―――――――――
〔1〕《清圣祖实录》卷104，康熙二十一年八月庚寅条。
〔2〕田文镜：《抚豫宣化录》卷4《严禁钞写辕门报单之积弊等事》。
〔3〕田文镜：《抚豫宣化录》卷3《再行严饬以肃官方事》。

假若被保官员中果然有几位系舆情爱戴,据总督巡抚题呈留任,这些无赖流氓就更喜形于色,大言不惭,认为这位官员的留任,都是因他们"保留有功"。从此以后,就更加把持衙门,鱼肉乡民,播弄是非,使地方政治更趋腐败。

假冒官府,私造印信,是清代流氓惯用的伎俩,它同样在政治上留下了很多不好的影响。流氓假冒的名头不一,或假冒亲王,或称王府差官,或称大吏随行,或称地方府差,随意干预地方政治。如乾隆末年,文襄王福康安权势显赫,每次外出,手下的家奴都骚扰驿站,而地方官因惧怕他的权势,也事之唯谨。当时,有一位无赖子,名副天保,少年时与福康安的家奴是邻居,大体知晓福康安的情状嗜好。于是,他就与同伙数十人,打着福康安的名,"沿途讹诈,称疾不会僚属"。到了湖南辰州,知府清安泰是福康安所荐,也具手版上谒,但被从者挡在门外。清安泰疑其中有诈,突入其内。此时,天保正卧重茵中,清安泰上前揭被,才知是一个冒牌货。随即招呼衙役,将这批流氓擒获,无一漏网。[1] 道光七年(1827),据山东巡抚贺长龄奏,当时在山东拿获了一个无赖棍徒。此人"假充王府差官,恐吓知县"。[2] 当然,流氓打着显要官员旗号,在地方上大搞讹诈活动,早在康熙年间就已存在。流氓的这种活动,主要得力于当时官员的不法行为。如当时一些内外显要官员,就"多置船只,贸易往来"。此事被一些"奸徒恶棍"知道后,他们就"假借名色,恣意横行,以致闸座启闭不时,河水浅涸,粮艘为阻"。[3] 其实,河道上转运粮艘受堵,本来是一些豪强官吏的非法行为所致。后来,一些无赖棍徒,觉得有机可乘,就"或冒称

---

[1] 徐珂:《清稗类钞·棍骗类·副天保冒充福文襄》。
[2]《清宣宗实录》卷124,道光七年八月下辛丑条。
[3]《清圣祖实录》卷14,康熙四年三月壬辰条。

钦差，或指称辅政大臣名色，设牌树帜，张大威势，恣意横行"。[1]当时有一些京官，也违法犯纪，私自派人到各省地方官处，托名问候，实际上是借此多索财物，并干预地方政事，挟此请托，颠倒是非。于是，就有一些"游行闲棍"，偷偷讨取官员的书札，或者私自雕刻一些官员的印章，前往地方投见地方官员，"恣行欺诳"。[2]最值得一提的是，在雍正年间，常州府靖江县的流氓，竟敢冒充府差，持"假票一纸"，冒充府里的差人，随意委任靖江县的知县，摘取该县知县丁应蕙的印信，"封闭宅门仓库"。[3]在广东，由于官兵防剿往来，滥派民夫，折征银两，于是，一些无赖棍徒，就"假冒营旗，串通蠹役，私出牌票，勒索银两，恣行逼辱，深为民害"。[4]

清代流氓私造印信之事，也屡次见诸史籍。如光绪四年（1878），步军统领衙门就拿获土棍刁大等人，他们"私造印信，捏作公文，并诈称奏案字样"，[5]到处行骗，确是不法已极。在北京一带，还专有一种"京棍"，靠一些关系，把持畿内州县的各种事务。另外，在北京，有些"棍徒"往往假充兵役，任意诈赃，其实有些就是"勾串书吏，假捏官票"，[6]在当时社会上留下了极坏的影响。

更有甚者，清代的流氓开始直接进入官场，头上顶戴花翎，成了名副其实的朝廷命官。据清朝人丁柔克记载，当时有一位"市井无赖"，不知凭借什么关系，得到了知县一职。在他上任之时，有一天审案，将其市井无赖的本性暴露无遗。他先是将原告"秦簏"念成"秦虎"，

---

[1]《清圣祖实录》卷15，康熙四年四月庚午条。
[2]《清圣祖实录》卷25，康熙七年三月辛酉条。
[3] 何天培：《奏报地方恶棍假票摘印折》，载《宫中档雍正朝奏折》第4辑。
[4]《清圣祖实录》卷19，康熙五年六月壬午条。
[5]《清德宗实录》卷73，光绪四年五月上庚申条。
[6]《清德宗实录》卷82，光绪四年十一月下壬申条。

后又将被告"朱绂"念作"朱拔",导致一县上下哗然。又有一天,在审案时,忽然大骂道:"既已打人,怎又将伊之神合龙打坏?"大堂上下均感茫然,不知"神合龙"为何物。后来旁边一位书吏突然醒悟,发现状词上面有"打坏神龛"之语,于是上禀道:"这'合龙'两字,原本是一个字。"这位无赖知县听后,面红耳赤,但还是强词夺理,摇头说:"我们那儿,都称'合龙',你并不知道。"[1]

清代的流氓无孔不入,即使在最基层的保甲中,也有流氓活动的踪迹。清代乡村社会的职役人员,一是行政类的"地保",二是粮差类的"户总"、"粮书"。到了清末,这些乡村职役人员,一方面与豪强、讼棍相勾结,豪强、讼棍借他们之力婪索小民或抗缴漕粮;[2]另一方面,这些地保或户总,本身就是由一些流氓无赖来充任。按照传统的观念,安良弭暴,莫善于保甲。但早在嘉庆年间,保甲长就被视为贱役,"令无赖之人承充"。[3]至清末同治年间,则更甚。当时一些州县官往往上任几年以后也未曾编查乡甲,或者只在城厢一带造册,虚应故事。有时甚至以"无赖游民"充当甲长,不仅不能戢暴,反而"多事扰民"。[4]

三、把持或垄断经济

流氓不仅参与政治,而且染指经济领域。流氓在经济领域中的活动极为广泛,除在矿山、盐场留下了他们的足迹以外,即使如钞关、

---

[1] 丁柔克:《柳弧》卷1《白字县令》。
[2] 丁日昌:《抚吴公牍》卷1《批阜宁县禀大曹图粮户藉团抗完漕赋由》。
[3] 《清仁宗实录》卷303,嘉庆二十年二月乙丑条。
[4] 《清穆宗实录》卷140,同治四年五月下庚申条。

码头等热闹去处，也都能找到他们的踪影。

早在宋代，流氓就把持渡口，在城市欺行霸市，参与各类经济活动。举凡服饰、饮食所需，本来无一不出于田夫野叟。他们男耕女织，极其勤劳，所获却不过锥刀之末，而其中大部分利益都归于游惰之人，田里小民都不得插手。这些流氓百十为群，互相党庇，遇到有乡民到城市里卖物，如果不经他们之手，就群起而攻之，肆意殴打，还号称是"社家拳"。[1] 此外，宋代流氓还强霸渡口，勒索钱财，犹如抢劫一般。一般说来，撑船过渡，行人出少许钱财以酬其劳，这是情理中事。但凡是流氓把持的渡口，却并非如此。他们时常船到中流，就停篙不行，要勒钱物，与劫掠如出一辙。[2] 这种强霸渡口、在江上干敲竹杠之事的流氓，在浙江又被称作"白日鬼"，如贼一般，多在舟船中干坏事。此外，浙江一带还将"诞谩者"称为"白日鬼"。[3] 对这些无赖把持渡头的实况，宋人又作如下描述："到处渡头，结托无赖之徒，骗胁客人，要勒钱物，稍不如意，群然殴打，无异劫掠。"[4] 下再举一个例子，以说明宋代这类"白日鬼"的流氓行为。如当时有一叫郑在九的流氓，捉住过渡客人方太，向他加倍勒索渡钱，抢去麻布一匹，并将方太绑缚毒打。此外，这位郑在九还骗取他人钱财，拆毁他人房屋，多取渡钱80贯。他豪据一方，呼啸朋俦，肆为劫夺，往来过渡客人，时常被其苦害，不能申诉，不可胜计。[5]

元代流氓在经济领域中也极其活跃。他们把持牙行、关隘，任意勒索百姓钱财。如在元代的一些羊市中，有些"无赖之徒"就通过"迎

---

[1] 翁浩堂：《因争贩鱼而致斗殴》，载《名公书判清明集》卷14。
[2] 蔡久轩：《私撑渡船取乞》，载《名公书判清明集》卷14。
[3] 刘跂：《暇日记》，载《说郛》卷27。
[4] 《客人范景山讼益阳徐教练等打檜仗》，载《名公书判清明集》卷14。
[5] 蔡久轩：《霸渡》，载《名公书判清明集》卷14。

接拴占"的办法,把持牙行,向客商索要钱财。[1]元人高荣孙上言,对流氓把持江河坝闸的概况作了如下描述:

> 江河霸闸揽载人等,故用损船绳揽,名为盘浅,阻截民船。及河岸设立部头,把隘军人,假名辨验,刁蹬客旅,取要钱物。[2]

流氓在江河坝闸及埠头、把隘的活动,对商业经济造成极坏的影响。为此,刑部专门发布命令,让所在地方官司出榜,严加禁治"游手泼皮"在河岸、埠头、把隘等地刁难客旅,勒索钱财。流氓参与商业,即使在上都这样的僻地,也时有所见。元代上都地寒,没有土著户,"自粟帛器用财贿,凡宫廷供用万端,皆赖商贾贸迁"。但是一些无赖官吏或权贵子弟,横暴无法,强取商人财物,不给货值。这种情况,直至地方官贺胜出面整顿,才有所改观。[3]

虽不能说矿徒均是流氓,但在明代,聚集在矿山者,确实大多是一些"无籍之徒",有些干脆就是无赖。在说到流氓参与开矿活动之时,不得不先提到南召、卢氏之间的矿徒。这些矿徒,又号称"毛葫芦","长枪大矢,裹足缠头,专以凿山为业,杀人为生"。他们武技强悍,千百为群,却受辖于"角脑"。所谓角脑,就是指头目。毛葫芦采矿全在深山大谷之中,人迹罕至,即使官采,也不敢至这些地方。[4]

矿徒中出现一些流氓,本不足怪。因为自明中期以后,农村人口逐渐分化,一些人从土地中分离了出来,成了"无籍之徒"。既然有

---

[1]《大元通制条格》卷18《关市·牙行》。
[2]《大元通制条格》卷28《杂令·船路阻害》。
[3] 曾廉:《元书》卷76《贺胜传》。
[4] 王士性:《广志绎》卷3。

了不受版籍约束的自由，而又不能空手吃饭，还要找份差事干，于是就想到了开矿，因为那些有矿脉的地方，多在深山老林，天高皇帝远，活得自由自在。如福建浦城地区，那里有一些坊长大户就招集四方"无赖之徒"，开一些冶铁坊，"每一炉多至五七百人"。[1]至嘉靖以后，无赖开矿更是兴盛不已。如嘉靖年间，在浙江淳安的山区一带发现了银矿，一下子聚集了"无赖百余人"。[2]又如边地倒马关以西百里一个名叫茨沟营的地方，出产矿砂，于是就在此地出现了"群聚亡命"的现象。"亡命"云云，就是无赖之流。朝廷为了维持地方治安，只好裁革巡检司，专门设立一员守备，招募土军1000名，长期在此驻守。此后，矿徒聚集益多，最后形成了3000余家的聚落。一些"恶少游民"也闻风乌合，动辄张打旗号，悬带弓刀。而原来招募的土军，实际也是这些亡命恶少的同党，"阳则应名支饷，阴则结党同行"。[3]

流氓也染指盐业，不仅走私贩盐，而且在一些盐场为非作歹。明中期以后，有一种"游手无籍之徒"，不务本等生理，十五成群，乘驾小船，出没在江上，充当贩盐的盐徒，即"盐枭"。他们多置篙楫，船中满载私盐，沿江上下，将盐卖与往来客商闲杂人等。当然，有时也会碰到一些不愿买私盐的人，他们就大耍无赖，将私盐一包丢入他人船内，自己口称巡捕，恐吓取财，得财以后，随之离去。等到私盐卖尽以后，他们也不愿早早收船，而是在江中上下浮游，寻找可以劫掠的目标。如果凑巧，遇到客船遭风搁浅，不能航行，正好船中人少，孤舟无侣，这些盐徒就起了歹心，一下拥众上船，肆行抢劫。舟人看到他们气势汹汹，深知力不能敌，只好任其所取，不敢起而反抗，因

---

[1] 章懋：《与许知县》，载陈子龙等编《明经世文编》卷95。
[2] 叶权：《贤博编》。
[3] 汪道昆：《保定善后事宜疏》，载陈子龙等编《明经世文编》卷338。

为一反抗，就必遭伤害。盐徒掠得财物以后，就回到自己船上，众手举棹，启船即行，江面阔远，顷刻之间，就见不到船的影子，船客只得呼天痛哭而已。有时，商船在江中航行太晚，未及止宿，或者船行得太早，天色还未明亮，也都会遭到盐徒的劫夺。[1]至于京东三河一带，更是盐徒横行，盐徒一半出自军卫。茅瑞徵诗云："漫道三河侠少年，轻弓短羽向人前。探丸杀吏浑闲事，沧海煎来作子钱。"[2]说明这些盐徒既属于"侠少年"，所干的事除了贩卖私盐之外，而且还将"探丸杀吏"当作等闲之事。

与此同时，在两浙盐场，也有一些"积年无籍之徒"，号称"长布衫"、"赶船虎"、"白赖"、"好汉"等，"纵横盐场，缉听长短，把持官府，诈害客商"。还有一些早年曾经问发口外摆站的囚徒，幸蒙朝廷宥免，重新回到盐场，但旧习未改，稔恶不悛，往往"又行挟诈"。[3]

把持钞关，染指朝廷税收，这是明代流氓参与经济活动的又一表现。明代各地方钞关中，凡是书手、门子、库子、皂隶等项人员，一般都由一些"积惯市民"充任，为害百端。更有甚者，各钞关附近还有一些"无籍之徒"，专门以招接船户、索骗银两为生。每当遇到船户到关，流氓就引船户写报单，指称打点纳料，多派银两，骗收在手，而实际上只将料银上纳。其中打点使用之费，也"倍于正料"。这些使用之费，流氓将一半分送在官人役，另一半就归入私囊。这样，当时就流传开了一句口头语，即"船户落铺户，一料成两料"。船户当然知道这些流氓包揽此事的奸弊，但因为自己经常要往来钞关，恐

---

[1] 章懋：《代题议处盐法利弊以裨国用疏》，载《皇明疏钞》卷42。
[2] 蒋一葵：《长安客话》卷6《畿辅杂记·古临洵》。
[3] 戴金编：《皇明条法事类纂》附编第38条《各处盐场光棍把持官府诈害客商情重者发边卫充军例》。

怕与他们结怨，所以不敢声张，只好在揽载之时，向商人多取纳粮各项银两，甘心投托这些"无籍之徒"。[1]可见，最后受害的还是那些铺户与商人。

不仅如此，流氓还把持宣课司，任意拦截过往客商，勒索钱财。如在张家湾宣课司，一些无赖之徒就假借巡拦生事，有时徇私纵放客商，有时容情随数纳钞，而有时则勒令客商卸车，搜检箱笼，有时更是故意高估客商货物的价值，借此多收钞贯。[2]运河是南北经济的命脉，明代流氓假称势要家人，把持沿途闸坝，诈骗漕军的财物，"或刻关防私记"，向过路漕军或客商横行索取，收受所谓的"条子钱"。[3]又如河西务也属于商旅官民船只总会之处，显然也已经被那些"无籍之徒"所把持。他们号称"喇虎"、"光棍"、"番子手"等名色，成群结党，专门在运河边等待那些来自江南的船户，"或诬赖偷盗官粮，或诈称欠少钱债，强诈财物，稍有不从，辄加绑打"。那些被害之人因考虑到离司法衙门窎远，而又无人看船，只得含忍，"有将船只变卖，空身而回者，有将本船器物货卖不能前去者，无辜受害，情实可悯"。[4]

与此同时，一些商人铺户慑于流氓的威势，也只好同他们相勾结，共干坏事。如一些商船商货到了北京正阳门宣课司，商人为了逃税，勾结流氓，于是就有"打光棍之徒行凶护送者"。[5]此外，一些铺户也

---

[1] 梁材：《钞关禁革事宜疏》，载《皇明疏钞》卷38。
[2] 孙原贞：《军民利病疏》，载《皇明疏钞》卷30。
[3] 申时行等纂：《明会典》卷27《户部》14《会计》3《漕禁》。
[4] 戴金编：《皇明条法事类纂》卷34《禁约通州至天津卫沿河光棍照依在京见行事例枷号充军》。
[5] 戴金编：《皇明条法事类纂》卷19《权豪无籍之徒搅扰商税者枷号三个月满日发落例》。

"专一交通光棍",⁽¹⁾靠恐吓诈取财物。有些商人也极无赖,他们专门雇用一种"应官市棍",也即无赖,一遇朝廷商业政策有变,就"倡言病商",⁽²⁾故意罢市。

驿递是明代交通的主要设施,除了有公文传递的政治功能之外,也是明代经济的生命线。但这些驿递,也往往被一些流氓所把持。从明人郑晓的奏疏可知,运河沿岸的驿递,南起自仪真,北至沛县,共计27处,除仪真至淮安一带尚能应付之外,从临清口至泗亭各处驿递,因为地方灾害,钱粮短少,已经很少发挥其应有的作用。这当然仅仅是一个原因。最为主要的原因,在于有一些"积年光棍",专门聚集凶徒,把持官吏,遇到一些公差人员到来,就关闭衙门,"团聚旷野,执持枪棍,堆积砖石,不接关文,不行应付,使客耽阁(搁),稍有较论,即便赶打,甚至伤人坏船"。等到差人去后,再"抄誊前路关文,黏投卷簿,填入循环,按季销算,官银发到,冒破侵用"。不仅如此,这些流氓还"聚众百余,酗酒行凶。"⁽³⁾到崇祯七年(1634),杨嗣昌曾巡历了迁安、卢龙、滦州一带,发现了诸多驿递之害。他在上疏中明确指出,因为驿递在佥报时存在着苦乐不均的现象,所以很少有人愿意承担驿递的差使,所以只好"凭市棍承揽代当"。这些所谓的"市棍",其实就是流氓。当承揽了驿递差事后,就"遇差逃躲不出",干拿朝廷与地方为驿递投入的饷银。⁽⁴⁾

开大店、放高利贷是明代流氓在经济领域中又一项活动。如在近畿地区,有些"无藉棍徒",假称自己是势要的家人,私开大店,拦接

---

〔1〕戴金编:《皇明条法事类纂》卷19《各处抽分厂不许私下受财卖放不该抽分者不许擅取例》。
〔2〕陈泰来:《陈节愍公奏稿》卷上《兑标还商疏》。
〔3〕郑晓:《端简郑公集》卷11《议处驿传疏》。
〔4〕杨嗣昌著、梁颂成辑校:《杨嗣昌集》卷6《巡历海滨周咨民隐疏》。

小民生理，让商贩出店钱，"虽一菜一鱼，铢两必较，以致京师物价腾高，小民难以度日"。此外，又有一些"光棍"，专靠放高利贷赚钱。他们预先估计好这家百姓产业若干，就贷给钱若干，每天连本利十分之一，定在何日全部交完。如果过期拖欠，就没收借贷者家业，有时甚至还卖其儿女以赔偿原债。这种高利贷，一名"活应子"，一名"虎皮钱"。老百姓无知，往往堕于光棍的奸计，过不了一个月，家产就荡然无存。[1]

流氓从事经济活动，决不会像商贩一样，老老实实，安分守己，只赚地区差价与辛苦劳务费，而是"白手起家"，公然从事经济诈骗，有时甚至如劫夺一般。苏州府买办年例有黄红罗、黄红绒、金箔、银朱、土朱、生漆、铜（桐）油、熟铜、熟铁、镜面、铅、锡等项，而四川布政司岁办有生漆、熟铁等项，按照惯例，一般均由朝廷出钱价前往南京收买。但至后，这些岁办均由揽头光棍包揽，价银被诓骗花费，岁办物件却仍由当地百姓摊派。[2]

流氓做的都是无本买卖，主要靠骗、抢过日子。明中期之后，这些流氓在江南市镇日渐横行，对市镇经济产生了极大的破坏作用，有时甚至导致某些市镇的衰败。如嘉定的南翔镇，过去"多徽商侨寓，百货填集，甲于诸镇"。至后，由于无赖的蚕食，徽商才"稍稍徙避，而镇遂衰落"。[3]

把持关卡税收与地方经济，是清代流氓参与经济领域活动最惯用的伎俩。换句话说。清代流氓做的都是无本买卖，通过无赖手段，获取钱财。清代流氓在经济领域中的活动，大致可以概括为以下几项：

---

[1] 李凤来：《因变陈言以实修省疏》，载《皇明疏钞》卷23。
[2] 陈俊：《应诏陈言疏》，载《皇明疏钞》卷17。
[3] 万历《嘉定县志》卷1《疆域考》上《市镇》。

（一）私设牙行，把持税卡。在清代，凡是城市集镇及其他贸易繁盛之处，必定设有牙行，在各路河港聚泊客船的地方，则设有埠头。所谓牙行、埠头，这两种人都是"客商货物凭借，以交易往来者也"，地方官府都选择一些有抵业的富户充应。因为这些人看重自己的身家性命，自知顾惜，可以避免非分之为与诓骗之弊，即使偶或有之，也有产业可以抵还。不过，这一规定并没有得到很好的执行，牙行往往把持在一些地方无赖手中。据记载，早在康熙年间，就有一些"地方棍徒"，对瓜果菜蔬等物"私立牙行名色，勒揩商民"。[1] 此后，流氓私设牙行之事就更是屡见不鲜。照规定，在北京的各牙行，都必须领帖开张，"照五年编审例，清查换帖"。但有一些流氓棍徒，却敢于冒犯法律，"顶冒朋充，巧立名色，霸开总行，逼勒商人不许别投，拖欠客本"。[2] 如咸丰年间，北京良乡县属下黄土坡，是一个水路通衢，为各方商贩所聚。于是，该县贡生郑吉祥，户书杨斌、申配，勾结土棍郑吉承、郑二、刘三、刘四等，私自设立一家"瑞兴顺牙行"，"勒价收买，苦害商贾，囤积居奇"。[3] 而在江南的一些市镇，牙行或凭借势豪之家撑腰，或自恃经济实力雄厚，常常成为地方一霸，称为"行霸"。花市、布行、柴行、米行、猪行均有行霸，他们擅自抬高或压低物价，把持行市，垄断一方。行霸的行为，均与无赖有关，或"结连光棍"，或"纠集游民"，甚至有些本身过去就是棍徒，"赤手私立牙店"。[4]

在清代的农村，一些硗田瘠土，全仗人力滋培。所以，粪土对于农业极为重要。一般说来，只有货利所关，才设立牙行估值，"未有

---

[1]《清圣祖实录》卷238，康熙四十八年六月庚子条。
[2]《大清律例会通新纂》卷14《户律·市廛·私充牙行埠头》。
[3]《清文宗实录》卷299，咸丰九年十一月乙亥条。
[4] 相关的考察，可参见樊树志《明清江南市镇探微》，第165—168页。

灰粪之（微）亦设牙行霸占取用者也"。不过，在清代江西沿河一带，有一些游手无赖棍徒，如果碰到进贤等县农民驾船前来换灰，就擅称"灰牙"，"辄计换灰人数，按名索取河埠租豆，又勒牙用豆及神福酒食等项"。如果稍拂其欲，这伙流氓就"留船只，逞凶滋扰"。[1]此外，一些地方光棍自称"经纪"，百十成群。他们每天到州县衙门中领牙帖"数十纸"，每纸给银二三钱不等。领到牙帖后，就持帖到市集上，任意勒索，不论货物大小精粗，都以买卖盈缩作为抽分多寡的依据，名曰"牙帖税"。如果商贩稍有不从，与他们发生龃龉，他们就随意驱逐，不让商贩"陈设于街道"。[2]

把持关卡，私收关税，也是清代流氓参与经济的无本买卖。在清代的各处关口，经常发生土棍把持的情况。如康熙年间九江税关，为地方官、富豪、恶棍及大臣家仆霸占贸易。[3]雍正年间，江南淮安府板闸地方，有一些土棍，"开立写船保载等行"，向县里滥请司帖，合伙朋充，在淮关上下，凡是有货船到关口，需要雇觅小船起剥，他们就"恃强代雇，任意勒索，不餍不休"。[4]在杭州，一些光棍串通关役，在出产茶、笋、柴、炭的地方，私自"设务抽税"，号称"白赖"。[5]流氓私设关卡之事，直至清末也时有发生。如光绪年间，在直隶安州、雄县、新城这些地方，就有一些流氓勾结蠹役，私立卡局，抽收船户钱文，名曰"船头"。此外，还勒索行旅，"大为地方之害"。[6]同治年间，京畿良乡县属琉璃河，就有来自天津县的流氓棍徒潘得华、张有

---

[1] 凌焘：《西江视臬纪事》卷4《禁灰牙勒索》。
[2] 张寿镛等纂：《清朝掌故汇编内编》卷25《职役》。
[3]《康熙起居注》，康熙二十一年二月十四日壬辰条。
[4]《清世宗实录》卷152，雍正十三年二月庚戌条。
[5] 赵士麟：《武林草附刻·禁约》。
[6]《清德宗实录》卷129，光绪七年四月己未条。

城等,在那里执废照,"私立税局,侵扰行旅"。[1]

清代流氓不但私自收税,有时甚至冲击官府设立的税房。如在罗文峪口外,常有一些百姓砍伐木板,通过此口运送到遵化州及迁安县的澈河桥、三屯营,卖钱度日。为此,工部和通永道在此"各有印号,抽税充饷"。自康熙五十七年(1718)以后,本地光棍吴三勾结旗人郑四,"借山主抽山分名色,抽立印号,公然私收"。[2] 又如雍正十三年(1735),江阴县地棍夏寿,纠集同伙,冲击浒墅关税房,"肆行不法"。[3]

(二)把持行市,扰乱市场。凡是买卖诸物,本来应该允许买卖双方自由交易。可是,一旦流氓参与市场,这种公平买卖的原则就会遭到破坏。这些流氓所采用的方法,就是"两不和同,而把持行市"。所谓"两不和同",与下面的"把持行市"语意相承,即"使买者卖者皆不情愿之意"。如自己要买物,就把持卖者,如自己卖物,就把持买者,也就是俗语所说的"强买强卖",而不允许他人自由买卖。这样,卖己之物,以贱为贵;买人之物,以贵为贱。流氓们随意把持行市,高下其价,扰乱市场价格。[4]

清代流氓把持行市的活动,细分起来,又可以析为以下四项:(1)把持脚行。与前面提到的行霸同样值得注意的是脚行。脚行是城市或市镇上从事搬运的脚夫的行帮组织,上有脚头,下有脚夫,以行霸为后台,在市镇上把持地段,肆行勒索。[5] 而这些行霸,其实就是一些无赖棍徒。如嘉庆十五年(1810),在巴县朝天坊从事脚力生意的脚夫宁毓济状告绰号"陈花子"的痞徒陈正刚,"仗恃痞恶之势,不循夫

---

[1]《清穆宗实录》卷78,同治二年九月上甲寅条。
[2] 觉罗英、礼博等:《奏请严禁私税折》,载《宫中档雍正朝奏折》第1辑。
[3]《清高宗实录》卷3,雍正十三年九月下乙丑条。
[4]《大清律例会通新纂》卷14《户律·市廛·把持行市》。
[5] 关于清代无赖渗入市镇"脚行"之实况,可参见前揭樊树志书,第168—170页。

头定议，额外估索，滋闹已非一次，行客切齿，街邻确证"。[1]道光元年（1821），巴县朝天门码头，"有流痞李尚元、魏不饱伙聚多痞，在于河坎，见有上货之时，恶等将客麻背上河坎；下货之时，由行背运街心，每捆索钱一、二文不等，方容夫运，否则不容夫背"。[2]（2）把持卖水。如当时北京的井水，本来任人挑取，不取分值。可是，有这么一批"无籍之徒"，私自立一"水窝"名色，分定地界，把持卖水，不容别人来挑取，而且任意增长水价，将井当作自己的世业，"私和售卖"。[3]（3）垄断京城铺户。在当时的北京，有一些流氓充当无帖铺户，私分地界，不让旁人在附近开张营业。否则，就将地界议定价格，铺户出了地价，"方许承顶"。当时北京发卖酒斛等项货物，一般都由车户承揽。但是，有些无赖车户就"独自霸揽，不令他人揽运，违禁把持"。[4]（4）垄断埠头。如清末江苏盐城县西门外广泰钉店对门有一小茶馆，是船埠头的下处，当地一位姓钱的行主，与姓杨的伙伴，相当凶狠，就专门设立船行，"勒索过往客船，每只二百文，空船每只四十八文，本地装货船每只一千文"。[5]

从清末的史料记载可以看出，一些流氓化的地方绅士，也开始把持地方的市场。以江苏邳州为例，绅士就开始把持地方上的"墟务"（即地方性市场）。换言之，地方事务均由这些绅董控制，他们事实上已经成为了"墟董"。从史料记载来看，如戴锡玲、戴廷琛、戴廷璐等墟董，把持墟务，勒派同族居民，每亩按年捐钱百文及数十文，捐麦一二升及半升不等。或一年一捐，或一年两捐，甚有派至数次者。自咸丰十年至

---

[1]《嘉庆十五年十月七日宁毓济禀状》，载《清代乾嘉道巴县档案选编》下册。
[2]《道光元年七月徐隆泰禀状》，载《清代乾嘉道巴县档案选编》下册。
[3]《大清律例会通新纂》卷14《户律·市廛·私充牙行埠头》。
[4]《大清律例会通新纂》卷14《户律·市廛·私充牙行埠头》。
[5]丁日昌：《抚吴公牍》卷9《盐城县记功》附《加函》。

同治六年，积捐钱数千串，麦数百石。复有牛捐、戏捐、外户捐、贴捐等名目，无非借端苛累，且擅将墟捐钱文动用，结交官长，贿通书差，至1000余串之多。又东徐书院由绅民捐助膏火，戴廷琛谋充董事，私挪膏火钱1000串，与州役杜玉等支用，以致士民痛恨。

这些绅董在地方上的危害，显然大于那些书差。而且他们得以把持地方事务，私自征收苛捐杂税，这和地方官员与衙门中书差的支持有关。正如当时的江苏巡抚丁日昌所云："绅董之不自爱，其弊甚于书差。何则？书差尚惧官为之箝（钳）制，绅董则内结衙门，外通土豪，可以为所欲为。即有认真办事之民牧，欲绳以法，又惧撼之不动，反为所伤，往往隐忍优容，酿成大变。"[1]

（三）打搅仓场，成为"仓匪"。如在京外各地，凡是收放粮草的仓场，总是有这么一批流氓，大多由职官子弟、积年匪徒、买头、小脚、歇家、跟官、伴当人等群聚而成，活动于仓场附近，三五成群，抢夺筹斛，打搅仓场，欺凌官攒，有时甚至挟诈运纳军民的财物。这种人，在当时被称为"仓蠹"，又被官府骂为"仓匪"。他们依附花户，在粮谷中掺和沙土，克减斛斗，美其名曰"吃仓"。仓蠹之弊，至清末尤甚。如咸丰年间，在北京的京仓附近，有绰号"禄米侯"刘七等26名仓蠹，在暗中把持，丛滋流弊。[2] 光绪年间，仓蠹之弊更是有增无减。这些仓蠹，内外勾结，盗窃仓场米粮。如当时有一位仓蠹张德顺，外号"铁算盘"，勾结其父张二（外号"弥利坚"），及其弟张四、张五、张十，另外还有"坐地虎"齐三等，一起拆廒窃米，每天带四五十人到仓里窃米。[3] 到了后来，这些仓蠹更是公开盗窃，肆无

---

[1] 丁日昌：《抚吴公牍》卷47《委查邳州圩董戴锡玲等勒派圩捐由》附《加函》。
[2] 《清文宗实录》卷290，咸丰九年八月下辛丑条。
[3] 《清德宗实录》卷66，光绪四年正月下己卯条。

忌惮。据说，每到晚上，这些仓蠹就聚集数十人，用白布缠头，各自带上顺刀，到附近各仓游弋窥伺，即使遇到巡逻的兵役，他们也极凶悍，毫无忌惮畏惧之色。[1]

在说到清代流氓搅扰仓场的同时，不妨顺便提提流氓充当揽纳户的行为，因为这也与仓场有一定的关系。所谓揽纳，即是指"包揽他人税粮，代其交纳"，不是多收纳户钱粮，就是贪图暂时挪用。所以，流氓充当揽纳户以后，不但民间百姓受他们的剥削，而且官府钱粮也被他们拖欠。

（四）包揽地方建设工程，垄断粜米救荒。如浙江绍兴府属山阴、会稽、萧山、余姚、上虞五县沿江沿海一带的堤岸工程，一向是由附近居民"按照田亩，派费修筑"。到了乾隆初年，一些地棍流氓就从中"包揽分肥，用少报多，甚为民累"。[2]

每当地方发生自然灾害，官府为了救灾，实行平粜政策，于是，"地棍奸牙，包揽囤贩"，[3]乘机大捞一把。如福建邵武，地田适宜种稻，米一直远运至省城福州，为此，邵武西南的禾坪、古山两地，形成了很大的市集。在这些地方，土棍"乘米价稍昂，聚匪把持，私禁搬运，托由保固"。于是，官府颁布法令，名曰"开把"，但这批流氓也悍然不畏，粮船"必得贿始放行"。[4]北京五城设厂平粜，本来希望给百姓以实惠，但是，一些无赖棍徒却"包庇寄顿，弊端百出"。[5]每当地方遇灾，官府为了招引商贩运米来售，就特准免税放行，一些流氓却从

---

[1]《清德宗实录》卷81，光绪四年十一月上丙午条。
[2]《清高宗实录》卷14，乾隆元年三月上乙未条。
[3]《清高宗实录》卷46，乾隆二年七月上己亥条。
[4] 陈盛韶：《问俗录》卷5《开把》。
[5]《清宣宗实录》卷65，道光四年二月乙巳条。

中作梗,"何得拦阻"。[1] 有时候,流氓任意捏造谣言,阻碍官府的平粜政策。如雍正年间,广东省城广州的各处米铺,大多由一些豪强光棍及旗下余丁所开,米价低昂全由他们决定。后来,他们听说官府有了平粜之谷,不能高抬物价,就捏造"官定价、拦谷船"的谣言。此后,他们干脆招集无赖棍徒千余人,一同赶赴粜米厂内,将正在买米的穷民打散,又砍断木栅,将监粜官巡检王大成打伤。后巡检奔赴巡抚衙门控诉,这些流氓也赶到将军、巡抚衙门喊禀,要求官府封仓,"只令米铺自卖"。[2]

(五)开铺买卖,违禁开矿。清代流氓经营的买卖与产业主要有下列几种:(1)赌馆。开赌馆,是流氓无赖最本色当行的买卖。如清末江南海州各集镇多开场聚赌,"抽头者,皆属无赖之徒"。[3] 清末江苏泰州,赌风甚炽,其中把持赌场者,均为一些"赌棍"。一些游手好闲之徒,见了年少子弟,动辄引诱他们参与赌博,史称"空心把市"。摇摊则做成铅骰,或手带铜铃,或口老虎,或一线天。掷骰则箍虎头,或钻铅大小面,打牌则插洗穿张,或三人抬一人,名目奇异,随时变幻,总期有赢无输。一堕术中,害无底止。在泰州城外,一向有赵应祥、周延培(即周六虎)、张三花子、颜光璧、徐小峰等人,都是著名的赌棍。[4] 又江南每当迎神赛会之时,一些游手光棍"复借此开设赌场"。[5](2)钱铺。在清末,北京的流氓盛行开钱铺,史书上的"奸商",究其实很多就是流氓出身。他们设钱铺,就是为了骗取钱财。所以,等到出票一多,就突然歇闭,"无盗贼之名而有其实,为害闾阎,

---

[1]《清宣宗实录》卷111,道光六年十二月上丁巳条。
[2] 杨文乾:《奏报豪强棍徒不法折》,载《宫中档雍正朝奏折》第5辑。
[3] 丁日昌:《抚吴公牍》卷28《海州书差索费饬查》。
[4] 丁日昌:《抚吴公牍》卷45《严禁泰州赌博》。
[5] 丁日昌:《抚吴公牍》卷32《示禁迎神赛会由》。

殊属可恶"。[1]到了后来,朝廷专门就此事颁布法令,凡是京城钱铺,无论新开旧设,都必须"五家联名互保,报明地方官存案"。[2]规定虽是如此,但流氓依然故我。(3)贩私酒。在清代,朝廷为维持小农经济,同时为了改善社会风气,一般禁止私设烧锅造酒,而贩私酒也是在禁之列。这样,贩卖私酒也就成了流氓参与经济的专有职业。如光绪六年(1880),流氓孙太占等贩运私酒,被巡役王端等缉获,但他的同伙却在中途拦夺,并将王端抢去,还拒捕殴伤其他差役。[3](4)贩卖洋药。在清末,西洋药品大量流入中国,对传统中药造成极大的冲击。所以,贩卖洋药也成了赚钱的极好机会,流氓纷纷从事此业。如在陕西的大荔、泾阳、临潼、渭南等地,洋药来源很多,买卖兴旺,不但流氓土棍暗地囤积,抬价居奇,就连那些差役、行头、局总,也纷纷纠集奸商,染指此业。有时候,流氓名义上贩卖洋药,暗地里却干些抢掠的勾当。如咸丰年间,在山西的汾阳、平遥、介休、洪洞、襄陵、太平等地,经常出现一批外来游棍,操楚、豫一带的口音,人数自七八十人至二三百人不等,结伙纠党,号称"土客",专门贩卖洋药。这些人白天散处在城乡各家洋药馆局,到了晚上,就"四出抢掠"。[4](5)开设一般性店铺,借此抢夺。如光绪年间,北京有一位流氓陈三,捏名赵敏,与他的儿子陈六在瓷器口开设一店,名"永顺店"。每当遇到蜡油进京,他们就"妄行勒索"。[5]又如清末江苏泰州土棍曹仁和,在南关外开设杂粮行,素不安分。[6](6)违禁开矿。广东花县象山脚等

---

[1]《清文宗实录》卷289,咸丰九年七月下壬辰条。
[2]《大清律例会通新纂》卷24《刑律·贼盗》下《诈欺官私财物》。
[3]《清德宗实录》卷121,光绪六年十月上丁未条。
[4]《清文宗实录》卷307,咸丰十年二月上壬辰条。
[5]《清德宗实录》卷89,光绪五年三月上癸丑条。
[6]丁日昌:《抚吴公牍》卷36《访闻泰州吏目等需索包揽各弊饬查》。

处产煤,自乾隆四年(1739)以后,此地几经封禁。到了咸丰十一年(1861),劣衿卢桂芳,串通土棍王汶田等,勾引南海奸商在象山脚等处开采煤泥,"聚匪愈多,劫盗频仍"。[1]

(六)假冒垦户,甚至抢割农民麦田。如在河南,有一些外省流棍,"并非力田之人,结党成群,朝秦暮楚,假借垦荒之名色,择肥而食,择懦而欺,将民间已经垦报之地递呈认垦,始则告官横争,继则强犁硬占,以致强者刀仗相加,弱者有粮无地,往往杀伤人命,狱讼繁多"。[2]更有甚者,"专恃强横,每逢田禾成熟,或指地土界址不清,或称重叠典卖不明,聚齐多人,各持凶器,肆行抢割"。[3]

四、军兵的流氓化

军队的流氓化过程,也即流氓参与军事活动,始于宋代,至明则更甚,到了清代,犹因袭未改。

宋代流氓有时也接受军队的招募,成为军兵,使军队更趋无赖化。如嘉定十七年(1224),赵范为安抚副使,"又请创马军三千,招游手之强壮者及籍牢城重役人充之"。[4]又如英宗治平元年(1064),刺陕西民为"义勇军",只刺手背,不再刺面。其实,这些义勇军决非愚钝纯朴的乡村农民,而是一些"强悍无赖"之徒。针对这种兵农分离的现象,司马光表示了担忧,并提出了不同意见。而韩琦则看到了这种兵农分离的历史必然性,深感招募无赖为兵,实可"免父子、兄弟、

---

[1]《清穆宗实录》卷85,同治二年十一月中辛酉条。
[2] 田文镜:《抚豫宣化录》卷4《严禁流棍假冒垦户扰累土著农民以靖地方以安民事》。
[3] 田文镜:《抚豫宣化录》卷3《为严禁恃强率众抢割麦田等事》。
[4]《宋史》卷417《赵葵传》。

夫妇生离死别之苦"。[1]在宋代，即使是巡检手下的土军，也由惰游恶少充任，以致为害乡里。有些流氓，虽初入绿林，但后也被招安，加入官方军队。如缁州人李全，开始至青州贩马，因当时正值金国多盗，道路梗阻，生意不好做，财本亏损，只好投涟水尉司充任弓卒。在此期间，他搜罗一群不逞之徒，结为义兄弟，任侠狂暴，剽掠民财，以致党羽日众，莫敢谁何，号称"李三统辖"。李全还专门打成铁枪一杆，长七八尺，重达45斤，日习击刺，技日益精进，被人称为"李铁枪"。这位李全后被张介招抚，授以兵马，"衣以红袍，号红袄军"。[2]所谓的"红袄军"，究其实不过是一帮无赖之徒。又如宋末，"群亡赖子相聚，乘舟钞掠海上"，以致当时"海滨沙民富家以为苦"。在这些无赖中，尤以朱清、张瑄最为雄长，"阴部曲曹伍之"。后朝廷实行招抚，"清、瑄即日来，以吏部侍郎左迁七资最下一等授之，令部其徒属，为防海民义，隶提刑，节制水军"。[3]

元代军兵也有流氓化的倾向。如至正二十四年（1364），王伯胜从征乃颜，因为有功，被授拱卫直都指挥使。在此前，拱卫直隶教坊卫的军兵，"多市井无赖窜名焉"。伯胜上任后，就"尽募良家子易之"。[4]天历、至顺年间，勇悍无赖子弟相继成为元军的骨干，在海南用兵之时，颇起作用。元末文人危素对此作如下记述：

> 天历、至顺之间，海南黎母山寇作，出师讨之。时主将募勇悍无赖子弟为之前驱，谓之答剌罕军。答剌罕者，纵恣无禁也，

---

[1] 陈邦瞻：《宋史纪事本末》卷35《刺义勇》。
[2] 周密：《齐东野语》卷9《李全》。
[3] 陶宗仪：《南村辍耕录》卷5《朱张》。
[4] 曾廉：《元书》卷65《王伯胜传》。

于是尽歼刈黎人无遗种。其后主将者官广西,用其法,亦募勇悍无赖子弟,以制莫徭僮人之为寇者。初亦颇立御寇功,久则习知官府事体,乃潜与寇通。寇出,则有司必使之逐寇,寇既不可得,乃盗夺财货牛豕,斩馘良民以要赏。其民罹荼毒者廿年,去天万里,无所控诉,岁复仰给县官,耗费亡艺。言者孰知其为南粤害,请罢其所给,一旦发愤,相呼起为剧盗。[1]

军队的雇佣化,必然带来军队的无赖化。这种从无赖中招募的军队,固然初期具有一定的战斗力,在平定地方骚乱中起到一定的作用,上述元代的"答剌罕军"大致如此。但时日一久,这些军兵的无赖本性复发,就置军纪于不顾,依然抢掳百姓,乃至"斩馘良民以要赏"。可见,这种带有流氓习气的军兵,与贼盗并无差别。而事实上,元代的很多贼盗,就是由无赖组成。如元延祐二年(1315),"大盗弄兵宁都,焚城杀守吏,势甚张。(泉)州之无赖男子帅众应之,遂谋来攻城"[2]。又如元至大二年(1309),"剧贼金卒二啸聚无赖,往来温、台、处、婺间,白昼钞掠,吏莫敢谁何"[3]。

至元末,在一些保护乡里的地方军队与起兵反元的豪杰队伍中,流氓同样成为这些军兵的主要来源。如元末钱塘田氏居方山东夹塘,在当时极为闻名,就"养少年亡赖三千人为兵保障乡土"。在这些军兵中,又专门选出500余人,作为家丁健儿,"悉刺为花拳绣腿,以龙凤蛇虫别其贵贱之分"。等到明太祖朱元璋起兵,灭了这支乡里队伍,"皆

---

[1] 危素:《危太仆文集》卷8《送敖巡检序》。
[2] 宋濂:《宋文宪公全集》卷43《赵侯神道碑铭》。
[3] 程敏政:《贞白先生郑公行状》,载《师山先生文集》附录《济美录》卷2。

充花拳绣腿军"。[1] 元末张士诚起兵反元,在他的队伍中,也有很多人是盐场的"游手少年"。[2]

正如前述,在明代矿徒与盐徒中,有相当一部分人属于无赖阶层。在平常时期,这些人虽都是不逞之徒,干些见不得人的勾当,但都是暗地里为之,心存畏避,不敢明目张胆。一等地方上有事不太平,这些人都被"籍以为兵,应征调",官府反而对他们有所依靠,于是就有恃无恐,为所欲为。碰到官府招募军兵,矿徒与盐徒可以不如期应召。不过,其头目的神通却极大,"某家有枪手若干,某姓有梃手若干",他一清二楚。一旦头目应召入伍,标下就立即聚集数百。[3] 这样,由于矿徒或盐徒的加入,使明代的军队中增加了不少流氓的成分,形成了所谓的"兵痞"。关于明代军队的流氓化,《隋史遗文》的作者袁于令一语道破天机:"盖因如今的兵,不似古时兵,就在农夫中间,都是招来的游手游食之徒。"[4]

明代初年,朝廷实行卫所制度,军屯遍布沿边与内地卫所,实行兵农合一。至明代中期以后,尤其嘉靖以后,由于卫所制的败坏,地方骚乱的增加,因而就有募兵制的兴起,兵农终而分离。这样,兵役不再由农夫担当,而是由游食无赖之徒充任。关于这一点,明人曾作过这样的描述:"时承平日久,民不习兵,招一切无赖,使纨绔将之以对敌,蔓延至是。"[5] 当然,确有一些人对这种兵农分离深感困惑,并发现它带来的很多弊端,也希望重归兵农合一的制度,但终究没有实现。个中原因,明末人冯柯已一语道破。他认为,每当地方有事,一些英

---

[1] 田艺蘅:《留青日札》卷10《文身》。
[2] 查继佐:《罪惟录》,《列传》卷6《吴张士诚》。
[3] 苏祐:《逌游璅言》,载《说郛续》卷19。
[4] 袁于令:《隋史遗文》第39回。
[5] 叶权:《贤博编》。

雄豪杰倡导护卫乡里,但土著之谨厚者、富产业者都不愿意参加,只好纠合"市井嚣顽、游浪无赖子弟以集事"。一旦骚乱平定,这些无赖就无从安置。他们"素非能耕稼者也",显然不能让他们归之南亩,但也不能让他们重新回到市井游荡,因为这些无赖子弟经历过战事,知道军事的道理,一旦再有豪杰"呼之而起",对朝廷是个不小的威胁。无奈,只好支付这些无赖廪饩,"使之免耕稼之苦,有衣食之资",[1]成为专职的军兵。

明代中期以后兵农分离的结果,导致了无数无赖流入到军队中,有些从此就起身而为将领。如明末较有名的田雄,"少年无赖,为暴于乡里",后来投身行伍,凭着战功,超升为靖南伯黄得功的中军。[2]又如曹州人刘泽清,"少无赖,为乡里所恶",后来徙居曹县,遭乱离,就投入军伍,"积功至总兵官",还被封为东平伯。[3]

更为值得关注的是,到了明末,一些"流棍"开始营充"游奕哨总",使原本属于缉拿盗贼的地方军兵,也开始干一些无赖的勾当。如明末的广东,有一位叫陈熊英的"游奕哨总",就犯下了很多诈骗之罪,诸如:借助陈鉴初"接济奸徒"一案,"吓诈"陈盛东,从中获银5两;在处理案子时,从王缵凤处得银钱12个,每钱重7钱5分,与李耀书、龚应魁私自瓜分,又从曾希祉、谢玉宇家属中诈银12两,从黄心台处诈银70两,与李耀书共分;从翁榜观处套骗银6两3钱,并在搜查村庄时,私自藏匿绸4匹、布17匹、火酒111埕、面65包、米30包。陈熊英所有这些骗诈活动,均有"同党局诈"之人,除了李耀书、黄番鬼、龚应魁、陈三省之外,还有中军许弘佐以及张把总、洪把总。

---

[1] 冯柯:《质言·经世编》。
[2] 顾公燮:《丹午笔记·田雄挟弘光出降》。
[3] 抱阳生编:《甲申朝事小纪二编》卷10《刘泽清佚事》。

除了借捕盗进行诈骗之外，这些"哨役"还公开抢劫。如有一位"闽棍"陈国英在营充了哨役之后，沿河劫掠，罪恶贯盈，真可谓罄竹难书。如李玉从广西买米150石，到了广州沙角尾时，被陈国英整船抢去。[1]显然，他的诈骗活动得到了军队中的中下级官员的暗中支持。

在晚明，无赖普遍向军队渗透，上到京师的京营，下到地方的民兵、弓兵，无一不是游棍充斥其间。就京营而言，原期望其人人能战，但后因承平日久，不见战阵者数百年，再加上积弊相沿，所以一等发兵剿贼，"皆沿路无籍游棍代顶，本军正身并未出京一步。将领利扣其粮犒，游棍利恣其扰抢，饰败为功，冒功滥赏，归营则本军依旧充伍，代顶者复沿路散亡"。[2]与此同时，在关中一带，地方官吏也罢斥了原先设置的"壮夫"，招募一些"光棍游手者，食以精廪，给以利器。又汰不堪供役之户，征取银十两，资其装束"。[3]又如民壮，每遇编徭，"听凭棍徒包当"，白白地成了"衙门市棍之薮"。[4]显见，无赖也成了地方民兵的主要来源。巡检司弓兵的设立，本是为了盘诘奸盗。但至后，各处巡检司弓兵，"皆系光棍包当，每日勒取过往商贾税课，索掯平人财物而已"。[5]弓兵本为安民，此时却是扰民。明代流氓不仅充任军兵，有时甚至靠冒滥军职之权发财。据致仕国子监祭酒李时勉言，在景泰初年，武臣子弟的袭职，所考者只有"走马跳涧射矢"，于是，一些京师的无赖子，"多市快马规利"，着实发了一笔横财。[6]

――――――

[1] 颜俊彦著，中国政法大学法律古籍整理研究所整理标点：《盟水斋存牍》一刻，《谳略》卷1《贼哨陈熊英等》、《掳米狼哨陈国英等》。
[2] 吴甡：《忆记》卷3。
[3] 康海：《与王秉衡》，载陈子龙等编《明经世文编》卷140。
[4] 赵炳然：《海防兵粮疏》，载陈子龙等编《明经世文编》卷252。
[5] 胡宗宪：《题为献愚忠以裨国计事疏》，载陈子龙等编《明经世文编》卷265。
[6] 谈迁：《国榷》卷29，代宗景泰元年。

杨嗣昌的说法，基本已经将明代末年募兵、民兵、土兵的无赖化倾向及其危害作了很好的概括。根据他的概括，以募兵为例，他们从各地被征召、募集之后，就会被分发调遣到发生动乱的地方。照理说来，他们辞去乡井是到战场上拼命的，可是所过之处，民间百姓因为害怕他们抢掠，只得"罢肆闭门"。这些人无法从市场上买来自己所需的物品，最后只得"翻成抢掠"。百姓遭到抢劫以后，到地方官员衙门泣诉，地方官员也只得隐忍容之。正如杨嗣昌所说："一处兵来如是，别处又然；今日兵过如是，明日又然。"在这些募集之兵的骚扰下，农民、商人就会"不得安然作业，输纳租税"。以州、县的民兵为例，当然他们结队不满千百，比起那些募兵来，确实是"为害有涯"，但他们骚扰地方，让地方百姓担惊受怕则如一。至于土兵，当时明末要求从六省一时征集四万之众，调遣之地计程又有数月之遥，而安家却无一钱之例，于是这些土兵就更是"数千为队，到处凶残"，一向就无纪律可言。民间的百姓因为言语不通，谁肯与之交易？即使他们不想抢掠，但为了"求遂其饥食渴饮之常"，他们骚扰地方百姓，也是不可言状。所以，较之州、县民兵，这些土兵之害确实"何啻什伯焉者"！[1]

明代军队的流氓化，在初期或许对纠正卫所的败坏有一定的作用，但就其最后的结果而言，并不能提高军队的军事素质，反而使军纪更加败坏，小民百姓更加遭殃，所以在明末流传着"贼过如梳，兵过如篦"的谣谚。这确是明末军队流氓化所带来的不良后果的实录。

流氓化的军兵，其实就是兵痞。这种兵痞，在清代出现得较早。如康熙四十四年（1705），营兵王汉杰纠集300余人，"在城中抢掠当

---

[1] 杨嗣昌著、梁颂成辑校：《杨嗣昌集》卷1《陈言兵饷疏》。

铺"。[1]至乾隆时期，这种兵痞有增无减。如在江南、江西、湖广这些省，由于襟江带湖，广袤数千里，所以设立塘汛，其本意是为了"卫商民，防盗贼"。但是，当时有一批"不肖兵丁"，即兵痞，"疏懒废弛，养盗贻患，受其规礼，分其赃物，为之声援向导"，[2]简直与流氓、土匪没有什么区别。到了清末，军队的流氓化似乎已是大势所趋。咸丰年间，时人乔松年就说，清朝军队"多系无籍游民，平时不守纪律，临阵辄行溃散，甚或纷纷投贼，流弊不可胜言"。[3]这决非危言耸听，而是当时军兵无赖化的实录。

每当一朝衰落之时，无赖游民就大量进入军队，使军兵的军事素质下降，这反过来又加速传统王朝的衰败。清朝也不例外。当时，四川、湖广、河南等省的勇目，都是"招合无赖投效，以一报十，冒领口粮"[4]，徒饱无赖的欲壑。不过，这些无赖化的"游勇"，有时也能歪打正着，起一点作用，这就取决于将领的用兵之道了。如清末鲍霱的军中多容游勇，平时仅给之食，一有空额，就补为正兵。每当战斗时，就让游勇当先，"胜则大军继之"，如果不胜，对方与游勇混斗已久，纪律必乱，就乘机以锐师进攻，所以"往往克捷"。[5]清朝末年，在上海也兴起一股兴办民团之风，招集乡勇，作为地方防御的主要力量。于是，地方官让各乡堡"设局团练"，民捐民办，各守村镇。事实上，这些民团也多由一些流氓组成。就团董来说，大多是"平日武断之徒，为乡里所切齿"；至于募集的团勇，更是"半为地方之无赖，半属失业之流民"。这些人尽管拿着官府每天所给的工食银，但并不操练技勇，

---

[1]《清圣祖实录》卷221，康熙四十四年六月乙酉条。
[2]《清高宗实录》卷19，乾隆元年五月下丁巳条。
[3]《清文宗实录》卷319，咸丰十年五月中庚戌条。
[4]《清史稿》卷406《胡林翼传》。
[5] 刘体智：《异辞录》卷1《李鸿章鲍超生憾》。

而是整天聚集在那些酒坊茶肆，聚赌吸烟。所以，当时有人模仿《陋室铭》，对这些团勇作了如下刻画："号衣二片白，烟铺一灯青，可以沽美酒，谈拳经。无胡笳之乱耳，无战斗之劳形。"[1] 说明这些团勇的生活是相当地安逸。

当然，这些无赖化的散兵游勇，给社会带来的益处极少，更多的还是败坏军纪，扰乱社会治安。如咸丰年间，出自广东潮州的"潮勇"极为闻名。此地百姓素性犷悍，其中的失业游民，往往都到外省觅食，千百成群。自咸丰以来，这些潮州游民以充当"潮勇"为名，纷纷航海到外地，在乍浦、上海等地登岸。这些潮勇，良莠不齐，有很多就是无业流氓，所以常常聚众滋事。咸丰五年（1855），在苏州，就发生了潮勇抢夺行李的案件。[2] 在江苏丹阳县，自新丰至月河一路，有很多潮勇结党成群，"或十数人一船，或二三十人一船"，船上都插着"潮勇"旗号，在河上往来行驶。遇到商民船只经过，就以查船为名，到商民船中搜翻，将行李银物抢掠一空，有时甚至连船也一同抢去。这种野蛮的抢掠行劫，即使官绅，有时也很难幸免。[3]

到光绪年间，一些游勇在城中肆意滋事，随机抢劫。为示说明，下面不妨引述一例。光绪元年（1875），在苏州桃花坞宝成桥，有游勇四人，与过路之人大打出手。这几个游勇号褂都一律反穿，也不知是何营之兵。当时，有一店伙携带洋银110元、钱1000文，打算送往别店归账。路过此处，正赶上事闹之时，路上拥塞，难以前行。于是，就站在一旁静候。不料，这些游勇突然冲上前来，拉住店伙，伸拳毒打，并用尖刀直刺其股。这时，见者无不惧怕，不敢向前营救，而店伙的

---

[1] 毛祥麟：《三略汇编》卷5《会匪记略》，载《明清上海稀见文献五种》。
[2]《清文宗实录》卷185，咸丰五年十二月上辛卯条。
[3]《清文宗实录》卷180，咸丰五年十月中癸卯条。

银子却被游勇抢去，并当即逃得无影无踪。[1]

在清末，很多游勇加入了哥老会，构成秘密社会成员的一部分。大致说来，清代秘密社会的成员主要来自以下两部分：一是运河及长江上的成帮水手，二是散兵游勇。可见，秘密社会与流氓的关系极深。在粮漕运河一线，水手均有各自的帮派。如江、浙等省粮船水手，一向就有"老官"之名，设教拜师。[2]当然，这种水手行会的设立，其本意仍不过为"敛钱树党"计，从而与那些习教的会社有所不同，但确与秘密社会具有一定的渊源关系。何况，这些漕帮水手的行为，有时也与流氓土匪没有什么区别。如南方滨江两岸，多系芦洲，百姓都把芦苇堆贮在洲上，卖此度日。而每当江南、湖广、上江各帮漕船在江上往回时，就有一些不法水手，"辄纠集多人，蜂拥上岸"，强行夺取芦柴。[3]到清末，散兵游勇也纷纷加入秘密社会。近人的研究成果已经显示，在营兵丁、游兵散勇对哥老会的创立、蔓延和扩张具有相当重要的意义。[4]如哥老会成员胡青云，是庐陵县人，先在"各营当勇"，后被革出营，就在外到处游荡；又吴金海，是南昌人，"亦系游勇入会"。[5]

五、参与文化活动

流氓一旦人数增加，形成了一个独立的社会阶层，就能无孔不入。

---

〔1〕《申报》，光绪乙亥四月初九日。
〔2〕《清宣宗实录》卷87，道光五年八月壬戌条。
〔3〕《清世宗实录》卷153，雍正十三年三月庚寅条。
〔4〕吴善中在《晚清哥老会研究》一书中（第249—259页），制作了《同治光绪年间哥老会成员背景一览表》，统计了哥老会成员共247人，其中在营将领兵丁、游兵散勇、武举为137人，占总数的55%。这已颇能说明问题。
〔5〕《江西巡抚德馨奏拿哥老会吴金海等分别惩办折》，载《近代史资料》总第77号。

即使民间的各种文化生活，有时也被无赖之流所操纵。

早在宋代，流氓就已经开始把持地方祭祀，参与各种文化活动。如宋代福建漳州府，自城邑到村墟，庙宇林立，鬼神称号众多。各庙都有迎神之礼，因此每月都有迎神之会。这种神会，均由一些无赖把持，他们靠此觅钱度日。每年到了春初，当地就开始措办迎神财物。有时装扮成土偶，号称"舍人"，群呵队从，撞入别人家里，迫胁题疏，多者索钱十千，少者也不下一千；有时装成土偶，号称"急脚"，立于通衢大道，拦街要钱，遇到担夫贩妇，就拖拽攘夺，犹如白昼行劫一般，无一遗漏；有时刊印百钱小榜，随门追取钱财，"严于官租"，即使是单丁寡妇，也不能逃过。所有这些神会，其发起者都是游手无赖，他们借此"括掠钱物，凭借使用"。当然，为了使这种神会顺利进行，而老百姓也愿意出钱相助，他们又聘请乡里的尊长为"签都、劝缘之衔"，还让宗室成员为羽翼，称其为"劝首"，甚至还让豪胥猾吏为爪牙，称其为"会干"。[1]一旦钱已募集，这些无赖流氓就花费无度，随意浪荡。

在明代，大凡僧道寺观庵院，如果要在当地相安无事，首先是"必得一两个有势力的富户作护法"，其次是"常把些酒食，餍足这些地方无赖破落户"。[2]否则，就不得安稳。此外，地方上各种庙会与香会，本来都是民间百姓娱神悦人的活动，却也多为流氓所把持。

在明初，朝廷严厉禁止迎神赛会，若有军民装扮神像，鸣锣击鼓，迎神赛会，将被处以"杖一百"之刑，此外还要"罪坐为首之人"。[3]自明代中期以后，这种条法已形同虚设，民间的迎神赛会兴盛不衰。

---

[1] 陈淳：《上赵寺丞论淫祀》，载万历《漳州府志》卷10。
[2] 袁于令：《隋史遗文》第9回。
[3] 熊鸣岐：《昭代王章》卷2《禁止师巫邪术》。

这是因为此类活动不仅是民间百姓的日常消遣活动，而且也为一些地方无赖所支持。如在三吴地区，每当春夏之交，地方上就妄言神降，兴办"社会"，"于是游手逐末、亡赖不逞之徒，张皇其事，乱市井之听，惑稚狂之见"。这种"社会"，其主持者"会首"之流，除了由一些"富人有力者"充任之外，一些"里豪市侠"，因为他们具有"以力啸召俦侣"，醵敛青钱、白粟的本事，也能充当"会首"。这种"社会"，大多要实行一种"打会"的仪式，这种仪式也由"手搏者数十辈为之前驱"。"手搏者"云云，说白了就是无赖打手。"凡豪家之阻折，暴市之侵陵，悉出是辈，与之角胜争雄，酣斗猛击，旁观之人无不罢市掩扉，夺魄丧气"。[1]可见，流氓不仅是民间社会的组织者，而且是积极的参与者。又如浙江桐乡，原来只有老人婆子辈念佛的"佛会"。至万历二十九年（1601），"恶少始倡观音会"，费用在二三百金之上。[2]在广州，每年到了迎春之日，各街坊一些"游闲好事不务生理之人"，往往聚集在一起，"多装扮台阁，填街塞巷，举国如狂"。[3]

更为令人称奇者，即使那些在明初相当严肃，其本意不过是尊老或教化百姓的活动——"乡饮酒礼"，一些流氓也开始滥竽充数其中。如王廷相记载："安定一市井无赖，挟有司，每乡饮辄为正宾。"[4]这应该说是最好的一个例证。

流氓与民间节日庆典活动的关系也极深。每遇这种盛典，他们相当活跃，而且还举行文身的仪式。据载，每当五月初五端午节，"无赖

---

[1] 王稚登：《吴社编》，载《说郛续》卷28。
[2] 李乐：《见闻杂记》卷5。
[3] 颜俊彦著，中国政法大学法律古籍整理研究所整理标点：《盟水斋存牍》一刻，《公移》卷1《禁扮春色》。
[4] 王廷相：《王氏家藏集》卷32《明赠资政大夫刑部尚书许公墓碑铭》，收入《王廷相集》。

子弟以是日刺臂作字",均为一些"木石鸟兽形"。[1]在福州,一些无赖简直靠迎春社会混饭吃。每当此日,多陈百戏,"恶少辈多舞狻猊,求索尤甚,即藩臬长无奈之何"。[2]又如福州祈禳土神"五帝"时,居民也鸠集金钱,设醮大傩。在这一活动中,就有一些游手之徒,"或扮鬼脸,或充皂隶,沿街迎赛,互相夸耀"。[3]这种情况,在北京也是大致如此。明代北京民俗崇佛信佛,因此,一些无赖就手持神像,"悬人家门上,鸣鼓唱歌,蹈舞如神状,得施钱米,辄之他所,复如之,终日不厌"。[4]即使是民间的烧香活动,明代的流氓也不放过,时常参与其间。如松江府上海县有座崇福庵,俗名三官堂。每当春初,四方百姓,千里走集,前来此庵烧香,于是一些少年子弟和轻薄无赖,到了春日就以游荡为事,"三五成群,环观进香妇女,遇少艾者,甚至循途踪迹,偶语戏谈"。[5]此外,杭州之天竺、法相两寺,与吴之虎丘、观音等寺庙,也是游人丛集。每当此时,一些"少年无赖子聚而观之,又肩相摩也"。[6]

有一点显然颇值得注意,即明代北直隶的一些乡村流氓,其平常的文化活动,以及所用的乐器,开始受到蒙古人的影响。这或许与明朝政府在北直隶大量安置元代遗留下来的"鞑靼"或"鞑官"有关。如史料记载,在北直隶的各府、州、县及镇店、乡村,有一些光棍,平日不务本等生理,专门沿街游荡。其中更有一些流氓化的快手、民壮骑在马上,"合打插儿机、紧急鼓,及弹琥珀词等项,殊乖中夏礼义

---

[1]《古今图书集成》,《方舆汇编·职方典》第39《顺天府部》。
[2]《古今图书集成》,《方舆汇编·职方典》第1044《福州府部》。
[3] 海外散人:《榕城纪闻》。
[4] 沈榜:《宛署杂记》卷17《上字·民风》。
[5] 叶梦珠:《阅世编》卷3《建设》。
[6] 伍袁萃:《林居漫录多集》卷2。

之教"。[1]上面所谓的"插儿机"、"紧急鼓"或"弹琥珀词",从史料所言"殊乖中夏礼义之教"一句,基本可以断定是元代蒙古遗风。

  清代流氓对文化生活的参与,首先是民间节日的各种庆典活动。他们出面办庙会,找戏子唱春台戏。上元节的灯会,大概就是一年中流氓所主持的第一个庙会。如湖广黄冈县仓山埠吴野矶地方,吴姓聚族而居。当地有一著名土棍,名吴均山,在灯节时,"敛资玩灯,按户收钱"。当然,在收钱过程中,这位流氓仍暴露出好勇斗狠的无赖本色。当时有一人不愿出资,就与吴均山发生口角,吴就将这个人捆绑起来,并带人将他家的住屋拆毁。[2]此后,五月下旬,为城隍神诞,在湖南宁乡,民众就"抬神游市,雇贫民美色女子,装演杂剧抬行,备极鲜妍,以娱众目"。同时,一些少妇幼女,"背枷带锁至庙中坐香,百十成群"。每当这种时候,流氓恶少就最活跃,整日围着这些少妇转,但这些少妇的"本夫亲属,恬不为怪"。[3]在清末的上海,每年在清明日、七月望、十月朔,"例以鼓乐奉城隍神出诣北郊,坛祭无祀鬼魂。仪仗舆从,骈阗街巷,马至数百匹。妓女椎髻蓬发,身著赭衣,银铛桎梏,乘舆后从,谓之'偿愿'"。有时候这些少妇徒步市中,于是一些轻薄无赖少年就"指视追逐以为笑乐"。[4]

  在庙会期间,照例还组班演戏,算是娱神。这种文化活动,一般也由一些地棍张罗。如湖南宁乡,每年从正月到三四月间,每个村庄就借敬神酬愿为名,演唱花鼓戏,称之为"迎案"。沿村轮接,排筵宴客,男女聚观,一家耗费达数十千。于是,一些地棍"借此分肥",而

---

[1] 嘉靖《威县志》卷2《地理志·风俗》。
[2] 《东方杂志》第2年第5期《宗教·各省教务汇志》。
[3] 朱孙诒:《宁乡劝诫士民条约》,载《团练事宜》。
[4] 王韬:《瀛壖杂志》卷1。

平民却因此破产。[1] 在苏州，不论城市、乡村，每年二三月间，就有一些地方无赖棍徒，借祈年报赛为名，"出头敛财，排门科派，于田间空旷之地高搭戏台，哄动远近，男妇群聚往观，举国若狂"，这在当时称为"春台戏"。[2] 其实，这些土棍流氓组织春台戏，其本意无非是为了"分肥各饱"，而其社会效果似乎也并不很好，演出期间，"人被挤伤，女被污乱"，而且这些土棍自己也乘机抢掠。[3]

其次，清代流氓不仅组织地方性的文化活动，而且自己积极参与其间，成为一些艺术团体的班主或成员。一些民间的戏剧、舞蹈等，很符合流氓的审美趣味，也是他们消闲的极好活动。清代流氓所参与的戏剧、舞蹈与游艺，大致有以下五种：

一是土梆戏。此戏是开封人一向沿袭下来的戏种。土梆戏的节目大致为一些公子遭难、小姐招亲、征战、赛宝等事。其中的道白与唱词，也全都采用汴语，而略微加入一些靡靡之尾音。一些游手无赖之徒，只要略习其声，就可以搭班演唱，"以供乡间迎神赛会之传演"。[4] 演出三日，收费不过钱十余千文。

二是罗戏。在清代的河南，常常于集镇冲要处所扎搭高台，演唱罗戏，动辄三五日不散。演戏的戏子，并非梨园子弟，不过游手好闲之徒，"一时乌合，随口乱谈，无腔无板，有会即聚而唱戏，无戏即散而为盗，故多养于捕役之家"。[5]

三是秧歌。秧歌一名鹦哥戏，南北方都有。"词甚鄙俚，备极淫亵，

---

[1] 朱孙诒：《宁乡劝诫士民条约》，载《团练事宜》。
[2] 顾禄：《清嘉录》卷2《春台戏》。
[3] 鄂容安等撰：《襄勤伯鄂文端公年谱》，雍正二年甲辰条。
[4] 徐珂：《清稗类钞·戏剧类·土梆戏》。
[5] 田文镜：《抚豫宣化录》卷3《特揭保甲之要法以课吏治事》。

一唱百和，无丝竹金鼓之节"。[1] 早在康熙年间，演秧歌的"妇人惰民婆"，与那些"不肖之徒"即流氓就渊源颇深。如史载："不肖之徒，将唱秧歌妇人惰民婆接去饮酒，赌钱生事。"[2] 光绪二十七年（1901），慈禧西巡返跸，已显衰老倦勤，只求旦夕之安。当时的宠监李莲英窥知慈禧本意，"思所以娱之，于观剧外，辄传一切杂剧进内搬演"。果然，慈禧看后大悦，尤其喜欢秧歌，"缠头之赏，辄费千金"。秧歌风靡一时。于是，近畿地区的一些无赖游民，就专习秧歌，争奇斗艳，"冀以传播禁中，得备传召，出入大内，借势招摇"。[3]

四是太平鼓。太平鼓戏主要流传于北京一带，"铁条为廓，蒙以皮，有长柄，柄末缀铁环十数，且击且摇，环声与鼓声相应。其小者，如碗如镜，为孩提玩物，更有大如十石甕者"。当时，专有一群不逞无赖之徒，在市上击太平鼓，"所至鼓声、环声、喧笑声、哄闹声，耳为之震"。道光年间，这些无赖之徒结为"太平鼓会"，以太平鼓为名，所从事的却是抢掳妇女的流氓活动。太平鼓会中聚集了百数十人，每人着大羊皮袍，在路上遇到秀色妇女，就一起以皮袍围起来，"裹而奔"。如果妇女大声号哭呼救，这些无赖就众鼓齐鸣，使街上人无一能听到救喊声。因此，远近妇女失踪不少。到了晚上，这些无赖"则挟至城根无人处，迭淫焉，往往至死"。[4] 其幸而存者，也畏葸不敢告人。

五是玩虎戏。以虎为戏，清乾隆时就有了。而玩虎者，也大致是一些"游手儿"，即流氓。清人黄仲则曾观虎戏，并作有《虎圈行》一诗，对虎戏叙述备详。

---

[1] 徐珂：《清稗类钞·戏剧类·秧歌戏》。
[2] 《康熙起居注》，康熙四十五年八月二十一日丙午条。
[3] 徐珂：《清稗类钞·戏剧类·秧歌戏》。
[4] 徐珂：《清稗类钞·戏剧类·太平鼓戏》。

再次，流氓还参与宗教活动，与宗教发生关系。其具体的表现为：流氓流入寺院，使佛门门风败坏。至清末，一些流氓干脆加入基督教，成为横霸一方的流氓"教民"。

关于僧人的流氓化，笔者在前面有关"神棍"的分析中已有详细阐述，在此不赘。下面专说流氓"教民"。自清末以来，教民中的不法之徒越来越多，时常因为雀角微嫌，就互相聚众持械，扰害生事。耶稣、天主两教存有差异，两教的教士就倚强凌弱，恃众暴寡，互相攻击，各树党徒。在清末，教案发生频繁，其中很多与流氓有关。如当时绍兴城内有一座大善寺，系全府的公有财产。后来，赌棍高百龄等"串同教士，勒租寺地，致成民教交涉"。湖南前桂阳县监生何提旺，到衙署指控痞棍何新甫夺木。这位痞棍心中胆怯，就偷偷赶赴广东仁化县，央求华人教士刘赞新持牧师嘉礼士的名片，到县里说情，却被知县婉言拒绝。后痞棍何新甫私自将县署前朱斌元的房产典卖给刘赞新，刘教士就在那里开堂传教。[1] 当时，基督教各派中，由于流氓的投入，时常造成互相斗殴。如四川宁远的痞棍荀吉三积案如山，又与耶稣教民某人有隙，就投到天主教门下，勾结匪党，与耶稣教寻仇。有一天，荀吉三抢劫那位与他有隙的耶稣教民的家，并强奸其妻子，"焚其屋而去"。耶稣教中的人也招集流氓匪徒，与他决斗。荀吉三势力不胜，就强迫平民入教附己，"不听者杀之"。[2]

流氓参与文化生活，固然对文化生活的活跃起了推波助澜的作用，但消极影响也不少。一方面，无赖们靠此生活，所以敛钱无底，花费无度，助长了民间奢侈之风。正如明末曾任广州府推官的颜俊彦所言，正值"民穷财尽、米珠薪桂之日"，以有用之财供无用之费，

---

[1]《东方杂志》第2年第5期《宗教·各省教务汇志》。
[2]《东方杂志》第2年第7期《宗教·各省教务汇志》。

岂不可惜！这显然会动摇传统小农经济的基础。另一方面，无赖本性难移，在这些活动中，好斗使勇，轻薄无赖，调戏民间妇女。正如颜俊彦所言，在迎春赛会期间，往往会"争斗滋兴，盗贼窃发，为祸不小"。[1]这同样也会给社会治安带来一些问题。如每当元宵灯节，妇女云集，实是"轻薄子"最快乐之时。这些轻薄少年，会在灯市里穿来插去，寻香哄气，追踪觅影，调情绰趣，忙忙急急。稍为安稳一些的无赖，只好眼皮上做工夫，对妇女挤眉弄眼。而一些刁猾胆大的，就故意往人群里挤，抠臀捏手，亲嘴摸胸，讨妇女的便宜。而绍兴的无赖子，更是"别出心裁"，每遇灯节，在城隍庙左借空楼数楹，"以姣童实之"，号称"帘子胡同"，[2]以吸引一些浪荡公子，使民风大坏。

在清代，苏州的玄妙观，同样也成为无赖活动最为集中的场所，成为他们进行"打围"活动的好去处。何谓打围？说白了，就是无赖在游览胜地围观美貌女子，肆意调戏，并乘机抢劫。根据史料记载，玄妙观号称一府"游观之薮"，每天到观中游玩的士女人数常常能达到万人。这就为无赖恶少的活动提供了方便。他们一旦见到前来游览的女子少具姿色，"必环而尾之，甚至一人唱呵，万声响应，四方攒裹"，将只身妇女迫困在重围之中，"女东亦东，女西亦西，评头品足，肆口秽谑，涎视眈眈"，并恣意对其调戏侮辱，手摩足弄，无所不至，有时甚至将妇女的巾履簪珥也抢劫而去，这在当时被称为"打围"。面对无赖恶少的戏弄，这些妇女也分为两种情况：一些寡廉鲜耻的妇女，则

---

[1] 颜俊彦著，中国政法大学法律古籍整理研究所整理标点：《盟水斋存牍》一刻，《公移》卷1《禁扮春色》。
[2] 张岱：《陶庵梦忆》卷8《龙山放灯》。按：所谓"帘子胡同"，又作"莲子胡同"，为明代北京城内的一条胡同，以歇息来自江南苏州等地戏班子著称。后又以此指代男子间的同性恋行为。

不以为辱，反以为荣，认为自己色貌过人，才引来如许狂蜂乱蝶，而且常常夸述于人，自鸣得意；而那些少知自爱的妇女，不幸遇到无赖调戏，就不免羞愤欲绝。这种习俗在苏州相沿已久，浸习成风，苏州人视为惯常，恬不为怪。因此，一些士大夫家族的闺阁女子，有事到玄妙观祈祷，只好乘坐轿子，跟随健仆数人，在轿子左右护持，这倒不是以示夸耀，而实在是为了防备无赖"打围"。[1]

概言之，流氓参与文化活动，一方面固然可以起到活跃民间文化的作用，另一方面，这些流氓尽管组织了这些活动，或者亲自习戏、参与其间，但他们的无赖本性难移，除了借此敛取钱财外，还抢掠财物，掳掠并奸污妇女，对社会秩序与风气均造成不良的影响。

六、流氓与地方社会

至明清时期，流氓作为一个游离于土地的社会阶层，已基本形成，而且在地方社会中发挥其应有的作用，尽管这种作用是破坏性与建设性混杂在一起。过去对流氓的研究，已取得了一些成果。[2]但毋庸否认的是，过去的研究主要集中于对流氓种类的区分，以及流氓在社会

---

[1] 许奉恩：《里乘》卷7《记海鹿门别驾少时事》。
[2] 关于明清无赖层的研究，日本学者的研究起步较早，而且取得了较多的研究成果。主要有：川胜守《明末清初の讼师につて——旧中国社会における无赖知识人の一形态》，载《东洋史论集》，1981年第9卷；和田正广《明末访窝の出现过程》，载《东洋学报》，1981年第62卷第1、2期。中国学者的研究成果主要有：陈宝良《明代无赖阶层的社会活动及其影响》，载《齐鲁学刊》，1992年第2期；陈宝良《清代的无赖层与地方社会》，载中国社会科学院历史研究所明清史研究室编《清史论丛》，2001年号，中国广播电视出版社2001年版；蔡惠琴《明清无赖集团之一——"打行"探析》，载台湾《辅仁历史学报》，1996年12月第8期。

中之诸多活动,而对地方社会的研究,也更多地注意绅士阶层的作用,缺乏对流氓与绅士阶层两者的渗透关系的考察,以及流氓阶层在地方社会中所起作用的研究。鉴于此,下面专门就流氓在地方社会中所扮演的角色给以适当的评价。

明清的地方社会,朝廷的统治力量止于府、州、县一级。换言之,就地方行政统治结构而言,明清朝廷的正式行政管理只到县衙门为止,而县级以下的地方社会的公共行政事务,则是由那些不领俸禄的准官吏(semiofficials),诸如乡镇一级的"乡保"和村一级的"里甲"或"里正"来控制与管理。而这些县级以下的行政管理人员的任命,原则上均由社区举荐,再由朝廷加以认可。[1] 就明清两代的体制来说,府、州、县官吏,号称"亲民官",原本应以亲民为职责,是沟通朝廷与百姓之间的桥梁。如果府、州、县官真能亲民,官与民时常见面,官员时常过问民间百姓的疾苦,则上下之气相通,朝廷的统治力量也能及于地方乡村社会。然而历史的真实却是,县官下乡除了扰民之外,一无亲民之举,而且县官下乡也不过是例行公事,在任几年间也不得一行,不过做做样子而已。这不免造成官与民之间的隔阂。鉴及此,朝廷只好采取"立地保以约束游民,又立佐杂以约束地保"[2] 这样一种层层钳制的行政模式,借此治理地方乡村社会。于是,乡保、里正成为官与民之间的桥梁。

按照有些学者的研究,明清两代的基层社会组织呈现出纵横依赖与相互联系的实际状态。而基层社会组织的构成,则包括以下三大系

---

[1] 黄宗智著,程农译,邓正来校:《中国的"公共领域"与"市民社会"?——国家与社会间的第三领域》,载邓正来、J. C. 亚历山大编《国家与市民社会——一种社会理论的研究途径》,第413—432页。

[2] 丁日昌:《抚吴公牍》卷28《批吴县禀各图地保饬十甲耆举充毋庸再由佐杂衙门投充由》附《加函》。

列：一是里社、保甲、坊厢系列，此属于法定社区中官方下令编组、反映了县以下基层行政的社会组织；二是家族、宗族、乡族系列，此为自然社区中人们长期以来在"物"与"人"的生产中自然形成，并以血缘、地缘为基本纽带的社会实体组织；三是行业组织与经济型乡族组织系列。[1]上述三类社会组织，归根结底是绅士（亦可称"乡绅"，或称"绅衿"）从中起关键作用。乡村基层行政组织，尽管绅士自己不曾出任担当，而是多由家无产业的无赖棍徒充任，但其本身所具有的由社区自行推荐的特点，无疑使绅士可以借自己之势而操纵推荐，从而达到左右乡村社会的目的。而乡村宗族势力，从某种程度上说，其实就是绅士势力的真实反映，一般庶民百姓不过是宗族的依附者而已。至于行业性的经济组织，当然无法否认商人在其中起的作用，但绅商或绅董的出现，事实上已经证明绅士势力同样已渗透到经济组织。

绅士集团无疑是左右地方社会的一股重要力量。过去的研究，对这一点是基本认同的，其争论的焦点在于绅权与皇权之间的关系。传统的中国学者的研究，尽管也承认绅权与皇权之间有冲突的一面，是"地主阶级民主"的一种反映，但更多的是强调绅权与皇权的利益一致性，而唯有农民的反抗才真正对皇权构成制约。[2]日本学者的研究大体集中于以下两个方面：一是士大夫与民众的关系问题，二是"地域社会"中乡绅力量的支配问题。事实上，这是一个问题的不同时期侧重点的不同。换言之，在这两方面的研究中，乡绅始终是研究的中心内容，尽管其间的内容尚包括乡绅的土地占有、经营，乡绅的社会公益

---

[1] 张研：《清代中后期中国基层社会组织的纵横依赖与相互联系》，载《清史研究》，2000年第2期。
[2] 周良霄：《皇帝与皇权》，第258—259页、358页。

活动,或者乡绅通过共同舆论支配地方政治,等等。[1] 西方学者最初常常注意的是小规模的官僚。自从中国学者张仲礼和另外一些人开始注意绅士,并称其为非正式的权力集团,而在国家行政事务中扮演一定的角色,绅士研究日渐成为一个有争议的课题。[2] 西方学者关于绅士的争论主要集中在下面两派:一派认为绅士是一个社会阶层,而另一派则认为绅士是官僚的分层。[3] 黄宗智将清代社会划分为两个分离而又相关的社会系统:一个是位于社会政治体系的基层,主要由耕作者组成;而另一个系统则在农业之外,这个系统的上层是朝廷和官僚,他们是一个包括有功名的士绅和通过捐纳获得功名的商人的统治阶层的顶层。[4] 尽管他的用意仍是将绅士与土地占有区分开来,但他同时又承认这两个阶层并非不可逾越的严格的种姓等级,而是互有联系,常有上升和下移的流动的两层。显然,他的观点已具综合的倾向。

概括言之,过去中国史学界对官僚、绅士或士大夫的研究,过分集中于对经济的探讨,也即通过对绅士的土地占有形式的考察,以证明绅士地主是统治阶级的一部分,所强调的是官僚、地主、绅士的三位一体。而西方学者的研究,则偏重于就科举、绅士作社会的研究,

---

[1] 关于日本学者对明清乡绅及其与地域社会之间的关系,下列文章有极好的梳理与评述: Shigeta Atsushi, "The Origins and Structure of Gentry Rule", in Linda Grove and Christian Daniela(eds.), *State and Society in China: Japanese Perspectives on Ming-Qing Social and Economic History*;于志嘉:《日本明清史学界对"士大夫与民众"问题之研究》,载《新史学》,1993年12月第4卷第4期;常建华:《日本八十年代以来的明清地域社会研究述评》,载《中国社会经济史研究》,1998年第2期;山田贤著,太城佑子译:《中国明清时代"地域社会论"研究的现状与课题》,载《暨南史学》,1999年6月第2号。

[2] 前揭 Linda Grove 和 Christian Daniels 编辑的书,导言,第13页。

[3] 张仲礼著,李荣昌译:《中国绅士——关于其在19世纪中国社会中作用的研究》,第48—49页;Albert Chan, *The Glory and Fall of the Ming Dynasty*, p.68-69.

[4] 黄宗智:《华北的小农经济与社会变迁》,第190页。

过分强调科举的"公平性",以及绅士与土地的分离。其实,绅士除了是统治阶级的中坚之外,又何尝不与国家力量有冲突的一面,而且更多的是扮演在朝廷与地方之间的一股中间势力的角色。反观之,即使纯粹作一些社会学的研究,也无法忽视对中国传统的土地制度的研究。这就是说,传统中国所特具的专制政府,必然隐含着统治者与被统治者之间显然的区别。每一个阶级都因那纵非对立也必然相异的利益,而与其他阶级截然有别。[1]

显而易见,绅士无疑是地方社会的领导阶层,是可以调停地方各种利益集团,或者地方利益与朝廷利益的中间势力,阻止各种斗争并保证行政决定的结果是有益的。[2] 然而值得注意的是,在明清的地方社会,绅士集团并非仅仅是社会公益活动的主持者或地方利益的代表者,不完全是一种荣耀的角色,同时也扮演着地方社会并不光彩的角色。这就不得不对地方社会中广泛存在的流氓层力量、流氓层对地方社会的渗透,以及流氓层与绅士力量的合流作一系统的考察。

正如清代史料所揭示,清代地方社会实际在起主导作用的社会力量,也即被地方官员视作危害地方社会稳定的集团,主要表现为"势宦挟制"、"恶衿把持"、"光棍肆恶"。[3] 可见,清代的地方社会,是绅士、流氓两大集团在起主导作用。前辈学者杜亚泉在《中国政治革命不成就及社会革命不发生的原因》一文中认为,中国的游民(也即流氓阶层)是过剩的劳动阶级,即没有劳动地位,或仅做不正规的劳动。

---

[1] 萧公权:《调争解纷——帝制时代中国社会的和解》,载氏著《迹园文录》,第92页。

[2] Jerry Dennerline, *The Chia-ting Loyalists*: *Confucian Leadership and Social Change in Seventeenth Gentry China*, p.69.

[3] 于成龙:《条陈粤西二事上金抚军》,载贺长龄、魏源等编《清经世文编》卷20《吏政》6。

游民阶级在中国社会中力量强大，他们有时与过剩的知识阶级中的一部分结合，对抗贵族势力。而士人（也即知识阶级）则缺乏独立思想，达则与贵族同化，穷则与游民为伍。[1]雷海宗也认为，中国的士大夫有共同的利益。皇帝利用士大夫维持自己的势力，士大夫也依靠皇帝维持他们的利益。太平盛世，他们可依靠皇帝与团体间互形的组织维持自己的势力。天下一乱，他们就失去自立自主的能力，大权就移到流氓的手中。而对流氓来说，在太平时代，流氓无论有组织与否，都没有多大的势力，但唯一能与士大夫相抗的却只有这种流氓团体。[2]无论是士大夫与流氓的合流，抑或流氓与士大夫的相抗，无疑都为我们剖析中国地方社会的统治力量提供了有益的借鉴。

绅士是地方社会的领导者，是地方清流的代言人，这一点毋庸赘言。流氓是地方社会劳动力量的过剩，是从土地中分离出来的游民势力。如果说绅士从某种程度上反映了要求维护、建设地方的愿望，那么，流氓层的出现，以及他们维持生计所采取的抢夺、讹诈的手段，正好说明他们扮演着地方社会安定破坏者的角色。就这一点而言，绅士层与流氓层无疑有冲突的一面，一旦流氓结帮成伙，操纵控制农村市场，威胁到地方社会的稳定，并进而危及绅士层的利益，那么绅士就会联合地方乡保（职员）、地主（粮户），共同向地方官员上禀，要求取缔流氓层赤裸裸的诈骗与控制市场的行为。如清代道光年间，在四川巴县，有一批号称"偏耳"的无赖之徒，在牛市上三五成群，控制牛只的买卖。"卖牛一只，估索钱二百文，又于中作梗，或钱一二千文不等。稍不遂意，动辄逞凶。"为此，监生梁珍祥、陈秀之，职员张

---

[1] 转引自王元化《杜亚泉与东西文化问题论战》，载氏著《清园近思录》，第12—13页。

[2] 雷海宗：《中国文化与中国的兵》，第104—107页。

万元、梁家善，粮户王吉祥、骆维忠、梁洪发、周行源等，向巴县衙门合禀，要求取缔此类扰乱市场的活动。[1]这就是最好的例证。但由于绅衿的流氓化，或者绅衿本身的行为与流氓一般无异，导致绅士层与流氓层之间，不仅仅是利益的冲突，而是利益的瓜分，更多的是两者的同流合污，甚至绅士成为流氓的幕后操纵者。从这一点来说，日本前辈汉学家宫岐市定对明代士大夫的敏锐观察，无疑有助于我们对绅士层作出更为合理的评判。宫岐先生将士大夫分作两类：一为"乡宦"，包括在任官僚及待命中、退休后的官僚，他们以乡里为根据地，在乡里厚殖资产，动辄利用自己在中央政府的地位及权力，横暴乡曲，招致民怨；另一类是"市隐"，他们拥有一定的学衔及官位，因为对仕途绝望而居于乡里，虽较一般民众有特权的地位，但热爱乡里，与民众共甘苦。[2]绅士层的两面性于此一览无遗。

　　事实确是如此。从"恶"的一面而言，绅士扮演着"豪强"的角色，这一点往往为西方学者所忽略，甚至不愿承认。而绅士层横暴乡里的所有活动，均与流氓层无法分离。在绅士层中，窝盗、窝赌之举，不乏其例，甚至出现有些绅士将不窝盗视若无体面的怪现象。[3]而流氓层的活动，也确实得到了绅士或地方基层管理人员、衙役的包庇。如在清代嘉庆年间，四川巴县的一些乡场市镇，无赖三五成群，聚而赌博，结拜拈香，横行市场，酗酒打降。而这些无赖的活动，事实上得

----

[1]《清代乾嘉道巴县档案选编》下册。
[2] 宫岐市定：《明代苏松地方的士大夫和民众》，载栾成显、南炳文译《日本学者研究中国史论著选译》第6卷。
[3] 如在河南，当时的史料揭示道："今访得窝贼窝娼窝赌之辈竟出于绅衿，而武劣为尤甚。以赌博为消闲之具，日夜不休；以娼妓为行乐之场，更相推荐。抑且窝贼窝赃，甘为盗首，以为绅衿之家不养贼，在地方上即无体面。"说见田文镜《抚豫宣化录》卷3《再行严禁窝贼窝娼窝赌以靖地方以肃功令事》。

到了场头、约保、营汛兵丁、轿夫、胥役、门丁的庇护。[1] 于是，地方"土豪"，已不再是绅士层的专利，而是绅士、光棍、衙役的同流合污。如田文镜巡抚河南时，曾根据实地调查，开列了一张土豪构成人员的名单，不妨引述如下：太康县武进士柳国栋；虞城县生员任抡英、任嘉乐，监生范日璠；汤阴武举岳湘、监生李淳、生员王元春；磁州咨革州同李世楷，监生董五行，生员刘三岑，武生赵珂、齐彬之、郝之达；汲县生员张缵宗、王元照；洛阳武举张若良、张雨，捐贡郭九绶，武生卢振（卢氏光棍）、常克钦，生员阎作师、蔺廷索、赵廷遴、赵涵；阌乡县光棍任大祥、马文章、王定喜、姜龙、灵宝武生陈先、光棍梁复兴、上蔡武生白坤炤、光棍周宗臣，固始武生杜遏等。此外，尚有役满吏员、佾生、各衙门书役，名不具列。[2]

由此可见，绅士为了自己的体面，一些势恶活动不便自己亲自出面，需要无赖光棍去张罗，于是流氓无赖成为绅士的爪牙、鹰犬；而流氓无赖的活动，也需要倚仗绅士的势力。这样，绅士也就成了流氓的靠山。明末广东的很多流氓活动，都是采用"冒宦"这样一种方式才得以顺利实施。所谓的"冒宦"，其实就是假冒官宦的势力。不妨试举下面几例：一是广东香山、顺德二县，盛行一股"抢禾之风"。于是，就有潘海云、胡初阳两位流氓，聚众行凶，"冒势抢割田禾"。二是一些无赖棍徒，并非真正的官宦之仆，却"挂名某宦"，而一些不肖官宦，也乘机将这些棍徒搜罗名下，成为自己的爪牙。如有一位叫吴福的棍徒，就假冒姓吴的官宦的奴仆，"攘臂于市，掳温斗玄而勒赎"。三是假冒官宦势力，占取民间百姓的田产。如梁和、阮大佐、罗壮先、罗少谦等一伙"神棍"，专门靠"依草附木跳诈人为事"。他们

---

〔1〕《清代乾嘉道巴县档案选编》下册。
〔2〕田文镜：《抚豫宣化录》卷4《严禁势恶土豪蔑法殃民等事》。

假冒一位姓梁的官宦，占夺苏隆有的田产，并抢割田中之禾。又有一位叫卢卓雄的"无赖之士宄"，假冒官生潘士桐的名色，影占孀妇吴氏之田。四是假冒官宦之势，强占百姓的房屋。如"市井无赖"蔡昆璧，惯于"串势跳诈为生涯"，当他发现徐氏母子孤稚可欺，就"冒宦封屋，肆其凭陵"。[1]

正如日本学者岸本美绪所言，"国家的审判"与"民间的调解"之间的关系，不是单纯的两者的对立，而是互相补充、互相纠缠的关系。[2]而且根据新的档案材料的发现，确实也正如黄宗智的研究所揭示，明清两代民事诉讼案件的增加，也并非"讼棍"或"衙蠹"所致，而是明清国家与官僚将讼案累牍的责任推加到讼师头上的结果。[3]但值得指出的是，正如若过分强调绅士层在地方社会中的功能角色，难免会忽略绅士"豪强"行为一样，如果一概将明清时期民间民事诉讼案的增加仅仅视作社会流动频繁的结果，同样也会产生一些片面性，从而忽略"讼师"或"讼棍"在民事案件中所扮演的角色。事实上，明清两代讼师或讼棍的唆讼行为还是相当普遍的，而且有些讼棍其实就是由监生或生员这些绅士层中的下层所充任。关于这方面的内容，清代的史料有很好的揭示，不妨引述一些例子如下：一是在四川巴县，"五方杂处，良莠不齐，且有一种棍徒，专以刀笔为生。每逢民间一切户婚、田土、口角微嫌，彼即撞入局中，议论风生。或以田界不清，捏为强占山场；或以些微细事，控为谋故杀伤"。二是江南奉贤县候选教

---

[1] 颜俊彦著，中国政法大学法律古籍整理研究所整理标点：《盟水斋存牍》二刻，《谳略》卷1、2《冒宦抢禾潘海云等》、《假冒宦仆吴福》、《冒宦占田梁和等》、《冒宦占田卢卓雄》、《冒宦占屋蔡昆璧》。
[2] 参见岸本美绪：《清初上海的审判与调解——以〈历年记〉为例》，载台湾"中央研究院"近代史研究所编《近世家族与政治比较历史论文集》。
[3] 黄宗智：《民事审判与民间调解：清代的表达与实践》，第178—179页。

谕李林书,"包揽词讼"。三是江南宿邑地方有一讼棍,名赵玉成,"平日包揽词讼"。四是江南宝应县城内生员祁炳文、潘金、乔桢,以"刀笔害闾阎"。[1]显然,这些讼棍例子的广泛存在,并非一句国家和官僚推卸责任所致即可搪塞,而是应引起更多的关注。换言之,一方面,正是因为社会流动的加速,商业的繁荣,城市化的加速,才导致民事诉讼案件渐趋增加。这当然是事实,不容置疑。另一方面,因为民事诉讼案件的增加,才导致诉师、讼棍有了谋生之处,使他们的诉讼长技有了用武之地。不仅如此,这些专以诉讼为职业之人,不仅仅是适应诉讼案件的增加,被动地接受一些诉讼代理,而是采用一种"唆讼"的方式,主动地创造一些诉讼案件,甚至夸大案情,将民事案件上升为刑事案件。这显然也是一种客观的历史存在。毫无疑问,欲对明清地方社会有一更深入的了解,对绅士层有更全面的认识,无不需要考虑流氓层在地方社会中的作用。

从"善"的方面来说,地方社会诸多公益事业,举凡寺院、善堂、行业公所的兴建与维护,均与绅士有密切的关系。卜正民(Timothy Brook)对明末寺院的研究揭示出,佛寺的重建、修缮,主要来自地方绅士,绅士已成为寺院的"护法"。[2]其实,这种认识带有片面性。换言之,他同样忽略了流氓层在地方社会事务中的实际作用。从明清两代历史的事实来看,寺院固然需要绅士作为护法,但也无法抵制来自流氓无赖的骚扰。为了求得寺院的平安,寺院一方面以绅士作寺院的护法,另一方面,又不得不以一些酒食去满足流氓的私欲。而当寺院

---

〔1〕 相关的记载分见:《道光二十一年七月十三日巴县谕示》,载《清代乾嘉道巴县档案选编》下册;丁日昌:《抚吴公牍》卷27《奉贤严禁索费等弊》、卷28《札查厘卡沈委员苛求罚款等事》、卷36《查禁宝应书差陈时修等婪索使费》。

〔2〕 Timothy Brook, *Praying for Power: Buddhism and the Formation of Gentry Society in Late-Ming China*, p.2–3.

与绅士、流氓无赖达成某种默契以后，寺院才会平安，甚至成为名重一方的大香火。

在善堂、会馆、公所的建设中，也面临着相同的问题。善堂、公所除了获得来自官方力量的支持之外，绅董无疑成为这些公众事务最重要的管理者与保护者。如清末扬州府属各善堂局，"由绅士接办堂务"；镇江府属普仁堂、育婴堂等，其经理人员也多为绅董。[1] 此即其例。但善堂、公所若不与地方流氓无赖层妥协，就无法取得体面的支持。从明清两代的史料中，大抵可以找到一些例子，说明很多城市的流氓无赖不但将会馆、公所作为自己平日活动的场所，而且借助善堂、会馆或公所的修建，开始参与其中的活动。以前者为例，如明代的史料证明，随着会馆的普遍设立，会馆已不仅仅限于让那些绅士或公车岁贡之士寓居，而是被一些胥史游闲所盘踞，诸如：专门替人居间说事的"攢纤"，即专门从事做中间人的社会闲散人员；到处指称朝内有人，替人买卖官爵的"撞太岁"，即在市面上行骗的无赖；以及专门从事勒胁的"拿讹头"，即那些城市中的"把棍"。在明代，此三类人号称京城"三奸"，都聚集或者寓居在会馆之中。[2] 就后者来说，这方面的例子也颇多，试举二例如下：苏州府成立面业公所，苏州府就出谕保护，"倘有地匪棍徒借端滋扰，以及冒名敛捐情事，许即指名禀究"，云云。又苏州府属吴县设立义学，吴县衙门也出示示禁，"为此示，仰该地方邻佑人知悉：现据胡宁受等捐设义塾，如有贫民子弟，听其负

---

[1] 丁日昌：《抚吴公牍》卷24《饬查扬郡各善堂局》、卷48《镇江府详送普仁堂办理掩埋留养等项清折由》、卷50《镇江府禀重理育婴堂章程由》。按：关于明清绅士参与善堂事务，以及与地方自治之关系，可参见：陈宝良《中国的社与会》，第182—215页；夫马进《中国善会善堂史研究》，第513—540页。
[2] 刘侗、于奕正：《帝京景物略》卷4《嵇山会馆唐大士像》。

笈入学，毋许无知棍徒作践滋扰，有妨善举"，云云。[1] 可见，当一些善堂、公所成立以后，为避免来自流氓无赖的骚扰，必须请求地方政府出示加以禁止。尽管如此，更多的例子还是善堂、公所的经理者为息事宁人，与流氓无赖层妥协，以取得他们的保护。事实上，流氓无赖是社会上的闲民，这种社会公益事业的出现，自然也值得他们关心。他们倒不是热心社会公益事业，而是借此取财。当然，一旦这些地方公益机构与流氓无赖达成妥协以后，流氓无赖也就成为参与、保护其间一股不可忽视的社会力量。更何况流氓无赖成为一方头面人物之后，也促使他们参与社会公益事务，以改变他们在一般民众心目中的形象。

若是将视野再转向地方上的市镇与乡村，流氓无赖的势力之大，以及他们与绅士层的合流就更为明显。至明末，浙江湖州乌程县之无赖，开始与衣冠之族相结合，共同把持地方事务。史载：

> 今各镇市中有魁猾，领袖无赖子，开赌博，张骗局。社节出会，则奋身酿金钱，甚贩盐窝盗，兴讹造言，无所不至。黠者又结衣冠为助，把柄在手，头绪甚多。流棍异说，可疑之人因而附丽，显为民害，暗酿乱端。[2]

可见，在江南市镇中，其力量足以"领袖无赖子"的"魁猾"，已经开始与那些"衣冠之族"（即绅士家族）合流，而且掌握了绅士的把柄。绅士一旦留下把柄在流氓的手里，就只能与他们妥协。下面以浙江秀水县濮院镇为例，以观明代镇级地域内官法之失去效力，以及无赖恶

---

[1]《苏州府示谕保护面业公所善举碑》、《吴县永禁滋扰义学碑》，载王国平、唐力行主编《明清以来苏州社会史碑刻集》。
[2] 崇祯《乌程县志》卷4《风俗》。

少在镇一级地域内的管辖权限：

> 二日，先是三月三日秀水濮院镇醵金为神会，结缀罗绮，攒簇珠翠，为抬阁数十座。阁上率用民间娟秀幼稚妆扮故事人物，备极巧丽。迎于市中，远近士女走集，一国若狂。盖无赖辈诱惑愚荡，利其科敛，乾没所入不赀故耳。且迎会之日，民间亲戚来聚，其家浆酒藿肉，费用甚侈，贫者至典质以应之。又有抬阁经行之处，群恶少竟自毁拆墙屋，无可告诉。甚则逾越之盗，乘人尽出，恣行探胠。不良之姬，飘荡之子，潜相拐引。其他幼弱挨挤，蹈背折支，酗狂斗狠，丧生构讼，骚然不宁者，数月未已。镇民甚苦之，云每三年必遭一劫。盖三年一迎会故也。特以镇去郡邑远，官法不能尽行，而无赖辈结党横肆，良民不敢触之也。今岁郡中诸无赖辈抵掌效尤，以城隍神为由，自闰三月十四起至二十五六日，昼夜骑马嘶锣，纠聚勒索。嘉兴陆令君前后出示，严禁不止，反借他事编歌谣以诬蔑之，又假借诸乡绅名目，公行抗拒。日夜攒簇，抬阁城内外约七八十，拥塞街巷。司理沈公出，不避道。公怒，命焚之。诸无赖虑人抢掠，各拆卸遁去。[1]

这则史料是反映流氓无赖控制地方文化生活的典型例子。从这一例子中不难发现，流氓无赖不仅是地方庙会的倡导者，而且是积极的参与者。究其原因，正如史料所言："特以镇去郡邑远，官法不能尽行，而无赖辈结党横肆，良民不敢触之也。"即使地方官府出示禁止，流氓无赖同样一方面可以借助歌谣以中伤地方官员，另一方面又可以联合乡绅的力量，公开抗拒。

---

[1] 李日华：《味水轩日记》卷2，万历三十八年庚戌四月二日条。

不仅仅限于此，一些流氓已开始与乡村的那些准官僚"地保"勾结，进而控制整个乡村社会。如清末江苏宝山县西南五十里真如镇，有一位土棍张德明，年40余岁，结拜兄弟多人，与地保绰号"雷祖"者，联为一气，每每倚恃人众，酗酒滋扰，一方俱畏之。[1] 这无疑就是流氓、地保共同控制"一方"地域社会的最好例证。

综上所述，明清两代朝廷的统治力量止于县衙门，维持地方社会之权，事实上操持在绅耆（绅士与耆老）、乡保与里正以及流氓无赖层的手里。绅士无疑是地方社会的领导者，尤其是到了清末，绅董、绅商的出现，更说明绅士的力量在地方社会中的作用日趋扩大。但是，绅董"内结衙门，外通土豪"以及把持地方"墟务"的特点，[2] 决定了他们本身已是日渐流氓化。而流氓无赖势力的扩大，也使他们可以更多地参与地方性社会事务。至于那些乡村的准官僚性质的基层管理人员，因不过是负责杂事的职役而已，往往为一些具有特殊身份的绅士或有身家的庶民地主拒绝担任，反而把持在一些无家无业的无赖游民手里。可见，地方社会不是绅士层独自在扮演领导者的角色，而是绅士层与流氓无赖层互相妥协、互相渗透，共同管理或控制地方社会。

---

[1] 丁日昌：《抚吴公牍》卷36《宝山挂号等费名目饬禁》。
[2] 丁日昌：《抚吴公牍》卷47《委查邳州圩董戴锡玲等勒派圩捐由》附《加函》。

余 论

一、扰乱社会

　　流氓是侠客堕落以后的产物。换言之，真正意义上的侠客、剑侠一流人物，理应是秉天地之正气，能为人雪不平之事，霜锋怒吼，雨血横飞，最称得上是世间第一快人、行世上第一快事。所惜者，后世所谓的侠客，已经很少得此真传。世人偶然学得几路拳，舞得几路刀枪，便俨然自命为侠客，不是贻祸身家，便是行同盗贼，最后还是把一个"侠"字弄坏了。

　　何以言此？这可以从《水浒传》的出现加以说明。清初人刘廷玑尽管承认《水浒传》一书，在刻画英雄好汉形象时有诸多成功之处，但最后还是不得不指出，《水浒传》的作者即使"才大如海"，然所尊尚者不过是"贼盗"，未免与司马迁《游侠列传》的立意相同。他进而指出，若是"不善读《水浒》"，难免会产生一种"狠戾悖逆之心"。[1]清代乾嘉时期著名学者钱大昕也明确指出，自很多小说作品出来后，逐渐影响到民间百姓的一些伦理道德观念，也即"以杀人为好汉，以渔色为风流，丧心病狂，无所忌惮"。[2]上面所谓的"以杀人为好汉"，其实即指《水浒传》一书而言；而"以渔色为风流"，则指《金瓶梅》

---

〔1〕刘廷玑：《在园杂志》卷2《历朝小说》。
〔2〕钱大昕：《正俗》，载贺长龄、魏源编《清经世文编》卷68。

一书。清末曾任江苏巡抚的丁日昌更是坦然承认，自从《水浒传》、《西厢记》一类的戏曲、小说出来后，"几于家置一编，人怀一箧"。而其最后的结局，则会导致"少年浮薄"之人"以绮腻为风流"，而"乡曲武豪"之人，则"借放纵为任侠"，甚至将"犯上作乱之事"视为寻常。[1]这三人的说法，不能不说有夸大小说戏曲功能之嫌，但有一点则无疑可以肯定，即自从《水浒传》出来以后，侠客确实不再是完美的正面典型，而是"以杀人为好汉"，"借放纵为任侠"。简言之，侠客已经流为一种像梁山泊一百单八将那样的"贼盗"。用清代小说《仙侠五花剑》的作者海上剑痴的话说，在《水浒传》一类小说中，尽管也说一些"义侠"的事，但确实已经将那种"顶天立地"的"大侠"弄得像是"做强盗一般"，所以所做的尽是一些"插身多事，打架寻仇，无所不为，无孽不作"的事。其最后的结局，不免会使一般的平民百姓将一个"侠"字与"贼"、"盗"两字并在一起，很难再加区分。[2]可见，在"强盗"与"好汉"之间，不过只有一线之隔。当他们行侠仗义之时，即为好汉；而当他们打家劫舍之时，则为强盗。[3]

流氓作为一个独立的社会阶层，归根结底仍是游民群体中的一个分层。在传统的中国社会中，游民是一个具有很大寄生性的社会群体，除了在经济上进行掠夺之外，还有其本身特殊的社会寄身方式。这种寄身方式不仅决定了游民的社会地位，而且决定了游民与大社会中各

---

〔1〕 丁日昌：《抚吴公牍》卷1《札饬禁毁淫词小说》。
〔2〕 海上剑痴：《仙侠五花剑》第1回，载《中国古代珍稀本小说》第5册。
〔3〕 关于强盗与好汉之间的关系，有一个比较有趣的例子可以说明。在明末人沈自晋根据水浒故事改编的戏曲作品《翠屏山》中，身为强盗的黑旋风李逵，在听到桃花山也有劫盗时，不禁吐露了口风，称："吓，这里也有强盗？"还是神行太保戴宗机灵，及时纠正道："是好汉。"李逵也就坡下驴，改称："吓，好汉！好汉！"可见，这些梁山英雄，也并不讳言自己是"强盗"。参见沈自晋《翠屏山》第16出，载张树英点校《沈自晋集》卷1。

阶级之间的关系。

流氓是游民队伍中闯荡于乡镇、无所事事的职业游手。他们大量出现，并长期游荡于城乡社会之间，从而成为一个严重的社会问题。流氓的活动带有很大的盲目性，并且常常是无所顾忌。对流氓来说，传统社会的法律、道德规范一概不具任何约束力。流氓的频繁活动，最终导致社会局势变得极不稳定，不仅有产阶级的社会利益受到很大威胁，而且一般平民百姓的正常生活也受到干扰与破坏。如清代有一位叫"王秃子"的流氓，凶狡无赖，所到之处"童稚皆走匿，鸡犬亦为不宁"。[1] 最值得指出的是，流氓通过掠夺性的手段迫使社会向他们提供维持生活乃至享乐挥霍的费用，而这些费用最终还是由从事生产劳动的平民百姓来负担。这样，流氓阶层的存在，事实上加重了平民百姓的额外负担，更加导致了平民百姓的贫困化。而这些平民百姓，他们安分守己，向朝廷纳税服役，是传统统治的社会基础。他们的贫困化，最终也会动摇传统统治秩序。显然，流氓活动具有很大的消极作用。

在中国历史上，对传统社会最高统治者构成极大威胁的不外乎下面两类人：一是地方豪强，如曹操、杨坚、李世民之流；二是流氓，即被统治者骂为"乱民"的那批人，如刘邦、朱元璋之流。大致说来，地方豪强有财有势，平时积累财富，招纳亡命，聚集门客，一旦社会动荡，他们就会起兵夺权，便于成功。而流氓光棍一条，一无所有，了无牵挂，所以能做到勇于冒险，无所顾忌。尽管历史上流氓争夺帝位的斗争频繁发生，但其成功者却寥寥无几。当然，争夺帝位的野心，却是这些流氓人人具备的。

需要指出的是，在中国历史上，尽管豪强与流氓是两个不同的社

---

[1] 纪昀：《阅微草堂笔记》卷4《滦阳消夏录4》。

会集团与社会阶层，但他们的行为却颇多相似之处。尤其是，豪强需要流氓，流氓也离不开豪强。他们臭味相投，虽不可能结成永久性的联盟，却也能一时狼狈为奸。流氓一旦依附于豪强，其违法活动就会得到庇护，得以逃避国家法律的惩罚；而豪强如果得到流氓的支持，就会在原有财势的基础上，增加一些泼皮的胆气与手段，从而在政治角逐中所向披靡。

历史学者萨孟武曾说："中国的流氓与罗马时代的贫民不同。罗马时代的贫民乃出身于公民阶级，他们有公权（选举权），他们可利用公权向国家及富豪勒索金钱，以维持自己的生活。他们在经济上虽然没有直接的贡献，而却有间接的作用。"[1]此论颇当。中国的流氓，实是游民，是"无籍之徒"，既然没有向国家纳税服役的义务，所以也就无"公民"的权利。他们与安分守己的农民与各务生理的手工业劳动者不同。农民与手工业劳动者虽然也过着穷苦的生活，但他们是创造财富的生力军，构成传统社会阶级中"四民"的成员。一旦他们停止劳动，也去社会上游荡，就不仅动摇了传统社会的经济基础，而且使社会的传统秩序陷于混乱。而流氓则是一批不务生理的游手好闲之徒，他们不参加生产劳动，也懒得劳动，社会并不依靠他们而存在，有时朝廷将他们另立籍册，严加看管，而流氓则需要依靠劳动者的成果而生活。换言之，流氓不仅是农村劳动力的过剩，同时也是城市劳动力的过剩，即使他们全部消亡，也不会给社会造成任何威胁。相反，流氓的消亡，倒会使社会秩序变得安定。

对传统社会的统治者来说，最令他们挠头的确是无知"强盗"，即流氓一类。流氓岂无人心？岂不畏法度？其实，有一批不拿刀斧的流氓强盗，平常百般剥削驱迫，使农民日益贫困化。穷弱者只好苟且逃

---

[1] 萨孟武：《水浒传与中国社会》，第3页。

亡，成为流移他乡的"流民"，而那些本身就极具流氓性的壮士，就落草为"寇"，做起了土匪或流氓的买卖。所以，"贫穷的普遍化就是暗示中国社会快要发生大乱了。……历史都可以证明：因贫穷而作乱的，多由流氓发动。他们没有'身家性命'，而生活又不安定，生的快乐既未尝过，死的痛苦也不恐怖。他们最肯冒险，由九死一生之中，突然地置身于云霄之上。他们个人虽然没有势力，而成群结队之后，就可以横行江湖。绅士怕他们捣乱，农民怕他们鱼肉，他们在中国社会上，乃是化外之民，隐然成为一个势力"。[1]

在中国历史上，流氓曾扮演过重要的角色。在作为社会基础的农民极端贫困化之后，流氓就会蠢蠢欲动，甚至变为"流寇"。如宋代的方腊，手下就不过是一些无赖之徒。在明末，孙弘之叔某，也是"不务本业，交游无赖，私通贼党"。[2]至清代，在陕西岐山被雇佣"伐木作薪"者多是"无赖子"。嘉庆时，因发生饥荒，这些人纷纷停业。这些失业的"无赖子"就纠众3000余人，终"持器械掠食"。[3]在近世，尤其是明清两代，流氓与民间秘密宗教与帮会的关系极为密切，而这些组织，对统治者来说，始终是一个极大的隐患，一旦时机成熟，它们就有力量摧毁旧的统治秩序，改朝换代。

流氓对政治及社会的破坏性影响，固然在社会的大动荡时期表现得最为突出，但在社会的平稳时期，流氓通过各种手段参与政治，干涉政治机构的正常行政机能，同样对传统的政治造成不同程度的消极影响。流氓不仅投充胥吏、衙役，把持衙门，横行一时，借此鱼肉百姓，而且投靠太监，进入政治领域，使本来就腐败不堪的传统政治，

---

[1] 萨孟武：《水浒传与中国社会》，第5页。
[2] 抱阳生编：《甲申朝事小纪初编》卷1《孙公怀远始末》。
[3] 《军机处录副奏折》，转见《康雍乾时期城乡人民反抗斗争资料》下册。

更加增添了几分流氓习气。如明代杭州人傅时，本来落魄无赖，但为人巧猾奸诡。后来投靠织造太监孙隆，"为孙珰题授锦衣百户"，并为孙隆所倚靠，"凡操纵出内，悉以听之，故富至数百万"。开始，缙绅都羞与为伍，到后来也乐与为朋，"即地方监司，亦多与往来，宴饮馈遗，恬然无复廉耻之色"。而这位傅时，也因此更加横行无忌。[1] 流氓混迹官场，不仅更加增添了官场腐败的气氛，而且还鱼肉百姓，无形中给老百姓增加了负担。关于流氓与政治的关系，笔者在前面已有详细阐述，读者不妨参看，在此不赘。

流氓也参与经济活动，对社会经济造成极坏的影响。在明代，市镇广泛兴起，成为资本主义萌芽的重要组成部分。而流氓的参与、骚扰，使江南一些市镇因此衰落。流氓大多光棍一个，游手好闲，所以他们干的都是无本买卖。为了维持生计，他们采用的方法无非是骗、偷、讹诈与抢劫。因此，政府也多把流氓与盗贼等同视之，认为"游手好闲之人如米中蠹虫，平时多一游民，即荒年多一盗贼"。[2] 如广东有一种叫"区新"的流氓，"性嗜赌，赌负辄行窃"。[3] 又如陕西地区的游丐，他们白天行乞，到了晚上，则"宿庙肆窃"。可见，流氓与偷窃活动有直接关系。更有甚者，有些流氓公开抢劫。乾隆十三年（1748）四月，江苏沛县夏镇的本地流氓与外来游民在镇上抢取食物，以致一些店铺不敢开张。[4] 在四川一带，"凡有抢劫之案，动辄数百人，或数千人不等，长枪大戟，公然抗拒，其实头目不过数人，余皆无赖游民随声附和"。[5]

---

[1] 伍袁萃：《林居漫录别集》卷6。
[2] 严寄湘辑：《救荒六十策》。
[3] 吴趼人：《我佛山人笔记四种》卷2。
[4]《军机处录副奏折》，转见《康雍乾时期城乡人民反抗斗争资料》下册。
[5] 张集馨：《道咸宦海见闻录》。

流氓参与军事，流入军队，同样也会对现实政治造成破坏性的影响。流氓当兵，早在汉代已有迹象。如当时有一个虞诩，他作"朝歌令"，设三科募人，把市井中一批杀人、伤人、偷盗、游手、游食都收来当兵。至宋，这种无赖当兵的现象更趋严重。正如前述，在元代天历、至顺年间，海南有"山寇"之乱。于是，主将"募勇悍无赖子弟为之前驱"，称为"答剌罕军"。至明清时期，军兵更趋流氓化。尤其是清末，"游勇"问题就更显突出。19世纪中叶，湘军和清末新军的编练，尽管强调从"土著乡民"中挑选士兵，但仍无法阻止流氓的包围与渗透。所以，曾国藩在谈到湘军的情况时说："大兵扎营之所，常有游手数千随之而行，或假充长夫，或假冒余丁，混杂于买卖街中，偷窃于支应局内。"[1]尤其值得注意的是，在清末绿营、湘军、淮军等各军兵种内，都有帮会流氓的活动，以致"各营相习成风，互为羽翼"。[2]

军队的流氓化，最终导致军纪的败坏。军队所到之处，烧杀抢掠，行同土匪。不仅如此，它还严重干扰了军队的指挥系统，最后导致抗官、哗饷乃至溃散的情形。晚明大量出现的"兵变"，并不是一个偶然现象，而是军兵无赖化所导致的必然结果。而在清末，革命党人在军队中，利用帮会势力而对军队加以控制，如此策略对革命党人来说，显然也不能说是有百利而无一害。在革命党人的军队中，帮会流氓的活动，其影响力也不可小觑，其滋生乃至发展的结果，最终也会成为瓦解革命军队的催化剂。

流氓的这些越轨行为，固然给传统的社会统治秩序带来很多麻烦，但还不能算是真正的威胁。最使统治者感到威胁的是，流氓通过其游

---

[1] 曾国藩：《曾国藩全集》，《奏稿》2《严办土匪以靖地方折》。
[2] 曾国藩：《曾国藩全集》，《批牍》3。

手好闲这种无赖方式,以及参与各种地方上的文化活动,从而导致社会风俗的败坏,人心不稳,最后造成整个社会秩序陷入一片混乱,甚至礼崩乐坏、王纲解纽。所以,清乾隆帝指出,凡是乡曲之中,"其诱民以奢靡沉湎者游惰也,诱民以博(弈)斗讼者游惰也,诱民以作奸犯科者游惰也。愚懦无知,转相慕效,往往弃本业而从之,戕生败家,比比而是"。[1]道光帝也说:"游荡则不务正业,耗费日多,耗费多则身家匮乏,不特卑污苟且之事皆所不免,甚至邪慝引诱亦被其煽惑,背礼义而忘廉耻,其害可胜言乎!"[2]为此,在中国历史上,统治者都作了不少规定,借此限制流氓的活动。然而,由于传统社会生产力水平的低下,解决流氓问题的途径极少,最后统治者只好制订法律条文,对流氓中触犯法律者绳之以法,借此起到杀一儆百的作用,但那不过是"治标"之方,终究不是"治本"之法。换言之,传统统治者最终还是无法找到解决流氓问题的方法。

二、行侠仗义

从法律上讲,流氓的行为是违法犯禁的,在社会上也不见得有什么好的声誉。可是,就流氓行为而言,仍有一点可取的地方,即崇尚义气与勇气,尚留有古代游侠之风。即使并非同帮,只要在酒楼茶馆会过一面,他们就算结下了交情,视为同道,不再来暗算,而且有时还肯出头帮助保护。所以,一般说来,流氓的基本特征是:最懒读书,只好抡枪弄棍,厮打使拳,在街坊市面上,好事抱不平,与人出力,便死也不顾。

---

[1] 光绪《大清会典事例》卷399《礼部·风教》。
[2] 光绪《大清会典事例》卷399《礼部·风教》。

在流氓中，虽多无能耍赖的泼皮，但确实也有一些流氓仍保持着英雄的胆智，愿为相知捐躯，愿为同道扫尽不平，与"长安轻薄儿"之流有天壤之别。他们凭着自己的本领，不怕王孙公子，有时也逞百万军中取上将之头的勇气。一旦为义气所激，他们可以奋不顾身，为朋友两肋插刀，尽管这种行为仍不脱勇夫的气质，但如果畏首畏尾，如何抱不平得成？所以，其勇往直前处也正是他们的侠烈处，未可与一般的腐儒同日而语，更与那些无能泼皮有霄壤之别。

揆之史实，在中国历史上，流氓行侠仗义的例子倒也颇能找出几个，不妨引述如下：

（一）无赖也行道。此例发生于元代。史载：

> 暨阳之南门桥军人张旺者，人咸称之曰张牌，素凶狠无赖，尝夜盗城西田文莱，被执，濡其首溺池而释之，以故恨入骨髓，每思有以为报而未能。一夕，宿火瓦罂往烧其家，道由观沟。时月色微明，画师吴碧山尚未寝，偶闻步履声，穴窗窥之，见张前行，而殇鬼百数踵其后。饭顷，又闻步履声，复窥之，则张回，而青衣童子二人前导焉。吴甚惊怪。盖张乃吴常所厚善者。诘旦，往叩张，张初不承。及语之审，因以前事告，且曰："我实欲毁其室，以快所愤，因念冤冤相报，无有了时，遂弃火归，它无见也。"吴乃告以其详。张大感悟，曰："一念之顷，可不谨哉！"即舍俗出家。人又咸称之曰张道人。后竟得道去。此在至正五年事也。[1]

一念为恶，殇鬼随至；一念弃恶从善，立刻青衣童子前导。这当然只

---

[1] 陶宗仪：《南村辍耕录》卷12《张道人》。

是中国传统的善恶观的集中体现,无足多怪。张旺这位无赖,受人之辱,每思报复,这也是流氓故习。不过,张旺能放弃报复的念头,弃恶从善,倒能说明流氓也行道。

(二)盗也有人心。有四例,一为汉,三为明。

> 汉时有盗被擒,请曰:刑戮是甘,乞弗使王彦方知也。匹士为善,化及里闬,孰谓盗无人心耶?

> 于忠肃公巡抚山西、河南两省,议事入京回。单骑从数卒行太行道中,群盗窥探,公厉声叱之,盗皆骇服罗拜马首,曰:"不知为我公也。"胡端敏公初为德安司理,家口赴任所,抵九江,孤舟夜泊。江洋大盗闻公威名,皆相戒不敢犯。李公纲为太仆少卿,冰蘖自砺。出京,盗夺其箧,询从者,知为公,曰:"乃李少卿耶?是无钱者。"掷箧而去。[1]

仰慕清官,心中装有一种清官意识,这也是中国流氓意识的集中体现。所谓的"盗",在中国历史上,是作为绿林豪客出现的,同样是广义上的流氓。他们的啸聚山林,拦路抢劫,本来就是对政治黑暗、民无生理的社会的反抗。不过,在他们的骨子里,当然还存有一点清官意识。所以,他们的抢掠也有"道"可言,见清官不抢,见平民百姓不抢,抢的是贪官污吏。

(三)流氓也讲义气。这可以举两个例子加以说明。一个例子发生在明代,而另一个例子则发生在清代。据明朝人陆容记载,陕西都指挥司整,在幼年时曾与几个恶少结义为兄弟,约定若是一人受挫,则共力复仇。司整曾经在一都市歌楼将一人杀死,死者家属执之不力,

---

[1] 林时对:《留补堂文集选》卷1《盗亦有人心论》。

被司整逃脱。当地官府无奈，只好逮捕他的结义兄弟刘某，并审问司整究竟藏匿何处。面对官府的审问，刘某却说："我实杀之，非整也。"杀人时众人亲见，均认定是司整，但刘某自认益坚。法司不能判决，最后只得处于"末减"，将刘某发往辽东三万卫充军。司整知道此事后，对刘某甚为感激，每年给刘某提供军赀。从事后得知，当时司整家中尚有一位老母，所以刘某才自愿顶罪。从刘某的行为来看，正如陆容所言，"古之侠士不能过也"，[1]确实颇有些侠气。而明末清初人张怡则将刘某其人称为"大侠"，并将其定性为"义士"一类。[2]又清朝人记载："一游民犯奸，鞫之妇，供和奸。其人力争'强'字，以脱妇罪。此为不义之义，犹足愧天下薄幸人。"[3]流氓犯奸，被判"和奸"，却愿处"强奸"，以脱相好妇人之罪。可见，这位流氓倒也是一个情种。由钟情专一而产生义气，虽说是"不义之义"，但足见这位流氓是侠义道一类人物。

（四）盗也重孝。此例发生在元代。史载：

> 延祐间，汀州宁化人赖禄孙，母病，值蔡五九作乱，负母从邑人避南山。盗至，众散走，禄孙守母不去。盗将刃其母，禄孙以身翼蔽曰："勿伤吾母，宁杀我。"母渴，不得水，禄孙含唾煦之。盗相顾骇叹，不忍害，反取水与之。有掠其妻去者，众责之曰："奈何辱孝子妇？"使归之。[4]

---

〔1〕陆容：《菽园杂记》卷1。
〔2〕张怡：《玉光剑气集》卷16《义士》。
〔3〕龚炜：《巢林笔谈续编》卷上《不义之义》。
〔4〕《元史》卷197《孝友传一》。

（五）赌棍也行侠仗义。此例见于元代。史载：元时有一"博鸡者"，即赌棍，"素无赖，不事生产，日抱鸡呼少年博市中，任气好斗，诸为里侠者皆下之"。至正年间，有一太守，多行惠政，博得地方百姓的爱戴。当地有一豪民，因曾受太守责罚，就贿赂部使，夺太守之官。为此，百姓大愤，让这位赌棍出面，将豪民惩治一番。史载：

> （博鸡者）即入闾左呼子弟素健者，得数十人，遮豪民于道。豪民方华衣乘马，从群奴而驰。博鸡者直前，捽下提殴之，奴惊各亡去，乃褫豪民衣自衣，复自策其马，麾众拥豪民马前，反接徇诸市，使自呼曰："为民诬太守者视此。"一步一呼，不呼则杖其背，尽创。……袁人相聚纵观，欢动一城。郡录事骇之，驰白府佐，佐其所为，阴纵之不问。日暮，至豪民第门，捽使跪，数之曰："若为民不自谨，冒使君，杖汝法也，敢用是为怨望，又投间蔑污使君使罢，汝罪宜死。今姑贷汝，后不善自改，且复妄言，我当焚汝庐，戕汝家矣。"豪民气尽，以额叩地，谢不敢。乃释之。[1]

这位"博鸡者"不仅将豪民惩治一番，还受百姓嘱托，为太守鸣冤。史又载：

> 即连楮为巨幅，广二丈，大书一"屈"字，以两竿夹揭之，走诉行御史台。台臣弗为理。乃与其徒日张"屈"字，游金陵市中。台臣惭，追受其牒，为复守官，而黜谗使者。[2]

---

[1] 高启：《书博鸡者事》，载黄宗羲编《明文海》卷403。
[2] 高启：《书博鸡者事》，载黄宗羲编《明文海》卷403。

流氓的行侠仗义，盖起因于他们奉游侠为祖师爷的缘故。尽管游侠之风，到了后来已是强弩之末，但还是有一点侠义道遗存于流氓群体中，被他们奉为行为的准则。

在中国历史上，一般老百姓的心目中，大多感到社会如此黑暗，自己不但要受到贪官污吏的鱼肉，还要遭到土豪劣绅的压迫。他们饱受各种恶势力的摧残，自己已失去勇气抵抗，于是只好将希望寄托于清明天子和清官身上。可是，所谓的"清明天子"与"清官"，实在也是靠不住的。一方面，他们在社会上并不多见，所见均是赃官或贪官；另一方面，老百姓眼见的事实却是，当官的要诀，不在于"做事"，而在于"对付人"。[1] 因此，在万般无奈之中，他们只好转而将希望寄托于侠客，盼望有朝一日，出来一个侠客，替天行道，扶弱锄强。这就是中国"侠义"类小说兴盛的根源。一部《水浒传》，不但使下层百姓爱不释手，广为流播，而且从中还寄托了他们全部的希望。他们对梁山泊众好汉津津乐道，对绿林豪客百般仰慕，他们也只有在侠客之书中才能求得心理平衡。

《水浒传》一书对后世的流氓影响极大。不仅暴动的农民，对此书爱不释手，百般模仿，如明末的张献忠，"日使人说《三国》、《水浒》诸书，其埋伏攻袭咸效之"；[2] 而且流氓也深受《水浒》的影响，组织起"三十六天罡"、"七十二地煞"、"天罡党"等流氓团伙。

---

[1] 在中国历史上，"人事"一词颇能反映传统政治的基本特征。所谓的人事，中国的民间通常是指人情往来之间互相馈赠的"礼物"。由此可见，中国人之间的人事关系，其侧重点确实是在"人"上，而不是在"事"上。至于如何对付人，则无非就是请客送礼而已。关于"人事"一词的起源以及含义，可分别参见：李详《媿生丛录》卷2，载《清人考订笔记（七种）》；何良俊《四友斋丛说》卷16《史》12。

[2] 刘銮：《五石瓠》卷5《水浒小说之为祸》。

每当帝国衰亡之世,主张革命或改良之人,就会起来替游侠说话。如明末清初的方以智,就很赞成任侠。在他的《稽古堂文集》里,专有一篇《结客赋》,其中有"古之结客者,意欲以有为也"及"养客以乘会立功,可不谓杰欤"等语。而在他的《曼寓草》里,更有一篇《任论》,对任侠者大加称颂。他说,"上失其道,无以属民,故游侠之徒以任得民","盖任侠之教衰,而后游侠之势行"。在中国古代,士大夫一般将"无为而治"视作最高的政治准则,他们是不愿多管闲事的。而"任侠者",却是"意欲以有为也",所以能得到称道,更能获得百姓的依附。近人章太炎在《检论》中,也有《儒侠》一篇,认为"漆雕氏之儒,'不色挠,不目逃,行曲则违于臧获,行直则怒于诸侯'。其学废,而闾里游侠兴"。又说,"世有大儒,固举侠士而并包之。……大侠不世出,而击刺之萌兴。……故击刺者,当乱世则辅民,当平世则辅法"。显然,太炎先生也是认为游侠剑客可以起到积极作用的。

众所周知,在传统中国社会,儒家知识分子的道德行为准则是礼贤下士。那么,流氓的道德准则是什么呢?说白了就是豁达豪爽,也就是行侠仗义,即通常所谓的"流氓道"。明人袁于令《隋史遗文》第4回中,有一首《千秋岁引》,专说这种"行侠仗义":

> 天地无心,男儿有意,壮怀欲补乾坤陂。……热心肯为艰危止,微躯拼为他人死。横尸何惜咸阳市。解纷岂博世间名,不平聊雪胸中事。愤方休,气方消,心方已。

可见,所谓"行侠仗义",就是路见不平,拔刀相助,也不图他人相谢,所以有时行侠而不留名。当然,行侠比较容易,只要能做到"生死鸿毛似"即可,这些也是流氓所能做到的。不过,要任侠就不容易了。这是因为,任侠不但要有一副侠义心肠,而且要带有一分疏快之气，家中必须尚有余资蓄积，只有这样，才能得以散财结客，济弱扶危，才能有"千金一掷轻"的英雄气魄。所以，明人认为，"财力两全，方名豪杰"。在中国古代这样的社会，"要想得到权力，须以'仗义疏财'为第一要件。流氓有仗义疏财的气魄，而无仗义疏财的能力，地主有仗义疏财的能力，而无仗义疏财的气魄。假使有人一面有地主之富，同时又有流氓之豪，必能收罗人心"。[1]因此，"任侠者"必然都是一些财力两全之人。如东汉末的曹孟德、袁绍等人，靠任侠而霸据一方；唐太宗"推财养客，群盗大侠莫不愿效死力"。[2]当然，结交四方之士也不单靠家资，毕竟靠的还是声名，只有有了任侠之好名声，才可以动得隔地知交；也靠眼力，只有有了识人的好眼力，方结得困穷兄弟。

流氓的伦理观念，本来注重"义"字，不看重"忠"字。流氓通常恩怨分明，习惯于以德报德，以怨报怨。所以，就有了"知恩必报"、"有仇必复"的说法。而流氓的复仇，同时也是尽"义"，或是履行对朋友的承诺，即一诺千金，或是对家人尽义务。

毋庸讳言，由于游侠之风的式微，流氓行侠仗义的成分越发减少。正如鲁迅先生所言，"侠"字渐消以后，起而代之的是"强盗"之辈，他们虽也是侠之流，但"他们所反对的是奸臣，不是天子，他们所打劫的是平民，不是将相"。于是，他们终于成了奴才，"替国家打别的强盗——不'替天行道'的强盗去了"。到了后来，就连有"侠气"的流氓，也不敢再起盗心，"不敢指斥奸臣，不敢直接为天子效力，于是跟一个好官员或钦差大臣，给他保镖，替他捕盗，一部《施公案》，也说得很分明，还有《彭公案》、《七侠五义》之流，至今没有穷尽"。至

---

[1] 萨孟武：《水浒传与中国社会》，第158页。
[2] 《旧唐书》本纪第二《太宗上》。

末流，侠客干脆成了流氓。"和尚喝酒他来打，男女通奸他来捉，私娼私贩他来凌辱，为的是维持风化；乡下人不懂租界章程他来欺侮，为的是看不起无知；剪发女人他来嘲骂，社会改革者他来憎恶，为的是宝爱秩序。但后面是传统的靠山，对手又都非浩荡的强敌，他就在其间横行过去"。[1] 显然，至此时，流氓中的游侠之风已荡然无存。即使如流氓的"抱不平"，也不是尽可称道。他们之"抱不平"，无非是"以暴易暴"，对社会同样也有破坏性作用。

《水浒传》在后世流氓中具有极高的声望。书中的好汉，大多游荡江湖，抑强扶弱，劫富济贫，并以其主持正义、舍己利人、视金如土的美德而闻名于世。他们是理想化的绿林豪客，而现实中效仿梁山泊好汉的流氓，却并非如此。在一个极度贫穷，老百姓为生存而挣扎已经是日常生活中头等大事的农业社会中，不可能产生十全十美、符合大众道德标准的流氓人物。流氓群体作为社会上暴力性力量的一部分，他们同样遵循自己的原则。在他们的行为中，固然有一部分"好的"暴力，但更多的还是"坏的"暴力。诸如讹诈良民，殴打百姓，放火抢劫，把持官府，如此等等，都是流氓的家常便饭。换言之，流氓虽然也违法犯禁，对传统统治者构成部分威胁，但更多还是与赤裸裸地反对百姓的力量同流合污。

---

[1] 鲁迅：《流氓的变迁》，载《鲁迅选集》第2卷。

主要参考文献

一、原始资料

《史记》,中华书局校点本。
《汉书》,中华书局校点本。
《后汉书》,中华书局校点本。
荀悦,《前汉纪》,中华书局校点本。
《三国志》,中华书局校点本。
《晋书》,中华书局校点本。
《魏书》,中华书局校点本。
《宋书》,中华书局校点本。
《梁书》,中华书局校点本。
《陈书》,中华书局校点本。
《周书》,中华书局校点本。
《南齐书》,中华书局校点本。
《北齐书》,中华书局校点本。
《隋书》,中华书局校点本。

《旧唐书》，中华书局校点本。

《新唐书》，中华书局校点本。

长孙无忌，《唐律疏议》，法律出版社，1999年。

《旧五代史》，中华书局校点本。

《宋史》，中华书局校点本。

陈邦瞻，《宋史纪事本末》，中华书局，1977年。

《名公书判清明集》，中华书局，2002年。

《金史》，中华书局校点本。

《大元通制条格》，法律出版社，2000年。

《至元新格辑存》，收入《元代法律资料辑存》，浙江古籍出版社，1988年。

《南台备要》，收入《永乐大典》。

《刑统赋疏通例编年》，《枕碧楼丛书》本。

《元史》，中华书局校点本。

曾廉，《元书》，《四库未收书辑刊》本，北京出版社，2000年。

《明实录》，台北"中央研究院"历史语言研究所校印本，1962年。

《明史》，中华书局校点本。

《永乐大典》，民国刊本。

申时行等纂，《明会典》，中华书局，1989年。

《皇明诏令》，台北文海出版有限公司，1984年。

朱元璋，《大诰》、《大诰续编》、《大诰武臣》，收入张德信等主编《洪武御制全书》，黄山书社，1995年。

戴金编，《皇明条法事类纂》，收入刘海年、杨一凡主编《中国珍稀法律典籍集成》，科学出版社，1994年。

《清实录》，中华书局影印本，1987年。

《康熙起居注》，中华书局，1984年。

《清史稿》，中华书局校点本，1977年。

《宣统政纪》，中国书店，2000年。

光绪《大清会典事例》，台北新文丰出版公司，1976年。

《宫中档康熙朝奏折》，台北"故宫博物院"，1976年。

《宫中档雍正朝奏折》，台北"故宫博物院"，1977—1980年。

姚雨芗原纂，胡仰山增辑，《大清律例会通新纂》，台北文海出版社，1964年。

四川省档案馆、四川大学历史系编，《清代乾嘉道巴县档案选编》，四川人民出版社，1996年。

《商君书》，《诸子集成》本，中华书局，1996年。

《管子》，《诸子集成》本。

《韩非子》，《诸子集成》本。

《战国策》，《诸子集成》本。

刘向，《说苑》，中华书局，1987年。

《江南野录》，《说郛》本。

段成式，《酉阳杂俎》，学苑出版社，2001年。

王谠，《唐语林》，上海古籍出版社，1978年。

王仁宝，《开元天宝遗事》，中华书局，2006年。

苏鹗，《杜阳杂编》，收入《说郛》。

孙棨，《北里志》，收入《说郛》。

庄绰，《鸡肋编》，中华书局，2004年。

孟元老，《东京梦华录》，上海古典文学出版社，1956年。

陈世崇，《随隐漫录》，上海书店，1990年。

司马光，《涑水纪闻》，上海书店，1990年。

张耒，《续明道杂志》，收入《说郛》。

苏轼，《东坡志林》，中华书局，2002年。

陶榖,《清异录》,中国商业出版社,1985年。

周密,《齐东野语》,中华书局,2004年。

周密,《癸辛杂识续集》,中华书局,1988年。

周密,《武林旧事》,学苑出版社,2001年。

江少虞,《宋朝事实类苑》,上海古籍出版社,1981年。

刘跂,《暇日记》,收入《说郛》。

郑克,《折狱龟鉴》,收入《说郛》。

刘祁,《归潜志》,中华书局,1983年。

洪迈,《容斋随笔》,中华书局,2005年。

文莹,《湘山野录》,中华书局,1997年。

耐得翁,《就日录》,《说郛》本。

陆游,《老学庵笔记》,中华书局,1997年。

泗水潜夫,《南宋市肆记》,收入《说郛》。

陶宗仪,《南村辍耕录》,中华书局,1997年。

王栐,《燕翼贻谋录》,收入《说郛》。

张齐贤,《洛阳搢绅旧闻纪》,收入《说郛》。

费衮,《梁溪漫志》,收入《说郛》。

熊鸣岐,《昭代王章》,台北"中央图书馆",1981年。

徐学聚,《国朝典汇》,北京大学出版社,1993年。

谭希思,《明大政纂要》,台北文海出版社有限公司,1988年。

朱国祯,《皇明大事记》,《续修四库全书》本。

文秉,《定陵注略》,北京大学出版社,1990年。

沈国元,《两朝从信录》,上海古籍出版社,1996年。

查继佐,《罪惟录》,《四部丛刊三编》本。

谈迁,《国榷》,中华书局,1988年。

刘若愚,《酌中志》,北京古籍出版社,1994年。

抱阳生编著,《甲申朝事小记》,书目文献出版社,1987年。

邹维琏,《读史杂记》,《江西丛书》本,

徐元瑞,《吏学指南》,浙江古籍出版社,1988年。

徐光启著,石声汉校注,《农政全书校注》,上海古籍出版社,1979年。

田艺蘅,《留青日札》,上海古籍出版社,1985年。

敖英,《东谷赘言》,商务印书馆,1937年。

陈士元,《俚言解》,收入[日]长泽规矩也编《明清俗语辞书集成》,上海古籍出版社,1989年。

王士性,《广志绎》,中华书局,1981年。

何良俊,《四友斋丛说》,中华书局,1983年。

余继登,《典故纪闻》,中华书局,1981年。

田汝成,《委巷丛谈》,《说郛续》本。

王锜,《寓圃杂记》,中华书局,1997年。

沈德符,《万历野获编》,中华书局,1980年。

顾起元,《客座赘语》,中华书局,1997年。

谢肇淛,《五杂俎》,上海书店出版社,2001年。

范守己,《曲洧新闻》,明万历刻本。

叶权,《贤博编》,中华书局,1997年。

朱长祚,《玉镜新谭》,中华书局,1997年。

伍袁萃,《林居漫录》,明万历间勾吴袁氏原刊本。

邵宝,《对客燕谈》,《丛书集成续编》本。

李延昰,《南吴旧话录》,上海古籍出版社,1985年。

李绍文,《云间杂识》,上海瑞华印书馆1935年据上海黄氏家藏旧印本印行。

费密,《荒书》,浙江古籍出版社,1985年。

吴世济,《太和县御寇始末》,浙江古籍出版社,1985年。

朱权,《原始秘书》,《四库全书存目丛书》本。

朱国祯撰,王根林点校,《涌幢小品》,上海古籍出版社,2012年。

王夫之,《读通鉴论》,中华书局,2002年。

李乐,《见闻杂记》,上海古籍出版社,1986年。

陈僖,《客窗偶谈》,收入《昭代丛书新编》。

蒋一葵,《长安客话》,北京古籍出版社,1994年。

王稚登,《吴社编》,收入《说郛续》。

沈榜,《宛署杂记》,北京古籍出版社,1982年。

吴甡,《忆记》,浙江古籍出版社,1989年。

姚旅,《露书》,《四库全书存目丛书》本,台南庄严文化事业有限公司,1997年。

范濂,《云间据目抄》,清光绪戊寅年上海申报馆仿聚珍版本。

计六奇,《明季北略》、《明季南略》,中华书局,1984年。

毛祥麟,《三略汇编》,收入《明清上海稀见文献五种》,人民文学出版社,2006年。

陆容,《菽园杂记》,中华书局,1997年。

张萱,《西园闻见录》,全国图书馆文献缩微复制中心,1996年。

许自昌,《樗斋漫录》,上海古籍出版社,1996年。

黄汝炳,《续南雍志》,《续修四库全书》本。

郑仲夔,《隽区》、《耳新》,《续修四库全书》本。

杜登春,《社事始末》,《丛书集成新编》本。

佚名,《虞谐志》,收入《虞阳说苑》乙编,初园丁氏校印本。

陆师赟,《过庭随笔》,传抄本。

张燮,《东西洋考》,中华书局,2000年。

佚名,《民抄董宦事实》,《又满楼丛书》本。

苏祐，《逌旃璅言》，收入《说郛续》。

郎瑛，《七修类稿》，上海书店出版社，2001年。

张怡，《玉光剑气集》，中华书局，2006年。

《虞书》，载《虞阳说苑》乙编。

戴束，《鹊南杂录》，载《虞阳说苑》乙编。

陈继儒，《安得长者言》，《四库全书存目丛书》本。

毛元淳，《寻乐编》，《四库全书存目丛书》本。

吕坤，《实政录》，《四库全书存目丛书》本。

吕坤，《呻吟语》，《四库全书存目丛书》本。

蒋一葵，《尧山堂外纪》，《四库全书存目丛书》本。

管志道，《从先维俗议》，《太昆先哲遗书》影印明刊本。

《古今图书集成》，清雍正四年内府铜活字本。

赵翼，《廿二史杂记》，中华书局，2001年。

凌焘，《西江视臬纪事》，《续修四库全书》本。

姚廷遴，《历年记》，收入《清代日记汇刊》，上海人民出版社，1982年。

曾羽王，《乙酉笔记》，收入《清代日记汇刊》。

佚名著，［日］内藤乾吉原校，《六部成语注解》，浙江古籍出版社，1987年。

郑志鸿，《常语寻源》，商务印书馆，1959年。

史梦兰，《异号类编》，收入［日］长泽规矩也编《明清俗语辞书集成》。

李鉴堂，《俗语考原》，上海文艺出版社，1985年。

郝懿行，《证俗文》，上海古籍出版社，1996年。

梁同书，《直语补证》，收入《昭代丛书》癸集。

严寄湘辑，《救荒六十策》，台北文海出版有限公司，1997年。

徐栋辑，《牧令书》，收入《官箴书集成》，黄山书社，1997年。

周石藩，《共城从政录》，收入《官箴书集成》。

黄六鸿，《福惠全书》，收入《官箴书集成》。

潘月山，《未信编》，收入《官箴书集成》。

朱孙诒，《团练事宜》，台北成文出版社，1968年。

朱彝尊，《日下旧闻》，清初刻本。

章鸣鹤著，范士械校，《谷水旧闻》，收入上海市松江区博物馆、华东师范大学古籍研究所编《明清松江稀见文献丛刊》第1辑，上海古籍出版社，2015年。

李世熊，《寇变后记》，收入《福建丛书》，江苏古籍出版社，2000年。

余怀，《板桥杂记》，上海古籍出版社，2000年。

李详，《媿生丛录》，载《清人考订笔记（七种）》，中华书局，2004年。

刘銮，《五石瓠》，《丛书集成续编》本，上海书店，1994年。

屈大均，《广东新语》，中华书局，1982年。

叶梦珠，《阅世编》，上海古籍出版社，1981年。

张岱，《陶庵梦忆》，上海古籍出版社，1982年。

王应奎，《柳南随笔·续笔》，中华书局，1983年。

顾公燮，《丹午笔记》，江苏古籍出版社，1985年。

陈康祺，《郎潜纪闻》，中华书局，1982年。

陈其元，《庸闲斋笔记》，中华书局，1997年。

顾禄，《清嘉录》，江苏古籍出版社，1999年。

毛奇龄，《杭州治火议》，《丛书集成续编》本。

刘体智，《异辞录》，中华书局，1982年。

陈盛韶，《问俗录》，书目文献出版社，1983年。

薛福成，《庸庵笔记》，江苏古籍出版社，2000年。

曹晟，《夷患备尝记》，上海古籍出版社，1989年
张焘，《津门杂记》，天津古籍出版社，1986年。
《偏途论》，载《近代稗海》，四川人民出版社，1988年。
《近代史资料》总77号，中国社会科学出版社，1990年。
坐观老人，《清代野记》，重庆出版社，2002年。
唐留存，《事始》，《说郛》本。
顾张思，《土风录》，收入［日］长泽规矩也编《明清俗语辞书集成》。
梁章钜，《称谓录》，中华书局，2002年。
施鸿保，《闽杂记》，福建人民出版社，1985年。
张寿镛等纂，《清朝掌故汇编内编》，台北文海出版社，1986年。
徐珂，《清稗类钞》，中华书局，2003年。
龚炜，《巢林笔谈》，中华书局，1982年。
阙名，《燕京杂记》，北京古籍出版社，1983年
夏仁虎，《旧京琐记》，北京古籍出版社，1983年。
汪康年，《汪穰卿笔记》，收入《民国史料笔记丛刊》，上海古籍出版社，1997年。
蒋清瑞，《柘湖宦游录》，台北文海出版有限公司，1988年。
赵钧，《过来语》，载《近代史资料》总41号，中华书局，1980年。
张集馨，《道咸宦海见闻录》，中华书局，1982年。
李斗，《扬州画舫录》，中华书局，1982年。
葛元煦，《沪游杂记》，上海古籍出版社，1989年。
黄式权，《淞南梦影录》，上海古籍出版社，1989年。
秦荣光，《上海竹枝词》，上海古籍出版社，1989年。
王韬，《瀛壖杂志》，上海古籍出版社，1989年。
姚公鹤，《上海闲话》，上海古籍出版社，1989年。
捧花生，《画舫余谭》，收入虫天子编、董乃斌等点校《中国香艳

全书》，团结出版社，2005年。

二石生，《十洲春语》，收入虫天子编、董乃斌等点校《中国香艳全书》。

玉魫生，《海陬冶游录》，收入虫天子编、董乃斌等点校《中国香艳全书》。

邹枢，《十美词纪·梁昭》，收入虫天子编、董乃斌等点校《中国香艳全书》。

严思庵，《艳囮二则》，收入虫天子编、董乃斌等点校《中国香艳全书》。

包世臣，《齐民四术》，中华书局，2001年。

刘廷玑，《在园杂志》，中华书局，2005年。

许仲元，《三异笔记》，重庆出版社，2005年。

张紫琳，《红兰逸乘》，收入王稼句点校、编纂《苏州文献丛钞初编》上册，古吴轩出版社，2005年。

陆文衡，《啬庵随笔》，清光绪二十三年刻本。

张伯行、夏锡畴录，《课子随笔钞》，台北文史哲出版社，1987年。

俞樾，《茶香室丛钞》、《续钞》，中华书局，1995年。

黄濬著，许晏骈、苏同炳合编，《花随人圣庵摭忆》，台北联经出版事业公司，1979年。

纪昀，《阅微草堂笔记》，重庆出版社，2005年。

陈其元，《庸闲斋笔记》，中华书局，1997年。

袁枚，《子不语》，重庆出版社，2005年。

吴庆坻，《蕉廊脞录》，中华书局，1982年。

祝庆祺、鲍书芸等编，《刑案汇览三编》，北京古籍出版社，2004年。

田文镜，《抚豫宣化录》，中州古籍出版社，1995年。

傅崇矩编，《成都通览》，成都时代出版社，2005年。

钱泳，《履园丛话》，中华书局，1997年。

方濬师，《蕉轩随录·续录》，中华书局，1995年。

许奉恩，《里乘》，重庆出版社，2005年。

杨家骆主编，《中国选举史料·清代编》，台北鼎文书局，1977年。

王国平、唐力行主编，《明清以来苏州社会史碑刻集》，苏州大学出版社，1998年。

中国人民大学清史研究所、档案系合编《康雍乾时期城乡人民反抗斗争资料》，中华书局，1979年。

《四川辛亥革命史料》，四川人民出版社，1981年。

《辛亥革命》资料丛刊，上海人民出版社，1957年。

《申报》，上海书店影印本，1983年。

《衡报》，原刊本。

《东方杂志》，上海书店影印本，1982年。

《全唐文》，中华书局，1983年。

胡祗遹，《紫山大全集》，台北商务印书馆，1969年。

杨士奇、黄淮编，《历代名臣奏议》，台北商务印书馆，1983年。

陈子龙等编，《明经世文编》，中华书局，1962年。

孙旬编，《皇明疏钞》，《续修四库全书》本。

董其昌编，《神庙留中奏疏汇要》，《续修四库全书》本。

黄宗羲编，《明文海》，中华书局，1987年。

危素，《危太仆文集》，收入《元人文集珍本丛刊》，台北新文丰出版公司，1984年。

宋濂，《宋濂全集》，浙江古籍出版社，1999年。

黄洪宪，《碧山学士集》，《四库禁毁书丛刊》本，北京出版社，1997年。

李开先，《李开先全集》，文化艺术出版社，2004年。

顾宪成，《泾皋藏稿》，文渊阁《四库全书》本。

叶永盛，《玉城奏疏》，收入《丛书集成新编》本。

李应昇，《落落斋集》，《乾坤正气集》本。

袁中道，《珂雪斋近集》，上海书店，1982年。

吴甡，《柴庵疏集》，浙江古籍出版社，1989年。

刘基，《刘基集》，浙江古籍出版社，1999年。

吴仁度，《吴继疏先生遗集》，《四库全书存目丛书》本。

颜俊彦著，中国政法大学法律古籍整理研究所整理标点，《盟水斋存牍》，中国政法大学出版社，2002年。

陈仁锡，《无梦园集》，《四库禁毁书丛刊》本。

姚镆，《东泉文集》，《四库全书存目丛书》本。

王畿，《慕蓼王先生樗全集》，《四库全书存目丛书》本。

王宗沐，《敬所王先生文集》，《四库全书存目丛书》本。

王廷相，《王廷相集》，中华书局，1989年。

丁元荐，《西山日记》，《涵芬楼秘籍》影印旧抄本。

霍韬，《渭崖文集》，《四库全书存目丛书》本。

王达，《笔畴》，《四库全书存目丛书》本。

陈龙正，《几亭全书》，《四库禁毁书丛刊》本。

高拱，《高拱论著四种》，中华书局，1993年。

徐三重，《牖景录》，《四库全书存目丛书》本。

陈益祥，《陈履吉采芝堂文集》，《四库全书存目丛书》本。

陈玉辉，《陈先生适适斋鉴须集》，《四库全书存目丛书》本。

姜宝，《姜凤阿文集》，《四库全书存目丛书》本。

冯琦，《宗伯集》，《四库禁毁书丛刊》本。

海瑞，《海瑞集》，中华书局，1981年。

唐文献，《唐文恪公文集》，《四库全书存目丛书》本。

钱晓辑，《庭帏杂录》，《四库全书存目丛书》本。

王衡，《缑山先生集》，《四库全书存目丛书》本。

丁元荐，《尊拙堂文集》，《四库全书存目丛书》本。

祁彪佳，《祁彪佳文稿》，书目文献出版社，1991年。

吴甡，《柴庵疏集》，浙江古籍出版社，1989年。

詹事讲，《詹养贞先生文集》，《四库全书存目丛书》本。

林景旸，《玉恩堂集》，《四库全书存目丛书》本。

李中，《谷平先生文集》，《四库全书存目丛书》本。

高攀龙，《高子遗书》，上海古籍出版社，1993年。

高拱，《高文襄公集》，《四库全书存目丛书》本。

方震孺，《方孩未先生集》，清同治重刻本。

郑晓，《端简郑公文集》，《四库全书存目丛书》本。

杨嗣昌著，梁颂成辑校，《杨嗣昌集》，岳麓书社，2005年。

贺长龄、魏源等编，《清经世文编》，中华书局，1992年。

魏禧，《魏叔子文集外篇》，中华书局，2003年。

王夫之，《王船山诗文集》，中华书局，1983年。

侯峒曾，《侯忠节公全集》，民国二十二年嘉定侯氏铅印本。

陈泰来，《陈节愍公奏稿》，《江西丛书》本。

张岱著，夏咸淳辑校，《张岱诗文集》，上海古籍出版社，2018年。

卓尔堪选辑，《明末四百家遗民诗》，中华书局上海编辑所，1960年。

陆世仪，《桴亭先生遗书》，《续修四库全书》本。

顾炎武，《顾亭林诗文集》，中华书局，1983年。

林时对，《留补堂文集选》，《丛书集成续编》本。

李渔，《笠翁文集》，光明日报社出版社，1997年。

赵士麟，《武林草附刻》，清刻本。

秦世祯，《抚浙檄草》，收入《清史资料》第2辑，中华书局，1981年。

胡文学,《疏稿》,载《清史资料》第3辑,中华书局,1983年。
曾国藩,《曾国藩全集》,岳麓书社,1994年。
左宗棠,《左文襄公奏稿》,收入《左文襄公全集》,清光绪刻本。
陈宏谋,《培远堂偶存稿》,清乾隆三十三年刻本。
俞德渊,《默斋公牍》,清末关中书院刻本。
徐赓陛,《不慊斋漫存》,收入《历代笔记小说集成》,河北教育出版社,1994年。
丁日昌,《抚吴公牍》,清宣统元年南洋官书局石印本。
张履祥,《杨园先生全集》,中华书局,2002年。
洪亮吉,《更生斋文续集》,载刘德权点校《洪亮吉集》,中华书局,2001年。
龚自珍著,王佩诤校,《龚自珍全集》,上海古籍出版社,1999年。
魏象枢,《寒松堂全集》,中华书局,1996年。
卢文弨,《抱经堂文集》,中华书局,2006年。
兰陵笑笑生,《金瓶梅词话》,人民文学出版社,2002年。
冯梦龙,《醒世恒言》,岳麓书社,2002年。
凌濛初,《初刻拍案惊奇》,岳麓书社,2002年。
凌濛初,《二刻拍案惊奇》,岳麓书社,2002年。
冯梦龙,《古今谭概》,学苑出版社,2002年。
袁于令,《隋史遗文》,人民文学出版社,1989年。
佚名,《梼杌闲评》,人民文学出版社,1983年。
艾衲居士,《豆棚闲话》,上海古籍出版社,1985年。
曾衍东著,徐正伦、陈铭选注,《小豆棚选注》,浙江古籍出版社,1986年。
赵南星,《笑赞》,收入《明清笑话四种》,人民文学出版社,1983年。
冯梦龙编,《挂枝儿》,载《明清民歌时调集》,上海古籍出版社,

1999年。

不题撰人著，周春华、洪迅点校，《忠烈全传》，中国文联出版社，2004年。

沈自晋，《翠屏山》，载张树英点校《沈自晋集》，中华书局，2004年。

张应俞，《杜骗新书》，收入《中国古代珍稀本小说》，春风文艺出版社，1994年。

朱一玄校点，《明成化说唱词话丛刊》，中州古籍出版社，1997年。

海若汤著，杨之锋点校，《古今律条公案》，中国文联出版社，2004年。

金木散人，《鼓掌绝尘》，春风文艺出版社，1985年。

香婴居士重编，《麹头陀传》，人民文学出版社，2006年。

吴趼人，《二十年目睹之怪现状》，人民文学出版社，2006年。

无名氏撰，锦文标点，《包青天奇案》，岳麓书社，2004年。

丁耀亢，《金屋梦》，岳麓书社，1993年。

西周生，《醒世姻缘传》，上海古籍出版社，1985年。

弘治《八闽通志》，收入《中国史学丛书》，台北学生书局，1987年。

正德《夔州府志》，《天一阁藏明代方志选刊》本，上海古籍书店，1982年。

嘉靖《威县志》，《天一阁藏明代方志选刊续编》本，上海书店，1990年。

嘉靖《蕲水县志》，《天一阁藏明代方志选刊》本。

嘉靖《香山县志》，《日本藏中国罕见地方志丛刊》本，书目文献出版社，1992年。

万历《漳州府志》，收入《中国史学丛书》。

万历《杭州府志》，中华书局，2005年。

万历《嘉定县志》，收入《中国史学丛书》。

崇祯《尤溪县志》,《稀见中国地方志汇刊》本,中国书店,1992年。
崇祯《乌程县志》,《稀见中国地方志汇刊》本。
冯梦龙,《寿宁待志》,《稀见中国地方志汇刊》本。
康熙《当涂县志》,《稀见中国地方志汇刊》本。
康熙《重修崇明县志》,《稀见中国地方志汇刊》本。
康熙《江宁县志》,《稀见中国地方志汇刊》本。
乾隆《普宁县志》,普宁县地方志编纂委员会办公室影印本,1934年。
乾隆《上海县志》,《稀见中国地方志汇刊》本。
乾隆《重修伊阳县志》,《稀见中国地方志汇刊》本。
嘉庆《南平县志》,清嘉庆十五年刻本。
光绪《凤县志》,清光绪十八年刻本。
光绪《大冶县志续编》,清光绪十年刻本。
光绪《马巷厅志》,清光绪九年重刻本。
李维清,《上海乡土志》,上海古籍出版社,1989年。

二、近人论著

彭泽益编,《中国工商行会史料集》,中华书局,1985年。
陶希圣编著,《辩士与游侠》,台北商务印书馆,1995年。
萨孟武,《水浒传与中国社会》,北京出版社,2005年。
雷海宗,《中国文化与中国的兵》,商务印书馆,2001年。
周育民、邵雍,《中国帮会史》,上海人民出版社,1993年。
汪涌豪,《中国游侠史》,复旦大学出版社,2005年。
吴善中,《晚清哥老会研究》,吉林人民出版社,2003年。
周作人,《周作人回忆录》,湖南人民出版社,1982年。
郑涵编,《吕坤年谱》,中州古籍出版社,1985年。

齐如山，《北京土话》，北京燕山出版社，1991年。

冷学人，《江湖隐语行话的神秘世界》，河北人民出版社，1991年。

罗尔纲，《湘军兵志》，中华书局，1984年。

徐嘉瑞，《金元戏曲方言考》，商务印书馆，1956年。

余英时，《中国知识阶层史论——古代篇》，台北联经出版事业公司，1980年。

王庆成编著，《稀见清世史料并考释》，武汉出版社，1998年。

樊树志，《明清江南市镇探微》，复旦大学出版社，1990年。

周良霄，《皇帝与皇权》，上海古籍出版社，1999年。

张仲礼著，李荣昌译，《中国绅士——关于其在19世纪中国社会中作用的研究》，上海社会科学院出版社，1991年。

黄宗智，《华北的小农经济与社会变迁》，香港牛津大学出版社，1994年。

黄宗智，《民事审判与民间调解：清代的表达与实践》，中国社会科学出版社，1998年。

陈宝良，《飘摇的传统——明代城市生活长卷》，湖南出版社，1996年。

陈宝良，《明代社会生活史》，中国社会科学出版社，2004年。

陈宝良，《中国的社与会》，浙江人民出版社，1996年。

《马克思恩格斯选集》，人民出版社，1972年。

《中文大辞典》，中国文化研究所印行，1962—1968年。

《汉语大词典》，汉语大词典出版社，1990年。

《四川保路风云录》，四川人民出版社，1981年。

《浙江辛亥革命回忆录》，浙江人民出版社，1981年。

［美］菲尔·比林斯利，《民国时期的土匪》，中国青年出版社，1991年。

［美］包筠雅著，杜正贞、张林译，《功过格：明清社会的道德秩序》，浙江人民出版社，1999年。

［英］麦高温著，朱涛、倪静译，《中国人生活的明与暗》，时事出版社，1998年。

［日］夫马进，《中国善会善堂史研究》，京都同朋舍，1997年。

鲁迅，《从帮忙到扯淡》，载《鲁迅选集》第4卷，人民文学出版社，1983年。

鲁迅，《"吃白相饭"》，载《鲁迅选集》第3卷。

鲁迅，《流氓与文学》讲演稿，载《文学报》，1992年1月16日。

冯友兰，《原儒墨》，载陈来编《冯友兰选集》，吉林人民出版社，2006年。

劳榦，《汉代的豪强及其政治上的关系》，载《庆祝李济先生七十岁论文集》，台北"清华学报社"，1965年。

劳榦，《论汉代的游侠》，载《劳榦学术论文集甲编》，台北艺文印书馆，1976年。

王春瑜，《明代流氓及流氓意识》，载《社会学研究》，1991年第3期。

王毅，《明代流氓文化的恶性膨胀与专制政体的关系及其对国民心理的影响——通过明代后期世态小说的内容对社会史的考察》，载《社会学研究》，2000年第2、5期。

高寿宪，《关于中国人的"流氓性"以及明代流氓阶层膨胀的社会原因的几点看法——与王毅先生商榷》，载《社会学研究》，2002年第1期。

李然犀，《天津的"混混儿"》，载《帮会奇观》，中国文史出版社，1989年。

王子今，《说秦汉"少年"与"恶少年"》，载《中国史研究》，

1991年第4期。

董平均，《秦汉时期的"少年"犯罪与政府防范措施》，载《首都师范大学学报》（社会科学版），2005年第4期。

蔡惠琴，《明清无赖的社会活动及其人际关系网之探讨——兼论无赖集团：打行及访窝》，台北"清华大学"历史所硕士论文，1994年。

蔡惠琴，《明清无赖集团之一——"打行"探析》，载台湾《辅仁历史学报》，第8卷（1996年12月）。

弘一法师口述，《我在西湖出家的经过》，载《人物》，1991年第2期。

石鹏飞，《我说棒》，载《读书》，1990年第12期。

［日］山口昇，《中国的形势及秘密结社》，载《近代史资料》总75号。

［日］增渊龙夫，《汉代民间秩序的构成和任侠习俗》，载《日本学者研究中国史论著选译》第3卷，中华书局，1993年。

陈国栋，《哭庙与焚儒服——明末清初生员层的社会性动作》，载《新史学》，1992年3月3卷1期。

刘炎，《明末城市经济发展下的初期市民运动》，载存粹学社编集、周康燮主编《明代社会经济史论集》第1集，香港崇文书店，1975年。

龚化龙，《明代采矿事业的发达与流毒》，载包遵彭主编《明代经济》，台北学生书局，1968年。

巫仁恕，《明清城市"民变"的集体行为模式及其影响》，载郝延平、魏秀梅主编《近世中国之传统与蜕变：刘广京院士七十五岁祝寿论文集》上册，台北"中央研究院"近代史研究所，1998年。

李尧臣，《保镖生涯》，载《人在江湖》，香港中原出版社，1990年。

陈独秀，《江南乡试》，载丁帆选编《江城子：名人笔下的老南京》，北京出版社，1999年。

黄宗智著，程农译，邓正来校，《中国的"公共领域"与"市民社会"?——国家与社会间的第三领域》,载邓正来、J. C.亚历山大编《国家与市民社会———种社会理论的研究途径》,中央编译出版社,1999年。

张研,《清代中后期中国基层社会组织的纵横依赖与互相联系》,载《清史研究》,2000年第2期。

萧公权,《调争解纷——帝制时代中国社会的和解》,载氏著《迹园文录》,台湾联经出版事业公司,1983年。

陈宝良,《明代无赖层的社会活动及其影响》,载《齐鲁学刊》,1991年第2期。

陈宝良,《晚明生员层的无赖化及学变》,载台湾《淡江史学》第12期,2001年。

陈宝良,《清代的无赖层与地方社会》,载中国社会科学院历史研究所明清史研究室编《清史论丛》,2001年号,中国广播电视出版社,2001年。

陈宝良,《明代儒佛道的合流及其世俗化》,载《浙江学刊》,2002年第2期。

[日]川胜守,《明末清初の讼师につて——旧中国社会における无赖知识人の一形态》,载《东洋史论集》,1981年第9卷。

[日]和田正广,《明末访窝の出现过程》,载《东洋学报》,1981年第62卷1、2期。

[日]夫马进,《讼师秘本の是世界》,载小野和子编《明末清初の社会と与文化》,日本京都大学人文科学研究所,1996年。

[日]夫马进,《明清时代の讼师と诉讼制度》,载梅原郁编《中国近世の法制と社会》,京都同朋舍,1993年。

Jerry Dennerline, "Hsü Tu and the Lesson of Nanking: Political Integration and the Local Defense in Chiang-nan, 1934–1645," in Jonathan D.

Spence and John E. Wills, Jr.(eds.), *From Ming to Ch'ing, Conquest, Region, and Continuity in Seventeenth-Century China*, p.96.

Albert Chan, *The Glory and Fall of the Ming Dynasty* (Norman: University of Oklahoma Press, 1982), p.68–69.

Tsing Yuan, "Urban Riots and Disturbances," in Jonathan D. Spence and John E. Wills, Jr.(eds.), *From Ming to Ch'ing, Conquest, Region,and Continuity in Seventeenth-Century China* (New Haven and London: Yale University Press, 1979), pp.279–320.

Shigeta Atsushi, " The Origins and Structure of Gentry Rule," in Linda Grove and Christian Daniela(eds.), *State and Society in China: Japanese Perspectives on Ming-Qing Social and Economic History*(Tokyo: University of Tokyo Press, 1984)

后　记

　　《中国流氓史》一书终于与读者见面了。这当然是很令我欣慰的事，因为我从此摆脱了一个羁锁；但同时也令我心情格外紧张，书一出来，一方面需要读者的指正，另一方面也将经受专家学者严肃的批评。

　　我之研究流氓史，当然始于近几年研究明史之时。不过，我对流氓问题感兴趣，还应追溯到少年时代。记得那时候，我仍在家乡一个江南小镇上上学，邻居中就有一位"破落户"子弟，在我们家乡又称之为"破脚骨"——这个地方性的称呼起源较早，在我的同乡知堂老人的回忆录里，就说到清末即有此称——与我的父辈们年龄相仿。他与妻离异，父子俩相依为生。据老年人说，这位"破落户"原先也出身于富有人家，广有田产，只是因自己好逸恶劳，游手好闲，浪荡成性，才导致卖尽房产，沦落为一个"游丐"。

　　我依稀记得，这位"破脚骨"一向不在家乡生活，而是流落外乡，以捕蛇、卖艺（其杂艺我也领略过，无非是顶碗一类的微末小技）、求乞为生。据父老私下云，在流浪过程中，这位"破落户"也曾有相好，与之轧姘。但所云是否属实，我不得而知，因为我终究没有见到他领那些相好回来过，所见到的仍是父子俩耍着单，还是光棍汉两条。

忽然有一年，他们回来了，一下子打破了小镇宁静的生活，邻居间的是非好像也多起来了。正是自此以后，我才知道什么是流氓，才领略了流氓的手段。在此之前，只听说过有人在街上耍流氓，强奸调戏妇女，以流氓罪被判刑。因此，在我的记忆里，所谓流氓云云，无非是乱搞男女关系。不过，我终于知道，流氓手段并非如此简单，流氓问题也要比这复杂得多。

父子俩回到家乡后，好逸恶劳之习未改，所以生活仍然困顿不堪。现在回想起来，他们仍然是以流氓手段维持着自己的生计。

自古以来，捕蛇者也应算是百业中的一行，当属正当职业。不过，这个"破脚骨"却把它当作讹诈的手段。我的家乡是水乡，每当夏天，百虫滋生，毒蛇肆虐，最常见的是"狗屎蝮"，即蝮蛇，以其盘踞时形状像一堆狗屎而得名。作为一个蛇郎中，他们在四乡倒是颇有些名气，所以前来求医者也不乏其人。这个"破落户"治毒蛇咬伤确有一套本事，一般是一周内将毒性止住，一月内患者即可下地干活。当然，他们并不以救死扶伤作为职责，而是将治蛇伤作为敲诈勒索的手段。不知什么缘故，很多年来，邻居中人倒是没有一人让毒蛇咬伤，伤者都是四乡里人。所以，他们并不掩饰，明白地将自己所施的流氓手段告知我们。被蛇咬伤者，家庭经济稍好者，出钱较多，满足他们的钱财要求，可以在正常疗程内治愈。而那些家庭困难者，一时出钱不多，无法满足他们的敲诈，他们就会从中做下手脚。通常的做法是，在一周以后，或停止施药，或施药不够，使伤者伤口化脓，不能收口，并使其长期无法下田劳动。而夏天正值夏收农忙季节，急需劳动力，为怕误工，伤者家属只好追加治疗费。至此，他们才再行施药。

在少年时代，我当然不知道他们所施的就是流氓手段，只知道这样做就是所谓的"敲竹杠"。到了读大学以后，由于涉猎古代史籍，才得以知道，他们这种手段也是渊源有自的。大概在元代，有一等"无图小民"（即流氓），专以捕蛇为生，到处行乞，敲诈百姓。至清代，一些游丐也时常干些奸污妇女的坏事，甚至将蛇放入被奸污者的阴户，致使受污者含恨而死。诸如此类，不一而足。我恍然大悟，在历史上，一些流氓也曾假借捕蛇为业。

整个夏天，由于求治者不断，他们的日子也颇为好过。到了冬天，他们又会重新陷入困顿。记得"顶碗"这种杂艺，除了偶一表演外，他们已不将它作为谋生的手段，而求乞之事倒时而为之。不过，他们已不再采用公开求乞，而是靠无赖手段，求得邻里的怜悯，以便让他们有所布施。最常用的方法好像是，看准快要吃饭的时节，一头扎进邻里的家中，揩油抽烟，并大诉其苦，说一番"往昔我家也曾富过，如今落到这般田地，实在是罪过"的话。邻里明白其中道理，但慑于他们是"破脚骨"，也只好劝其入座同吃。有时他们向邻里张口借钱借米，虽然也有至时奉还的，但大多到时装愣充傻，躲债不还。记得有一年，他们曾采用了一种最无赖的手段。父子俩在家假装大闹，拿刀动斧，要死要活。邻里看着不忍，同时也是为了自己的安全，只好给钱给米。值得一提的是，父子俩的流氓手段也是风格各异。俗语道：姜还是老的辣。当父亲的，久在江湖上闯荡，仍带有一些"破落户"子弟的习气，为人刁猾、蛮横，颇有些流氓手段。他时常放出刁话，大言："老子谁也不怕，若有人得罪了我，就放火烧了他家！"还云如果有人与他过不去，他就放一条毒蛇在人家里，让人不得安生。当儿子的，属初出道，却是个无能泼皮。他也在街上惹是生非，常常遭到人们的痛打。每当此时，他没有多少还手的本事，只能倒地撒泼，口喊"罪过"。人们觉得他也可怜，于是停手不打。"罪过"云云，不知是骂打人者是"作恶造孽"，还是自叹罪孽深重，活该挨打，我当时不曾问他，故不太清楚，大概是两者兼而有之吧。如此看来，他与鲁迅笔下的阿Q尽有相似之处。不过，我终究不曾见到他在遭受"王胡"一类人物的欺凌后，仍有胆气去虐待"小D"这样的人，这倒真是应了那句"一蟹不如一蟹"的老话了。

邻里的父辈们对他们俩虽表面客客气气，尽量不得罪他们，但所抱的原则还是敬而远之，以免惹是生非。而我们这些不懂世事的孩子，却是很喜欢往他们家里跑，听其慨叹自己过去也曾富过及富时家里的排场，听他说说民国时代地方上一些兵匪的"大头天话"，或者是他后来流浪江湖时的一些奇闻。尽管大人们不时告诫我们，不要与他们太接近，免得受其熏染，学做坏人。然而我们置若罔闻，还是觉得他们家有无穷的吸引力，觉得他们家的生活很有点新鲜活泼，即使他们有时吃点蛇肉，也令我们这些孩子眼馋，甚至想分一杯羹。那位小泼皮，由于年龄与我们相仿，一直与我们打得火热。在夏天，我们也曾与他一起去捕蛇，或者下河捞河蚌，逮鱼摸虾，到了冬天，与他一起去下捕黄鼠狼的笼子，倒也玩得不亦乐乎。说实话，我们这些孩子，在春天，吃过他偷来的农家的罗汉豆与豌豆荚；在秋天，吃过他从农家地里挖来的红薯；到冬天，他从地里拔来萝卜，我们也是分而享之。原因很简单，我们这些正经人家的子弟，胆子都很小，不像他有泼皮的胆气，虽然嘴很馋，但不敢去偷，只好"劳驾"这位小泼皮了。

尽管我们整天与这位小泼皮为伍，但我们终于没有如大人们预料的那样可怕，走上了邪道，只不过借此增加几分玩兴而已。该上学读书者，还是正经地读书，该替家里大人分担些家务活，还是照常。当然我们也曾在街上闲逛过，但至多只是被人视为"顽劣"，并非泼皮。不过，少年时期的这段生活经历，毕竟使我对流氓生活有了一些感性认识。这大概就是我现在愿意就历史上的流氓问题作一本书的缘由吧。

野马跑得太远了，还是就此打住，言归正传。关于中国历史上的流氓，我在此再作归纳如下。

在本书中，我就流氓的起源及变迁作了详尽的叙述。这主要被限定于以下两方面的内容：一是流氓阶层的主干，即游侠、无赖少年、光棍、喇唬此类人的活动；二是流氓与相关社会阶层的关系，算是枝叶，诸如流氓与豪横、流氓与太监、流氓与闲人清客等等。

在中国历史上，流氓的手段五花八门，其例俯拾皆是，但简言之，仍不外乎骗、诈、打、抢四个方面。就比较完整的流氓手段而言，当始于宋，烂熟于明清。笔者在这方面的叙述，也是着墨较多，读者当自有体会。

中国历史上的流氓，在当时的社会中造成很大的影响，尽管这种影响破坏性有余，而建设性不足。我觉得，流氓对社会的影响，主要表现在政治、经济、军事、文化生活诸领域。所以，我就流氓与社会之间关系的阐述，也主要集中在这些方面。

关于流氓意识，在本书中我提得不多，想在此补充说几句。作为一个社会阶层，流氓仍属于处于社会下层的平民阶层，因此他们也有自己的意识以及文化兴趣。尽管流氓是平民中的不良分子，即他们时常违法犯禁，与朝廷维系传统统治秩序的教化伦理凿枘不合，但他们的文化兴趣倒是与一般平民归趋一致。这就是说，他们与渗透于平民阶层的俗文化相亲，而与士大夫的雅文化较为疏远。当然，不排除有些流氓头子，一旦成为暴发户以后，附庸风雅，借此进入上流社会。一般说来，流氓识字不多，有些甚至大字不识几个，所以，其文化旨趣必然受到大众文化心理的影响。他们对朝廷确立的以儒家伦理规范百姓的做法极为反感，不愿做一个以耕织为生的"顺民"，而是希望摆脱土地的羁锁，到处游逛，自由自在。基于此，他们沾染了不少市民阶层中的不良习气，酗酒、赌博、嫖娼样样来，而且在处事上不乏油滑、刁钻，有时甚至带有几分狡黠、诡谲。在这些方面，他们与传统农民那种老实、胆小怕事、安分守己大相径庭。鲁迅先生笔下的阿Q

与润土,即是流氓与农民的典型代表。

从另一个角度来说,传统的农民意识在流氓中根深蒂固,尽管他们摆脱了土地的束缚,但终究无法脱离农民意识的拘束。流氓与传统的农民在文化兴趣上有诸多雷同之处:他们虽不愿对朝廷规范的官方祭祀活动表示尊敬,却与农民一样,对民间的宗教祭祀活动表示出极大的兴趣,佛、道信仰以及民间的宗教信仰在这些人中仍然十分流行;他们对儒家经典虽无多少好感,对孔孟或儒家的先贤不屑一顾,却对流传于民间的戏曲、小说乃至民歌兴味盎然,对梁山泊众绿林好汉肃然起敬,对关云长这样的侠义英雄也顶礼膜拜。据载,明代苏州的流氓也是极喜欢山歌的,诸如《山坡羊》、《挂枝儿》这一类情歌,他们也时常挂在嘴边哼哼。从这一意义上说,地方风俗的败坏,固然是农业经济以及商品经济繁荣的结果,但与流氓的参与也不无关系。

流氓大多来自破产的农民,属于游民,因此其流氓意识不可避免地打上了游民劣根性的烙印,具体表现为山头主义、土匪意识、见利忘义与雇佣意识。

正如前人的研究成果所揭示,流氓结帮拉派,互相火并,形同水火,动辄斗殴,借此抢夺地盘,山头主义的陋习根深蒂固。即使在历朝的农民起义以及清末的革命党人中,由于流氓、帮会成员的大量加入,这种山头主义以及帮派思想也相当严重。如在明末农民大暴动中,李自成与张献忠、罗汝才各拉山头,虽共反腐朽的明朝廷,但内部的矛盾冲突也不时发生。又如清末镇南关起义时,孙中山原定以会党出身的王和顺为都督,却因"桂省绿林、游勇原分两派",于是黄明堂、何伍、李辉鉴等游勇队伍便提出,"要求王和顺不来加入为一条件",才参加起义。这种山头主义的坏习惯,必然会严重破坏起义队伍的纪律与内部团结,进而便于统治者镇压起义。

在流氓中,土匪意识也极严重,烧、杀、抢、掠似乎也是他们的家常便饭。固然农民的暴动队伍起初为吸引更多的参加者，其纪律比较严明，得到了农民大众的支持，但随着流氓的加入，队伍中的不良分子不断增加，队伍已无纪律可言，这必然会起到松懈起义队伍的不良作用。所以，在明末流传着"贼过如梳"的谣谚，这决不是污蔑不实之词，而是起义队伍中因流氓增加而造成的土匪意识膨胀的实录。

流氓虽以"义"字当头，以此联络同党，维系组织，但是，见利忘义之事也不断发生。流氓组织间各派互相拉拢，于是出现了一些流氓纷纷跳槽、各攀高枝的现象。而每当起义队伍处于最为艰难的时刻，队伍中的流氓就会动摇意志，经受不住朝廷的劝诱，卖身投靠，最终出卖起义组织。

在流氓中，雇佣意识也极严重。他们可以抛弃义气，谁有钱就替谁出力。在这种意识的驱使下，流氓就不仅仅是违法犯禁，成为朝廷的对立面，而是可以投靠豪强，成为打手、保镖，有时甚至成为朝廷的鹰犬，为统治阶级出力卖命。

中国流氓史的研究，目前仅仅是起步阶段，所以可供参考的研究成果极少。我所做的工作则是发掘资料，以及做些归纳总结的工作，理论的阐述自然不尽详备。尽管如此，王子今先生于秦汉少年之研究，王春瑜先生于明代流氓之研究，李然犀先生于天津"混混儿"之阐述，都是一些开风气之作，对我的研究大有裨益，我在此深表谢意。

藐予区区后学，来写一本关于中国历史上的流氓问题的专著，实在是有点力不从心，这也是我所不必讳言的。据我所知，有很多饱学之士与专家学者，在这方面积累了很多材料，而且自有识见。遗憾的是，他们蓄而未发，我终于无法向他们请教，从他们那里汲取营养。这不能不说是一件憾事。所以，本书只是抛砖引玉。书一面世，假若有人评云："此书作者用功甚勤，于中国历史上流氓之面貌勾勒甚为清晰",则我幸甚;有人提出一些批评,更是我所欢迎的。知我罪我,其读者乎!关于这一点,我是深深知道的。

是为记。

陈宝良
1992年7月28日

再版后记

《中国流氓史》由中国社会科学出版社于1993年出版，首印万册，久已售罄。书出版后，承蒙读者与学术界的厚爱，多有揄扬，少见批评。此书先是被翻译成韩文，在韩国出版，翻译者凭借此书获得2001年度韩国"中语中文学会翻译奖"。此书韩文版出版后，韩国《东亚日报》、《韩国日报》、《每日新闻》、《京乡新闻》均有书评或书讯。至于有关拙著的书评，更是见诸中国大陆之《光明日报》、《文汇读书周报》、《博览群书》、《中国史研究动态》，香港之《大公报》，日本之《明代史研究》，法国之《汉学文献评论》等报刊。更让我感到欣慰的是，我所敬仰的著名汉学家卜正民教授亲自为拙作撰写了书评，在法国的《汉学文献评论》上刊发，并在他所写的汉学名著《纵乐的困惑：明代的商业与文化》（此书获2000年美国"列文森中国研究最佳著作奖"）中将此书列入参考书。另外，美国汉学家魏根深（Endymion Wilkinson）教授在其所著《中国历史手册》（*Chinese History: A Manual*）一书中，也对拙著有所评介，使此书得以成为哈佛大学学生研究汉学的参考书，这也是令我鼓舞的好消息。

这倒并不是说拙著已经尽善尽美，无可挑剔，而是因为拙著是第一部系统阐述中国流氓问题的专著，是我多年心血的结晶，尽管尚有许多不足，读者与学界朋友也就不再苛求了。这是他们与人为善、待人宽厚之处，让我铭感，但也不足以成为故步自封的托词。由于性情方面的原因，在学术研究著作的撰写上，我更偏重于叙述，却短于分析。这是个人的偏嗜处。鉴及此，正当拙作再版之际，需要作部分的补充与修订。

回顾自己的治学经历，一向遵循下面几个准则：一是对得起同行学者。换言之，学术著作必须经过多年的史料钩稽，甚至是积十年或数十年之功，从纷繁的资料中发现问题，并解决问题。紧跟时风，草草成书，显然很难经得起时间的考验，更难经得起学者的批评。二是真正有价值的学术研究成果，并不一定需要资金的支持。尽管资金可以解决很多问题，诸如购买资料，出差到外地甚至海外查阅罕见资料，这已不言而喻。但有了资金，是否真正去做这些，并将可贵的资金用于学术研究，若有人仔细去统计一下目下众多的基金资助项目，或许可以得出一些很有意思的结论。若无资金，只要自己手勤、腿勤，甘心坐十年冷板凳，倒反而可以出一些颇有价值之作。鉴于此，我过去很多自己还算满意的著作，往往就是按照自己的兴趣而写，并不去看学术衙门官老爷的脸色，最后倒是很受出版界与读者的欢迎。三是学术著作应该具有商业价值。学术著作当然不同于大众读物，但并不能因此而否认学术著作的商业价值。我觉得，真正有价值的学术著作，既可以得到学者的认可，也必须获得一般读者的欢迎，为出版社赢得商业利润。这显然也可以成为判定学术著作价值的试金石。学术界的书评，一般读者的反响，著作的再版重印，著作的海外版权贸易，均可以衡量一部学术著作的真正价值。

这次修订，我主要作了下面几个方面的工作：一是适当吸收前人研究的成果。在此书撰写之前，尽管可供我参考的论著不多，但还是有一些，当时限于条件，不能尽情采择。此书出版后的十几年，学术界关于流氓问题的研究应该说没有关键性的突破，但相关的研究成果还是不少，这次一并补充吸收。二是史料的补充。这些年来，在读书过程中一直未忘旧题，见到相关史料无不札记，时日一久，又积累不少。借此修订之机，有选择地加以充实。三是对书中的章节结构稍作调整。关于流氓手段以及流氓参与社会各项事务，原本于各断代中加以叙述，相对而言，缺乏一定的系统性。这次将相关内容辑出来，分列专章加以阐述。四是在书后增补主要参考文献，使其更符合学术规范。

由于学界与市场的需要，中国社会科学出版社与其他出版社一直有意再版此书。中国社会科学出版社是我曾经服务过的单位，而且无偿为我出版了不少学术著作，对我的学术生涯影响颇大，原本应该由其再版。这次选择由上海人民出版社再版此书，主要出于下面两个考虑：一是还一个旧人情。最初我撰写此书，是应当时的上海文艺出版社之约。后因所写字数过多，而且更趋学术化，再加之我所服务的中国社会科学出版社的领导对此书相当关注，所以最终没有践上海文艺出版社之约。这是我欠上海出版界的一个情。所以，这次上海人民出版社的徐晓明博士来信相约再版事宜，我欣然接受。二是我对上海的出版界一直抱有敬意，也以自己的著作能在上海出版为荣。一举而还旧情，偿夙愿，对我来说，不亦快哉！

补缀数语，权充再版后记。

陈宝良
2007年2月18日记于重庆螺壳室